本书的出版获得
“北京大学创建世界一流大学计划”
经费资助

教育部人文社会科学重点研究基地基金资助

古代文明

（第4卷）

北京大学中国考古学研究中心
北京大学震旦古代文明研究中心 编

文物出版社

北京·2005

目　　录

福泉山墓地研究 …………………………………………………… 秦　岭（ 1 ）

三星堆、金沙一类“奇异”玉器构图来源、内涵、定名及相关问题研究 …………………………………………………… 顾　问（ 37 ）

“越式鼎”研究初步……………………………………………… 向桃初（ 65 ）

秦墓等级序列及相关问题探讨 ……………………………… 梁　云（105）

略论秦代与西汉的陵寝………………………………………… 张卫星（131）

秦汉墓葬天井述略 …………………………………………… 侯宁彬（141）

论汉代的因山为陵 …………………………………………… 李银德（149）

西汉楚王陵墓形制研究…………………………… 周保平　刘照建（165）

东汉南兆域皇陵初步研究………………………… 王竹林　赵振华（183）

南朝陵寝制度之渊源 …………………………… 赵胤宰　韦　正（207）

东都唐陵研究 …………………………………… 赵振华　王竹林（223）

唐陵陵区的形成 ……………………………………………… 沈睿文（245）

汉代黄金铸币计量标记研究 ………………………………… 王永波（263）

关于汉代低温铅釉陶器研究的几个问题 …………………… 陈彦堂（303）

农业起源的比较研究
——西亚和北美东部的个案分析…………………… 傅稻镰著　秦　岭译（317）

古滇国青铜器表面镀锡和鎏金银技术的分析
…………………………… 崔剑锋　吴小红　李昆声　黄德荣　王海涛（339）

中国考古学的殷墟传统
——早年安阳殷墟的发掘与研究……………………………… 张　海（353）

湖北公安、石首三座古城勘查报告
…………… 荆州市文物考古研究所　公安县博物馆　石首市博物馆（391）

福泉山墓地研究

秦　岭*

On the basis of the newly published excavation report, this paper analyzes the cemetery at Fuquanshan and its social structure. In the paper the cemetery is divided into four stages, including Songze culture period, early Liangzhu culture period, early and late periods of late Liangzhu culture period. By analyzing the burial order, funerary objects and the composition of the cemetery, the paper concludes that Fuquanshan cemetery belonged to the social groups in same size and it lasted from Songze culture period to late Liangzhu period. Due to its particular location, Fuquanshan cemetery represents some special characteristics not seen in other aristocratic cemeteries in Liangzhu period.

福泉山是良渚文化研究中的一个关键性遗址。一方面，它是太湖地区新石器时代延续使用时间最长的墓地，从崧泽文化中期到良渚文化晚期，虽间有缺环，仍是目前所见最为完整的一个案例；另一方面，它也是目前太湖东部地区唯一能代表良渚社会最高物质文化发展水平的地点，随葬品规格仅次于良渚遗址群内的反山、瑶山，随葬品的来源则比良渚遗址群更为丰富多样。《福泉山》报告的正式出版[1]，为细致深入地研究该处遗址提供了可能。本文即以报告为准，初步分析福泉山墓地及其所反映的史前社会结构。

一、墓地概况及分期

福泉山遗址位于上海市西部青浦县重固镇的西侧。这是一座人工堆筑的土山，内涵包括新石器时代崧泽文化、良渚文化和战国至宋代的遗存，山周围农田下可见马家浜文化、崧泽文化、良渚文化、马桥文化和战国时代的遗存。人工土山呈不规则长方形，东西长约94、南北宽约84米，高出周围地面7.5米。遗址范围以福泉山为中心，

---

* 作者系北京大学中国考古学研究中心兼职研究员，北京大学考古文博学院讲师。

〔1〕 上海市文物管理委员会：《福泉山——新石器时代遗址发掘报告》，文物出版社，2000年。

东西长约500、南北宽约300米，面积约15万平方米。遗址前后经4次发掘，总发掘面积2235平方米，发现了崧泽时期和良渚时期的墓地及相关遗迹。

福泉山现地貌是一座东北—西南斜向的土台，土台西侧农田内仅见马家浜时期文化遗存；北侧有崧泽文化到良渚文化堆积；东侧有良渚文化堆积；南侧有马桥文化及春秋战国时代堆积。结合土台部分的发掘情况，我们得以复原福泉山遗址形成的过程：福泉山土台筑建在一处古代高地上，开始使用的时间是崧泽文化早期。这之前的马家浜文化聚落，主要分布在高地的西北侧。崧泽文化早期，人们移到高差近2米的高地上居住，同时在高地北侧也有活动。崧泽文化中晚期，人们开始在废弃的居址上营建公共墓地，最初的墓地位于土台的西北部。良渚文化早期阶段，墓地向南移到了土台中部偏西的位置。同时，伴随着不断堆土埋墓的过程，土台被人为地加高。良渚文化晚期，为了营建高规格的墓地，又有一次大规模的堆土筑台行为，堆筑厚度达2～3米，堆土取自土台西侧，破坏了西侧的原始堆积，因此堆土中包含了较多马家浜时期的遗物。

本文将讨论的是福泉山遗址作为墓地使用的这部分内容，延续时间从崧泽文化中期开始，至良渚文化晚期。报告将崧泽时期堆积划分为青灰土和灰黑土两个文化层，并在分期讨论中将崧泽文化墓葬按出土层位分为中期和晚期两个阶段〔2〕，笔者同意并将在下文分析中沿用这一分期。同时，报告依据随葬陶器将良渚时期墓葬分作五期〔3〕。从类型学角度讲，笔者对此分期方案中涉及的相对年代关系没有异议。但如果结合墓葬的空间分布，试图讨论墓地结构的变化，则有重新讨论良渚墓地形成过程的必要，在此简要分析如下。

良渚时期的遗存主要是福泉山上发掘清理的30座墓葬和4处“祭祀”遗迹。这30座墓葬中，编号为M1、M2的2座墓葬位于福泉山的边缘地带，头向皆朝东，1座无葬品，1座仅随葬1件陶器，报告将之归入良渚文化早期，但囿于墓葬资料所限，本文暂时不将其列入讨论范围。报告中指出，按地层划分，其余28座墓葬自下向上分别出自黄土层、灰褐土层和灰黄土层，其中灰黄土层厚达4～5米，墓葬所在位置还可按上中下部细分。由于未提供墓坑的开口层位，只能将报告中的地层描述理解为墓坑底部的相对位置〔4〕。尽管如此，按照常理，同一时期的墓葬一般墓坑深度基本相仿，因此报告提供的层位在一定程度上还是反映了墓葬的相对年代。

---

〔2〕 同注〔1〕，125页。

〔3〕 同注〔1〕，126～133页。

〔4〕 报告称均为浅坑墓，墓坑深度仅10～30厘米不等，这说明发掘时候清理的很可能只是墓坑的底部，墓坑的原生开口位置已经被破坏。

结合随葬器物的文化特征，首先可以确定出自黄土层的6座墓葬[5]时代基本相当，陶器特征中有大量崧泽文化因素的遗留，其相对年代大约为良渚文化早期阶段，这里称作福泉山良渚一期。出自灰褐层的6座墓葬从随葬品判断并不是同时的，其中M145、M126随葬器群与早期类似（图一），M120、M124则随葬了具良渚文化晚期偏早特点的双鼻壶（图一，5、6），显然这之间还有一定的年代缺环，如果结合墓葬的空

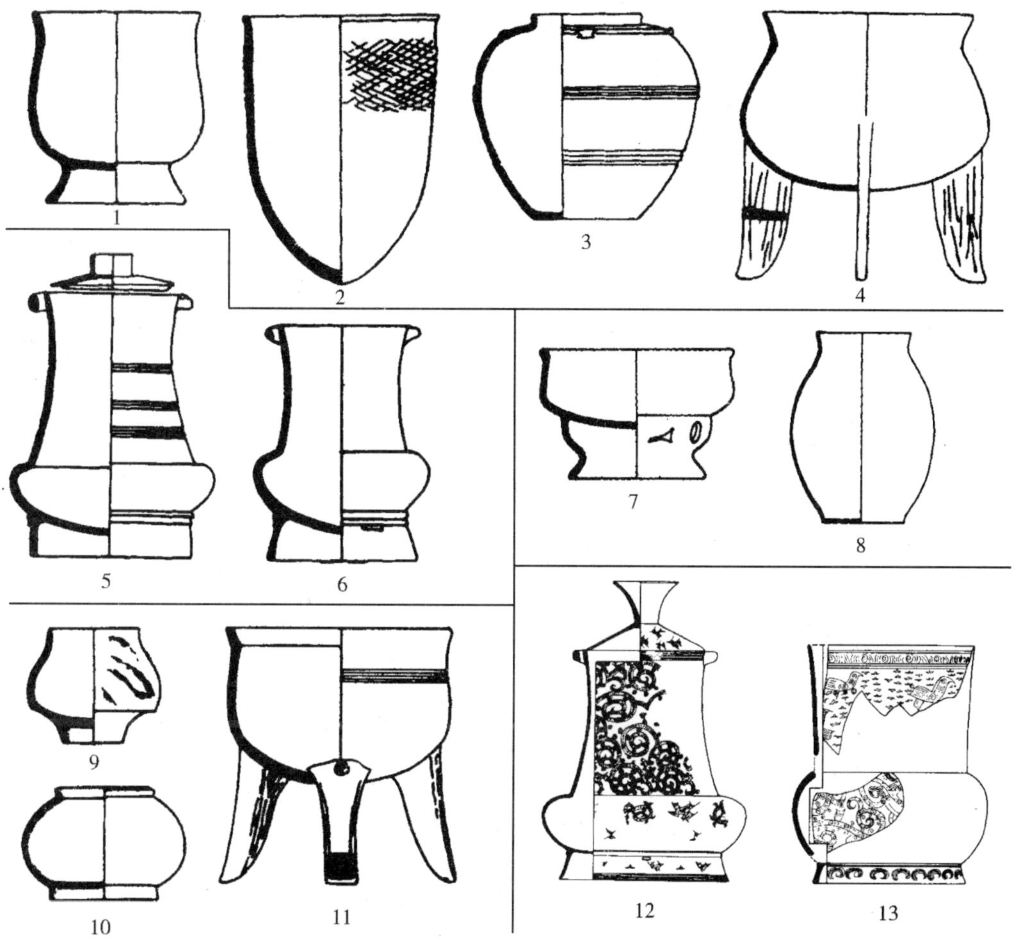

图一　福泉山良渚文化墓葬出土部分陶器

1. 杯（M126∶4）　2. 大口缸（M126∶5）　3. 罐（M126∶6）　4. 鼎（M126∶7）5. 双鼻壶（M124∶14）　6. 双鼻壶（M120∶11）　7. 豆（M135∶4）　8. 壶（M140∶2）　9. 壶（M145∶1）　10. 罐（M145∶22）　11. 鼎（M145∶21）　12. 双鼻壶（M74∶166）　13. 双鼻壶（M128∶1）

---

〔5〕出自黄土层的共8座墓葬，其中M1、M2远在福泉山土墩的北缘，无或仅1件随葬品，因此不属于福泉山主体墓地，这里暂时不讨论这2座墓葬的情况。

间位置考虑，M120、M124远离一期墓群，成对地位于偏北方，也可旁证其时代上的差别。灰褐土层中的另两座墓葬是M140和M115，其中M140仅发表1件陶壶（图一，8），但从器物特征和墓葬的所处位置考虑，可以肯定它属于一期墓群。M115仅出土石器3件，无法从随葬品直接判断其年代，但从其所处位置看，与M120、M124接近，因此暂时将其归入稍晚的阶段。最后粗略检索出自灰黄土层的16座墓葬，绝大部分出土了具良渚文化晚期特点的双鼻壶、豆和鼎，只有M135例外，此墓仅发表陶豆1件（图一，7），镂孔和形态都是良渚文化早期的特点，据报告称出自灰黄土层的底部，我认为这也是一座早期的墓葬。

通过上述分析，至少可以将福泉山良渚墓葬分成两个大的阶段，本文称之为良渚一期和良渚二期。一期墓葬9座，大致相当于良渚文化早期；二期墓葬19座，年代是良渚文化晚期。二期墓葬从文化面貌及埋藏形式看还有阶段性的变化，可以再作进一步细分。

从空间分布上看，二期墓葬大致可以分作三组：东组由于土墩被破坏，仅存2座墓葬（M40和M9），M9随葬陶器仅发表陶盉（实足鬶）1件〔6〕，但从玉器特点看，似乎要早于M40〔7〕。中组共3座墓葬，南北向排列，随葬陶器较丰富，从随葬品分析，下葬顺序应该是由北往南，依次为M60、M65和M67〔8〕。西组分布在良渚一期墓地的位置，南北方向延伸，墓葬间还有叠压打破关系，年代问题相对复杂。从发表资料分析，“祭坛”式遗迹的形成可以作为阶段性变化的标志〔9〕，M144、M146都被叠压在祭坛下，M101则打破了该祭坛，对比其他西组墓葬的随葬器物及出土层位，可以将西组墓葬大致分成早晚两段，确定为早段的除了M144和M146外，由北向南还有M120、M124、M109、M94、M136、M32；确定为晚段的除了M101，还有最北端的M74。余下的M115和M128不好判断，M115仅随葬石器3件，这种随葬形式和M146类似，并且与其东侧的M120、M124相同，出自位置靠下的灰褐土层，因此可以将之归入早段。M128是一座残墓，仅发表1件细刻纹壶，器形比较特殊，但刻纹特点与北端的M74类似（图一，12、13），结合其开口层位在灰黄土层上部（而祭坛大约处于灰黄土层的中期阶段），这座墓葬可以归入晚段。

比较三组墓葬的随葬品，西组晚段墓葬和中组、东组的时代相近。将之作为整体与西组早段墓葬进行对比，发现随葬品组合上的确出现了不少变化（图二），比如西组

〔6〕 同注〔1〕，45页，图三五。

〔7〕 同注〔1〕，47页，图三七。

〔8〕 M60：报告48页，图三八；M65：报告50页，图三九；M67：报告51页，图四〇。

〔9〕 同注〔1〕，64页。

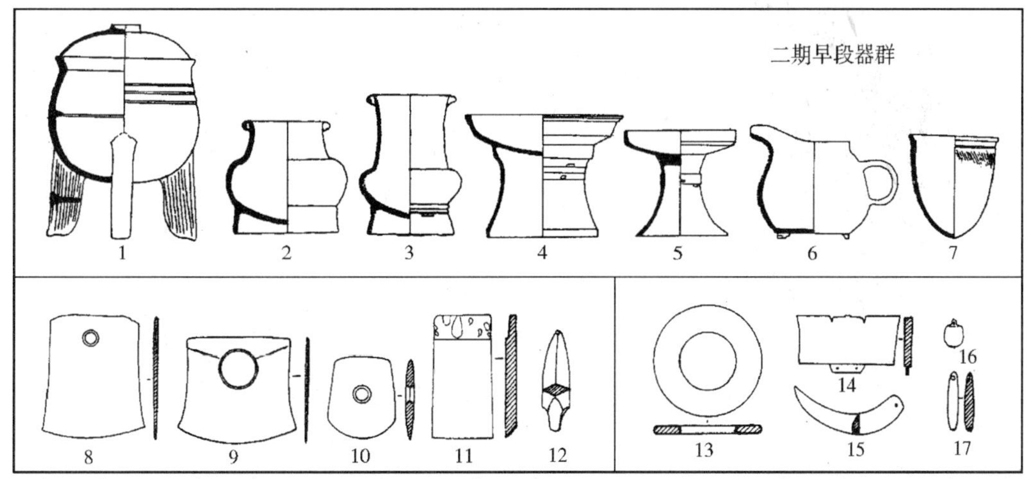

1（M136） 2、3（M120） 4、5、7、8、10、15（M132） 6、9、11、12、13、14（M109） 16、17（M124）

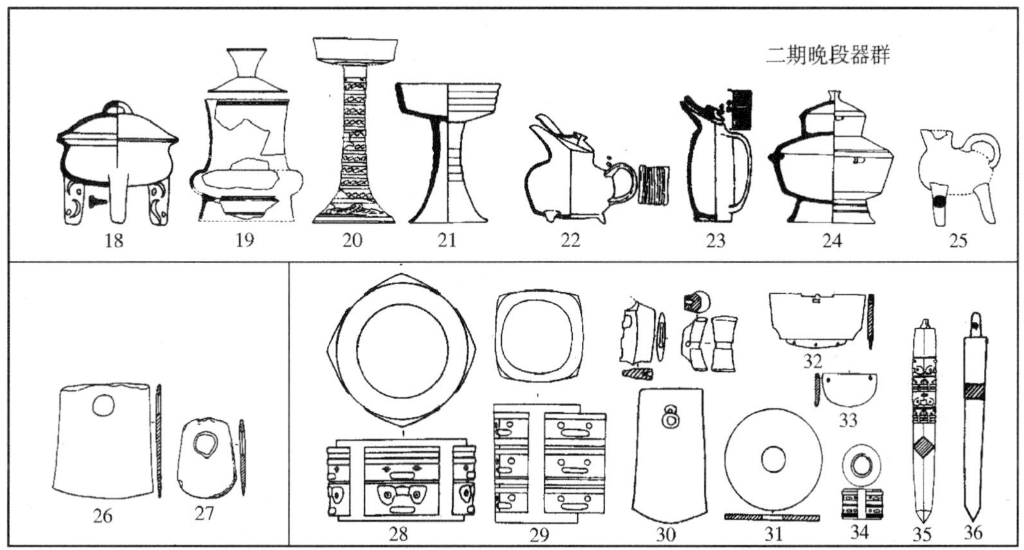

18、19、28（M65）20（M67）21、22、24、30、32、33、36（M74）23、25、29、31、34（M40）26、27、35（M9）

图二　福泉山良渚二期（良渚文化晚期）早晚段器群比较

早段常见的隔裆鼎、甗和部分墓葬中的大口缸均不见于中、东组和西组晚段墓葬；而后者新出现了宽把壶（杯）、盉（实足鬶），随葬品中玉器丰富，多良渚式典型重器，这些都是西组早段中未见到的特征。因此，可以将福泉山良渚二期墓葬分成早晚两段，二期早段墓葬分布在土墩西侧；二期晚段墓葬在布局上发生变化，占据了整个土台。需要指出的是，两段之间虽有早晚却衔接紧密，晚段墓葬中最早的M60，器物形态与早段墓葬非常接近，暗示了墓地使用的延续性，更证明墓地结构改变是同一社群内人为造成的结果。

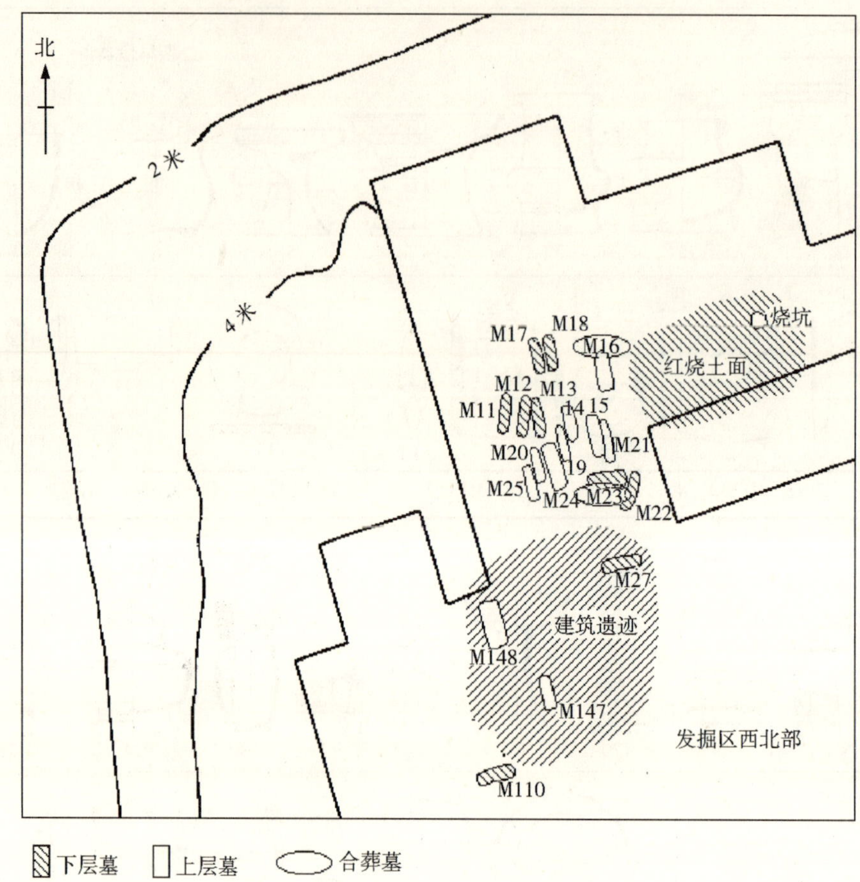

图三　福泉山崧泽时期墓葬分期与分布
（据报告改绘）

综合上述分析，可将福泉山墓地的形成和空间变化分成如下几个阶段（图三、图四）：①崧泽文化时期，包括崧泽文化中期和晚期，墓地均集中在遗址的西北部；②良渚文化早期，墓地集中在土台西侧；③良渚文化晚期早段，墓地仍集中在土台西侧，但墓地范围在南北方向略有扩展；④良渚文化晚期晚段，墓葬占据整个土台，布局发生剧烈的变化。

下面，分别就各个阶段的特点细致分析墓葬间的关系与差异，讨论墓地的内部结构。

二、福泉山崧泽时期墓地

崧泽文化中晚期墓葬集中分布在土台的西北部，当时这一良渚人工土台并不存在，

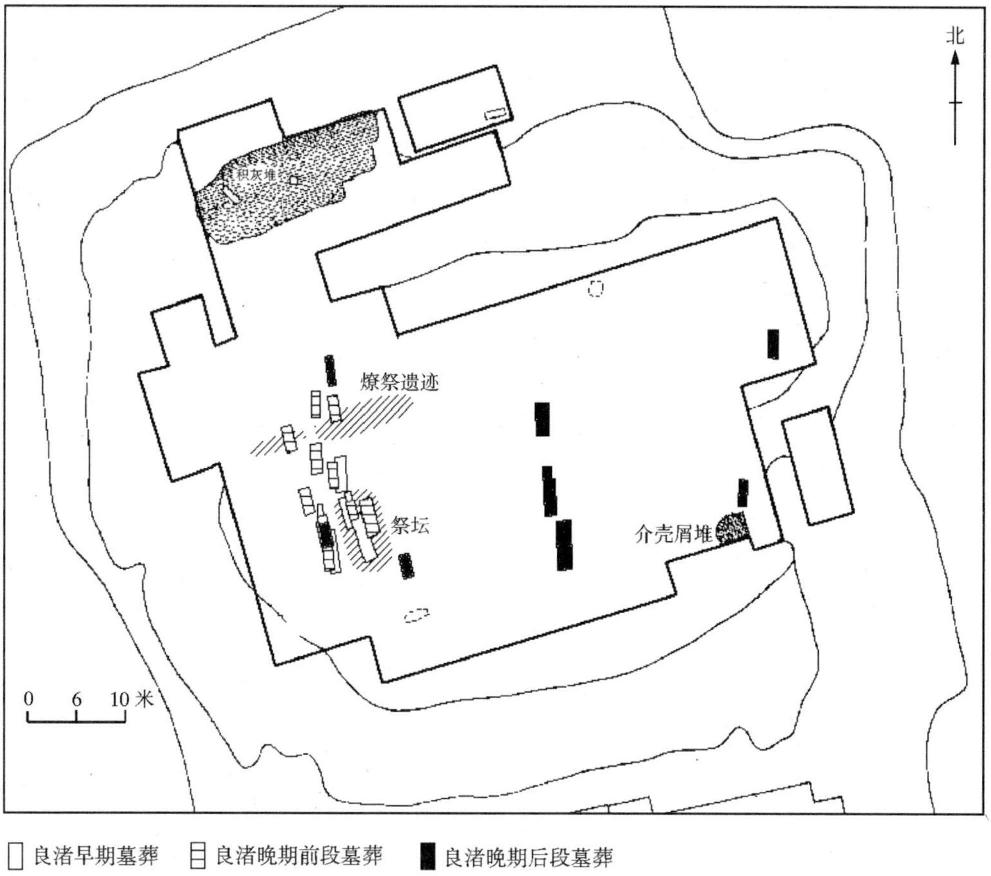

□ 良渚早期墓葬　日 良渚晚期前段墓葬　■ 良渚晚期后段墓葬

图四　福泉山良渚墓葬分期与分布

（据报告改绘）

故应理解为分布在崧泽文化早期居址的北部[10]（图三）。如报告所言，墓葬出土于两个层位，两层之间还有厚约20厘米的自然堆积，因此这片墓地并不是连续使用的，存在延续时间不详的间隔期。

下层墓葬共9座，从陶器特征上看面貌比较单纯，均属崧泽文化中期，且延续时间很短。空间分布上可分为三组：最北部集中埋设的墓组由5座墓葬组成，头向皆朝南，可分为南北两排；这一墓组的东南有3座墓葬分布较分散，其中1座为三人合葬墓，头向上2座墓葬朝东，1座南偏西，由于这3座墓随葬品少，相互关系不好讨论；

〔10〕　发掘中仅发现崧泽文化早期建筑遗迹1处，从出土层位上分析比下层墓葬略早一些，据发掘者介绍，似乎是被拆毁废弃的房屋。没有证据表明，它与福泉山最早时期的崧泽文化墓葬（即崧泽下层墓葬）是共存的。

另外，在早期建筑遗迹的南面，还有单独的1座东向墓葬。

从葬品分布情况看，下层墓葬之间的差别是很悬殊的（图表一）。M11、M12、M110为一级别，葬品12～15件；其他墓葬为一级，葬品0～2件。

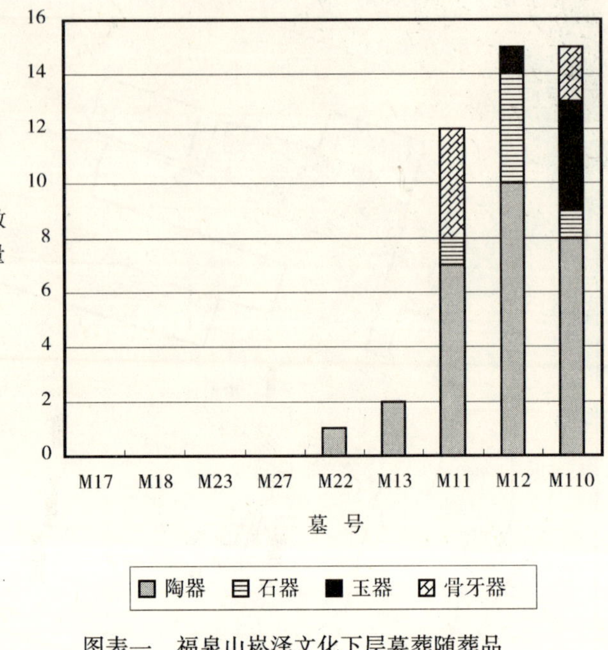

图表一　福泉山崧泽文化下层墓葬随葬品数量及构成比较

随葬品最丰富的3座墓葬在葬品构成上也略有差别。M11墓主为青年男性，出土时右臂骨套象牙镯4件；左膝上放置1件穿孔石斧，刃口往右；另有陶器7件集中放于脚端，其中陶豆5件、釜形鼎1件、折肩折腹壶1件。M12墓主为成年男性，头骨缺失，出土时有玉琀1件位于头部位置；2件穿孔石斧分置于右上肢骨及下肢骨上，刃口向右，2件石锛分置于左膝上与左脚下；另有陶器10件，其中豆8件、釜形鼎1件，圜底釜1件，有4件陶豆纵向摆于身体右侧，其余集中在脚端。M110墓主是一个儿童，胸部有1件穿孔石斧，刃口向左；头右上方有1件陶网坠；1件玉管、3件玉坠放在盆骨两侧；有陶器7件集中在下肢骨及脚端，其中豆3件、罐2件、鼎2件；此外，墓中还出土了2件骨镞，放在脚端。总体来说，除了都随葬一定数量的陶器外，M11随葬了较多的象牙质饰品，M12随葬了较多的石质工具，M110则随葬了较多的玉质饰品。

M110只是一座儿童墓，墓中出土钻孔石斧、网坠、骨镞等工具，整个墓地数量最多的玉饰件，还有大量陶容器，这不太可能全部是儿童身前使用的物件。由此可见，墓葬的埋设与墓主身前的社会关系有十分密切的关联，是这位儿童所属的社会单位决定了他的入葬形式与规模。

值得一提的还有M23，这是崧泽文化中唯一的一座三人合葬墓，三具人骨平行排列，中间为成年男性，仰身直肢，头向右侧，左右各依附1名儿童，右边的还侧身紧靠男性骨架。该墓葬没有随葬品。

人骨鉴定资料显示一个奇怪的现象，崧泽下层墓葬的骨架全部是男性或儿童，没有1座是女性墓，尽管只有9座墓，但这种异常的性别现象需要引起重视。从分布上看，北部比较集中的墓组内有成人也有儿童，而其他墓葬除了一座是成人儿童三人合葬外，余皆为儿童墓，或许墓主年龄与墓葬的位置及头向也有一定的关系。

崧泽上层墓葬共10座，年代也很单纯，皆为崧泽文化最晚期，与下层墓葬间有文化面貌上的缺环。空间布局上说，其中8座分布相对集中，呈东北—西南斜向排列在下层墓葬的空白间隔区域；另有2座墓葬零散分布在南部原来建筑所在的位置上。这10座墓葬皆为南向（参见图三）。

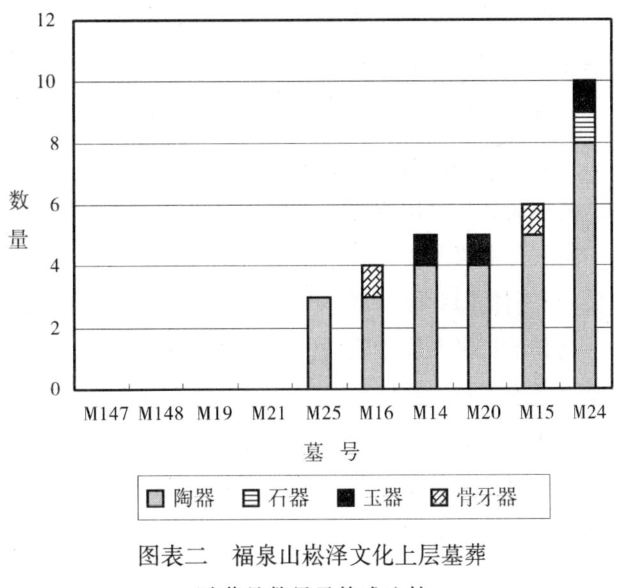

图表二　福泉山崧泽文化上层墓葬随葬品数量及构成比较

从随葬品分布情况看，墓葬间的差别不如下层那么悬殊（图表二）。按数量多寡可分三级，一级墓葬 1 座随葬品 10 件，二级墓葬 5 座随葬品 3～6 件，三级墓葬 4 座无葬品。三个级别之间随葬品差距不是很大。

随葬品最丰富的 M24 位于墓群的中心，有明确的墓坑，人骨上下有形似树条的长方形弧面葬具痕迹，可惜没有做人骨鉴定；葬具内有随葬品 8 件，其中 1 件穿孔石斧放在右上肢骨旁，刃口朝左；1 件鼎放于右下肢骨旁；其他 6 件集中出自头部以上位置，分别为玉璧 1 件，陶壶 3 件，钵 1 件，盘 1 件；另在葬具外靠墓坑左侧放置了豆、罐各 1 件。

M15 是墓群中另一座有明确墓坑的墓葬，随葬品数量仅次于 M24。墓主为成年男性，葬具痕迹清晰，呈棕黄色，上下两块均为弧形，摆放在墓坑的南端。葬具内随葬陶器 2 件，头部 1 件陶壶，右上肢骨处 1 件陶豆，豆盘内还有 1 枚獐牙。葬具外北端有陶器 4 件，分别为罐 2 件、鼎 1 件、纺轮 1 件。

上层墓葬中还有 2 座也发现了明确墓坑和葬具痕迹，它们是零散分布于南部的 M147 和 M148，但都没有随葬品。

此外，上层墓葬中也有 1 座合葬墓，是墓群最东北侧的 M16。双人合葬，两人相向放置，东为青年男性，面向左；西为青年女性，面向右。两人头骨上方正中，放置了 1 件陶鼎；两人中间腰侧有 2 件网坠；另外 1 件骨镞在女性头骨上方。

上层墓葬没有全部做人骨鉴定，已知的 7 座墓葬，男女及儿童的比例相当，分布没有什么异常。儿童墓葬中未见随葬品。

对比上下层墓葬的情况，发现墓地的结构略有变化。晚期墓葬间的差异没有早期那么悬殊；晚期墓葬的性别比例也比较正常；另外，晚期儿童墓葬没有葬品，不像早期对 M110 儿童墓那样有特别的处理。从随葬品情况看，早期规格高的墓葬随葬品数量要多于晚期，随葬品多的主要原因是随葬了大量同形态的陶豆，此外，早期随葬的石质工具、玉质装饰品也比晚期墓葬丰富一些。

墓地总体情况出现较大的变化，这和文化面貌上的差异以及地层上的间隔都是吻合的。同时，上层墓葬空间上都埋设在下层墓葬的空白间隔地带，说明到了崧泽文化晚期阶段，人们仍旧对前期墓葬的分布和墓地情况有所了解，两者间相距的时间不会太长。

与其他崧泽文化中晚期的墓地相比，福泉山崧泽文化墓地的规模算是非常小的〔11〕，这是否反映了背后社群规模的差异，或者社群性质的差异，现在还很难进一步推测。

由于福泉山崧泽文化墓葬的总体数量不多，对于这一时期的讨论也只能是点到为止。但墓地规模小、中期性别结构异常等现象却有必要提出来，在今后更为丰富的资料比对中，充分认识其意义。

三、福泉山良渚一期（良渚文化早期）墓地

良渚一期墓葬9座，集中分布在福泉山土墩的北侧，大致分为东西两组，层层叠压，这样的布局方式非常特殊（图五）。从墓坑底部的相对深度看，层层相叠的墓葬高差仅10～30厘米左右，在这种情况下却没有发生一起上层墓葬打破扰乱下层墓葬人骨的例子，可以想见当时墓葬的层层叠压埋设是在已知状况下特意进行的〔12〕。要有意在同一个位置不断埋设墓葬，这样的活动应该会由内部关系密切的一个固定的社会单位来持续进行，因此，我们将以东西组别为单位，分别讨论并进行比较。

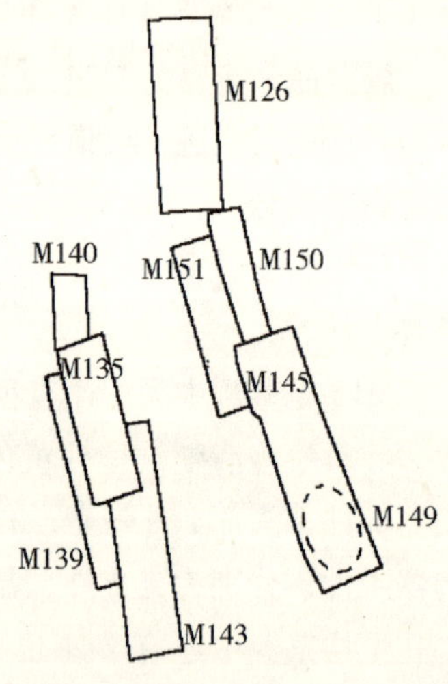

图五　福泉山良渚一期（良渚文化早期）墓地分布（据报告改绘）

M139是西组中最早埋设的墓葬，墓主为成年男性，他的随葬品在西组乃至整个良渚一期墓地中都是最为丰富的。墓主口内有玛瑙质玉琀1件，身上分左右两排放置了石钺12件，其中右臂上的1件石钺还有朽蚀的钺柄

〔11〕 如青浦崧泽墓地、嘉兴南河浜墓地等，中晚期墓地墓葬数量都超过百座。

〔12〕 即便如此，墓坑究竟挖掘如何深度才可以接近先前的墓葬而又不“捅破”，这是很难控制好的，或许如福泉山这样的良渚文化墓葬真的有挖浅坑，继而堆土，不断堆高墓地的埋葬方式，这需要在以后的田野工作中注意观察识别。

痕迹，长约85厘米；左右肩部分别放置了陶壶和陶鼎，其余陶器集中在脚端；头部、上下肢两侧散放着一些玉管珠和挂坠类玉饰件。比较特别的是在脚端右侧即墓坑的东北角，叠压着一具屈肢侧身的青年女性尸骨，状似跪着倒下的样子，这位女子身上有玉管珠缀片共6件，应该是入葬时随身佩戴的。在她背后，还有大口缸1件。

叠压于M139之上的是M143，两者仅相差10厘米。M143在玉器构成上与M139类似，都有1件镯、较多的玉管和小玉饰件，但是M143没有随葬石钺，陶器数量顿减。继续依次叠压的是M135和M140，这两座墓随葬陶器情况和M143相仿，玉器相对少很多，M140还有1件石钺。

东组当中最早埋设的是M151，随葬品构成的比例和西组M139类似，只是各项数量都要少一些。墓主下肢及脚端有石钺5件（这是东组中随葬石钺最多的例子），左右手各有1件玉镯，陶器集中在脚端；墓坑外北部也埋有大口缸1件。比较特别的是墓主左臂上的1件玉钻芯，报告未发表详细数据，从照片看，原器厚薄不均，环、镯甚至是璧的可能性都有，钻芯为双面管钻所得，一面有多次钻入的痕迹，钻芯中部穿孔，可能作为其他物件继续使用。

东组继续叠压的墓葬依序是M150、M149、M145和M126。其中M145比较特殊，这是东组中规格最高的一座墓葬，随葬品中，陶器数量与一般墓葬的水平相当，有石钺1件放在头部，玉器多达20件，口内有玉琀、头部有玉笄、手上有玉镯，主要还有散布在头部和脚端的14件玉珠。此外，墓坑北端有类似M139的异常陪葬遗迹，在一长方形土坑中有两具侧身屈肢、面颊朝上、呈反缚挣扎状的人骨，一为青年女性，一为儿童，坑内无葬品。坑外也有大口缸1件。

从随葬品文化面貌上看，两组墓葬的层层叠压基本是同时进行的。如果进行两组之间的横向比较，可以发现最早开始埋设的墓葬在随葬品种类构成上是对等的，但存在数量上的悬殊差距，说明两墓主的社会角色类似，而实力不同（图表三）。西组中最先埋设的M139、M143葬品丰富，后葬入者相对较差；而东组中则是最晚入葬的M145规格最高，除了葬品丰富，还有和M139类似的“人殉”现象（但不具有东西组最早墓葬都随葬较多石钺的特点）。或许这是两墓组所属社会单元实力此消彼长的反映。

M139随葬的12件石钺，大部分是石英片岩（8件）和带石英晶屑的凝灰岩料（2件）。东组随葬石钺较多的M151（5件）和M150（2件）在质料及形态上完全与M139一致，M151的5件石钺中有4件为石英片岩，1件为晶屑凝灰岩；M150则1件为石英片岩，另1件绢晶岩料在M139中也可看到（M139：12）。此外，随葬陶器和玉器的形态质地也没有组别上的区分。由此可见两墓组在获取社会资源的渠道上是相同的，暗示着两组之间有着密切的社会关系。

总体上看，福泉山良渚一期墓地属于一个内部关系密切的社群。社群内部，由同

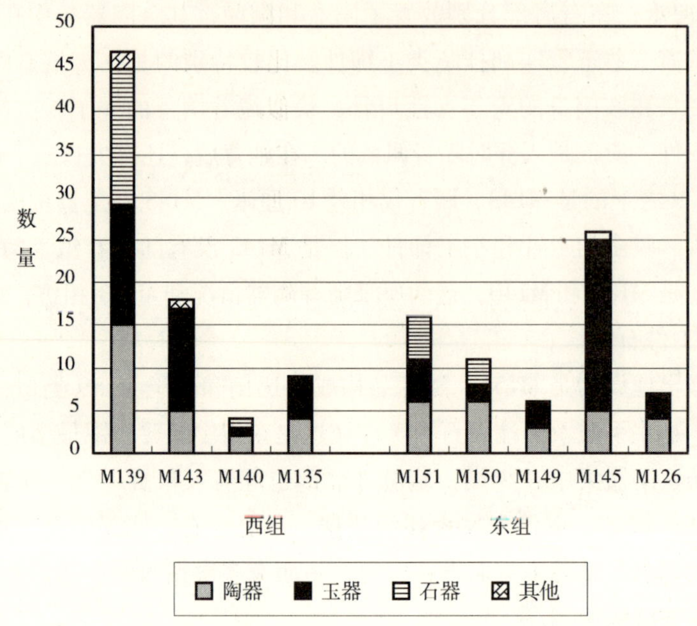

图表三　福泉山良渚一期（良渚文化早期）墓葬随葬品数量及构成比较

位置连续埋葬的方式，区分出次一级的两个社会单元（东西墓组）。相对而言，西组早期略强，东组晚期稍盛。如果要按墓葬状况来划分墓主的等级，那么有两种方案：①按照葬品的结构划分，社群内部可以分为三个等级，第一等级是最早入葬的M139和M151，第二等级是西组的M143和东组的M145，其余墓葬为第三等级；②如果按照葬品数量和埋葬形式划分，也可分为三级，第一等级是M139和M145，第二等级是M143和M151，其余墓葬为末级。无论何种方案，都显示两墓组分别有自己的核心墓葬，墓组之间的结构是对等的。

福泉山良渚一期墓地的年代大约在良渚文化早期偏早阶段，从陶器方面，可以看到许多崧泽文化因素的遗留；玉器方面，则较多小玉饰件、管珠和环镯类佩器，有的用残料或边料改制，这些也和崧泽文化玉器的特点相仿，只是品类有所增加，但是还没有出现任何被赋予了象征意义的良渚式玉器。福泉山所处的地理位置在崧泽文化的核心分布区内，土墩的北部本来就有崧泽文化中晚期的墓地，从陶器上看，这里的良渚一期墓地是直接承袭之前的崧泽文化而来，并且墓地规模也和同遗址崧泽文化中晚期相近，因此，福泉山良渚一期墓地所属的社群很有可能是本地早期聚落的延续。墓地迁址并重组结构，说明社会内部结构已经出现了变化。而墓主地位的差异主要则由随葬石钺、大口缸、其他葬品的数量以及异常陪葬等现象来表现。

如将福泉山墓地放到整个良渚早期文化中来考察，这一社群在区域内似乎还没有获得很高层次的社会地位。太湖东北部是良渚社会特定物化形态初露端倪并逐步成形的地区，与福泉山良渚一期年代相仿的其他一些地点，已经充分表现出能够获取更大范围社会资源，尤其是掌握高端制玉技术和观念的能力，比如常熟罗墩墓地〔13〕，以及张陵西山墓地〔14〕，随葬品数量普遍都在40件上下，陶器、玉饰品和石斧钺在比例上大致相当，并且出现了冠状饰、镯式琮、兽面纹及龙纹等重要的良渚式因素。与之相比，福泉山墓地内部虽有一定的分化，随葬品也比同一地区内的赵陵、龙南等地点〔15〕丰富一些，却尚未像后来的晚期社群那般，获得区域中心这样的社会权力。

四、福泉山良渚二期早段墓地

良渚二期早段的墓地仍旧延续前述良渚一期墓地的结构，大致还能分出东西两排，但是墓葬南北之间有了较大间隔，不再是集中叠压。西排从北向南依次为M120、M115、M109、M136、M132；东排从北向南依次为M124、M94、M146和M144（图六）。从分布特点看，东西似乎还有两两成对的现象，不过这一点并没有足够的随葬品证据来证明。

通过随葬品构成的直方图比较，我们首先能够认识到较为直观的一些差异（图表四）。从随葬品数量和质地结构看，可以细分为五类：西排M132随葬品最多共73件，为一类；M109和M144次之，随葬品35～36件，为二类；M136、M124随葬品17～21件，为三类；M120、M94随葬品11～15件，并且都没有玉器，为四类；M115、M146随葬品2～3件，且都是石器，为五类。从这个初步的划分中已经可以发现，两排之间在结构上存在着惊人的对等性，除了随葬品最多的M132以外，其他墓葬在随葬品类别和数量上都可以一一成对，暗示了两排墓背后社会单元的对等性，似乎可以看作是早期墓地结构的更为制度化的表现。

当然，仅仅按照随葬品数量进行分级并不是唯一的方案，也不一定可以反映墓葬分化的真实情况〔16〕。尤其是在良渚社会中，特殊身份标志物才是更说明墓葬规格的标

---

〔13〕苏州博物馆、常熟博物馆：《江苏常熟罗墩遗址发掘简报》，《文物》1999年7期。

〔14〕南京博物院：《江苏吴县张陵山遗址发掘简报》，《文物资料丛刊》（6）25～36页；南京博物院、角直保圣寺文物保管所：《江苏吴县张陵山东山遗址》，《文物》1986年10期。

〔15〕赵陵、龙南等地点，内部也存在一定程度的分化，从无随葬品到随葬10余件不等，随葬品构成则均以陶器为主，随葬品丰富的墓葬还会有1～2件石钺和若干玉质璜、珠类小饰品。

〔16〕也因此，我们只能暂时称之为“分类”而不是“分级”。

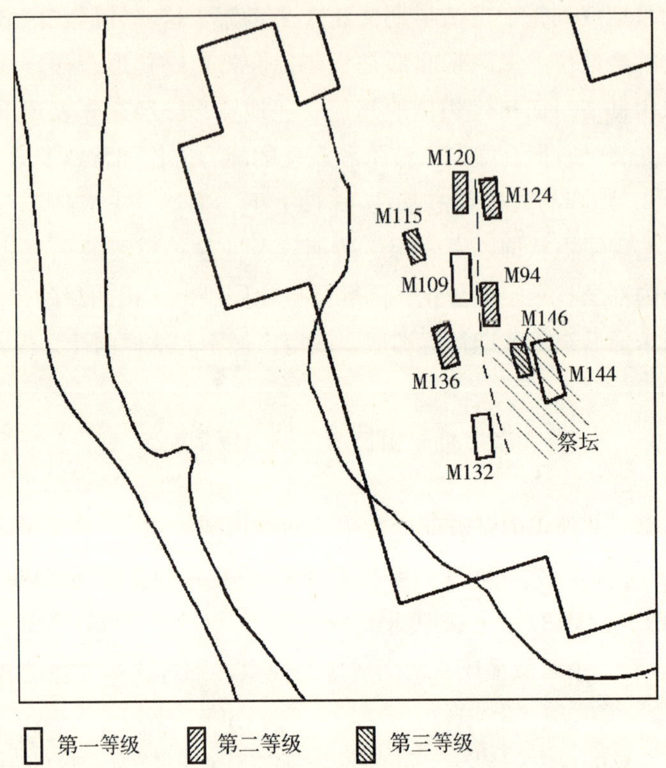

图六　福泉山良渚二期早段墓地平面图

（据报告改绘）

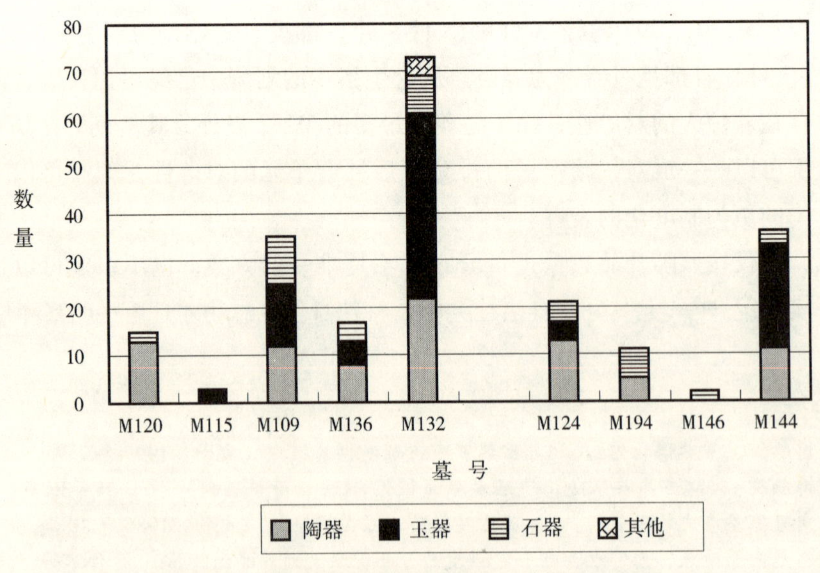

图表四　福泉山良渚二期（良渚文化晚期）早段

墓葬随葬品数量及构成比较

准[17]。因此，我们需要通过主要葬品一览表来逐一分析各个墓葬的状况（表一）。

表一 福泉山良渚二期早段墓葬随葬品一览表

		西组					东组			
		M120	M115	M109	M136	M132	M124	M94	M146	M144
主要玉器品类	冠状饰			1						
	玉钺			1	1?					1
	玉璧			3						
	神面柄形器									1
	锥形器			3		4	1			3
	镯环形器			1	1	3	1			3
	管珠			4	3	32	1			14
玉器总数		0	0	13	5	39	4	0	0	22
石钺类	大孔斧形钺		1	1		3		1		
	风字形钺			2		2		2	1	1
	普通石钺	1	2	1	3	2	4	1	1	
	锛凿			5				1		2
石器总数		2	3	10	4	8	4	6	2	3
主要陶器	鼎	1		3	1	3	1			4
	豆	3		1		3	1			2
	双鼻壶	4			1	8	7	2		2
	大口缸			?	1	1				
陶器总数		13	0	12	8	22	13	5	0	11

从随葬器群的品类构成分析，M109是西排乃至整个墓地的核心墓葬。M109墓主头部附近有陶匜2件，罐、盆各1件，石锛3件，玉锥形器2件，冠状饰1件和玉镯形器1件；胸部左侧有石钺2件，玉璧2件，玉锥形器和石镞各1件；胸部正中有玉璧1件；胸部右侧有玉钺、大孔石钺、石锛各1件，出土时大孔石钺叠压着玉钺；下肢到脚端集中放置着鼎、甗、豆、罐等陶器7件，石锛、石钺各1件，还有若干玉管珠。在西北角墓坑外，有1件大陶罐，与这个位置一般埋设的大口缸应该是类似功能；墓坑南端紧靠坑壁，

〔17〕 道理很简单，一件特殊玉礼器背后的劳力花费和1件陶器是不对等的，并且获取这些社会资源的渠道也不尽相同，因此，数量并不能成为说明等级性的主要指标。

另有小祭祀坑1个，椭圆形，坑壁烧红，内填满烧土块和少量陶片（图七现场）。

此墓出土了二期早段墓地中唯一的1件冠状饰，这件冠状饰两侧外撇，上端有内凹的介字形，但介字形下未钻孔，整器下端的插榫部分比较短小，有别于一般器物（图七，1）。出土玉璧也是早段墓地中的孤例，此外，墓主头部放置的1件镯形器，形态及孔径比例都与放置于胸部的3件玉璧一致，从出土位置分析，它与良渚文化早中期放于头部的大孔玉璧有相似的功能[18]（图七，2），从照片观察，质料或与另3件有所差别（图七现场1、2比较）。M109出土的玉钺，整器为下端略外撇的梯形，特点是刃部平直，正孔上端还有大半个残孔，孔径略小，两孔皆为管钻。这件玉钺比较厚，下端双面打磨出斜向刃面的方法是良渚玉钺刃部加工技术中少见的（图七，3），但在同一墓地的M124中，我们看到一件类似制刃技术的石钺（M124∶6），结合质料青绿色的特征，推测这很有可能是本区域制作的。出土时，这件玉钺与1件大孔石钺相叠，这也是非常典型的玉钺入葬方式。此外值得注意的随葬品还有一批石器。此墓共出土石钺4件，形态与质料比较多样化，显示出不同的来源渠道，其中，M109∶14为大孔弧刃斧形钺，从照片上观察是一件反山式产品[19]（图七现场3）；M109∶34为石钺，风字形外撇，大孔，器薄，这些特点则和苏南传统有关（图七现场2）。5件石锛凿中发表资料的有M109∶16和M109∶4两件，皆制作规整，表面经仔细抛光处理，没有使用痕迹，M109∶4甚至尚未开刃，显然是专门入葬用的礼器化工具[20]（图七现场3、4）。从以上特点分析，M109既延续了本土墩良渚文化早期核心墓葬的特点，如有祭祀坑、坑北葬大型容器、随葬较多石钺等等，同时又包含了良渚文化晚期较高规格墓葬的普遍元素，如随葬玉璧、锥形器、冠状饰和大孔石钺，整体上看，随葬品的来源随渠道比较多样，并且保留了良渚文化早中期的一些特点（如玉璧孔大）。

西排中的M132在随葬品规格上要次于M109。虽然随葬品数量多过M109，但是并没有冠状饰、玉璧、玉钺等比较重要的身份标志物，数量上的优势是由于玉器中包括了4件锥形器、3件玉镯和32件玉管珠，并且随葬陶器丰富，其中双鼻壶就多达8

---

〔18〕 此类玉璧资料参见张陵山、反山早期墓葬等。

〔19〕 所谓反山式产品，指以反山M20出土的24件石钺为代表的特殊形制石钺。这类石钺的特点是大孔、弧刃，一般为硬度很高的溶解凝灰岩质。由于其岩料来源的特殊性，在其他地点还出现了一些类似形态但质料不同的仿制品，如良渚遗址群内的汇观山M4，出土石钺48件，其中47件为大孔弧刃形，除2件与反山M20质料一致外，余为汇观山山体基岩类质料，且制作粗略，应为反山式石钺的仿制品。因此，某种意义上讲，此类石钺的流通或仿制甚至比某些玉器更能反映社群与良渚遗址群间的联系。

〔20〕 以石锛为礼器入葬的另一个典型例子是海宁荷叶地墓地。详见浙江省文物考古研究所：《浙江考古精华》，文物出版社，1999年。

图七 福泉山M109现场及部分器物

1.M109现场 2.玉冠形器 3.玉璧 4.玉钺

件[21]。石器方面，M132有7件石钺和1件砺石，没有锛凿；石钺数量是良渚二期早段墓葬中最多的，同时石钺的质料更趋于多样，除了与M109形态质料一致的大孔弧刃类、普通辉绿岩类以外，还有流纹岩[22]与锌矿石制作的石钺，这显示出背后或有异于M109的来源渠道。M132墓主头骨前还发现了朽蚀严重的獐牙饰多件，让人联想到同时期龙潭港大墓的入葬习俗[23]。此外坑西北角埋设了1件大口缸，这与M132的规格是相吻合的。

西排中还需要讨论的是M136。据报告记录，M136也出土了1件玉斧。此件器物形态与普通的石斧相同[24]，但料色特殊，在福泉山墓地的其他玉器中找不到类似的对照品。因此，可以推测这件"玉斧"是当作精美的石制品来对待的（图八），而非当时福泉山人心目中的"玉礼器"。这样的解释，也与M136整体的随葬状况相吻合。

此外，整个良渚二期早段墓地内，只有上述西排的3座墓葬在墓坑西北角有埋设大口缸或大罐的习俗，这种习俗应该是延续福泉山良渚一期墓地的传统而来，也是一

〔21〕 而M109中是不见双鼻壶的。

〔22〕 报告称霏细岩。

〔23〕 浙江省文物考古研究所、海盐县博物馆：《浙江海盐县龙潭港良渚文化墓地》，《考古》2001年10期。

〔24〕 因此，报告称之为玉斧而不是玉钺。

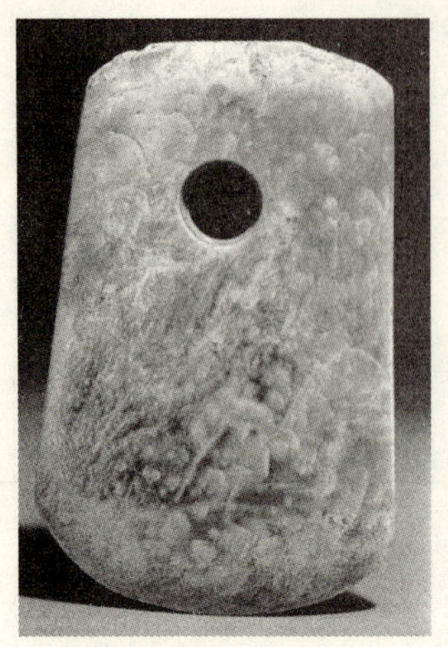
图八　福泉山M136出土玉斧

种社会身份的体现，这种葬俗集中在西排，或可说明西排在墓地中相对重要的地位以及它与一期墓地背后社群之间的关系。

东排的核心墓葬是M144。从空间上看，似乎和西侧的M132有成对关系，并且此墓出土3件锥形器、3件玉镯、14件玉管珠，这些构成特点都和M132相似。但从埋葬形式及特殊随葬品的角度分析，M144和M109更具有对应关系。M144出土了良渚二期早段墓地中的另一件玉钺，制作精良，正孔上端接近缘面的地方有一小孔，小孔为双面管钻，正孔为单面管钻，整器呈梯形、刃部较平直的特点与M109所出类似，从玉质及形态特征判断，也很可能是本地区制作的产品（图九，2）。M144同样有石钺和石锛的组合，石钺（M144:14）形态与M109:34近似，也和苏南系统有关（图九，3），并且其摆放位置与M109:34一样是在右胸臂附近；2件石锛都是制作精良的专门随葬品。尽管M144未出冠状饰和玉璧，却有这一时期唯一一件带有良渚神面的器物，是一件变体锥形器[25]（报告称柄形器），方柱形，有6节抽象的神人纹饰，刻出鼻子和羽线部分，器顶端磨圆并有弦纹装饰，下端有榫部及钻孔（图九，1）；这件器物出土时与3件锥形器一起放置在左下肢骨外侧的陶盆内，说明它的功能与成组锥形器中的刻纹锥形器是类似的。此外，在墓坑东北部有一具人骨残迹，头向北，人骨旁还有双鼻壶、鼎和玉珠各1件，这种人殉式的陪葬方式可在福泉山良渚一期墓地的核心墓葬中找到传统。随葬规格及玉钺、神面纹器等方面，M144与西列的M109是具有一定对等性的。值得一提的是，M144是良渚二期早段中唯一鉴定了人骨的墓葬，墓主为25岁左右的女性，由于缺乏可比对的资料，我们不知道性别与墓葬规格之间是否存在联系，但至少可以肯定，随葬玉钺、有人殉式陪葬等特点在福泉山不是男子的专利。

东排中次于M144的是M124，如前判断，此墓与西列M136为一类，随葬品数量和种类都非常近似，只是M124随葬多达7件的双鼻壶，在陶器数量上比M136多了一些。

接着是M120（西排）和M94（东排），同样都没有玉器，随葬品数量也接近，但是构成比例上两墓差别较大。M120随葬了较多陶器，包括4件双鼻壶和3件陶豆；而M94则随葬了较多石器，包括4件石钺、1件石锛和M109以外的唯一1件石镞，石钺的形态质料多样，其中还包括了1件闪锌矿制品（M94:4）。两墓之间虽有上述不同，

---

〔25〕这件类锥形器的柄形器质料青绿，似乎是本地特点，此器形目前在良渚文化中还是一个孤例，因此本地区制作的可能性非常大。

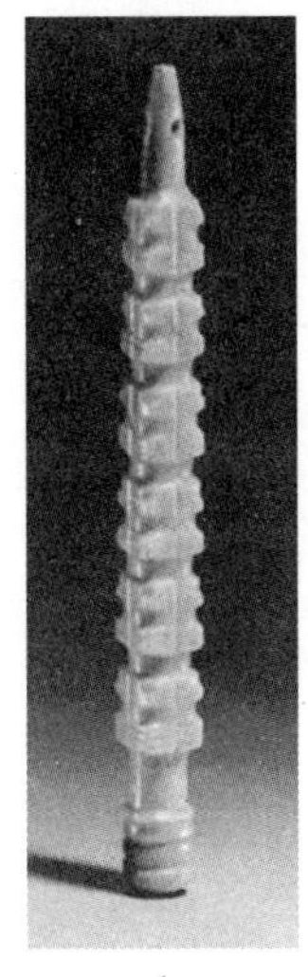

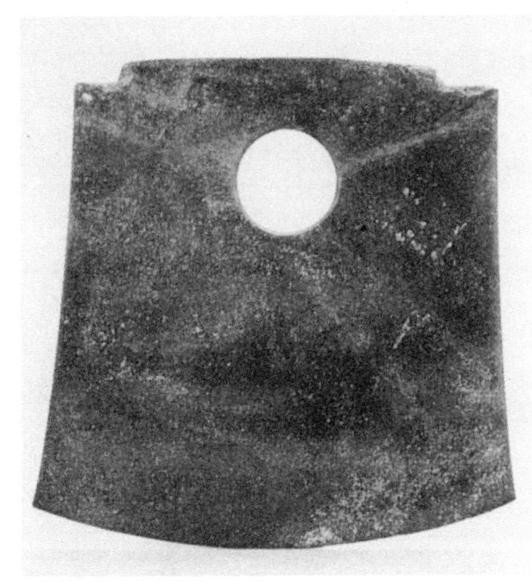

1 2 3

图九 福泉山M144出土部分器物

1.玉柄形器 2.玉钺 3.石钺

但和墓地内其他墓葬一比较，这就只是同级内部的差异了。

最后是M115和M146，分别随葬了3件和2件石钺。报告未发表具体资料，应该说也是可以相对应的。

通过对随葬品的具体分析，略微归纳和修正一下最初的分类：二期早段墓地按照随葬状况可以分为三个等级，第一等级墓葬3座，M109、M144和M132，其中M109规格更高；第二等级墓葬4座，M120、M136、M124和M94，还可根据是否葬有玉器分成两类；第三等级墓葬2座，M115和M146（参见图表四）。

结束良渚二期早段墓地的分析之前，再比较陶器形态赘述几句。从陶器的编年看，墓地的延续使用时间很短，接续紧密，文化面貌上没有出现阶段性的变化。如果要细分出一个早晚，大致的方案是：M124/144 →M120/M132 →M136/M109/M94。相比而言，西排在陶器的相似性及变化序列方面更为完整；M120和M132在陶器组合和具体形态上都非常接近，同时在它们和M136、M109之间能够看到逐步变化的细微轨迹（图一〇）。东排的随葬陶器则相对要多样及无序一些。一方面，这可能说明西排墓葬的入葬年代更为接近，东排时间跨度相对要大；另一方面，也可能说明西排墓葬背后的社会单元内部关系更为紧密。从陶器编年的证据出发，是否可以认为良渚二期早段存在由两头往中部埋设的入葬规律，笔者暂时尚不敢断言。总体来讲，福泉山良渚二期早段墓葬的随葬陶器多见隔裆鼎，双鼻壶的壶身已经趋向扁圆，大致相当于良渚文

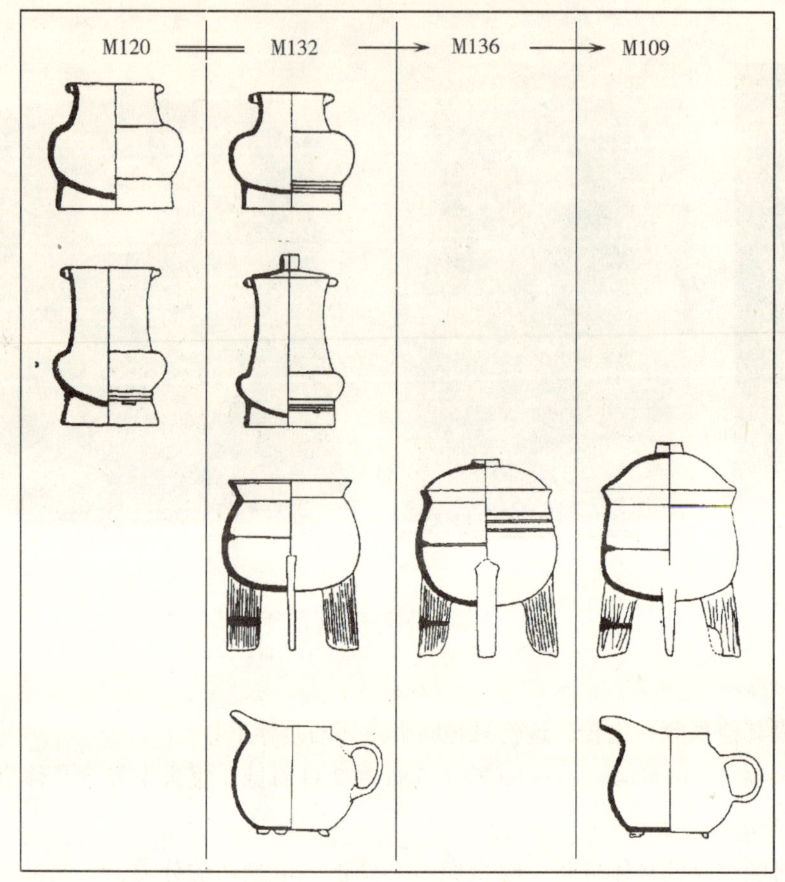

图一〇　福泉山良渚二期早段部分墓葬器物变化

化晚期偏早阶段[26]。

总体上说，这一阶段的墓地保持了福泉山良渚一期墓地结构的空间特点，也是集中分布于土台西侧，呈东西两排、南北向布列，但墓葬间隔上有了扩展；同时，还延续了良渚一期墓地的分化特征：东西排在墓葬分级方面具有结构上的对等性，并且这种同构性比一期更为严格；西排的一级墓葬M109是整个墓地的核心，这也同样延续了一期以西排为主的墓地结构。尽管在一期和二期早段之间存在一定的时代缺环，但是由墓地规模和上述结构上的相似性来推测，我们或许可以大胆地说这背后仍是同一个社群的延续，社群内部结构没有发生剧烈的变化。

同样，最后将这一阶段的福泉山社群放到整个良渚文化晚期偏早阶段来考量，福泉山高级墓葬中还看不到与良渚遗址群或其他区域之间存在高等级奢侈品远程流通的

---

〔26〕与龙潭港墓地年代最为接近。

确切证据。玉钺的平直刃特征，神面柄形器的特殊形态，或许都是区域性生产规模的表现。这些现象暗示我们，到了良渚文化晚期偏早阶段，使用福泉山墓地的社群尚没有能力进入良渚社会最高层次的流通领域。但同时，石钺方面表现出多源的获取渠道，它们与苏南系统可能存在的联系，以及“本土化”的玉制品，都可以说明福泉山聚落在太湖东北区内是有一定实力来掌控社会资源并进行较高层次的交流活动的。

五、福泉山良渚二期晚段墓地

位于黄土层中部的祭坛（其实是红烧土堆积，建筑遗留?）营建起来之后，整个福泉山墓地的结构发生了根本性的改变。这不仅表现在空间布局上，也由各墓的随葬品构成来体现。

从布局上看，由于人工营建的黄土墩已扩展到一定规模，福泉山墓地的范围往东扩展，墓葬之间的间距变大，分成西、中、东三组，每一组大致保持南北向排列的形式（图一一）。西组本来的墓地位置被红烧土堆积的祭坛和继续堆筑的灰黄土层所覆盖，晚段墓葬都围绕着“祭祀遗迹”南北向分布，由北往南依次为M74、M101、M128。中组由北往南为M60、M65、M67。西组目前仅见北端的M40和南端的M9，中部土台位置被破坏，只能从结构上推测或许原来还有一座墓葬；M9的西南侧还有一处介壳屑堆积，从报告描述中难以判断它和M9的层位关系。仅从墓葬分布来看，这样的

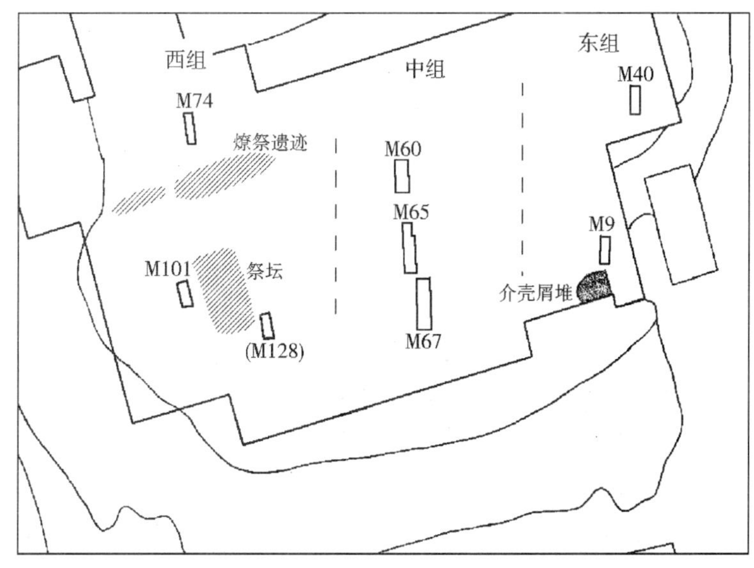

图一一　福泉山良渚二期（良渚文化晚期）晚段墓地平面
（据报告改绘）

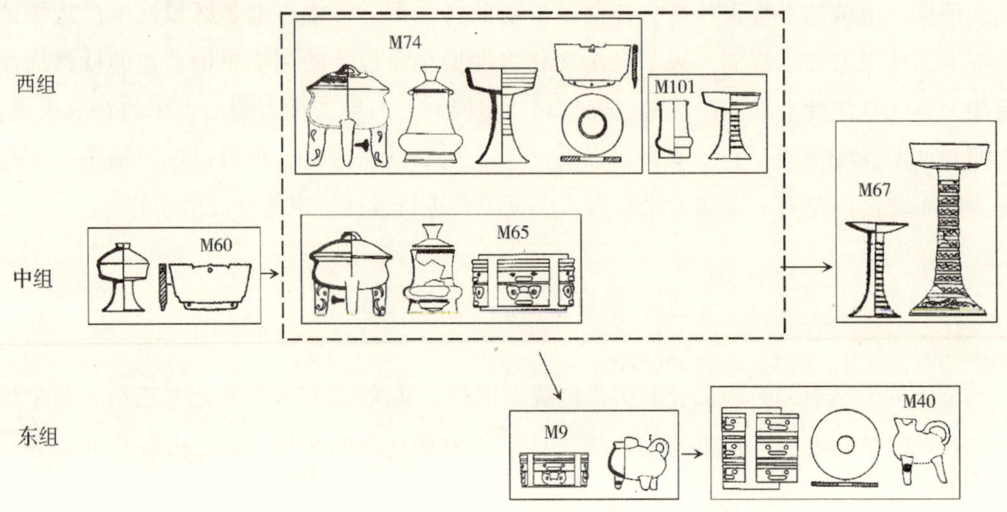

图一二　福泉山良渚二期晚段墓葬编年

空间关系大体仍具有福泉山良渚文化墓地一直以来的布局特点，即东西向分出次一级单元（墓组），各单元的墓葬南北向排列。不同的是这一阶段墓地范围大规模扩展，占据了整个人工土台（或可理解为大型土台的营建正是为了墓地的扩大而进行的）。良渚二期晚段墓地似乎可看作是一期及二期早段墓地结构的“扩大”版。

但是，空间上表现出来的三组结构是否同时并存，抑或组别之间还有入葬时序上的先后？仍需要通过细致的年代学分析来解决。

中组3座墓葬年代上跨度较大，因此，可以中组序列为依据来比较各墓状况（图一二）。如前文所述，M60是良渚二期晚段墓地中年代最早的一座墓葬，从陶器特征上，可与二期早段相衔接。中组M65和西组M74随葬陶器形态接近，且M74出土的冠状饰与略早的M60类似，因此这2座墓葬在年代上仅次于M60；西组的M101出土的陶豆、双鼻壶可与M74比较，也考虑放在类似的阶段，简称M65组。M9、M40随葬陶器都比较少，没有双鼻壶或许是年代差别的一个反映，M40还出土了具较晚特点的宽把杯，M9则有1件玉琮特点与M65较相近，因此这2座墓葬排在M65组之后，M9略早于M40。年代最晚的是中组的M67，高柄豆的豆把已经非常夸张。根据以上分析，二期晚段墓地的形成趋势大致是：M60→M65/M74/M101→M9/M40→M67。

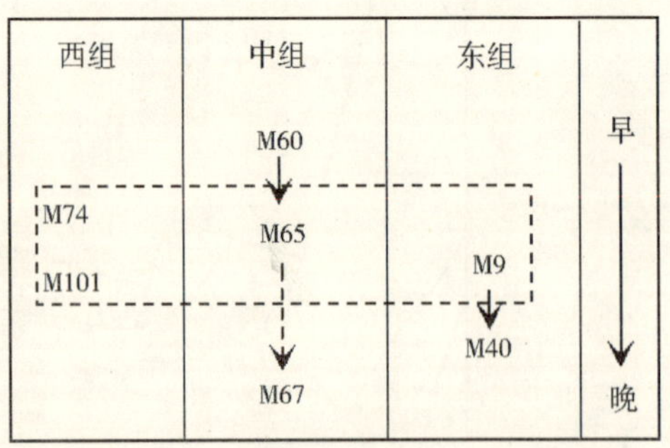

图一三　福泉山良渚二期晚段墓地形成过程示意图

M60 的下葬年代与二期早段墓地的下限非常接近，因此，墓地布局上发生的阶段性变化，很可能是由 M60 在土墩中部的埋设开始的，报告介绍 M60 是一座双人合葬墓，或许正是特殊人物的入葬仪式引发了墓地结构上的重要变更。到了 M65 阶段，三组分别有墓入葬；到了墓地最后阶段，西组似乎已不再继续使用。这样的过程可以大致用简图来示意（图一三）。

下面仍通过重要随葬品的分布来分析墓葬之间的差异（表二）：

表二　福泉山良渚二期晚段墓葬随葬品一览表

		西组			中组			东组		其他残墓	
		M74	M101	M128 *	M60	M65	M67 *	M40	M9	M53 *	M103 *
主要玉器品类	冠状饰	1	1		1						
	玉钺	4	1			2		3	2		
	镯式琮								2		
	琮					2		2	1	残 2	
	“琮式”器						1	1			
	玉璧				2	2		3	4		1
	锥形器	12	12		81	5		31	43	2	
	镯环形器	2	4		4				4		
	璜	1	1		1						
	绿松石镶嵌片							69	17		
	管珠	110	52		26	101	38	25	67	11	
玉器总数		138	72	0	45	117	41	99	107	17	1
石钺类	大孔斧形钺				7	1		1	4		
	风字形钺		3		1			5	5		
	普通石钺		1		1	2					
石器总数			4		12	3		7	9	1	
主要陶器	鼎	5	2	1	3	1	1	2			
	豆	7	3		1	1	4	2		2	
	双鼻壶	2	2	1	5	1					
	宽把壶（杯）	1	2	1		1	1	4			
	盉		1			1	1	1	1		
陶器总数		31	19	5	15	8	11	13	2	2	

注：墓号带＊者为残墓，故随葬品组合仅供参考。

从上表中可以看出，到了良渚二期晚段，所有墓葬都随葬有重要的身份标志物，包括玉钺、玉璧、玉琮、石钺、黑皮细刻纹陶器等等。而各组及各墓之间，占有这些资源的情况是有所差别的。

西组两座完整的墓葬随葬品结构基本一致，都有冠状饰、玉钺、玉璜和较多数量的锥形器，都没有玉璧和玉琮，管珠类的出土情况也很相近，主要集中在头部作为串饰；M74 虽然未见石钺，但有玉钺 4 件，或可补充类似的功能，消减两墓之间的差异。M74 的玉钺带有玉质端饰一套，墓中还出土了玉纺轮 2 件，半圆形玉饰 1 件和 1 件特殊形制的角形器，同时，M74 各项随葬品的数量都比 M101 丰富一些。这些现象说明西组两墓主的社会角色基本类似，在贫富上还有细微的区别。

中组保存完整的也只有 2 座墓葬，其中 M60 还是一座双人合葬墓（图一四）。M60 内的两具人骨中，东首一具有玉璧、玉璜、8 件锥形器、7 件石钺以及数量较多的其他随葬品；西首一具则随葬有玉璧、冠状饰、2 件大孔石钺、2 件陶鼎和 1 件玉管。从特殊类器物看，两人之间的差异并不是太大，数量上的悬殊差距可解释为这是以东首墓主为主的合葬墓，两墓主间的社会关系有别于早先福泉山墓葬中陪葬人殉和墓主之间的情况，基本是平级对等的。M60 的随葬品构成和 M65 比较，差别很大，M65 出现了玉琮、玉钺，这在 M60 中未见，反之 M65 也不见玉璜、环镯类器物。

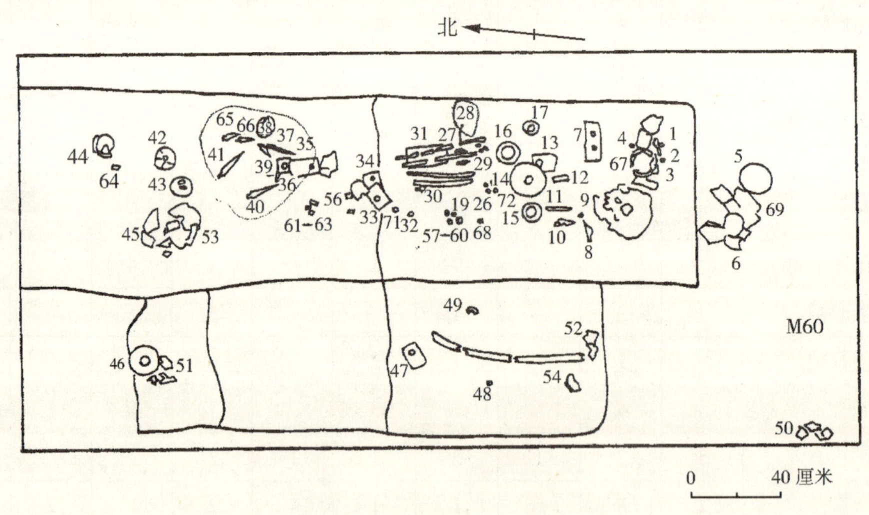

图一四　福泉山 M60 墓葬平面图

东组两墓之间的相似性比较高，都有玉钺、玉琮、玉璧、玉锥形器、大孔石钺等身份标志物，并且都有绿松石质的串珠或者镶嵌饰片。这说明一方面两者可能有共享社会资源的密切关系；另一方面墓主的社会角色也是近似的。

如果横向比较的话，M60 和西组墓葬的随葬品构成比较雷同（只是西组缺乏玉璧)；而 M65 则和东组的随葬品构成相对近似。或许可以将这种现象理解为，中组背后是一个结构相对完整的社会单元，与 M60 社会角色类似的成员埋在西组，与 M65 类似的则埋在东侧，尽管这当中可能还有年代因素的干扰，但仍可据此推测，西组和东组墓主在社会网络中所扮演的角色会有所不同。

要更进一步把握这些墓葬的特点，并且认识福泉山墓地在整个良渚文化晚期社会中的位置，还需要对各类重要随葬品逐一加以分析〔27〕。

玉钺在良渚二期晚段墓葬中分布比较普遍，除了最早的 M60 不见之外，其他墓葬均有出土。但是随葬方式和良渚文化高等级墓葬中最具代表性的反山、瑶山有所不同，后者每墓仅出土 1 件，而在福泉山，数量则在 1 ~ 4 件不等。

M74 最多，有玉钺 4 件〔28〕，报告发表了 2 件。M74 : 37（图一五，1）出土时有配套的端饰，墓地内另一个有配套端饰的例子是 M65 : 46（图一五，2），并且这两件玉钺在料色和形态上都非常接近，或许有同样的来源。M74 发表的另 1 件（图一五，3）形态上与 M74 : 37 较接近，但刃部更平直一些，料色青绿半透明，或有本地产的可能性。M40 出土 3 件玉钺，仅发表 2 件，形态类似，都是长条舌形，孔较小，上缘不平整，其中 1 件为滑石质（图一五，6），另 1 件绿褐色纹理斑驳，质料类似晚期玉璧所常用（图一五，5）。与此 2 件形态相仿的是 M9 出土的 1 件玉钺（图一五，4），其质料近似于 M40 : 82，但为黄褐色，类似料色的玉璧也是较常见的。M9 的另 1 件玉钺（M9 : 25）则为半透明青绿色，玉质较好。此外，M101 出土的玉钺据鉴定为玉质蚀变岩，并非软玉〔29〕。撇开那些色泽青绿很可能是本区域产品的个例，由玉钺来看，东组有相对独立的产品来源，而西组和中组则关系相对密切〔30〕。

玉琮仅见于中组和东组。据报告所称，东组 2 墓皆出 3 件琮，但具体情况尚需讨论。M9 出镯式琮 2 件，1 件构图类似反山 M12 和 M20，为“双羽线—神人—神兽”组合，两翼有鸟纹，不同的是，福泉山此件玉琮在神人和兽面两翼皆刻有背对鸟纹，这种构图是目前良渚文化中的孤例（图一六）。这件镯式琮料色青绿半透明，鸟和兽面细

---

〔27〕 随葬品本身有两个属性值得我们分析：一个是环境属性，即葬品所在的 context，哪类墓葬才使用？具体放在哪个位置？和哪些东西共出？这些特点可以帮助我们认识微观社会结构，即社群内部的相互关系。另一个是它的物质属性，即随葬品本身的特征，包括材质、技术、风格等内容，这些特点可以帮助我们建立起单个遗址与周围地点甚至其他区域的联系，由此认识相对宏观的社会结构，即通过物质的流通来反映社群之间的关系。在这里，我们将逐一讨论重要器物在福泉山墓地中的分布状况（环境属性）和它们所反映的产源信息（物质属性）。

〔28〕 前文已推测，这或许是石钺的一个补充。

〔29〕 引自报告附录六，186 页。

〔30〕 当然，这种亲疏关系可能只是年代上的问题，东组 M40 和 M9 出土的相似玉钺要偏晚一些。

图一五　福泉山良渚二期晚段墓葬出土部分玉钺比较

1.M74：37　2.M65：46　3.M74：33　4.M9：16　5.M40：86　6.M40：82

部的刻划与良渚遗址群系统有所不同，因此推测此为其他产源获得的产品〔31〕。值得一

〔31〕需要指出的是，除了在反山、瑶山墓葬中发现有刻鸟纹的玉器，良渚遗址群内外，福泉山M9是唯一出土鸟纹图案玉器的墓例。而反山、瑶山玉器中，鸟纹和神人兽面的组合关系是比较多样的，在玉琮上以这种纹饰组合方式出现，只有反山M12和M20可以找到类似的例子。鸟纹与神人兽面的组合是在良渚社会信仰体系发展到高峰时期最完整最系统的一种象征图式，在反山晚期墓葬中已经不再出现，同时M9的这件为镯式琮，形态上也是早期特征，因此推测这件器物制作年代可能偏早，或许是墓主及其所属社群拥有的一件“传世品”。尽管M9此件玉琮表现出非反山和瑶山系列的技术特征，但它和良渚遗址群的密切关系是不可否认的，或许，我们应该期待类似制品的发现，以了解更多关于高端制玉体系进一步划分的可能。

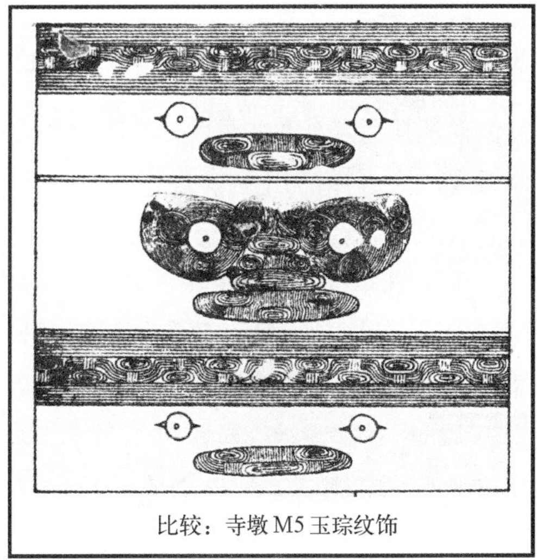

比较：寺墩 M5 玉琮纹饰

图一六　福泉山 M9：21 镯式琮及同类器比较

比较：寺墩 M3：43 镯式琮

图一七　福泉山 M9：14 镯式琮及同类器比较

提的是，此件玉琮的纹饰细部和寺墩 M5 同类器非常接近（图一六）。M9 的另 1 件镯式琮为浅浮雕人兽组合，神人兽面皆单圈眼，没有刻划细部，双羽线纹带内也没有刻划横线。有意思的是，神兽眼下的鼻子部分被切割掉了，从照片上观察，尚不能判断是否存在成品分割的可能。这件镯式琮兽面的眼角已经从椭圆变成了带折角的特征，应该相对要晚一些，与之最为接近的出土品是寺墩 M3 的 1 件镯式琮（图一七）。从纹饰特点以及料色来看，2 件镯式琮很可能来自于不同的流通渠道，但它们又与寺墩 M3、M5 的两件玉琮分别可作比对。此墓还报告出土了 1 件方琮，可惜未发表资料，从报告中分为同型的另 1 件玉琮（M65：50）来看，应该是双羽线神人兽面组合（图一九），这与同墓所出 2 件镯式琮在构图形式上是大体一致的。方琮出于墓主右手侧，浅浮雕镯式琮在其附近；而带鸟纹镯式琮出自左臂位置，其上方有1件玉镯，下方有1件分体玉镯，从这样的出土位置推测，或许是戴于墓主手臂上入葬的。

M40也出土了3件琮，都非常特别（图一八）。其中的M40∶110和M40∶26明显是1件成品分割两半而成，出土时候1件位于头端，第3节神人被割去了鼻子，另1件位于下肢右侧。这对玉琮质料较差（为蛇纹石），制作也较粗糙，从器表仍可以观察到鼻子部分切割蹭磨的擦痕，似乎没有经过抛光的工序。很多研究者在论述中提到这组器物，认为是良渚文化晚期为了人为增加玉琮数量而做的切割[32]，笔者完全同意。M40的另1件玉琮是一件近似于抽象的作品，整器为圆柱形，四个凸面均分作相等的两节，表面刻有不易观察到的鼻子和单圈神人眼睛，与一般图式不同的是，神人上下都有一道表现羽冠的横线纹带。这件作品称作玉琮倒不如称作琮式柱形器更为合适。我们知道即使在良渚文化最末期对玉琮纹饰简化到了极致的时候，也至少要磨出神人的鼻部和上端的双羽线纹带，这些特点是良渚图式必需的元素。而这件器物在一节中上下分别刻划了羽线条带，说明制作者并不理解这种纹饰的象征意义。因此，笔者倾向于猜测这是来自于非高端生产集团的一件产品，至少不出自能够制作玉琮的生产团体，唯此才能理解它对玉

M40∶110（上）与M40∶26（下）

M40∶91

图一八　福泉山M40出土玉琮

〔32〕　中村慎一：《良渚文化的遗址群》，《古代文明》第2卷53～64页，文物出版社，2003年。

琮形器的模仿以及对横线羽冠纹的“误读”。总之 M40 出土的玉琮是比较特殊的，可以肯定也来自于不同的流通渠道，并且与 M9 的玉琮来源有很大的区别，制作年代上也要晚一个阶段。

中组北端的 M60 没有出土玉琮，如果与此墓出土玉璜的特点结合考虑，或许墓主的性别或其他身份有所不同。M65 出了 2 件玉琮，集中出自手臂位置。1 件为上文提到的双羽线—神人—兽面构图（M65∶50），这是福泉山出土的唯一一件鸡骨白带玻璃光色泽的玉琮，从玉质和刻纹特点看应该是来自于良渚遗址群的产品，与之最为接近的是反山 M20 同类器（图一九）。它与 M9∶14 在神兽眼部的表现手法上比较类似，都是浅浮雕，眼眶带折角，只是此件器物鼻子部分有刻划细部，并且是重圈眼，或许年代相近而此器略早。M65 的另 1 件玉琮为双节神人构图（M65∶49），射孔比较大，超过一般方琮的比例，可能是作为镯式器来使用的。

M67 中还有 1 件报告所谓的玉琮半成品（图二〇），出自头部位置。圆柱形，中心孔壁上对钻痕非常明显，奇怪的是在器壁一侧也有从两端对钻的一个小孔，但尚未钻通，孔壁钻痕也没有经过任何处理，整器表面已经分割成上下两节，或许据此特征它才被认为是一件琮的半成品。但事实上良渚文化中尚未见到圆柱形玉琮，充其量还只是未完工的琮式柱形器而已。

此外，M53 记录有两件残玉琮，未见任何图文资料，无法讨论。总体来看，福泉山玉琮有不同的来源渠道，时代跨度也较大，其中有从良渚遗址群获得的成品，还有来自其他渠道的物品，甚至仿制品。

玉璧共出土 12 件，发表资料的只有 5 件，如果按照直径和孔径的尺寸进行聚类，

比较：反山 M20∶124 局部

图一九 福泉山 M65∶50 及同类器比较

其中4件为一组[33]，直径在22厘米以上，孔径4.3～5.3厘米；另一件M60：46，直径12.6～12.9，孔径3.8厘米。从照片观察，后者的料色也和前述4件略有不同。如果将福泉山玉璧放到整个良渚玉器群中比较（图表五），前4件与寺墩遗物类似，具有良渚晚期玉璧的特征；而M60：46则与反山组聚群。同时，在聚类中还会发现福泉山二期早段的玉璧具有较早形态的特点，直径小，孔径相对较大。

图二〇　福泉山M67出土"琮"

锥形器也是二期晚段中比较普遍分布的器物，除残墓外，所有墓葬都有出土，西组数量最多，均为12件，皆素面。M74中有7件集中在头部，应该是以成组锥形器的使用方式入葬；另5件散布于上下肢位置，其中2件为蛇纹石。M101有4件集中于头部，为成组锥形器，6件散布于上肢两侧，还有2件最长的出自墓坑最北端，这两件锥形器（M101：94、M101：95）经鉴定不是软玉也并非常见代用料（如蛇纹石），而是酸性凝灰熔岩质地[34]；此外，M101：69的玉锥形器有相配套管，套管壁薄孔深，套接完整，却并非同料制作，锥形器本身是软玉质，而套管则为蛇纹石[35]。

中组M60出土8件玉锥形器，全部属于东首墓主，1件出自右臂外侧，另7件与2件石斧一起集中出自下肢处，其中M60：38为刻纹玉锥形器，器下部有一对重圈减地纹样，这种减地浅浮雕的技术在福泉山仅见于玉琮，结合此器料色，应当是来自良渚遗址群的产品。M65出土玉锥形器5件，皆素面，2件集中于头部，1件在右下肢处，2件在左下肢处，左下肢2件带有套管。

东组M40出土玉锥形器3件，1件在头侧，1件在左臂侧，1件在脚端陶器堆中，脚端1件有刻纹（M40：120），料色上判断是良渚遗址群产品，此外1件玉锥形器套管出自下腹部，与玉锥形器相隔很远，可能入葬时散落。M9出土玉锥形器4件，1件出自胸腹部[36]，与套管相隔较远，刻两节神人兽面组合纹；另3件出自下肢处，出土时

---

[33] 分别为M9：9、M40：111、M40：118和M60：14。

[34] 参见报告附录。

[35] 蛇纹石摩式硬度仅2.5°～4°，与硬度在6°～6.5°的软玉相差甚远，或许是因为套管的制孔要求令良渚人选择硬度较低的原料。从中也说明锥形器功能的嬗变，套管是必须择料制作与之相配的附件，而不是生产玉锥形器时候的副产品。

[36] M9头端已被西汉墓打破，所以头部还有出土成组锥形器的可能。

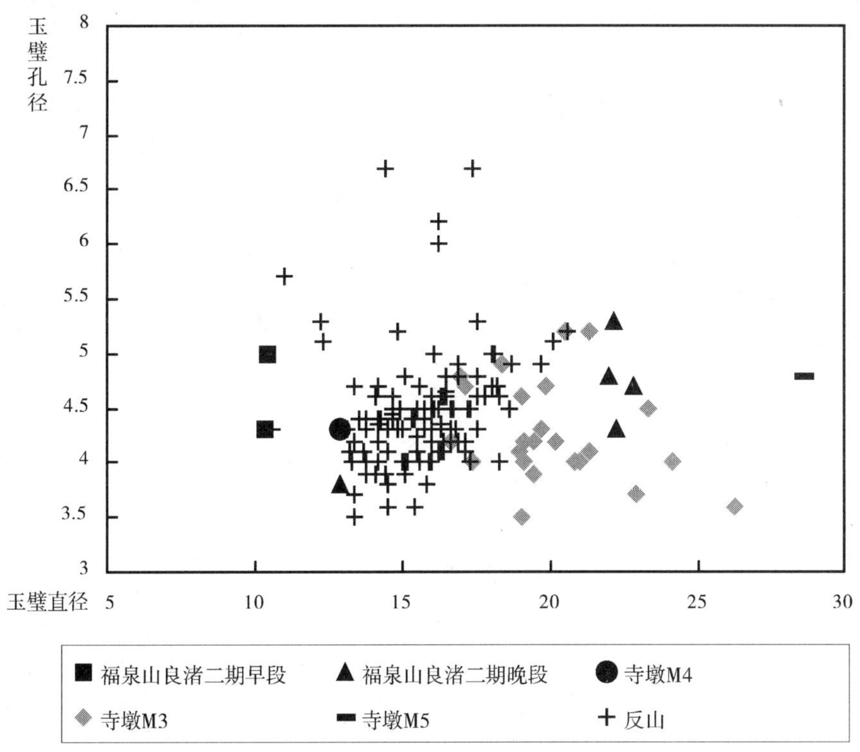

图表五　福泉山及其他地点玉璧尺寸比较

与玉璧、石钺相互叠压，其中 2 件刻纹，1 件很短，刻单节神人纹，1 件长达 34 厘米[37]，榫部未钻孔，有配套管，形态与刻纹都和花厅 M18∶1[38]非常接近，应该是同源制品。

福泉山良渚二期晚段共出土冠状饰 3 件，都在头部，是束发工具，可分两类：M60 和 M74 所出形态特征一致，都为倒梯形下端内收，上部有内凹介字形，M74 钻椭圆形孔，M60 则为圆孔，这 2 件都符合良渚文化中晚期冠状饰的普遍特征（参见图一二）。另 M101 出土 1 件冠状饰，整器近方形，上端内凹介字形刻划平直，和常见弧形边缘的特点不同，且下端榫部较短（图二一），这可能是到了晚期以后本区域因料制作形态略有异化的例子。

石钺的质料和形态在良渚二期晚段墓地中还是比较多样化的，大致可以分成这样几类：一类是大孔弧刃的斧形钺，即反山式石钺，一般每墓出土 1 件，而 M9 和 M60

---

〔37〕 据《良渚文化玉器》公布尺寸，《福泉山——新石器时代遗址发掘报告》称残长 32.5 厘米。

〔38〕 南京博物院：《1989 年江苏新沂花厅遗址的发掘》，《东方文明之光——良渚文化发现 60 周年纪念文集》，海南国际新闻中心，1996 年。

分别有4件和7件，这类石钺应该和反山系统有关，特别像M9∶18这样的石钺（图二二，1），几乎可以肯定是直接来源于良渚遗址群的成品。另一类是风字形石钺，一般为辉绿岩质，良渚二期晚段墓葬中的此类石钺都是小孔长方形，这和二期早段中较多出现的大孔横长方形特点迥异（如M109∶34、M144∶14、M146∶1、M120∶6），而后种特征主要见于以赵陵山M77为代表的苏南系统；这种时代变化说明良渚二期早段时福泉山与苏南系统的联系相对于晚段要密切许多〔39〕。与良渚二期早段相比，良渚二期晚段的石钺制品多样性的程度略有减弱。

图二一　福泉山M101出土冠状饰

1

2

3

4

图二二　福泉山M9出土部分器物
1.石斧　2～4.玉管

此外，墓中还有如下值得注意的葬品：M60出土了1件玉钻（M60∶29）和1件石钻（M60∶30），集中在右手附近，两器形态相近，前端都是圆头，是否钻具尚不能确定（图二三），但福泉山墓地中仅M60出土了这种器物，对墓主身份的推测或有帮助。M9出土了成对的琮式管〔40〕（M9∶23、M9∶26，图二二，2）、带兽面柱形玉管（M9∶

〔39〕 或许也暗示到良渚文化晚期偏晚，苏南系统的大孔风字形钺已经不再流行和大批制作。

〔40〕 琮式管构图为羽线神人（共用眼）兽面（仅2面），这种构图形式还见于反山M20的几件锥形器，其他单位中则是不多见的。结合M9的其他随葬品，可见M9与遗址群的关系在福泉山墓地内是比较突出的。

24、M9∶41，图二二，4）和竹节式玉管（M9∶38、M9∶40，图二二，3），这些器物料色特点类似，推测为同料制作。M9是福泉山墓地中出土神面图式玉器最为丰富的墓例，并且还有带兽面细刻纹的残象牙雕器，这些现象都暗示M9墓主身前参与高层次交流活动的特殊地位。

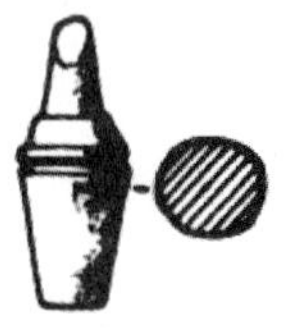
石质

玉质

图二三　福泉山M60出土玉、石钻

绿松石制品也是福泉山墓葬中比较特别的随葬品内容（图二四），主要集中在东组的M9和M40。M9出土了1组5件绿松石串珠，集中在头部出土的17件镶嵌片中，也有一部分是绿松石质；M40则出土了多达69件镶嵌片，绝大部分都是绿松石质，这些镶嵌片主要分成三组集中放置，一组在头部，一组在身体右侧，一组在脚端。我们知道山东大汶口文化晚期，绿松石制品的生产是比较发达的，其中很大部分就是制作类似形态的片状镶嵌件，比如大汶口墓地M5，就出土了大量绿松石小圆饼，这是大汶口文化晚期的一个典型墓例。而福泉山墓地M67出土的一件彩陶背壶（图二四），形态和大汶口（M81∶8）、花厅（M20∶49、M18∶42）等地随葬品完全一致，花厅M18又是出土了大量良渚式玉器的典型墓例[41]。从上述种种现象，都可以看到福泉山聚落远程交流的实力。

总体上看，良渚二期晚段墓地的相对年代大约为良渚文化晚期偏晚阶段，但是并没有延续使用到良渚文化的最末期。这一阶段，墓地的结构与内部分化特点都与良渚二期早段有所不同，结构上形成了东西向三组的空间形式，分化主要表现在特殊随葬品的类别差异上，这种分化和空间结构很好地结合在一起，大致形成以中组为完整单元，西组与中组M60相近、东组与中组M65相近的结构分类。墓葬之间存在的差异主要是墓主身份角色不同造成的，不再像良渚二期早段或者良渚一期那样墓地内部存在社会地位或者说等级上的差距。从社会分层的角度讲，到了良渚二期晚段，福泉山墓地的墓葬规格是类似的，墓主之间的社会地位也是对等的。

这一阶段，福泉山聚落获得社会资源的能力急剧增加，与良渚二期早段相比，出现了良渚遗址群以外所能获得的所有种类的奢侈品，其中有直接来自于遗址群的成品，也有从其他渠道获取，还具有本区域生产供自我消费的能力，甚至出现较多与山东地区进行远程交流的实证，这些现象都证明福泉山聚落巩固了自己区域中心的社会地位，同时辐射范围扩大，影响力在整个太湖地区大大提高。

良渚二期晚段墓葬的规格普遍提高，墓地内部没有明显的等级划分，这种现象背后有两种可能：一种可以理解为墓地属于身份地位特殊的社会成员所使用，社群中的

---

〔41〕 如上文所举玉锥形器之例就出自M18。

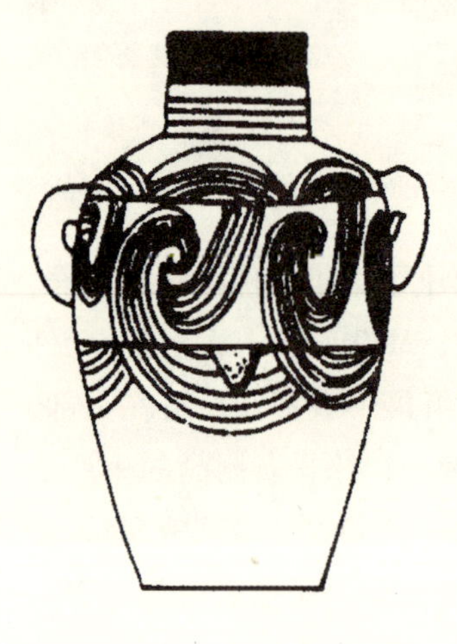

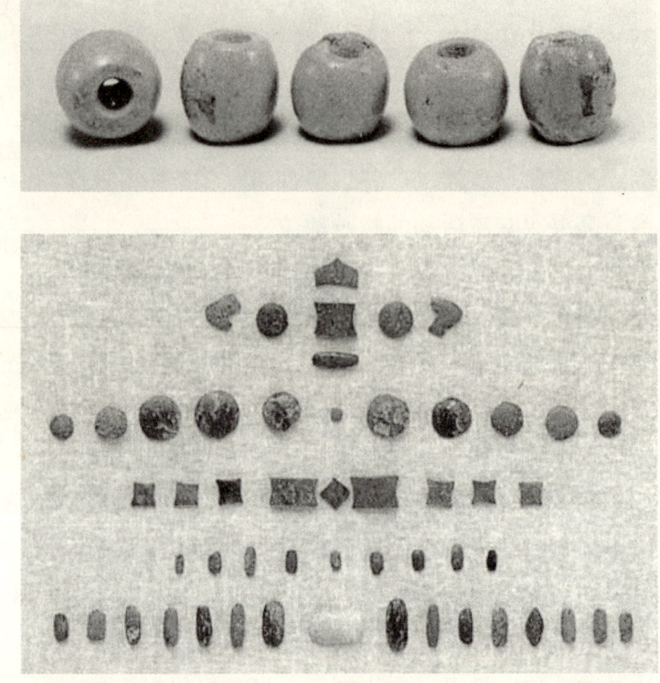

图二四 福泉山墓葬中的部分大汶口文化因素

其他成员不能再入葬于此，这样的解释不妨称为“显贵阶层说”；另一种可能性则是到这一阶段，使用福泉山墓地的社群已经逐步发展成为一定范围内最高等级的社会集团，这一集团整体的社会地位在区域结构中向上抬升，与区域内的其他社会单位显著分化，这则可称为是“显贵集团说”。仔细体会，两者所反映的社会结构是有差别的。

从福泉山墓地的延续使用和各期结构特点来看，我更倾向于后一种解释，即墓地属于显贵集团而不是显贵阶层。这一集团的生活范围从最初崧泽文化中晚期在此营建墓地开始大概没有太大的变动，良渚一期墓地中出现了若干核心墓葬，但只看到崧泽传统的大量遗留，却没有良渚式的身份标志物；到良渚二期早段时，核心墓葬才开始获得来自不同流通渠道的较高层级的社会资源；再到良渚二期晚段，则能够看到与良渚遗址群的直接联系以及自己掌控生产特殊制品的能力——由随葬品结构的变化中我们可以窥见这一群体逐步发展的轨迹。同时群体内部的结构也在相应地发生着变化：从崧泽文化晚期到良渚文化早期，墓地迁址，内部分成了两个次级单元，出现了各单元和墓地的核心墓葬；良渚文化晚期偏早阶段，这两个单元的实力都有对等的发展，单元之间的同构对等性日趋增强，但相对仍是西部单元略强一些；最后到了良渚文化晚期偏晚阶段，墓地结构发生了重组，社会成员的整体地位提高，形成了以中组为完整单元，东西侧各有分工的贵族社会。

由于良渚遗址群内属于良渚文化晚期阶段的遗存仅有零星发现，因此，目前对于良渚文化晚期社会结构的整体认识很有可能是片面的。就现有材料看，到了晚期阶段，能够列入第一等级的良渚墓地大概有寺墩〔42〕、草鞋山〔43〕、福泉山、横山〔44〕等几处。这些墓地随葬品以玉器为主，有完整的琮璧钺的组合，且墓地建在大型的人工土台之上。这其中又可分为两种情况：寺墩、横山可归为一类，草鞋山、福泉山则是另一类。前者有大量同类器物随葬，暗示这些高等级社群直接控制或参与了有关的手工业生产活动；后者随葬的玉石质身份标志物，各类的比例比较平均，并且从质料和形态看其来源渠道比较多样化，因此这些高等级社群是作为区域中心通过多方向的远程流通来获得资源的。

通过地理位置分析可以从一定程度上理解这种高等级随葬形式的差异：寺墩和横山都属于环太湖地区的边缘地带，和玉石料来源有密切关系，邻近的苏南及良渚遗址群早先又都有成熟的高端制玉手工业传统，因此通过大规模同类器生产消费表现社会权力；与之相对的是同等级别的福泉山墓地，福泉山位于环太湖地区较中心地带，周围并没有玉石产源，本地也没有制玉传统，就只能通过从不同渠道获取具有身份标志意义的奢侈品来表现自己的社会权力了。

更进一步说，也许处于中心区和边缘地带的显贵们还存在文化心理上的差异：寺墩、横山分别位于良渚文化圈的最北和最南边缘，一方面良渚文化晚期社会正逐步走向多样化，良渚遗址群的中心地位被消减；一方面又不免与其他文化圈存在近距离的接触〔45〕，因此需要通过强化某类特定良渚身份标志物的形式来确认自己的社会身份和社会关系。而福泉山位于文化圈内部，福泉山墓地又很可能是本地同一社群不断发展使用的结果，因此即使到了良渚文化晚期，也不存在强化文化认同或社会身份的必要性，反而是通过获取多种社会资源、尤其是获取“舶来品”的方式来表现自己的社会权力。从这个角度来理解为何福泉山在所有良渚高等级聚落中最充分的表现出远程交流的能力，这或许算得上是一种中心与边缘不同文化认同心理的体现了。

---

〔42〕 南京博物院：《江苏武进寺墩遗址的试掘》，《考古》1981年3期；南京博物院：《1982年江苏常州武进寺墩遗址的发掘》，《考古》1984年2期；常州博物馆：《江苏武进寺墩遗址的新石器时代遗物》，《文物》1984年2期；江苏省寺墩考古队：《江苏武进寺墩遗址第四、第五次发掘》，《东方文明之光——良渚文化发现60周年纪念文集》，海南国际新闻中心，1996年。

〔43〕 南京博物院：《江苏吴县草鞋山遗址》，《文物资料丛刊》（3）1～24页；南京博物院：《苏州草鞋山良渚文化墓葬》，《东方文明之光——良渚文化发现60周年纪念文集》，海南国际新闻中心，1996年。

〔44〕 浙江省余杭文管会：《浙江余杭横山良渚文化墓葬清理简报》，《东方文明之光——良渚文化发现60周年纪念文集》，海南国际新闻中心，1996年。

〔45〕 如江苏北部的大汶口文化。

三星堆、金沙一类“奇异”玉器构图来源、内涵、定名及相关问题研究

顾　问*

The rare jade from Sanxingdui site and Jinsha site should be named Zhang, which was developed from the bronze plaque, painted wood plaque as well as related jades. The Zhang jade from two sites were related to the Dipper and the mythic tree Jianmu. Moreover, the typology and decoration of the rare jades from Sanxingdui and Jinsha reveal that the connotation and design of early China jades were connected, accordingly, the so - called rare jades of ancient Shu civilization were not strange products, but new forms of the cultural factors in the central areas of the Huaxia civilization.

一、前　　言

在著名的三星堆及金沙遗址中出有数量众多的各式玉器，学术界对这些玉器的研究已取得不少成绩。但其中有一类极其重要的玉器，虽有不少观点发表，但多语焉不详，且缺乏有力论据。笔者在研习有关的材料时发现，这类“奇异”玉器其实并不“奇异”，它是有相当清晰的形成史和内涵的。对这类玉器的正确解读，有助于我们理解古代各种玉器及相关牌饰或图案之间的内在联系。现以其中具有代表性的材料为例，试作论证如下，请批评指正。

二、材料简介

目前，这类玉器在三星堆遗址发现最多[1]。金沙遗址仅发现一件，不过却具有相当特别的造型和图案。我们选择其中具有代表性的三件略作介绍：

---

* 作者系郑州市文物考古研究所馆员。

〔1〕 四川省文物考古研究所：《三星堆祭祀坑》，文物出版社，1999 年 4 月。此报告称这类玉器为“E 型玉戈”。

（1）三星堆1986Ea型：K1:235－5[2]（图一，23），完整。其主体为分歧式玉璋，首有一神鸟，在玉璋上有凹弧刃式玉璋图案。

（2）三星堆1986Ee型：K1:90[3]（图一，33），残。其主体为分歧式玉璋，首有一学界常论的“蝉形纹”或“心形符”。

（3）金沙2001CQJC:141[4]（图一，24），残。其主体为分歧式玉璋，在玉璋上有增饰的“蝉形纹”或“心形符”[5]，据三星堆所见这类玉璋及其造型判断，其首应为一神鸟。

三、“心形符”造型、内涵的讨论

从所介绍的几件代表器物看，“心形符”是本文所论主要器物造型或纹饰的关键组成部分，所以在讨论各器物总体内涵等核心问题之前，我们首先对“心形符”的内涵予以简要讨论（图二）。

其中图二，4为两个“单旋符”组成的“心形符”，甲骨文、金文中有的“文”字组成的构件“心”及金文中有的神鸟所负亦为这种“心形符”（图一，26）。我们发现：如果看图二，7的深色部分，其显然是由两个常可以作为北斗神或祖或巫眼睛的“单旋符”组成，我们如果看图二，7中的白色部分，其造型则与甲骨文中的“心”字的一种写法类似，图二，6等也属于这种构图模式。图二，6a深色部分为典型的“心形符”，图二，6b则显然是两个与图二，7的深色部分为一类的“单旋符”。图二，5b实际是图二，6b的“紧凑型”，与图二，2a一致，图二，5b中剖即为两个“单旋符”。图二，5这一构图与其他“心形符”略有不同的是，其将“单旋符”和“心形符”的

[2] 同注[1]。

[3] 同注[1]。

[4] 成都市文物考古研究所、北京大学考古文博院：《金沙淘珍——成都市金沙村遗址出土遗物》，文物出版社，2002年4月。

[5] 增饰的“蝉形纹”或“心形符”图案本身又有增饰，所增饰的图案仍是常见的“蝉形纹”或“心形符”的组成单元，即所谓的“单旋符”。有关“单旋符”考古材料的最早系统讨论，可参见王仁湘：《关于中国史前一个认知模式的猜想》，《中国史前考古论集》，科学出版社，2003年3月。王仁湘先生早就注意到二里头M4:5所出铜牌饰神兽造型与“单旋符”有关，可惜其将铜牌饰图案看倒了，并将铜牌饰神兽之冠误认为是目。有关“单旋符”的内涵、表现形式、识别及其与中国早期礼仪之器的密切关联等问题请参见拙著：《大汶口文化尉迟寺遗址新发现奇异器物研究——并新论“牙璋”、“牌饰”的由来及其与“北斗”的关系》，《郑州文物考古发现与研究》（一），科学出版社，2003年9月；《二里头遗址所出玉器扉牙内涵研究——并新论圭、璋之别问题》，《殷都学刊》2003年3期；《花地嘴遗址所出“新砦期”朱砂绘陶瓮研究》，《古代文明研究通讯》总第二十三期，2004年12月。

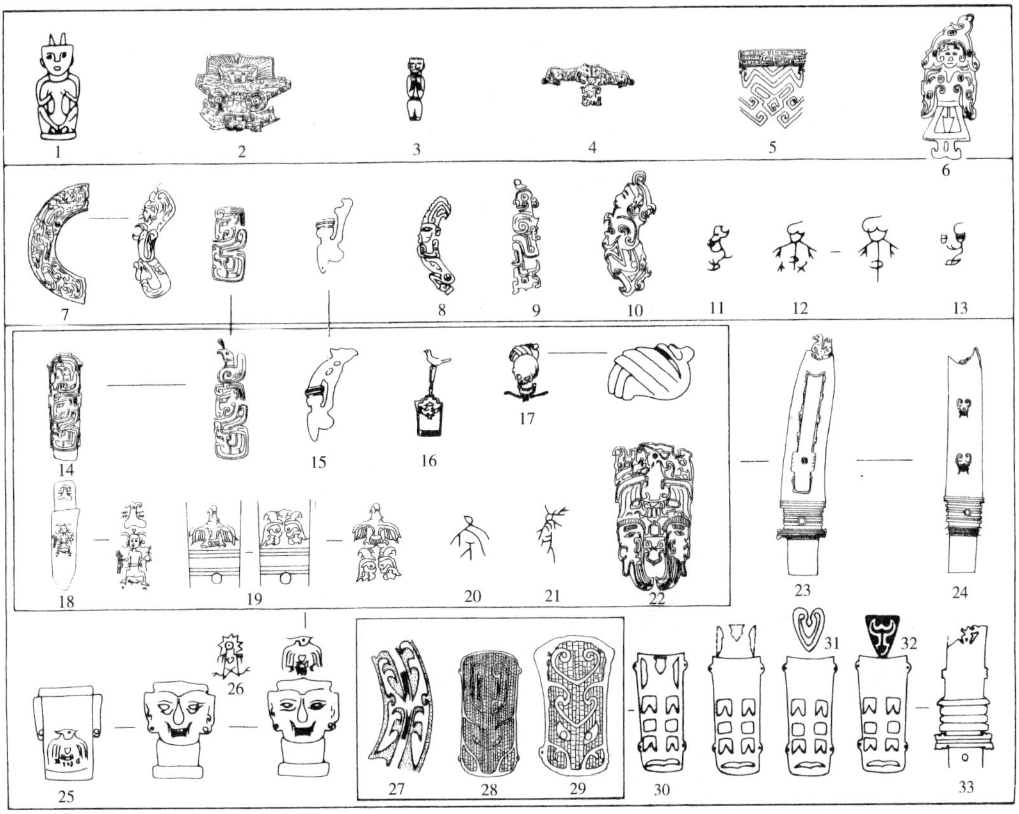

图一 三星堆、金沙一类“奇异”玉器及相关纹饰

1. 柳林溪 T1216⑥:83 2. 反山 M12:98 3. 凌家滩 M29:14 4. 1957 年 6 月安徽阜南月儿河龙虎尊 5. 殷墟采集白陶罍 6. 晋侯墓地 M8 出土 7. 晋侯墓地 M63 出土 8. 妇好墓出土 9. 强家村 1 号墓出土 10. 晋侯墓地 M63 出土 11.《甲骨文字诂林》1543 12. 墙盘铭文 13. 伯夏父簋铭文 14. 张家坡 M121:30 15. 赵陵山 M70:71 16. 弗利尔玉璧 17. 牛河梁遗址第十六地点出土 18. 荆门车桥出土 19. 天津市艺术博物馆藏 20.《佚》八八八 21.《掇》一. 四五五 22. 故宫博物院藏 23. 三星堆 K1:235-5 24. 金沙 2001CQJ C:141 25. 上海博物馆藏 26.《金文编》228 27. 大甸子墓地 M1150:2 28. 1999 年纽约新展品 29. 沙可乐博物馆藏 30. 高骈铜牌饰 31. 大甸子墓地 M378:2 32. 大甸子墓地 M387:3 33. 三星堆 K1:90

组合由“互生图”而分离为“单旋符”和“心形符”两个明显的个体，并且，将“心形符”又分离为两个单一的略微变形的“单旋符”（图二，5a）。很显然，图二，1、4、9、10、11 等实质上与图二，7、5、6 为同类，不过，其并不像图二，5 那样是一种强调与“心形符”原多为“互生型”但在这里却被分离为由两“单旋符”合成的“紧凑型”图案：图二，5b。另外，我们在图二，2 中用深色显示的 a，其显然与图二，5b

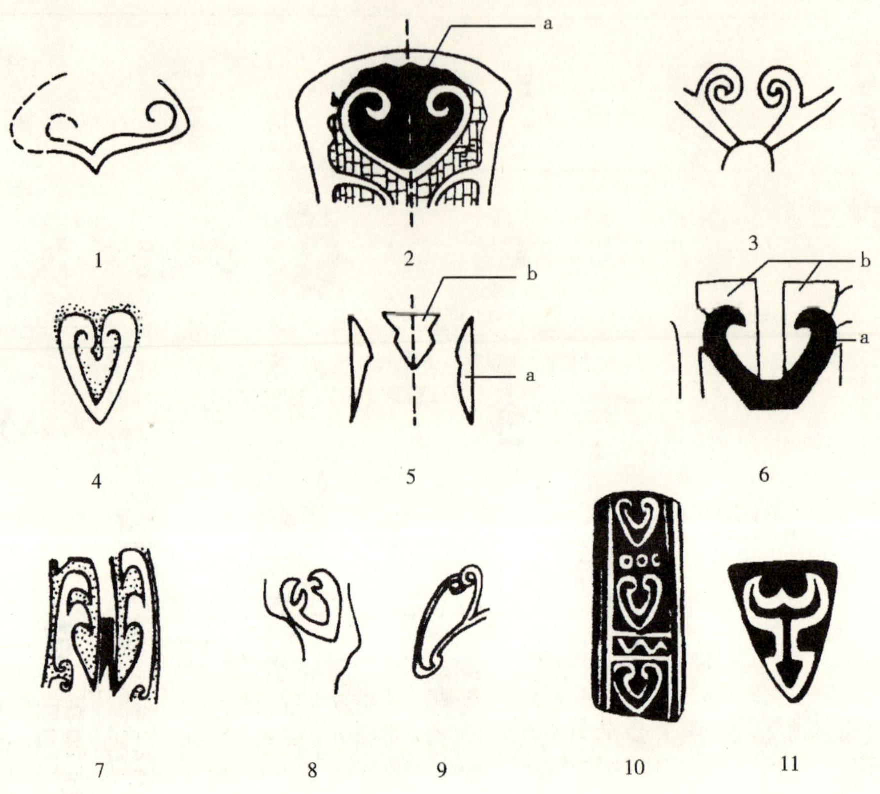

图二　不同时代的"心形符"及相互关系图

1. 二里头Ⅳ212⑤：1　2. 沙可乐博物馆藏　3. 划城岗 M63：26　4. 大甸子墓地 M378：2　5. 高骈铜牌饰　6. 仓包包 87GSZJ：36　7. 大甸子墓地 M1150：2　8. 三星堆遗址鸭子河畔采集　9. 圣弗朗西斯科亚洲艺术馆藏　10. 三星堆 80～81DaT2②　11. 大甸子墓地 M387：3

一致，其中剖即为图二，6b〔6〕。在神首明确标识出由两"单旋符"组成的"心形符"，蕴示图中的神具有中心地位〔7〕或可沟通天地、格于上下，与蕴涵"攀援建木"之义的"蹲踞式"〔8〕玉人身上的⊕形符号意义类似〔9〕（图一，8）。这种"心形符"有

---

〔6〕 图二，1、3、4均与图二，2一致。

〔7〕 金文中"文"字中的"心"符有时就用可代表中心意义的"五"或"亚"代替，见容庚编著、张振林、马国权摹补：《金文编》635页1489"文"，中华书局，1998年11月。

〔8〕 详见拙著：《大汶口文化尉迟寺遗址新发现奇异器物研究——并新论"牙璋"、"牌饰"的由来及其与"北斗"的关系》，《郑州文物考古发现与研究》（一），科学出版社，2003年9月。

〔9〕 拙著：《论金沙铜人"弯握"手势源自"攀缘建木、天柱"——并论诸多"蹲踞式"神人的"攀援建木"内涵及其"⊕"符的"天中"内涵》，待刊。

图三 身负北斗神像或象征“天中”菱形的神鸟形象

1. 台北故宫博物院藏 2. 天津市艺术博物馆藏 3. 台北故宫博物院藏

时为神鸟所负（图一，22），并且还可与北斗神像（图三，1）、“亚”形或“菱形”〔10〕（图三，2、3）、类“N”形彗首的北斗符〔11〕互相置换，其还常常单独或与神鸟一起作为北斗神的“冠”，如图一，25、27～30等。

四、“建木通天”问题的考古学讨论

“建木通天”的说法在文献中有丰富的记载，《山海经·海内经》载“有木……名曰建木。……太皞爰过，黄帝所为”，《淮南子·坠形训》载“建木在都广，众帝所自上下……盖天地之中也”，《抱朴子·内篇·地真十八》等中也有类似的记载。不过至今未有人在考古学中找到特别令人信服的三代以前的实证。虽然有学者指出三星堆遗址所出的几棵神树中有的为建木〔12〕，但是这些看法至今仍有许多争论。我们认为，有关考古材料完全可以证明在中国古代早已存在“建木”思想及其表现形式。由于这个问题于本文的讨论非常重要，又由于学术界不少人对这类问题的研究或现象始终以“玄学”评价或等闲视之，不怎么相信“建木”思想及其表现形式在很早的时候就已出

〔10〕“菱形”均可视为“亚”形。

〔11〕从反山M16:4玉神人天盖冠下的造型看，应视为北斗星。可参见图四诸图案。

〔12〕徐朝龙：《中国古代神树传说源流》，《扶桑与若木——日本学者对三星堆文明的新认识》，巴蜀书社，2002年4月。

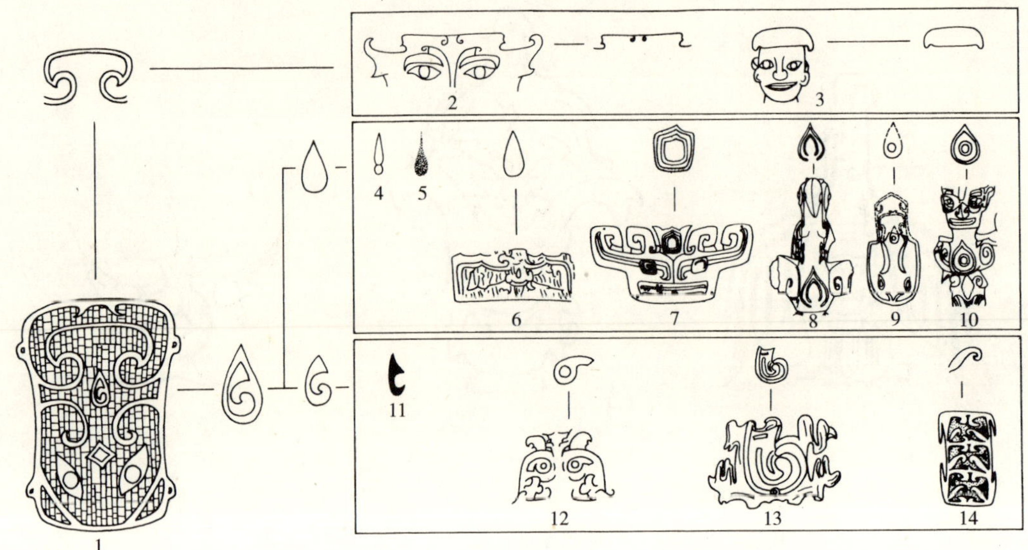

图四

1. 保罗·辛革藏　2. 史密森宁研究院藏　3. 黄君孟夫妇墓出土　4. 马王堆“白灌”　5. “N”形彗首　6. 沙可乐博物馆藏　7. 三星堆 K2③：231－1　8. 三星堆 K2②：194－1　9. 二里头采集：26　10. 三星堆 K2③：72　11. 大连郭家村采集　12. 天津市艺术博物馆藏　13. 内蒙古巴林右旗采集　14. 大甸子墓地 M452：1

现，不认可其所具有的重要学术价值，所以，我们有必要在此略作论述。

好川墓地[13]发现一件漆器（图五，1），此漆器是由一亚腰梯形与一“树”组成，我们认为：

（1）此“亚腰形”与已被证明为“斗魁”形状的二里头文化铜牌饰[14]（图五，7）、夏家店下层文化中的彩绘牌饰[15]（图一，27、图四，14）、大汶口文化刻符中的“梯形”[16]（图五，9）、与大汶口文化刻符有关的二里头文化铜牌饰的“梯形”（图五，8）等造型、内涵有关。

（2）在好川墓地，此类“亚腰形”漆器还有不少，多数漆器上均有玉片饰，而在这些玉片中，有三类非常重要，这就是“三层台”[17]（图五，5，参照图五，10）、

〔13〕　浙江省文物考古研究所等：《好川墓地》，文物出版社，2001年12月。

〔14〕　同注〔8〕。

〔15〕　中国社会科学院考古研究所：《大甸子——夏家店下层文化遗址与墓地发掘报告》，科学出版社，1996年3月。

〔16〕　冯时先生认为这类梯形为斗魁，甚是。见冯时：《中国天文考古学》124～126页，社会科学文献出版社，2001年11月。

〔17〕　《好川墓地》M60：2－12、2－13、M10：2。

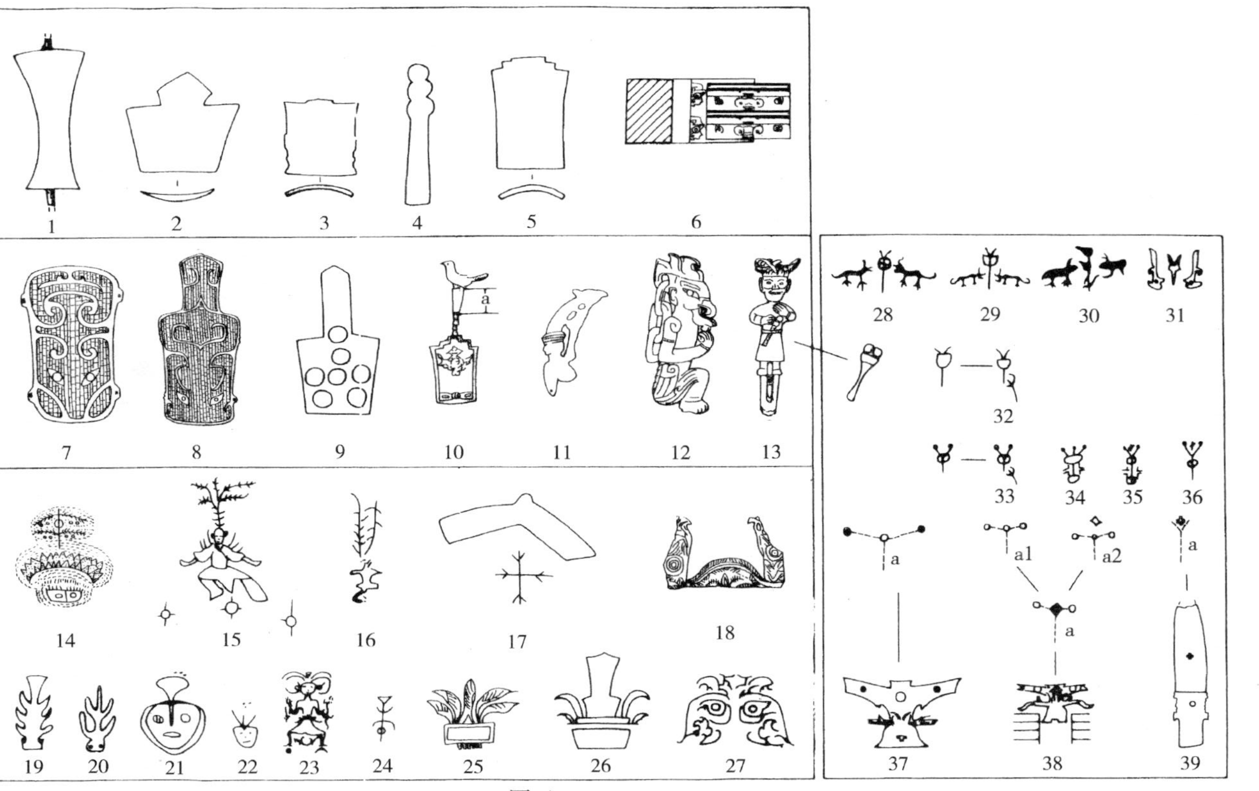

图五

1. 好川墓地 M8：2　2. 好川墓地 M10：2–1　3. 好川墓地 M60：2–7　4. 好川墓地 M10：2–2　5. 好川墓地 M10：2–3　6. 反山 M12：90　7. 二里头 M11：7　8. 沙可乐博物馆藏　9. 莒县陵阳河 M7　10. 弗利尔玉璧　11. 赵陵山 M77：70　12. 大洋洲 XDM：628　13. 金沙 2001CQJC：17　14. 彝族祖先支格阿尔像　15. 四川大邑县董场乡董家村三国画像砖墓　16. 云南沧源岩画　17. 成都船棺（商业街 M9）　18. 河姆渡 T33④：98　19. 強国墓地竹园沟 M21：15　20. 強国墓地竹园沟 M11：1　21、22. 将军岩岩画　23. “兵避太岁”戈　24. 四川大学藏錞于　25. 河姆渡 T213④A：84　26. 莒县陵阳河 M11　27. 天津市艺术博物馆藏　28.《捃古》一三．八　29.《续殷》二．附六　30.《积古》一　31. 兮钺　32.《合集》27302　34.《合集》28145　35.《金文编》416　36.《金文编》415　37. 弗利尔玉镯　38. 金沙玉琮 2001CQJC：61　39. 三星堆 K1：161

“介首方相”[18]（图五，2、3）及“多圆串柱”[19]（图五，4，参照图五，10），从《尔雅·释丘》、《山海经·西山经》等文献的记载可知，“三层台”正是“昆仑丘”，而“昆仑丘”在诸多文献中均载是上应北斗的；从冯时先生有关大汶口文化中诸多刻符性质的讨论看[20]，好川墓地的“介首方相”正是北斗神的造型；另，从弗利尔玉璧图案[21]（图五，10）、习以北斗为天柱的民族学材料及反映天柱信仰的其他考古材料看，“多圆串柱”正是代表北斗的。这些玉片可充分证明“亚腰形”漆器的“斗魁”性质。

（3）弗利尔玉璧之图案为“神鸟—天柱顶端—北斗天柱—昆仑台”，“昆仑台”就是其中的“三层台”，与北斗有关，其造型为“亚形”梯形，有的还以“亚形”梯形为主体绘成一神兽面[22]。这种“神鸟—天柱顶端—北斗天柱—昆仑台”的构图造型类似良渚文化中的北斗神造型。另弗利尔玉璧之图案与《诗·商颂》中的“天命玄鸟，降而生商”、《诗·长发》中的“帝立子生商”、《史记·殷本纪》中的“见玄鸟，坠其卵，简狄吞之，因孕生契”、《楚辞·天问》中的“简狄在台喾何宜”[23]等记载相符[24]，亦有助于说明“亚形”梯形可代表“斗魁”。这个神话中的玄鸟与弗利尔玉璧之“神鸟—天柱顶端—北斗天柱—昆仑台”图中的神鸟相应，这个神话中的卵与“神鸟—天柱顶端—北斗天柱—昆仑台”图中的北斗“多圆串柱”中的单个星体相应，“台”或“九层之台”与“神鸟—天柱顶端—北斗天柱—昆仑台”图中的“三层昆仑台”相应，至于“神鸟—天柱顶端—北斗天柱—昆仑台”图中的“形似偃盆，下狭上

〔18〕《好川墓地》M60：2－7、M37：1、M62：4、M10：2，玉片的凹面特征与铜牌饰非常相似并相关。

〔19〕《好川墓地》M10：2。

〔20〕同注〔16〕冯时论著。

〔21〕邓淑苹：《良渚玉器上的神秘符号》，《故宫文物月刊》1992年10期。

〔22〕昆仑台内神兽与其他相关玉器上可代表北斗神或其组成部分的神兽为一类神物。

〔23〕此句中的“台”，《吕氏春秋·音初篇》将其描述为具有晚期风格的“九层之台”，实际应为三层的“昆仑台”。另，喾为高辛氏，此称呼像“商”字一样，与“神鸟—天顶端—北斗天柱—昆仑台”图之“‘辛’字首”形物显然应相关。

〔24〕邓淑苹：《“天命玄鸟，降而生商”》，《故宫文物月刊》总第四十二期，1986年9期。从邓淑苹《良渚玉器上的神秘符号》（《故宫文物月刊》第十卷九期，1992年10期）、邓淑苹《由良渚刻符玉璧论璧之原始意义》（浙江省文物考古研究所：《良渚文化研究——纪念良渚文化发现六十周年国际学术讨论会文集》，科学出版社，1999年5月）看，其认为三层坛内所刻神鸟为“背着太阳飞翔的‘阳鸟’”，“祭坛上所立的神鸟，代表天帝，鸟立高柱的造型，源于河姆渡文化”。我们则认为，祭坛为三层昆仑坛，三层昆仑坛内神鸟所负为表示“天中”、“极星”意义的菱形“亚”，北斗天地柱上所立的神鸟及三层昆仑坛内所刻的神鸟应与天命之“玄鸟”相应，类“生商”或曰生“俊”的神鸟，不会是“阳鸟”。北斗串圆在玄鸟神话中相当于神鸟之卵，这与帝王往往神化自己出生的卵生思想是一致的。

广”之造型〔25〕，则可能代表天柱的顶端，其与“帝”字之“▽”、“▼”相应，与莒县陵阳河M17所出的“天顶—璇玑—斗魁”图案中“介”字形天盖顶发现的造型亦相应。整个“神鸟—天柱顶端—北斗天柱—昆仑台”图去掉神鸟或再去掉三层“昆仑台”并将“多圆〔26〕串成的北斗天柱”用建木代替〔27〕，则整个图案实际即变为卜辞或金文中的“帝”字。另，“帝”字为中央之木，从字形方面亦可找到相关论据，如“帝”字中的“⌛、ㅂ、口、○”，应是表示此木位于天地之中的意义，特别是有的“帝”字中的“⌛（五）”字〔28〕，在三代以前的材料中很多是代表“中央”的〔29〕，其表明“帝”字为上应天中的、位于大地中央或曰昆仑台之上的大禾即建木无疑。

（4）《淮南子·坠形训》等文献载建木位于大地中央，是上应天中的“通天柱”，位于天中的北斗在许多民族中亦被认为是“天柱”〔30〕，所以两者关系非常密切，在被

---

〔25〕见《十洲记》。

〔26〕圆代表北斗星中的单个星体。

〔27〕H. B. Alexander, North American. The Mythology of North American（L. H. Grayed）Boston, M. Jones, 1916. Uno Holmberg, Finno-Ugric, Siberian, The Mythology of All Rcaes（C. J. A. Mac Culloch. ed）Boston, M. Jones, 1927. 中国考古材料中也有不少反映以北斗作为天柱思想的，除弗利尔玉璧之类的图案外，尚有一些，如尉迟寺遗址所出的常刻划“北斗—璇玑—天盖”等符号的大口尊，有时被接成“矩形”，显然与《周髀算经》“环矩以为圆”的天学思想有关，并且，《周髀算经》言“夫矩之于数，其裁制万物唯所为耳”，这与《史记·天官书》载位于天中的北斗可以“临制四向”的中心及首要地位相符。材料见中国社会科学院考古研究所安徽工作队、蒙城文化局：《安徽蒙城县尉迟寺遗址2003年度发掘的新收获》图五，《考古》2004年3期。另，在红山文化和邓家湾等地的屈家岭、石家河文化中，有不少筒形器物或类似尉迟寺遗址所出的常刻划“北斗—璇玑—天盖”等符号的大口尊被接成或排列成圆形或柱形，显然均是与天或天柱关联的，如《邓家湾》图二十一、一一九等，其中图二十一，AT301每单元为类器盖柄的造型，显然为“天柱”的象征（湖北省文物考古研究所等：《邓家湾》，文物出版社，2003年6月）。另，良渚文化中的以玉琮连续包围死者的所谓奇怪现象同样可以作类似解释。

〔28〕《前》三．二一．三。

〔29〕中国民间称“五五节”为“天中节”，著名的“河图洛书”中，“五”为“天中”，大家熟知的考古材料中经常代表中心的“八角符”像凌家滩玉版，实际即是两个“五”。另从新石器时代始，不少与天盖或斗魁有关的陶豆盘、陶豆座或陶斗形瓮类容器上面常刻有“五”字，意思与此相近。曾侯乙墓所出一件甲衣的心口位置前后各有一表示中心和具有厌胜功能的“五”字亦属于此类现象，因为诸多文献在描述圣王、神人的掌握天权、顺应天意、胸怀天下之品质特征时，往往言其“胸怀北斗”，而北斗又位于“天中”，所以可以以“五”字表示。与应“天中”的“通天建木”有关的汉代的所谓摇钱树（鲜明：《再论早期道教遗物摇钱树》，《成都钱币》1997年3期），其中“五利”、“五利后”钱铭与《史记·封禅书》中“蹲踞”于“神树”之上的“五利将军非常相关”，有的钱铭又为“五五”，显然与“五五”具有中心的意思和厌胜的功能相符，汉代不少有铭铜镜的铸造时间往往虚拟为五月五日的现象同样有助于说明我们的观点。

〔30〕同注〔27〕。

证明是建木的神树上常常同时绘出北斗九星或代表北斗的几个圆，像本文所论的将军岩岩画[31]及彝族祖先支格阿尔的神像[32]即能证明我们的观点；另，从其他方面亦可以判断出建木与北斗具有密切关系，如从《长沙子弹库帛书·创世篇》及《长沙子弹库帛画》[33]就可以明确看出，地之中央的黄木本质上显然与北斗神相应，因为其他四木象征四时之神，这与“北斗四指以建四时”的授时思想恰相符。诸多文献中有神人攀援“建木”—“通天柱”的记载，如卜辞中的神树有被作为神祖降临之凭借的[34]，《山海经·南山经》记载有的神树被作为“帝降之处”，像“帝休”、“帝屋”，首都博物馆所藏的十八节玉琮，其代表“建木”—“通天柱”的中空柱上刻有“▽”形符[35]，“▽”形符显然可以代表“帝”，羌族人认为祖先可以降邻神树。又从《史记·封禅书》的有关记载及湖南宁乡四面“大禾”铭鼎的造型可见到北斗神帝与“大禾”、“建木”相关的一些遗风[36]，好川墓地“亚腰形”漆器又被证明是代表北斗的，于此，则好川墓地“亚腰形”漆器的中贯之木正与弗利尔玉璧图案之“北斗—天柱”相应，显然即是文献中所载“建木”的代表和象征。

总之，“亚腰形”漆器的“亚腰形”代表北斗（神），中贯之木是文献中的“建木”，整个构图为：北斗神攀援建木、“格于上下”或北斗与建木相组。早晚的诸多神人或巫或祖的“蹲踞式”及其手或（和）足“弯握”之造型（图五，11、12、13）显

---

〔31〕 转引自王大有、王双有：《图说中国图腾》99～100页图案，人民美术出版社，1998年5月。

〔32〕 同注〔31〕，62页图51，1。

〔33〕 冯时：《中国天文考古学》13～51页，社会科学文献出版社，2001年11月。

〔34〕 在一期卜辞中有“贞，来于咸[illegible]”之辞（《缀合》200），于省吾在《甲骨文字释林·释[illegible]、朿》中认为“[illegible]”字“为朿之初文”，“应读为次，指巫咸被祭的神主位次”，在第四期甲骨文中，有：“于大甲[illegible]玉，三牛。于大甲[illegible]玉，一牛”（《鄴》三下四二．六），于省吾在《甲骨文字释林·释[illegible]、朿》中认为：“[illegible]”也应读次，指大甲的神主位次言之。显然，这种表示所祭巫咸、大甲位置的“[illegible]”字，显示其先祖神灵可降临于这个位于中心的神树即建木之上的。河姆渡文化中曾有以水稻似作物代建木的现象，这主要是由于两者同为“中和”之物。刘志一《从民族语言看原始谷类作物称呼来源与分化》（《农业考古》2001年1期）认为，水稻在瑶族古音为“禾”，《说文解字》等又言“禾”为“中合之物”，建木应位于昆仑之上，昆仑又有“大禾”，所以，建木可以视为是昆仑之“大禾”。《说文·莤》“祭束茅加于裸圭”及《周礼·天官·庙师》“祭祀共萧茅”等记载有助于说明这些问题。

〔35〕 石志廉：《最大最古的[illegible]纹碧玉琮》，《中国文物报》1987年10月17日。

〔36〕 （五利将军）夜立白茅之上受印，以示不臣也。而配天道者，且为天子道天神矣。……佩六印，贵震天下”，汉代蜀地的“钱树”有的有“五利”、“五五”钱铭，显然说明了“钱树”与“天梯”或“建木”或通“天中”之木（“五五”从文献看这里实际喻指“天中”并有厌胜功能）有关联，具体材料见鲜明：《再论早期道教遗物摇钱树》，《成都钱币》1997年3期。

然是表示“攀缘建木”姿态的〔37〕，当然神人或巫或祖的很多是“蹲踞式”的“形式化”、“仪式化”，如金沙铜巫史〔38〕(图五，13)、晋侯墓地有的玉人（图一，6）双腿并不弯屈，凌家滩玉人双手并不“弯握”，还有的是“蹲踞式”的省略表达形式，形象多仅为面，如诸多玉圭上的神面（图一，19）、牌饰（图一，27、28、29）及玉雕神面（图一，25）等等。笔者认为这类神面是“蹲踞式”姿态的省略是有有力的论据的，举例论之，如图一，19、22、25 与图一，15、17、18 显然为一类，但是图一，19、22、25 的神人仅为人面，显然是“蹲踞式”姿态的省略式；图一，27、28、29 的神面之首为“心形符”冠，这种“心形符”常是位于神人之首的神鸟所负的（图一，25)，并且从图一，23、25、29 看，这类神鸟及“心形符”可以同时或单独位于神物之首，所以图一，27、28、29 等的神面之冠可以换为类似图一，15 的神鸟，由此可知图一，27、28、29 一类神面是图一，14、17、18 一类“蹲踞式”神像的省略；再如图五，7 神面之冠主体实际是一弧顶“介”字形的天盖冠，其与图一，2、图五，6 等的神人之冠是相同的，显然图五，7 的神面造型可视为是图一，2、图五，6 一类“蹲踞式”神像的省略。

从我们的讨论看，好川墓地“亚腰形”漆器的“亚腰造型”显然可以相当于图五，6、7、11、23、27 的神、巫、祖或神、巫、祖之面〔39〕、图五，14、15、16、19、20 的神、巫、祖或死者、图五，21、22 的神、巫、祖、图五，25、26 的神，这些图案中的“树”亦当与“亚腰形”漆器的中贯之木同样，应视为是“建木”，其中图五，15 的飞升形象非常符合《论衡》“龙无尺木，不能飞天”的记载〔40〕，图五，14 神树有九个

〔37〕 手或（和）足“弯握”物，从早期的材料看，象征建木之形或物，若同时参看晚期有关材料像荆门车桥“兵避太岁”戈等中的类似神人手执之物还可为龙、“杖”、兵等物，应与避邪、作法等有关。晚期类似的神人手执之物有龙特别是兵器等物，除与“巫”有关外，还与“武”有关。

〔38〕 见注〔8〕相关论证。笔者有关金沙铜人身份的观点现在基本未变，不过，从铜人造型看，其为巫史的身份是可以肯定的，其与军事领导或王的关联尚需论据。

〔39〕 这类神物，有的学者称为“神怪”，有的学者称为“神灵”，有的学者称为“鬼怪”，较有代表性的称呼是邓淑苹先生的命名“神祖”，笔者认为需要适时称谓，因为这些神物有时单为北斗神，像二里头文化及相关文化中的铜或彩绘牌饰，有的应为具有北斗神子或凡神（化身）身份的神圣祖先，即邓淑苹先生所谓的“神祖”，同时，这些神又一般具有攀援建木、沟通天地的“巫”之特征，所以本文所论的诸多神像均以此说明理解为主，文中不予严格称谓。邓淑苹先生文见其著作《雕有神祖面纹与相关纹饰的有刃玉器》，《刘敦愿先生纪念文集》，山东大学出版社，1999 年 10 月。

〔40〕 卜辞中有的“龙”字首为“辛”符号（与“商”字字首、帝喾高辛之“辛”同），实际为与“帝”字有关联的“建木”，符合《论衡》“龙无尺木，不能飞天”的记载。

圆，可能与北斗九星相符，图一，19 及图五，23 的神为北斗或太一神[41]，其首代表冠的树显然为“建木”，其与图五，24 之建鼓所在的“帝”字形建木的相似性有助于证明之。

图五，17 之符号，刻于船棺上，不少学者认为是族徽或为代表族徽的“扶桑”[42]。我们认为其上端为典型的类马王堆帛画“天门”的“介”字形天盖[43]，位于天盖之下和大地之中的显然应为“建木”，其总体为“亚”形，实有指示其为“天下之中”之木的意思。其实，在葬具上刻划“建木”、“北斗”等相关符号，目的是使死者灵魂能攀援升天并有厌胜的作用，这种现象出现很早并延续很长时间，图五，26 即是刻于作为随葬品的斗形瓮[44]上的“天顶—璇玑—斗魁—建木”符号[45]，广西武鸣发现的附昆仑道的早期“亚”形岩洞葬中随葬有代表“北斗—天柱”的石铲[46]，二里头文化、齐家文化墓葬及夏家店下层文化大甸子墓地随葬代表“北斗神”的铜牌饰或彩绘牌饰[47]，陶寺墓地ⅡM22“船棺葬”[48]随葬有源于钟祥六合 W4：2[49]一类北斗神的玉神面（ⅡM22：135）[50]，汉代镇墓瓶上所绘的北斗、与北斗有关的星象或书写的与北斗有关的镇墓文[51]，“加七星板于梓内”或“床上唯施七星板”的仪

---

〔41〕 同注〔16〕。

〔42〕 孙华等：《神秘的王国——对三星堆文明的初步理解与解释》，巴蜀书社，2002 年 4 月。

〔43〕 “介”字形冠系由邓淑苹先生命名并作系统论述的，详见其《晋、陕出土东夷系玉器的启示》（《考古与文物》1999 年 5 期）、《雕有神祖面纹与相关纹饰的有刃玉器》（《刘敦愿先生纪念文集》，山东大学出版社，1999 年 10 月）、《论雕有东夷系纹饰的有刃玉器》（连载于《故宫学术季刊》第十六卷第 3、4 期）等论文。

〔44〕 此类瓮常置于墓室西北，这是由于时人认为，位于天中的北斗因“天倾西北”的原因而在视觉上是位于北方的。

〔45〕 同注〔16〕。

〔46〕 李珍等：《广西武鸣发现早期岩洞葬》，《中国文物报》2003 年 8 月 8 日 1 版。

〔47〕 彩绘牌饰主要见于夏家店下层文化，除大甸子这一夏家店下层文化遗址与墓地为代表外（具体材料见注〔15〕），李殿福《吉林省库仑、奈曼两旗夏家店下层文化遗址的分布与内涵》（《考古学资料丛刊》1983 年 7 期）等材料可参看。

〔48〕 王晓毅：《古城·宫殿·大墓·观象台》，《文物世界》2002 年 3 期；中国社会科学院考古研究所山西二队等：《2002 年山西襄汾陶寺城址发掘》图 9，《中国社会科学院古代文明研究中心通讯》第 5 期；中国社会科学院考古研究所山西二队等：《2002 年山西襄汾陶寺城址发掘》图 8 彩绘杯（M22：15），《中国社会科学院古代文明研究中心通讯》第 5 期。

〔49〕 荆州地区博物馆：《钟祥六合遗址》，《江汉考古》1987 年 2 期。

〔50〕 此墓底四周有五周抹泥，“五”意为“天中”，这有助于说明玉神面的中心神性质，又这类神面出有阴阳工艺两件，也符合《淮南子》等文献中有关位于天中的“雌雄北斗”的记载。

〔51〕 蔡运章：《洛阳汉墓若干陶器文字浅释》，《甲骨金文与古史研究》，中州古籍出版社，1993 年。

制[52]，明代木椁箬板上镂刻的北斗七星[53]等等。特别值得注意的是，有的船棺葬风俗本身就含有建木崇拜的思想。

从本文的讨论可知，中国古代有关“建木”的思想起源很早，考古材料亦非常丰富，学界不应再对“建木”研究这类学术讨论以一个“玄”字待之了。

五、三星堆、金沙这类奇异玉器的造型来源及内涵讨论

有了对“心形符”造型、内涵及“建木通天”问题的研究，我们对三星堆、金沙这类奇异玉器的造型来源及内涵等问题就可以较为容易地予以讨论了。

（1）我们知道，在四川高骈早年曾出土过一件铜牌饰，其为典型的无阑璋形[54]（图一，30），其上端冠的结构，学界多年来未能准确识出。从我们有关“心形符”的研究可知，其实际即是一种“心形符”[55]，可以与其他类型的“心形符”互换。此铜牌饰下端的图案即为明显具有二里头文化[56]、夏家店下层文化[57]、龙山文化风格的北斗神面[58]，如果我们将“心形符”的位置提升并换成其他型的“心形符”或曰“蝉形纹”（图一，31、32），即可得到与三星堆、金沙奇异玉器中的首有“心形符”的玉器相似的造型（图一，33），又承我们的论证及图一所示，这类“心形符”常为神鸟所负，“心形符”与神鸟有时又可以互代，所以，如果我们将“心形符”换为神鸟或将负“心形符”的神鸟省略心形符，即得到与三星堆、金沙奇异玉器中首有神鸟的玉器相似的造型（图一，23、24）。至于金沙这件玉器上的多重“心形符”，从玉琮和柄

---

〔52〕（北齐）颜之推《〈颜氏家训〉·七·终制》云：“床上唯施七星板。”又《〈通典〉卷八五·表制·三》引《大唐元陵仪制》言：“加七星板于梓内。”

〔53〕王德庆：《江苏铜山县孔楼村明木椁墓清理》，《考古通讯》1956年6期。

〔54〕敖天照、王有鹏：《四川广汉县出土商代玉器》，《文物》1980年9期。

〔55〕同注〔8〕。

〔56〕其铜质地和镶嵌绿松石的风格的渊源应在中原二里头文化中心区，不过绿松石加工方法和形状则在中原的山西、山东地区的早期和商代时有发现。具体的牌饰图案详见王青：《镶嵌铜牌饰的初步研究》，《文物》2004年5期。

〔57〕同注〔8〕。另其倒V形眉应源于夏家店下层文化之大甸子墓地M723:1等。可参见拙著：《二里头兽面纹牌饰在中原及周边地区文明化进程中的地位及作用》，《中原地区文明化进程学术研讨会论文集》（待刊）。

〔58〕其方形目的特征在二里头文化早期有发现，在龙山文化及更早的高庙等文化中亦有发现。诸多文献表明方形目或“方瞳”是神灵或寿星的重要特征，这与北斗主生、主寿的意义相符。详见拙著《花地嘴遗址所出“新砦期”朱砂绘陶瓮研究》，《古代文明研究通讯》总第二十三期，2004年12月。

形器看，其意义与单个无别〔59〕，这类多重“心形符”在三星堆遗址早就出现过（图二，10）。又承我们有关北斗神、巫祖面与神鸟构图模式的讨论〔60〕，可以很容易得到相关图案、造型的演变序列（参见图一）。另，我们应知道，三星堆、金沙这类奇异玉器上的神鸟并不是鸷鸟类，所以示勇、镇敌等可能不是其主要的含义〔61〕。

（2）我们曾在有关文章中证明，玉璋的造型源自于建木类大禾之枝叶或与神鸟之

---

〔59〕 这类北斗神、祖或巫有的为面，实际为“蹲踞式”完形的省略，“蹲踞式”神实非“蹲踞”，李济先生在《跪坐蹲居与箕踞——殷代石刻研究之一》（《国立中央研究院历史语言研究所集刊》第24本）一文中有关的观点是错误的，中国早期的诸多“蹲踞式”图案或玉（铜）神、祖、巫实际源于“攀援建木”的姿态，这在红山文化、良渚文化、龙山文化、二里头文化、商周等文化中均有不少材料；张明华在《凌家滩、牛河梁抚胸玉立人说明了什么》（《中国文物报》2005年3月18日7版）的论文中认为这类“蹲踞式”是萨满作法的最高境界之姿态，实际上其仍未回答凌家滩、牛河梁抚胸玉立人姿态的真正含义，未回答为何此类姿态是“萨满行事时的最高境界”，实际上这类抚胸玉立人姿态仍然是源于“攀援建木”的姿态，只是由于“攀援建木”姿态的逐步仪式、形式化，所以他们双手有时才并未“弯握”，实际代表的是同样的功用；王作新之《汉字发生的社会学基础》（《历史文献学论集》，崇文书局，2003年9月）及潘守永等的《古代玉器上所见“⊕”字符号的含义——“九曲神人”与中国早期神像模式》（《民族艺术》2000年4期）认为“蹲踞式”姿态与生殖崇拜有关的观点同样是错误的。

〔60〕 同注〔57〕之《二里头兽面纹牌饰在中原及周边地区文明化进程中的地位及作用》。神鸟站于神首的材料，除了本文所论到的首有神鸟的玉雕及一面有神鸟一面为神面的玉圭这类材料外，良渚文化饰有一只或两只神鸟及神人的“玉冠饰”、玉钺同样属于此范畴，龙山文化中有的首有神人的神面玉雕同样可以视为是省略首之神鸟的模式。

〔61〕 孙机先生在《龙山玉鸷》（《远望集》，陕西人民美术出版社，1998年12月）的论著中认为王亥之首神鸟为“雚”类，我们认为不确，准确地说应为“隹” （《佚》八八八）或“鸟”（《掇》一·四五五）。孙机先生并就此否认商人之“天命玄鸟”神话以及李学勤先生有关《玄鸟妇壶》（《西清古鉴》19.14）中“玄鸟”之词的讨论（《古文献论丛》220~221页，远东出版社，1996年》）。实际上，“帝”字、“商”字、“高辛”、高祖王亥之首有神鸟之造型、高祖俊之蕴涵“攀援建木”之意的“蹲踞式”造型、“天命玄鸟，降而生商”的卵生神话等与弗利尔玉璧符号即“神鸟—天柱顶端（‘辛’字首）—北斗串圆（天柱）—昆仑台”（本文图一，16、图五，10）极其相符。我们认为卜辞中商人的高祖之一王亥之首有神鸟的现象是模仿北斗神造型的，其高祖俊的蕴涵“攀援建木”之意的“蹲踞式”姿态同样是模仿北斗神造型的。这类模仿现象出现很早，牛河梁第十六地点一号积石冢中的死者头顶即有为天所遣命的为溧阳圭回首神鸟造型之本的玉鸟，死者双腿似蹲。具体内容参见辽宁省文物考古研究所：《辽宁凌源牛河梁第十六地点》，《中国文物报》2004年4月16日6版。另，《山海经·大荒东经》载“有人曰王亥，两手操鸟，方食其头”，历代注者不得其解，若暂不论及西周的一件铜饰，实际此为一模仿“蹲踞式”北斗神的造型：由于王亥首有神鸟，所以看起来好像是“方食其头”，因为王亥此“蹲踞式”造型的双手向上，离头顶的神鸟很近，如赵陵山M70：71（本文图一，15），所以文献的初作者误以为是“两手操鸟”。全句实际应为“有人曰王亥，两手操鸟，（鸟）方食其头”，或者可能是将“鸟”字误为“方”字（“鸟”字的有些写法与“方”字有些近似），实际是“有人曰王亥，两手操鸟，鸟食其头”。

翅等相关的“单旋符”的造型〔62〕，三星堆、金沙这类奇异玉器的主体显然是玉璋的造型,这类造型源自常见的分歧式玉璋，只不过其具有玉圭或玉戈的某些造型特征罢了。

（3）三星堆、金沙这类奇异玉器的扉牙内涵。关于玉器的扉牙内涵问题，我们有过专门的讨论〔63〕，三星堆、金沙这类奇异玉器的扉牙内涵仍然符合我们有关玉器扉牙内涵的论点：圭类或圭类级别器物的扉牙主要是“天盖形”或“多重‘介’字形”，璋类或璋类级别的扉牙主要是“半天盖形”或“半多重‘介’字形”，尚有一些璋类或圭类等玉器的扉牙因为其他原因并未严格遵循这一规则。

三星堆遗址玉器之扉牙或阑，绝大多数的主体为身有扉牙的双首伏虎，本文所论的这两件即是如此，金沙遗址这件扉牙的下“阑”残，从这类玉器的总特征看，其下阑或为双虎类兽首或为“半多重天盖形”。这类扉牙或阑早在石峁遗址、二里头遗址就已出现，商代各地尤其是南方亦有不少发现，三星堆、金沙遗址这几件奇异玉器扉牙造型的早期渊源显然在北方，直接来源应在本地早期。关于这个问题，笔者在有关文章中有详细讨论〔64〕，兹不赘述。

这些玉器每侧的扉牙上阑主要为“半多重天盖形”，剩余的扉牙组合为身有扉牙的双首伏虎，虎身之扉牙从理论上讲，应属于“单旋符”形或“单旋符”形的变体。另其中的三星堆 Ee 型 K1∶90 上阑上端的扉牙近似“介”字形，应与圭、璋互仿现象有关。其中尤其值得提出的是，双首伏虎这类神物与相关的猪、龙、凤等常是围绕属于圭之层次的钺、方壶、“史”或“事”字主体、“事”字（图五，28、29、30、31）、天盖大禾（图五，18）、“亚形”、“帝”字、三峰天冠的，其之所以既可以作为圭类的扉牙主体又可以作为有的璋之扉牙主体，主要原因仍是我们已论的：圭、璋均与建木、北斗有关，圭、璋扉牙特征有时特别是晚期有互仿现象〔65〕。

（4）三星堆、金沙一类奇异玉器的穿与其他诸多玉器的穿一样，与当时的北斗星或极星有关〔66〕。

---

〔62〕“单旋符”最早是有关学者用以称呼有关彩绘符号的。

〔63〕拙著：《二里头遗址所出玉器扉牙内涵研究——并新论“圭”、“璋”之别问题》，《殷都学刊》2003 年 3 期。

〔64〕同注〔63〕。

〔65〕同注〔63〕。

〔66〕同注〔63〕。

六、三星堆、金沙奇异玉器定名问题讨论

我们初步厘清了三星堆、金沙这类奇异玉器的造型来源、内涵等实质性问题，那么，这类玉器应称为何名呢？笔者认为，其应定名为“璋”，论据为：

（1）从这类奇异玉器的来源看，高骈铜牌饰显然外形为无阑之璋。从考古学材料可以证明这类凹弧刃的璋与分歧刃的璋分别与“单旋符”及其“分歧变体”有关〔67〕，并且其内涵是一致的。

（2）三星堆遗址中属于Ea型“玉戈”的一件玉器（图一，23）刻有明显的璋的图案，如果此件器物为圭，则在其上刻璋符是为何？我们只能理解为此图案为一指示符号，意指其所在虽然有圭的某些特征，但是实际仍为璋，这与二里头遗址玉刀上再刻划简易玉刀形图案的风格类似（图六）。

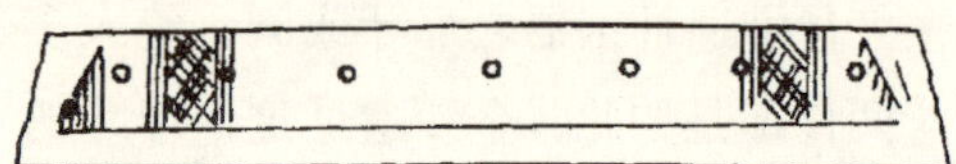
图六　二里头遗址玉刀（ⅦKM7：3）

（3）从所论可知，这类奇异玉器主体图案构图形式的早期来源均属于圭的层次，但是这并不能证明三星堆、金沙这类奇异玉器为圭，这主要是因为，圭、璋均与建木、北斗有关，所以其图案或扉牙可以互仿。又，这种互仿主要是在圭、璋形成一段时间后才出现的，我们又早已证明早期的这类材料基本是符合《说文》等“半圭为璋”的记载的〔68〕，尤其是这类材料的首始终基本遵循这一规律，从商代晚期开始，出现明显偏锋的圭、戈类器物，其中有的或许可以名璋。同时，圭、璋在功能相似或出现明显偏锋的圭、戈类器物可以名璋的时候，其使用者仍然是有级别之差的，所以，这时候仍不宜认为圭、璋无别，文献及金文中“反入堇璋”和“反入堇圭”的现象均有，不过“反入堇圭”现象少，应与相关人身份较为特殊有关〔69〕。另《史墙盘》中的“方蛮无不䚄见”〔70〕、《弋卣》中的“即䚄于上下帝”，显然本质意义上相当于持圭类见周

---

〔67〕同注〔63〕。

〔68〕同注〔8〕及注〔63〕。

〔69〕笔者在拙著《二里头遗址所出玉器扉牙内涵研究——并新论“圭”、“璋”、之别》中认为“反入堇圭”的现象应与“具体场合”或“使用者的身份”有关，孙庆伟据《四十三年逑鼎》、《善夫山鼎》、《颂鼎》等金文材料认为“反入堇圭”和“反入堇章”的不同“很可能是因为他们的身份地位不同而造成的礼仪上的差别”，见《说周代册命礼中的“反入堇章”和“反入堇圭”》，《古代文明研究通讯》总第二十三期，2004年12月。

〔70〕戴家祥以《麦尊》：“锡䚄臣二百家”、《礼记·丧大记》：“君即位于阼，小臣二人执戈立于前，二人立于后”等文献解释䚄字的含义，甚为确当，其论述见戴家祥主编：《金文大字典》2577页，学林出版社，1995年1月。

王或帝，如同《穆天子传》中周穆王拿着玄圭宾西王母之神一样，从《仪礼·瑾礼》看，这些显然亦应视为“瑾献”之礼。

（4）从我们的论证来看，本文所论的这类奇异玉器，实际可视为是凹弧刃及分歧刃式玉器，笔者曾在有关文章中详细证明了将凹弧刃、斜直刃及分歧刃式玉器称为璋的合理性〔71〕，这里再就这一观点提供出自三星堆文化的重要论据：

《周礼·考工记·玉人》及《山海经·南山经》中有以璋祭山川的记载，三星堆报告提供的有关玉器上的图案（K2③：201－4）（图七，1）恰好有助于说明这一点。显然，若想从考古学上证明此玉器为璋，则证明此玉器上的图案主体与山或山水相关是非常关键的。目前论之，论据概有三：①“河灵贔屃”神话。张衡《西京赋》薛综注、扬雄《河东赋》、《遁甲开山图》李善注、干宝《搜神记》卷十三、《水经注·河水》郦道元注、《史记·正义》引《括地志》、《路史》、诸多“纬书”及晚期诗文中有此神话或类似神话，其中多数明确记载：河灵手、脚之印在两处，符合此玉器上仅见手未见足的现象。陈德安先生曾认为此玉器上手的图案与《国语·楚语》中的“黎抑下地”神话有关〔72〕，黄建华认为“神山两侧还刻画有自天而降的两只巨手，作握拳状拇指触于山腰上，很可能是古代蜀人想像中作为天界神力的象征，或者是神灵助佑的展示”〔73〕，庞永臣则认为整个图案与蜀王诸妃祁子有关〔74〕，饶宗颐先生则不以为然，其据张衡《西京赋》薛综注、扬雄《河东赋》将三星堆遗址这件玉器上图案的神人之手与“河灵贔屃”神话关联，甚是卓识〔75〕。②图七，1、4 刻符实际为“心形符”及“长方的梯形”，其与圭、璋图案等可以关联，并且可以视为卜辞中的岦字〔76〕（图七，4、5），岦字的含义在卜辞中主要为一级别很高的神〔77〕，商王有时会亲自佑之，又此符的造型与诸多的“天顶—璇玑—斗魁符”（图七，6）或北斗神造型（图七，7～10）相关，“斗”又可视为当时的“太一神”〔78〕，则显然此符又与“斗”或“太一生水”相关。若此，则此幅图案表示的即是名“岦”的类“太一神”的“河灵”开山造河或曰“生水”的神话。③图七，2、3 刻符实际应为獐牙，古人认为獐与山关系非常密

〔71〕 同注〔63〕。

〔72〕 四川省文物考古研究所：《三星堆祭祀坑》358 页，文物出版社，1999 年 4 月；又见陈德安：《浅释三星堆二号祭祀坑出土的“边璋”图案》，《南方民族考古》第三辑 87～88 页，四川科技出版社，1991 年。

〔73〕 黄建华：《三星堆玉璋图案探讨》，《四川文物》2000 年 5 期。

〔74〕 庞永臣：《蜀王诸妃祁子图——三星堆遗址边璋纹饰新解》，《文史杂志》2000 年 2 期。

〔75〕 饶宗颐：《古史重建与地域扩张问题》，《九洲》第二辑，商务印书馆，1999 年 11 月。

〔76〕 《乙》四五八四及《前》八·六·三。

〔77〕 少数情况下用为动词。

〔78〕 同注〔33〕。

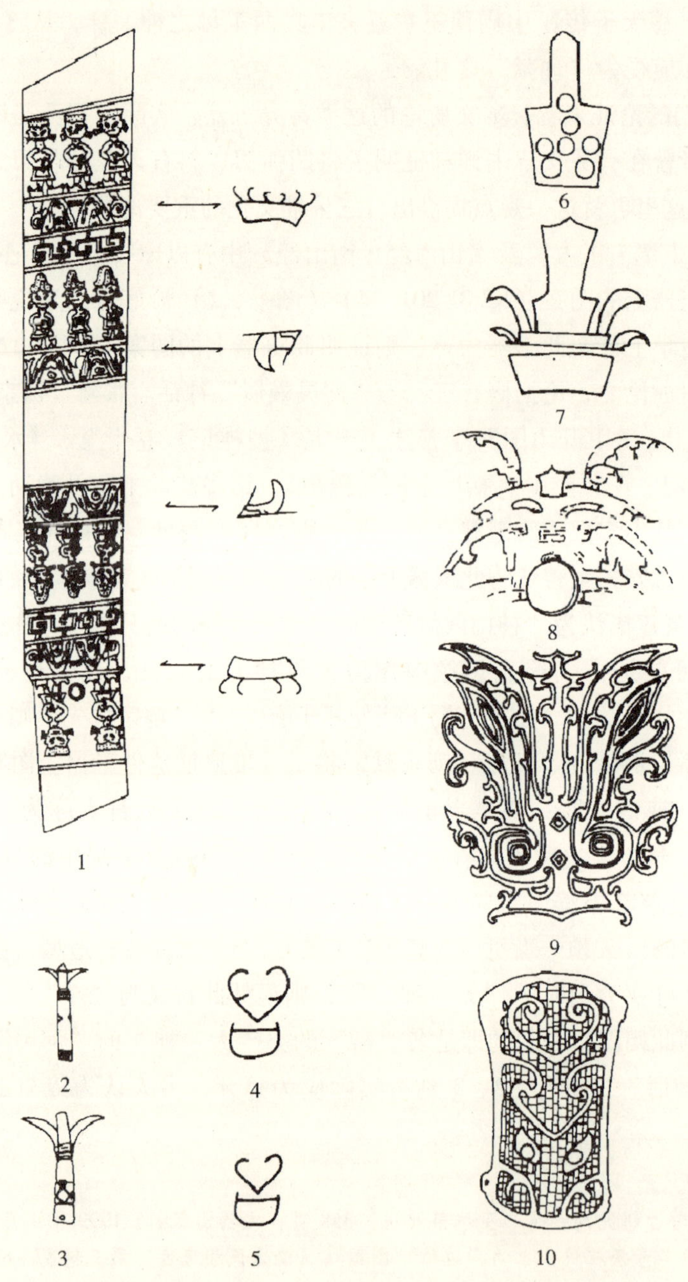

图七

1. 三星堆 K2③:201－4　2. 大汶口 M6:10　3. 刘林 M25:4　4.《乙》四五八四　5.《前》八．六．三　6. 莒县陵阳河 M7 采集　7. 莒县陵阳河 M11 出土　8. 温索普圭　9. 台北故宫博物院藏　10. 沙可乐博物馆藏切，《周礼·考工记·玉人》载“山以章，水以龙”，《说文解字句读》载“獐，山物也”，《山海经》载“鹿在山上者，獐不能挈也”，在大汶口文化中常用獐牙作为“獐牙形器”的牙之材料，笔者曾证明具有厌胜等功能的“獐牙形器”的造型与“介”字形或平首形天盖或神人冠形状内涵有相似之处〔79〕（图七，2、3、6～10），显然，“獐牙形器”的獐牙即相当于北斗神冠的“单旋符”或曰“建木之枝”，即是说其可以视为璋。所以，用此獐牙符号标识其所在为山是合理的。综合来看，此玉器图案第一段的内容主要是与“河灵贔屓”神话内容有关的，另一段是表现与以璋祭山有关内容的，整个玉器及图案非常明确地表现了《周礼·考工记·玉人》、《山海经·南山经》等文献所谓的“以璋祭山川”的记载。于此，我们判断这件或这类玉器为璋的观点是无何疑问的，我们相信此件玉器及图案是目前所能找到的命名分歧首和斜直（凹）首玉器为璋的最有价值的论据，亦由此，我们可以得出结论：祭山之璋的形态至少应包括分歧首和斜直首两种，又从花地嘴遗址玉璋〔80〕出土时正位于当地最高的为当地人民所崇拜的猴山所在方向的状况看，还应包括花地嘴这类凹弧刃的玉璋。

七、相关问题讨论

从前面的论证可以看出，三星堆、金沙这类奇异玉器与诸多重要器物密切相关，它的内涵在古代礼仪制度中亦有重要地位，这有助于说明诸多相关问题，我们在此略论几则：

（1）有关图画文字的讨论。卜辞有“[illegible]”字〔81〕，金文中有造型类似的徽铭〔82〕，其中父丁簋铭与本文讨论的三星堆、金沙玉器的主体很相似。我们认为，其虽然是实用的捕鸟工具，但是其渊源可能是源于“神鸟与建木”的，只不过创作者这种希望以特殊造型达到多捕鸟的用意与其本质含义的关联可能因其晚期目的为实用，从而使其本质规定渐渐在人们思维或认知中归于消解。《史记·封禅书》言：“宫室被服非象神，则神物不至。”显然，这类捕鸟工具铭或字的“捕鸟功能”可视为是“神物至”的俗化〔83〕。另，由于“心形符”与“亚”有时可以互换，并且，三星堆报告提供的另外

〔79〕 同注〔63〕。

〔80〕 拙著：《巩义花地嘴遗址发现新砦期遗存》，《古代文明研究通讯》总第十八期，2003年9月。

〔81〕 《后》一一二一一。

〔82〕 《金文编》168父乙尊、辛亚罼、父丁簋。

〔83〕 从金沙玉琮图案的冠之主体看，这类捕鸟工具铭或字与“单”级别有关。

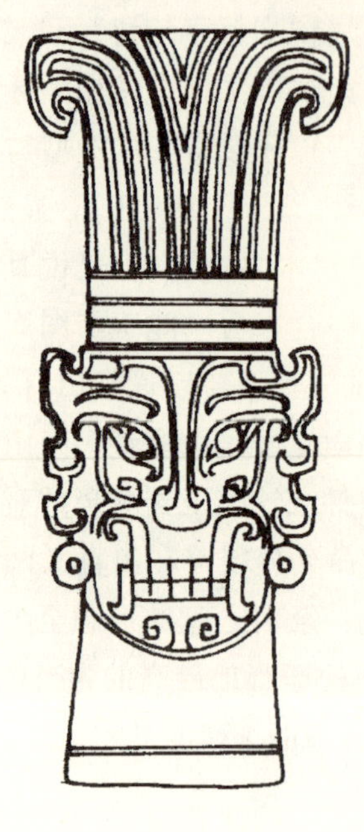

8

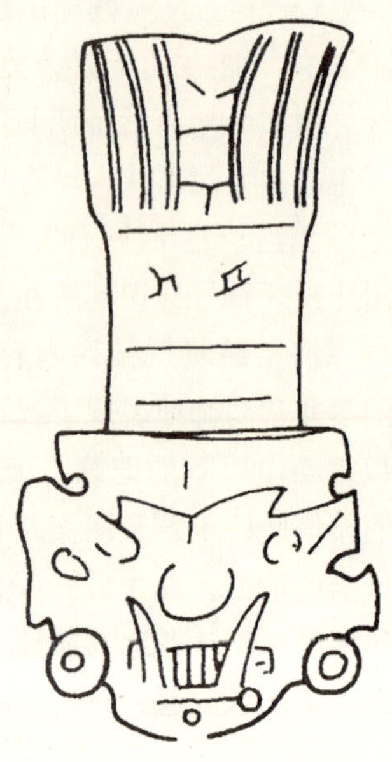

2

图八　戴丫形冠的北斗神形象

1. 新干大洋洲 XDM:633　2. 赛克勒博物馆藏

一件这类玉器上就刻有一“亚”形[84]（图五，39，Ea 型，K1:161），所以，由三星堆、金沙这类奇异玉器抽象成的“图画文字”与甲骨文[85]（图五，34）、金文[86]（图五，35）中的“亚单”相似，与由弗利尔玉镯、金沙玉琮图案抽象成的“图画文字”（图五，37a、38a、38a1、38a2、39a）亦有些相似。这种关联的依据是：冠与建木、建木与北斗、“单”字与“史”字、建木、北斗可以互相有关（参看图五，13、28～39）。从我们的有关讨论可知，圭、璋均与“建木—北斗”有关，它们的原始意义和功能应有相同的方面，所以其之间是可以互相模仿的，但是其所在场合、使用者的级别及历史过程中形成的其他特质多是不能等同的。

（2）从这类奇异玉器定名的论证看金沙铜“巫史”及与其有关的圭、璋方面的问题。由于神鸟（或“心形符”）与人面鸟身神人可以互换，此类神人与“蹲踞式”或

---

[84] 四川省文物考古研究所《三星堆祭祀坑》报告称 Ea 型玉戈，K1:161 上的镂空造型为“桃形”，但是从 Ea 型玉戈 K1:161 的线图看为“亚”形，笔者曾就此问题请教陈德安先生，经过其验证，确为梅花似的“亚”形。

[85] 《合集》28145。

[86] 《金文编》（附录上）415～416。

源于“蹲踞式”造型的巫、神、祖可以互换，所以，假设三星堆、金沙这类奇异玉器上的神鸟换为源于“蹲踞式”造型的巫神，则其与位于支架上的金沙铜“巫史”构图显然相似（图五，13），由此亦可以认为金沙铜人所在为璋。我们曾经证明在“丫”形的造型中，如果除去其中的“史”字之主体形、单、盾、干字等形，从“五瑞”的名物角度看，剩下的主要应属于璋，但是“丫”形冠则仍属于圭的层次。至于“蹲踞式”玉人所在木柄，从好川墓地的“北斗神—建木”图看（图五，1），则应视为建木主体——“圭”，但是，我们已证明三星堆、金沙这类奇异玉器为璋，所以，这里所论的“神鸟（或‘心形符’）—人面鸟身神—‘蹲踞式’或源于‘蹲踞式’的造型的巫、神、祖”的这一互换链条基本是无法连续的。又，以“丫”形作为天冠的考古学材料在夏、商时亦有发现〔87〕（图八），因此，据此认为金沙铜人所在为璋的认识亦可能是错误的。金沙铜“巫史”所在假设是“丫”形，则应视为是属于圭的层次的“冠之丫形”的实物化，金沙铜人所在假设是“▽”及木柄形〔88〕，则与弗利尔玉璧昆仑台上所画的北斗串星及其上端的“下狭上广”的“天柱顶端”昆仑形（图五，10a）相应，金沙铜“巫史”则与其天柱顶端的神鸟相应〔89〕。我们这里需特别言明：我们已证明圭、璋的本质均与建木有关，无非是圭为主体，璋为枝叶。玉琮可以相当于圭或建木

〔87〕 另保罗·辛革所藏的一件二里头文化牌饰中神面之冠为丫形，材料未发表。

〔88〕 红山文化中的神鸟有的即蹲于▽形符上。金沙遗址亦曾出有这类金器，见成都市文物考古研究所：《成都金沙遗址Ⅰ区“梅苑”地点发掘一期简报》，《文物》2004年4期。此遗址所发现的金器有的可以组合，如其中的人面具（2001CQJC：465）、几字形金冠（2001CQJC：222，为类铜牌饰的“天盖冠”）及金冠带（2001CQJC：688）等。

〔89〕 金沙铜人为巫史身份，其腰摺之物即为“史”，他能攀缘或“爰”建木。金沙遗址、強国墓地、三星堆遗址所出“弯握手”铜人实际与新石器时代至商周常见的“蹲踞式”神人的功能相似，这类神基本均有“弯握手”，有的手中有圆柱物，本质是象征“建木”的，无物的“弯握手”圆柱形空隙本质上亦是象征“建木”的，此造型均为源于“攀援建木”的姿态，即这类“蹲踞式”神人实非“蹲踞”。另，早晚期的“蹲踞式”神人“弯握手”所执有的为象征建木的“杖”，如故宫博物院1956年所收藏的红山文化玉神，晚期出现过双首龙似物，如荆门车桥“兵避太岁”戈中的北斗神。

主体，可以用于“通天”[90]，璋可以视为建木枝叶[91]，属于建木，同样可以“通天”，红山文化中出现的诸多“马箍式”玉器，不少位于头顶[92]，与北斗神头顶常为“建木—天柱”符号[93]的情况相符，尤其是这种“马箍式”造型的玉器实质上属于“立体”的璋，其中空柱与玉琮的中空柱类似，用以象征建木，这种“立体”的璋与常论璋的造型的联系，类似玉琮上粗下细的中空柱或外形与常论的玉圭造型之间的联系[94]。神人的丫形冠显然是去掉中心结构的常论“建木”，不是分歧的“璋”[95]，所以神人的丫形冠仍然相当于圭的层次。

（3）文化因素问题初步分析。三星堆、金沙这类奇异玉器蕴涵的北方文化元素随

---

〔90〕张光直先生认为玉琮中孔所穿的棍子就是天地柱；林巳奈夫认为玉琮中孔是神明祖先凭依的小室；邓淑苹先生认为玉琮是在典礼中置于圆形木柱上端，作为神祖的象征。诸家对玉琮中孔的理解基本类似，不过均未明确指出其是“建木象征”的本质。另，沟通神灵时，玉琮的具体使用方法应以广汉三星堆、金沙铜人的造型为重要代表，确切证明玉琮中孔应象征沟通天地建木的考古学材料是好川墓地的一件亚腰形漆器。玉琮中孔的象征物，从我国古代典籍的记载看，准确地说应称为“建木”。相关具体文献请见张光直：《谈琮及其在中国古史上的意义》，《文物考古论集——文物出版社成立三十周年纪念》，文物出版社，1986年；邓淑苹：《由“绝地天通”到“沟通天地”》，《故宫文物月刊》1988年10期；林巳奈夫观点转引自邓淑苹：《由“绝地天通”到“沟通天地”》；好川墓地的一件亚腰形漆器见浙江省文物考古研究所等：《好川墓地》，文物出版社，2001年12月。另明确支持林巳奈夫观点的文献材料见于注〔34〕、注〔36〕以及有关祭礼、五利将军、五利后等记载或考古材料，不过林巳奈夫观点并未谈及具有中国传统的“建木”，因为天地柱在世界各地的巫教中多有此类教义。

〔91〕同注〔63〕。另，曾提出璋的造型与耒耜有关这一代表性论点的林巳奈夫先生近来又修改了观点，认为璋的造型除与耒耜有关外，还应是“若木—日晕之花”的造型，并同时认为这类造型是模仿了现实中的水仙等植物（林巳奈夫：《论三星堆一、二号坑出土的璋》，《扶桑与若木——日本学者对三星堆文明的新认识》90～108页，巴蜀书社，2002年4月）。林巳奈夫认为璋的造型与植物、神树造型有关的思路是正确的，但是其观点仍是错误的。本人曾在注〔63〕的论著中证明了璋的造型、内涵与建木、大禾或之枝叶有关，甚或与其地依赖的、“中和”的、被神化的主作物（像稻）有关，看来林巳奈夫先生与笔者的思路是有些不谋而合的。

〔92〕红山文化中出现的诸多“马箍式”玉器实际是立体的玉璋，具体论述见注〔63〕。

〔93〕《史记·孝武帝本纪》及《史记·封禅书》中所论“太一锋”，学界提出的最早考古学材料是湖北荆门车桥“兵避太岁”戈（李零：《星官索隐》，《中国方术续考》307～329页，东方出版社，2000年10月）。从《史记·封禅书》中太史所持伐南越的灵旗——“太一锋”上所绘图案内容知，其中的神人即是所论的“北斗神”，此神人的造型亦有助于说明这个问题：其中的神人为“蹲踞”式，头戴“建木符”，建木上为神鸟，整体构图与新石器至商周均多见的头有神鸟的北斗神祖（有的巫采用同样的造型）造型相同（本文图一，15）。

〔94〕玉琮的中空柱的平面化即为玉圭，即玉圭可以视为是“通天柱”，这应是在其上刻划神人（多仅为神面，从反山M12∶98上的完整神人“蹲踞式”造型看，神面实际为“蹲踞式”神人的省略形式）的最为重要的依据之一。

〔95〕早期去掉中心的相当于圭的层次的“建木”之冠在连云港将军岩岩画等材料中有发现。

着文化传播主体、载体到达蜀地，又与当地文化元素一起，被成功地用于高层的礼仪实践，为创造具有混合文化特征的、极其灿烂夺目的蜀文明作出了自己的重要贡献。

①三星堆、金沙这类奇异玉器蕴涵的北方文化元素显然不是在其所处时代从外地传来的，这类因素向蜀地的传播应有一个过程，笔者认为概在二里头文化二至四期之间。虽然二里头文化向蜀地的传播可能到二里头文化四期〔96〕，路线亦有两条〔97〕，但是三星堆、金沙这类奇异玉器蕴涵的北方文化元素主要应是在二里头文化二至三期之间从伊洛出发〔98〕，经过东龙山及石峁文化区的关中、齐家文化区的天水、庄浪、临洮，经过嘉陵江、川北等地，到达成都平原的，并且有证据表明这是一条很重要的路线，相关的论据在三星堆遗址有不少发现。由于距离太远、器物变异度明显等原因〔99〕，在此仅就这条路线中间地带的有关材料加以论证。甘肃、关中包括东龙山在内的一些遗址很早就与齐家文化、二里头文化关系密切。秦安县的遗址就出土有具有二里头文化中期风格的器物〔100〕。在甘肃临洮齐家坪〔101〕及秦城区曾发现典型的具有二里头文化构图风格的铜牌饰〔102〕，其中齐家坪铜牌饰的虎式兽面还有石家河文化构图风格〔103〕，这一风格应是二里头文化早就吸收的。在此地域发现铜牌饰，很显然应将其视为三星堆、金沙这类奇异玉器蕴涵的北方文化元素为此时由此路线传来的一个重要论据，因为三星堆、金沙这类奇异玉器蕴涵的北方文化元素在牌饰中明显存在，而且三星堆文化区发现有四件铜牌饰。在甘肃庄浪刘堡坪〔104〕、临洮齐家坪〔105〕等齐家文化的

---

〔96〕 杜金鹏：《三星堆文化与二里头文化的关系及相关问题》，《四川文物》1995 年 1 期。

〔97〕 a. 李伯谦：《城固铜器群与早期蜀文化》，《考古与文物》1983 年 2 期；b. 孙华：《四川盆地的青铜时代》，科学出版社，2000 年 8 月；c. 张天恩：《天水出土的兽面纹铜牌饰及有关问题》，《中原文物》2002 年 1 期。

〔98〕 夏家店下层文化元素应先到二里头文化区，或经过文化融合并与二里头文化一起西走南传。

〔99〕 特别是铜牌饰，由于缺乏地层关系，很难单依牌饰本身判断时代的早晚。

〔100〕 承蒙邹衡先生惠告知。

〔101〕 杨美莉女士在 1999 年安阳“纪念甲骨文发现 100 周年暨殷商文明国际学术研讨会”上所提交的《试论二里头文化的嵌绿松石铜牌》的论文及讲演中公布了这一信息。

〔102〕 同注〔97〕c，图一，2。

〔103〕 戴应新在《神木石峁龙山文化玉器》论著中介绍过一件具有石家河文化风格的玉虎，甘肃临洮齐家坪齐家文化中的铜牌饰图案中的虎面似乎与之有所联系，不过，夏家店下层文化之大甸子墓地所出的彩绘牌饰中的神兽面亦具有石家河文化风格，三星堆文化中的有关牌饰与大甸子墓地所出的彩绘牌饰有关，所以，齐家坪齐家文化中的铜牌饰图案这种“石家河文化风格”有可能来自夏家店下层文化。

〔104〕 同注〔97〕c，图三，2。

〔105〕 J. G. Andersson，Reasearch into the prehistory of the Chinese，BMFEA. No. 15，Stockholm，1943；水涛：《中国西北地区青铜时代考古论集》202 页，科学出版社，2001 年 10 月；张天恩：《天水出土的兽面纹铜牌饰及有关问题》图三，3，《中原文物》2002 年 1 期。

遗址中出有典型的具有二里头文化风格的陶盉，由于铜牌饰可能存在传世性或变异节奏慢等问题，单以其讨论有关年代可能尚有不确定性，所以，我们可以重点论证此类陶盉的年代。这类陶盉，陶流前倾、圆首为虎面、口为心形、主体为假圈足壶形。口为心形的陶盉在孟津小潘沟[106]等遗址的龙山文化晚期、浙江江山肩头弄[107]、新砦等遗址的新砦二期晚段[108]、东马沟二里头文化二期[109]、二里头遗址二期晚段到三期[110]中均有发现，主体为壶形的盉或类似的壶[111]在肖家屋脊石家河文化早期[112]、三房湾乱石滩文化晚期[113]、姜寨客省庄文化晚期[114]、浙江江山肩头弄[115]、二里头遗址二里头文化二到三期[116]、伊川南寨二里头文化二期[117]中均有发现。综合考察这些不同文化中的这类特殊的器物，我们可以发现：石家河文化为壶形盉的重要源头；马桥文化的盉之主体——壶受到当地良渚文化双耳壶造型的影响；齐家文化的盉之主体与肖家屋脊石家河文化——姜寨客省庄文化盉之主体系统有关；二里头文化二至三期盉之主体与三房湾乱石滩文化晚期盉之主体有关；齐家文化、马桥文化的盉口均与二里头文化有关[118]。综合各方面的特征，笔者认为：齐家文化的盉口与二里头文化三期的盉口最相似[119]，齐家文化的盉之主体与伊川南寨及马桥文化中的这类器也有相同处，所以，齐家文化的壶式陶盉应属二里头文化三期无疑。川北的白龙江流域江围等遗址曾

---

[106] 洛阳博物馆：《孟津小潘沟遗址试掘简报》，《考古》1978年1期。

[107] 牟永抗：《浙江新石器时代文化的初步认识》，《中国考古学会第三次年会论文集》，文物出版社，1984年4月。

[108] 新砦二期晚段发现过残片。

[109] 洛阳博物馆：《洛阳东马沟二里头类型墓葬》，《考古》1978年1期。

[110] 据郑光先生言，二里头文化二里头遗址二期开始出现，三期增多。

[111] 二里头文化中的这类器，学界多称其为“象鼻盉”。

[112] 石家河考古队等：《肖家屋脊》，文物出版社，1999年6月。

[113] 湖北省文物考古研究所：《湖北天门市石家河三处新石器时代遗址发掘》，《考古学集刊》第10集，文物出版社，1996年12月。

[114] 西安半坡博物馆等：《姜寨——新石器时代遗址发掘报告》，文物出版社，1988年10月。

[115] 同注〔107〕。

[116] 中国社会科学院考古研究所：《二里头文化陶器集粹》，中国社会科学出版社，1995年5月。

[117] 河南省文物考古研究所等：《河南伊川县南寨二里头文化墓葬发掘简报》，《考古》1996年12期。

[118] 杨建芳先生早年曾注意到石家河文化陶盉与二里头、齐家文化陶盉有关。详见杨建芳：《“窜三苗于三危”的考古学研究》，《东南文化》1998年2期，又收入《中国古玉研究论文集——杨建芳师生古玉研究会古玉研究系列之一》，台湾众志美术出版社，2001年9月。

[119] 这类盉口在二里头文化二期晚段出现定型者，主要流行于二里头文化三期。此观点笔者在拙著《“新砦期”研究》（《殷都学刊》2002年4期）中有说明。

发现过典型的具有齐家文化风格的器物〔120〕，三星堆文化区发现早期只在石峁附近存在的分歧式玉璋。

②文化因素传播模式。笔者认为这些文化因素的传播具有深刻的历史背景。不少学者曾颇有见识地将蜀地文化中的夏文化元素与古史中的“桀奔南巢”记载关联〔121〕，从我们的论证看，蜀地文化中的夏文化元素其实有相当数量在夏未亡之前就已传至〔122〕，最为明显的是三星堆文化早期发现过具有典型二里头文化风格的陶盉与陶豆，尤其是刻有象征北斗神面“单目符”的陶豆〔123〕，在二里头文化“新砦期”时就有发现〔124〕。又因为蜀地文化中有的文化元素同时具有夏家店下层文化和二里头文化风格，三星堆文化中诸多神人头顶的狗头冠及诸多神狗之首与畲、瑶族的狗头冠非常相似，又据《山海经·大荒东经》载，畲、瑶族与有易氏有联系〔125〕，于此我们认为二里头文化二至三期之间的文化因素南传蜀地的历史背景之一应为：上甲微征有易，有易南逃。

（4）有关中国古代早期不同造型玉器及其图案的整合问题。中国古代早期玉器造型及图案繁多，我们在平时的研究中主要是注重了各个个体的研究，虽然有不少学者对“六（五）瑞”或“六器”作过总的研究，但他们实际上主要关注的仍是这些玉器的不同方面。显然，以前我们对这些玉器的造型甚或图案的整合问题关注得很少或忽略了。实际上加强对这个问题的研究，应是玉器学研究中的一个亟需，其角度与以前玉器学研究中常用的寻找差异的思路是相反的，因此有些发现是原有方法所不易获得的。中国古代的早期玉器及其图案主要为圭、钺、戚、刀、琮、璧、神人或神人神兽组合、玑衡（有领璧）、璇玑、璋、璜、龙、神鸟、琥等及其图案，这些不同名称的器物及其图案，从说明三星堆、金沙奇异玉器来源及构图特征的图一、类“N”形彗首的北斗符及相关玉器符号的图四看，很多在造型和内涵方面（主要是“北斗”）是相互关联的，从图一、图四的有关图案中，我们可以看出：至少圭、牌饰、玉琮、不同时代的

---

〔120〕 甘肃省考古工作队：《白龙江流域考古调查简报》，《文物资料丛刊》1978 年 2 期。

〔121〕 同注〔93〕。

〔122〕 孙华先生认为有可能从二里头文化二期开始，二里头文化有关元素就已传到蜀地。详见孙华：《试论三星堆文化》，《四处盆地的青铜时代》，科学出版社，2000 年 8 月。

〔123〕 三星堆遗址 1980 三区第 3 层。材料见四川省文物管理委员会等：《广汉三星堆遗址》，《考古学报》1987 年 2 期。

〔124〕 拙著：《花地嘴遗址所出特殊陶豆初步研究》，《古代文明研究通讯》（待刊）。

〔125〕《山海经·大荒东经》：“有易杀王亥……有易潜出……名曰摇民。帝舜生戏，戏生摇民。”珂案：“此言摇民除有易所化之一系而外，复有一系是由帝舜之裔戏所生。此乃摇民传说之异闻，故附记于此。其实有易即戏也，易、戏声近，易化摇民即戏生摇民也。”其中“摇民”应即“瑶民”。

诸多“蹲踞式”神人、神鸟及有关玉玦、玉雕神面[126]、璋的内涵基本是一致的。其中玉琮与其他玉器的关联不仅表现在其上的“蹲踞式”神人与神兽，还表现在玉琮的中心与玉圭实际可视为立体与平面的关系[127]，“马箍式”玉器与斜直刃玉璋之间亦是如此，玉琮与玑衡（有领璧）、玉璧常位于死者腕或手中，均可示意死者“攀援天柱”升天[128]。另外，玉璇玑与有的玉璜、玉玦与玉神鸟、玑衡与玉璧及有的玉戚、玉琮与柄形器及玉虎、玉虎与玉璋的扉牙、玉璋与玉神图案、玉圭、玉璜、勾云形玉器等在造型、图案和内涵方面都或有相同之处。在此强调加强对这些不同玉器整合问题研究的同时，应注意原始意义与其历史、动态意义的不同，于此我们将会容易理解这些玉器为何有的互有关联却在某时段又在功能、适用的具体场合等方面出现并不一致的现象。例如：从神人示意“攀援建木”的“蹲踞式”姿态可以明确看出，玉琮可用于“通天”[129]，玉圭同样可以[130]，但是在礼仪制度化的过程中，玉圭又被逐渐赋予相当多的其他功用，其与玉琮在很多的方面已不同；玉璋最初与建木之枝有关，玉圭与建木亦有关，两者均可用于“通天”，但是在使用者的级别等方面却逐渐显示了较为明显的不同，等等。

八、结　语

综述所论可知：

（1）三星堆、金沙这类奇异玉器实际是璋。

（2）这类奇异玉器的图案及其构图源自于圭类，其中的神鸟与早期北斗神头顶的神鸟意义类似，与卜辞中的帝使之“凤”和萨满教中的“信息鸟”、《诗·商颂》中的天所命之“玄鸟”亦相似，可以助神、巫、祖沟通人神天地或显示祖的高贵的卵生身份。

（3）这类奇异玉器图案中的“心形符”常为神鸟所负，当神鸟省略时可表示与神鸟类同的意义。

---

〔126〕 多为省略式的“蹲踞式”姿态。

〔127〕 有的玉圭采用了钺、锛的特征，当与它们的北斗、王权等象征意义有关。

〔128〕 “马箍式”玉器、玉琮、玑衡（有领璧）的中心可以象征“天柱”，玉璧的中心可以象征“天中”，所以，其位于死者之腕或手可以示意死者可以攀之升天。

〔129〕 同注〔89〕。

〔130〕 我们发现周原西周时有的死者手握玉圭（显然不是文献中所谓的“玉握”），这一方面可能用以表明死者身份，另一方面有可能作为死者升天的工具，因为玉圭可以视为“通天柱”，龙山时代诸多玉圭上刻有神人像的现象表明，这些神人可以缘玉圭升降天地，此时的玉圭与玉琮中空柱作用是相似的。西周时有的死者手握玉圭的材料请见刘云辉：《西周玉圭研究》，《周原玉器》265～274页，台湾：中华文物学会，1996年4月。

（4）璋之主体为天柱建木（为其枝叶）造型；其之穿为北斗星或曰当时的极星；其与亚、圆亚、类N形彗首实非彗首的代表北斗的刻符、“心形符”等同样可以代表中心或与中心相关的意义。

（5）这类奇异玉器扉牙中的双首虎意义类金文徽铭与玉、铜器中的同类神兽，有保护、示勇、避兵的意义；此类玉璋与其他同类器物一样，可用于祭祀，可为神职人员所执，在用于天地之术时，神职人员幻为类“蹲踞式”北斗神巫等，在神鸟携助下攀援“建木”升降于天地。

（6）中国古代早期有些不同造型的玉器及其图案在造型及意义方面有可以适当整合的现象。

总之，这类玉器级别高，造型别致，来源清晰，内涵明确，对于了解中国远古礼仪特别是澄清古圭、钺、璋等玉器、牌饰、北斗、斗魁、建木、昆仑等之间的复杂关系、外来礼仪制度在当地文明化进程中的地位及作用、当时的社会结构及主体国家地域延伸化的过程和模式等都极具学术价值。

“越式鼎”研究初步

向桃初*

After defining the Yue – style bronze ding clearly, this paper makes a detailed typological analysis on more than 350 samples, by which the source and development of the Yue – style ding are discussed. On the basis of the periodization and regional researches, the cultural background of the origin, extending and characteristics of the bronze ding as well as the bronze culture of the ancient Yue people are also explored in the paper.

“越式鼎”一词最早由俞伟超先生于20世纪80年代初〔1〕首先提出来以后，不仅频繁地为学术界同行们使用，并有不少学者对它进行过专门研究。近年以来，随着“越式鼎”及其相关材料的考古发现不断增多，其种类、源流等问题已经越来越清晰，进行综合研究的时机已基本成熟。本文试图就“越式鼎”的定义、种类、年代、分期、分布、源流及其与中原商周文化、楚文化和周围地区其他青铜文化的关系等基础性问题作些初步探索和阐述。谬误之处，敬请指正！

一、“越式鼎”的定义与内涵

俞伟超先生提出“越式鼎”这一名称时并未对其进行明确定义，以后也没有另文加以说明。1984年，彭浩先生首先发表了以“越式鼎”为题的专论，认为“越式鼎”应包括“两周时期越族聚居区内发现的各种异形鼎”〔2〕。90年代初，日本学者横仓雅幸、西江清高、小泽正人等也发表了“越式鼎”的研究专文〔3〕，他们认为典型的“越式鼎”应指中国东南地区春秋后期开始流行的无纹外撇足鼎。此外，熊传新、吴铭

* 作者系北京大学考古文博学院博士研究生，湖南省文物考古研究所研究员。

〔1〕 俞伟超：《关于楚文化发展的新探索》，《江汉考古》1980年1期。

〔2〕 彭浩：《我国两周时期的越式鼎》，《湖南考古辑刊》（2），岳麓书社，1984年。

〔3〕 横仓雅幸等：《所謂「越式鼎」の展開》，『考古学雜誌』第76卷第1号（1990.10东京）。

生〔4〕、何介钧〔5〕、李龙章〔6〕等先后对古代越族的青铜文化进行了比较全面的研究，其中也包括“越式鼎”。然而，以上各家的研究不仅都没有对“越式鼎”进行明确定义，而且各自讨论的范围也不尽相同。彭浩先生虽然认为“越式鼎”包括“两周时期越族聚居区内发现的各种异形鼎”，却没有将湖南资兴旧市春秋墓〔7〕出土的那一类铜鼎（本文A类鼎）纳入讨论范围。日本学者将“越式鼎”限定为“春秋后期”开始流行的“无纹外撇足鼎”，连彭浩先生作为“越式鼎”讨论的安徽屯溪M1：80、M1：81两件铜鼎〔8〕和长沙金井Ⅲ式铜鼎〔9〕等（本文Ba类鼎）都排除在外了。与之相反，何介钧先生所涉及的越式青铜器范围却非常宽泛，像长沙路口区高桥〔10〕、江西萍乡高楼〔11〕、广西恭城秧家〔12〕等地出土的附耳深腹圜底鼎（注〔5〕图二，1～3，G型）和浙江绍兴M306采集的兽首鼎〔13〕等（注〔5〕图二，8，H型）都被其视为越式。看来大家对于“越式鼎”的判别缺乏一个统一的标准。因此，很有必要首先就“越式鼎”的定义和内涵问题取得共识，这是进一步深入讨论的基础。

其实“越式鼎”一词乃以古族之称命名一类特定的考古器物，严格地说有其逻辑上的缺陷，除非我们有大量的直接证据，否则，这样冠名确有一定的危险性。但是作为历史学分支的中国考古学，其学术定位和学科目标就是要复原古代历史，中国考古学产生和发展的动因也是为了印证和充实历史文献记载，所以将考古发现与文献记载中古代国家和族群对号入座、进行关联研究是非常自然的事情。笔者认为，“越式鼎”之名不仅在其提出之后发挥了应有的学术作用，而且现在和将来仍然有其学术意义，应当继续沿用并需进行更加深入的研究。

虽然俞伟超先生提出“越式鼎”这一名称时没有对它进行具体定义和详细说明，但他应该是基于下述三个方面的考虑的，即：①考古发现中有一批年代为周代但文化

〔4〕 熊传新、吴铭生：《湖南古越族青铜器概论》，《中国考古学会第四次年会论文集》，文物出版社，1985年。

〔5〕 何介钧、何纪生：《古代越族的青铜文化》，《湖南考古辑刊》（3），岳麓书社，1986年。

〔6〕 李龙章：《湖南两广青铜时代越墓研究》，《考古学报》1995年3期。

〔7〕 湖南省博物馆等：《资兴旧市春秋墓》，《湖南考古辑刊》（1），岳麓书社，1982年。

〔8〕 安徽省文化局文物工作队：《安徽屯溪西周墓葬发掘报告》，《考古学报》1959年4期。

〔9〕 湖南省博物馆：《长沙县出土春秋时期越族青铜器》，《湖南考古辑刊》（2），岳麓书社，1984年。

〔10〕 宋少华：《长沙出土商、春秋青铜器》，《湖南博物馆文集》，岳麓书社，1991年。

〔11〕 彭适凡：《江西地区出土商周青铜器的分析与分期》，《中国考古学会第一次年会论文集》，文物出版社，1980年。

〔12〕 广西壮族自治区博物馆：《广西恭城县出土的青铜器》，《考古》1973年1期。

〔13〕 浙江省文物管理委员会、浙江省文物考古所等：《绍兴306号战国墓发掘简报》，《文物》1984年1期。

面貌与周文化、楚文化等同类器风格相异的器物；②这类器物主要出土于文献记载的古代越族活动范围内；③它们有自身的典型特征和发展变化规律。依此，本文姑且给“越式鼎”定义为：具有古代越族独特风格、主要在越族聚居区由越人铸造和使用的鼎类器。那么，在“越式鼎”的具体判别中可以相应地遵循如下原则，即：越地普遍出土而它地少见，可以认定其为越民族创造和使用之物，这体现了它的地域特性；器物特征具有越民族传统风格，主要表现在器形特征和纹饰风格上（器形的决定作用应高于纹饰），这体现了它的文化特性。地域特性和文化特性两者结合构成其族属特性，是我们判别“越式鼎”的基础。因此，越地铸造和使用但完全模仿它地的器物既不具备地域特性也不具备文化特性，不能视为“越式”。有的器物，文化传统虽源于它地，但经过本地改造而具备了自身特征，且这种特征在来源地和其他地区又不见，这也具备了族属特性，应该视为“越式”。

我们认为：何介钧先生所列 G、H 两类铜鼎显然缺乏“越式鼎”的族属特性，不应纳入“越式鼎”范围。其中 G 型之湖南长沙路口区高桥鼎，器形为附耳、深卵形腹、圜底、矮蹄形足，这种形制的铜鼎在越地出土数量极少，有人认为可能是汉水流域或淮河上游地区某诸侯国的器物〔14〕。而江西萍乡高楼鼎和广西恭城秧家Ⅰ式鼎，实为楚式鼎。H 型兽首鼎主要分布于安徽江淮地区，应是“群舒”文化的特征器。由于地理位置接壤，它们在越地出土不难理解。而本文 A、Ba 两类鼎仅在越地出土，其他地区几乎不见，器形、纹饰也都具有本地特点，当然应归属“越式鼎”范畴。何先生之 C 型竖耳浅腹蹄足鼎（注〔5〕图三，1 ~4），其早期型式就形制而言与周文化同类器区别甚微，虽然纹饰已具备越地风格，亦恐难视为“越式鼎”。但是，其后续的形态，器形上已明显地方化，应当视为“越式鼎”。另外，1976 年江苏丹阳司徒砖瓦厂〔15〕出土的 5 件垂腹鼎，其中 3 件（Ⅲ式）为敛口、折沿、附耳，腹部两道凸弦纹间分置四组八个乳钉，鼎足分别为柱足和尖锥足。另 2 件立耳矮足鼎（Ⅰ式）均为半圆形空槽柱足，腹部仅 1 ~2 道凸弦纹。朱凤瀚先生考订其年代为西周昭、穆之时〔16〕，笔者以为至少后者应晚至两周之际。虽然这两类铜鼎从文化面貌来看地方特点显著，应是当地的产品，但相同器物在其他地点再没有发现过，也无法确认其同类作品系列的存在，故本文未将其纳入讨论范围。

横仓氏等日本学者称春秋晚期以后的无纹外撇足鼎为“典型”越式鼎，将湖南长

---

〔14〕 高成林：《长沙市博物馆所藏一件深腹矮足鼎浅析》，北京大学文物爱好者协会会刊《青年考古学家》总第十六期。

〔15〕 镇江市博物馆、丹阳县文物管理委员会：《江苏丹阳出土的西周青铜器》，《文物》1980 年 8 期。

〔16〕 朱凤瀚：《古代中国青铜器》806 页，文物出版社，1995 年。

沙金井、安徽屯溪弈棋等地出土的锥足鼎作为“越式鼎”之前的所谓“古阶段”之物进行介绍，而且和彭浩先生一样丝毫未提及本文A类鼎。这不仅反映了他们对于“越式鼎”涵义的一种思考，也引起了我们对各类越式鼎文化特征构成中文化因素的源流及构成方式等问题的关注。各类“越式鼎”器形或装饰风格上的差异，应该是其文化因素来源和构成方式不同造成的，而且它们的产生和流布又与一定的文化背景密切相关。因此，我们可以通过对其文化因素来源、构成方式及文化背景的分析来把握它们的文化属性。如所谓“典型”越式鼎其中一类之敛口附耳带盖鼎（本文D类），流行时间为战国时期，且有不少出土于楚墓中，从器形特征来看，其除三足之外的部分与楚式敛口附耳带盖鼎很接近，明显是受后者影响形成的。战国时期是楚人征服越地的主要时期，敛口附耳带盖鼎的产生与传播可以说从一个侧面反映了楚、越文化交融的互动过程。如此看来，敛口附耳带盖类“越式鼎”的文化特征并非日本学者认为的那样“典型”。而本文所列C类宽折沿釜形鼎，与湘江流域及其东南地区长期流行的釜形陶鼎的区别仅为有无两耳，其出现时间至少可早到西周中期，约在春秋晚期前后发展成为大家公认的典型越式宽盘口鼎（本文Ea类鼎），并一直流行到西汉前期。从文化特征构成上说，这类鼎土著因素成分最多，应该是最典型的“越式鼎”。

二、“越式鼎”的种类和区域分布

目前所见“越式鼎”（以下“越式鼎”一词均不用引号）的形制确实非常复杂，如何进行分类才能更准确地反映其文化源流和地域分布的内在特征、更好地把握其发生、演变的逻辑过程，使我们的研究更加具有学术意义，应该是我们着重关注的问题之一。以往的研究者虽然在越式鼎的分类上观点比较接近，但其分类方法和结果大有可商榷之处。本文以口部特征为第一标准，将越式铜鼎分为5大类，即：侈口类（A）、窄平折沿类（B）、宽斜折沿类（C）、敛口类（D）、盘口类（E）。其中窄平折沿类又以足部特征为标准分为锥足（Ba）、蹄足（Bb）、扁足（Bc）3个亚类，蹄足亚类再分为直蹄足（Bb1）和撇蹄足（Bb2）2个小类，扁足亚类又依耳部特征分为竖方耳（Bc1）、横方耳（Bc2）、环耳（Bc3）、附耳（Bc4）、无耳（Bc5）5个小类，盘口类又分为宽盘口（Ea）和窄盘口（Eb）2个亚类，共计13类。各类再依形制演变轨迹进行有年代早晚逻辑关系的式别划分。以下首先介绍越式鼎的分类与式别，再就各类越式鼎的地域分布进行总结。

A类　侈口类。基本特征为口外侈、下腹外鼓，整体形状近盂形。腹部均有纹饰，以立耳为主，个别为附耳。足为兽首形柱足或空槽足。根据鼎足、腹部形态和装饰特点的变化可分4式。其早晚变化规律为：腹部由深而浅，腹最大径逐渐下移；底由圜底到坦圜底近平；足由矮变高并逐渐向底部中心聚拢，足内侧由平到凹最后呈空槽状，足根部兽面逐渐简化至消失；腹部纹饰布局最早在窄幅纹带下饰蝉体尖叶纹，后尖叶纹消失，再后又在主纹带的上、下部加饰几何纹边栏，最后通体素面无纹。

Ⅰ式 腹较深，兽首柱足下端略呈蹄形、内侧平、实心，口外侈幅度小，鼓腹圆收，圜底，口部下主纹带的纹样为兽面纹或涡纹间四叶目纹，下腹一般有尖叶纹。典型标本有湖南望城县高砂脊遗址 AM1 出土的 B 型Ⅱ式小铜鼎（图一，1，本文所列越式鼎标本未附插图者均可参考文后所附“越式铜鼎分类登记表”即附表一查阅文献出处，文中不再另外加注）、醴陵收集的涡纹鼎等。

Ⅱ式，腹变浅，口外侈幅度变大，腹底交接处圆转，足内侧有的出现凹槽，口下主纹带纹样多为龙纹、变形龙纹或斜角云纹、回首夔纹等，下腹不见纹饰。典型标本有湖南湘潭青山桥 J∶10（图一，2）、J∶11、株洲白关墓葬出土铜鼎、长沙金井干塘Ⅰ式鼎、长沙福临区和路口区高桥出土的Ⅲ、Ⅳ式鼎、安徽屯溪 M1∶79、M1∶82、M3∶11 铜鼎、广东惠阳柯木山鼎、广东博罗横岭山鼎、广东和平龙子山 M1 鼎等。

Ⅲ式 鼎腹更浅，口外侈较盛，腹部明显下垂，底近平，腹底交接处圆折，鼎足内侧中空、呈半圆形槽状，三足向底部聚拢，腹部主纹带上下多有几何纹边栏。典型标本有湖南长沙金井干塘Ⅱ式鼎、宁乡坝塘收集鼎、新邵陈家坊鼎、资兴旧市 M276∶6（图一，3）、广西贺县马东村鼎等。

Ⅳ式 仅见 2 件标本。湖南资兴旧市 M351∶1，腹近直、底近平，三瓦形扁足（图一，4）。湖南省博物馆藏东二 1∶28 形制与前者相同，但通体已素面无纹，已是本类鼎的最晚标本。

B 类 窄平折沿类。基本特征为平折沿、沿面较窄，整体形态近盆形。可依足部形态分为 3 个亚类。

Ba 类 锥足类。均立耳，多敞口收腹。依腹、足部形态和纹饰布局特点分为 3 式。其早晚变化规律为：腹部由浅而深；底由坦圜底到尖圜底；足由外斜到上直下撇再到足尖外折，足内侧由平到凹最后呈空槽状；腹部纹饰布局由仅有窄幅纹带到主纹带上下加几何纹边栏。

Ⅰ式 腹较浅，细锥足外斜较甚，腹部主纹带上下多无边栏。典型标本有安徽屯溪 M1∶80、M1∶81 两件鼎，其中 M1∶81 不见边栏（图一，13），M1∶80 主纹带下已见很窄的边栏，为后两式鼎腹部主纹带上下边栏布局之滥觞。湖南宁乡黄材新屋 M2 出土 2 件残鼎足应是此式鼎足的前身（图四，9）。

Ⅱ式 腹较深，圜底，锥足较粗，足上部较直、足尖外撇，腹部主纹带上下均有几何纹边栏。典型标本有湖南长沙金井干塘Ⅲ式鼎（图一，14）、衡阳市博物馆收集鼎和上海博物馆藏鼎等。

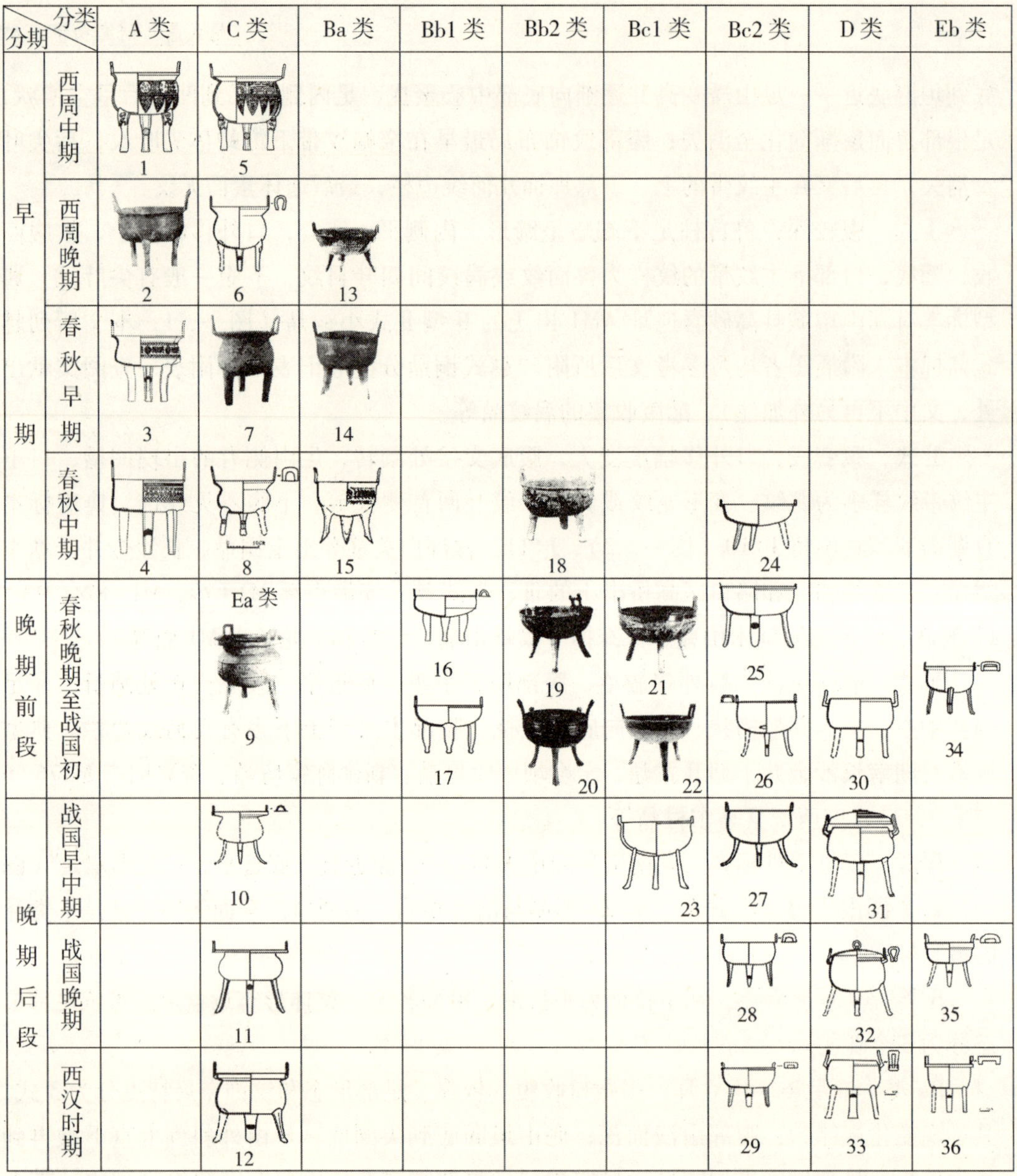

分期		A类	C类	Ba类	Bb1类	Bb2类	Bc1类	Bc2类	D类	Eb类
早期	西周中期	1	5							
	西周晚期	2	6	13						
	春秋早期	3	7	14						
	春秋中期	4	8	15		18		24		
晚期前段	春秋晚期至战国初		Ea类 9		16 17	19 20	21 22	25 26	30	34
晚期后段	战国早中期		10				23	27	31	
	战国晚期		11					28	32	35
	西汉时期		12					29	33	36

图一　越式铜鼎分类分期图

1～4. A类Ⅰ～Ⅳ式(望城高砂脊AM1∶3、湘潭青山桥J∶11、资兴旧市M276∶6、M351∶1)　5、6. C类Ⅰ、Ⅱ式(望城高砂脊AM1∶6、宁乡黄材栗山收集鼎)　7、8. C类Ⅲ式(湘乡市博藏鼎、广东乐昌对面山M59∶1)　9～12. Ea类Ⅰ～Ⅳ式(衡南胡家港Ⅳ式鼎、广西宾阳韦坡M1∶14、广东罗定背夫山M1∶16、广州南越王墓乙Ⅱ②式鼎)　13～15. Ba类Ⅰ～Ⅲ式(屯溪M1∶81、长沙金井Ⅲ式鼎、长沙福临区Ⅰ式鼎)　16～17. Bb1类Ⅰ、Ⅱ式(湘潭古塘桥Ⅲ式鼎、广西恭城秧家Ⅲ式鼎)　18～20. Bb2类Ⅰ～Ⅲ式(丹徒烟墩山附葬坑小鼎F、A、湘乡何家湾M1∶4)　21～23. Bc1类Ⅰ～Ⅲ式(湘潭古塘桥Ⅱ式鼎、株洲市博藏茶陵鼎、广西贺县龙中岩洞墓Ⅰ式鼎)　24、25. Bc2类Ⅰ式(安徽青阳龙岗M2鼎、江苏吴县何山鼎)　26、27. Bc2类Ⅱ式(江苏六合程桥M1鼎、广东四会鸟旦山M1Ⅱ式鼎)　28、29. Bc2类Ⅲ式(广东广宁龙嘴岗M5∶37、广西平乐银山岭战国墓Ⅱ式鼎)　30～33. D类Ⅰ～Ⅳ式(湖南桃江腰子仑D型鼎、湖南长沙黄泥坑54M5鼎、湖南永州鹞子岭AM20∶13鼎、广州南越王墓乙Ⅰ型鼎)　34～36. Eb类Ⅰ～Ⅲ式(江苏武进淹城内河出土鼎、广西平乐银山岭战国墓Ⅰ式鼎、广州南越王墓鼎乙Ⅲ型鼎)

Ⅲ式　深腹，尖圜底，锥足内侧呈空槽状，足尖外折，腹部纹饰同前式。典型标本有湖南长沙福临区出土Ⅰ（图一，15）、Ⅱ式鼎、湖南宁乡坝塘收集鼎、益阳市博物馆藏鼎、新邵陈家坊鼎等。其中长沙福临区Ⅰ式鼎腹部纹饰为网格纹、上下栏消失，有简化之势，益阳市博物馆藏鼎足尖外折处内侧附凸榫。

Bb类　蹄足类。依足部特征分为2个小类。

Bb1类　直蹄足类。均立耳，圜底。可分2式。其早晚变化规律为：腹部由深而浅；耳由长方形到尖圆形；腹部从有凸弦纹到素面无纹。

Ⅰ式　腹较深，耳为长方形或尖圆形，槽状蹄足，腹部有凸弦纹。典型标本有湖南衡南胡家港Ⅲ式鼎、湘潭古塘桥Ⅲ式鼎（图一，16）、安徽铜陵金口岭Ⅱ式鼎等。

Ⅱ式　浅腹，尖圆形耳，空槽足，腹部素面无纹、足尖蹄形消失。标本仅广西恭城秧家Ⅲ式鼎1件（图一，17）。

Bb2类　撇蹄足类。均立耳。可分3式。其早晚变化规律为：腹部由浅而深；底由圜底到坦圜底；耳由长方形到动物形或牛角形等；足由短粗变为细长；腹部从素面到装饰绳索状凸棱和几何形纹。

Ⅰ式　耳多为长方形，腹较浅，多圜底，腹部素面，蹄形短足稍外撇。典型标本有江苏丹徒烟墩山附葬小坑出土小鼎D、E、F（图一，18）3件。

Ⅱ式　耳多为动物形或牛角形，腹较浅、收腹圜底，腹部素面或有一道凸棱，足较细长，外撇较甚。典型标本有江苏丹徒烟墩山附葬小坑出土小鼎A（图一，19）、B、C 3件和湖南桃江腰子仑B型铜鼎等。

Ⅲ式，耳多为牛角形，腹较深，底近平，腹部装饰绳索状凸棱和“S”形纹，足细长，外撇很甚。典型标本有湖南桃江腰子仑C型铜鼎、湘乡县何家湾M1出土的3件鼎（图一，20）等。

Bc类　扁足类。三足为扁圆形或扁平形。依耳部特征分5个小类。

Bc1类　竖方耳，即耳高大于或等于耳宽。又依耳、足形状和腹部装饰特征等分3式。其早晚变化规律为：腹由深到浅；耳由长方形变为正方形等；足由半圆形到扁平状，外撇程度由小到大；腹部装饰从有几何纹饰到通体素面。

Ⅰ式　耳为长方形，足为半圆形、内侧空槽，深腹、腹部有索状凸棱和几何纹饰。典型标本有湖南湘潭古塘桥Ⅱ式鼎（图一，21）、益阳市博物馆收集鼎、湘乡市博物馆藏鼎等。

Ⅱ式　耳为长方形，足为扁平形，腹变浅、腹部素面或有凸棱。典型标本有湖南长沙五里牌64M1出土鼎、株洲市博物馆藏1987年茶陵出土鼎（图一，22）、益阳市博物馆藏鼎等。

Ⅲ式　耳为正方形小耳，足扁平，腹部素面。典型标本有广东德庆落雁山M1出土鼎、广西贺县龙中岩洞墓Ⅰ式鼎（图一，23）等。

Bc2类　横方耳。耳宽大于耳高，均无纹。依腹、底、足部特征分3式。其早晚变化规律为：腹由浅到深再变浅，腹部形状由较直或内收到圆鼓；底部由圜底到平底；足由斜直到外撇。

Ⅰ式　浅腹，腹壁较直或内收，圜底，足斜直。典型标本有安徽青阳庙前龙岗M2出土鼎（图一，24）、江苏吴县何山鼎（图一，25）、江苏丹徒谏壁粮山Ⅱ式鼎、湖南桃江腰子仑AⅠ式鼎、四川成都金沙巷M2出土鼎等，江苏丹徒谏壁王家山出土的铜炉上部之鼎的形制也属此式。

Ⅱ式　深腹，腹壁圆鼓，圜底，足外撇。典型标本有江苏六合程桥M1鼎（图一，26）、六合仁和东周墓出土鼎、苏州城东北东周墓出土鼎、江西樟树农校出土鼎、广东四会鸟旦山战国墓M1:3（图一，27）等。

Ⅲ式　浅腹，腹壁圆鼓，平底，足斜直外撇。典型标本有广东广宁龙嘴岗M5:37（图一，28）、广宁铜鼓岗M16出土鼎、广西平乐银山岭M119Ⅱ式鼎（图一，29）等。

Bc3类　环耳或半环耳,有的带提梁。典型标本有湖南桃江腰子仑AⅡ、AⅢ、AⅤ式鼎、湘乡市博物馆藏鼎、广西恭城秧家Ⅱ式鼎等。

Bc4类　附耳。此类标本很少，浙江长兴和平出土1件，年代约为春秋晚期至战国前期。另外，广西贺县龙中岩洞墓出土1件，为扁蹄足，年代应为战国前期，本文暂归为此类。

Bc5类　无耳。器形与本文Bc1类Ⅱ式相近，但无耳。典型标本有湖南湘乡五里桥M1、何家湾M3出土鼎、桃江腰子仑AⅣ式鼎等。

C类　宽斜折沿类。斜折沿、沿面很宽，均立耳，无颈，圆鼓腹，整体形态为釜形。依口、鼎足及腹部装饰特点分3式。其早晚变化规律为：口部由斜折沿、尖圆唇到唇上折、略呈盘口；腹部从装饰兽面纹到素面无纹；足由蹄足演变为柱足或截锥足。

Ⅰ式　斜折沿，圆唇，蹄形实足，腹部装饰兽面纹。典型标本有湖南望城高砂脊AM1出土C型小铜鼎（图一，5），益阳市博物馆藏鼎与之形制和装饰完全相同，但个体略小。

Ⅱ式　斜折沿，圆唇，蹄形足兽面简化，腹部素面或有一道凸弦纹。典型标本有湖南望城高砂脊AM5出土鼎、宁乡黄材栗山收集鼎（图一，6）、黄材寨子村新屋M4出土鼎等。

Ⅲ式　足为柱足或截锥足，有的口部略呈盘口，均素面无纹。典型标本有湖南省博物馆藏鼎、湘乡市博物馆藏鼎（图一，7）、安徽屯溪奕棋M3:12、广东乐昌对面山M59:1（图一，8）等。

D类　敛口类。均附耳，扁足，多带盖，口部有凸棱一道。依腹、足形态及腹部装饰特征分4式。其早晚变化规律为：口由大到小；腹由浅而深，腹壁由较直变为球腹；底由坦圜底到尖圜底或大平底；器底范线由三角形且与鼎足相连变为圆形且逐渐与鼎足分离；三足由矮而斜直到细高外撇；腹部从光素到装饰凸弦纹。

Ⅰ式　腹较浅、腹壁斜直，底近平，多无盖，三足较矮。典型标本有湖南桃江腰子仑D型鼎（图一，30）、衡阳苗圃涂家山M4出土鼎等。

Ⅱ式　腹较浅、腹壁斜直，腹部素面。多有盖，盖上饰凸弦纹和几何纹，坦圜底，三扁足稍高、足较直或斜外撇。典型标本有湖南长沙黄泥坑54M5出土鼎（图一，31）、长沙识字岭74M1Ⅰ式鼎、耒阳石油站M4DⅡ式鼎、江西高安太阳墟3号鼎等。

Ⅲ式　深圆腹，圜底，有的腹部饰多道凸弦纹。多带盖，三足较高、足尖外折，或三足很矮，有退化之势。典型标本有湖南长沙留芳岭85M5鼎、长沙火把山86M4鼎、永州鹞子岭AM20鼎（图一，32）等。

Ⅳ式　腹有深有浅，底为大平底，均素面无纹。典型标本有广州南越王墓乙Ⅰ型鼎（图一，33）、广西贺县高寨汉墓M8Ⅱ式鼎等。

E类　盘口类。分2个亚类。

Ea类，宽盘口，台面斜，鼓腹。依耳、底、足部特征分4式。其早晚变化规律为：耳由长方形演变为索状半圆形，耳的位置由立于沿上到立于盘内再到附于盘外壁；腹由深变浅，由圆鼓逐渐下垂；底由圜底变为大平底；足由柱足演变为扁足；腹部装饰从有凸弦纹到通体素面。

Ⅰ式　长方形耳立于沿上，颈腹分明，圆鼓腹，圜底，柱足稍外撇，腹部有凸弦纹。典型标本有湖南衡南胡家港春秋墓Ⅳ式鼎（图一，9）。

Ⅱ式　耳为半圆形、立于盘内，有的颈腹分界已不明显，圜底，扁足。典型标本有江西瑞昌牛脚岭鼎、高安太阳墟鼎、广西宾阳韦坡战国墓M1：14（图一，10）、贺县龙中岩洞墓出土鼎等，广东清远马头岗M1出土1件，腹部残。

Ⅲ式　耳为半圆形、立于盘内，颈腹分界不明显，大平底，扁平足外撇。典型标本有广东罗定背夫山M1：16（图一，11）、四会鸟旦山、揭阳面头岭战国墓出土鼎等。

Ⅳ式　耳为半圆形、附于盘外壁，有的带提梁，大平底，扁平足足尖外折。典型标本有广州南越王墓乙Ⅱ②式鼎（图一，12）、广西贵县罗泊湾汉墓Ⅰ式鼎等。

Eb类　盘口较窄，台面较平，直腹，均横方立耳。依耳、腹、底、足部特征分3式。其早晚变化规律为：耳由高变矮，由窄变宽；腹由深变浅；底由圜底变为平底；足由扁圆形到扁平形。

Ⅰ式　深腹，圜底，扁圆形足，耳近正方形。典型标本有江苏武进淹城内河出土鼎（图一，34）、安徽铜陵金口岭Ⅰ式鼎、广东罗定背夫山战国墓M1∶17等。铜陵金口岭Ⅰ式鼎索状半环耳立于盘口内，比较特别。

Ⅱ式　浅腹，底近平，扁平足背面起棱，耳为横长方形。典型标本有广东肇庆北岭松山 M1 Ⅱ式鼎、乐昌对面山 Ac 式鼎、广西平乐银山岭战国墓 M71：1（图一，35）等。

Ⅲ式　浅腹，平底，足扁平内弧呈瓦形，横长方耳较前式更宽矮。典型标本有广州南越王墓乙Ⅲ型鼎（图一，36）、广州汉墓异Ⅱ型鼎、广西贺县河东高寨汉墓 M7 Ⅲ式鼎等。

据附表二统计，上述13小类越式鼎出土地域分布情况如下：

A类　31件。其中Ⅰ式5件，均见于湘江流域。Ⅱ式18件，湘江流域11件、广东4件、安徽皖南3件。Ⅲ式6件，湘江流域5件、广西1件。Ⅳ式2件，均见于湘江流域。合计湘江流域23件，约占四分之三，是该类越式鼎的主要分布区。岭南地区和皖南地区分别为5件、3件，为次要分布区。江浙地区不见此类越式鼎。

Ba类　16件。其中Ⅰ式2件，均出土于皖南地区。Ⅱ式5件，湘江流域出土4件，上海博物馆所藏1件，疑出自湘江流域。Ⅲ式9件，均见于湘江流域。合计湘江流域14件，是该类越式鼎的主要分布区。皖南地区2件，均为早期形制。岭南和江浙地区不见此类越式鼎。

Bb1类　20件。其中Ⅰ式19件，湘江流域17件，江西、皖南各1件。Ⅱ式1件，见于广西。可见湘江流域是该类越式鼎的主要分布区，江浙地区不见此类越式鼎。

Bb2类　36件。其中Ⅰ式4件，江苏3件、湘江流域1件。Ⅱ式8件，湘江流域5件、江苏3件，Ⅲ式24件，湘江流域23件、广东1件。合计湘江流域29件，是该类越式鼎的主要分布区。江苏6件均为早期形制，广东1件为晚期形制。

Bc1类　9件。其中Ⅰ式和Ⅱ式共7件，均见于湘江流域。Ⅲ式2件，广东、广西各1件。可见湘江流域是该类越式鼎的主要分布区，岭南地区仅见其晚期形制，江西、皖南及江浙地区均不见。

Bc2类　23件。其中Ⅰ式10件，江浙地区6件、湘江流域2件，皖南1件、四川1件。Ⅱ式7件，江浙地区4件、江西1件、广东2件。Ⅲ式6件，广东4件、广西2件。可见该类越式鼎早期流行于皖南和江浙地区，晚期流行于岭南地区。湘江流域、江西和四川地区所见少量标本应为舶来品。

Bc3类　11件。其中湘江流域8件，为该类越式鼎主要分布区。岭南地区3件，江西、皖南及江浙地区均不见。

Bc4类　2件。1件出土于浙江，1件出土于广西。此类越式鼎数量极少。

Bc5类　5件。均见于湘江流域。

C类　10件。其中Ⅰ、Ⅱ式共6件，均见于湘江流域。Ⅲ式4件，湘江流域2件，皖南、广东各1件。可见湘江流域为该类越式鼎的主要分布区，江浙地区不见此类越式鼎。

D类 121件。其中Ⅰ式4件，均见于湘江流域。Ⅱ式49件，湘江流域28件、江西5件、江浙地区6件、岭南地区5件，其他湖南澧水流域2件、湖北3件。Ⅲ式61件，湘江流域41件、江西2件、江苏1件、岭南地区6件，其他湖北10件、重庆1件。Ⅳ式7件，均见于岭南地区。合计湘江流域73件，岭南地区18件，为该类越式鼎的主要分布区，其中Ⅰ~Ⅲ式主要流行于湘江流域，Ⅳ式仅见于岭南地区。湖北、澧水流域、重庆地区见少量此类越式鼎标本，江浙地区仅见于淮阴高庄东周墓。

Ea类 45件。其中Ⅰ式1件，出土于湘江流域。Ⅱ式5件，江西2件、广东1件、广西2件。Ⅲ式6件，广东、广西各3件。Ⅳ式33件，广东27件、广西6件。合计岭南地区42件，是该类越式鼎的主要分布区，湘江流域和江西地区仅见少量早期标本，安徽和江浙地区不见该类越式鼎。

Eb类 22件。其中Ⅰ式3件，皖南、江苏、广东各1件。Ⅱ式11件，广东3件、广西8件。Ⅲ式8件，广东6件、广西2件。合计岭南地区20件，是该类越式鼎主要分布区，皖南、江苏各1件为早期形制，湘江流域、江西地区不见该类越式鼎。

从出土地域的分布（图二）来看，越式鼎主要分布区可以划分为三大区域，即：湘江流域、江浙地区和岭南地区，另江西地区和安徽皖南地区处于湘江流域与江浙地区之间，不是越式鼎的集中分布区或原产区，不仅越式鼎出土数量少，其种类和面貌也分别与湘江流域和江浙地区存在联系，在讨论中可以将它们分别从属于上述两大区。D类越式鼎的原产地和集中分布区为湘江流域，但因为这类鼎本来就是楚越文化融合的产物，随着楚人的活动，该类越式鼎的分布范围目前所见已广及湘西北澧水流域、鄂东南、鄂西、重庆等其他地区，从文化来源上讲均与湘江流域有关。各区主要特点如下：

（1）湘江流域，主要包括湖南东部的湘江和资水流域地区。本区流行的越式鼎有A、Ba、Bb1、Bb2、Bc1、Bc3、Bc5、C、D、Ea共计10类。唯不见Eb、Bc4两类，少量Bc2类标本为舶来品。10类中的大部分本区出土最多、分布最普遍或者其早期形制仅见于本区，可以认定它们起源于本地区。如A类鼎，Ⅰ、Ⅳ式本区独有，Ⅱ、Ⅲ式本区也出土最多，皖南和岭南地区出土的少量标本应系从本区直接输入或当地受本区文化传统影响的仿造品。Ba类鼎，虽然2件早期标本均见于皖南地区，但2004年湖南宁乡黄材寨子村新屋[17]M2出土的2件锥形鼎足似是该类鼎的鼎足，从其外侧有蝉体尖叶纹特征看，年代应为西周中期，而且该鼎足内侧有长条形凹槽，与墓葬所属炭河

〔17〕向桃初、刘颂华：《宁乡黄材西周墓发掘的主要收获及其意义》彩图四一，《湖南省博物馆馆刊》第一期，船山学刊，2004年。

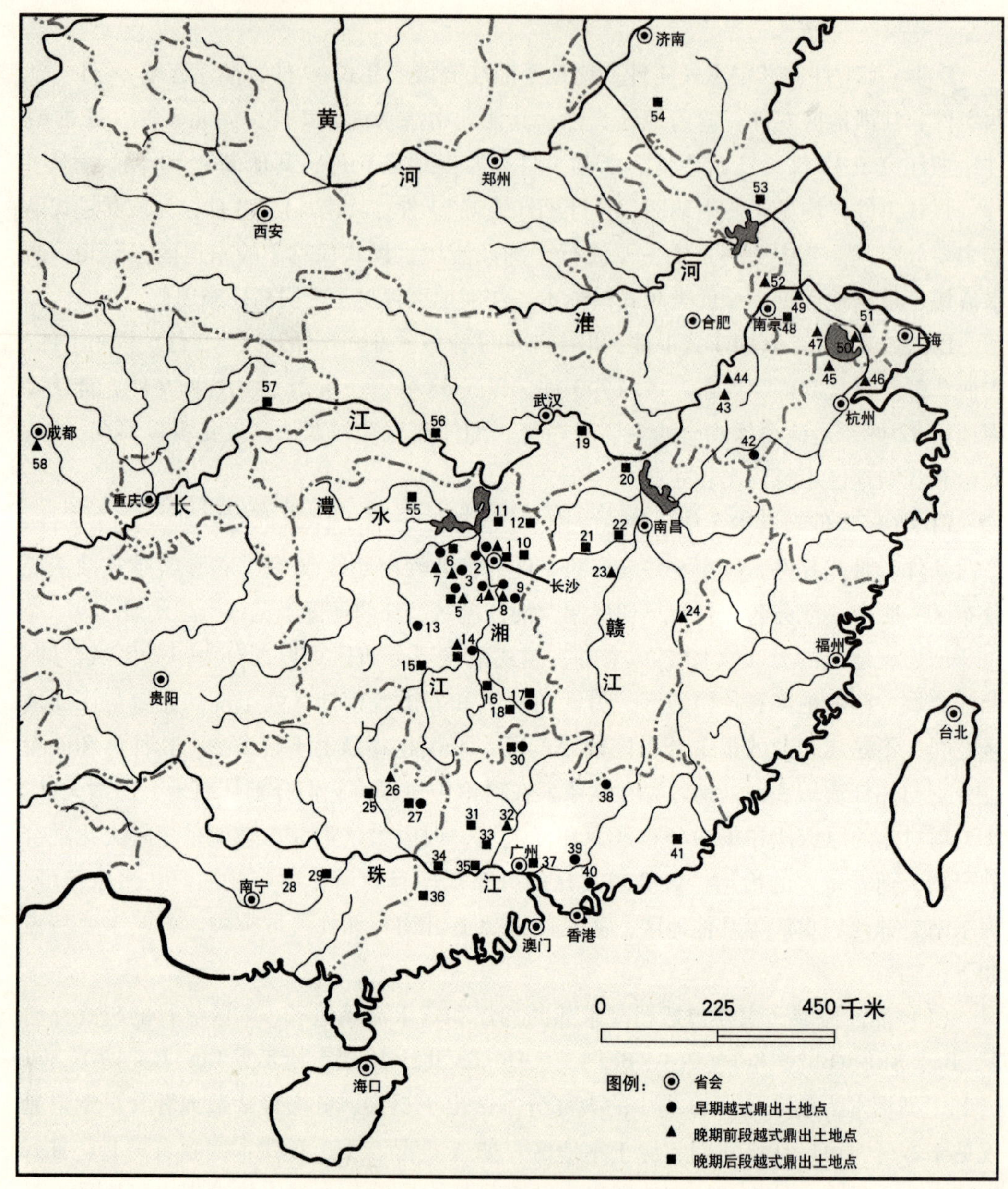

图二　越式铜鼎出土地点分布图

1. 长沙　2. 望城　3. 宁乡　4. 湘潭　5. 湘乡　6. 益阳　7. 桃江　8. 株洲　9. 醴陵　10. 浏阳　11. 汨罗　12. 平江　13. 新邵　14. 衡阳　15. 永州　16. 耒阳　17. 资兴　18. 郴州　19. 鄂城　20. 瑞昌　21. 上高　22. 高安　23. 樟树　24. 广昌　25. 平乐　26. 恭城　27. 贺县　28. 宾阳　29. 贵县　30. 乐昌　31. 广宁　32. 清远　33. 四会　34. 德庆　35. 肇庆　36. 罗定　37. 广州　38. 和平　39. 博罗　40. 惠阳　41. 揭阳　42. 屯溪　43. 青阳　44. 铜陵　45. 长兴　46. 桐乡　47. 武进　48. 句容　49. 丹徒　50. 吴县　51. 苏州　52. 六合　53. 淮阴　54. 曲阜　55. 临澧　56. 江陵　57. 云阳　58. 成都

里西周城址内出土陶鼎足内侧大多刻槽的风格一致，推测宁乡黄材新屋 M2 出土的 2 件锥形鼎足应是 Ba 类鼎足的前身。又皖南地区仅见 2 件Ⅰ式标本而未见湘江流域大量发现的Ⅱ、Ⅲ式标本，因此可以认定此类越式鼎亦起源于湘江流域，皖南屯溪 2 件标本及上海博物馆所藏此类鼎应为来自湘江流域的舶来品或仿制品。Bb1 类共 21 件，17 件出土于本区。Bc1 类共 9 件，7 件出土于本区，岭南地区的 2 件均为晚期形制。Bc3 类共 11 件，8 件出土于本区。Bc5 类为本区独有。C 类共 10 件，本区出土 8 件，皖南和岭南各 1 件均为晚期形制。D 类共 121 件，本区出土 73 件，约占五分之三，且Ⅰ式仅见于本区。Ea 类渊源于 C 类，其Ⅰ式仅见于本区。Bb2 类的早期形制本区少见，虽不能说为本区起源，但其Ⅱ、Ⅲ式却主要或仅出土于本区。因此，湘江流域越式鼎出土数量最多、种类最丰富，无疑是越式鼎最主要的分布区和原产地。

（2）江浙地区，包括江苏、浙江两省区，皖南地区可广义上归入本区。本区流行的越式鼎种类较少，有 Ba、Bb2、Bc2、Eb 类等，其中 Ba 类Ⅰ式标本虽仅见于皖南地区，但Ⅱ、Ⅲ式标本本区不见，当如前述为从湘江流域输入或仿制。Bb2 类Ⅰ、Ⅱ式本区相对较多，但Ⅲ式本地不见，其发源地姑置不论。Bc2 类是本区最具代表性的越式鼎，湘江流域、成都等地出土的此类标本应属本区的输出品。Eb 类起源于本区，但大量晚期标本仅见于岭南地区。

（3）岭南地区，包括广东、广西两省区。本区最流行的越式鼎有 Bc2、D、Ea、Eb 四类，虽然出土数量很多，但多半是各类越式鼎的较晚期形制，没有起源于本区的越式鼎类型。其他 A、Bb、Bc1、Bc3、C 类少量标本多为直接输入品或仿制品。

上述三大区域地理位置上呈倒“品”形，而江西赣江流域担当了三大区域之间彼此联系的纽带和通道的角色，因而未能形成单独的文化区，这恐怕是江西地区越式鼎发现少、自身特点不突出的主要原因。

三、越式鼎的年代与分期

越式鼎的年代问题，前述诸学者虽多有论及，但由于材料本身缺乏或者分类方法欠妥当，造成越式鼎类型划分不够清晰，器形发展演变规律和彼此间的源流关系不甚明了，这样不仅影响了对越式鼎本身年代的判定，也影响我们对其地域分布规律性的把握，进而制约了越式鼎研究的深入。过去我们判断越式铜器的年代要么依据铜器本身的形制和花纹与中原地区商周文化或其他文化的青铜器进行类比，要么根据伴出非越式铜器或陶瓷器的年代进行推定。这两种方法都有其局限性：以越式铜器本身与中原或其他文化青铜器进行类比来断代，即使不考虑越式鼎自身的发展变化情况，其年代上限虽可大致确定，而年代下限则是无法确定的，这中间存在文化传统传承的延续性和滞后性问题；以伴出非越式铜器或陶瓷器进行断代也必须同时考虑伴出铜器以及越式铜器本身铸造年代与埋藏年代的可能差距，逻辑上讲，越式铜器有可能与伴出的其他铜器年代相当，也有可能早于或晚于伴出的铜器，伴出陶瓷器的越式铜器年代有可能与陶瓷器年代相同，也可能早于伴出的陶瓷器。对于越式鼎来说，既然是“越式”而非中原或楚式铜器，则必然有其自身的特征和发展轨迹，那么，正确的断代方法是首先建立越式鼎自身的类型和逻辑演变体系，再用上述两种方法进行年代推断，其结果应不与其自身的逻辑发展序列相抵牾。本文在尽可能全部掌握越式鼎材料的前提下，通过严密的逻辑分类，再根据年代比较明确的标本及共存情况交叉参检找出了各类越式鼎的早晚变化规律，建立了越式鼎自身的分类和型式演变体系，所有的越式鼎标本都置于该体系中。通过这个体系，我们可以比较准确地了解各类各式越式鼎流行的相对年代范围，无论越式鼎相关遗迹或伴出物情况多么复杂，都不会影响我们对其自身年代的判断。同时，对于过去学术界争论较大的有关问题，也可以参考上述分类体系进行验证，得出相对正确的结论。

年代问题是越式鼎全部问题讨论的前提，为了对越式鼎其他相关问题进行更深入的研究，本文以自己的分类和型式演变体系为基础，参照前人的诸多研究成果，得出越式鼎各类、型、式的大致流行年代。为使读者一目了然，特以图表方式宣于文后（图三）。

时期 / 类别	西周中期	西周晚期	春秋早期	春秋中期	春秋晚期	战国早期	战国中期	战国晚期	西汉前期
A　类	I	II	III	IV					
		I	II	III					
Ba　类									
C　类	I	II	III	IV					
Bb1 类					I　II				
Bb2 类				I	II	III			
Bc1 类					I　II	III			
Bc2 类					I	II		III	
D　类						I	II	III	IV
Ea　类					I	II		III	IV
Eb　类					I			II	III
分　期	早　期				晚期前段	晚　期　后　段			

图三　越式铜鼎流行年代示意图

A类 出现于西周中期前段，主要流行于西周晚期至春秋早期，消失于春秋中期。Ⅰ式，出土地点和数量均少，典型标本为湖南望城高砂脊[18]AM1出土的B型Ⅱ式小铜鼎，从纹饰来看，几乎与中原商代晚期和西周早期铜鼎无异，或许有学者不认为它们是越式鼎，但是这种铜鼎在器形上已经具备了本文A类Ⅱ、Ⅲ两式被公认为越式鼎的特征，如侈口，三足细高聚于底，质劣胎薄等，而且从该类越式鼎的逻辑演变轨迹来看，高砂脊A型、B型Ⅰ式小铜鼎已是其滥觞阶段的作品。本类Ⅰ式标本虽然纹饰及其布局风格同于西周早期中原同类器，考虑到其器形的变异，本文保守地推断其年代为西周中期偏早阶段。Ⅱ、Ⅲ两式数量较多，出土地点范围较广，无疑是该类越式鼎鼎盛阶段的作品，本文遵从湖南湘潭青山桥、株洲白关、长沙金井、资兴旧市等原报道作者的断代结论，将其时代分别定为西周晚期和春秋早期。Ⅳ式鼎，目前仅见2件，器形较Ⅲ式变异较大，具有明显的退化特征，本文定其年代为春秋中期。

Ba类 Ⅱ、Ⅲ式标本通常与A类Ⅲ式共存，如湖南长沙金井、路口、福临，宁乡坝塘、新邵陈家坊等，推测其年代大致相当于春秋早期，有的标本或晚至春秋中期。Ⅰ式2件标本均出土于安徽屯溪M1，与该墓出土的A类Ⅱ式越式鼎共存。屯溪M1的年代学术界公论为西周晚期。从其与Ⅱ式标本器形和纹饰布局的逻辑关系分析，将本类Ⅰ式的年代推定为西周晚期应该比较恰当。则本类越式鼎西周晚期开始流行，春秋早期为鼎盛期，消失于春秋中期。

Bb1类 Ⅰ式标本出土数量最多的是湖南湘潭古塘桥和衡南胡家港墓葬，两墓发掘报告断代为春秋中期。但两墓出土铜器的年代是有差别的，如：湘潭古塘桥Ⅰ式鼎，浅盘收腹圜底、两耳外张、蹄足直立，与中原地区春秋早、中期铜鼎形制基本相同，同墓出土铜舟的年代也为春秋中期左右。衡南胡家港墓出土的铜簋与洛阳中州路东周墓[19]一、二期铜簋相近，年代也不晚于春秋中期。但是，古塘桥Ⅰ式鼎腹部纹饰与中原乃至安徽江淮地区同形鼎均不同，为一周横置的蝉纹，蝉与蝉之间有云纹，类似纹样在南方越式甬钟钲间部位多见，是越族地区春秋时期流行的纹饰。说明该鼎是仿造中原同类器在本地铸造的，年代应不早于春秋中期后段。本类Ⅰ式如古塘桥Ⅲ式鼎形制与之基本相同，明显是从其演变而来的。不过其腹部已不见几何纹饰，多为素面，或仅有一道凸弦纹，且鼎耳变为半环形、三足内侧已呈槽状，年代应晚于前者。衡南胡家港Ⅲ式鼎也是如此，而且据郑小炉研究[20]，同墓出土的甗形铜盉年代为春秋晚期。所以，本类Ⅰ式的年代应为春秋晚期，如此则湖南湘潭古塘桥和衡南胡家港春秋

〔18〕 湖南省文物考古研究所等：《湖南望城县高砂脊商周遗址的发掘》，《考古》2001年4期。

〔19〕 中国科学院考古研究所：《洛阳中州路》图版肆伍，3，科学出版社，1959年。

〔20〕 郑小炉：《试论青铜甗形盉》，《南方文物》2003年3期。

墓的下葬年代应改订为春秋晚期。本类Ⅱ式仅广西恭城出土1件，其伴出的其他铜器如楚式鼎、中原式罍的年代均为春秋晚期，故本文推定其年代为春秋晚期偏晚至战国初期。

Bb2类　Ⅲ式典型标本在湖南湘乡何家湾M1与春秋晚期楚式鼎、壶同出，年代应相当。Ⅱ式标本如江苏丹徒烟墩山A、B、C三件小鼎及湖南桃江腰子仑B型鼎等与Ⅲ式在形制和装饰上有一定差异，如前者腹较浅、腹部无纹饰，后者腹较深、腹部有几何纹装饰，但其耳均为动物形态，足均细长外撇，表明两者的年代距离并不太远，故Ⅱ式的年代宜定为春秋晚期偏早阶段。Ⅰ式标本丹徒烟墩山D、E、F三件小鼎，足短粗微外撇、足根部有兽面，耳为长方形，应早于后两式鼎，本文以为其年代或可早到春秋中期晚段。烟墩山大墓20世纪50年代发掘之后，学术界对其年代问题争论不休，现在看来，至少其附葬坑出土的小鼎年代不早于春秋中期，也许此附葬坑与大墓并无关系，或者大墓的年代亦为春秋时期。

Bc1类　Ⅰ式典型标本湖南湘潭古塘桥Ⅱ式鼎与Bb1类Ⅰ式鼎共存，腹部纹饰风格非常相似，仅三足为半圆形，年代与之相当或略晚，应为春秋中晚期之交或晚期前段。Ⅱ式典型标本湖南长沙五里牌64M1出土鼎，腹部无纹，《长沙楚墓》[21]定其年代为春秋晚期，可从。Ⅲ式典型标本广西贺县龙中岩洞墓Ⅰ式鼎三足扁平、足下端外撇，较前式变化较大，年代宜为战国前期。

Bc2类　Ⅰ式典型标本江苏丹徒谏壁粮山Ⅱ式鼎，与春秋晚期楚式铜鼎、罍等共存，年代应相当。但本文暂列此式的安徽青阳庙前龙岗M2出土鼎，腹盘更浅，与本文Ba类Ⅰ式安徽屯溪M1鼎相近，当然龙岗M2鼎为三扁足，腹部无纹，与屯溪M1鼎区别较大，应有一定年代差距。笔者以为，屯溪M1浅盘锥足鼎或许就是本文Bc2类鼎的源头之一。因此，龙岗M2鼎的年代应可早到春秋中期。Ⅱ式典型标本江苏六合程桥M1、六合和仁、苏州城东北、广东四会鸟旦山Ⅱ式鼎等，年代从多数学者意见定为春秋晚期后段至战国初期。Ⅲ式鼎仅见2件，均出土于岭南地区，形制变异较大，呈现衰败迹象，据其所属遗迹年代，定为战国早中期。

Bc3类　流行时间较短，本文未分式别。根据广西恭城秧家墓中其与春秋晚期楚式铜鼎、中原式罍等的共存关系推定其年代为春秋晚期或战国初期。

Bc4类　目前仅见2件，浙江长兴1件，年代为春秋晚期或稍晚。广西贺县龙中岩洞墓出土1件，年代或可晚至战国早中期。

Bc5类　流行时间较短，本文未分式别。根据湖南湘乡五里桥M1中其与本文Bb2类Ⅱ式鼎的共存关系推定其年代为春秋晚期。

---

[21]　湖南省博物馆等：《长沙楚墓》图106，1，文物出版社，2000年。

C类 Ⅰ式典型标本湖南望城高砂脊C型小铜鼎，腹部纹饰为西周早期风格，器形则模仿本地陶鼎，推测其铸造年代为西周中期早段或稍早。湖南益阳市博物馆藏有与此形制纹饰完全相同的鼎1件，仅尺寸略小。Ⅱ式与Ⅰ式器形基本一致，不同的是腹部已没有纹饰，或仅装饰一道凸弦纹，年代应与Ⅰ式相距不甚远，本文推断为西周晚期。Ⅲ式鼎宽折沿唇部已上折略呈盘口，鼎足为柱足而非前式的蹄足，年代应稍晚。安徽屯溪M3出土了此式鼎1件，推测其年代为春秋早期，广东乐昌对面山出土1件，年代或晚至春秋中期。

D类 Ⅱ式标本主要出土于战国中期楚墓中，如湖南长沙子弹库53M35、黄泥坑54M5、资兴旧市、耒阳石油站、益阳天成垸、临醴太山庙、湖北鄂城百子畈等，少数出土于战国早期或晚期楚墓中，可见其流行年代为战国中期。Ⅲ式标本大多出土于战国晚期墓葬中，个别出土于西汉前期或其他墓葬，其流行年代应为战国晚期。Ⅳ式标本均出土于岭南地区西汉前期墓，Ⅰ式标本仅见于湖南桃江腰子仑春秋晚期墓和衡阳苗圃战国早期墓。则此类鼎出现于春秋晚期至战国早期，战国中晚期最为流行，西汉前期以后逐渐减少并消失。

Ea类 Ⅰ式典型标本湖南衡南胡家港Ⅳ式鼎，与Bb1类Ⅱ式鼎同出一墓，年代应为春秋晚期。Ⅳ式在广州南越王墓和广西贵县罗泊湾汉墓中出土较多，可见其流行年代为西汉前期。故推测Ⅱ式的年代为战国早中期，Ⅲ式的年代为战国晚期。

Eb类 Ⅰ式典型标本安徽铜陵金口岭1件与本文Bb1类Ⅱ式鼎同出，年代应为春秋晚期，江苏武进淹城1件与之同时，广东罗定背夫山1件年代为战国早期。Ⅱ式鼎数量较多，目前所见标本广东肇庆北岭松山、乐昌对面山、广西平乐银山岭诸鼎，参考共存器物均可定为战国晚期器。Ⅲ式鼎均出土于两广地区西汉前期墓葬，可见其主要流行年代为西汉前期。本类越式鼎Ⅰ式与Ⅱ式器形变化幅度较大，似存在缺环。

关于越式鼎的分期，以往的学者很少提及。前述日本学者将长沙金井、屯溪弈棋等地出土的锥足鼎作为越式鼎之前的"古阶段"之物，虽然意识到了古越族地区两周时期铜鼎以春秋晚期为时间界限的这种大的阶段性变化，但因为他们对越式鼎的界定范围很窄，故未对所谓"古阶段"之物给予应有的关注和讨论。本文在对全部越式鼎进行系统分类和年代判定后发现，越式鼎从产生到消亡可以非常明显地划分为两个大的发展阶段，即早、晚两期，两期分别流行不同种类的越式鼎，其时间界限大致在春秋中期，而且在地域分布上也反映出明显不同的特点。

早期，流行的越式鼎仅A、Ba、C三类，分布地域主要为湘江流域，岭南地区见少量出土，江浙地区不见。如图三及附表2所示，A类鼎出现于西周中期、西周晚期至春秋早期普遍流行，消失于春秋中期。Ba类鼎出现于西周晚期、春秋早期非常流行，春秋中期消失。C类鼎出现于西周中期、西周晚期至春秋早期大量流行，春秋中期以后发生大的变化演变为Ea类鼎。同时，其他类越式鼎均在春秋中期以后开始出现。故本文将A、Ba、C三类称为“早期越式鼎”。

晚期，又可分为两个小的阶段，分别称为晚期前段和晚期后段，时间界限约在战国初期。

晚期前段，流行的越式鼎主要有Bb1、Bb2、Bc1、Bc2、Bc3、Bc5、Ea共七类，同时D、Eb两类鼎此时也开始出现。本阶段越式鼎在分布地域上也发生了重大变化，即早期基本不见越式鼎的江浙地区此时已流行独具特色的越式鼎。这个阶段越式鼎的主要流行地区由早期的湘江流域一个区域发展为东、西两大区，岭南地区此时尚未大量铸造自己的铜鼎，仍主要从湘江流域输入。

晚期后段，Bb1、Bb2、Bc1、Bc3、Bc5等几类鼎突然消失，流行的越式鼎仅存Bc2、D、Ea、Eb四类，从分布地域来看，此前越式鼎最主要的分布区湘江流域本阶段只流行D类越式鼎一种，虽数量不少，但大量出土于楚墓中。江浙地区本阶段越式鼎极少，目前仅见淮阴高庄D类鼎6件，是楚文化从湘江流域带来的，前段本区自身传统的Bc2类鼎此时已基本不见。本阶段岭南地区成为越式鼎的主要流行区域，Bc2、Ea、Eb三类鼎已只在这里大量制造和使用，战国中晚期，随着楚文化占领湘江流域全境，D类越式鼎也流传到本区，此后这四类越式鼎在岭南地区一直流行至西汉中期。

四、越式鼎的源流与文化背景

前面几章对越式鼎定义与内涵、种类与区域分布、年代与分期的初步整理为进一步探讨越式鼎的源流和隐藏其后的历史文化背景等问题奠定了基础。我们研究越式鼎，目的就是要以之为线索，梳理出古代文化的传承与相互影响、族群迁徙与融合的基本脉络，从而揭示相关历史阶段人类文化的演进过程。越式鼎作为古代越族地区制造并使用的具有自身文化特色的青铜器，其产生和发展至少应同时具备三个条件：一是相对独立的传统文化分布区域，二是相应的青铜铸造技术，三是一定的文化需求。从这三个方面去理解越式鼎之不同发展阶段、分布区域和种类诸特征，则不难了解其所依托的历史文化背景。下面以分区为线索对越式鼎的源流和文化背景问题进行一些粗略的探索。

（一）湘江流域区

前文显示，湘江流域不仅自始至终是越式鼎的主要流行区，本文13类越式鼎中的9类在本区流行，其中大部分起源于本区然后流传到其他地区，且本区又是早期越式鼎的唯一原产区。那么，湘江流域为什么会首先产生越式鼎，其文化背景是什么呢？回答这个问题之前，本文先就湘江流域早期越式鼎的渊源问题进行以下讨论。

早期越式鼎目前可见的有三类即本文A、Ba、C类，对于这三类鼎以往学者有许多不同看法，其中C类鼎因为发表材料很少，并未引起注意，Ba类鼎多数学者认为是越式鼎，A类的晚期形制（本文Ⅲ、Ⅳ式）一般认为是越式鼎。但是，早期越式鼎的渊源问题一直没有人进行过仔细研究，这当然与材料阙如有关。1996年，湖南望城县高砂脊遗址的发掘为早期越式鼎研究提供了重要契机。高砂脊遗址两次发掘清理了一批西周时期的陶器墓和两座铜器墓，出土了几十件青铜器，其中复原的铜鼎近十件。本文早期越式鼎及其类别的认定与确立可以说主要得益于高砂脊铜鼎的面世。如果单独来看本文A类Ⅰ式即高砂脊简报B型Ⅱ式小铜鼎，也许多数学者会不相信其为越式鼎，但若从本文A类Ⅲ式长沙金井、资兴旧市等地出土标本的典型特征往前追索，通过湘潭青山桥等地出土的本文A类Ⅱ式标本的联络，其确为越式鼎已是再明显不过了。不仅如此，高砂脊出土的铜鼎还为我们提供了A类越式鼎渊源的明确线索，即从高砂脊A型大鼎→A型小鼎→B型Ⅰ式小鼎→B型Ⅱ式小鼎（图四，1～4）的演变轨迹，其中A型小鼎和B型Ⅰ式小鼎已明显具备了A类越式鼎滥觞时期的特征。高砂脊A类大鼎折沿、深腹、圜底、圆柱形足，口下一周兽面纹、腹部饰蝉体尖叶纹，与殷墟妇好墓中型圆鼎[22]非常相似，是中原地区商代晚期常见的器形，具有典型的商文化风格，且器壁厚、纹饰精美并有铭文，可以肯定不是本地产品。而大量小鼎均胎壁很薄、纹饰模糊不清，错范现象非常普遍，应为地方产品。但是，两类不同铸地、大小及工艺水平悬殊的铜鼎文化面貌上却有非常明显的传承关系，这说明A类越式鼎是在商文化传统的基础上发展演变而来的。高砂脊A型小鼎的年代，发掘报告定为西周早期后段，如果这种判断无误，则至少在西周早、中期之际最早的越式鼎已经产生了。高砂脊C型小鼎是仿造本地陶鼎制成的，为宽斜折沿、扁圆腹，外加两个立耳。这种铜鼎在中原地区商周文化中是绝对没有的，无疑是本地越民族的特色产品。高砂脊C型小鼎与B型小鼎同出一墓，腹部纹饰也相同，年代也应在西周早中期之际或中期前段。年代稍后的高砂脊AM5出土了1件类似的釜形铜鼎，但器体明显加大，腹部不见纹饰，商文化因素几乎消失殆尽了。另外在高砂脊还出土了大量与B、C型小铜鼎形制相同的陶鼎，外来文化与本地文化相互借鉴、彼此融合的现象一目了然。2003～2004年，湖南省文物考古研究所在宁乡黄材炭河里遗址进行发掘，除发现西周时期城址外，还在城址附近的台地上清理了7座西周小型贵族墓葬，根据城址出土陶器分析，其与高砂脊遗址属于同一考古学文化，年代基本一致。墓葬出土的铜器除一部分与该地以往出土的大量商代铜器风格一致外，多数出土品如铜鼎等均器壁很薄、质地很差、纹饰在商

---

〔22〕 中国社会科学院考古研究所：《殷墟青铜器》彩版八、彩版九，图版104、图版105，文物出版社，1985年。

文化铜器纹饰基础上有较大变异，地方风格明显，无疑为本地铸造。其中新屋M4出土的一件大型宽折沿釜形鼎[23]与高砂脊AM5所出釜形鼎一致，是为高砂脊C型小鼎的后续形态，即本文C类Ⅱ式鼎。发掘期间在邻近栗山村收集的一件釜形鼎（图一，6）与M4所出形制相同、均无纹饰，足亦为蹄形，仅体形较小。属于本文A类Ⅰ、Ⅱ式的标本也出土不少，惜均为残片。前述新屋M2出土的2件铜鼎足，作圆锥形外撇状，外侧饰蝉体尖叶纹，笔者以为是本文Ba类鼎早期标本的鼎足，但器身部分不明。该鼎足内侧有一条纵向凹槽，与城址出土陶鼎足内侧多见的刻槽相同。这条线索说明本文Ba类铜鼎也应最先出现在湘江流域，本文列举的Ba类Ⅰ式2件标本虽均见于皖南屯溪M1，但从其同出另3件A类越式鼎明显系从湘江流域传入而且皖南地区不见其后续形态标本等情况分析，这2件Ba类Ⅰ式标本也应来源于湘江流域，只是湘江流域尚未发现Ba类Ⅰ式的标本而已。

湘江流域并不是古代越族集聚的中心地区，却是越式鼎的最早起源地和主要分布区。其原因笔者认为主要有以下两个方面：

首先，湘江流域独特的地理位置和地理环境是其内因。湘江发源于南岭，自南而北流入洞庭湖，流域东、南、西三面为高山，北面洞庭湖与罗霄山脉之间为狭长的山地走廊，再往北是长江和古云梦泽。一方面湘江流域在大的区域地理上属于由秦岭、大别山、罗霄山、南岭和云贵高原包围起来的长江中游两湖平原的一个组成部分，因为临近南方青铜文明较为发达的江汉地区，先于越族集聚中心区接触到外来文化影响。在长期的交往和接触中本地居民逐渐学会和掌握了青铜冶铸技术，从而具备了形成本民族特色青铜文化的技术基础。另一方面，湘江流域腹地在洞庭湖以南，洞庭湖东岸交通通道非常狭窄，北边又有长江和云梦泽阻隔，从而构成了湘江流域相对封闭和独立的地理单元。中原文化经江汉平原南下时，东路必由汉水入长江然后顺江而下于九江一带渡江进入赣江流域，西路必南下荆州渡江进入湘西北平原，湘江流域独可避其锋芒。况湘江流域东南凭倚百越腹地，进退自如。与湘西北地区和江西赣江流域比较，湘江流域受外来文化冲击的程度会相对较弱，因而可以在一定时期内保持相对的独立性，使本民族文化传统得以长期保持而不被同化。

其次，商周时期长江中游地区特殊的历史文化背景是其外因。具体说来也有两个方面：

其一是商末周初，周人灭商后曾大力开发汉水流域，掌握先进青铜冶铸技术的当地部族和商人残余势力被迫南迁进入湘江流域，他们不仅带来了大量青铜器和相关技

---

〔23〕 向桃初、刘颂华：《宁乡黄材西周墓发掘的主要收获及其意义》图二、图三，《湖南省博物馆馆刊》第一期，船山学刊，2004年。

术，其先进的政治制度和礼制观念也势必对湘江流域土著文化产生一定影响。考古发现和研究表明，湘江流域商代晚期虽然已进入青铜时代，如岳阳地区的费家河文化发现有不少陶坩埚、小件铜器、残渣等，但目前尚无任何证据表明当时本地已能铸造大型青铜容器。从南方出土商代晚期铜器的类别和风格来看，湘江流域目前所见的商代铜器（如尊、罍、瓿等）与汉水流域乃至整个江汉平原同时期标本并无区别，说明商代晚期两湖地区并不存在两个青铜铸造中心。而从湘江流域的地理位置和自然条件、区域文化发展水平以及青铜冶铸技术基础等综合实力来看，商代晚期商文化从南方地区撤退之后，湘江流域绝不可能替代江汉地区成为两湖地区的青铜文明中心，充其量只会是江汉地区地方青铜文明的边缘区或辐射区。商末周初中原地区政治格局发生巨变，周人灭商后加大经营江汉地区的力度，封建"汉阳诸姬"，原居于此的地方方国以及商人残余势力不得不南逃，湘江流域相对封闭独立的地理环境和土著势力弱小的良好条件无疑会成为其首选之地。20 世纪 30 年代以来一直出土商代青铜重器的宁乡黄材地区，最近又发现了西周时期的城址和贵族墓葬，表明该地确实是一个方国都城所在地。而这里地处沩水上游、雪峰山东麓，位置非常偏僻，很难想像这里会是湘江流域土著文化的中心区域。果如有的学者所议，湘江流域的大量商代铜器为本地所造，则本地应该具备相应的政治势力或方国，且其中心区域必在湘江干流地区，岂会偏安于高山峡谷中之一隅？抑或如有的学者所论，湘江流域出土的商代铜器为商代晚期商人南下扩张时带来的，同样不可能将其政治中心选址在沩水上游地区。因而，宁乡黄材炭河里方国都城遗址最大可能是商末周初时期外来集团逃难的落脚之地。城外台地清理的小型贵族墓中既见商式铜器如提梁卣等，又有不少早期越式鼎，这正是外来青铜文化向本地青铜文化过渡的绝佳证据。因此本文认为，商末周初外来青铜文化的迁入是湘江流域早期越式鼎产生的重要契机。

其二是从西周早期直至春战之际楚人强力开发本地之前，湘江流域存在数百年的文化稳定期，这是本地越式鼎得以长期流行的必要条件。西周建国后虽然在江汉地区封建了"汉阳诸姬"和异姓诸侯国，但这些诸侯国地小势弱，又各自为政，根本无力顾及江南地区。西周中晚期楚国势力坐大之后又主要致力于统一江汉地区和向北、向东发展，不仅没有冲击到江南地区反而阻隔了中原文化对江南的影响，客观上成了江南地区传统文化充分发展的保护伞。湘江流域于西周中期之后，几乎再也接受不到来自中原地区的文化养料，这或许正是越式鼎技术传统古老守旧的原因。另外，湘江流域很少发现西周中期以后中原风格的周式铜器而多见地方特点的铜器如桑蚕纹尊、蛇纹提梁卣和大量越式青铜甬钟、镈等，也是这种文化背景实际存在的旁证。

春秋中期至春战之际，湘江流域越式鼎有一个异常明显的变化，即早期流行的几类越式鼎几乎同时消失，即使最土著的 C 类鼎也已演变为 Ea 类鼎，而新出现 Bb1、

Bb2、Bc1、Bc3、Bc5类等越式鼎新品种。要探究为什么会发生这样的变化，还得先从这些新出越式鼎种类本身进行考察。Bb1类越式鼎Ⅰ式标本主要出土于湘潭古塘桥和衡南胡家港两墓，从器形观察，其前身明显是古塘桥Ⅰ式鼎（图四，17）和胡家港Ⅰ、Ⅱ式鼎，而相同的器物在湘江流域数量并不多，反而在长江下游地区大量发现，如安徽肥西县金牛〔24〕、小八里〔25〕、舒城五里〔26〕、六安思古潭〔27〕、寿县枸杞〔28〕、肖严湖〔29〕、桐城桃园〔30〕、怀宁金拱〔31〕、繁昌汤家山〔32〕、江苏溧水白马〔33〕、丹阳司徒砖瓦厂（Ⅱ式鼎）〔34〕、高淳固陇下大路〔35〕等，分布地点以安徽江淮地区最为密集。这些鼎的形制与中原地区春秋早、中期铜鼎基本一致，仅纹饰带有地方风格，无疑是受周文化影响形成的。又，这类鼎在楚国境内非常少见。如此看来，湘江流域Bb1类越式鼎的源头当在长江下游的江淮地区。Bb2类鼎，虽然其晚期形制在湘江流域很流行又少见于其他地区，但早期形制目前只见于江苏丹徒烟墩山，本文暂且认定其来源于长江下游地区。Bc1、Bc3、Bc5三类，鼎形完全一致，仅耳部特征有别，它们与Bb1类鼎的区别仅鼎足为扁足，或与Bb1类鼎存在同源关系（图四，17、20）。以上推测如果大致不错的话，则春秋中晚期，有一次规模较大或延续时间较长的从江淮地区向湘江流域的文化流动。作为这种文化背景存在的旁证还可举出以下数例：①衡南胡家港墓出土的甗形铜盉属“群舒”典型器，应来源于安徽江淮地区；②益阳市博物馆收藏有2件Bc2类Ⅰ式鼎，此类鼎为江浙地区典型越式鼎，这2件标本乃从下游地区输入；③衡阳赤石春秋墓〔36〕M315出土的1件铜甗与安徽铜陵谢垅〔37〕出土的甗完全一样，后者

〔24〕 安徽省文物工作队：《安徽肥西县金牛春秋墓》图二，1，《考古》1984年9期。

〔25〕 李国梁：《群舒故地出土的青铜器》图二，1，《文物研究》第六辑，黄山书社。

〔26〕 同注〔25〕，图二，2。

〔27〕 六安县文物管理所邵建白：《安徽六安县发现两件春秋铜鼎》，《文物》1990年1期。

〔28〕 同注〔25〕图三，3。

〔29〕 寿县博物馆：《寿县肖严湖出土春秋青铜器》图一，1，《文物》1990年11期。

〔30〕 同注〔25〕图三，6。

〔31〕 怀宁县文物管理所：《安徽怀宁县出土春秋青铜器》图一，1，《文物》1983年11期。

〔32〕 安徽省文物工作队、繁昌县文化馆：《安徽繁昌出土一批春秋青铜器》图九、图十，《文物》1982年12期。

〔33〕 溧水县图书馆：《江苏溧水出土的几批青铜器》图一，2，《考古》1986年3期。

〔34〕 同注〔15〕。

〔35〕 刘兴：《镇江地区近年出土的青铜器》图二，1、2，《文物资料丛刊》（5），文物出版社，1981年。

〔36〕 衡阳市博物馆：《湖南衡阳县赤石春秋墓发掘简报》，《考古》1998年6期。

〔37〕 张国茂：《安徽铜陵谢垅春秋铜器窖藏清理简报》，《东南文化》1990年4期。

被普遍认为属徐器；④湘乡市博物馆收藏的1件残鼎[38]与群舒文化平盖鼎相似，纹饰也相近；⑤江西高安、靖安[39]曾两次出土大量徐国铜器；⑥1993年江西樟树观上曹溪村[40]出土2件铜鼎与山东费县上冶出土的1件徐国铜鼎[41]极为相似；⑦广西贺县龙中岩洞墓出土1件兽首鼎[42]等。如此多的徐、舒铜器之所以从江淮地区西来江西、湖南、广西，应与春秋中晚期楚人相继吞灭淮河流域江、黄、徐、群舒等诸侯国后各国贵族的南迁以及吴楚争霸时期的社会大动荡有关。直到春秋晚期，楚人并未真正进入湘江流域腹地，目前发现的典型春秋晚期楚式铜器墓还只见于益阳赫山庙[43]和岳阳筻口[44]等地。

约当春战之际，湘江流域越式鼎又一次发生大的变化，此前流行的几类鼎消踪匿迹，新出现了D类越式鼎。此类鼎敛口、附耳、有隆起的盖，多由2块壁范和1块底范铸成，底部范痕近圆形，这些特征不能不说受了楚式铜鼎的很大影响。据《史记·孙子吴起列传》记载，楚悼王时，吴起变法，“于是南平百越，北并陈蔡”，时当战国早期。这个时候，楚国势力才真正大规模地进入湘江腹地，对湘江流域传统文化形成前所未有的冲击。但是，楚人在湘江流域采取了比较开明的文化融合政策，大量D类越式鼎出现在楚墓中即是楚人对越文化兼容的证据，后来D类越式鼎甚至出现在楚国中心腹地江陵并随楚人活动流传到三峡及苏北鲁南地区。不过尽管如此，楚人对湘江流域的征服，终究还是打破了湘江流域数千年延续下来的文化传统，本地越民族除一部分南迁到岭南地区外，不可避免地被楚文化逐步同化了，后随楚灭于秦，至汉时终于成为中华文化大家庭的一员。

（二）江浙地区

江浙地区西周至春秋中期以前的青铜器不少，但至今没有发现这一时期自成系列的越式鼎，前述江苏丹阳司徒砖瓦厂出土的Ⅰ、Ⅲ式5件鼎，地方特征虽然很浓，但没有延续发展下来并形成体系，故本文未将其纳入越式鼎范畴。邻近的皖南地区所见早期越式鼎标本已如上述应是从湘江流域流传过去的。

笔者认为江浙地区春秋中期以前没有越式鼎主要是由该地区上层统治者的文化取

---

〔38〕 湘乡市博物馆藏品。

〔39〕 江西省历史博物馆、靖安县文化馆：《江西靖安出土春秋徐国铜器》，《文物》1980年8期。

〔40〕 樟树市博物馆：《江西樟树观上春秋墓》，《南方文物》1997年2期。

〔41〕 心健、家骥：《山东费县发现东周铜器》，《考古》1983年2期。

〔42〕 贺县博物馆：《广西贺县龙中岩洞墓清理简报》，《考古》1993年4期。

〔43〕 益阳市文物处发掘资料。

〔44〕 岳阳市文物工作队等：《岳阳县筻口出土春秋人像动物纹提梁卣》，《湖南博物馆文集》，岳麓书社，1991年。

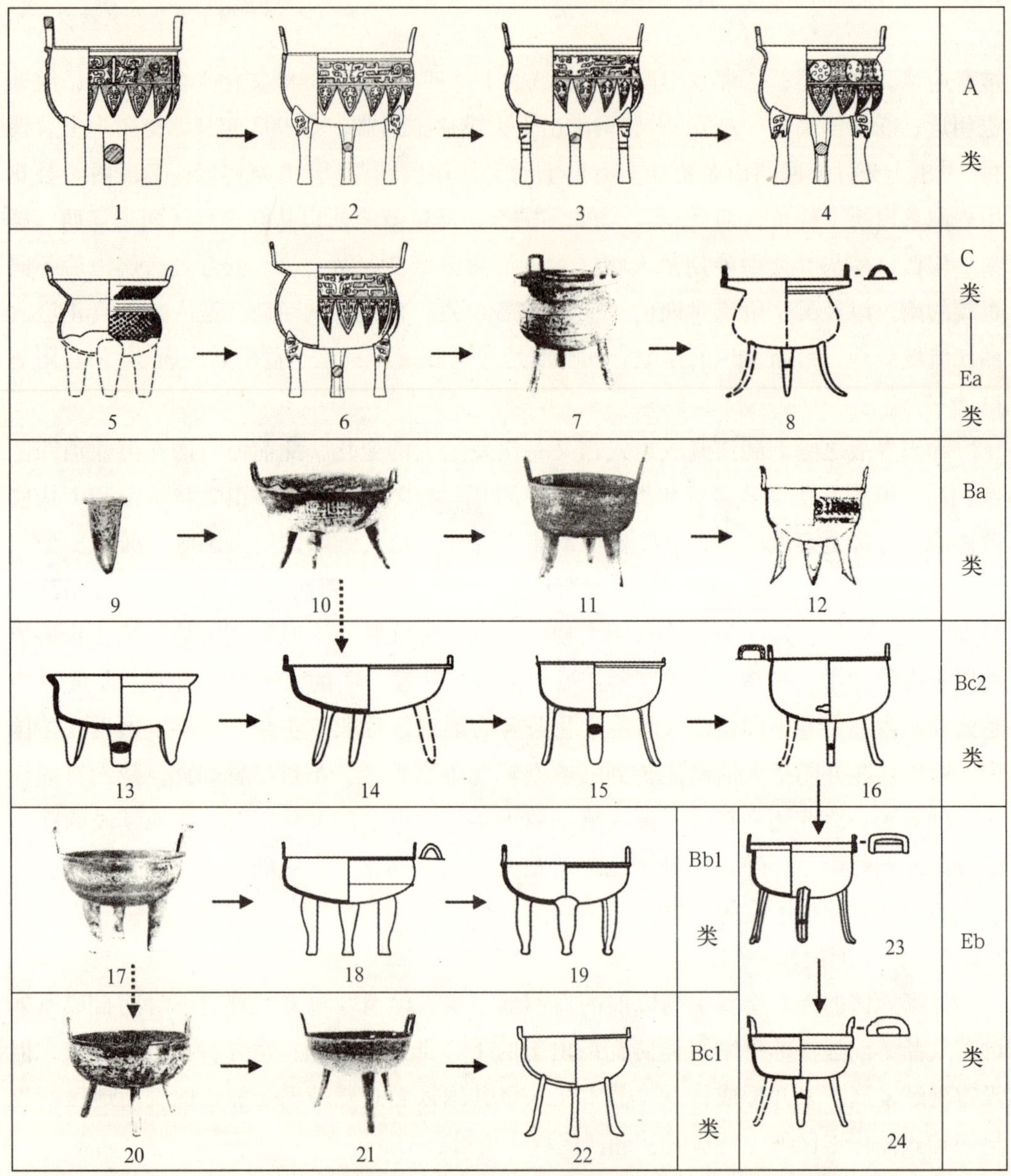

图四　各类越式鼎源流关系图

1. 高砂脊 A 型大铜鼎　2. 高砂脊 A 型小铜鼎　3. 高砂脊 BⅠ式小铜鼎　4. 高砂脊 BⅡ式小铜鼎（AⅠ式越式鼎）　5. 高砂脊 B b 型陶鼎　6. 高砂脊 C 型小铜鼎（CⅠ式越式鼎）　7. EaⅠ式越式鼎（衡南胡家港）　8. EaⅡ式越式鼎（宾阳韦坡）　9. 黄材新屋 M2 鼎足　10. BaⅠ式越式鼎（屯溪 M1：81）　11. BaⅡ式越式鼎（长沙金井）　12. BaⅢ式越式鼎（长沙福临）　13. 高淳顾陇Ⅱ式陶鼎　14. Bc2Ⅰ式越式鼎（青阳庙前）　15. Bc2Ⅰ式越式鼎（吴县何山）　16. Bc2Ⅱ式越式鼎（六合程桥）　17. 湘潭古塘桥Ⅰ式鼎　18. Bb1 类Ⅰ式越式鼎（湘潭古塘桥）　19. Bb1 类Ⅱ式越式鼎（恭城秧家）　20. Bc1 类Ⅰ式越式鼎（湘潭古塘桥）　21. Bc1 类Ⅱ式越式鼎（茶陵出土）　22. Bc1 类Ⅲ式越式鼎（贺县龙中）　23. EbⅠ式越式鼎（江苏淹城）　24. EbⅡ式越式鼎（平乐银山岭）　图例：→表示源流关系　┈→表示可能的源流关系

向形成的。主要位于江苏地区的吴国是周王朝所封同姓诸侯国，乃太伯虞仲之后，至少在西周前期与周王朝还过从较密。虽然吴地下层民众主要为当地土著越族，但上层统治者的文化取向是效仿宗周文化。在这种文化背景下，该地区出土的西周至春秋中期铜器从器类到形制无不模仿周式铜器的现象就不足为怪了。

春秋中期以后，楚人经略淮河流域颇见成效，徐人南下进入吴地，给吴越地区青铜文化带来较大影响。从吴王寿梦开始，励精图治，逐渐强大，北灭徐、南臣越、西吞皖南赣东，成为与楚抗衡的大国，经济实力的强盛和技术的熟练使吴国的青铜工业有了长足进步，此时吴越地区开始出现 Bc2、Eb 类越式鼎。这说明此时吴国地区的经济技术基础已开始能够有限地满足下层土著越人的文化取向。

从本文附表 1、2 可知，江浙地区所见越式鼎标本绝大多数出土于江苏地区，属于越国腹地的浙江则很少见。这是因为，浙江地区地理位置靠南，相比江苏地区较晚接受来自中原青铜文化的影响，直到春秋中期以前本地青铜冶铸业还相当有限，不可能满足传统文化对于越式鼎的文化需求。况且越国统治者亦自称夏禹之后，其文化取向自然会倾向于模仿中原文化。春秋后期至战国前期，越国的铸铜技术已达到当时最先进的水平，但因长期与吴、楚两国对峙，其青铜铸造业的重心始终放在发展兵器上，也不可能大量铸造体现本地文化传统的越式鼎。

江浙地区最典型的越式鼎 Bc2 类铜鼎的主要源头应该是本地商周以来普遍流行的浅盘式陶鼎，这类陶鼎在湖熟文化中普遍见到，春秋中期的标本可见高淳顾陇Ⅱ式陶鼎[45]（图四，13）等。不过，在其形成过程中可能受到了从湘江流域传到皖南地区的 Ba 类鼎的影响，其最早标本安徽青阳庙前龙岗 M2 铜鼎，体形与屯溪 M1 两件 Ba 类Ⅰ式鼎很相似，应是屯溪 M1 鼎至吴县何山鼎的中间形态（图四，11、14、15）。Eb 类鼎早期标本分别见于安徽铜陵金口岭和江苏淹城，器形与 Bc2 类铜鼎有渊源关系（图四，16、23），此类越式鼎应该起源于江浙地区，但本地战国时期再也见不到其后续形态作品。总体看来，江浙地区虽然在这一阶段有本区独特的越式鼎，但数量并不很多，该地区的主要青铜制品除兵器较有特色外，礼器系列则主要模仿中原地区作品，越式鼎自始至终在本地区处于比较微弱的地位。

进入战国，随着楚灭越，楚文化大量进入江浙地区，本地先前流行的越式鼎很快消失，其文化传统随越人南迁在岭南地区延续下来并有所发展，成为战国至西汉前期岭南地区流行的四大类越式鼎中主要两类。江浙地区这一阶段的越式鼎仅淮阴高庄一处所见 6 件 D 类鼎，其来源当与楚人有关。较之湘江流域战国时期越式鼎的流行情况，可知楚人在两地的经营方式是有所区别的，即对湘江流域越文化采取的是兼容并包的

---

〔45〕 杨楠：《江南土墩遗存研究》图九，35，民族出版社，1998 年。

渐进融合方式，而对江浙地区采取的是急剧的同化方式。其原因可能是，湘江流域一直是楚人后方的弱小邻居，而江浙地区的吴、越两国曾经是楚人的强大对手。

（三）岭南地区

岭南地区与湘江流域地理位置邻近，又有大河相通，自古以来两地文化交往一直非常密切。从越式鼎出土情况来看，湘江流域的早期越式鼎在岭南地区也有不少发现，主要为A类Ⅱ、Ⅲ式鼎，有些标本如博罗横岭山鼎、惠阳柯木山鼎等与湘江流域同类器完全一致，应是湘江流域制造后流入当地的，这些标本的年代一般为西周晚期至春秋初期。有些标本如和平龙子山鼎、乐昌对面山鼎、贺县马东村鼎等则是湘江流域同类器的仿造品，年代应不早于春秋早期。从岭南地区目前出土的铜器种类和文化面貌来看，春秋早期以前，岭南地区还不太可能铸造青铜容器。春秋中期至战国初期，岭南地区虽然更多地接受了来自岭北地区的影响，但这一阶段该地区青铜文化的面貌并未发生太大变化，属于此阶段的越式鼎很少，其文化面貌和该地区出土的其他青铜容器如广西恭城秧家出土的鼎、罍、尊，荔浦、宾阳[46]等地出土的罍、钟，广东信宜[47]出土的盉等一样都与岭北地区出土的同类器一致，应非本地铸造，本地的青铜制品主要还是工具、武器等非容器类。从战国早期开始，岭南地区进入了本地青铜文化发展的鼎盛阶段，单以越式鼎来说，此时流行的种类有Bc2、D、Ea、Eb四类，不仅数量很多，而且有自身特点，为当地制品已不容怀疑。当然，它们的文化传统均来自岭北地区。其中Bc2、Eb类源自江浙地区，D、Ea类源自湘江流域。有趣的是，这一阶段岭北的江浙地区已不再流行越式鼎，湘江流域也不见除D类之外的其他越式鼎，至战国晚期以后，D类越式鼎也只见于岭南地区了，岭南地区成为岭北东西两区越式鼎文化传统的汇集之地。这种局面的形成，毫无疑问与楚文化统一长江中下游地区有关。战国早期，楚灭越国，对江浙地区古越族文化进行了毁灭性的打击，该地越人只有被迫南逃。南逃的路线理论上讲有陆、海两条，陆路从浙江衢州至江西上饶之间的通道进入赣江流域、溯赣江而上过大庾岭进入粤北，海路从浙东沿福建东海岸南下到达粤东。不过，从广东地区出土的越式鼎情况分析，当时江浙地区越人南逃的主要方向是走陆路。上述推测并不仅仅基于越式鼎单方面的证据，其他如郑小炉对铜“镇”的研究结论[48]也可作为旁证。而楚文化统一湘江流域时，当地越人进入岭南是非常自然的事，因为两地之间本来就交往频繁、关系密切，而且文化传统上也有相同之处，如C、

---

〔46〕 广西壮族自治区博物馆：《近年来广西出土的先秦青铜器》，《考古》1984年9期。

〔47〕 广东省博物馆徐恒彬：《广东信宜出土西周铜盉》，《文物》1975年11期。

〔48〕 郑小炉：《东南地区春秋战国时期的“镇”——古越族向岭南迁徙的一个例证》，《边疆考古研究》第2辑，科学出版社，2004年。

Ea 两类越式鼎的源头宽折沿釜形陶鼎一直是两地传统的主要炊器。

岭南地区青铜文化的起源和发展无疑与岭北湘江流域和江浙地区青铜文化的向南影响密切相关，但这两个地区对岭南发生影响的时间、方式有明显差别，产生的后果也不同。如果单从越式鼎种类、分布诸情况来看，则湘江流域青铜文化从西周时期开始一直对岭南地区发生直接影响，其影响方式，战国以前主要是渐进式的交往方式，大规模的人群迁移应较少，战国时期因楚人入驻湘江流域，当地越人才开始大量迁入岭南地区，因此可以说，岭南地区青铜文化的产生与湘江流域青铜文化的影响有直接关系。江浙地区青铜文化对岭南地区的影响，战国以前一直非常微弱，战国初因楚灭越，吴越居民大量迁往岭南地区，这种影响来势迅猛、影响力较大，对岭南地区青铜文化鼎盛阶段的到来起了至关重要的作用。

五、结 束 语

本文首先给越式鼎定义为“具有古代越族独特风格、主要在越族聚居区由越人铸造和使用的鼎类器”，并据该定义就越式鼎的文化内涵和判别越式鼎的标准进行了阐述。依此，笔者共收集各地所见越式铜鼎 351 件，并将它们按口、足、耳、腹等部位不同特征分为五大类 13 小类共计 35 式，基本建立起了越式鼎自身类型与演变的逻辑体系，为后文对越式鼎的年代、分期、分区、源流和文化背景的研究奠定了坚实基础。本文研究结果显示，越式鼎早在西周早、中期之际即已出现，在其整个发展过程中，经历了两次大的时空和文化面貌的变迁，最后于西汉武帝统一岭南之后基本消失，终于走完了它在中国东南地区流行近八百年的历史。其中西周中期至春秋中期为其早期阶段，这一时期流行 A、Ba、C 三类越式鼎，流行地区主要在湘江流域。安徽皖南地区和岭南地区输入或仿制了少量原产于湘江流域的早期越式鼎。春秋中期至战国初期为晚期前段，这一时期流行的越式鼎为 Bb1、Bb2、Bc1 ~ Bc5、Ea 等数类，早期流行的三类越式鼎全部消失，而晚期后段流行的 D、Eb 类越式鼎开始出现。这一阶段越式鼎流行地域主要为两个，除湘江流域外，吴越地区也流行具有自身特色的越式鼎，岭南地区仍旧主要与湘江流域发生联系，当地出土的越式鼎甚至包括其他类青铜容器等均与湘江流域基本一致，当地的青铜文明还处在大发展的前夜。从战国早期至西汉中期为晚期后段，这一时期流行的越式鼎主要为 Bc2、D、Ea、Eb 四类，前段流行的其他几类鼎消失，流行地域上，吴越地区已不再为越式鼎分布区，湘江流域也仅仅流行 D 类越式鼎，而岭南地区一跃成为越式鼎最主要的流行区，战国晚期以后，湘江流域也不再见越式鼎，岭南地区成为越式鼎的唯一分布地区。总之，通过本文对越式鼎的源流、发展的阶段性、区域分布和文化背景等方面的总结，不仅反映出古越族分布区内各区域地理因素、文化传统、文化交流和演进历程等的异同，是古代越族文化进入中华文化大家庭前最后阶段的历史缩影，同时也反映了古代越族文化与中原地区商周文化、江汉地区楚文化、江淮地区徐、舒文化等性质各异的文化间的相互关系。

越式鼎是古代越族青铜文明的代表作品之一，是研究我国南方地区商周时期青铜文化的发生与演变、文化交往与民族融合等问题非常重要的线索，因此对越式鼎进行全面、深入的综合研究，有很重要的学术意义。本文仅就越式鼎相关的几个基础性问题作了一些肤浅的探讨，其他诸如越式鼎的用途、铸造工艺、其在越族青铜器中的地位及其与地方政治、宗教、习俗、文化礼仪的关系等等问题还很多，这些问题远非笔者的学识和研究水平所能涉足，因此，希望学术界有识之士予以大力关注并对本文提出宝贵意见。本文的探索犹如万里行之足下始，故名“越式鼎研究初步”。

本文收集资料及撰写过程中得到了湖南省文物考古研究所高成林，湖南省博物馆熊建华、邓昭辉，广东省考古研究所吴海贵，广西壮族自治区博物馆蓝日勇和长沙、株洲、益阳、衡阳、岳阳、湘乡、宁乡、新邵等市、县文博单位诸多同仁的热情帮助，在此谨向他们表示衷心地感谢！

附表一 越式铜鼎分类登记表

类别	式别	出土收集收藏地点	原编号或型式	数量	器物年代	文献名称	文献出处	备注
A类	Ⅰ式	湖南望城高砂脊AM1	B型Ⅱ式小铜鼎	3	西周中期早段	《湖南望城县高砂脊商周遗址的发掘》图一五，2、3、4	《考古》2001年4期，图版伍，3	
		湖南醴陵黄达嘴	收集，现藏湖南省博物馆	2	西周中、晚期	《湖南省博物馆新征集的西周齿纹铜铙》图三，2	《湖南博物馆文集》，岳麓书社，1991年	
	Ⅱ式	湖南望城高砂脊AM5		约5件	西周中、晚期	均残破未能修复，有数个个体	湖南省考古研究所发掘资料，未发表	AM5三个标本C14年代均为西周晚期
		湖南湘潭青山桥	J:10 J:11	2	西周中、晚期	《湘潭青山桥出土窖藏商周青铜器》	《湖南考古辑刊》1，图版捌，3，图版玖，2，岳麓书社，1982年	
		湖南株洲白关	M1	1	西周晚期	《株洲白关西周晚期越人墓出土的青铜器》图一	《湖南考古辑刊》7，求索杂志社，1999年。	原报告线图稍走形
		湖南长沙金井干塘	Ⅰ式鼎	1	两周之际	《长沙县出土春秋时期越族青铜器》图一，2	《湖南考古辑刊》2，图版拾贰，3，岳麓书社，1984年	有烟炱，耳为附耳
		湖南长沙路口高桥	Ⅳ式鼎	1	两周之际	《长沙县出土商、春秋青铜器》图二，3	《湖南博物馆文集》，图版贰，4，岳麓书社，1991年	有烟炱
		湖南长沙福临区	Ⅲ式鼎	1	两周之际	《长沙县出土商、春秋青铜器》图二，6	《湖南博物馆文集》，岳麓书社，1991年	附耳。腹部主纹带下有云雷纹边栏
		安徽屯溪奕棋	M1:79 M1:82 M3:11	3	西周晚期	周亚：《吴越地区土墩墓青铜器研究中的几个问题——从安徽屯溪土墩墓部分青铜器谈起》	《吴越地区青铜器研究论文集》，65页图十A、十B、十二，标本M1:82，沿似折，属特例	两木出版社，1997年（香港）
		广东惠阳柯木山		1	西周晚期	杨豪：《介绍广东近年发现的几件青铜器》	《考古》1961年11期，图版陆，3	
		广东博罗横岭山		1	西周晚期	《广东博罗横岭山青铜时代墓葬群》	《2000中国重要考古发现》45页彩照，文物出版社，2001年	
		广东和平龙子山	M1	1	两周之际	《广东省和平县古文化遗址调查》图三，3	《考古》1991年3期	有烟炱。腹部主纹带下有圆圈纹边栏
		广东乐昌对面山	Ab型鼎	1	两周之际	《广东乐昌市对面山东周秦汉墓》图一五，5	《考古》2000年6期，图版叁，5	有烟炱

续附表一

类别	式别	出土收集收藏地点	原编号或型式	数量	器物年代	文献名称	文献出处	备注
A类	Ⅲ式	湖南长沙金井干塘	Ⅱ式鼎	2	春秋早期	《长沙县出土春秋时期越族青铜器》图二，1、5	《湖南考古辑刊》（2），图版拾贰，1，岳麓书社，1984年	均有烟炱，1件甚残，1件耳经修补
		湖南宁乡坝塘	收集	1	春秋早期	1998年出土	现藏宁乡县文物管理所	材料未发表
		湖南新邵陈家坊	收集	1	春秋早期	90年代初陈家坊一岩洞出土，同出BaⅢ越式鼎、铜豆及玉环等	现藏新邵县文物管理所	资料未发表
		湖南资兴旧市	M276∶6	1	春秋早期	《资兴旧市春秋墓》图三，1、2、4	《湖南考古辑刊》（1），图版拾，1，岳麓书社，1982年	
		广西贺县马东村	M2	1	春秋早期	《广西贺州市马东村周代墓葬》图三，1	《考古》2001年11期，图版壹，5	此器素面无纹，属特例
	Ⅳ式	湖南资兴旧市	M351∶1	1	春秋中期	《资兴旧市春秋墓》图三，3、5	《湖南考古辑刊》（1），图版拾，2，岳麓书社，1982年	
		湖南省博物馆藏品	藏品号东二1∶28	1	春秋中期	熊传新、吴铭生：《湖南古越族青铜器概论》图一，9	《中国考古学会第四次年会论文集》，文物出版社，1985年	
Ba类	Ⅰ式	安徽屯溪奕棋	M1∶80 M1∶81	2	西周晚期	周亚：《吴越地区土墩墓青铜器研究中的几个问题——从安徽屯溪土墩墓部分青铜器谈起》	《吴越地区青铜器研究论文集》，65页图十一A、十一B	两木出版社，1997年（香港）前者腹部纹带下有边栏
	Ⅱ式	湖南长沙金井干塘	Ⅲ式鼎	3	春秋早期	《长沙县出土春秋时期越族青铜器》图一	《湖南考古辑刊》（2），图版拾贰，2、4，岳麓书社，1984年	均有烟炱
		上海博物馆藏品		1	春秋早期	马承源：《吴越文化青铜器的研究——兼论大洋洲出土的青铜器》	《吴越地区青铜器研究论文集》，13页图二十七	两木出版社，1997年（香港）
		湖南衡阳市博物馆藏品	废品站收集	1	春秋早期	空锥足外撇，主纹带为云纹，上下栏饰燕尾纹		材料未报道
	Ⅲ式	湖南宁乡坝塘	收集	1	春秋中期前段	1998年出土	现藏宁乡县文物管理所	材料未发表
		湖南新邵陈家坊	收集	2	春秋中期前段	90年代初陈家坊一岩洞出土，同出AⅢ越式鼎、铜豆及玉环等	现藏新邵县文物管理所，资料未发表	足尖稍外折

续附表一

类别	式别	出土收集收藏地点	原编号或型式	数量	器物年代	文献名称	文献出处	备注
Ba类	Ⅲ式	湖南长沙福临区	Ⅰ、Ⅱ式	5	春秋中期前段	《长沙县出土商、春秋青铜器》图二，1、2、5	《湖南博物馆文集》，岳麓书社，1991年	足尖外折较甚
		湖南益阳市博藏品		1	春秋中期前段	藏品号：KT－29 001290	资料未发表	足外折处内侧有较长的凸榫。
Bb1类	Ⅰ式	湖南湘潭古塘桥	Ⅲ式鼎	3	春秋晚期	《湖南衡南、湘潭发现春秋墓葬》图五，1	《考古》1978年5期，图版肆，3	
		湖南湘乡大茅坪		2	春秋晚期	《湖南韶山灌区湘乡东周墓清理简报》	《文物》1977年3期	无图片资料
		湖南衡南胡家港	Ⅲ式鼎	12	春秋晚期	《湖南衡南、湘潭发现春秋墓葬》	《考古》1978年5期	
		安徽铜陵金口岭	Ⅱ式	1	春秋晚期	《安徽铜陵市金口岭春秋墓》图三，2，图四，2	《文物研究》（7），黄山书社，1991年	
		江西广昌魏家濠		1	春秋晚期	《江西广昌县出土春秋青铜器》图二，5	《考古》1988年6期	无线图，型式据照片判定
	Ⅱ式	广西恭城嘉会秧家	Ⅲ式鼎	1	春战之交	《广西恭城县出土的青铜器》图一，2	《考古》1973年1期，图版拾壹，1	
Bb2类	Ⅰ式	江苏丹徒烟墩山	附葬小坑	3	春秋中期	李朝远：《烟墩山墓青铜器的年代及其他》图四，D、E、F	《吴越地区青铜器研究论文集》，33页	两木出版社，1997年（香港）
		湖南益阳市博物馆藏品		1	春秋中期			材料未发表
	Ⅱ式	江苏丹徒烟墩山	附葬小坑	3	春秋晚期	李朝远：《烟墩山墓青铜器的年代及其他》	《吴越地区青铜器研究论文集》，33页图四，A、B、C	两木出版社，1997年（香港）
		湖南桃江腰子仑	B型鼎	5	春秋晚期	《湖南桃江腰子仑春秋墓》图一九，6～9	《考古学报》2003年4期，图版陆，1、2	
	Ⅲ式	湖南湘乡何家湾五里桥	何M1：4～6 五M1：12	4	春秋晚期	《湘乡县五里桥、何家湾古墓葬发掘简报》图十，图三，2	《湖南考古辑刊》（3），图版柒，1，岳麓书社，1986年	五里桥鼎仅存腹片，纹饰与何家湾M1鼎同
		湖南湘乡市博物馆藏品		4	春秋晚期	其中3件为牛角形立耳1件为"Π"形耳	腹较深，腹部有几何纹	材料未发表

续附表一

类别	式别	出土收集收藏地点	原编号或型式	数量	器物年代	文献名称	文献出处	备注
Bb2类	Ⅲ式	湖南宁乡黄材		1	春战之交	《湖南省博物馆新发现的几件铜器》图一四，2，图一六	《文物》1966年4期	
		湖南桃江腰子仑	C型鼎	14	春战之交	《湖南桃江腰子仑春秋墓》图一九，10、12，图版陆，3-5	《考古学报》2003年4期	
		广东清远马头岗	M1 Ⅰ式鼎	1	春战之交	《广东清远发现周代青铜器》图三	《考古》1963年2期	有烟炱，图中鼎足非此器之物
Bc1类	Ⅰ式	湖南湘潭古塘桥	Ⅱ式鼎	1	春秋晚期	《湖南衡南、湘潭发现春秋墓葬》	《考古》1978年5期，图版伍，2	有烟炱
		湖南益阳市博物馆藏品		1	春秋晚期	藏品号：DT-49 000121	腹部几何纹带下有尖叶纹	材料未发表
		湖南湘乡市博物馆藏品		2	春秋晚期	藏品号：829等	长方立耳，腹较浅，腹部有几何纹。	材料未发表
	Ⅱ式	湖南长沙五里牌	64M1	1	春秋晚期	《长沙楚墓》图106，1	文物出版社，2000年	
		湖南益阳市博物馆藏品		1	春秋晚期		足外撇，通体素面	材料未发表
		湖南株洲市博物馆藏品		1	春秋晚期	1987年茶陵县出土收集		材料未发表
	Ⅲ式	广东德庆落雁山	M1	1	战国中期	《广东德庆发现战国墓》图六、一二	《文物》1973年9期	
		广西贺县龙中	岩洞葬 Ⅰ式鼎	1	战国时期	《广西贺县龙中岩洞墓清理简报》图二，1	《考古》1993年4期	
Bc2类	Ⅰ式	安徽青阳庙前龙岗	M2	1	春秋中期	《安徽青阳县龙岗春秋墓的发掘》图六，1	《考古》1998年2期	
		江苏吴县何山		2	春秋晚期	《吴县何山东周墓》图三，1、2	《文物》1984年5期	
		江苏丹徒谏壁粮山	Ⅱ式鼎	2	春秋晚期	《江苏丹徒出土东周铜器》	《考古》1981年5期，图版叁，2、3	
		江苏丹徒谏壁王家	鼎形炉	1	春秋晚期	《江苏镇江谏壁王家山东周墓》图五，3	《文物》1987年12期，图版肆，3	上为鼎，下承盘，为温食器
		浙江桐乡董家桥		1	春秋晚期	《浙江桐乡董家桥发现春秋战国及良渚文化遗址》	《中国文物报》2004年2月18日	

续附表一

类别	式别	出土收集收藏地点	原编号或型式	数量	器物年代	文献名称	文献出处	备注
Bc2类	Ⅰ式	湖南桃江腰子仑	AⅠ式鼎	2	春秋晚期	《湖南桃江腰子仑春秋墓》图一九，1	《考古学报》2003年4期	
		四川成都金沙巷	M2	1	春秋晚期	《成都市金沙巷战国墓清理简报》图十，1	《文物》1997年3期	墓葬年代为战国时期
	Ⅱ式	江西樟树农校		1	春秋晚期	彭适凡：《江西地区出土商周青铜器的分析与分期》图一，9	《中国考古学会第一次年会论文集》，文物出版社，1979年	
		江苏六合程桥M1		1	春秋晚期	《江苏六合程桥东周墓》图四，5	《考古》1965年3期，图版壹，7	
		江苏六合程桥M2	Ⅱ式鼎	1	春秋末期	《江苏六合程桥二号东周墓》	《考古》1974年2期	残，未发表图像资料
		江苏苏州城东北		1	春战之交	《苏州城东北发现东周铜器》图一，1，图六	《文物》1980年8期	
		江苏六合和仁		1	战国初期	《江苏六合县和仁东周墓》图七，2	《考古》1977年5期	
		广东四会鸟旦山	M1 Ⅱ式鼎	2	战国早期	《广东四会鸟旦山战国墓》图四，2、3，图八9、10	《文物》1975年2期，图版肆，1、2	有烟炱，耳内侧饰绹索纹
	Ⅲ式	广西平乐银山岭	Ⅱ式鼎 M119等	2	战国晚期	《平乐银山岭战国墓》图二七，2	《考古学报》1978年2期	
		广东广宁龙嘴岗	M4、M5	2	战国中期	《广东广宁县龙嘴岗战国墓》图十，3	《考古》1998年7期	有烟炱，器本身应较早
		广东广宁铜鼓岗	M16∶8等	2	战国中期	《广东广宁县铜鼓岗战国墓》图五，1	《考古学集刊》（1），图版拾柒，1，中国社会科学出版社，1981年	1件耳内侧饰绳纹，身外布满烟炱
Bc3类		湖南桃江腰子仑	AⅡ、AⅢ、AV式鼎	5	春秋晚期	《湖南桃江腰子仑春秋墓》图一九，2、3、5	《考古学报》2003年4期	
		湖南湘乡市博物馆藏品		3	春秋晚期		材料未发表	其中1件有索状提梁
		广西恭城嘉会秧家	Ⅱ式	3	春秋晚期	《广西恭城县出土的青铜器》图一，1、3，图二	《考古》1973年1期，图版拾壹，2	1件有提梁，1件有单字铭
Bc4类		浙江长兴和平		1	春秋晚期	《浙江长兴县的两件青铜器》图三	《文物》1973年1期	腹部两道弦纹间饰蟠螭纹，足上部饰螺旋纹
		广西贺县龙中	岩洞葬 Ⅱ式	1	战国时期	《广西贺县龙中岩洞墓清理简报》图二，3	《考古》1993年4期	

续附表一

类别	式别	出土收集收藏地点	原编号或型式	数量	器物年代	文献名称	文献出处	备注
Bc5类		湖南湘乡五里桥	M1：26～28	3	春秋晚期	《湘乡县五里桥、何家湾古墓葬发掘简报》图三，1	《湖南考古辑刊》（3），岳麓书社，1986年	
		湖南湘乡何家湾	M3：1	1	春秋晚期	《湘乡县五里桥、何家湾古墓葬发掘简报》图六	《湖南考古辑刊》（3），岳麓书社，1986年	
		湖南桃江腰子仑	AⅣ鼎	1	春秋晚期	《湖南桃江腰子仑春秋墓》图一九，4	《考古学报》2003年4期	
C类	Ⅰ式	湖南望城高砂脊AM1	C型小铜鼎	1	西周中期	《湖南望城县高砂脊商周遗址的发掘》图一六，1	《考古》2001年4期，图版伍，4	
		湖南益阳市博物馆藏品		1	西周中期	藏品号：DT－450000122	材料未发表	圆形耳，腹部兽面纹带下有尖叶纹
	Ⅱ式	湖南宁乡黄材新屋	M4	1	西周晚期	《宁乡黄材西周墓发掘的主要收获及其意义》图二，图三	《湖南省博物馆馆刊》第一期，船山学刊，2004年	残存口、腹部并一足，素面无纹
		湖南宁乡黄材栗山	收集	1	西周晚期	2003年栗山王家凼出土，现藏宁乡县文管所	材料未发表	方形立耳，蹄足，素面无纹
		湖南望城高砂脊	AM5	1	西周晚期		湖南省考古研究所发掘资料，未发表	残破未修复
		湖南益阳市博物馆藏品		1	西周晚期	藏品号：KT－380001299	材料未发表	立耳外展，素面无纹，实蹄足
	Ⅲ式	湖南省博物馆藏品二5：18		1	春秋早期	熊传新、吴铭生：《湖南古越族青铜器概论》图一，8	《中国考古学会第四次年会论文集》，文物出版社，1985年	原文定为春秋晚期，误
		湖南湘乡市博物馆藏品		1	春秋早期	藏品号：2066牛形山出土	材料未发表	立耳上部较圆，柱足内侧平，素面无纹
		安徽屯溪奕棋	M3：12	1	春秋早期	《安徽屯溪周墓第二次发掘》图二，5	《考古》1990年3期	
		广东乐昌对面山	Aa型M59：1	1	春秋中期	《广东乐昌市对面山东周秦汉墓》图一四	《考古》2000年6期	经修补有烟炱

续附表一

类别	式别	出土收集收藏地点	原编号或型式	数量	器物年代	文献名称	文献出处	备注
D类	Ⅰ式	湖南桃江腰子仑	D型鼎	3	春秋末期	《湖南桃江腰子仑春秋墓》D型铜鼎（图一九，11、13、14）	《考古学报》2003年4期	
		湖南衡阳苗圃涂家山	M4	1	战国早期	《湖南衡阳市苗圃涂家山战国墓》图八，11	《考古》1997年12期	
	Ⅱ式	湖南长沙识字岭	74M1、M2 Ⅰ式鼎	4	战国早期	《长沙识字岭战国墓》图三，1	《考古》1977年1期	有烟炱，耳有方形和半环形
		湖南长沙子弹库	53M35	1	战国中期	《长沙楚墓》图101，彩版七，3	文物出版社，2000年	
		湖南长沙下麻园湾	64M12	1	战国中期	《长沙楚墓》图102，1，图版四二，1	文物出版社，2000年	盖失
		湖南长沙树木岭	74M1	1	战国晚期	《长沙树木岭战国墓阿弥岭西汉墓》图二，左	《考古》1984年9期	同出四山镜、人首短剑等
		湖南长沙黄泥坑	54M5	1	战国中期	《长沙楚墓》图100，图版四一，6	文物出版社，2000年	
		湖南浏阳北岭		3	战国中期	《湖南浏阳县北岭发现青铜器》	《考古》1965年7期	
		湖南汨罗汨罗山	83M72	2	战国中期	《汨罗县东周、秦、西汉、南朝墓发掘报告》图二十二，2	《湖南考古辑刊》（3）图版捌，8（编号误），岳麓书社，1986年	
		湖南汨罗楚塘	采集	1	战国中期	《汨罗县东周、秦、西汉、南朝墓发掘报告》图二十七，6	《湖南考古辑刊》（3），岳麓书社，1986年	
		湖南益阳天成垸		1	战国中期	《益阳楚墓》图二二，13	《考古学报》1985年1期	
		湖南耒阳石油站	DⅡ式 M4	2	战国中期	《耒阳春秋、战国墓》图二八，9	《文物》1985年6期	足为铸接
		湖南郴州高山背		1	战国中期	《郴州市出土的战国越人墓》图二，1	《湖南考古辑刊》（4），岳麓书社，1987年	
		湖南资兴旧市	Ⅰ式鼎	10	战国中期	《湖南资兴旧市战国墓》图一六，右上	《考古学报》1983年1期	
		湖南临澧太山庙	M17	2	战国中期	《临澧太山庙楚墓》图九，1、2	《湖南文物》3，湖南大学出版社，1988年	
		江西瑞昌牛脚岭		1	战国中期	《江西瑞昌市出土春秋青铜器》图二	《考古与文物》1992年5期	报告误定为春秋中晚期
		江西高安太阳墟		3	战国中期	《江西高安太阳墟春秋墓》器物图，1～3	《江西历史文物》1986年2期	

续附表一

类别	式别	出土收集收藏地点	原编号或型式	数量	器物年代	文献名称	文献出处	备注
D类	Ⅱ式	江西上高塔下村	Ⅰ式鼎	1	战国中期	薛尧：《江西出土的几件青铜器》图四	《考古》1963年8期	
		江苏淮阴高庄	Ⅱ、Ⅲ式	6	战国中期	《淮阴高庄战国墓》图七，1、3	《考古学报》1988年2期	
		湖北鄂城百子畈	M3	1	战国中期	《鄂城楚墓》图版二五，2	《考古学报》1983年2期	
		湖北江陵蚂蟥山		1	战国中期	《江陵蚂蟥山越人墓简报》图一	《考古与文物》1987年5期	
		湖北江陵包山	M5：13	1	战国晚期	《包山楚墓》图二一三，1，图版二二六，1	文物出版社，1991年	
		广东肇庆北岭松山	M1	1	战国晚期	《广东肇庆市北岭松山古墓发掘简报》图二，2	《文物》1974年11期。	有烟炱，墓葬年代为战国末
		广东乐昌对面山	Ba、Bb	3	战国晚期	《广东乐昌市对面山东周秦汉墓》图一五，2、3、6	《考古》2000年6期，图版叁，6	1件经修补，有烟炱，2件裹麻布
		广西平乐银山岭	Ⅲ式鼎M110：12	1	战国晚期	《平乐银山岭战国墓》图二七，3	《考古学报》1978年2期。	
	Ⅲ式	湖南长沙魏家堆	74M1	1	战国晚期	《长沙楚墓》图104，彩版八，1	文物出版社，2000年	
		湖南长沙留芳岭	85M3	1	战国晚期	《长沙楚墓》图九九，4	文物出版社，2000年	环耳，盖上有烟炱
		湖南长沙黄泥坑	54M5	1	战国中期	《长沙楚墓》图103，彩版七，4	文物出版社，2000年	
		湖南长沙火把山	86M4	2	战国晚期	《长沙楚墓》图102，2	文物出版社，2000年	
		湖南益阳赫山庙		1	战国晚期	《益阳楚墓》图二二，12（同出陶敦、壶、豆、勺、铜剑、铁镞等）	《考古学报》1985年1期	
		湖南湘乡新坳		1	战国晚期	《湖南湘乡汉墓》图一二，5	《文物资料丛刊》2，文物出版社，1978年	出土墓葬为新莽时期
		湖南平江红门村	M2	1	战国晚期	《平江红门遗址发掘简报》图六，15	《湖南考古集刊》（6），求索增刊，1992年	
		湖南资兴旧市		31	战国晚期	《湖南资兴旧市战国墓》图一六，左	《考古学报》1983年1期，图版贰陆，6	
		湖南永州鹞子岭	AM20	2	战国晚期	《永州市鹞子岭战国墓发掘简报》图五，2、3、4	《湖南考古辑刊》（4），岳麓书社，1987年	经修补，铁足

续附表一

类别	式别	出土收集收藏地点	原编号或型式	数量	器物年代	文献名称	文献出处	备注
D类	Ⅲ式	江西上高塔下村	Ⅱ式鼎	2	战国中期	薛尧：《江西出土的几件青铜器》图五	《考古》1963年8期	
		江苏句容下蜀	Ⅳ式鼎	1	战国晚期	《镇江地区近年出土的青铜器》图二，3	《文物资料丛刊》5，文物出版社，1981年	
		湖北江陵九店	C型铜鼎 M19∶5 M55∶7	2	战国晚期	《江陵九店东周墓》图一三四，9、10，图版六六，5、6	科学出版社，1995年	M19∶5为三块壁范，M55∶7壁外范为2块
		湖北江陵雨台山	Ⅲ式鼎 M480等	8	战国晚期	《江陵雨台山楚墓》图五六,4,图版叁拾贰,1	文物出版社，1984年	
		重庆云阳李家坝	M25	1	战国晚期	《云阳李家坝巴人墓地发掘报告》图一一，1，图版一三，1	《重庆库区考古报告集》1998年卷，科学出版社，2003年	
		广东广宁铜鼓岗	M13∶1等	2	战国晚期	《广东广宁县铜鼓岗战国墓》图五，2	《考古学集刊》（1），中国社会科学出版社，1981年	1件耳内侧饰雷纹，身外布满烟炱
		广东广州华侨新村	Ⅱ型鼎	3	西汉前期	《广州汉墓》图七七，3	文物出版社，1981年	
		广西平乐银山岭	Ⅳ式鼎 M22∶14	1	战国末期	《平乐银山岭战国墓》图二七，4	《考古学报》1978年2期	
	Ⅳ式	广东广州南越王墓	乙Ⅰ型西耳室后藏室	5	西汉前期	《西汉南越王墓》图五三,1,图版三四,2,图版一九二,3,图版一七八,2,图版一七九,1	文物出版社，1991年	
		广东广州先烈路	M5036	1	东汉后期	《广州汉墓》图二七一，5，图版一六六，1	文物出版社，1981年	
		广西贺县河东高寨	M8等 Ⅱ式	1	西汉前期	《广西贺县河东高寨西汉墓》图一一,2,图四六	《文物资料丛刊》4，文物出版社，1981年	
	式别不辨者	湖南长沙识字岭	52M323 Ⅰ式鼎	2	战国时期	《长沙发掘报告》图30，图31,图版拾贰,1	科学出版社，1957年	仅存鼎耳
		湖南长沙张公岭	83M25	1	战国时期	《长沙楚墓》P625附表四	文物出版社，2000年	无图像资料
		湖南长沙伍家岭	52M207 Ⅰ式鼎	1	战国时期	《长沙发掘报告》	科学出版社，1957年	残，无图像资料
		湖南长沙诰封岭	59M4	1	战国时期	《长沙楚墓》图105，彩版八，2	文物出版社，2000年	仅存盖

续附表一

类别	式别	出土收集收藏地点	原编号或型式	数量	器物年代	文献名称	文献出处	备注
D类	式别不辨者	湖南衡阳苗圃茅坪		1	战国时期	《衡阳市苗圃五马归槽茅坪古墓发掘简报》	《考古》1984年10期	无图像资料
		广东罗定南门垌		2	战国时期	《广东罗定出土一批战国青铜器》	《考古》1983年1期	残，无图像资料
Ea类	Ⅰ式	湖南衡南胡家港	Ⅳ式鼎	1	春秋晚期	《湖南衡南、湘潭发现春秋墓葬》	《考古》1978年5期，图版肆，1	
	Ⅱ式	江西瑞昌牛脚岭		1	春战之交	《江西瑞昌市出土春秋青铜器》图一	《考古与文物》1992年5期	
		江西高安太阳墟		1	战国前期	《江西高安太阳墟春秋墓》器物图，4	《江西历史文物》1986年2期	报告误定为春秋中晚期
		广西宾阳上塘韦坡	M1：14	1	战国前期	《广西宾阳县发现战国墓葬》，图二，5	《考古》1983年2期	有烟炱
		广西贺县龙中	岩洞葬Ⅲ式	1	战国前期	《广西贺县龙中岩洞墓清理简报》图二，2	《考古》1993年4期	有烟炱
		广东清远马头岗	M1 Ⅱ式鼎	1	战国前期	《广东清远发现周代青铜器》图四	《考古》1963年2期	有烟炱，报告复原图有误
	Ⅲ式	广东揭阳面头岭	M3	1	战国后期	《广东揭阳县战国墓》图三，5	《考古》1992年3期	耳已失
		广东四会鸟旦山	M1 Ⅰ式鼎	1	战国后期	《广东四会鸟旦山战国墓》,图四,1,图八,8	《文物》1975年2期，图版肆，4	有烟炱，索状耳
		广东罗定背夫山	M1：16	1	战国后期	《广东罗定背夫山战国墓》图七，24	《考古》1986年3期	有烟炱
		广西平乐银山岭	M51等	3	战国末期	《平乐银山岭汉墓》	《考古学报》1978年4期，图版柒，4	方耳立于沿上
	Ⅳ式	广西贺县河东高寨	M4等 Ⅰ式	3	西汉前期	《广西贺县河东高寨西汉墓》图一一，1，图四四	《文物资料丛刊》4，文物出版社，1981年	
		广西贵县罗泊湾	M1 Ⅰ式	3	西汉前期	《广西贵县罗泊湾汉墓》图二九，1，图版一二，1~3	文物出版社，1988年	1件有提梁，均刻铭
		广东广州南越王墓	乙Ⅱ型后藏室	9	西汉前期	《西汉南越王墓》图一九二，2、4，图版一七八，3、4	文物出版社，1991年	
		广东广州华侨新村	异Ⅰ型	18	西汉前期	《广州汉墓》图七七，4，图版二九，5	文物出版社，1981年	

续附表一

类别	式别	出土收集收藏地点	原编号或型式	数量	器物年代	文献名称	文献出处	备注
Eb类	Ⅰ式	安徽铜陵金口岭		1	春秋晚期	《安徽铜陵市金口岭春秋墓》图三，1，图四，1	《文物研究》（7），黄山书社，1991年	
		江苏武进淹城	76WY 内城河:14	1	春秋末期	《武进县淹城遗址出土春秋文物》图三，4，照片一，2	《东南文化》1989年4、5期合订本	
		广东罗定背夫山	M1∶17	1	战国前期	《广东罗定背夫山战国墓》图七，16	《考古》1986年3期	有烟炱
	Ⅱ式	广东肇庆北岭松山	M1 Ⅱ式	2	战国后期	《广东肇庆市北岭松山古墓发掘简报》图三,2	《文物》1974年11期	经多次修补
		广东乐昌对面山	Ac 型	1	战国后期	《广东乐昌市对面山东周秦汉墓》图一五，4	《考古》2000年6期	经修补有烟炱
		广西平乐银山岭	M71∶1等	8	战国后期	《平乐银山岭战国墓》图二七，1	《考古学报》1978年2期	
	Ⅲ式	广西贺县河东高寨	M7 等Ⅲ式	2	西汉前期	《广西贺县河东高寨西汉墓》图一一，3，图四四	《文物资料丛刊》4，文物出版社，1981年	
		广东广州南越王墓	乙Ⅲ型后藏室	3	西汉前期	《西汉南越王墓》图一九三，图版一八〇，1、2，一八一，1	文物出版社，1991年	
		广东广州华侨新村	异Ⅱ型	3	西汉前期	《广州汉墓》图七七，5，图版二九，6	文物出版社，1981年	

附表二　越式铜鼎出土区域分布表

类型＼区域		湘江流域	江西地区	皖南地区	江浙地区		岭南地区		其他地区	合计	
					江苏	浙江	广东	广西			
A	Ⅰ	5								5	31
	Ⅱ	11		3			4			18	
	Ⅲ	5						1		6	
	Ⅳ	2								2	
Ba	Ⅰ			2						2	16
	Ⅱ	4+1?								5	
	Ⅲ	9								9	
Bb1	Ⅰ	17	1	1						19	20
	Ⅱ							1		1	
Bb2	Ⅰ	1			3					4	36
	Ⅱ	5			3					8	
	Ⅲ	23					1			24	
Bc1	Ⅰ	4								4	9
	Ⅱ	3								3	
	Ⅲ						1	1		2	
Bc2	Ⅰ	2		1	5	1			四川1	10	23
	Ⅱ		1		4		2			7	
	Ⅲ						4	2		6	
Bc3		8						3		11	11
Bc4						1		1		2	2
Bc5		5								5	5
C	Ⅰ	2								2	10
	Ⅱ	4								4	
	Ⅲ	2		1			1			4	
D	Ⅰ	4								4	121
	Ⅱ	28	5		6		4	1	5（湖北3、湖南澧水流域2）	49	
	Ⅲ	41	2		1		5	1	11（湖北10、重庆1）	61	
	Ⅳ						6	1		7	
Ea	Ⅰ	1								1	45
	Ⅱ		2				1	2		5	
	Ⅲ						3	3		6	
	Ⅳ						27	6		33	
Eb	Ⅰ			1	1		1			3	22
	Ⅱ						3	8		11	
	Ⅲ						6	2		8	
合计		187	11	9	23	2	69	33	17		351

注：D类式别不明者未予统计，带“?”者为上海博物馆藏品，疑为湘江流域出土。

秦墓等级序列及相关问题探讨

梁　云*

In the Eastern Zhou dynasty the Qin tomb featured four ranks. There were huge disparities between the kings and aristocrats ranked Daifu and inferior, forming a distinct characteristic of two polarizations. In other hand, there was lack of a clear gap between the tombs of two aristocrats belonging to two neighboring ranks. The desire of massive mausoleum among the Qin kings was the main reason of polarizing Qin burials and this tradition might be from the Shang culture.

墓葬等级序列指同一时期或同一历史阶段的墓葬自上而下的间距序列状态，它对于研究历史时期社会阶层状况有相当重要的意义。本文拟将东周秦墓分为春秋早期、春秋中晚期至战国早期、战国中晚期三个阶段来讨论。

周代社会大致有天子、诸侯、卿大夫、士、庶人几个等级，如《左传·桓公二年》："故天子建国，诸侯立家，卿置侧室，大夫有贰宗，士有隶子弟，庶人、工、商各有分亲，皆有等衰。"童书业先生认为："宗法贵族中具有等级，大别之为天子、诸侯、大夫、士四级，细分之则诸侯中有正式诸侯及附庸之别，大夫中有卿及大夫之别，士中亦有贵贱之分。"〔1〕文献所载贵族等级的确分得很细致，如《孟子·万章》言诸侯有公、侯、伯、子、男五等，士分上士、中士、下士；《左传·成公三年》云卿有上中下之分，大夫有上下之分。由于国家大小地位不同，不同国家的爵禄之间还有复杂的对应关系〔2〕。将如此细致的阶层划分及其对应关系一一落实到考古材料中恐怕是很困难的，况且春秋以降晋、楚、齐、秦等国实力已超过天子，因此把当时的社会分为国君、大夫、士、庶人四个阶层大体无误。

春秋至战国早期秦墓在等级制度的很多方面都比较完整地承袭了周礼，因此可以根据墓葬形制、墓室大小、棺椁层数、礼器隆杀、金石之乐、车马随葬、殉人多寡等

---

* 作者系中国国家博物馆副研究员。

〔1〕 童书业：《春秋左传研究》163页，上海人民出版社，1980年。

〔2〕《左传·成公三年》："次国之上卿当大国之中，中当其下，下当其上大夫。小国之上卿当大国之下卿，中当其上大夫，下当其下大夫。上下如是，古之制也。"

标准将之分为相应的四大类。战国中期以后，由于商鞅变法建立起一套以军功为基础的二十等爵制，墓葬的分类就需要做相应的调整。

墓葬形制指斜坡墓道的有无和数量。墓室规模包括墓坑和椁室两方面。文献没有讲墓坑的等级，但墓坑面积越大，土方量越大，耗费人工越多。墓底为椁室，椁室面积越大，墓坑自然越大。《礼记·丧大记》："君松椁，大夫柏椁，士杂木椁。棺椁之间，君容柷，大夫容壶，士容甒。"孔疏："此一经明棺椁之间广狭所容也。"可见木椁的广狭及材质都具有等级意义。

棺椁层数方面，赵化成先生已对《礼记》、《荀子》、《庄子》等文献记载的周代棺椁多重制度作了通盘考证，其含义为：天子三椁四棺（七重）、诸侯二椁三棺（五重）、大夫一椁二棺（三重）、士一椁一棺（再重）、庶人单棺无椁。从考古材料看，这种制度在东周时期才开始形成，而且棺椁层数反映墓葬等级的能力很差[3]。当然，它仍有一定的借鉴意义，目前尚没有发现士以下的墓采用二椁三棺的。

根据俞伟超先生对用鼎制度的研究，西周时如《公羊传·桓公二年》何休注云："天子用九鼎、诸侯七、卿大夫五、元士三。"东周时发生礼制僭越现象，如《仪礼》等书所载，诸侯用大牢九鼎、卿或上大夫用大牢七鼎、下大夫用少牢五鼎、士用牲三鼎或特一鼎。当然，在旧礼制不断被破坏、新制度逐渐形成的情况下，不能排除卿用九鼎及庶人用陶鼎的事实。不同国家亦有地位高低差别及地区不平衡性，如春秋早期的晋墓就采用了诸侯五鼎、大夫三鼎、士一鼎的制度。

关于周代金石之乐的使用，《周礼·春官·小胥》载："正乐悬之位。王宫悬，诸侯轩悬，卿大夫判悬，士特悬，辨其声。凡悬钟、磬，半为堵，全为肆。"郑注："宫悬四面悬，轩悬去其一面，判悬又去其一面，特悬又去其一面。"西周时期随葬编钟编磬似乎是诸侯的专利，如晋侯墓地M9、M33、M91、M1、M8、M64、M93，墓主皆为晋侯，连夫人墓都不出；又如虢国墓地M2001（虢季）、M2011（太子）、M1052（太子），三墓皆共出铜列鼎7件；连随葬列鼎5件的卿大夫墓也不出悬乐。春秋中期以后，卿大夫拥有悬乐成为非常普遍的现象，东方国家的这类墓葬也非常多。士能否拥有悬乐？《礼记·曲礼下》云"君无故玉不去身，大夫无故不彻悬，士无故不彻琴瑟"，看来士没有悬乐。孔颖达疏："此是不命之士，尔若其命士，则特悬也。"孔疏的解释有与《周礼》巧加弥合的嫌疑。古代钟、磬往往合用，所谓"金声而玉振"（《郭店楚简》《孟子·万章》）；考古发现的钟、磬亦往往共出。有磬无钟或有钟无磬皆不成乐，故《周礼·春官·小胥》"士特悬"的说法值得怀疑。《仪礼》中关于士礼的部分如《士冠礼》、《士相见礼》等，均不见使用金石之乐，因此先秦的士很可能不拥有悬乐。迄今发现

---

[3] 赵化成：《周代棺椁多重制度研究》，《国学研究》第五卷，北京大学出版社，1998年。

的出编钟编磬的东周墓葬,绝大多数为五鼎以上规格,就很说明问题。天马—曲村晋国邦墓地 M7092 出铜鼎 1、锡簋 1、铜甬钟 1，年代为西周中期〔4〕。此外，宝鸡西高泉村 M1 为春秋早中期之交的秦墓，亦出 1 件铜甬钟及“周生豆”，钟、豆都有可能掳自周人〔5〕。这两座墓毕竟属于极罕见的特例，而且铜钟皆不成编列，还不足以推翻上面的认识。

礼书中与丧葬活动有关的车驾有丧车、贰车、柩车、乘车、道车、稾车等，但明确记载最终埋入地下的车是遣车。《礼记·檀弓下》：“国君七个，遣车七乘；大夫五个，遣车五乘。”《礼记·杂记上》：“遣车视牢具……置于四隅。”汉代以来的经学家普遍认为遣车是微型化的明器车马〔6〕，但东周墓葬随葬小型的明器车仅见于某些春秋晚期的秦墓，如凤翔高庄 M10 出陶车轮 1 件，长武上孟村 M26 出土陶车 1 件及泥人泥马，凤翔八旗屯 BM103 出 2 件陶双轮牛车模型〔7〕。大量的先秦墓葬则瘗埋真车真马。文献记载遣车用来盛载大遣奠的牲体〔8〕，而考古发现的牛、羊、豕之类的牲骨往往置于铜礼器之中，由此可以推断铜礼器等随葬品也是由遣车载送到墓穴的；而微型化的明器车马无法载送数量众多的随葬品，这也反过来说明经学家的注疏有误。“遣”有送的意思，如《史记·魏世家》：“魏王再拜，遂约车而遣之。唐雎到，入见秦王。”又可以引申为送葬之物，即随葬品。《仪礼·既夕礼》：“书遣于策。”郑注：“遣犹送也，谓所当藏（葬）物，茵以下。”遣策是记载随葬品的简策，遣车顾名思义也就是载送随葬品的车辆。墓葬等级越高，随葬品越多，需要的遣车就越多，礼书记载遣车的级别和数量并非空穴来风，当有一定的事实依据，可以作为我们判断墓葬级别的参考。

以上就分类的标准作了一些讨论，墓葬等级分类是这些标准综合之后的结果。此

---

〔4〕 北京大学考古学系商周考古组、山西省考古研究所：《天马—曲村》，科学出版社，2000 年。

〔5〕 宝鸡市博物馆、宝鸡县图书馆：《宝鸡县西高泉村春秋秦墓发掘简报》，《文物》1980 年 9 期。

〔6〕《周礼·夏官·司马》：“校人掌王马之政。辨六马之属。……大丧饰遣车之马。及葬埋之。”郑注：“言埋之，则是马，涂车之刍灵。”《周礼·春官·巾车》：“大丧饰遣车，遂廞之行之。”郑注：“廞，兴也，谓陈。驾之行之，使人以次举之如墓地。”胡培翚《仪礼正义》：“据郑玄使人举之如墓地，则非驾马之车明矣。廞马，遣车之马，人捧之；言人捧之，则非真马可知。”

〔7〕 雍城考古队吴镇烽、尚志儒：《陕西凤翔高庄秦国墓地发掘简报》，《考古与文物》1980 年 2 期；负安志：《陕西长武上孟村秦国墓》，《考古与文物》1984 年 3 期；陕西省雍城考古队吴镇烽等：《陕西凤翔八旗屯秦国墓葬发掘简报》，《文物资料丛刊》第 3 辑。

〔8〕《周礼·天官·冢宰》：“内竖掌内外之通令。……及葬。执亵器以从遣车。”贾疏：“云及葬执亵器以从遣车者，谓朝七庙讫且将行，在太祖庙中为大遣奠，苞牲取下体，天子大牢苞九箇，遣车九乘，后亦同，使人持之往如墓，则此内竖执亵器从遣车之后，以其遣车载牲体，鬼神依之，故使执亵器从之，若生时亦执亵器从也。”《周礼·夏官·司马》：“虎贲氏掌先后王而趋以卒伍。……及葬，从遣车而哭。”贾疏：“遣车者，将葬，盛所苞奠遣送者之车，其车内既皆有牲体，故云王之魂魄所冯依。”

外，等级分类仅仅是研究的出发点或者说手段，最终目的是要揭示各级别墓葬之间垂直方向的序列状态，进而探讨相应的社会结构。

1. 春秋早期

一类墓有甘肃礼县大堡子山 M2（盗）、M3（盗）[9]。

20 世纪 90 年代，甘肃礼县秦公大墓惨遭盗掘，国宝重器流失海外。甘肃省考古所对墓地进行了抢救性发掘，清理了其中的两座大墓及车马坑。1994 年李学勤、艾兰撰文介绍了美国纽约古董店拉利行的一对秦公壶，铭文两行六字："秦公作铸障壶"，并与晋侯斷壶和传世颂壶相比较，定其年代在周厉王到宣王之间，器主应是秦国第一位称公的秦庄公[10]。白光琦认为秦君称公在襄公始国之后，庄公乃死后追谥，不得自称公，因此考订为襄、文二世之器[11]。陈昭容指出秦公壶和颂壶在形态上有细部差别，认为其年代应晚至文公[12]。不久，上海博物馆从香港回收了四鼎二簋，鼎铭为"秦公乍铸用鼎"，李朝远认为它们应为秦襄公、文公之器[13]。后来又有学者加入讨论，王辉以𥝩组秦公器（器铭"秦"作"𥝩"）属襄公、𥞥组秦公器（器铭"秦"作"𥞥"）属文公[14]，陈平却认为𥞥组属文公，𥝩组属宪公[15]。综合诸家的意见，秦国自襄公始享国，襄公之父庄公称"公"，属于后世追称，如同周文、武始称王，但也追称古公亶父为"太王"，季历为"王季"，因此礼县秦公墓墓主不出襄公、文公、宪公三者的范围，年代为春秋早期。

二类墓有陇县边家庄 M5、M1[16]，户县宋村 M3[17]，户县南关 74M1[18]。

宋村 M3 所出铜器的秦式风格浓烈，与传出户县的宗妇诸器相似，是平王东迁后秦国势力到达宗周之地的证据。此后，还在户县南关发现春秋早期的五鼎墓（74M1）和七鼎墓（82HNM1）各一座，器形与宋村的相同。传世宗妇诸器铭为"王子剌公之宗妇

---

[9] 甘肃省文物考古研究所戴春阳：《礼县大堡子山秦公墓地及有关问题》，《文物》2000 年 5 期。

[10] 李学勤、艾兰：《最新出土的秦公壶》，《中国文物报》1994 年 10 月 30 日。

[11] 白光琦：《秦公壶应为东周初期器》，《考古与文物》1995 年 4 期。

[12] 陈昭容：《谈新出秦公壶的年代》，《考古与文物》1995 年第 4 期。

[13] 李朝远：《上海博物馆新获秦公器研究》，《上海博物馆集刊》第七期，上海书画出版社，1996 年 9 月。

[14] 王辉：《也谈礼县大堡子山秦公墓地及其铜器》，《考古与文物》1998 年 5 期。

[15] 陈平：《浅谈礼县秦公墓地遗存与有关问题》，《考古与文物》1998 年 5 期。

[16] 宝鸡市考古队等：《陇县边家庄五号春秋秦墓发掘简报》，《文物》1988 年 11 期；尹盛平、张天恩：《陕西陇县边家庄一号春秋墓》，《考古与文物》1986 年 6 期。

[17] 陕西省文管会秦墓清理组：《陕西户县宋村春秋秦墓发掘简报》，《文物》1975 年 10 期。

[18] 曹发展：《陕西户县南关春秋秦墓清理记》，《文博》1989 年 2 期。

鄀嬰为宗彝鬻彝，永宝用，以降大福，保辥鄀国”，郭沫若认为此“王子”是宣王之子[19]。俞伟超先生认为西周时某些边鄙诸侯已称王，此“王子”为鄀国王子，故使用七鼎的礼制[20]。陈平则认为这些铜器是秦武公元年（公元前697年）伐彭戏戎，秦征服户县一带后，臣服于秦的丰王王子宗妇所作，国与丰通婚，是宗妇的父母之邦[21]。如此，户县的这批墓应为古丰国的王室之墓，但从面貌上可以归入秦文化的范畴，这里归入二类墓以备参考。

三类墓有甘肃灵台景家庄 M1[22]，宝鸡西高泉村 M1（盗）[23]，宝鸡姜城堡 M1[24]、宝鸡南阳村 M1、M2[25]。

四类墓有天水甘谷毛家坪 M8、M12、M11、M14[26]。

在墓葬形制方面，一类墓均为带东西两条墓道的中字形墓，全长 88 ~ 115 米。大堡子山 M2 的东墓道面积 37.9 ×6 平方米；M3 的东墓道面积 48.85 ×8.3 平方米。二类以下均为不带墓道的竖穴方坑墓。墓室规模如下表：

（单位：平方米）

分类	墓口面积范围	椁室面积范围
一类墓	261.17（大堡子山 M3）~141.6（大堡子山 M2）	34（大堡子山 M2） ~ 22.6（大堡子山 M3）
二类墓	23.4（宋村 M3） ~18.2（边家庄 M5）	14.8（边家庄 M5） ~12.45（宋村 M3）
三类墓	7.56（景家庄 M1） ~6（南阳村 M2）	6（景家庄 M1） ~5（南阳村 M2）
四类墓	8.7（毛家坪 M12） ~1.9（毛家坪 M14）	

一类墓的墓口面积是二类墓的 8 ~ 14 倍，若再加上墓道，一类墓墓坑面积可达 560 ~ 1006 平方米，是二类墓的 24 ~ 56 倍。前者和后者在墓葬规模上落差巨大。相反，二至四类相邻级别墓葬之间差距较小，而且还有交错重叠现象。

棺椁方面，一类墓的棺椁层数尚不清楚。二类及三类墓均为一椁一棺。四类墓单棺无椁。

---

〔19〕 郭沫若：《两周金文辞大系图录考释》，科学出版社，1957 年。

〔20〕 俞伟超、高明：《周代用鼎制度研究》，《北京大学学报》1978 年 1、2 期。

〔21〕 陈平：《试论关中秦墓青铜容器的分期问题》，《考古与文物》1984 年 3、4 期。

〔22〕 刘得桢等：《甘肃灵台景家庄春秋墓》，《考古》1981 年 1 期。

〔23〕 宝鸡市博物馆、宝鸡县图书馆：《宝鸡县西高泉村春秋秦墓发掘简报》，《文物》1980 年 9 期。

〔24〕 王光永：《宝鸡市渭滨区姜城堡东周墓葬》，《考古》1979 年 6 期。

〔25〕 宝鸡市考古工作队等：《陕西宝鸡县南阳村春秋秦墓的清理》，《考古》2001 年 7 期。

〔26〕 甘肃省文物工作队、北京大学考古学系：《甘肃毛家坪遗址发掘报告》，《考古学报》1987 年 3 期。

铜礼器方面，据报道，甘肃西和县追缴了一批盗自秦公墓的铜器，“其中铜鼎可辨识出个体的有7件，虽大小有别，但形制相同”，并有“秦公作铸用鼎”铭文；还有铜簋4件，有“秦公作铸用簋”铭文；“此秦公诸器均出自M3”，“上博收藏的秦公诸器可能就出自大堡子山M2”[27]。如此，秦公墓使用了七鼎规格，与同时期或稍早的虢国国君墓一致。二类墓均出五鼎四簋，鼎为列鼎；陇县边家庄M1还多一件，可能是镬鼎或羞鼎。三类墓出三鼎（景家庄M1、姜城堡M1）。从数量上看，似乎遵循了周礼自上而下逐级递减，但秦公鼎为口径和通高在30厘米以上的实用器，二类以下墓所出多为口径和高度在20厘米以下的明器，形体矮小、制作粗糙。从这个角度说，一类和二类以下墓差别很大，后者相邻级别之间差距较小。

悬乐方面，大堡子山M2残存5件石磬，该墓编钟可能已经盗失。宝鸡太公庙窖藏出土的5件秦公甬钟和一套编镈，可以说明当时秦国国君使用乐器的情况[28]。二类墓中不见金石之乐。三类的西高泉村M1出1件铜甬钟，共出1件“周生作隮豆用享于宗室”铭文的铜豆，以及1件具有北方草原风格的直刃匕首式短剑。豆、钟原本是周人器物，后来成为秦人的战利品。总之，春秋早期秦国的金石之乐似乎被垄断在国君手里，与同时期的晋国一样。

车马方面，礼县秦公墓的车马坑K3面积397.3平方米，葬车12乘、马48匹，每车两骖两服。边家庄M5出一辆木辇及象征拉辇的两个木俑；M1出车毂2、马衔6，可能代表1车3马；宋村M3的南边厢出车毂2、马衔4，车马坑内殉马12匹及车毂3，合计3车12马（可能遗失1件车毂）。景家庄M1的马坑内葬马一匹。就目前材料而言，一类和二类以下墓葬差别较大。

殉人方面，大堡子山M2的二层台上殉7人，西墓道填土内殉12人，合计19人。M2的东、南二层台经盗扰，北二层台上尚存1人，西墓道填土内殉7人。二类的宋村M3二层台上殉4人。三类的景家庄M1殉1人，埋在其附近的殉人坑中。四类墓未见殉人。一类和二类以下墓在殉人数量上差距很大。

综上所述，春秋早期秦国的一类和二类以下墓葬在等级制度的各个方面差距很大；二类与三类、三类与四类墓葬之间的差别较小。

2. 春秋中晚期至战国早期

根据《史记·秦本纪》，从德公至孝公时雍城一直是秦国国都，其中，穆公至出子17位国君（包括未享国的夷公、昭子两位太子）都葬在雍城附近。目前在陕西凤翔南指挥乡一带共发现中字形大墓18座，甲字形大墓3座，刀形墓1座，凸字形墓6座，

---

〔27〕 甘肃省文物考古研究所戴春阳：《礼县大堡子山秦公墓地及有关问题》，《文物》2000年5期。

〔28〕 卢连成、杨满仓：《陕西宝鸡县太公庙村发现秦公钟、秦公镈》，《文物》1978年11期。

目字形墓15座，圆坑1座。前三者为主墓，后三者为陪葬坑。其中，一号大墓经过发掘，出有“龚（共）超（桓）是嗣，高阳又（有）靈”铭文的石磬，据考证墓主人是秦景公[29]。还发现围绕整个陵区的外兆隍壕，围绕一座或几座大墓及车马坑的中兆，围绕单座大墓的内兆。据此可将雍城陵地划分成13个分陵园[30]。

陵园内大墓均坐西向东，其排列遵循以西为上和尚右的原则，如I号陵园内的M1（中字形）、M3（中字形）、M5（甲字形）从西南向东北斜向排列，墓室恰好在一条斜线上，规模递减；三墓的东南方向各有一个车马坑，车马坑面积亦逐个递减。有学者认为“每一座陵园以右为上，附葬的各墓依次向左下方排列”，“这种附葬形式应是夫妇关系的体现”[31]。因此，I号陵园的M1为秦公之墓，M3、M5为秦公夫人和次夫人之墓。同一分陵园内还有东西前后并列两座大墓的情况，如IV号和XI号陵园；有学者认为这也表示夫妇关系[32]。有理由说凡东西前后并列者，西墓为秦公墓，东墓为大人墓；这一判断的事实依据是西面的墓葬墓坑面积大，东面的墓葬墓坑面积小，而且所有的墓均坐西向东。如此，可把雍城陵园大墓的分类情况初步制成下表：

（单位：平方米）

面积 墓形	国君墓及其车马坑	国君夫人墓及其车马坑
中字形墓面积	M1(2287) M7(2382) M9(2520) M35(650) M15(2520) M21(947) M29(2523) M25(1488) M27(791) M37(934) M33(875) M13(737)	M3(1437) M11(540) M17(249) M23(1809) M31(96) M39(596)
甲字形墓面积		M5(340.8) M19(170) M41(710)
面积范围	2523～650	1809～96
面积平均值	1554.5	787.8
车马坑编号	2、8、10、14、16、22、26、28、30、34、36、43、38	4、12、18、24、32、6、20、40、42
车马坑面积	2708～111	863～118

---

〔29〕王辉、焦南峰、马振智：《秦公大墓石磬残铭考释》，《中央研究院历史语言研究所集刊》第六十七本第二分，1996年。

〔30〕王学理、尚志儒等：《秦物质文化史》256～273页，三秦出版社，1994年。

〔31〕韩伟：《略论陕西春秋战国秦墓》，《考古与文物》1981年1期。

〔32〕马振智：《秦国陵区考述》，《庆祝武伯伦先生九十华诞论文集》，三秦出版社，1991年。I号陵园的M1西面的M33亦为中字形墓，根据西方为上的原则，不该是秦公夫人墓（梁云：《关于雍城考古的几个问题》，《陕西历史博物馆馆刊》第8期，三秦出版社，2001年）。除了这一例外，余皆如此。

二类墓木椁长度在4米以上，有甘肃礼县赵坪乡 M2、M1〔33〕，礼县圆顶山 98LD M1〔34〕，凤翔西道沟 M3（盗）〔35〕。

赵坪二墓的鼎、簋、方壶等铜器上饰细密的勾连蟠虺纹，与传世秦公簋类似，年代已到春秋中晚期〔36〕。发掘者认为圆顶山98LDM1、98LDM3的年代为春秋早期，笔者以为应当晚至春秋中期，理由如下：①98LDM1∶11为一件曲尺形纽平盖深腹鼎，与春秋秦式鼎毫无共同点，反而具有东周齐国及其邻近地区铜鼎的特征，是一种外来文化因素。同样，98LDM1∶15是一件卷沿平底舟，颈部有双环纽，也具有齐国铜器的特点。参照东周山东地区铜器的分期，98LDM1∶11和山东肥城小王庄所出平盖鼎近似，后者的年代已被有些学者定在春秋中期〔37〕。②98LDM1出土的两件秦式鼎的蹄足根已经移至腹部外侧，略呈开张之势，与宝鸡福林堡 M1 所出铜鼎酷似，正是春秋中期秦鼎的特征，而与典型春秋早期铜鼎如礼县秦公大墓、陇县边家庄 M1、M5 所出有很大不同，后者蹄足根比较靠内，腹部弧线内曲而不是外鼓。98LDM1∶8是一件方壶，颈部较粗，并且已经呈现明显的束颈特征，与春秋早期秦方壶不同。③铜簋（98LDM1∶17）、B型铜壶、铜盉、铜盘上均饰春秋中晚期流行的蟠螭纹。④1号车马坑出土的陶鬲也具有典型的春秋中期的特征。

凤翔西道沟 M3 被盗，铜礼器无存，但该墓木椁面积4.9×3.1平方米，无疑可归入二类。

三类墓木椁长度3～4米，出1～3件铜鼎，有宝鸡阳平秦家沟 M1〔38〕，长武上孟村 M27〔39〕，凤翔八旗屯 BM27、CM2〔40〕，凤翔高庄 M10、M18、M48、M49〔41〕，宝鸡福

〔33〕甘肃省文物考古研究所戴春阳：《礼县大堡子山秦公墓地及有关问题》，《文物》2000年5期。

〔34〕甘肃省文物考古研究所、礼县博物馆：《礼县圆顶山春秋秦墓》，《文物》2002年2期。

〔35〕陕西省雍城考古队等：《陕西凤翔八旗屯西道沟秦墓发掘简报》，《文博》1986年3期。

〔36〕赵坪秦墓的铜器曾在北京大学赛克勒考古与艺术博物馆展出，笔者得以观摩实物。

〔37〕王恩田：《东周齐国铜器的分期与年代》，《中国考古学会第九次年会论文集》，文物出版社，1993年。

〔38〕陕西省文物管理委员会：《陕西宝鸡阳平秦家沟村秦墓发掘记》，《考古》1965年7期。

〔39〕负安志：《陕西长武上孟村秦国墓》，《考古与文物》1984年3期。

〔40〕陕西省雍城考古队吴镇烽等：《陕西凤翔八旗屯秦国墓葬发掘简报》，《文物资料丛刊》第3辑。

〔41〕陕西省雍城考古队吴镇烽、尚志儒：《陕西凤翔高庄秦国墓地发掘简报》，《考古与文物》1980年2期。

临堡 M1〔42〕，沣西客省庄 M202〔43〕，武功赵家来 M1〔44〕，礼县圆顶山 98LDM3。

四类墓如《陇县店子秦墓》公布的这一时期的墓葬〔45〕。

墓形方面，一类墓中除了个别为甲字形，绝大多数为中字形，东墓道（主墓道）长度 58（M39）~300（M1）米。二类以下墓皆为不带墓道的竖穴方坑墓。墓室规模如下表：

（单位：平方米）

分类	墓口面积范围	椁室面积范围
一类墓	2523(秦公陵园 M29)~650(秦公陵园 M35)	115.2(秦公陵园 M1)
二类墓	35(西道沟 M3)~ 13.7(圆顶山 98LDM1)	15.2(西道沟 M3)~9.8(圆顶山 98LDM1)
三类墓	18.4(高庄 M10)~7(客省庄 M202)	10.6(高庄 M10)~4(客省庄 M202)
四类墓	7(店子 M185)~2.6(店子 M148)	4.8(店子 M185)~1.6(店子 M148)

一类墓的墓口面积是二类墓的 184~18 倍，椁室面积是二类墓的 11.8~7.6 倍。若再加上墓道，一类墓的墓坑面积可达 5334 平方米（M1）~2214 平方米（M35），是二类墓的 389~63 倍。可以说，一类墓和二类以下墓葬在规模上的落差之大是惊人的。相反，二类以下相邻级别墓葬之间的差距却很小，而且往往有交错重叠现象。

棺椁方面，秦公一号大墓的椁顶叠放三层椁木，四壁及底部各有二层椁木，至少应为二椁，该墓的棺数不清。二、三类均为一椁一棺。店子墓地这一阶段的墓中带木椁的 88 座，木椁长度在 3 米以下，其中出日用陶器的墓 45 座，出陶礼器的墓 43 座，4 座重椁墓（M120、M37、M73、M117）均只出日用陶器。类似的现象在咸阳任家嘴墓地也能见到。棺椁层数与随葬品内容矛盾错乱，根本不能作为判断墓葬等级的依据。

---

〔42〕 中国科学院考古研究所宝鸡发掘队：《陕西宝鸡福临堡东周墓葬发掘记》，《考古》1963 年 10 期。

〔43〕 中国科学院考古研究所：《沣西发掘报告》131~140 页，文物出版社，1962 年。

〔44〕 中国社会科学院考古研究所武功发掘队：《陕西武功县赵家来东周时期的秦墓》，《考古》1996 年 12 期。

〔45〕 陕西省考古研究所：《陇县店子秦墓》，三秦出版社，1998 年。店子墓地有椁的陶器墓木椁长度绝大多数在 3 米以下，且出日用陶器；该墓地的无椁墓也有几乎一半出陶礼器的，二者在墓坑规模上又相同，应该没有等级上的差别；有无木椁或陶礼器均不能成为划分中下士和庶民级别秦墓的界限；事实上，在东周秦墓中，这两个级别的墓葬无法或者说很难划分。秦墓的这个特点和东方国家、尤其是楚墓有很大不同；后者以江陵九店墓地为代表，其乙类墓和丙类墓之间不仅存在有无木椁的差别，而且在陶礼器组合上也有很大区分。这个现象说明秦中下士和庶民墓之间的界限较东方模糊，而东方较秦清晰。正因为这个缘故，笔者把东周秦墓的一些有椁的小型陶器墓也归入四类墓。

相反，木椁的长度及面积却是比较可信的标准。

秦公一号大墓经后世247次盗掘，仍然出土了3500多件文物，但铜礼器组合已经不清楚了。二类墓出七鼎六簋一套（礼县赵坪M2）或五鼎四簋一套（赵坪M1、圆顶山98LDM1），铜鼎均为列鼎。铜器较前一阶段精致考究得多，暗示卿大夫的地位略有上升。三类墓继续随葬明器化的铜礼器，很多铜鼎的口径和高度在10厘米左右，粗制滥造到了难以置信的程度，与陶礼器已无本质区别。其中，那些出三鼎四簋的墓（秦家沟M1）与二类中的五鼎墓在组合上区别不大。三类墓中还有以陶补铜，凑成三鼎二簋之数，如赵家来M1、凤翔高庄M10都出铜列鼎3件和陶簋2，凤翔高庄M49出铜鼎2件和陶鼎1、陶簋2，长武上孟村M27出铜鼎1、陶鼎2。这些墓和四类中出三鼎四簋（秦家沟M2）或三鼎二簋（店子M132）的陶礼器墓区别甚微，也说明在士这个阶层眼中铜礼器和陶礼器无别。总之，二类以下相邻级别墓葬之间在礼器的使用上差别不大。

秦公一号大墓的带铭石磬原先估计最少有三套，总数有数十枚，出土时已残缺不全。磬的单件边长超过1米，为东周编磬中的最大者；股、鼓上边都略呈凹弧形，形制特异，不同于东方国家的石磬。磬铭“瀌瀌（汤汤）氒（厥）商。百乐咸奏，允乐孔煌。钕虎（钼铻）觚入，又（有）蠘（蠘）兼（漾）……”，表明演奏程式已经相当复杂、完备[46]。吕大临《考古图》及薛尚功《历代钟鼎彝器款识法帖》记载传世的“秦怀后磬”，形制与南指挥村磬相同，据李学勤先生考证，该磬可能出自秦公夫人墓中[47]。二类以下墓中不见金石之乐。就目前的材料而言，秦国的金石之乐依然被垄断在国君手中，一类墓与二类以下墓葬差别巨大。

秦公墓的车马坑尚未发掘，具体葬车数还无从得知。就钻探出的车马坑面积而言，超过2000平方米的2座（8、16号），2000～1000平方米的3座（2、10、30号），1000～500平方米的3座（36、22、26号），500～100平方米的7座（34、43、40、14、28、38、42号），规模远远超过春秋早期，暗示随葬车马的数量有大幅度攀升。二类墓礼县赵坪M2的车马坑面积59平方米，殉车5乘。三类的八旗屯BM27和长武上孟村M27的车马坑均殉1车2马。相当于四类墓的凤翔八旗屯BM103出2件陶双辕牛车模型。牛车又叫“柴车”，在先秦时规格极低，仅供代步而已。《晋书·舆服志》云：“古之贵者不乘牛车，汉武帝推恩之末，诸侯寡弱，贫者至乘牛车，其后稍见贵之。”可见牛车乃庶人所乘。长武上孟村M26出陶车及泥人泥马。总之，与秦公墓相比，二类以下墓的车马殉葬要逊色得多。

殉人方面，秦公一号大墓的二层台上共有殉人166具，其中“箱殉”72人，“匣

---

〔46〕同注〔29〕。

〔47〕李学勤：《秦怀后磬研究》，《文物》2001年1期。

殉”94 人。在一些殉人的棺椁盖板上还有朱砂书写的文字、编号。此外，在墓室的填土中还发现了 20 具殉人。如此，该墓共殉 186 人。《史记·秦本纪》载：“三十九年，缪公卒，葬雍，从死者百七十七人。”两相对照，可见秦公墓殉人数量之巨。二类墓的赵坪 M2 殉 7 人，M1 殉 3 人；凤翔西道沟 M3 殉 5 人。三类墓的凤翔八旗屯 CM2 殉 2 人，高庄 M10 殉 3 人。四类墓中不见殉人。二、三类墓的殉人数量根本不能和一类墓相提并论。

虽然二类墓的铜礼器质量较前一阶段有所改观，但从墓室规模、金石之乐、车马随葬及殉人等多方面综合考察来看，它与一类墓之间仍然存在着巨大的落差。相比之下，二至四类墓之间的差别简直微不足道，可以把它们合并为一个大的阶层。如果墓葬等级划分能够揭示出相应的社会阶层状况，秦国社会无疑具有一种两极分化的、大间隔的结构特点，而且这个特点在春秋早期已经形成。

需要指出的是，1992 年发掘的春秋晚期的宝鸡益门村 M2 不能被归入上述墓葬的任何一类。该墓墓口面积 3.2×1.5 平方米，椁室面积 2.4×1.2 平方米，规模只相当于四类墓，却出土了 1141 件金器，总重量约 3000 克，还有 75 件玉器，以及 20 余件铁器，堪称富可敌国〔48〕。墓内没有出土一件表示身份地位的鼎、簋、壶等青铜礼器，“这在华夏列国有相当财富、地位的先秦古墓中，也是绝无仅有的”〔49〕。益门村 M2 临近秦故都平阳，位于秦国的腹心地区，陈平先生认为其墓主是一位被内迁的、在政治上已完全失势的西戎某亡国之君〔50〕，赵化成先生亦持类似意见〔51〕。秦国确有戎翟君长，他们在战国晚期甚至卷入了长信侯嫪毐的叛乱（《史记·秦始皇本纪》），因此，这个意见很有道理。当然，也有学者对此表示质疑〔52〕。如果这个说法可以成立，那么益门村 M2 的材料自然就不妨碍上面关于秦墓等级序列及社会结构的认识。如果该墓的墓主是秦国本土之人，就需要换一个角度来考虑它的意义。益门村 M2 的现象或许表明秦国社会存在一些在政治上毫无地位、但在经济上堪称富豪的人；对照三类墓中那些粗糙的明器化铜礼器，或许说明秦国社会还存在一些在政治上有一定地位，但在经济上捉襟见肘的人。换而言之，秦国的中间阶层存在水平方向的两极分化，即政治地位与经济实力割裂脱离的现象。史书记载秦景公的母弟后子鍼有辎车数十乘，却被景公选中殉葬。商鞅变法能够做到“宗室非有军功，论不得为属籍……有功者显荣，无功

---

〔48〕 宝鸡市考古工作队：《宝鸡益门村二号春秋墓发掘简报》，《文物》1993 年 10 期。

〔49〕 陈平：《试论宝鸡益门二号墓短剑及有关问题》，《考古》1995 年 4 期。

〔50〕 同注〔49〕。

〔51〕 赵化成：《宝鸡市益门村二号春秋墓族属管见》，《考古与文物》1997 年 1 期。

〔52〕 刘军社：《关于宝鸡益门二号墓的文化归属问题》，《秦俑秦文化研究》，陕西人民出版社，2000 年。

者虽富无所芬华”（《史记·商君列传》），恐怕有一定的社会现实基础。

3. 战国中晚期

商鞅变法尽废周礼，建立起以军功为基础的二十等爵制：一级公士，二级上造，三级簪袅，四级不更，五级大夫，六级官大夫，七级公大夫，八级公乘，九级五大夫，十级左庶长，十一级右庶长，十二级左更，十三级中更，十四级右更，十五级少上造，十六级大上造，十七级驷车庶长，十八级大庶长，十九级关内侯，二十级彻侯。其中，“爵为五大夫，则税邑三百家”（《商君书·境内》），五大夫以上享有食邑的特权，成为高爵和低爵的分水岭，西汉早期亦如此。据研究，由四级不更升迁为五级大夫难度极大，需要军功累计到相当程度才能做到[53]。四、五级之间特别成为一般士卒和将佐的区分界限，所谓“军爵自一级以下至小夫命曰校、徒、操士”，“公爵自二级以上至不更命曰卒”（《商君书·境内》）。因此，可以把二十级爵制划分为三个大等：二十级彻侯至九级五大夫为一大等，八级公乘至五级大夫为一大等，四级不更至一级公士为一大等。战国中晚期秦全民皆兵，“斩一首者，爵一级”（《韩非子·定法篇》），庶民通过战争获得爵位的机会非常多，拿爵位抵罪的情况也非常多，有无爵位并不能成为划分社会阶层的标准。秦始皇陵赵背户村墓地清理的32座墓葬有很多数人乃至十几人一坑的，死者绝大多数为青壮年男子[54]。出土的墓志瓦文有“东武居赀上造庆忌”、“阑（兰）陵居赀便里不更牙”、“东武不更所肖”，“博昌居此（赀）用里不更余”，“杨民居赀公士富”等，无一例爵位在大夫以上者；这些来自原山东地区的服役者，虽然拥有公士至不更的爵位，一旦居赀赎债，随时会倒毙在修陵的工程中，其待遇和那些无爵的庶民乃至刑徒没有太大差别。这虽然是秦代的例子，却可以反推战国中晚期的情况。因此，可以把秦国社会划分为四大阶层：①国君，②彻侯至五大夫，③公乘至大夫，④不更以下至庶民，由此可将战国中晚期秦墓分成相应的四类。

目前在秦芷阳东陵共发现四座分陵园，一号陵园内发现亚字形主墓2座（M1、M2），陪葬墓区两处；二号陵园内有中字形墓1座（M3），甲字形墓3座（M4、M5、M6），陪葬墓区一处；三号陵园内有中字形墓1座（M7），陪葬墓区一处；四号陵园内有亚字形主墓1座（M8），甲字形墓2座（M9、M10）[55]。赵化成先生和笔者都倾向于四号陵园葬秦昭襄王（M8）和唐八子（M9或M10）；一号陵园葬庄襄王（M2）和

〔53〕 杜正胜：《编户齐民——传统政治社会结构之形式》，（台北）联经出版事业公司，1990年。

〔54〕 秦俑考古队：《秦始皇陵西侧赵背户村秦刑徒墓》，《文物》1982年3期。

〔55〕 陕西省考古研究所、临潼县文管会：《秦东陵第一号陵园勘察记》，《考古与文物》1987年4期；陕西省考古研究所等：《秦东陵第二号陵园调查钻探简报》，《考古与文物》1990年4期；陕西省考古研究所秦陵工作站：《秦东陵第四号陵园调查钻探简报》，《考古与文物》1993年3期。

帝太后（M1）；三号陵园葬宣太后（M7）；二号陵园葬悼太子（M3）[56]。芷阳东陵的墓葬情况如下表：

（单位：平方米）

墓形	墓号	墓室面积范围	车马坑面积范围
亚字形	M1、M2、M8	3306(M1)～3107.5(M8)	850.6(P1)～688(P2)
中字形	M7、M3	632.5(M3)～400(M7)	800（P3）
甲字形	M4、M5、M6、M9、M10	520(M5、M10)～425(M4)	

从墓室面积来看，芷阳东陵内带斜坡墓道的墓明显可分成两个级别，亚字形大墓为一类，中字形和甲字形墓为另一类。秦自惠文王始称王，国君陵墓亦开始采用四条斜坡墓道的亚字形。虽然一号陵园 M1 的墓主可能是赵姬，但她是秦始皇生母，从她死后谥号尊称为“帝太后”来看[57]，应当使用了秦王的规格。三座亚字形墓自然最能代表一类墓。

二类墓木椁长度在 4 米以上，有山西侯马新绛县泉掌村墓[58]，成都羊子山 M172[59]，江陵杨家山 M135[60]，咸阳任家嘴殉人墓[61]，三门峡火电厂 CM8139、CM9102、CM8177、CM8179[62]。

近年在山西侯马新绛县泉掌村发掘一座中字形大墓（93XQM2），墓口面积 25.8×24.8 平方米，墓葬总长 100 米。该墓严重被盗，但残留带“咸阳”字样的陶片，发掘者推测其年代在秦汉时期。秦的咸阳在汉高祖元年已被更名为“新城”，武帝元鼎三年后又叫“渭城”（《汉书·地理志》），故此墓不太可能晚至西汉，应属战国末年至秦代。那么，它又相当于秦爵制的哪一级？汉承秦制，参考西汉早期列侯墓，如长沙马王堆一号汉墓的墓主是轪侯利苍的夫人，葬制与轪侯同，墓口面积 20×17.9 平方米，椁室面积 6.73×4.9 平方米；泉掌村墓的规模大于马王堆 M1，墓主无疑是彻侯。

羊子山 M172 墓口被毁，墓底 6×2.7 平方米，“椁与墓壁间保持很小的间隙”，估计椁的长度也接近 6 米。该墓出镬鼎、盥缶等楚式器物，矮足鼎、茧形壶、半两钱等

〔56〕 赵化成：《秦东陵刍议》，《考古与文物》2000 年 3 期；王学理、梁云：《秦文化》156～163 页，文物出版社，2001 年。

〔57〕 《史记·吕不韦列传》：“始皇十九年，太后薨，谥曰帝太后，与庄襄王会葬芷阳。”

〔58〕 杨富斗、张童心：《新绛县泉掌村古墓葬》，《中国考古学年鉴》145 页，文物出版社，1994 年。

〔59〕 四川省文物管理委员会：《成都羊子山第 172 号墓发掘报告》，《考古学报》1954 年 4 期。

〔60〕 湖北省荆州地区博物馆《江陵杨家山 135 号秦墓发掘简报》，《文物》1995 年 8 期。

〔61〕 咸阳市博物馆：《咸阳任家嘴殉人秦墓清理简报》，《考古与文物》1986 年 6 期。

〔62〕 三门峡市文物工作队：《三门峡市火电厂秦人墓发掘简报》，《华夏考古》1993 年 4 期。

秦器，三角援铜戈、圜底陶罐等巴蜀式器物，是秦、楚、蜀文化交流的佳例。墓内出土的一件口径、通高达50厘米的镬鼎说明了墓主的地位，即便按照同时期楚墓葬制，铜镬鼎也只出在上大夫以上的墓里。墓主可能是秦灭巴蜀后所封的“蛮夷君长”〔63〕。

其余诸墓的规格与江陵凤凰山一六八号汉墓相当，后者出土了“市阳五夫＝（“大夫”二字合文）燧少言”的竹牍〔64〕，墓主官爵为五大夫。

三类墓椁室长度3～4米，有甘肃平凉庙庄M6、M7〔65〕，凤翔高庄M1〔66〕，凤翔西道沟M26〔67〕，大荔朝邑M107〔68〕，三门峡火电厂CM8137、AM2047，咸阳塔儿坡M27063、M3235等〔69〕。这些墓的规格和葬于秦始皇三十年的云梦睡虎地M11相当，后者据出土的《编年纪》简，墓主人“喜”曾任安陆御史、安陆令史、鄢令史等职。《汉书·百官公卿表》：“县令、长，皆秦官，掌治其县……皆有丞、尉，秩四百石至二百石，是为长史。”

四类墓中竖穴墓的木椁和土洞墓的洞室长度一般在3米以下，如在西安半坡发掘的112座秦墓和咸阳塔儿坡379座此类墓〔70〕；竖穴墓或者无椁。

塔儿坡M17397出一件铜殳，位于棺内人体右侧。该墓为生土二层台上棚板的竖穴墓，椁长2.25米，出鼎、盒、罐等陶器，墓主生前当为执殳的武士。据研究，秦俑三号坑执殳的椎髻或辫髻甲俑武士的爵秩为公士或上造〔71〕。《说文》“杸，军中士所执殳也”，《汉旧仪》刘劭曰“自一爵以上至不更，四等皆士也”，由此可见墓主的爵秩。

战国中晚期秦社会四大阶层能否和周制对应？有学者认为秦爵公士至不更相当于周制的士，大夫以上相当于周制的大夫，主要依据是五级爵以上才有大夫的名号〔72〕。此说有望文生义之嫌，比如二级爵名上造，十五级爵名少上造，十六级爵名大上造；又比如《汉旧仪》刘劭曰“三级簪袅，御驷马者”，八级爵名公乘，十七级爵名驷车庶长，名号虽有雷同，差别却极大。根据墓葬的实际规模，本阶段的一至四类墓可以和

〔63〕　秦灭巴蜀后曾安抚当地贵族，如《后汉书·南蛮西南夷列传》：“及秦惠文王并巴中，以巴氏为蛮夷君长。”

〔64〕　纪南城凤凰山一六八号汉墓发掘整理组：《湖北江陵凤凰山一六八号汉墓发掘简报》，《文物》1975年9期。

〔65〕　甘肃省博物馆：《甘肃平凉庙庄的两座战国墓》，《考古与文物》1982年5期。

〔66〕　雍城考古队：《凤翔县高庄战国秦墓发掘简报》，《文物》1980年9期。

〔67〕　陕西省雍城考古队等：《陕西凤翔八旗屯西道沟秦墓发掘简报》，《文博》1986年3期。

〔68〕　陕西省文管会、大荔县文化馆：《朝邑战国墓葬发掘简报》，《文物资料丛刊》第2辑。

〔69〕　咸阳市文物考古研究所：《塔儿坡秦墓》，三秦出版社，1998年。

〔70〕　金学山：《西安半坡的战国墓葬》，《考古学报》1959年3期。

〔71〕　王学理：《秦俑专题研究》204页，三秦出版社，1994年。

〔72〕　杨宽：《战国史》252～253页，上海人民出版社，1998年。

前一阶段的一至四类墓一一对应。

墓形方面，一类为亚字形，二类以下除了新绛泉掌村墓为中字形，余皆竖穴墓。墓室方面如下表[73]：

（单位：平方米）

分类	墓口面积范围	椁室面积范围
一类墓	3306（芷阳东陵 M1）~3107.5（芷阳东陵 M8）	阙
二类墓	640（新绛县泉掌村墓）~31.5（峡火 CM9102）	16.2（羊子山 M172）~8.4（峡火 CM8139）
三类墓	33（庙庄 M7）~13（峡火 AM2047）	7.8（峡火 AM2047）~3.6（高庄 M1）
四类墓	24（塔儿坡 M45251）~6（塔儿坡 M34235）	3.3（塔儿坡 M33187）~1.2（塔儿坡 M25131）

一类墓的墓口面积大约是二类墓的5~105倍，二者之间落差依然巨大。一类墓尚未发掘，但其椁室面积应不小于春秋晚期的秦公一号大墓，后者是本阶段二类墓椁室的7~14倍。如果把始建于公元前246年的秦始皇陵也考虑进去[74]，一类墓和二类以下墓的差距更到了无以复加的地步。

一类墓中棺椁不清，二、三类墓中除了庙庄 M6 和江陵杨家山 M135 为一椁二棺外，余皆一椁一棺，四类墓中土洞墓盛行。战国早期以前的秦墓全为竖穴墓，战国中期以后洞室墓达到50%以上的比例，在很多墓地中达到了70%以上，如下表：

（单位：平方米）

墓地	墓葬总数	竖穴墓数量及比例	洞室墓数量及比例
宝鸡李家崖	36	5（13.9%）	31（86.1%）
西安半坡	112	11（9.8%）	101（90.2%）
大荔朝邑	26	11（42.3%）	15（57.7%）
咸阳塔儿坡	381	100（26.2%）	281（73.8%）
三门峡司法局	54	22（40.7%）	32（59.3%）
三门峡刚玉砂厂	22	1（4.5%）	21（95.5%）

周礼所记棺椁制度在春秋秦墓里本身就很不严格，此时又通过生土二层台上棚板

〔73〕羊子山 M172 的椁室面积参考墓底，可暂定为16.2平方米。

〔74〕《史记·秦始皇本纪》："始皇初即位，穿治骊山，及并天下，天下徒送诣七十余万人。"据王学理先生研究，秦始皇陵墓口面积为180,320平方米；墓底面积19,200平方米（王学理：《秦始皇陵研究》151~152页，上海人民出版社，1994年）。

和土洞墓的形式把龙山时代以来源远流长的木椁制度也摈弃了。这与东方国家墓葬战国中晚期棺椁多重制度已告完备的情况反差强烈。

二类以下墓葬铜容器组合如下表：

（单位：平方米）

墓　号	椁室面积（平方米）	铜容器
甘肃平凉庙庄 M7	3.2×2	鼎1、洗1、壶1、鼎形灯1
甘肃平凉庙庄 M6	3.7×2.1	鼎1、壶2、洗1、匜1
凤翔高庄 79M1	3.16×1.2	鼎1、圆壶1、蒜头壶1、鍪1、勺1、杯6
大荔朝邑 M107	3.35×2.7	鼎1、壶1
大荔朝邑 M203	?	鼎1、釜1、壶1
三门峡火电厂 CM8139	4.12×2.12	鼎1、圆壶1、蒜头壶1、
三门峡火电厂 CM8137	3.42×1.58	鼎1、蒜头壶1
三门峡火电厂 CM9102	4.1×2.28	鼎2、蒜头壶1、圆壶1、甗1、盆1、勺1
三门峡火电厂 AM02047	3.4×1.94	鼎1、圆壶1、釜1
江陵杨家山 M135	4.5×2.56	鼎2、釜甑1、钫2、蒜头壶1、盂3、洗1
成都羊子山 M172	墓底长6米	大镬鼎1、小铜鼎2、甗1、釜5、甑1、钫2、罍1、匜3、盘5、盉1、提梁炭炉1

实用铜容器取代了以前的明器化铜礼器，同时丧失了标识身份地位的作用。那些木椁长度在3~4米的墓，其规模相当于前一阶段的三类墓，但它们只出一鼎；迄今未见这一时期的三鼎墓。那些木椁长度在4米以上的墓，相当于以前铜五鼎规格，现在则直接采用铜二鼎或一鼎的形式[75]，使二至四类墓的分类界限更加模糊不清。芷阳秦王陵铜器的使用情况还不清楚，秦始皇陵园东南角陪葬坑K9901出土的重270多公斤的大铜鼎[76]，形制之巨、体量之大实属罕见，与二类以下墓所出的铜鼎不啻天渊之别。

秦始皇陵园内出错金银铜纽钟一件，篆铭“乐府”，原来可能是秦乐府之器，后被

〔75〕关于这一点，俞伟超先生在70年代末已经指出：“少牢五鼎以上的规格，遭到很大破坏，例如四川成都羊子山M172之例，便表现出相当于从前大夫以上身份的贵族，最迟在战国末年已变得只用铜二鼎。”“把羊子山M172和后川M2001联系在一起考虑，就可认为至迟在战国晚期秦人已往往把五鼎以上的规格，改为用铜二鼎。”《周代用鼎制度研究》，《北京大学学报》（社科版）1978年1、2期。

〔76〕陕西省考古研究所等：《秦始皇帝陵园考古报告（1999）》，科学出版社，2000年。

移置到陵园寝殿内[77]。二类以下墓未见金石之乐。

史书记载秦国音乐简单质朴，"击瓮叩缶，弹筝搏髀，真秦声也"（《谏逐客书》），"家本秦也，能为秦声，……奴婢歌者数人，酒后耳热，仰天抚缶而呼呜呜"（《汉书·杨敞传》）。秦景公墓磬铭记载的演奏程式已很完备，有学者据此对上述记载有所质疑。如果把出土乐器放在墓葬等级序列中去考察的话，地上文献与地下文物可能非但不矛盾，反而有暗合之处。东周时期东方国家卿大夫纷纷随葬金石之乐的情况不见于秦国，秦国君虽然拥有复杂完备的乐器系统，中下社会成员却主要流行粗犷简朴的秦声，秦民间似乎存在一个礼乐文化的空洞。即便国君墓出土的乐器也不类东方，石磬厚重硕大，刻辞有铭功记事性质。

东陵 M3 的车马坑与 M1、M2 的面积相当，可能在这方面享受了秦王的待遇。二、三类墓均无车马坑的报道。三类的庙庄 M6、M7 墓圹都是凸字形，凸出的部分各埋一车驷马。睡虎地 M11 出 1 件木轺车模型及 3 匹木足泥马。四类的塔儿坡 M28057 的壁龛出 2 件小型骑马俑。车马埋葬制度在二类以下墓中已经严重地衰落下去了。

《史记·秦本纪》"（献公二年）止从死"。除了战国早中期之交或战国中期偏早阶段的咸阳任家嘴秦墓还保留前一阶段的遗风殉 2 人外，战国中期以后中小型秦墓中殉人风气锐减，与春秋时期反差很大。目前在陕西铜川枣庙、咸阳塔儿坡、西安半坡、凤翔高庄、四川青川郝家坪、湖北云梦睡虎地、河南陕县、郑州岗杜等地发掘的数量众多的秦墓中均不见殉人，相反却用木俑或泥俑代替原来的近幸奴婢殉葬，显示出人的使用价值已逐渐被认识，并受国家法律的保护[78]。

河南三门峡火电厂 CM8139、CM8177、CM9102、AM2047 等墓的围沟内出有人骨，前三墓各 1 具，后一墓 5 具。由于这些围墓沟内的填土未经夯打，沟内人骨散乱，遗物填埋得深浅不一，而且 CM9102 的围沟里还出土了 13 枚五铢钱，所以发掘者认为沟内的遗骨和遗物是后来逐渐堆积或后人填埋的，与墓葬及围沟本身的年代有别。这个意见可以信从。在山西侯马乔村发掘的战国墓据说除了 4 座外都有殉人，殉人全躯或

---

〔77〕 袁仲一：《秦代金文、陶文杂考三则》，《考古与文物》1982 年 4 期。

〔78〕 云梦秦简讲奴婢有罪，主人不得滥用私刑，须呈报官府，由官府来执行惩罚。《封诊式》（爰书）："某里公士甲缚诣大女子丙，告曰：'某里五大夫乙家吏。丙，乙妾（也）。乙使甲曰：丙悍，谒黥劓丙。'"主人不得擅自刑杀奴婢，遑论用之殉葬。《汉书·田儋传》："陈涉使周市略地，北至狄，狄城守。儋阳为缚其奴，从少年之廷，欲谒杀奴。见狄令，因击杀令。"服虔曰："古杀奴婢，皆当告官，儋欲杀令，故诈缚奴以谒也。"田儋谒杀奴事发生在秦末，应当遵循了当时秦帝国的法律习惯。汉承秦制，西汉时期尊贵如诸侯王者都不能擅杀奴婢，《汉书·景十三王传》讲赵缪王刘元"贼杀奴婢"，他还在死前遗令伎乐奴婢殉葬，"迫胁自杀者凡十六人"，其罪名昭著后国除。目前发现的汉代诸侯王墓的确是罕见殉人的。

被肢解后扔在围墓沟里[79]。已经报道的M26、M27的围沟里埋有4人，死者“在临葬前都曾遭到残酷的处理”[80]。这两座墓出土了深腹鼎、圈足小壶、圆壶、豆、盘、匜等陶礼器，形制为典型的三晋样式，与秦器不同；还出土了240余块圭形石片；墓主东首仰身直肢葬。战国中晚期秦墓已经绝少随葬石圭，而大量出土圭形石片却正是侯马地区三晋墓葬的习俗；所以，乔村战国墓的文化属性还值得研究。

秦墓的围沟主要用作地面茔界的标识而非殉人，如凤翔秦公陵园以及芷阳秦东陵的围沟内就不见殉人。已有学者指出乔村围墓沟中弃置人骨的现象与商代杀戮俘虏的情况差不多[81]。即便这批墓是秦墓，联系到战国晚期秦与魏在晋南反复争夺的历史，以及秦军尚首功的记载，乔村围墓沟的人骨也很有可能是杀戮的俘虏或被处决的罪犯。一次处决之后，墓地的围沟就成为掩埋尸骨的便利场所，沟内的人骨和墓主人并不一定有什么直接联系。换言之，沟内瘗埋的人骨和墓葬不一定是一次形成的。当然，这些问题的最终解决，还要等到墓葬资料的全面公布之后。

秦王陵中是否有殉人?《史记·秦始皇本纪》:“先帝后宫非有子者，出焉不宜，皆令从死，死者甚众。”芷阳秦王陵中是否有殉人还不敢妄下断语，东陵M3可能是悼太子之墓，它的车马坑在平整土地时被破坏，“出土数百件铜质、银质车构件和马饰，同时还见到马牙、马骨及人的头盖骨”[82]。秦献公“止从死”，是仅仅禁止中下阶层社会成员杀殉，还是连国君自己也一起禁止，是个值得深思的问题。

虽然经历了商鞅变法这样剧烈的社会变革，战国中晚期秦墓自上而下的等级序列依然具有两极分化的特点，社会结构依然具有上下悬隔的特征。如果考虑到变法增强君主集权的历史事实，以及秦始皇陵前无古人、后无来者的规模，这一特征较以前非但没有减弱，反而大大强化了。

综上所述，东周秦墓等级序列具有两极分化的特点，表现为国君墓和卿大夫以下级别墓葬落差巨大，二者之间横亘着一条不可逾越的鸿沟。

一方面，秦国君墓与卿大夫墓之间的落差巨大；另一方面，卿大夫以下相邻级别墓葬之间的差距又过于模糊。这主要表现在礼器的使用上。春秋至战国早期秦国士大夫墓普遍随葬铜质明器，与那些平民墓出土的陶礼器在性质上可以说区别不大；战国中期以后，又把以前铜五鼎规格改为铜二鼎，进一步泯灭了大夫与士之间的差别。平

〔79〕山西省文物工作委员会：《文物考古工作三十年》（山西省），文物出版社，1981年。

〔80〕山西省文物管理委员会、山西省考古研究所：《侯马东周殉人墓》，《文物》1960年8、9期合刊。

〔81〕俞伟超：《古史分期问题的考古学观察》，《先秦两汉考古学论集》，文物出版社，1985年。

〔82〕王学理、尚志儒等：《秦物质文化史》276页，三秦出版社，1994年。

民至士大夫阶层级差标志的模糊性，说明中下层社会成员之间流动频繁、身份转换比较容易；国君墓和卿大夫以下级别墓葬之间的鸿沟，则表明不可动摇的、绝对的君主专制。

相比之下，东方国家的墓葬自上而下规模逐级递减，社会阶层划分得相当细密，墓葬等级序列呈多阶层、小间隔的连续性特征。以士大夫为代表的中间阶层稳固而强大，其墓葬与国君墓之间的差距较小，没有达到秦国那样惊人的程度。

以晋墓为例，西周中晚期至春秋早期晋侯墓墓口面积不过20～30平方米左右；同时期的三鼎墓如闻喜上郭村75M1、74M49，上马墓地M4078、M1284、M1287等，面积在10～20平方米左右，与晋侯墓差距不大。战国早期的晋公墓如新绛柳泉M301〔83〕，墓口面积189平方米，椁室面积45.1平方米；同时期的太原金胜村赵卿墓墓口面积101.2平方米，椁室面积37.4平方米，与之差别甚微。目前尚未发掘战国中晚期的三晋王陵，可以拿平山中山王墓作参考，其墓口面积有900平方米；河南新郑县新店许岗村M1，可能是韩王陵，墓室的钻探面积有400平方米。同时期卿大夫墓葬规模最大者当推辉县固围村大墓〔84〕，共三墓东西并列，M2居中，周围有夯土垣墙，一起构成回字形“陵园”。M2墓口面积约756平方米，上部有台基、柱础、散水、瓦片等“享堂”建筑遗迹。无论从墓室规模还是茔域的布局看都与中山王墓之类的王陵几乎没有差别。固围村大墓的规模显示出战国中晚期三晋贵族的权势地位。

由上述可知，诸侯墓的规模从早到晚有一个逐步增大的趋势；与之同时，卿大夫以下级别墓葬的规模亦从早到晚逐步增大，使相邻级别墓葬的间距不变。同样，在礼器方面，东方国家的诸侯墓从春秋早期的五鼎（晋侯墓）或七鼎（虢君墓）发展为春秋中晚期的九鼎（郑公墓）；水涨船高，卿大夫级别的墓葬礼制待遇也普遍提升一级，从原来的三鼎（如M1287）或五鼎（如上村岭M2012）发展为五鼎（如陕县后川M2041）或七鼎（如赵卿墓）；个别墓甚至提升两级，使用了九鼎八簋之类的国君礼制，如辉县琉璃阁墓甲、M60。总之，东方国家的墓葬始终不同程度地保持了以七鼎、五鼎、三鼎为标志的级差；虽然庶民墓普遍出陶礼器，但它与贵族墓的实用铜礼器的区分还是一望即知的；虽然战国时期一些贵族墓也开始随葬陶礼器，但陶礼器本身也

---

〔83〕 柳泉墓地位于新田遗址附近，北临浍河，南依蛾眉岭，在那里共发现四组大墓。M301、M302、M303为其中的一组；M301居中，M302和M303并列左右，地表有夯筑封土，附近采集到板瓦和筒瓦。发掘者认为M301“应是晋公墓莫属”；而且“M301非幽公莫属，M302为其夫人”（山西省考古研究所侯马工作站：《晋都新田》25页、186页，山西人民出版社，1996年）。

〔84〕 固围村大墓出带“梁”字的魏国圜跨布，年代一定在公元前361年魏惠王迁都大梁之后。大梁在今开封，学界无异议。大梁与辉县的直线距离近100公里，而且隔了一条黄河，很难想像魏王会把陵墓安在那里。固围村大墓不可能是魏王陵，应是魏国王室显贵或封君的墓。

还保持着九鼎、七鼎、五鼎、三鼎的区分标志。此外，东方国家的卿大夫阶层洋溢着金石之乐，而秦国的卿大夫墓至今未见出土金石之乐者。这些现象既说明秦国卿大夫势力相对萎缩，也说明其社会中下层（二至四类）之间的流动要比东方社会活跃得多。

秦二至四类墓之间的差距，与它们和国君墓在规模上的巨大反差相比较，几乎微不足道，可以把它们合并成为一个大的阶层。墓葬等级序列的这个特点，对理解秦国社会结构，是大有启发的。在绝对专制的君主集权面前，臣民内部的区分失去了法理意义，所谓一人为主，万人为奴。社会身份地位的不固定，社会成员在垂直方向的频繁流动，事实上也使阶级的区分越来越困难。“朝为田舍郎，暮登天子堂”[85]，形象地描绘了这种状况。商鞅变法推行的军功爵制，使每一个人都有机会通过战功改变目前的处境，封侯拜相。与专制皇权配套的官僚体制，就这样建立起来了：职官设置是固定的，官员个人却更换频繁；晋升的机会永远向平民开放，也随时有可能夺爵罢官。这样的社会，毋宁说它是“无阶级”的。这种社会的主要矛盾，不是通常所说的“阶级斗争”，而是专制皇权与大多数社会成员之间的矛盾。

东方国家墓葬等级序列之所以具有连续性特点，是因为其社会政治有较强的宗族血缘色彩，贵族政治不像在秦国那样被扫荡得干净彻底。以赵国为例，战国时期赵公室内部争夺君位的斗争史不绝书，如襄子之子桓子与赵献侯争立事，敬侯时武公子朝作乱事，公子胜与成侯争立事，公子緤与太子肃侯争立事，肃侯三年公子范袭邯郸事，以及赵武灵王死于公子章发动的“沙丘之难”等等。据文献和考古资料统计，自公元前475年襄子封赵周为代成君后，赵国共有21位封君，其中赵氏封君几乎占了一半，如阳文君赵豹、安阳君赵章、安平君赵成等[86]，“贵戚父兄，皆可以受封侯”（《战国策·赵策二》），且“封之以膏腴之地，多予之重器”（《史记·赵世家》）。战国中晚期，赵氏贵族集团基本把持了朝政，代表人物如平原君赵胜。有研究者认为：“赵国国内始终没有从根本上破坏宗族组织，冲破宗族观念。这样，在赵国政治中便保留了较多的贵族政治的成分。赵国贵族政治的腐朽，成为赵国灭亡的政治原因。”[87]

墓葬材料反映了同样的问题，以长治分水岭墓地为例，在那里发掘的大型墓有一个共同的规律：“方向都是20度左右，多数东西并列，相距2~5米，如14号墓与26号墓并列；12号墓与25号墓并列；20号墓与21号墓并列；35号墓与36号墓并列；126号墓与127号墓并列，以及这次发掘的269号墓与270号墓并列……在并列的两墓中，随葬器物往往有明显的区别，其中一座有多量的装饰品而无兵器，26、25、20、

---

〔85〕《全元杂剧·关汉卿·尉迟恭单鞭夺槊》第二折。

〔86〕沈长云、魏建震等：《赵国史稿》305页，中华书局，2000年。

〔87〕同注〔86〕，197页。

36、127 号墓和这次发掘的 270 号墓都是；而 14、12、21、35、126 号墓和这次发掘的 269 号墓则都有兵器而少装饰品。根据对骨架的观察，前者为女性，后者为男性，从而判断并列两墓的死者可能是夫妇关系，而这种葬式则可称为并穴合葬。"〔88〕这种排列方式和曲沃北赵晋侯墓地何其相似！明显具有一个多代核心家庭构成的宗族墓地的特征。印群先生亦认为分水岭墓地尚有早期"公墓地"制度的余绪〔89〕。这片墓地从春秋晚期延续到战国晚期，自西向东排列；除了被盗的大墓之外，尚存五鼎墓 6 座，七鼎墓 1 座；经历了二三百年政治风云的考验，这个家族还能屹立不倒，并不断地向三晋的政治舞台输送高级贵族。

楚国在这方面比三晋还要严重，吴起的变法之所以流产，归根结底如他自己所言"（楚国）大臣太重，封君太众"（《淮南子·应道训》）。据文献及出土简牍研究，楚国已知的封君有 54 人之多，而实际的受封者要多于此数，居列国之冠〔90〕。楚国高级贵族中多王族成员，如天星观 M1 的墓主邸阳君潘乘是春秋沈尹戌后人，封于潘后以地名为氏。包山 M2 的墓主昭𫍲是楚昭王后人，据墓内祭祷简文所载，其直系先人从早到晚的次序为卲（昭）王、文坪夜君、郚公子春、司马子音、蔡公子豪；此外，多处简文记"大司马悼愲（惛）救郙之戢（岁）"，悼愲读如卓滑，即史籍中楚国灭越的功臣，也属于昭氏；简文又有"大司马卲阳败晋币（师）于襄陵之戢（岁）"，即《楚世家》所载怀王六年（公元前 323 年）之事〔91〕。望山 M1 的墓主为卲固。凡此种种，皆说明昭氏世代显荣，印证了文献中关于战国时楚国屈、昭、景等世家大族执政的记载。

齐与三晋的情况类似。齐平公时，田和为相，专齐之政，尽诛鲍、晏、监止及公族之强者，割安平以东至琅琊自为封邑；田氏代齐后又大肆分封自己的宗族子弟。山东诸城臧家庄墓编镈和编钟铭文"陈翊立事岁十月己丑莒公孙潮子造器也"，齐器有以某人立事纪年的惯例，如传世陶文有"陈固，右廪，亭釜"及"陈固立，左□□"等〔92〕。陈翊与陈固一样都是田齐宗室。据考证陈翊即陈举，因直言敢谏而被闵王所杀〔93〕。《战国策·齐策六》："齐孙室子陈举直言，杀之东闾，宗族离心。""莒公孙潮子"即莒归田齐后所封王族子弟。可见到了战国晚期，齐宗室贵族还往往执政，而宗

〔88〕山西省文物工作委员会晋东南工作组等：《长治分水岭 267、270 号东周墓》，《考古学报》1974 年 2 期。

〔89〕印群：《黄河中下游地区的东周墓葬制度》56 页，社会科学文献出版社，2001 年。

〔90〕何浩：《战国时期楚封君初探》，《历史研究》1984 年 5 期。

〔91〕湖北省荆沙铁路考古队：《包山楚墓》（上）562 页，文物出版社，1991 年。

〔92〕李学勤：《陈固陶区》，《缀古集》，上海古籍出版社，1998 年。

〔93〕王恩田：《东周齐国铜器的分期与年代》，《中国考古学会第九次年会论文集》，文物出版社，1997 年。

族内部的斗争还很尖锐。

关于燕国的历史记载过于简略，然而从战国末年太子丹主政来看，与三晋及齐、楚等国相似。

正因为六国的社会政治生活中宗室贵族势力还很强大，所以不能尽废周礼，墓葬等级亦呈自上而下的有序状态。秦国则不然，自春秋时就大量启用外人，如百里奚、蹇叔、由余、丕豹、公孙枝、内史廖、随会、白乙丙、西乞术、孟明视等，他们既非秦宗族，也不是秦国人；而见于记载的秦宗族仅公子挚、公子慭、公子铖等寥寥几人，且未居显职〔94〕。到了战国时期，秦客卿制度更得到迅猛发展，“据现有资料可知，自秦惠王十年至始皇时代的一个多世纪多一点的时间里，先后担任秦相要职者共有22人。其中80%以上（18人）都是外来的各种人才……如果再从任职周期来看，22位秦相平均每人任期仅5.3年，须知其中不少人还曾数次任职，这种情况尚未统计在内”〔95〕。可见秦吏制的流动性和开放性远远超过东方六国；另一方面，由于缺乏血亲联系，国君对于臣民而言具有高不可攀的绝对权威意义，这与墓葬的两极分化完全一致。

战国时期东方列国的变法运动往往不成功或不彻底，变法之后国内依然有较强的宗族政治的遗留，如李悝在魏、申不害在韩、吴起在楚、邹忌在齐的变法等。商鞅变法的时间较晚，但最为彻底，也最富有成效。而且，六国的变法没有一个像商鞅变法那样在物质文化的层面上留下印记〔96〕；如墓葬中原来流行的彩绘陶礼器突然绝迹，废除殉人习俗，以土洞墓取代原来的竖穴木椁墓等。正因为还不像六国那样公室衰微、政归私门，国君才有足够的权威推行变革，变法也才得以不折不扣地执行。换言之，绝对的君权是变法成功的历史前提。如果说墓葬的两极分化能够说明君主专制的事实的话，那么前面的分析已经告诉我们，这种分化在春秋早期已经显露端倪，在春秋中晚期进一步发展，在战国中晚期扩大，在秦代达到了登峰造极的地步。

秦国君好修巨墓大陵，由此拉大了与中小型墓葬的差距。已有学者指出，“规模宏阔的巨墓大陵是秦陵体系的基本风格”〔97〕。以凤翔秦公陵园为例，陵区占地范围有21平方公里，陵内兆沟总长度可达35公里，构筑各类墓葬及兆沟土方达110万立方米〔98〕。这已经相当于一座大型城市的规模。以单座墓葬论，已发掘的秦公一号大墓墓

〔94〕 黄留珠：《秦客卿制度简论》，《秦汉历史文化论稿》，三秦出版社，2002年。

〔95〕 同注〔94〕。

〔96〕 梁云：《从秦文化的转型看考古学文化的突变现象》，《古代文明研究通讯》总第十四期，2002年。

〔97〕 韩伟、程学华：《秦陵概论》，《考古学研究》，三秦出版社，1993年。

〔98〕 王学理、尚志儒、呼林贵：《秦物质文化史》267页，三秦出版社，1994年。

坑面积（包括墓道）有5334平方米，墓室容积为54888立方米[99]，远远超过同时期东方国家的诸侯墓。修建巨墓大陵不是件简单的事，得动员众多的人力、物力，投入长久的时间和精力，更要有高度的集权和严密的组织。秦汉帝陵的修筑乃国之大事，《文献通考·王礼》载："汉法，天子即位一年而为陵。天下供赋三分之一供宗庙，一供宾客，一供山陵。"汉成帝修昌陵曾搞得"天下虚耗，海内罢劳"（《汉书·成帝纪》）。俞伟超先生认为秦汉时代大型土木工程是专制主义中央集权支配下的刑徒劳动大军的产物，是劳动奴隶制的一种表现[100]。秦汉大型土木工程无疑是东周时期秦国传统的延续和发展；而春秋秦国就已经流行巨墓大陵，只能说明其政治生活中的专制主义较东方要深重得多。

秦国巨墓大陵传统的源头在哪里？甘肃礼县大堡子山秦公墓总长度88~115米，墓室面积141.6~241.7平方米[101]，可见春秋早期的秦公墓已经具备了这个特征。东周秦文化受周文化影响很深，如器物（至少铜礼器）的组合形态来源于周，那么这个特征是否也来源于周文化？对比西周晚期至春秋早期姬姓周人的诸侯墓，三门峡虢国墓地M2001是虢季墓，墓口面积5.3×3.55平方米（计18.8平方米）；M2011和20世纪50年代发掘的M1075都是虢太子墓，墓口面积分别是24平方米和23平方米[102]。曲村晋侯墓地M1、M8、M64、M93的墓主可能分别是釐侯、献侯、穆侯和文侯[103]，墓口面积也都在20多平方米左右。即便是西周早期燕侯墓琉璃河M1193，面积也不超过42平方米[104]。浚县辛村卫侯墓地中除了M1面积稍大，有95.4平方米外，其他的大墓如M21、M42、M2、M6、M17、M5、M24面积皆在50平方米以下[105]。秦公墓和上述这些墓葬规模差距悬殊，西周晚期至春秋早期虢、晋等国在周王室的政治地位比秦只高不低，因此这种差别不是由地位高低造成的，只能是文化方面的。换而言之，秦文化巨墓大陵的传统并非来源于周文化。

印群先生发现商代大墓与小墓面积相差极为悬殊，墓坑等级分化严重。他把商人的墓葬分为大型、较大型、中型、小型四类：大型墓主要指殷墟西北冈王陵的亚字形

---

[99] 同注[98]，270页。

[100] 俞伟超：《古史分期问题的考古学观察》，《文物》1981年5、6期。

[101] 戴春阳：《礼县大堡子山秦公墓地及有关问题》，《文物》2000年5期。

[102] 河南省文物考古研究所、三门峡市文物工作队：《三门峡虢国墓》，文物出版社，1999年；中国科学院考古研究所：《上村岭虢国墓地》，科学出版社，1959年。

[103] 李伯谦：《晋侯墓地墓主之再研究》，《文化的馈赠——汉学研究国际会议论文集》，北京大学出版社，2000年。

[104] 琉璃河考古队：《北京琉璃河1193号大墓发掘简报》，《考古》1990年1期。

[105] 郭宝钧：《浚县辛村》，科学出版社，1964年。

墓，如侯家庄M1001、M1002、M1003等，墓室面积达314至359平方米，加上墓道可达712.75平方米（侯家庄M1001）。较大型墓有武官村大墓和山东益都苏埠屯一号墓，墓室面积分别为168平方米和160平方米，加上墓道可达340平方米（武官村大墓）。中型墓墓室面积10~30平方米，如妇好墓。小型墓面积在3平方米以下。他还发现西周墓葬墓坑面积没有很大的，姬周诸侯墓面积也就是几十平方米，不仅比不了商王陵，甚至比益都苏埠屯M1那种殷代方伯级的墓都小得多。然而，他把这一现象归之于西周统治者较商代更爱惜民力、社会资源的浪费由此降低，也就是时代方面的原因[106]。

这不仅仅是时代的进步，恐怕还有横向的文化属性方面的含义。上面的表述足以说明修建巨墓大陵也是商文化的特征。墓葬等级分类能揭示相应的社会阶层状况，殷墓等级差别悬殊暗示其社会分化严重，“商代的帝王显然高踞于包括‘王族’在内的所有贵族之上，已经成为唯我独尊的专制主义的君主了”[107]。

礼县秦公墓的规模相当于殷末方伯级大墓（苏埠屯M1），而远远大于同时期或稍早的姬周诸侯墓，有理由说秦文化巨墓大陵的传统来源于商文化。虽然在晚商大墓和礼县秦公墓之间尚有近三百年的考古发现的空白，但文献记载和学术界已有的研究成果有助于我们建立起这一段的历史联系。《史记·秦本纪》载秦先祖与商王朝关系密切，费昌、孟戏、仲衍、蜚廉、恶来都曾为商臣，“自太戊以下，中衍之后，遂世有功，以佐殷国，故嬴姓多显，遂为诸侯”。秦人东来说是近年学术界比较流行的看法，它在考古材料中并不是没有别的旁证，如殉人习俗和腰坑、殉狗。

春秋秦墓殉人数量大、范围广，明显不同于同时期姬姓国家或姬周墓葬，而与殷人墓以及周代山东地区的东夷古国的墓葬很相似。殷墓盛行殉人，如侯家庄M1001的殉人超过164人，武官村大墓殉人79具，山东益都苏埠屯大墓殉人48具，妇好墓殉人16具，安阳大司空村曾发现6座有殉人的墓，甚至连有的小墓也有殉人[108]。与之相比，西周时期的姬姓诸侯墓则不见或少见殉人，如浚县辛村卫侯墓仅在车马坑中殉一人；曲村晋侯墓地仅M114及其陪葬墓M110各有一具殉人[109]，自M9以后的晋侯墓则不见殉人。上村岭虢国墓地亦未见殉人。从《左传》中多处抨击人牲、人殉的记载可知把人作为祭祀牺牲或用来殉葬不符合周礼的根本精神，这也与考古发现大体吻合。相反，文献上记载较多使用人牲的国家或人群往往与殷商关系密切，已有学者指出，

---

[106] 同注〔89〕，113~123页。

[107] 北京大学历史系考古教研室商周组：《商周考古》94页，文物出版社，1979年。

[108] 同注〔107〕，106~112页。

[109] 郭宝钧：《浚县辛村》，科学出版社，1964年；北京大学考古系、山西省考古研究所：《天马—曲村遗址北赵晋侯墓地第六次发掘》，《文物》2001年8期；M110为晋侯墓地第七次发掘材料，待刊。

“西周时代，以奴隶殉葬已不是一种普遍现象……保留这种恶习的，多数是商遗民或原与商人有密切关系的族人”[110]。

目前发现的春秋时期东夷古国墓葬殉人之风很盛，如山东临沂凤凰山东周墓殉人多达14具，墓主可能是鄅国国君[111]；在莒南大店发掘的两座莒国墓葬，各有10具殉人[112]；1978年在藤县薛国故城发掘的9座薛国贵族墓葬，其中5座有殉人[113]。春秋秦墓的殉人风俗和东夷族以及殷人墓类似，而与周人迥异，反映了秦人和殷人以及东夷古族深远的历史联系。

此外，虽然在小型秦墓中腰坑的比例很低，如陇县店子墓地就无一例，但发掘的秦景公墓和礼县秦公墓均带腰坑，大堡子山M2、M3的腰坑内殉狗和玉琮。礼县赵坪和圆顶山墓地与大堡子山秦公陵园毗邻，可能是秦贵族墓地，赵坪M1、M2和圆顶山M1也带腰坑，坑内殉狗。西周时期的姬姓诸侯墓是罕见腰坑的，如曲村晋侯墓地、上村岭虢国墓地、北京琉璃河燕侯墓就无腰坑；相反，殷墓盛行腰坑殉狗的习俗，除了商王陵之外，在安阳大司空村商墓中有腰坑的墓占了63%[114]；在殷墟西区发掘的939座墓葬中，有腰坑的454座，约占总数的一半[115]。“殷墓中数量最多的是狗，埋狗的殷墓约占殷墓总数的三分之一。”[116]春秋晚期的东夷族鄅国和莒国墓葬流行腰坑殉狗。东周齐墓也有带腰坑的，如阳谷景阳岗春秋墓和山东长岛王沟的7座墓[117]。这些现象似乎说明秦国的统治者与商文化及东夷文化有着较为紧密的历史渊源关系。

然而，不能就此断言秦文化来源于商文化，在条件不充分的情况下也难以指证商代某类文化遗存就是早期的秦文化。秦人族属与秦文化渊源是既有区别又有联系的两个概念。秦文化可能有多个源头，是经过很长时间由多种文化因素有机结合到一起才形成的。立足于东周（主要指春秋时期）秦文化的考古现实，我们发现巨墓大陵和殉人习俗与商文化及东方古文化有关，器物的形态组合可能与周文化有关，西首葬及屈肢葬则可能另有来源。

---

[110] 郭仁：《关于西周奴隶殉葬问题的探讨》，《中国历史博物馆馆刊》1982年4期。

[111] 山东兖石铁路文物考古工作队：《临沂凤凰山东周墓》，齐鲁书社，1987年。

[112] 山东省博物馆等：《莒南大店春秋时期莒国殉人墓》，《考古学报》1978年3期。

[113] 山东省济宁市文物管理局：《薛国故城勘察和墓葬发掘报告》，《考古学报》1991年4期。

[114] 马得志等：《一九五三年安阳大司空村发掘报告》，《考古学报》第九册（1955年）。

[115] 中国社会科学院考古研究所安阳工作队：《1967－1977年殷墟西区墓葬发掘报告》，《考古学报》1979年1期。

[116] 黄展岳：《殷商墓葬中人殉人牲的再考察》，《考古》1983年10期。

[117] 聊城地区博物馆：《山东阳谷县景阳岗春秋墓》，《考古》1988年1期；烟台市文物管理委员会：《山东长岛王沟东周墓葬》，《考古学报》1993年1期。

略论秦代与西汉的陵寝

张卫星*

In the pre-Qin period the layout of the ancestral temple featured a front chao and a rear qin, but the qin buildings were widely constructed aside of the mausoleums in the Qin and Han times, so the lingqin emerged in that time. As revealing in historical recordings, the lingqin germinated in the Qin dynasty and it developed from the qin in the ancestral temple. This paper discusses the emergence of lingqin from the arrangement and location of ancestral temples in the pre-Qin period, and points out that the development of the building over the mausoleum and the cloth becoming the media of communicating the underground and real worlds also accelerated the form of lingqin in the Qin and Western Han mausoleums.

面对墓葬制度的变化，东汉时期的王充指出“古礼庙祭，今俗墓祀”〔1〕，这种变化在秦汉帝陵制度中尤为明显，体现在祭祀场所上经历了由庙向寝，即由宗庙到陵寝的转变。陵寝及其祭祀是秦代及西汉陵墓制度中的一项重要内容，关于陵寝的形成，《后汉书》等文献认为始于秦代、来源于庙寝，杨宽先生也多次对这一问题进行过论述。目前，东周到秦汉时期的宗庙、陵寝史料和考古发掘资料不断丰富，本文以这些材料为基础，对秦代至西汉时期陵寝的形成及其相关问题作一初步探讨。

一、秦代与西汉的宗庙、陵寝概述

在礼制社会中，庙与宫室相比有着更重要的地位。“国之大事，在祀与戎”（《左传·成公十三年》）。礼制社会中，构造家室时庙的营建是士以上贵族的首要任务，《礼记·曲礼》云：“君子将营宫室，宗庙为先，厩库次之，居室为后。”在国都的规划和营造上更是强调这一点：“匠人营国，方九里，旁三门，国中九经九纬，经涂九轨，左祖右社。”（《周礼·考工记》）尤其是作为国都的城市，其标志即是不是设有庙，“凡

---

* 作者系秦始皇兵马俑博物馆副研究馆员。

〔1〕《论衡·四纬篇》。

邑有宗庙先君之主者曰都，无曰邑”（《左传·庄公十八年》）。

从文献看，秦代时期使用的宗庙包括雍都先王庙、渭南诸庙以及秦始皇极庙三类。秦始皇改信宫为极庙的行为开创了生前立庙的先河。但是这种做法汉初并没有实行，高祖时期设立太上皇庙、惠帝时期设立高庙和原庙都是沿用死后设庙的做法。文帝开始在生时设庙，延至景帝、武帝时期，分别设立了顾成庙、德阳宫（庙）、龙渊宫（庙），元帝以前，西汉的宗庙制度大体是当朝皇帝自建生祠，死后由嗣后皇帝奉为帝庙〔2〕。元帝时期试行宗庙迭毁之礼，王莽居摄时期立汉家宗庙于长安南郊。以上为秦代与西汉时期宗庙的设立简况。

关于庙的结构，论者多以为前朝后寝。先秦时期的宗庙建筑遗迹有西周时期或更早的凤雏村建筑、马家庄秦宗庙建筑，这两处建筑在结构上的确可分为前后两部分，符合前朝后寝之说。此外，20世纪50年代考古工作者还曾在汉长安城的南面发掘了西汉晚期的“九庙”遗迹〔3〕，这是西汉时期最大的宗庙建筑，在这个遗址中共发现有十二组建筑，每组建筑由中心建筑、围墙、四门和围墙四隅的配房组成，中心建筑在每组建筑的中间，中央为主室，四隅有夹室。从这组建筑所在的方位和建筑规模及出土遗物看，应是王莽时期所修建的“九庙”〔4〕。

在文明进步过程中，处理集团性事务的场所逐渐与饮食起居等日常生活的场所分离，日常起居之外统称为寝。文献中经常提到的寝可分为三类，宫中之寝、庙中之寝、陵侧之寝。先秦时期宫室的结构是前朝后寝。对于寝，胡培翚在《庙寝考》中指出：“自天子至士都有寝，寝可分为正寝和燕寝。正寝，天子、诸侯谓之路寝，也称大寝；大夫谓之适室，士或谓之适室。”燕寝是平时居住之所，而正寝则必斋戒或疾病时居住。

陵寝出现的时代，东汉时期学者认为开始于秦始皇时期，蔡邕《独断》中认为“古不墓祭，至秦始皇出寝，起之于墓侧，汉因而不改，故今上称寝殿，有起居、衣冠、象生之备，皆古寝之意也。”关于其源流，《后汉书》所述认为来自于庙寝，“古不墓祭，汉诸陵皆有园寝，承秦所为也。说者以为古宗庙前制庙，后制寝，以象人之居前有朝，后有寝也。《月令》有‘先荐寝庙’，《诗》称‘寝庙弈弈，言相通也’。庙以藏主，以四时祭。寝有衣冠几杖象生之具，以荐新物。秦始出寝，起于墓侧，汉因而弗改，故陵上称寝殿，起居衣服象生人之具，古寝之意也。”这段话对陵寝的来源叙述得已很明确，认为是将庙寝这一部分析出，而置于陵侧形成陵寝，陵寝的功能也在于

〔2〕 姜波：《汉唐都城礼制建筑研究》，文物出版社，2003年。

〔3〕 考古研究所汉城发掘队：《汉长安城南郊礼制建筑遗址群发掘简报》，《考古》1960年7期。

〔4〕 黄展岳：《汉长安城南郊礼制建筑的位置及其有关问题》，《考古》1960年9期。

象征起居之寝。

汉代的职官配置中太常下属有园令（或称寝令），掌管园寝。陵寝的结构包括寝殿和便殿两部分。文献中记载“寝者，陵上正殿，若平生露寝矣。便殿者，寝侧之别殿耳”[5]。寝的里面按照皇帝生前的日常起居生活希望，即“起居衣服象生人之具”。每日还有宫人服侍，“随鼓漏理被枕，具盥水，陈严（妆）具”。这一切应是事死如事生的具体体现。

关于秦始皇陵陵侧设寝，已为近20年来的考古勘探所证明，在秦始皇陵的封土北侧及内城北部的西区发现了南北长750米、东西宽250米，占地面积18.75万平方米的建筑群。袁仲一先生认为其中的甲组建筑为陵寝的正殿即寝殿，乙、丙组为附属建筑即便殿[6]。西汉诸帝陵近旁普遍发现有建筑遗迹，其中一些应是陵寝的遗存。宣帝杜陵的考古工作中，陵侧寝园内发现两处建筑遗址，应分别对应寝殿、便殿遗址[7]，这从考古角度证明了陵寝的具体建筑形制。

二、庙的结构变化与陵寝形成

在前述陵寝的形成过程中，庙的结构及其变化具有指标性意义，以下予以重点分析。

寝除去宫室之用的一面，还主要与庙的形制相联系，寝还是庙的一部分，即所谓的前朝后寝之制。凤翔马家庄一号建筑的发掘，为我们提供了先秦宗庙结构的实物资料。马家庄宗庙建筑废置于春秋晚期，但是从其中还不能明确看出庙寝分离。发掘简报中称该建筑为“朝寝建筑”[8]。韩伟先生指出该建筑群在建筑形式上为先秦时期典型的宗庙，反映了作为诸侯国的秦国的三庙制度。对于处于北部正中的“朝寝建筑”，他还指出其中的堂、室、东西夹室、房、北堂、东堂、西堂，说明了它们所具有的祭祀、燕射、接神、藏祧功能[9]。如果把这样的庙理解为朝寝建筑，寝应该指的是室，“室谓堂后之室也，室是事神之处，庙不可遗也”[10]，室为藏庙主的地方，神灵是在室这个地方来接受歆享的。

在寝独立于庙的过程中，庙的结构到底发生了怎样的变化而导致陵寝的出现呢？

---

〔5〕《汉书·韦玄成传》。

〔6〕袁仲一：《秦始皇陵的考古发现与研究》，陕西人民出版社，2002年。

〔7〕中国社会科学院考古研究所：《汉杜陵陵园遗址》，科学出版社，1993年。

〔8〕陕西雍城考古队：《凤翔马家庄一号建筑群遗址发掘简报》，《文物》1985年2期。

〔9〕韩伟：《马家庄秦宗庙建筑制度研究》，《文物》1985年2期。

〔10〕（清）江永：《仪礼释宫增注》。

先秦文献中“庙”和“寝”常并举，如《诗经》云“寝庙奕奕”，毛笺：“言相通也。”这表明有一个阶段庙的建筑中庙寝是相连的。寝庙的相连正体现了两者的相对独立，所以文献中关于庙寝的记载也有分述的情况。在各种考释宫庙的文章中经常提到郑大叔之庙，此条原出自《左传·昭公十八年》：“乃简兵大蒐，将为蒐除。子大叔之庙，在道南，其寝在道北，其庭小。过期三日。”关于此条文献的理解，古人有两种观点，宋代李如圭所撰的《仪礼释宫》中认为此为庙之寝，清代江永《仪礼释宫增注》中也持同样的观点，而胡培翚在《庙寝考》中认为此处的寝为宫寝，李氏之说误导了后人。分析以上争论，我们认为文献中提到的连、分应该是相对的，庙的基本建筑结构应该是前堂后室，前述的凤翔马家庄一号建筑就是这样的，而目前考古发现最早的宗庙建筑——岐山凤雏甲组遗址虽然也是前堂后室的格局，却表现为封闭性的两进庭院，前院以堂为中心，后院则以室为中心[11]，对于这座两进院落式的宗庙建筑理解为分离式也许理由更充分些，从这个角度考虑也就不难理解郑大叔庙的庙寝分离了。

与庙的建筑结构发生变化相对应，在庙寝中的祭祀也发生着变化。战国时期文献《吕氏春秋》、《礼记·月令》中有许多关于月令的记载，月令诸条多次提到荐寝庙、供寝庙，寝庙的不一体已十分明显，清人洪颐煊在《礼经宫室答问》中认为祭于庙而荐于寝，指出了庙寝有祭祀与荐的不同。荐寝与后来的帝陵陵寝中的“日祭于寝”的关系密切，日祭于寝即日四上食，与月令诸条的荐新一致。

综上所述，我们认为是先秦时期庙的结构中庙、寝有一个逐渐分离的过程。在秦始皇陵的陵寝出现之前，庙寝的分离似乎就已完成，并且已形成了对应的庙祭与荐寝。宗庙这一结构上的变化促成了陵寝的形成。

三、庙的位置变化及陵寝的形成

秦代至西汉初期陵寝的形成过程中，庙的位置也有一个变化过程。总体来说，西汉时期庙的位置经历了一个由城内向城外再回到城内的过程，而这一变化最初也与陵寝的形成有关。

两周时期宗庙位于城内，《礼记·祭义》篇：“建国之神位，右社稷而左宗庙。”《周礼·少宗伯》：“掌建国之神位，右社稷，左宗庙。”《考工记》：“匠人营国，左祖右社。”战国后期秦国诸庙的位置有些特别，《史记·秦始皇本纪》二十六年载：“诸庙及章台、上林皆在渭南。”统一以前，昭襄王及以后的部分秦国国君葬于芷阳，此处的

---

〔11〕 陕西周原考古队：《陕西岐山凤雏村西周建筑基址发掘简报》，《文物》1979年10期；杨鸿勋：《古代宫殿通论》，紫禁城出版社，2002年。

诸庙，当是指昭襄王等国君的庙。诸庙居于渭南，已是处于陵墓与国都之间的位置。而统一后的始皇极庙由渭南信宫改成，索隐以为宫庙象天极，故曰极庙。秦朝虽然以渭河北岸为主要的政治活动中心，但是秦惠文王、秦昭襄王时已在渭南修建多座宫殿。始皇三十五年，又确定了更大的城市规划，“乃营作朝宫渭南上林苑中。先作前殿阿房，……周驰为阁道，自殿下直抵南山。表南山之颠以为阙。为复道，自阿房渡渭，属之咸阳，以象天极阁道绝汉抵营室也”（《史记·秦始皇本纪》）。从这个角度讲，始皇的极庙位于广义的都城内，但是其庙仍有向陵墓接近的趋势。

汉代的第一座皇帝庙——高帝庙位于长安城内。汉惠帝东朝长乐宫，为了不扰民，乃作复道。叔孙通奏事指出其中的不妥之处：“陛下何自筑复道高帝寝，衣冠月出游高庙？子孙奈何乘宗庙道以行哉。”（《汉书·叔孙通传》）在叔孙通建议下渭北修建了高帝原庙，颜师古曰：“原，重也。先以有庙，今更立之，故云重也。”“而京师自高祖下至宣帝，与太上皇、悼皇考各自居陵旁立庙。”（《汉书·韦贤传附韦玄成传》）高帝原庙的修建解决了月一游衣冠的问题，由此确立了西汉一代陵旁立庙的制度。《三辅黄图》载：高帝庙在长安城中西安门内，东太常街南。对于第一座高帝庙的位置，注家基本一致，他们的争论主要在于寝的位置。对于惠帝庙目前学者间还有争论，《三辅黄图》载：“惠帝庙，在高帝庙后。”根据这个记载，刘庆柱先生推断，高帝庙应在汉长安城的长乐宫西、安门大街东、安门北、武库南，惠帝庙与高帝庙相邻〔12〕，在焦南峰和马永嬴所撰的文章中认为惠帝安陵紧邻长陵西侧，惠帝庙应在长陵旁的高帝庙之西、安陵附近〔13〕，实际上以上两家所指的分别是第一座高帝庙和高帝原庙。对于文帝庙不在长安城，大家认识基本一致，其位置在长安城南。景帝及景帝以后的陵旁立庙基本上没有疑义。从以上材料看，陵旁立庙始于高帝原庙，庙的位置从城内向城外转移，到景帝时期已完成并确立下来。

西汉初期庙的位置变化起因于月一游衣冠问题，当宗庙从城内转移到陵旁后，这一问题迎刃而解。陵旁立庙后，庙寝与陵寝同时存在显然没有必要，这样庙寝转化为陵寝。但是陵寝的形成与确立并不是一步到位的。关于始皇的庙，《史记·秦始皇本纪》中有如是记载：“（二十七年）作信宫渭南。已，更命信宫为极庙，象天极。自极庙道通骊山。”二世元年，“下诏增始皇寝庙牺牲及山川百祀之礼”，并尊为“帝者祖庙”。此处明确指出了增设寝庙之牺牲，但是对于此处的寝是庙寝还是陵寝，学者间还有不同的见解。杨宽先生据以上文献认为始皇庙也设有庙和寝〔14〕，若此说不悖的话，

〔12〕 刘庆柱：《古代都城与帝陵考古学研究》，科学出版社，2000 年。

〔13〕 焦南峰、马永嬴：《西汉宗庙刍议》，《考古与文物》1999 年 6 期。

〔14〕 杨宽：《中国古代陵寝制度史研究》，世纪出版集团，2003 年。

连同秦始皇陵园考古所发现的材料，可见在始皇庙存在的同时，另外在骊山陵园中还设有寝，即陵寝。所以有学者认为此处的寝指陵侧之寝〔15〕。目前这一异议还不能完满解决，这正说明了秦代陵寝制度形成之初的不完善性。同样西汉初年的高帝庙寝也存有疑问。《汉书·韦贤传附韦玄成传》等文献揭示，西汉各帝都在陵园中设有寝、便殿。而最初的高帝之寝，《汉书·叔孙通传》颜注引晋灼曰："黄图高庙在长安城门街东，寝在桂宫北。"我们认为问题的关键是庙的位置，只有当第一个高帝庙位于城内，并且附近有寝，即桂宫北的寝的时候，才能出现惠帝修建的复道有违于礼这一问题，因为月一游衣冠应是自此寝而到高帝庙。秦代与西汉初期关于陵寝设立的这些争议，说明陵寝制度形成之初曾经有过艰难之处。

庙的位置变化，还使宗庙、陵寝祭祀发生了变化，陵寝专属的祭祀方式形成。陵旁立庙确立后，宗庙的功能被陵庙所取代。有的研究者认为西汉的帝庙分为三类，京庙、原庙、陵庙，这三类庙实际上体现了西汉宗庙的变化过程，陵庙的存在起到了京城内的宗庙作用〔16〕。宗庙的功用首推祭祀，这从《汉官旧仪》所记述的情况可以看出，"宗庙三年大祫祭，子孙诸帝以昭穆坐于高庙，诸隳庙神皆合食，设左右坐。高祖南面，幄绣帐，望堂上西北隅。高后右坐，亦幄帐，却六寸。每牢中分之，左辨上帝，右辨上后。子为昭，孙为穆。昭西面，曲屏风，穆东面，皆曲几，如高祖。馔陈其右，各配其左，坐如祖妣之法"（《汉官旧仪二卷补遗二卷》）。但是作为陵庙的庙与作为宗庙的庙在功能上有所不同，陵庙和寝、便殿从属于帝陵建筑，它不同于宗庙之处在于主要与陵事活动有关。这些陵事主要指：日祭于寝，月祭于庙，时祭于便殿。寝，日四上食；庙，岁二十五祠。《汉仪》对于岁二十五祠是这样解释的："宗庙一岁十二祠。又每月一太牢，如闰，加一祠，与此共二十五祠也。"但是此时陵庙和宗庙不是两个系统，所以，正是由于陵旁立庙，导致西汉立国百余年后庙制比较混乱，有鉴于此，元帝时期进行改革，宗庙在郡国的罢修，平帝年间依王莽意见，最终确立了以高皇帝为太祖、文帝为太宗、武皇帝为世宗、宣帝为中宗、元帝为高宗，再加上亲未尽的宗庙制度。

综上所述，在陵寝的形成过程中，庙的位置变化也是一个重要方面。汉初庙的位置变化，表现了对秦代庙、寝制度的认识不是很到位。

---

〔15〕史党社、田静：《新发现秦封泥中的"上寝"及"南宫""北宫"问题》，《人文杂志》1997年6期。

〔16〕同注〔13〕。

四、关于秦代与西汉陵寝形成的探讨

前述，西汉陵寝的形成与此前庙的结构变化有关，与秦代和汉初庙的位置变化有关。汉儒所云陵寝之制始于秦始皇陵侧出寝，从文献上讲有一定的道理。但是，一种制度形成到确立应该有一过程，承秦制的西汉尚对它的认识存有一定的歧义，导致了惠帝时期的违礼行为，这说明这一制度还没到完善的程度，惠帝时期的陵侧设寝还处于摸索阶段。关于陵侧出寝的起源，从更广阔的背景考虑，笔者认为陵寝的形成与先秦时期墓上建筑的存在与发展、对魂灵的认识发生变化等多种因素有关。

墓上建筑在安阳小屯妇好墓和大司空村 M311、M312 等商代墓葬中就有发现〔17〕，东周时期赵国、魏国、中山国、楚国的大型墓葬上也发现有幕上建筑的遗迹〔18〕，杨宽先生在其著作中多次论证，先秦时期的墓上建筑不可能用于祭祀，而是作为陵寝建筑，是为了便于死者的灵魂起居而存在的〔19〕。杨鸿勋先生则认为古有墓祭，先秦墓上建筑应作为享堂〔20〕。笔者认为先秦时期一些大型墓葬上有建筑应是客观事实，但是还应该考虑到这种大墓自身变化的趋势。东周时期一些大型墓葬的封土在周围加大的同时，高度也在增加，但是考察这些大型墓葬的封土高度均不超过 15 米（以现存高度计），而秦始皇陵的高度却是个相当大的数字，《史记·秦始皇本纪》载高 50 丈，袁仲一先生认为这一高度的测点在外城北门附近，即便在陵园内城北垣中部，现存的封土也有 77 米之高。这个高度远大于一般战国王陵级的大墓，此时在墓上修建建筑应该是不现实的，事实上秦始皇陵上也没有发现墓上建筑〔21〕。马振智先生在考察秦国陵寝制度形成过程及特点后认为，秦国陵墓墓上建筑应是仿效关东而来，但是有所变化。从芷阳一号陵园将建筑安置于墓侧来看，已经开始了陵侧出寝并被后来秦始皇及西汉所沿用〔22〕。所以从秦国陵寝制度的形成过程来看，墓上建筑存在着向墓侧发展的趋势，始皇骊山陵实行的陵侧出寝，与其他始皇所创立的制度一样，对西汉产生了深刻的影响，

---

〔17〕 中国社会科学院考古研究所安阳工作队：《安阳殷墟五号墓的发掘》，《考古学报》1977 年 2 期；马得志等：《一九五三年安阳大司空村发掘报告》，《考古学报》第九册（1955 年）。

〔18〕 河北省文管处等：《河北邯郸赵王陵》，《考古》1982 年 6 期；中国科学院考古研究所：《辉县发掘报告》，科学出版社，1956 年；河北省文物管理处：《河北省平山县战国时期中山国墓葬发掘简报》，《文物》1979 年 1 期；河南省文物考古研究所：《新蔡葛陵楚墓》，大象出版社，2003 年。

〔19〕 同注〔14〕。

〔20〕 杨鸿勋：《关于秦代以前墓上建筑的问题》，《考古》1982 年 4 期。

〔21〕 秦零：《关于始皇陵封土建筑问题》，《考古》1983 年 10 期。

〔22〕 马振智：《试论秦国陵寝制度的形成发展及其特点》，《考古与文物》1989 年 5 期。

陵寝制度就是其中一个重要方面。

另外，中国古代丧葬制度的形成与发展与先民对精神世界的认识有着难以割舍的关系，通过墓葬的物质和祭祀遗存等多个方面可以折射出当时人们的信仰状况。韩国河先生在论述秦汉魏晋丧葬制度时，指出丧葬在一定程度上具有宗教性，这一时期丧葬的宗教表现体现在祖先崇拜的持久性、神鬼思想更加发展、原始道教的产生和佛教的介入上[23]，其中前两者对于我们认识秦汉时期丧葬制度尤为重要。

殷商与西周的信仰体系不外天神、地示、人鬼而有所增益，而人鬼主要集中于祖神，从考古学几个主要资料方面所蕴涵的社会意义及彼此间的同步性与内在统一性，可以看出祖先崇拜是龙山时代至三代社会中的主要原始宗教信仰[24]。东周秦汉时期仍继承早期的祖神崇拜，祖神崇拜是以宗庙祭祀为载体实现的，主要通过“享”祈福于祖先，《周礼》贾疏：“享，献也，谓献馔具于鬼神也。”庙中室、寝为神寄居之处。《仪礼·既夕礼》中反映葬礼后魂气也可寄留在死者的衣冠中，而衣冠被柩车拉回庙寝，因而魂灵在庙寝中得到歆享，这种对死者魂灵的处理方式，西汉初年的诸侯王墓中继续沿用[25]。东周时期人们的鬼神观念进一步发展，普遍形成了人死为鬼的观念，《礼记·郊特牲》：“魂气归于天，形魄归于地，故祭，求诸阴阳之义也。”并且进一步形成鬼居于幽冥的概念，人死为鬼后，集中于地下幽冥，这中间有各种名称的鬼[26]，神仙观念兴起后，幽冥世界转到泰山蒿里。《左传·隐公元年》载，郑庄公置母亲于地宫，并说，不及黄泉无相见也。可见当时已将地下作为死后归所。墓葬作为人死后的居所，其形制演变出现了宅第化的特征，不仅是平面布局的简单模仿，而且在空间结构上也采用了宫殿房屋的建筑技巧和技术[27]，这一特征反映了当时人们对于地下世界的认识。

一方面在祖神崇拜的传统影响下死者的魂灵要到庙寝中接受歆享，另一方面在鬼魂观念影响下死者还要在地下世界中寄居，在这种二重性的认识下衣冠作为魂灵的载体或作为媒介表现出沟通二者的重要地位。在这种认识下古人对衣冠居所也才会有二重性的考虑，这样导致了陵侧之寝与宗庙之寝的不谐调，最终促成了庙寝和陵寝的转化。

---

〔23〕 韩国河：《秦汉魏晋丧葬制度研究》，陕西人民出版社，1999年。

〔24〕 徐良高：《中国民族文化源新探》，社会科学文献出版社，1999年。

〔25〕 高崇文：《西汉诸侯王墓车马殉葬制度探讨》，《文物》1992年2期。

〔26〕 刘乐贤：《睡虎地秦简日书〈诘咎篇〉研究》，《考古学报》1993年4期。

〔27〕 同注〔23〕。

五、结　语

综上所述，多种因素促成了庙寝向陵寝的转变。大型墓葬墓上建筑的存在和发展，在先秦社会中客观存在，先秦墓上建筑作为陵寝建筑来源的结论，应该是有道理的。文献记载的陵侧出寝作为制度始于秦目前还是有其理由的，但是作为一种完善的制度，并且得到系统的实施，它的产生和发展有一个过程。这个过程中对于葬礼后死者的归处认识上存在二重性，并且客观世界出现庙寝分离现象，衣冠作为魂灵载体沟通地下世界与祭祀行为，共同促成了以秦及汉初帝陵陵寝制度的形成。

秦汉墓葬天井述略

侯宁彬*

The Qin and Han tombs featuring vertical shafts are mainly discovered in Guanzhong area in Shaanxi and Luoyang in Henan. The tomb with connected vertical shafts originated from the grave with timber guo prevailing in the Warring States period and early Western Han dynasty. This kind of shaft was a symbol of social status and its emergence was related to the arrogation fashion in that time. The second type was the separated shaft, which was developed from the former. The shaft also marked the social class of the tomb occupant, and such shafts made it easy and safe during the construction of tombs. The third type was called dormer shaft, which was for moving the earth in the tomb chamber and cooperating with the dome of the tomb chamber, also being likely to show the estate.

"天井"一词最早见于《孙子·行军篇》[1]，本指"四方高，中央下"[2]的军事地形。两汉时期，宫殿或寺院等豪华建筑物内的天花板也被称之为"天井"或"藻井"[3]。唐宋以后，"天井"则多代表横屋与横屋或四周（也有三周者）房屋之间的庭院[4]。田野考古学产生以后，人们又将常见于魏晋南北朝至隋唐时期象征多重院落建筑的斜坡墓道与墓室之间的"竖井墓道"称之为"天井"。这种"天井"通常被看作身份与地位的象征，一般来说，数量越多则墓主地位越高。近年来，随着田野考古资料的日益丰富，秦汉时期墓葬中"天井"或相近设施的发现也日渐增多，但其形式

* 作者系陕西省考古研究所副研究员。

〔1〕《孙子·行军篇》第九云："凡地有绝涧、天井、天牢、天罗、天陷、天隙，必亟去之，勿近也。"

〔2〕《通典·兵十二·地形篇》云："山水深大者，为绝涧。四方高，中央下者，为天井。"

〔3〕东汉张衡《西京赋》云："蒂倒茄于藻井，披红葩之狎猎。"注曰："藻井当栋中，交木如井，画以藻文，饰以莲茎，缀其根井中，其体下垂，故云倒也。"应劭《风俗通义》曰："今殿作天井。井者东井（星宿）之像也"。

〔4〕（宋）释集成等编《大正藏》第四十八卷。《宏智禅师广录卷第八·僧堂记》中描写寺院建筑时有"甍瓦鳞覆。前后十四间。二十架。三过廊。两天井。日屋承雨。下无廧陼。纵二百尺。广十六丈"的记载。《齐民要术》卷八注二引章炳麟《新方言·释宫》："庭者廷之借字，今人谓廷为天井，即廷之切音。"

和功用与魏晋隋唐时期则稍有差别。

历年来，秦汉墓葬中发现的“天井”多称之为“竖井墓道”，是指在斜坡墓道一端（连接墓室一端）或墓室顶部开凿的竖井土圹。就全国而言，目前的发现主要集中于陕西关中和河南洛阳地区。江苏徐州、山东沂南、内蒙古和林格尔等地亦有零星发现。

关中地区秦汉墓葬中带有“天井”或相近设施的墓葬主要有：临潼上焦村秦墓M11、M18等六座〔5〕、西北国棉五厂三分厂西汉早期M5、M6〔6〕、西安北郊龙首原西北医疗设备厂西汉早期M170（陈请士墓）〔7〕、西安东郊白鹿原西汉中期M17、M28、M30、M32、M93、M94及东汉中晚期M8、M9、M18、M1等〔8〕、西安绕城高速公路东段（东郊白鹿原）西汉中期M14、M36等〔9〕、西安市灞桥区政府（东郊白鹿原）东汉晚期M13〔10〕、陕西眉县常兴镇西汉早期M34、西汉中晚期M66〔11〕、西临（西安—临潼）高速公路临潼段西汉中期M15（1）〔12〕、西安秦川机械厂（西安市东郊）西汉中晚期M35〔13〕、西安南郊净水厂新莽时期M51〔14〕、陕西浦城东阳乡冯家村西汉晚期围沟墓〔15〕及陕西咸阳昭帝平陵附近东汉墓〔16〕等。

全国其他地区目前发现的带有“天井”或相近设施的墓葬主要有江苏徐州狮子山西汉早期楚王陵〔17〕、河南洛阳烧沟东汉M114、M28B、M147、M148等〔18〕、内蒙古和林格尔东汉壁画墓〔19〕等。

秦汉时期墓葬的“天井”，从形式上大致可以分为三类：第一类“天井”位于斜坡

---

〔5〕　秦俑考古队：《临潼上焦村秦墓清理简报》，《考古与文物》1980年2期。

〔6〕　呼林贵等：《西安东郊国棉五厂汉墓发掘简报》，《文博》1991年4期。

〔7〕　西安市文物保护考古所：《西安龙首原汉墓》甲编，西北大学出版社，1999年。

〔8〕　陕西省考古研究所：《白鹿原汉墓》，三秦出版社，2003年。其中国棉五厂发掘墓葬墓号前加“五”，绕城高速公路发掘墓葬墓号前加“绕”，灞桥区政府发掘墓葬墓号前加“灞”。

〔9〕　同注〔8〕。

〔10〕　同注〔8〕。

〔11〕　宝鸡市考古队等：《陕西眉县常兴汉墓发掘报告》，《文博》1989年1期。

〔12〕　程学华等：《西临高速公路汉墓清理简报》，《考古与文物》1991年6期。

〔13〕　西安市文物管理处：《西安东郊秦川机械厂汉唐墓发掘简报》，《考古与文物》1992年3期。

〔14〕　陕西省考古研究所配合基建考古队：《西安净水厂汉墓发掘简报》，《考古与文物》1990年6期。

〔15〕　陕西省考古研究所2002年度业务汇报会资料（岳连建先生汇报材料）。

〔16〕　据星艺网（中国有限公司）2002年3月16日，www. artstar. com. cn/content/news/20020318/002. htm.

〔17〕　韦正、李虎仁、邹厚本：《江苏徐州市狮子山西汉墓的发掘与收获》，《考古》1998年8期。

〔18〕　中国科学院考古研究所洛阳区考古发掘队：《洛阳烧沟汉墓》，科学出版社，1959年。

〔19〕　内蒙古博物馆文物工作队：《和林格尔壁画墓》，文物出版社，1978年。

墓道与横穴式墓室或所谓“内墓道”[20]之间，其间无隔断，宽度一般大于墓室和墓道，我们将其称之为“连通式天井”；第二类“天井”位置、形状与第一类相同或相近，但它与墓道之间上有生土隔梁，下有过洞，与魏晋南北朝至隋唐时期墓葬中流行的天井大致相同，我们将其称之为“间隔式天井”；第三类位置与前两类相差较大，位于砖筑穹隆顶横穴式墓室正上方，或将其称之为“天窗”更为恰当。

“连通式天井”墓葬目前发现的主要有：临潼上焦村秦代 M11、M18 等、江苏徐州狮子山西汉早期楚王陵、西北国棉五厂三分厂西汉早期 M5、M6、陕西眉县常兴镇西汉早期 M34、西汉中晚期 M66、西北国棉五厂自建村西汉中期 M28、M94 等、陕西浦城东阳乡冯家村西汉晚期围沟墓、内蒙古和林格尔东汉壁画墓等。此类“天井”平面一般呈长方形，少数呈喇叭状（眉县常兴镇 M66、浦城东阳乡冯家村围沟墓）或梯形（内蒙古和林格尔东汉壁画墓）。在长方形“天井”中，有纵长方形（相对于长斜坡墓道）和横长方形两类，其中纵长方形面积一般较大，宽度大于墓室，陕西临潼上焦村秦代 M11、M18、江苏徐州狮子山西汉早期楚王陵是其代表。临潼上焦村秦墓“天井”被称作“土圹”，应属墓室的一部分（或为前厅，图一，1），其面积甚至大于土洞墓室[21]（据墓葬平面图判断，简报中无“土圹”尺寸）。时代稍晚的徐州狮子山西汉早期（景帝时期）楚王陵“天井”的形式与上焦村秦墓基本相同，但其规模要大许多（长 18.6、宽 13.2、深 11 米，面积达 245.52 平方米），而且“天井”底部开凿有深 5.8、宽 2 米的“内墓道”，内墓道两壁凿有小龛[22]。横长方形“天井”一般面积较小，宽度等同于或略大于墓室，西安东郊西北国棉五厂三分厂 M5、M6[23]、白鹿原（国棉五厂住宅小区）M28、M32、M94 等[24]是其代表（图一，2）。

内蒙古和林格尔壁画墓属东汉晚期[25]，为斜坡墓道多砖室墓（前室、中室、后室穹隆顶，侧室券顶），其“天井”位于斜坡墓道与墓门之间，总体形状接近横长方形（梯形）。

长方形“连通式天井”一般流行于秦至西汉中期前后。秦至西汉初年（文景以前），“天井”面积较大，上、下收分小，平面多呈纵长方形，面积与土洞墓室相当或略大。至西汉中期，面积急剧缩小，平面虽然仍为长方形，但方向已经有所不同，变为横长方形，且面积与墓室相比已不可同日而语。西汉中期以后，竖井墓道的面积进

[20] 同注〔17〕。
[21] 同注〔5〕。
[22] 同注〔17〕。
[23] 同注〔6〕。
[24] 同注〔8〕。
[25] 同注〔19〕。

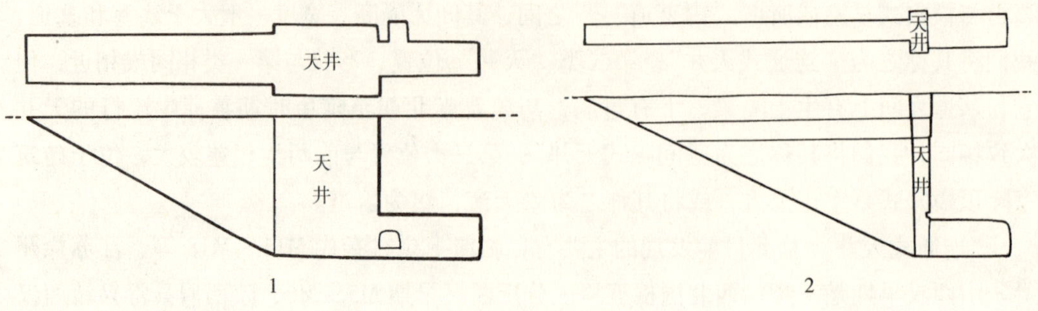

图一　第一类天井

1. 临潼上焦村秦墓 M18　2. 西北国棉五厂 M94

一步缩小，平面形状多已嬗变为不规则形或喇叭状，少数宽度甚至接近斜坡墓道最宽处。西汉晚期以后，这种“连通式天井”除局部区域仍有残留外（2002 年陕西省考古研究所在浦城县东阳乡冯家村发现的此类墓葬，墓道前端之“天井”已经变为喇叭状，据发掘者推测，其时代大致应该在西汉晚期至新莽时期；内蒙古和林格尔东汉壁画墓时代为东汉晚期），已基本被第二类“间隔式天井”所替代。

目前发现的“连通式天井”墓葬，除徐州狮子山汉墓为依山而凿的石室墓、内蒙古和林格尔壁画墓为砖室墓外，其他全部为斜坡墓道土洞木椁墓。临潼上焦村秦墓的主人有学者认为是被秦二世、赵高合谋迫害致死的“秦始皇的宗室或大臣”〔26〕；狮子山汉墓规模庞大，尽管屡遭盗掘，但仍出土了大量的玉器等高规格随葬品，据发掘者推测可能为第三代楚王刘戊之墓〔27〕；内蒙古和林格尔壁画墓的主人曾先后任“西河长史、行上郡属国都尉、护乌桓校尉等职”，应“秩比二千石”〔28〕；西北国棉五厂三分厂 M5、H6 出土有铜鼎（2）、铜鉴、铜盘、铜匜、铜熏炉、铜温酒炉、铜釜、铜车马饰及仿铜陶礼器等，且具备“外藏椁”系统，墓主地位应不低于“五大夫一级”〔29〕；其他几座墓葬也多具备一棺一椁，身份地位应与白鹿原汉墓之二、三类墓葬相当，处于官秩五百石左右的地方下层官吏至千石左右的县令之间〔30〕。由此，这类墓葬中的“天井”应是某一特定群体（大夫一级）身份地位的象征，它来源于战国至汉初流行的竖井墓道土洞木椁墓，而连接“天井”的斜坡墓道或可看作是“僭越”之俗的表现。

战国以前，等级观念尚有一定的约束力，只有天子、诸侯才有资格享用斜坡墓道

---

〔26〕 同注〔5〕。

〔27〕 同注〔17〕。

〔28〕 同注〔19〕。

〔29〕 同注〔6〕。

〔30〕 同注〔8〕。

等高等级葬制，所谓“天子有隧，诸侯以下有羡道”[31]，一般中下层贵族只能悬柩而下。战国以后，随着社会的不断变革，礼法、等级观念也日益松弛，部分中、下层官吏便借着“僭越”之风的盛行，仿效诸侯王或列侯葬制，在竖井墓道一端增设长斜坡墓道，以显示其身份的尊贵。西汉文景以后，随着“节俭”之风的日益盛行，中小型墓葬中所采用的具有省功、省力、安全、方便等优点的土洞墓形式，也逐渐被部分响应“节俭”号召的中上层官吏所接受，这便是“连通式天井”型墓葬出现的背景。

上焦村秦墓和徐州狮子山楚王陵的等级较高，墓葬中“天井”的出现应该与“僭越”风习的盛行或响应“节俭”号召无关，它的出现或许与其主人的遭遇不无关系。上焦村秦墓的主人为秦始皇的宗室或大臣，遭秦二世、赵高等迫害致死；第三代楚王刘戊则因参与“七国之乱”兵败而被“削爵、除国”，后自杀于昌邑南。他们死后的丧葬规格与变故前应享受的待遇应该有很大的差距，而作为悬柩通道的“天井”或许就是这种差距在丧葬中的一种体现。

关于徐州狮子山楚王陵中的“天井”，有学者认为“是墓葬建制中‘前朝后寝’制度的反映，‘天井’代表前厅，象征着朝廷中的议事厅”[32]。但在徐州地区其他楚王陵以及全国目前已发掘的30余座诸侯王或列侯级墓葬中，斜坡墓道附带“天井”的现象仅此一例。徐州狮子山楚王墓中“天井”的作用，尚有待更多考古发掘资料的佐证。

第二类“间隔式天井”墓目前仅发现于陕西关中和河南洛阳地区，均为汉代墓葬。关中地区目前发现的有：西安北郊西北医疗器械厂西汉早期M170（陈请士墓，图二，3）、西安绕城高速公路东段西汉中期M14、M36（图二，1）、西临高速公路临潼段西汉中晚期M15（1）、西安东郊白鹿原西北国棉五厂自建村西汉中期M17（图二，2）、西安秦川机械厂西汉中晚期M35、西安南郊净水厂新莽时期M51（图二，4）等；洛阳烧沟发现的墓葬主要有M114（图二，5）、M28B、M147、M148等。

此类墓葬中的“天井”与魏晋南北朝、隋唐时期墓葬中流行的“天井”形制、位置相差不大，斜坡墓道与“天井”之间上有生土隔梁、下有过洞。不同的是，魏晋南北朝至隋唐时期天井与墓室之间均设有过洞，而汉代除洛阳烧沟发现的少数东汉墓葬与甬道相连外，其他均与墓室直接相连。关中地区发现的此类墓葬中，西安绕城高速公路东段M14、M36、西临高速公路M15（1）三座墓葬所带“天井”同为横长方形（相对于斜坡墓道而言），宽度大于斜坡墓道，且与墓室直接相连，不同于魏晋南北朝至隋唐时期流行的“天井与墓室之间连有过洞”的状况；西安北郊龙首原西北医疗设备厂M170、国棉五厂自建村M17、西安南郊净水厂M51等墓“天井”平面则呈纵长方

[31]（唐）贾公彦疏《周礼·冢人》，见《周礼注疏》卷二十二。

[32]《秦兵马俑与汉兵马俑学术讨论会纪要》，《秦陵秦俑研究动态》，2001年4期。

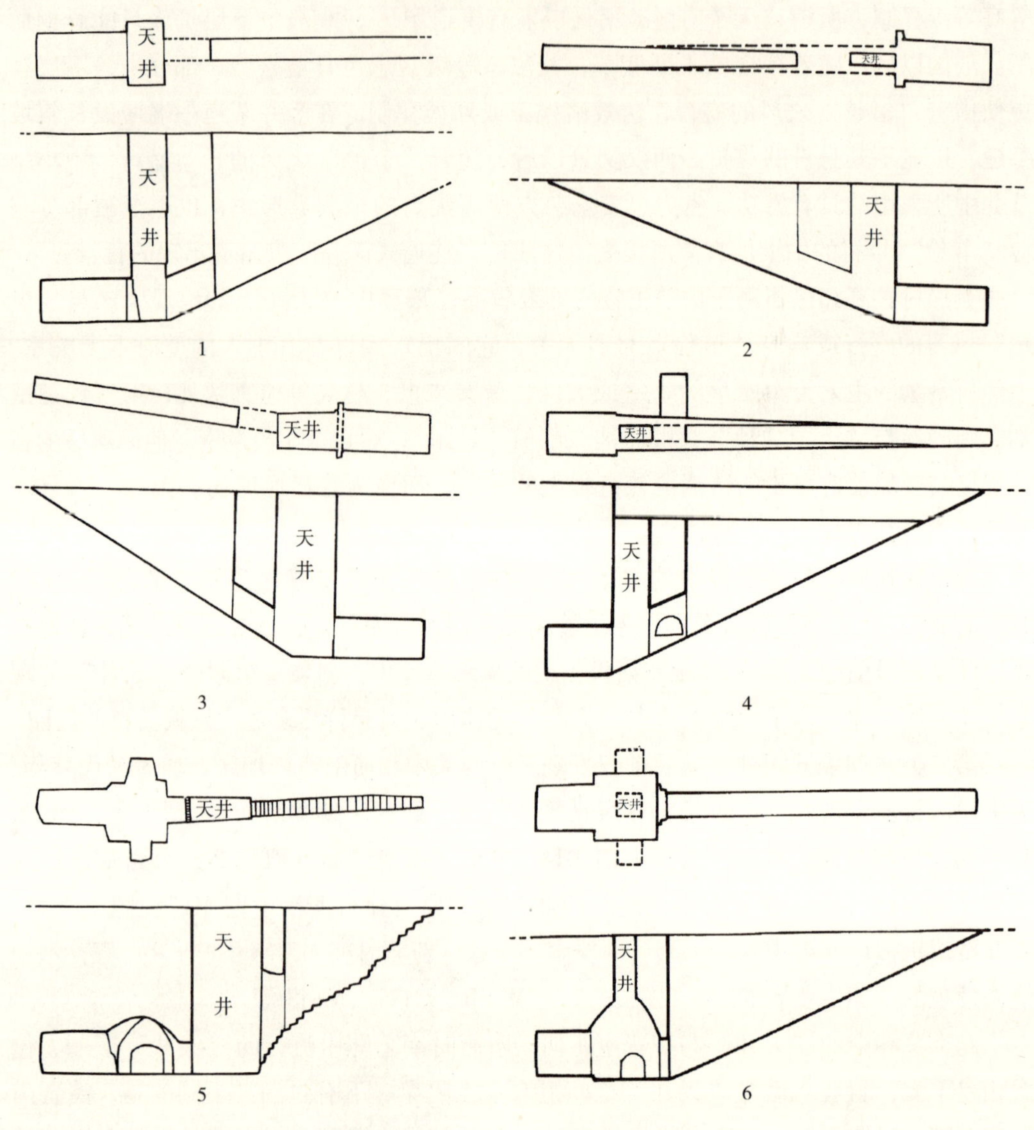

图二　第二、三类天井

1. 西安绕城高速公路 M36　2. 西北国棉五厂 M17　3. 西安北郊西北医疗设备厂 M170
4. 西安南郊净水厂 M51　5. 洛阳烧沟 M114　6. 西北国棉五厂 M8

形，方向与斜坡墓道一致，宽度一般小于斜坡墓道，与魏晋南北朝至隋唐时期的中、小型单“天井”墓葬形制基本相同（大、中型多“天井”墓的“天井”形状多为方形），只是“天井”与墓室之间缺少过洞或甬道。洛阳烧沟发现的东汉墓葬“天井”，无论是形制还是与斜坡墓道及墓室的连接方式，都与魏晋南北朝至隋唐时期的单“天井”墓几乎一致，只是“天井”一端（与墓室相背一端）连有台阶式墓道，且宽度与甬道基本相同（图二，5）。

根据墓葬出土遗物分析，一般情况下，以西安绕城高速公路东段 M36 为代表的带有横长方形“天井”、且宽度大于斜坡墓道及墓室的墓葬，其时代要略早于以西北国棉五厂自建村 M17、西安南郊净水厂 M51 等为代表的带有纵长方形“天井”，且宽度小于斜坡墓道及墓室的墓葬。前者出土有大量半两钱及武帝时期五铢，西临高速公路 M15（1），简报编写者将其时代确定为西汉元帝至新莽时期〔33〕，但从其出土陶钫、日光镜等情况看，或将其定位于西汉中期更为合适。反观带有纵长方形“天井”的墓葬，除西北医疗设备厂 M170（陈请士墓）被确定为西汉早期墓葬外（“天井”虽然呈纵长方形，但宽度大于斜坡墓道及墓室，与横长方形“天井”墓相同），其他几座均在西汉中期后段至新莽或东汉时期。其中关中地区发现的墓葬除西安南郊净水厂 M51〔34〕（单砖室墓，出土有釉陶壶、奁、罐、大泉五十、货泉等遗物，时代大致在新莽时期）、咸阳昭帝平陵东汉墓〔35〕（墓长 32 米，出土有铜钗、灯、环、当卢、釉陶壶、五铢、货泉等遗物，时代大致在东汉中期前后）时代稍晚外，其他几座墓葬均为西汉中期墓葬。而洛阳地区的同类墓葬，则未见有早至西汉或新莽时期者〔36〕（M114、M28B 稍早属东汉早期，其他三座墓葬均为东汉中晚期）。

在所有带有“间隔式天井”的墓葬中，西北医疗设备厂 M170（陈请士墓）与其他几座墓葬相比，天井宽度较大（宽度大于斜坡墓道），位置、形制、规模都与临潼上焦村秦墓 M11、M18 等墓葬接近，只是在斜坡与竖井墓道之间增加了生土隔梁（过洞），这或许正可说明，第二类“天井”是由第一类“天井”演变而来，其间生土隔梁的出现，大大减少了墓壁坍塌的可能性，在某种程度上也预示着社会生产力水平已经发展到了一个新的阶段。

带有第二类“天井”的墓葬形制与等级和第一类“天井”墓葬相似，关中地区多为规模相对较大的长斜坡墓道单室土洞或砖室墓。西安绕城高速公路东段 M14、M36，前者遭盗扰严重，但其形制、规模与西北国棉五厂三分厂 M5、M6 相类似，只是缺少墓道耳室（外藏椁），墓葬等级应略低；后者除墓葬规模较大外，还出土有铜鼎、铜壶、铜销、铜镜、铁釜、铁剑、铁弩机及大量铜钱等随葬品，其中铜鼎上所铸的“七年咸库工乙一斗”铭文说明墓主应属贵族之后，其等级应等同或略低于国棉五厂三分厂之 M5、M6 两墓〔37〕；其他几座墓葬无论规模，还是出土遗物也明显要高出其周围墓

〔33〕 同注〔12〕。
〔34〕 同注〔14〕。
〔35〕 同注〔16〕。
〔36〕 同注〔18〕。
〔37〕 同注〔8〕。

葬一等。洛阳烧沟地区发现的此类墓葬多为多室砖墓，墓葬等级明显与分布于其周围的竖井墓道土洞或小砖墓不同，而带有台阶的长斜坡墓道则从另外一方面说明了它的与众不同。由此，带有“间隔式天井”的墓葬与带有“连通式天井”的墓葬等级相当，但“天井”的功用却略有不同。这类“天井”除了象征某一群体的身份地位外，在施工安全（可以起到加固墓道两壁、防止坍塌）、出土方便（掏挖洞室时可以将土堆在“天井”内，然后在上口架设辘轳提取）等方面也具有很好的作用。

在长通道之间预留生土隔梁、其下穿凿隧道以加固两壁的方法，在汉代不仅应用于墓葬，修筑水渠时也常常利用。如汉武帝元光年间修龙首渠时就曾“发卒万人穿渠，自征引洛水至商颜山下。岸善崩，乃凿井，深者四十余丈。往往为井，井下相通行水。水颓以绝商颜，东至山岭十余里间[38]”。

第三类“天井”墓葬目前仅见于关中地区，主要有西安东郊白鹿原西北国棉五厂M8（图二，6）、M9、M18、M1，西安市灞桥区政府M13等。其“天井”的位置、形制与前两类都相差较大，平面均呈正方形，位置全部在穹隆顶前室的顶部，或将其称之为“天窗”更为恰当，此类“天井”在隋唐时期墓葬中亦偶有发现[39]，但其规模稍大，一般均与砖室相等。

从这几座墓葬的资料看，全部为前室穹隆顶、后室、侧室券顶的砖室墓，“天井”正好位于穹隆顶的正中，位置与汉时宫殿或寺院建筑中装饰于屋内顶部，象征高贵、庄严的“藻井”基本相当。其作用大致有三：

（1）掏挖土洞时取土方便。

（2）砖砌穹隆顶时施工方便。

（3）大凡能用大量砖材砌筑奢华墓葬者，恐怕其身份地位不会太低，由此，这种竖井墓道在某种意义上也是身份地位的象征。

其实，所有的先掏挖土洞，然后再以砖、石等建筑材料砌筑墓室顶部的墓葬，尤其是前室空间较高的穹隆顶墓中，在建造过程中应该在顶部正中都设有类似的“天井”，只是由于多数墓葬长期遭到水浸或破坏，顶部多已坍塌，使其原型无迹可寻。

由以上分析可知，秦汉墓葬中的“天井”，一般都出现于具有一定规模的墓葬中，其中前两类之间有发展、演变关系，并最终嬗变为魏晋南北朝至隋唐时期流行的象征庭院的“天井”。第三类“天井”不单是出于建造时出土、起券方便而出现的一种技术性附属设施，它在某种意义上也是墓主身份的象征。

---

〔38〕《史记·河渠书》。

〔39〕陕西省社会科学院考古研究所：《陕西咸阳唐苏君墓发掘》，《考古》1963年9期。

论汉代的因山为陵

李银德*

The Western Han mausoleums constructed in hills were quite different from the traditional ones built on the plain. It is quite possible that the Ba Mausoleum of Emperor Wen of the Western Han dynasty had a mined vertical pit. The mausoleums of the Western Han princes featured two types: one with a vertical pit dug on rock and a timber guo chamber, the other with a horizontal rock chamber different from the cliff-cave tomb. The construction of the Western Han mausoleums influenced the follows in the Eastern Jin dynasty, Southern Dynasties, especially Tang dynasty deeply.

西汉是我国封建社会非常重要的时期，其丧葬制度对后世产生了深远的影响。西汉一代，共有十一座帝陵，其中十座都是在平地挖出墓穴后覆土，并在其上夯筑巨大的覆斗形坟丘，但是文帝霸陵则例外。文帝于公元前180年即位，公元前179年概已营陵，公元前178年、公元前177年连续到霸陵巡视。霸陵在文帝亲自安排下，采用“因山为藏，不复起坟”的形制，并对汉代诸侯王陵墓和后世如唐代的帝陵等产生了深远的影响。但是这种葬制过去似乎没有引起足够的关注，本文拟对以文帝霸陵为代表的“因山为陵”及相关问题进行探讨。

一、霸陵的形制

霸陵在灞河的西岸，就其水名，因以为陵号。根据史料记载，其陵区和陵邑的位置基本清楚，“稠种柏树”于墓上，筑陵园围于其中，“周围三百丈”（《咸宁县志》卷十四）。陵园东门阙于永始四年（公元前13年）发生过火灾。《长安志》卷十一记载，陵庙位于霸陵的北部。经田野考古调查，霸陵在汉长安城未央宫前殿遗址东南28.5公里，位于西安东郊白鹿原东北隅，即今灞桥区毛西乡杨家屹嗒村，村民称为凤凰嘴。有关霸陵的形制及墓室的营建方法、建筑结构等因未进行考古发掘仍不清楚。有些学

* 作者系徐州博物馆研究员。

者根据同时代诸侯王同类墓葬的形制进行推测，其主要观点为霸陵为斩原为冢、凿崖为墓，亦即在白鹿原原头的断崖上凿洞为玄宫，其中以石砌筑，异常坚固[1]；也有学者根据《史记》的记载推测，霸陵是在断崖上开山凿洞之后，再用石材构筑玄室，是以北山石为椁[2]。笔者认为，史料记载简约，释读常生歧义，形制类似的诸侯王陵墓对霸陵的参证程度也值得重新审视。

（一）有关霸陵的史料记载

有关霸陵的史料记载，主要有下列几则。为了便于理解文义，并将诸家主要注文录出。

《史记·孝文本纪》：文帝“治霸陵皆以瓦器，不得以金银铜锡为饰，不治坟，欲为省，毋烦民。”“遗昭曰：‘霸陵山川因其故，毋有所改。……令中尉亚夫为车骑将军，属国悍为将屯将军，郎中令武为复土将军，发近县见卒万六千人，发内史卒万五千人，藏郭穿覆土示将军武。’”《集解》应劭曰：“因山为藏，不复起坟，山下川流不遏绝也。就其水名以为陵号。”《索隐》霸是水名。水经于山，亦曰霸山，即芷阳地也。“复土将军”《集解》如淳曰：“主穿圹填瘗事者。”《索隐》复音伏。谓穿圹出土，下棺已而填之，即以为坟，故云复土。复，返还也。又音福。

《汉书·文帝纪》所载相同，“乙巳，葬霸陵。”师古曰：“穿圹，出土下棺也。已而填之，又即以为坟，故云复土。复，反还也，音扶目反。”“自崩至葬凡七日也。霸陵在长安东南。”记载遗诏与《史记》同，其赞曰：“治霸陵，皆瓦器，不得以金银铜锡为饰，因其山，不起坟。”

《汉书·楚元王传》：“孝文皇帝居霸陵，北临厕。意凄怆悲怀，顾谓群臣曰：‘嗟乎！以北山石为椁，用纻絮斫陈漆其间，岂可动哉！’张释之进曰：‘使其中有可欲，虽锢南山犹有隙；使其中无可欲，虽无石椁，又何戚焉？’……孝文寤焉，遂薄葬，不起山坟。”服虔曰：“厕，侧近水也。”李奇曰：“霸陵山北头厕近霸水，帝登其上以远望也。”应劭曰：“斫，斩也。陈，施也。”孟康曰：“斫絮以漆著其间也。”师古曰：“美石出京师北山，今宜州石是也，故云以北山石为椁。纻絮者，可以纻衣之絮也。斫而陈其间，又从而漆之也。纻音张吕反。斫音侧略反。”师古曰：“有可欲，谓多藏金玉而厚葬之，人皆欲发取之，是有间隙也。无可欲，谓不置器（卫）【备】而薄葬，人无欲攻掘取之，故无忧戚也。锢谓铸塞也。云固南山者，取其深大，假为喻也。锢音固。”

《汉书·张冯汲郑传》：张释之“从行至霸陵，上居外临厕。……故谓群臣曰：‘嗟

〔1〕 刘庆柱、李毓芳：《西汉十一陵》，陕西人民出版社，1987年。
〔2〕 黄晓芬：《汉墓的考古学研究》，岳麓书社，2003年。

乎！以北山石以为椁，用纻絮斫陈漆其间，岂可动哉！’左右皆曰：‘善’。释之前曰：‘使其中有可欲，虽锢南山犹有隙；使其中亡可欲，虽亡石椁，又何戚焉？’文帝称善。”

《汉书·张汤传》云：“会有人盗发孝文园瘗钱。”如淳曰：“瘗，埋也。埋钱于园陵以送死也。”

《晋书·索琳传》云：“三秦人尹桓、解武等数千家，盗发汉灞、杜二陵，多获珍宝。帝问琳曰：‘汉陵中物何乃多邪？’琳对曰：‘汉天子即位一年而为陵，天下供赋三分之：一供宗庙，一供宾客，一充山陵。汉武帝飨年久长，比崩而茂陵不复容物，其树皆已可拱。赤眉取陵中物不能减半，于今犹有朽帛委积，珠玉未尽。此二陵是俭者耳。”

（二）霸陵形制的推测

根据上述史料记载，文帝的霸陵以自然山峰为坟丘，不再起山坟。墓内原拟以北山石为椁，则其陵墓为竖穴岩圹的可能性较大。这是因为：

首先，根据霸陵周围的山川形势，地势高差较大，沟壑较多。如果依崖或在断崖上开凿洞室，按照西汉早期已调查发掘的因山为陵的诸侯王墓形制，其墓道难于设置，无墓道则开凿、下葬较为困难。

其次，白鹿原的山体和具体陵墓开凿地点的岩石是否适合开凿洞室难于确定。实际上，只有优质石灰岩山体适合开凿洞室。花岗岩硬度大，页岩剥落严重，砂岩较软，都难于开凿大型洞室。霸陵需要远距离运北山石作石椁，秦始皇陵所用石料亦为“发北山之石”。根据调查和取样分析，秦始皇陵石铠甲陪葬坑出土的石铠甲片原料来源于渭北的富平县雷村与宫里镇之间的凤凰山一线〔3〕，可以看出骊山和霸陵附近缺少优质石灰岩。

第三，霸陵拟以北山石为椁，如果霸陵如其他西汉诸侯王墓那样开凿洞室，这种洞室本身就是“斩山作椁”，不需要再用北山石来作石椁。实际上，因山为陵的诸侯王横穴岩洞墓甚至连木椁也不再使用。只有竖穴岩圹墓不用巨石砌建石椁才使用木椁，如长清双乳山济北王墓〔4〕、扬州神居山广陵王墓〔5〕等。个别岩圹墓有既使用木椁也使用石椁的情况，如广州南越王墓外藏椁使用木椁，其余都用巨石垒砌成石椁（室），

---

〔3〕陕西省考古研究所、秦始皇兵马俑博物馆：《秦始皇帝陵考古报告（1999）》，科学出版社，2000年。

〔4〕山东大学考古系、山东省文物局、长青县文化局：《山东长清县双乳山一号汉墓发掘简报》，《考古》1997年3期。

〔5〕梁白泉：《高邮天山一号汉墓发掘侧记》，《文博通讯》32期。

不再使用木椁，即以石椁代替木椁[6]。史料中还有其他关于石椁的记载。《礼记·檀弓》有昔者夫子居宋，见桓司马自为石椁，三年不成，不如速朽之语。《吴越春秋·阖闾内传》载其葬女滕玉，有凿池积土，文石为椁之说。根据已发现春秋时期的绍兴越王陵[7]、苏州真山大墓[8]等，表明这一时期贵族大墓使用竖穴岩圹辅以石块垒砌的方法，记载的石椁应大抵如是。无论从史料记载还是从考古发掘资料，都表明岩洞墓内不再使用石椁，只有竖穴墓才使用石椁。与以北山石为椁相类似的还有《史记·秦始皇本纪》记载秦始皇陵“下铜以致椁”；《汉书·楚元王传》载其“石椁为游馆”，“棺椁之丽，宫馆之盛，不可胜原”。关于石椁游馆，李奇曰：“圹中为游戏之观也。”师古曰：“多累石作椁于圹中，以为离宫别馆也。”这与文帝欲“以北山石为椁，用纻絮斫陈其间”略同，都是以石为椁，再使用铜或纻衣之絮锢塞石隙，使椁室达到更坚固的目的。秦始皇陵为竖穴墓葬，已为考古调查资料所证实，是无疑义的。

第四，文帝的遗诏中，包含了一项重要的内容，为我们了解其墓葬形制提供了重要线索，即使用三万一千名士卒藏郭穿覆土，以郎中令张武为覆土将军。如此数量众多的士卒穿覆土，作为横穴岩洞墓且不起坟应无如此大的覆土工程量。

此外，稍晚的资料也可以为我们了解霸陵的形制提供些许线索。《长安志》卷十一引《关中记》记载，霸陵之上“为池，池有四出道以泻水”。根据已发现的帝王陵墓未见其上有池的遗迹，或即墓室塌陷或盗掘所遗之坑。有些依山为陵虽有凿水沟防止雨水冲刷封土或墓道的现象，但仅限于与主峰相连的一侧凿出水沟，如徐州楚王山汉墓[9]、驮篮山汉墓[10]等，都是一条水沟，并无四出水道。即使如秦始皇陵，也只是在封土南与骊山相连的部分修建弧形阻、排水设施[11]。因此霸陵上即使有池，也应非建陵时所为。横穴岩洞墓的上面都是自然山峰或封土，其上是不可能凿池的。据明代何仲默《雍大记》记载：“至元辛卯（1291年）秋，灞水冲开霸陵外羡门，冲出石板五百余片。”外羡门是墓道门，用石板封堵的方法与楚王山汉墓相同。岩洞墓的墓道一般用巨型塞石封堵，河水冲刷也难以使其移动。

综上根据史料记载和西汉诸侯王同类陵墓的形制推测，文帝的霸陵不排除其为竖

---

〔6〕 广州市文物管理委员会、中国社会科学院考古研究所、广东省博物馆：《西汉南越王墓》，文物出版社，1991年。

〔7〕 浙江省文物考古研究所、绍兴县文物保护管理局：《印山越王陵》，文物出版社，2002年。

〔8〕 苏州博物馆：《真山东周墓地——吴楚贵族墓地的发掘与研究》，文物出版社，1999年。

〔9〕 资料现存徐州博物馆。

〔10〕 邱永生等：《徐州驮篮山西汉墓》，《中国考古学年鉴（1991）》，文物出版社，1992年。

〔11〕 陕西省考古研究所、秦始皇兵马俑博物馆：《秦始皇陵园2000年度勘探简报》，《考古与文物》2002年2期。

穴岩（土）圹的可能，甚至比横穴岩洞墓的可能性更大。

二、诸侯王“因山为陵”的形制

有关汉代诸侯王因山为陵的形制，汉代的史料中所付阙如。因此对汉代诸侯王因山为陵形制的认识，过去是由考古工作者根据其地理环境和墓葬的建造方法、结合文帝霸陵的有关史料记载提出的，虽然也曾指出过竖穴岩圹的王陵为“以山为陵”〔12〕，但是主要指西汉诸侯王大型横穴岩洞墓。实际上，根据文帝霸陵的有关文献记载，我们认为因山为陵的关键应该是“因山”，至于是否“起坟”和是否“以……山石为椁”均非主要因素。应该说，文帝霸陵因山为陵的渊源非常清楚，即源自楚地多山地区的因山为葬。早在春秋时期，楚地的大中型墓葬就选择在低缓的山丘顶部，凿岩建墓，如绍兴的越王陵、苏州的真山大墓等。这种葬地的选择可以达到墓穴无兔狐侵扰、下不及泉、无洪水冲刷之忧，少覆土而自崇的目的。文帝霸陵不起坟是出于薄葬的目的，说明其原应起坟，表明文帝的霸陵基本上是对春秋战国时期楚地依山而葬的继承，摒弃了汉兴以来在平地起坟、工程浩大的惯例。

汉代的诸侯王虽贵为王侯，但其身份和财力自然无法与汉帝相侔，无法建造如帝陵那样规模巨大的陵墓，因此依山为陵不啻为简便、经济的一种方法，也是一条捷径。当然，汉代的因山为陵并非简单的继承，一方面继承楚地的竖穴岩圹墓的形制；另一方面又有所创新，即将战国时期中原地区和关中秦墓中的土洞墓成功地使用在因山为陵中，形成诸侯王因山为陵大型横穴岩洞墓的形制。而这两种形制的具体使用更主要取决于诸侯王国的地理环境因素，即是否有适合开凿大型横穴岩洞墓的山体。因此，西汉诸侯王的因山为陵、凿山为藏的形制应包括凿山而建的竖穴岩圹墓和横穴岩洞墓。即在地表上，有起坟与不起坟的区别；在地下，有竖穴岩圹与横穴岩洞墓的差异。

（一）竖穴岩圹墓

因山为陵中的竖穴岩圹墓，史料有对楚王、南越王的记载。

《后汉书·郡国志》彭城县志引《北征记》：“城西二十里有山，山有楚元王墓。”《水经注·获水》记载：“获水又东径同孝山北，山阴有楚元王冢，上圆下方，累石为之，高十余丈，广百步许，径十余坟，悉结石也。”根据这段记载，楚元王冢有封土，封土形制为上圆下方，而且封土周缘还有石块垒砌。调查表明郦道元所载基本正确。楚元王冢位于今徐州市铜山县大彭镇楚王山北麓，是一座大型竖穴岩圹墓，墓缘原垒砌条石现已不存。楚元王即西汉楚国元王刘交，刘交于汉高祖六年（公元前201年）

〔12〕 长沙市文化局文物组：《长沙咸家湖西汉曹嫘墓》，《文物》1979年3期。

封楚国，文帝元年（公元前179年）薨。如果上引记载不误，刘交墓是西汉时期最早的因山为陵的诸侯王陵墓，较文帝的霸陵早15年。

《水经注·浪水》引晋人王范《交广春秋》曰："越王赵佗，生有奉制称藩之节，死有秘奥神秘之墓。佗之葬也，因山为坟，其垅茔可谓奢大，葬积珍玩。吴时遣使发掘其墓，求索棺柩，凿山破石，费时损力，卒无所获。"南越王赵佗之墓虽未发现，但已发掘的南越王赵眛之墓为竖穴岩圹墓，墓葬的上部岩土早被削平，是否有封土难以确认，从传说其上有"朝汉台"推测应为封土。赵佗墓"因山为坟"，考虑到偏于岭南的南越国王陵的继承性和赵眛墓雄踞象岗之颠的事实，赵眛陵墓应该就是"因山为坟"。

这种因山为陵、凿山为藏的竖穴岩圹诸侯王陵墓，主要发现于广陵国、梁国〔13〕、楚国〔14〕、济北国、昌邑国〔15〕、甾川国〔16〕、燕国〔17〕、长沙国〔18〕和南越国等（图一）。陵址一般选择在山势相对平缓的山丘上（图二），便于开凿巨大的竖穴岩圹。文帝与窦皇后虽然合葬于同一陵区，但有各自的陵园。诸侯王也都采取同一陵区同茔异穴合葬，但由于地表破坏严重，是否分别建设陵园及陵区内的整体布局尚不清楚，有些王陵如长沙象鼻嘴M1、望城坡M1有从葬坑。

该型陵墓地表都夯筑巨大的坟丘，仅个别例外，如文帝霸陵。竖穴岩圹一般都大致呈方形，其封土也大都为覆斗形。由于位于山丘顶部，封土又较高大，为防止封土受雨水冲刷倒塌，楚元王墓墓缘还以石垒砌；双乳山济北国刘宽王陵原覆斗形封土底边亦有石砌墙体。

竖穴岩圹墓沿袭战国的传统，一般由斜坡墓道和墓室组成，个别如甾川国较为特殊，使用竖穴墓道、甬道和洞室。葬具都使用巨大的椁室。这些椁室又有木椁、黄肠题凑木椁、石椁和在同一座陵墓中木、石椁混用的不同（图三）。使用木椁的济北王刘宽墓有五重棺椁，使用黄肠题凑的木椁墓以神居山广陵王墓为代表，采用"黄肠题凑"、"梓宫"、"便房"之制，即由外藏椁和正藏椁组成。南越王赵眛墓则外藏椁用木

〔13〕河南省文物考古研究所：《永城西汉梁国王陵与寝园》，中州古籍出版社，1996年；河南省商丘市文物管理委员会、河南省文物考古研究所、河南省永城市文物管理委员会：《芒砀山西汉梁王墓地》，文物出版社，2001年。

〔14〕徐州博物馆、南京大学历史系考古专业：《徐州北洞山西汉楚王墓》，文物出版社，2003年。

〔15〕山东省菏泽地区汉墓发掘小组：《巨野红土山西汉墓》，《考古学报》1983年4期。

〔16〕潍坊市博物馆、昌乐县文管所：《山东昌乐县东圈汉墓》，《考古》1993年6期。

〔17〕王鑫、程利：《石景山区老山汉墓》，《中国考古学年鉴（2001）》，文物出版社，2002年。

〔18〕湖南省博物馆：《长沙象鼻嘴一号西汉墓》，《考古学报》1981年1期；曹砚农、宋少华：《长沙发掘西汉长沙王室墓》，《中国文物报》1993年8月22日。

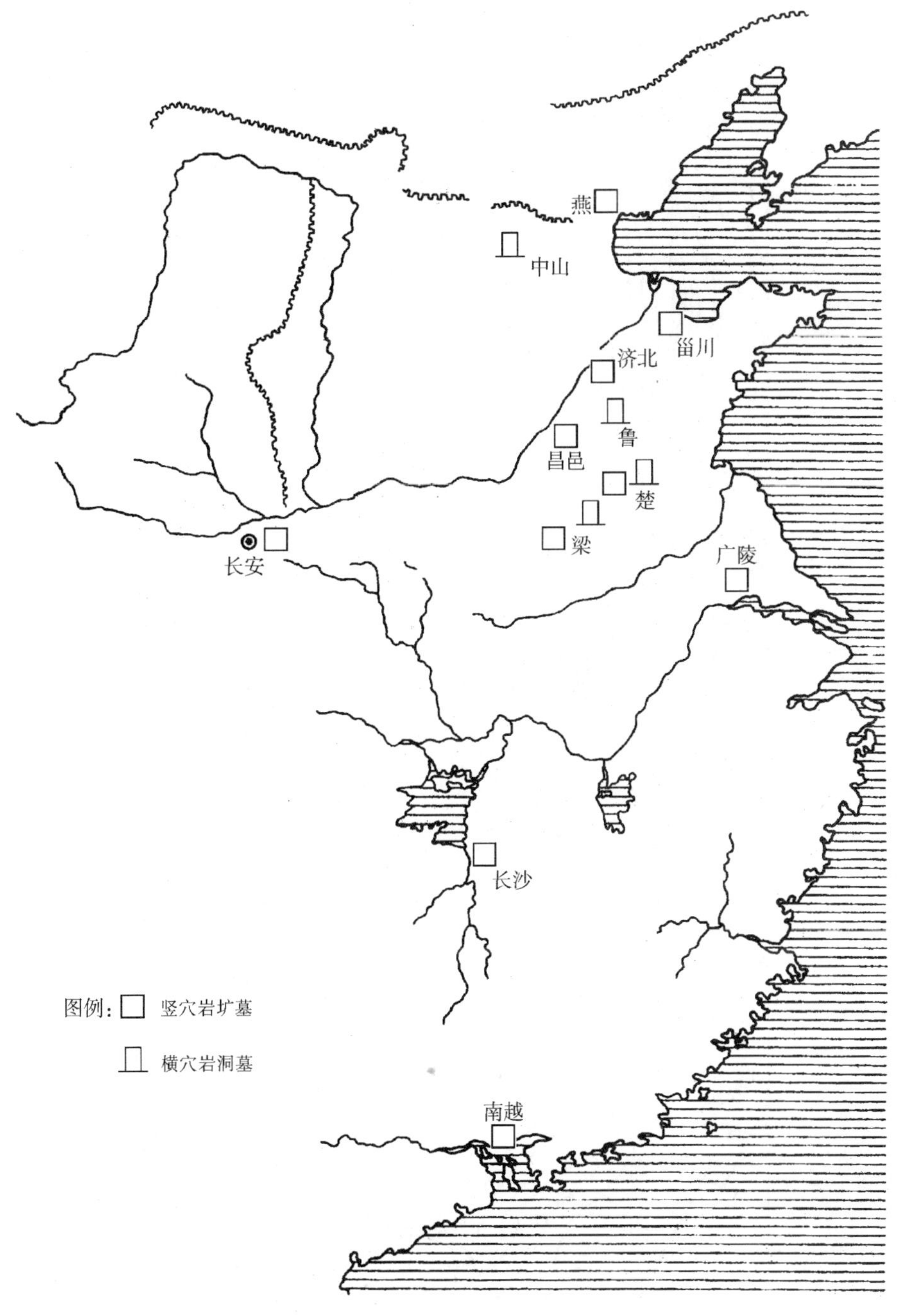

图一　西汉帝、王因山为陵分布示意图

椁，正藏部分用巨石砌成椁室和开凿出个别洞（椁）室。全部使用石椁的有山东巨野昌邑国、昌乐东圈的淄川国王陵和梁国的窑山、僖山王陵。在建造方法上又各不相同，

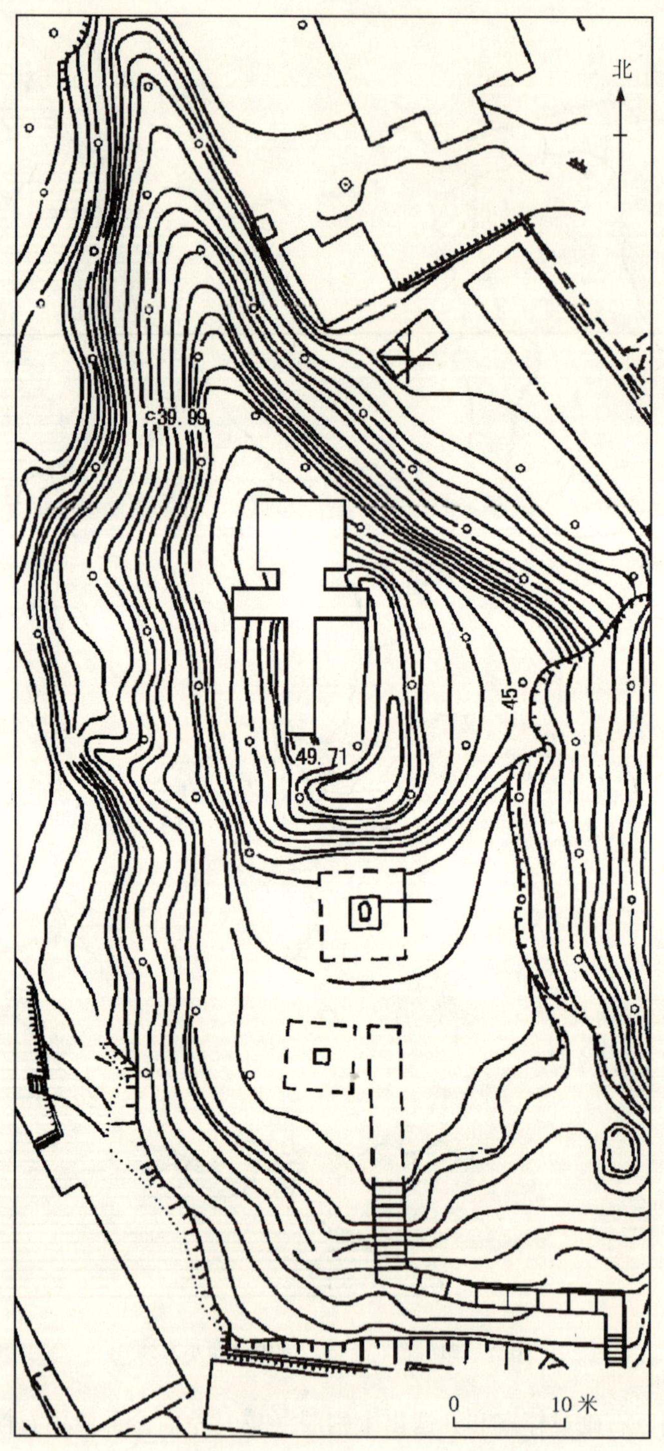

图二　象岗南越王墓地形图

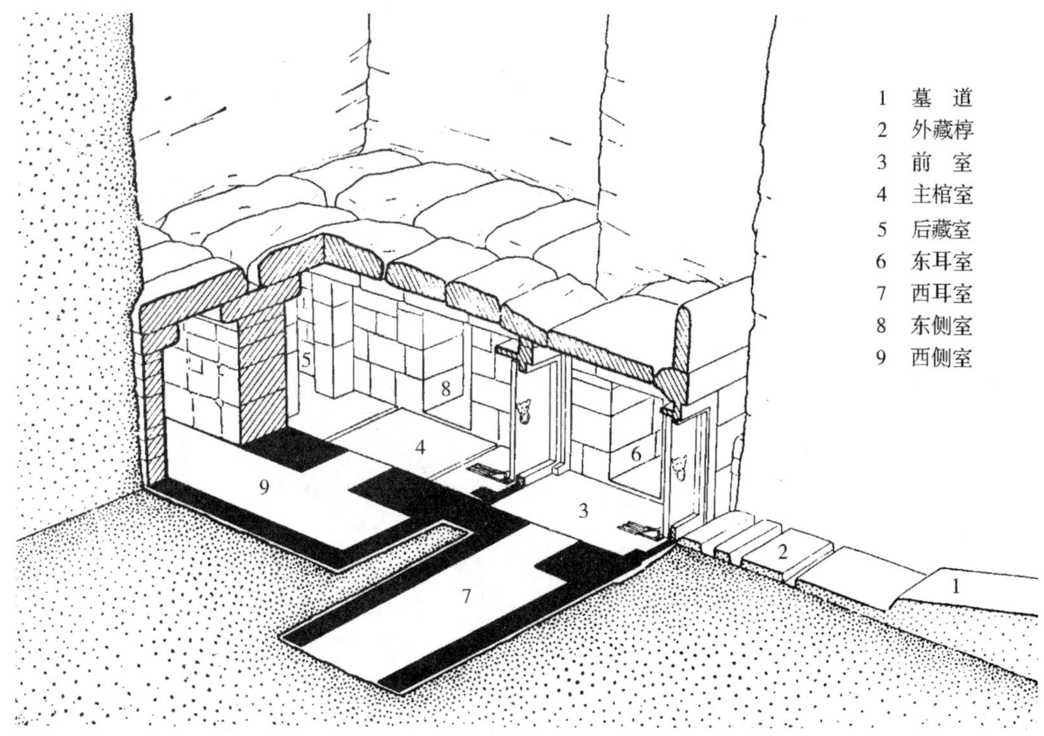

图三 南越王墓椁室透视图

昌邑王陵四壁用块石垒砌，其顶部先以木封盖再用石块盖顶；甾川王后墓用石板砌建甬道，开凿出岩洞椁室；梁国王陵则以大型石板砌建，虽然形制上更像"室"，也有学者将其称为凿山竖穴石坑洞室和凿山竖穴石室[19]，实际上仍是石椁。有的王陵中部分椁室，南越王赵眜墓的前椁室还绘制大型云气纹彩画。

（二）横穴岩洞墓

西汉诸侯王大型横穴岩洞墓是发现数量较多，但地域并不广泛的因山为陵的另一种类型。主要集中在梁、楚、鲁[20]和中山国[21]，尤以楚、梁国数量最多。

大型横穴岩洞墓史料亦有记载。《史记》索引《述征记》："砀有梁孝王之冢。"郦道元《水经注》卷二十三记载："（砀）山有梁孝王墓，其冢斩山作椁，穿石为藏。"根据考古发掘，梁孝王陵墓是一座依山为陵的大型横穴岩洞墓，并与李后墓并排、各

〔19〕 黄展岳：《汉代诸侯王墓论述》，《考古学报》1998 年 1 期。

〔20〕 山东省博物馆：《曲阜九龙山汉墓发掘简报》，《文物》1972 年 5 期。

〔21〕 中国社会科学院考古研究所、河北省文物管理处：《满城汉墓发掘报告》，文物出版社，1980 年。

踞山峰而建。孝王墓道前端有陵寝建筑，陵园四周有垣墙，设园门，是一座地上建筑遗迹和地下墓室都保存较好的诸侯王陵园。

建造这种依山为陵的大型横穴岩洞墓，各诸侯王国对陵址的选择囿于自然环境而又不完全相同（图四）。梁国虽然富比京师，但因境内仅有芒砀山可供选择，余地不大，因此西汉13座梁王陵只能局促在10平方公里的大小7个山头上，先葬者选择较高的山头，后葬者只能选择低矮的山丘，虽然都有各自的陵园，但园垣迂曲复杂。鲁国则因国小地贫，王陵都集中开凿在同一山峰上，相互间仅相距十数米，应共同使用一个陵园及寝园建筑。中山国刘胜和窦绾陵墓的陵寝建筑尚不清楚。楚国因汉初有特殊的政治地位和雄厚的经济实力，楚都彭城周围多山的地理环境使楚国王陵择山游刃有

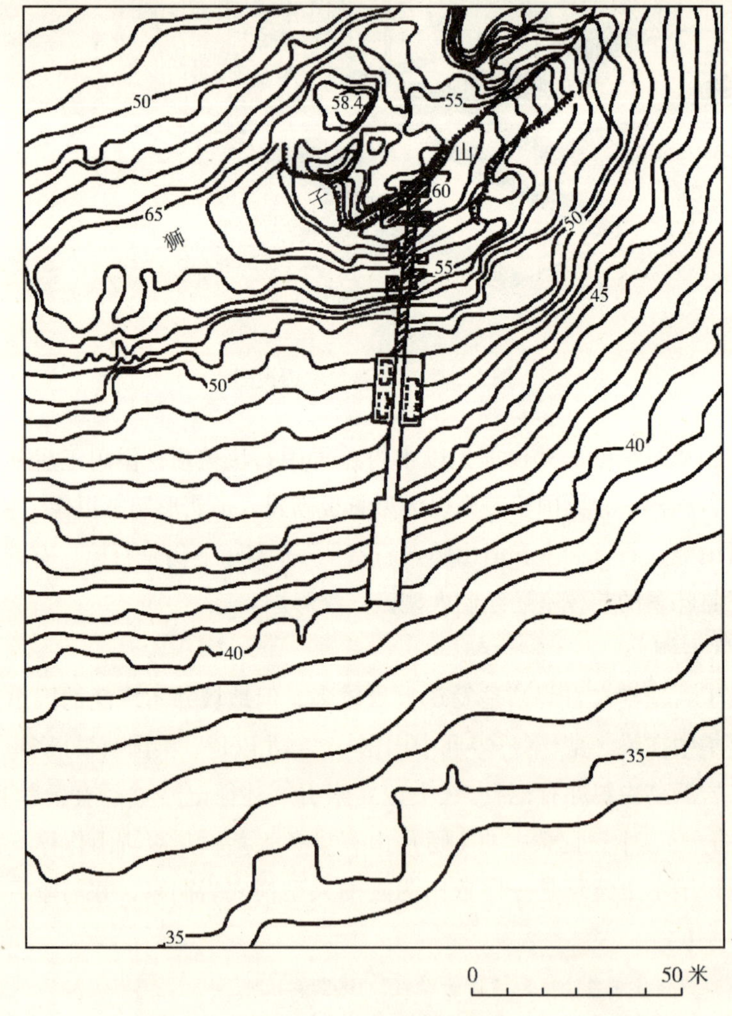

图四　横穴岩洞墓（徐州狮子山楚王陵）地形图

余，每个楚王都有独立的山峰建造王陵，雄踞一方。根据调查和考古发掘，这种大型横穴岩洞墓一般都实行王、后同茔合葬，在同一陵区内有各自的陵园或共用一个陵园，如梁孝王与李后陵园内出土的“孝园”瓦和“梁后园”铜印章可以为证。有夯筑的垣墙，设园门。陵园内有寝园（庙）类建筑和丛葬坑，个别王陵还有数量较多的兵马俑坑。其中最具代表性的是梁孝王和李后的陵园，是陵园布局保存较为完好的诸侯王陵墓。

诸侯王大型横穴岩洞墓开凿的地下部分一般由露天墓道、甬道和墓室组成。根据墓内各室放置的随葬品表明的功能和建筑式样，该型王陵地宫是“斩山”做成的一个巨大的石椁，基本仿自诸侯王的宫殿。有些墓室内四壁和顶部遍涂朱砂、澄泥或部分墓室顶部绘制大型彩色壁画。西汉中期以后，楚、鲁和中山等国王陵的部分墓室内还砌建木构瓦顶建筑。根据该类陵墓中的朱书和刻铭，这些地下宫室都有专门的名称，如墓道和甬道的塞石称“王陵塞石”（九龙山汉墓），有“郎中”宿卫（北洞山汉墓），甬道称“筒道”（狮子山汉墓）〔22〕，车马库称为“东车”、“西车”，墓内还有“东宫”、“西宫”、“旁（房）”、“户”等（梁王李后墓）。

这种穿石为藏的诸侯王陵墓仿王国宫殿建筑最直观、设施最全面的是楚国北洞山西汉楚王墓，墓主人为第五代楚王——楚安王刘道（公元前150年～前129年）。墓葬由主体墓室即王宫主体建筑和附属墓室即王宫附属建筑组成（图五）。墓道前段有双阙，阙内墓道两壁凿出七个壁龛，龛内置彩绘执兵背箭箙俑，以象征楚国的王宫宿卫。墓道和甬道两侧设府库，甬道后端设前堂后寝及生活设施厕间等。附属墓室设武库、仓库、乐舞庭、厕（盥洗）间、天井、水井、凌阴、臼房、柴房等，是一组庞大的地下陵墓建筑群，反映出楚王宫殿建筑的多种式样和丰富多彩的使用功能，表明墓内各室完全是按照楚王宫内的建筑布局进行设计和开凿的。

在西汉诸侯王因山为陵的墓葬中，竖穴岩圹墓出现的时间最早，如前所述徐州楚王山楚王墓。其使用的时间终西汉一代，如河南永城栖山梁王墓。为便于王、后同茔合葬，一般还尽可能选择相连或相毗邻的两个山丘。这种因山为陵是否起坟的演变规律为：因山为陵西汉早期一般都起坟，文帝霸陵遗诏才不起坟。楚国王陵至汉武帝前期仍然起坟，梁国王陵可能一直保持起坟的传统。但楚、鲁、中山国因山为陵、凿山为藏的横穴岩洞墓西汉中期以后均不再起坟。在各诸侯王国，横穴岩洞墓与竖穴岩圹墓使用和演变的规律并不完全相同。楚国是由竖穴岩圹墓逐步向横穴岩洞墓演变，如从楚王山竖穴岩坑墓向狮子山竖穴岩圹及横穴岩洞墓室、再向驮篮山横穴岩洞墓演

---

〔22〕　狮子山楚王陵考古发掘队：《徐州狮子山西汉楚王陵发掘简报》，《文物》1998年8期。

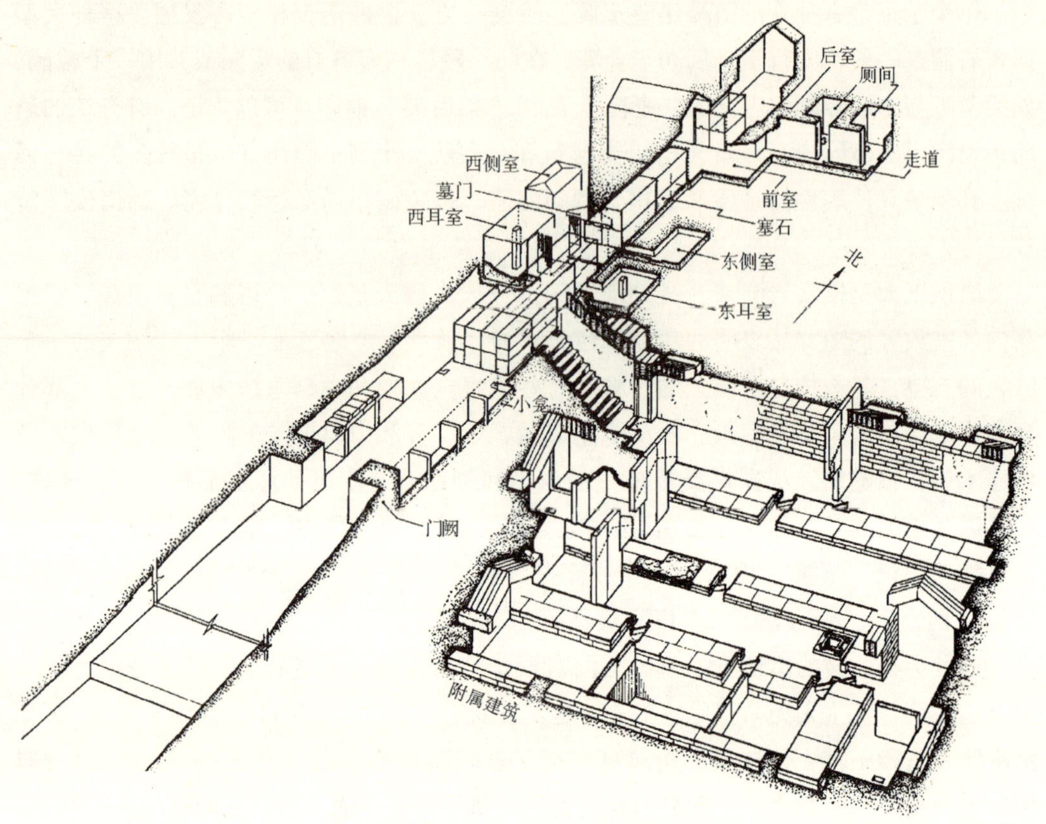

图五　徐州北洞山楚王墓透视图

变[23]；而梁国则由横穴岩洞墓向竖穴岩圹墓发展。也有一些混合型，即兼具竖穴岩坑墓和横穴岩洞墓特点的王陵，如昌乐东圈留川王后墓、北洞山楚王刘道墓和南越王赵昧墓等。

还必须指出，这种汉代帝、王因山为陵的墓葬形制并非诸侯王所独有。在楚国、梁国、留川国的列侯、刘氏家族成员和王国的高层成员也使用这种墓葬形制，即在山丘的顶部开凿竖穴岩圹或竖穴岩洞墓。这些墓葬顶部亦有较大的封土，有些甚至还有石砌墓垣。如竖穴岩圹墓有芒砀山黄土山三号墓、徐州九里山宛朐侯刘埶墓[24]；竖穴岩洞墓有安徽阜阳稽山汉墓[25]、徐州龟山丙长翁主墓和韩山刘婷墓[26]、临淄益都稷

〔23〕 梁勇：《从西汉楚王墓的建筑结构看楚王墓的排列顺序》，《文物》2001年10期。

〔24〕 徐州博物馆：《徐州西汉宛朐侯刘埶墓》，《文物》1997年2期。

〔25〕 刘海超、杨玉彬：《安徽涡阳稽山汉代崖墓》，《文物》2003年9期。

〔26〕 南京博物院：《铜山小龟山西汉崖洞墓》，《文物》1973年4期；徐州博物馆：《徐州韩山西汉墓》，《文物》1997年2期。

山汉墓[27]等。虽然如此，我们仍不宜将其归入因山为陵的形制。这是由于其缺乏史料记载，两者的规模、墓主人的身份等都存在很大差异的缘故。

三、因山为陵的名称

有关因山为陵的名称，有学者称为山陵型。山陵较早就作为诸侯国君的代称，如《战国策·触龙说赵太后》即有“一旦山陵崩”等语。《风俗通》曰：“陵者，天生自然者也，今王公坟垄称陵。”《水经注疏》引《地理志》曰：“秦名天子冢曰山，汉曰陵，故通曰山陵矣。”其实将凡是帝王陵墓都通称为山陵，确实太过宽泛，忽视了其中的类型差异，也不便于深入研究。

因山为陵的霸陵和诸侯王陵墓一直被称为崖墓，似乎不够严谨科学。崖墓的名称起始较早，是我国西南部地区四川以及云南、贵州部分地区，在江河两岸面水背山的峭壁和山坡上，距水面几米至几十米不等处凿洞而葬的一种较具地方特点的墓葬类型[28]，也已成为约定俗成的名称。其实崖墓在造墓时就已有“崖柱”、“崖棺”等题记，南宋时洪适在《隶释》中就有记载，至少在20世纪40年代初就已使用这一名称[29]。而诸侯王因山为陵墓葬正式发掘和被称为崖墓是1972年从满城中山靖王刘胜墓开始的，当时称为“大崖墓”[30]，1973年被称为崖洞墓（铜山龟山），近年还被称为石崖墓（见《芒砀山西汉梁王墓地》），有时为强调其规模，也被称为巨型崖洞墓、大型崖洞墓等。

崖墓与依山为陵中的横式岩洞墓有诸多的区别，甚至本质上的区别。其时代、墓主人的身份、墓内入葬者的人数甚至对地形的选择都不相同。崖墓主要流行于东汉至六朝，延续时间达500年之久；墓主人的身份不很高，墓内聚族而葬，往往入葬祖、父、子、孙数辈人，人数众多；地形喜择沿江绝壁高崖处，常常顺山坡往上分几层阶梯开凿，形成几十座至几百座聚葬的墓群；排列上鳞次栉比、大小高低错落相间，地面上一般无其他遗迹或建筑。而西汉诸侯王大型横穴岩洞墓与之完全不同，两者都称为崖墓，容易引起混乱是显而易见的。其次，根据考古学定名的原则，墓葬的名称一般包含的要素有：墓穴（道）的形制、墓穴所在的地理状况和棺椁的材质等，如（斜坡墓道）竖穴土圹木椁墓、竖穴土圹洞室（砖室）墓等，绝没有称为土墓者。因而将

[27] 罗勋章：《临淄益都县稷山西汉墓》，《中国考古学年鉴（1986年）》，文物出版社，1988年。

[28] 罗二虎：《四川崖墓的初步研究》，《考古学报》1988年2期。

[29] 杨枝高：《四川崖墓考略》，《华文月刊》第一卷6期，1942年。

[30] 中国科学院考古研究所满城发掘队：《满城汉墓发掘纪要》，《考古》1972年1期。

依山为陵的横穴岩洞墓称为崖墓也不符合考古学定名的原则。如果凡在山峰上开凿洞室墓都称为崖墓，那么不同时代的竖穴岩洞墓、唐代依山为陵的帝陵都应被称为崖墓，必将会引起更大的混乱。

崖，高峻意。既可以表示山，又可以是土塬，其强调的是天然地势。如前所述，崖墓不仅名称不科学，而且也不能包括依山为陵中的竖穴岩圹墓。我们认为定名为横穴（式）岩洞墓较为准确。因为与传统的墓葬结构形制竖穴土洞墓相比，土洞墓往往有斜坡或竖穴墓道，而这类墓葬的墓道却是横向开凿的，且为帝、王所独有，不会引起混淆，又与竖穴岩圹墓相对应。采用定语“横穴”还可以避免与大量中小型竖穴岩洞墓混淆。建议用岩而不用石作为名称要素，岩强调的是山石本身。岩是自然状态的山体，石则是可以移动的石块、石板等，而且易于与考古学已经定名的石棚、石室、石棺、石椁混淆。我们也不采用横穴式洞穴墓的名称，因为洞穴是自然形成的，未经人工开凿，如天然溶洞等。

我们还注意到，梁孝王李后墓墓道、甬道内塞石上刻铭有“崖工禄”、“佐崖工婴”等。但塞石040706有“佐崖厚二尺广三尺六寸袤五尺”等铭刻，表明此处的崖即塞石，崖工即开凿塞石之工匠，而与陵墓本身的名称无关。

四、因山为陵对后世帝陵的影响

西汉帝王陵墓的因山为陵，对后世的帝王陵墓产生了深远的影响。

西晋帝陵“不封不树”，只载陵号，不记陵。东晋帝陵亦“不树不封”，但东晋安帝司马德宗的休平陵在富贵山南麓中部，依山而建，地宫凿山而成，即先在山麓距地表9米处开凿一长35、底宽6.85、口宽7.5、深4.3～7米的墓坑，然后建筑墓道、封门墙、甬道与墓室。墓道也是在岩石上开凿的长方形露天坑道，其前又有排水沟，共长87.5米。与其相距400米处还曾发现晋恭帝玄宫石碣[31]，其依山、凿岩建墓与汉代竖穴岩坑墓略同，仅是将岩圹从山顶下移至山坡而已，汉代依山为陵中的竖穴岩坑型的痕迹依稀可辨。

南朝宋、齐、梁、陈的陵墓分别在南京、丹阳、江宁，陵多依山修建。齐陵择地三面皆山，坐北朝南，有“太师椅”之说，与满城中山王刘胜陵墓周围的山势完全相同。

汉代帝王陵墓的形制对唐代产生了极为重要的影响，汉代依山为陵在唐代得到直接的继承。唐代帝陵有两种类型：一类是堆土成陵，即选择高阜之地，深挖墓室，堆

〔31〕　南京博物院：《南京富贵山东晋墓发掘报告》，《考古》1966年4期；李蔚然：《南京富贵山发掘晋恭帝玄宫石碣》，《考古》1961年5期。

土夯筑陵冢；另一类即是“因山为陵”，即选择形胜山峦，凿岩建墓，与汉代依山为陵中横穴岩洞型基本相同，此为唐代山陵的主要形制。唐代十八座帝陵中有十四座依山为陵，仅有四座为积土为陵。唐太宗长孙皇后“请因山而葬”，虞世南在为其撰写的碑文中说：“今因九嵕山为陵。”唐太宗亦“看九嵕山孤耸回绕，因而傍凿，可置山陵处”。史载昭陵玄宫建在山腰南麓，穿凿而成。缘山傍岩架梁为栈道，长230步，玄宫深75丈，石门五道。“宫室制度宏丽，不异人间。”葬毕栈道拆除，使陵与外界隔绝。昭陵由此开创了唐代“因山为陵”的先河。唐代因山为陵的海拔高度和相对高度均较汉代为高，选择巍峨峭拔的圆锥形山峰，陵域广阔。陵园仿都城长安格局设计，绕山筑城，有内、外两重城垣。其陵园建筑比汉代更加丰富，城内有诸多殿宇楼阁组成的规模宏大的建筑群，四门之外和神道两侧有众多硕大精美的石雕群。乾陵可谓唐代依山为陵的代表，也由此形成定制。其墓葬玄宫坐北朝南。墓道呈斜坡形，“埏道”长63.1、宽2.75~3.78米，用39层厚石条填封，石条左右间用燕尾形细腰铁栓板嵌连，上下间凿洞以铁棍贯穿，再以铁锡水灌注，与石条固为一体，十分坚固〔32〕。封堵的方法与满城汉墓的“砖墙铁壁”基本相同，但是更加坚固。

明、清时期也受汉代因山为陵的影响，帝陵的选址将因山逐渐演变为倚山，墓圹也不再凿岩为圹，但我们仍可将其视为汉代帝王陵墓因山为陵中竖穴岩圹型的留风余韵。

五、结　语

综上所论，西汉时期帝王陵墓的因山为陵，以楚国最早。文帝的霸陵，根据史料记载和同时期诸侯王陵墓考古资料分析，竖穴岩（土）圹墓的可能性较大。这种因山为陵有两种类型：即竖穴岩圹型和横穴岩洞型，前者又有起坟和不起坟的差异，后者“斩山作椁”不应被称为崖墓。两种形制贯穿整个西汉，各诸侯王国使用的时间先后不尽相同，甚至在同一座墓葬中使用两种形制。汉代因山为陵中的横穴岩洞墓对唐代帝陵产生极其深刻的影响，而竖穴岩圹墓对后世如东晋、南朝、明、清各代帝陵陵址依山的选择都不无影响。

---

〔32〕 陕西省文物管理委员会：《唐乾陵勘查记》，《文物》1960年4期；陕西省考古研究所：《唐顺陵勘查记》，《文物》1964年1期；陕西省文物管理委员会：《唐桥陵调查简报》，《文物》1966年1期；刘向阳：《唐代帝王陵墓》，三秦出版社，2003年。

西汉楚王陵墓形制研究

周保平[*] 刘照建[*]

As the most important kingdom in the Western Han dynasty, the Chu Kingdom went through twelve kings and more than 210 years. To date thirteen mausoleums of Chu princes and their consorts were excavated in eight sites, and it is the largest mausoleum group among all discovered Western Han prince burials. From the beginning of the Western Han dynasty to Wang Mang's interregnum period, the tomb tunnel, vaulted passage and tomb chamber of the Chu mausoleums transformed regularly, indicating the rising and fall of the Chu Kingdom as well as the change of the politics, economy and culture of the Western Han dynasty.

目前考古发现、发掘的西汉诸侯王陵墓有40多座，主要有江苏徐州汉楚王陵墓群〔1〕、河北满城中山靖王刘胜夫妇墓〔2〕、山东曲阜九龙山汉鲁王墓群〔3〕、广州南越王墓〔4〕、河南永城汉梁王墓群〔5〕、湖南马王堆汉墓群〔6〕、北京大葆台汉墓等〔7〕。

这些陵墓以丰富多彩的丧葬形式展示着汉代劳动人民的聪明才智，向人们述说着这一时代的发展轨迹和社会风俗。其中尤以徐州西汉楚王陵墓发现最多、最具系列、最能反映出这一时代诸侯王陵墓的变化，在考古学中具有十分重要的学术意义。本文试通

---

* 作者周保平系徐州市文物管理委员会办公室副研究员；作者刘照建系徐州博物馆馆员。

〔1〕 狮子山楚王陵考古发掘队：《徐州狮子山西汉楚王陵发掘简报》，《文物》1998年8期；韦正、李虎仁、邹厚本：《江苏徐州市狮子山西汉墓的发掘与收获》，《考古》1998年8期；《博大精深，蔚然壮观——徐州西汉楚王陵考古发掘侧记》，《中华文化画报》1996年3、4期。

〔2〕 中国社会科学院考古研究所、河北省文物管理处：《满城汉墓发掘报告》，文物出版社，1980年。

〔3〕 山东省博物馆：《曲阜九龙山汉墓发掘简报》，《文物》1972年5期。

〔4〕 广州市文物管理委员会等：《西汉南越王墓》，文物出版社，1991年。

〔5〕 河南省文物考古研究所：《永城西汉梁国王陵与寝园》，中州古籍出版社，1996年；郑清森：《芒砀山西汉梁国王陵墓葬相关问题初探》，《考古与文物》2001年3期。

〔6〕 湖南省博物馆、中国科学院考古研究所：《长沙马王堆一号汉墓》，文物出版社，1973年；湖南省博物馆、中国科学院考古研究所：《长沙马王堆二、三号汉墓发掘简报》，《文物》1974年7期。

〔7〕 北京市古墓发掘办公室：《大葆台西汉木椁墓发掘简报》，《文物》1977年6期。

过对西汉楚王陵墓形制的研究来探讨西汉诸侯王崖洞墓的发展变化，以就正于方家。

一

首先就汉代崖洞墓加以说明。本文所说的西汉诸侯王崖洞墓，是指西汉时期诸侯王在山上岩石内开掘的竖穴或横穴的墓葬，它与四川一带发现的东汉时期在悬崖上建造的崖洞墓是两个概念。其实从严格意义上讲，西汉诸侯王在山上岩石内开掘的竖穴或横穴的墓葬，不能称其为崖洞墓，应称其为岩坑墓、岩洞墓比较适宜。不过目前考古界一般习惯于称其为崖洞墓，本文姑且这样称呼。

墓葬是人类文明进程发展到一定程度的产物，是出于人们对死亡的理解。古人认为，人死后灵魂没有死亡，并将永存，所以要采取墓葬的形式把死者的尸体保存起来。根据迄今的调查发掘，中国至迟在旧石器时代晚期已有墓葬。到新石器时代，墓葬已形成一定的制度，墓圹一般为长方形或方形的竖穴土坑。有些地区已使用木棺作葬具，构成木椁。商代，氏族和统治阶级的权力反映到墓葬中，墓葬的阶级、等级差别加大，出现了大型的统治阶级陵墓，其形制多样，有四面各有一条墓道的“亚”字形墓、两面各有一条墓道的“中”字形墓，还有只有一面有一条墓道的“甲”字形墓。但商代绝大多数墓葬都是没有墓道的长方形竖穴土坑墓。西周的墓制承袭商代。诸侯、贵族墓葬的形制主要有“中”字形和“甲”字形，但绝大多数墓也都是仅有长方形的墓室，不设墓道。墓葬等级进一步制度化。贵族夫妻合葬的方式为夫妻分别葬在两个互相紧邻的墓坑中，即所谓的“异穴合葬”。到了春秋、战国时代，这种异穴合葬的制度更为常见。

从春秋晚期开始，随着铁器的使用，人们对土壤和山石开掘与搬运的速度加快，墓葬的形制也随之产生一定的变化。这一时期的墓葬在地面以上出现了坟丘，坟墓之实终于落定〔8〕。首次出现了开凿在丘陵岩石中的墓葬，如湖北随州曾侯乙墓〔9〕。重棺继续流行。值得注意的是，这一时期在关中、中原地区战国晚期的小型墓中，出现了横穴式的土洞墓，意味着商周以来的传统竖穴墓葬形制发生了变化。

西汉前期，横穴墓渐被使用，到西汉中期普遍流行，此后通行于整个封建社会。

据目前的考古调查与发掘所知，“依山为陵”的崖洞墓首先兴起于西汉的诸侯王陵

〔8〕《礼记·檀弓上》郑玄注：“土之高者曰坟。”扬雄《方言十三》：“葬而无坟谓之墓。”

〔9〕湖北省博物馆：《曾侯乙墓》，文物出版社，1989年。

墓[10]，并很快从竖穴发展到横穴，终西汉一代而消失。至东汉，诸侯王不再“依山为陵”，而是“平地起坟”。

西汉楚国是诸侯国中封国最早、沿袭时间最长、国力最强、与中央关系最密切的封国之一。自高祖六年（公元前201年）刘邦立其同父异母弟刘交为楚王，至孺子婴初始元年（公元8年）王莽废西汉最后一代楚王刘纡，国除，共历12代楚王，210年（表一）[11]。西汉初年，高祖刘邦杀白马为誓，在位时共封了11个同姓王。这些王国中，初以齐国的地位最为显赫。齐王刘肥是刘邦儿子中年龄最长的一个，其封国最大，位置最重要。据《汉书·高五王传》载，当时的齐国“王七十余城，民能齐言者皆属齐”，并以中央军功最高的曹参为齐相，统以重兵。楚国的地位仅次于齐国。秦末，刘交曾随同刘邦一起反秦，后又历经楚汉战争，至刘邦即帝位，刘交是刘邦的贴身心腹，

表一　西汉楚国（刘氏）世系年表

序号	楚　王	在位年限	在　位　时　间	谥号
1	刘交	23年	高祖六年至孝文元年（公元前201年～前179年）	元王
2	刘郢客（刘郢）	4年	孝文二年至孝文五年（公元前178年～前175年）	夷王
3	刘戊	21年	孝文六年至孝景三年（公元前174年～前154年）	
4	刘礼	3年	孝景四年至孝景六年（公元前173年～前151年）	文王
5	刘道	22年	孝景七年至元光六年（公元前150年～前129年）	安王
6	刘注	12年	元朔元年至元鼎元年（公元前128年～前116年）	襄王
7	刘纯	16年	元鼎元年至天汉元年（公元前116年～前100年）	节王
8	刘延寿	32年	天汉元年至地节元年（公元前100年～前69年）	
9	刘嚣	25年	黄龙元年至阳朔元年（公元前49年～前24年）	孝王
10	刘文	1年	阳朔元年至阳朔二年（公元前24年～前23年）	怀王
11	刘衍	21年	阳朔二年至元寿元年（公元前23年～前2年）	思王
12	刘纡	10年	元寿元年至初始元年（公元前2年～公元8年）	

注：刘注以前依《史记·汉兴以来诸侯王年表》；刘注起依《汉书·诸侯王表》。

---

〔10〕徐州楚王山楚王墓为第一代楚王刘交的墓葬，刘交下葬于汉初孝文元年（公元前179年）。此墓为竖穴式崖洞墓，也是目前所知最早的崖洞墓，它比文帝“因其山，不起坟”的霸陵（公元前156年）要早20多年。

〔11〕汉高祖五年，刘邦封韩信为汉第一代楚王，在位仅一年，是为异姓王，在此不计。

“常侍上，出入卧内，传言语诸事隐谋”。当时的楚国“王薛郡、东海、彭城三十六县”〔12〕。楚国的封地虽只有齐国的一半，但刘邦死后，齐国被一分再分，尽失原来的强大。西汉初年梁孝王时，梁国的国力也曾盛极一时，但仅一代而终，梁孝王死后其国一分为五，实力大减〔13〕。而楚国在高祖刘邦死后，文景二帝“尊崇元王，子生，爵比皇子。景帝即位，以亲封元王宠子五人”〔14〕。所以在汉初，楚国一直在诸王封国中保持显贵的地位。后虽有刘戊参与吴楚“七国之乱”、刘延寿叛乱，其封地略被减削，国一度被除，但其封国一直延续到西汉末。这是西汉任何一个封国所无与比肩的。

二

西汉楚国共封袭12代楚王，到目前为止，在徐州市周围已发现发掘了8处、15座楚王和王后墓，均为石室崖洞墓。对于这8处楚王陵墓的时间先后及墓主归属，许多专家和学者经过从多个角度研究和探讨，意见基本一致（表二）。这一系列崖洞墓跨越210年的时间，使我们能清楚地看到它们的形制变化。

表二　发现发掘的西汉楚王墓序列表

序号	墓葬名称	发掘时间	所在地点	墓主	王后墓	备注
1	楚王山楚王墓	尚未发掘	徐州市西郊大彭镇	元王刘交		有陪葬墓3座
2	狮子山楚王墓	1994年12月～1995年4月	徐州市东郊狮子山办事处	夷王刘郢客		其西北羊鬼山似为王后墓
3	驮篮山楚王墓	1989年11月～1990年5月	徐州市东郊金山桥开发区	刘戊	1座	
4	北洞山楚王墓	1986年9月～1986年11月	徐州市北郊铜山县茅村乡	安王刘道		其西南所谓司马桓魋墓疑为王后墓
5	龟山楚王墓	1981年～1982年	徐州市北郊九里区	襄王刘注	1座	
6	东洞山楚王墓	1982年	徐州市东郊金山桥开发区		2座	其南侧王后墓已毁
7	南洞山楚王墓	未经科学发掘	徐州市南郊城南开发区		1座	
8	卧牛山楚王墓	1980年2月	徐州市西郊大彭镇	刘纡		未发现王后墓

〔12〕《汉书·楚元王传》。

〔13〕《史记·梁孝王世家》载：“其后梁最亲，有功，又为大国，居天下膏腴也。地北界泰山，西至高阳，四十余城，皆多大县。”“多作兵器弩弓矛数十万，而府库金钱且百巨万，珠宝玉器多于京师。”

〔14〕同注〔12〕。

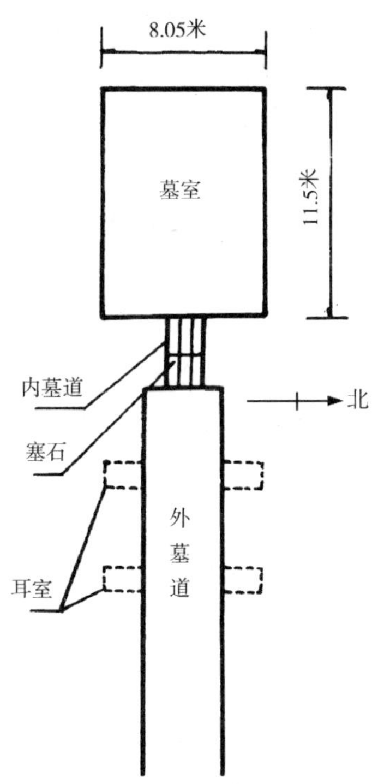

图一 楚王山汉墓平面示意图

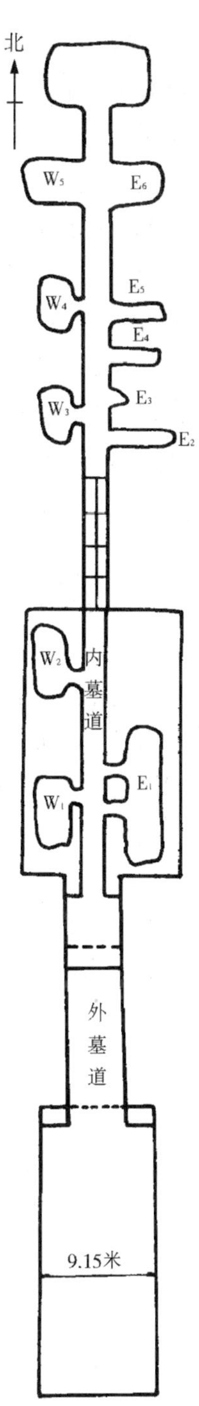

图二 狮子山汉墓平面示意图

（一）从竖穴到横穴

竖穴墓的历史前文已作简述。至西汉初，诸侯王仍沿用竖穴墓葬，在有条件的地方出现竖穴岩坑墓，但很快发生了变化，由竖穴发展到横穴。这从徐州楚王陵墓的变化中看得非常清楚。徐州市西郊楚王山北坡的楚王墓是第一代楚王刘交的陵墓。《后汉书·郡国志》引《北征记》曰："（彭）城西二十里有山，山阴有楚元王墓。"《魏书·地形志》亦曰：彭城有"楚元王冢"。《水经注·获水》："获水又东径同孝山北，山阴有楚元王冢，上圆下方，累石为之，高十余丈，广百许步，经十余坟，悉结石也。"同孝山即楚王山，当地人称之为霸王山，山阴有一凿山为藏的主墓葬，周围现有三座陪葬墓。从外观上看，主墓墓道东向，坐落在半山腰，墓上有高大的封土堆，其南面有人工开凿以防止山水冲刷封土的拦水沟。此墓未经发掘，但考古工作者曾对此墓的基本结构进行过初步勘察，该墓整体上为一从商周"甲"字形墓发展而来的竖穴崖洞墓（图一），分为内外墓道、耳室、主墓室几部分。楚元王刘交是在公元前179年前后下葬的，此后不久，楚王墓的形制即发生了变化。

1994年底至1995年初发掘的狮子山楚王墓，为一竖穴与横穴相结合的崖洞墓[15]。由内外墓道、天井（竖穴）、耳室、甬道、墓室（横穴）等组成（图二）。这座崖洞墓被普遍认为是第二代楚王刘郢客的墓葬，刘郢客死于公元前175年，与第一代楚王的下葬年代仅差4年[16]。但从墓葬形制看，此墓显然是竖穴崖洞墓向横穴崖洞墓

〔15〕 同注〔1〕。

〔16〕 有的同志认为狮子山楚王墓为第三代楚王刘戊的墓葬，依此说，此墓与第一代楚王下葬的年代相差也不过25年。

过渡的一个特例。其所谓的“天井”即为竖穴，墓室即为横穴。在随后的楚王墓中既没有竖穴崖洞墓，也没有这种带“天井”的墓葬形制出现。因此我们认为，西汉诸王崖洞墓从竖穴到横穴的演变发生于西汉孝文元年至孝文五年间，即公元前179年至公元前175年。这个变化是非常快的。狮子山楚王墓是迄今发现最早的横穴崖洞墓，远比河南永城梁孝王墓、广州南越王墓、河北满城中山靖王墓、山东曲阜九龙山鲁王墓早得多。

（二）墓道的变化

墓道出现于商代，一开始可能是出于下葬方便的需要，后来形成等级制度。经过西周、春秋战国，到了西汉，墓道已经成了一些大型墓葬固定的重要组成部分。西汉楚王崖洞墓墓道的变化主要表现在以下两方面。

1. 长度的变化

从第一代楚王刘交墓可以看出其墓道分内外两段，内墓道较外墓道稍有收缩，墓道紧连着墓室，塞石在内墓道中。但由于此墓未经正式发掘，墓道确切长度我们不得而知〔17〕。狮子山楚王墓是经过科学发掘的，给出了墓葬各个方面比较准确的数据。狮子山楚王墓全长117米，斜坡墓道全长67.1米。其后各楚王墓墓的长度与墓道的长度分别是：驮篮山一号墓全长53.74米，斜坡墓道长26米（图三）；二号墓全长51.6米，斜坡墓道长28.5米（图四）〔18〕。北洞山楚王墓全长77.65米，水平墓道分三段，从前至后依次内收，全长56米（图五）〔19〕。龟山楚王墓全长83米，北墓道呈前宽后窄的喇叭状，长10.5米，南墓道与北墓道相仿（图六）〔20〕。东洞山一号楚王墓全长61米，斜坡墓道长4.2米，二号墓墓道已毁，长度不清（图七）〔21〕。南洞山一号楚王墓全长80米，水平墓道长26.4米；二号墓全长约40米，水平墓道长26.1米

---

〔17〕 梁勇在《两汉文化研究》（第二辑）的《西汉楚王墓的建筑结构及排列顺序》一文中给出的楚王山楚王墓（一号汉墓）墓道的长度是约25米；周学鹰在《徐州汉墓建筑——中国汉代楚（彭城）国墓葬建筑考》一书中说此墓的“墓道坐西朝东，宽3米，长80余米”，又说此墓为“横穴崖洞墓”，似不确。笔者曾多次到此墓调查，据目测，此墓的墓道不可能有80米。

〔18〕 驮篮山楚王夫妇墓的考古发掘报告尚未发表，材料散见于《中国考古学年鉴（1991）》173页《徐州市驮篮山西汉墓》等。

〔19〕 徐州博物馆、南京大学历史系考古专业：《徐州北洞山西汉墓发掘简报》，《文物》1988年2期。

〔20〕 南京博物院、铜山县文化馆：《铜山龟山二号西汉崖洞墓》，《考古学报》1985年1期；尤振尧：《〈铜山龟山二号西汉崖洞墓〉一文的重要补充》，《考古学报》1985年3期；徐州博物馆：《江苏铜山县龟山二号西汉崖洞墓材料的再补充》，《考古》1997年2期。

〔21〕 徐州博物馆：《徐州石桥汉墓清理报告》，《文物》1984年11期。

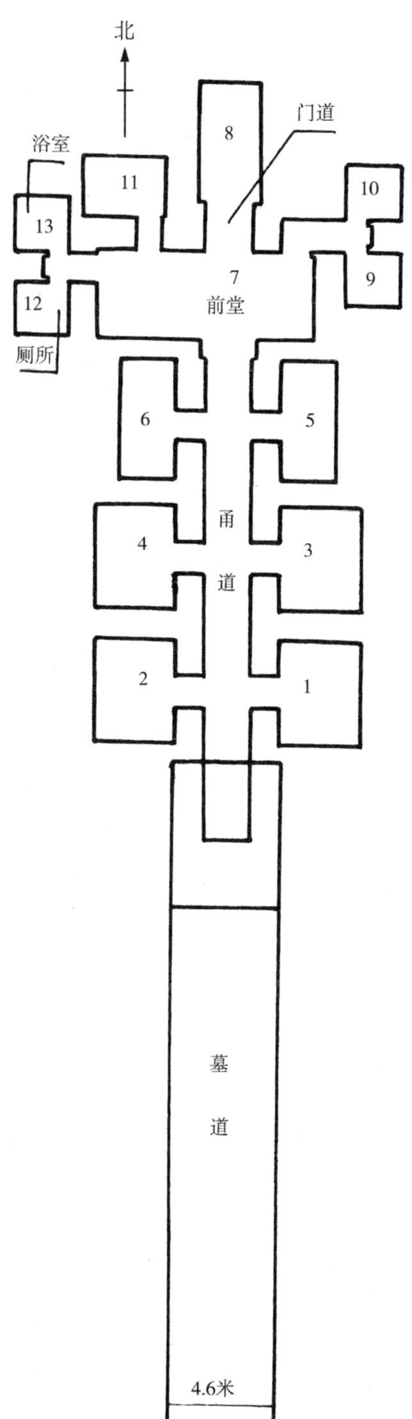

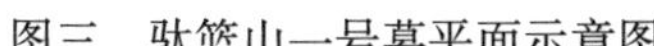

图三　驮篮山一号墓平面示意图

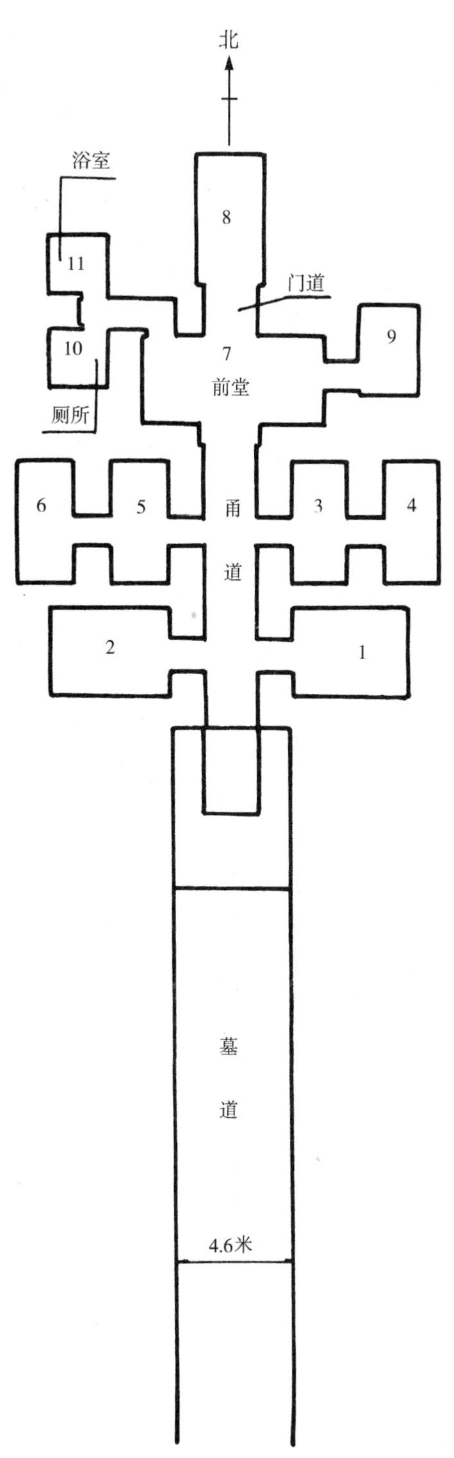

图四　驮篮山二号墓平面示意图

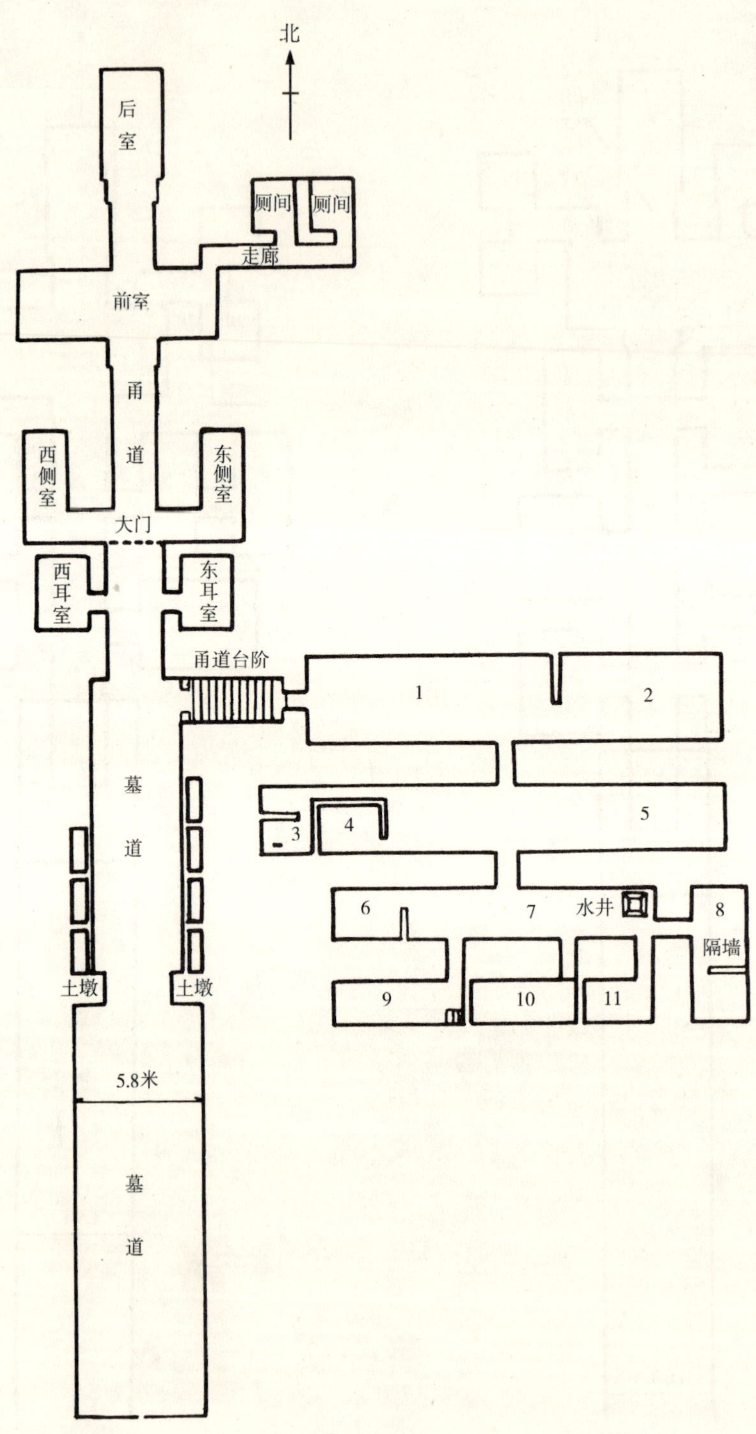

图五　北洞山汉墓平面示意图

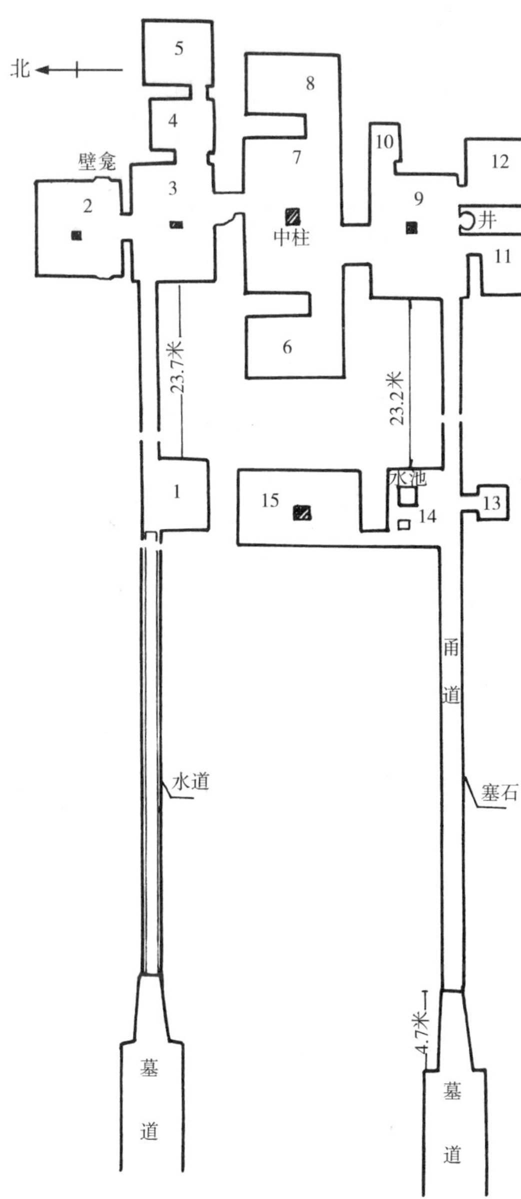

图六　龟山一号、二号汉墓平面示意图

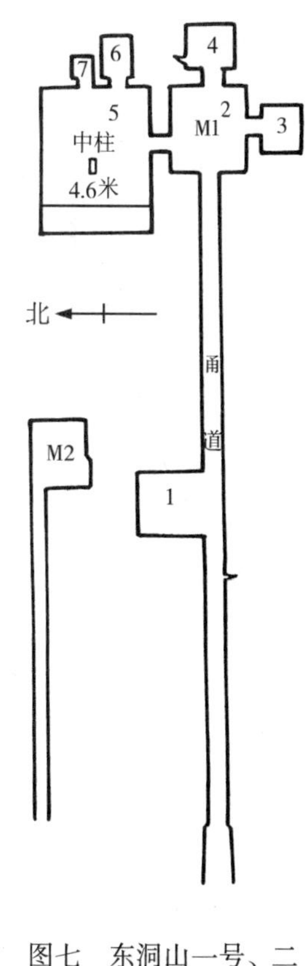

图七　东洞山一号、二号汉墓平面示意图

（图八）〔22〕。卧牛山楚王墓全长约 40 米，墓道长 18 米（图九）〔23〕。从以上数据看，西汉楚王横穴崖洞墓的墓道有由长变短的特征。

2. 宽度的变化

楚王山楚王墓墓道宽 4.5 米。狮子山楚王墓墓道前后三段分别宽 9.15、3.45、2.07 米。驮篮山一号墓墓道宽 4.6 米，二号墓墓道宽 4.68 米。北洞山楚王墓的水平墓道分前、中、后三段，宽度依次为 5.83、3.65 和 2.4 米。龟山楚王墓北墓

〔22〕 南洞山楚王墓早年被盗掘一空，未经科学发掘，一些数据散见于文物档案及一些文章中。

〔23〕 卧牛山楚王墓的发掘报告尚未发表，数据散见于文物档案及一些文章中。

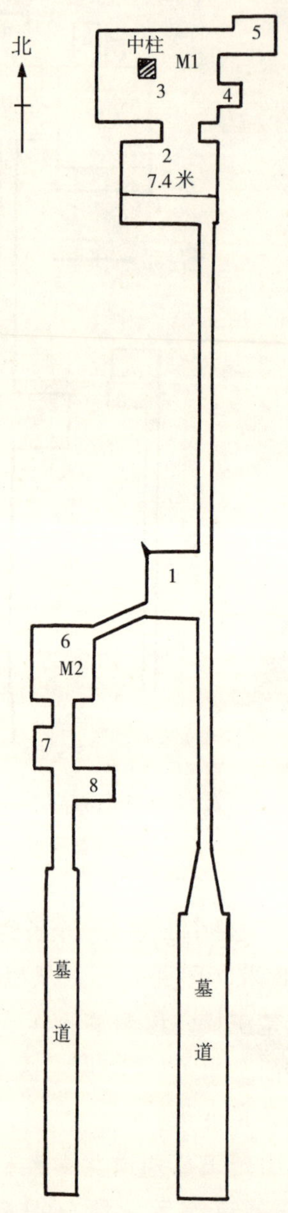

图八　南洞山一号、二号汉墓平面示意图

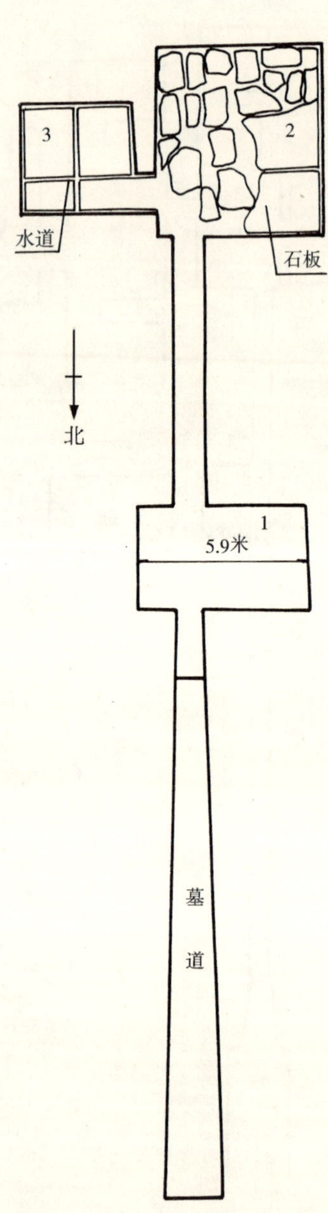

图九　卧牛山汉墓平面示意图

道呈喇叭状，宽度1.2～4米，南墓道与北墓道相仿。东洞山一号楚王墓墓道宽1.6米。南洞山一号楚王墓墓道宽3.4米。卧牛山楚王墓墓道呈喇叭状，宽1～2米。以上数据表明，徐州西汉楚王墓墓道的宽度，从早期到晚期有由宽变窄的趋向。

（三）甬道的变化

从中国墓葬的发展看，甬道出现较晚，大约在西汉初期，与横穴墓同时出现。以徐州楚王陵墓为例，第一代楚王刘交的墓葬——楚王山楚王墓因为是竖穴崖洞墓因而没有出现甬道。到第二代楚王刘郢客的墓葬——狮子山楚王墓，是一座由竖穴向横穴过渡形式的墓葬，随着横穴的出现，首次出现了甬道，从此形成定制，并不断发展变化。

1. 长度的变化

狮子山楚王墓甬道长35.6米。驮篮山一号楚王墓甬道长17.22米；二号王后墓甬道长10.58米。北洞山楚王墓甬道分前后两段，全长11.14米。龟山楚王墓北甬道长51.2米，南甬道与北甬道相仿，是西汉横穴崖洞墓中甬道较长的一座。东洞山一号楚王墓甬道长46米。南洞山一号楚王墓甬道长48.2米；二号王后墓甬道长11.75米。卧牛山楚王墓甬道长约2.4米。从以上数据分析，徐州西汉楚王墓的甬道约产生在孝文五年（公元前175年），前期的甬道与墓道相比相对较短。到汉武帝元鼎元年（公元前116年）的龟山楚王墓，甬道明显变长。与墓道相反，甬道整体上经历了一个由产生到逐渐变长的过程。但是由于自然、经济、政治诸因素的影响，变化并不十分规则。

2. 宽度的变化

宽度的变化从早到晚经历了一个从宽到窄的过程，变化较简单。狮子山楚王墓的甬道宽2米。驮篮山一号楚王墓甬道宽2.04米；二号王后墓甬道宽2.12米。北洞山楚王墓甬道前段宽2.14米，后段宽2.07米。龟山楚王墓北甬道宽1.06米，南甬道与北甬道相仿。东洞山一号楚王墓甬道宽1.2米。南洞山一号楚王墓甬道宽1.1米，二号王后墓甬道宽1.1米。卧牛山楚王墓甬道宽1.05米。我们看到，在汉武帝元鼎元年以前，甬道一般宽2米左右；龟山楚王墓开始，甬道的宽度变为1米左右，直到西汉末。

3. 关于塞石

塞石是用来封堵墓室的，最初的目的可能是隔绝阴阳两界，保护墓主不受鬼魅的侵犯，并不是完全为了防盗。据目前所知，最早出现塞石的墓葬似为楚王山楚王墓，约在西汉初年的孝文元年（公元前179年）。但这时的塞石形制较小，还不太规整（参见图一）。到了狮子山楚王墓，由于甬道的出现，塞石已比较规整。狮子山楚王墓的塞石放在墓门处——甬道的最前端，共4组，每组4块，呈双层双列放置，计16块。驮篮山一号楚王墓的塞石分5组，每组4块，双层双列，计20块；二号王后墓分3组，每组4块，双层双列，计12块。北洞山楚王墓前段塞石为1组，三层三列，共9块；后段塞石为2组，每组4块，双层双列，共8块。到了汉武帝元鼎元年下葬的龟山楚襄王墓，塞石的置放发生了变化。龟山楚王墓由于甬道变窄、变长，塞石也随之发生变化，南北两墓道的塞石均为13组，每组2块，双层单列，各26块。东洞山一号墓塞石的情况不清，二号墓仅有1组塞石，双层单列，计2块。之后的南洞山、卧牛山楚王墓的塞石情况亦不清，但从狭窄的甬道看，如有塞石，只有双层单列放置。

以上情况表明，塞石的变化以汉武帝初年为契点，此前由于甬道较短、较宽，壅塞也较短较宽。塞石一般是双层双列，组数1～5组不等。此后，由于甬道变长、变窄，塞石也随之变化，变双层双列为双层单列，组数最少的1组，最多的达13组。总的发展趋势是从双层双列到双层单列。但需要说明的是，从西汉早期到晚期，塞石的体量变化不大，一般都是长方体，截面为正方形，边长在1米左右，棱长2米左右。甬道的高度也变化不大，一般在2米左右。

（四）墓室的变化

各个楚王崖洞墓的墓室是仿照地面现实生活中的建筑而为，其功用也与地面建筑相仿，主要有前堂、后室、侧室、耳室等。但随着西汉国力的强盛、科技的进步，楚王墓的墓室结构也在发生着明显的变化，主要表现在以下几个方面。

1. 墓室内瓦木结构建筑的出现

在西汉大型横穴崖洞墓中，较大的墓室内常发现有瓦木结构的建筑，如河北满城中山靖王刘胜夫妇墓、徐州西汉楚王墓等。从徐州的楚王墓看，汉武帝以前的楚王墓如楚王山楚王墓、狮子山楚王墓、驮篮山楚王墓、北洞山楚王墓等，墓室内没有发现瓦木结构的建筑，棺椁是直接安放在石室中的。其中较晚的北洞山楚王墓，主体建筑的甬道和各室的室顶及墙面，均以石粉、黄泥等拌成黏合泥浆抹平，外髹漆，涂抹朱砂。整个墓室壁面极尽奢华。这种装饰实际上是使墓室更加接近地面建筑，是随后出现的室内瓦木结构建筑的前奏。从汉武帝元鼎元年（公元前116年）的龟山楚襄王刘注墓开始，横穴石室内出现了瓦木结构的房屋。龟山楚王墓以后的南洞山楚王墓、卧牛山楚王墓都发现有瓦木建筑结构的痕迹。河北满城中山靖王刘胜夫妇墓的下葬年代在汉武帝元鼎四年（公元前113年），后室有用石板搭建成的房屋，南北耳室、中室中也有瓦木结构一类的建筑[24]。该墓年代与龟山汉墓十分相近，也证明横穴崖洞墓内出现瓦木结构的建筑应在汉武初年。横穴崖洞墓内的瓦木结构建筑的出现，实际上是开启了后代建筑明器之先河。到西汉末期的卧牛山楚王墓，墓中不但出现了明器建筑，还出现了建筑明器——陶猪圈，标志着明器建筑向建筑明器的转变出现在西汉末年。

2. 墓柱的出现及变化

在西汉楚王崖洞墓中，墓柱亦出现在汉武帝初年的墓葬中，那就是北洞山楚王墓；北洞山楚王墓被学者们普遍认为是第五代楚王——楚安王刘道的墓葬。刘道葬于汉武帝元光六年（公元前129年）。此墓中，墓柱仅用于墓道近门处东西两侧的两间耳室，

---

〔24〕 同注〔2〕。

两耳室长、宽均为3.28米和2.35米，室内各有一截面长0.36、宽0.22米的长方体石柱，而其他一些较大的墓室则无石柱，可见，墓柱的运用还在初始阶段。

在北洞山以后的各楚王墓中，墓柱的使用普遍起来，并更加科学、趋于装饰性。如紧随其后的龟山楚王、王后墓中有五个较大的主要墓室使用了石柱（参见图六），这些石柱既起到了支撑墓顶的作用，又有一定的装饰作用。石柱均是在开凿墓室时因山石预留的，最大的墓柱在楚王墓的前堂，前堂面积为64.33平方米，是此墓中最大的一间墓室，墓柱位于墓室中间，截面为边长近1米的方形，石柱高4米，棱为直棱。王后墓的墓柱较小，前堂的墓柱截面为矩形，墓柱两头大中间小，棱为抛物线状，既起到了支撑室顶的作用又颇具装饰性。东洞山一号墓主室的墓柱其截面亦呈矩形，长1米，宽0.4米，外形同龟山楚王王后墓的墓柱相似，四棱呈抛物线状，只是弧度更大，墓柱的中间部分显得更加纤细，装饰性更强。南洞山楚王墓的墓柱与东洞山相仿，不再赘述。

3. 墓室的顶部

第一代楚王刘交的楚王山楚王墓由于是竖穴崖洞墓，其主室顶部为石砌拱券顶，这是我国迄今发现的最早的石拱券顶实例。狮子山楚王墓的墓室为横穴崖洞墓室，顶部均为抹角平顶。驮篮山楚王、王后墓的墓室顶部有两面坡顶、四面坡顶、盝顶和平顶几种，呈现出多样化的特征。北洞山楚王墓主体建筑墓室的顶部有平顶、两面坡顶、四面坡顶三种；附属建筑皆为条石砌筑的两面坡顶。在龟山楚王、王后墓中，楚王墓的墓顶多为两面坡顶，其他还有平顶、四角攒尖顶、盝顶；王后墓多为拱形顶，其他有双拱形顶、平顶。两面坡顶显得刚阳有力，拱形顶显得圆润柔美，两相对照，极具艺术表现力。东洞山一号楚王墓、二号王后墓的墓室全为平顶。南洞山楚王墓中，一号楚王墓的甬道为“凸”形顶，前耳室为拱形顶，其他各室为平顶。卧牛山楚王墓墓室的顶部为两面坡顶和平顶两种。

值得注意的是，南洞山二号王后墓主室为穹隆顶，这在徐州西汉楚王陵墓中极为少见。在河北满城中山靖王刘胜墓中，其南北耳室、后室均为穹隆顶；山东曲阜九龙山三号鲁王墓东室也是穹隆顶。中山靖王刘胜墓葬于汉武帝元鼎四年（公元前113年），山东曲阜九龙山三号鲁王墓最早也只能到汉武帝元光六年（公元前129年），南洞山楚王墓应为西汉末期某一代楚王墓，其年代远远晚于上述两墓，相对来说，穹隆顶的发现较晚，但就我国整个建筑史而言，南洞山楚王墓中穹隆顶的出现也是最早的实例之一，对于研究我国建筑史有着极其重要的意义。

4. 墓室的平面结构

墓室平面结构的变化主要表现在由中轴线对称到不对称，变化时间约在西汉汉武初年。楚王山楚王墓为一竖穴崖洞墓，是从商周时期的“甲”字形墓演化而来，墓道两边凿有对称的耳室，是绝对的中轴对称结构。狮子山楚王墓也是完全采用中轴对称的结构形式。驮篮山楚王、王后墓的各室几乎完全沿中轴线对称，尤其是墓葬的前部严格对称，后部在对称之中略有变化。北洞山楚王墓采用相互垂直的两条轴线，呈不完全对称布局，率先表现出灵活多样的布局特征。龟山楚王、王后墓已经由中轴对称变为不对称（参见图六），在北墓道，只有南侧设有耳室。楚王、王后墓的主室均在甬道的一侧，不在甬道的中轴线上。在其后的东洞山楚王、王后墓，南洞山楚王、王后墓以及卧牛山楚王墓都采用灵活多变的平面结构，不再讲求中轴对称，这在中国建筑史上是值得注意的一个现象。

5. 墓室功能的变化

其一，尽量模仿地面建筑。楚王山楚王墓的墓室结构比较简单，只有耳室和主墓室，与地面建筑的功用相去甚远。到狮子山楚王墓，除耳室、后室外，出现了前堂。以后的驮篮山楚王、王后墓，北洞山楚王墓，都是模仿地面宫殿的前堂后室为主的建筑结构。北洞山楚王墓还将主体建筑与附属建筑分开，体现出地面建筑的等级制度。至龟山楚王墓开启了前、中、后三室的布局，象征现实生活中的前厅、中堂、后寝。

其二，功能愈来愈齐全，更加生活化。狮子山楚王墓以前堂、后室为主。驮篮山楚王墓墓室内出现了厕所，还有浴室。厕所由蹲坑、踏板、靠背、扶栏及握手组成；沐浴室内砌有方形抹角浅池，二号墓的浴池旁还雕有几何花纹。整个墓室雕凿细致平整，功能齐全。北洞山楚王墓主体建筑中有两间厕所，附属建筑设施齐全，有四进院落，13个房间，房间功能有警卫室、器物库、洗盥间、更衣室、乐舞厅、厨房、水井、仓储等。龟山楚王墓除上述功能外，还有车库。但是，在龟山以后的楚王墓中，墓室功能明显减少，这可能与楚国的国力衰微有关。

（五）墓葬的排水系统与楚王、王后墓间距离的变化

在西汉楚王陵墓中，一开始就十分重视水对墓葬的影响。早期的楚王山楚王墓为防止山水对封土的冲刷，在南面凿有长46米、宽3.8~4.2米的排水沟。狮子山楚王墓虽未见排水系统，但此墓为未竟之作，如果如期完成，是否有排水系统还不得而知。虽然没有排水系统，但也考虑到了防水，如棺椁室、礼乐室的地面都高出甬道，这是比较原始的防水方法。从驮篮山楚王墓起，墓室内出现了非常科学的排水系统：一号楚王墓的排水主次分明、深浅有序、明暗结合，水由次线流入主线，然后沿主线流入石隙；二号王后墓因地制宜，根据墓中石裂隙较多的特点，采取分散排水的方法，分两个系统将水排入石隙。两墓的排水槽都设在甬道、侧廊、墓室的侧边。这种排水系统在离徐州不远的山东曲阜九龙山鲁王墓中也有发现。驮篮山楚王墓被多数学人认为是第三代楚王刘戊的陵寝，刘戊在位时间为公元前174年~前154年，这比迄今发现的其他设有排水系统的永城梁王墓、满城中山靖王墓、曲阜九龙山鲁王墓早得多。其后

的北洞山楚王墓中，排水与墓葬中的水井相结合，水顺着排水系统流进水井，不但可以排水而且可以储水，构思日趋成熟。

龟山楚王墓的排水系统更加科学，两墓道在距甬道口约 5 米处凿有渗水井，水井与甬道两边宽、深各 10 厘米的排水槽相连，甬道的排水槽又与墓室的排水槽相接，且整个墓室后高前低，从而构成整个墓葬的排水系统，渗水向前或向中汇集，沿着这些排水槽悄无声息地流入渗水井中。王后墓的地面呈北高南低的倾斜状，利于墓室的排水。南洞山一号楚王墓内没有排水沟，排水系统是由地面的高低落差构成的。整个墓的地面前低后高，甬道地面低于墓室，墓室内地面前低后高，向甬道方向倾斜，形成墓室—甬道—排出墓外的排水系统；二号墓也是通过地面的高低落差来排水的。卧牛山楚王墓整个墓室底部均凿有排水沟，沟宽 10、深 4 厘米，纵横交错，通往墓道。

排水系统的出现与变化是一种渐变，除楚王山第一代楚王刘交墓未发掘外，其他从狮子山楚王墓起一直到最后一代楚王的卧牛山楚王墓，都十分注重墓室内的排水问题，只是随着时间的推移，排水更加科学、系统、合理，标志着西汉横穴崖洞墓的建造技术日臻成熟，也是我们辨别此类墓葬早晚的主要依据之一。

新石器时代亦有不少合葬墓，夫妻合葬最迟在大汶口文化、齐家文化时已出现，但合葬墓的流行还是西汉以后的事。

在第一代楚王刘交的楚王山楚王墓北，有一大型墓葬，一般认为是刘交夫人墓，两墓不在一个山头下，相距约 120 米，属“异茔异穴”葬制。狮子山楚王墓西北约 150 米，有一小山叫羊鬼山，如果是狮子山楚王夫人墓，也是“异茔异穴”葬制。驮篮山楚王夫妇墓同在一个山的两个山头，两墓相距 140 米。北洞山楚王夫人墓至今未发现，有同志认为距此墓东南约 200 米所谓“司马桓魋墓”为楚王夫人墓，但亦有不同看法。假若此说成立，两墓为“异茔异穴”葬制。

从龟山楚王、王后墓起，楚王夫妇墓由“异茔异穴”葬制变为“同茔异穴”葬制。龟山楚王、王后墓同在一山头下，墓道相距 14 米，墓室以壶门相连。这种葬制在其后的楚王陵墓中成为惯例。东洞山一号楚王墓与二号王后墓南北相距 10 米。南洞山楚王、王后墓相距仅 8 米。卧牛山附近至今没有发现楚王夫人墓。这种葬制在全国其他地区的西汉诸侯王墓中也有发现，如河南永城西汉梁王墓，梁孝王夫妇的保安山一、二号墓相距 200 米，其后的夫子山两墓相距 100 米，到铁角山两墓的距离缩小到 10 米。这说明，西汉诸侯王夫妇墓葬的距离，从早期到晚期有由远到近的变化规律。

徐州西汉楚王陵墓，还有一些值得注意的地方，如横穴崖洞墓一般都是楚王、王后墓，其他即使是侯一级也不使用横穴崖洞墓，只用竖穴崖洞墓。换句话说，横穴崖洞墓在徐州一带只有楚王与王后才能使用。这一现象在全国范围内的其他王墓中亦有共同之处。

三

纵观徐州发现的西汉楚王墓，第一代楚王墓为竖穴崖洞墓，但从第二代起即变为横穴崖洞墓，从此贯穿西汉一代。楚王墓一开始就注意到了防水，早期楚王墓中即出现了非常科学的排水系统。从西汉中期汉武帝初年起，楚王墓发生了一系列变化：墓道明显变短，甬道变长、变窄；塞石由双层双列变为双层单列；墓柱、墓室中的明器建筑出现等等。因此，我们在研究这一类墓葬时，可以以汉武帝初年为界，将西汉楚王墓划分为前后两个时期，前期视为“周制”的遗脉，后期视为“汉制”的形成，并以这些变化作为断代依据来断定此类墓葬的大体年代，这无疑对我们的考古工作是大有裨益的。

徐州西汉楚王陵墓在汉武帝初年发生如此多的变化，从大的方面看与汉武帝初年西汉王朝的兴盛与汉文化的形成有关。众所周知，西汉前期由于实行一系列“休养生息”的宽松政策，封建经济迅速发展起来。到汉武帝时，又进一步采取了一些政治和经济措施，同时“罢黜百家，独尊儒术”，在思想上确立儒家的统治地位，封建专制制度进一步加强，进入中国封建社会的第一个鼎盛时期。在这一时期，许多文化现象形成了汉代大一统的风格，楚王陵墓也不例外，即从所谓的“周制”过渡到“汉制”[25]。

从楚国本身看也有一定的原因。发生变化最早、最多的龟山楚王墓是西汉第六代楚王——楚襄王刘注及其王后的合葬墓。刘注于汉武帝元朔元年（公元前128年）登楚王位，汉武帝元鼎元年（公元前116年）去世，在位12年，死后谥襄王。《史记·楚元王世家》索引称“文襄继立，世挺才英”。在这一时期，不但整个西汉帝国达到了发展顶峰，楚国也同样到了综合国力最强盛的时期。龟山汉墓历史上曾多次被盗，陪葬物品数量与质量我们不得而知，但还是能通过考古发掘得到一些信息。在该墓南甬道一方塞石的一端有44字的刻铭，曰：“楚古尸王通于天述葬棺椁不布瓦鼎盛器令群臣已葬去服毋金玉器后世贤大夫幸视此书□目此（?）也仁者悲之。”该刻铭主要是记述西汉楚夷王刘郢客提倡死后薄葬的“遗训”[26]，并说明墓中无什物。这实际上是“此地无银三百两”，正说明墓中埋藏丰富，也证明当时楚国的富强。

此外，西汉楚王墓的形制变化反映出墓葬有更加隐蔽和进一步模仿地面宫殿建筑

---

〔25〕 俞伟超：《汉代诸侯王、列侯墓葬形制分析》，《先秦两汉考古学论集》，文物出版社，1985年6月。

〔26〕 尸、夷二字古音通假，刻铭中的“尸王”即“夷王”。第二代楚王刘郢客死后谥夷王。

的趋向。墓葬就是死者在冥间的居住空间。墓道由长变短，使墓葬暴露的露天部分减少；甬道由短变长，使墓室深藏于山腹之中，更加隐蔽。墓室功能的多样化，墓室顶部的多样化，室内瓦木结构建筑的出现，这都是汉代人“事死如事生，事亡如事存”[27]的思想在墓葬中的反映，这些变化是为了使整个墓室更接近地面宫殿建筑的功能，给墓主创造一个更加舒适的居住空间，使地下宫殿建筑更加雄伟壮观。就模仿地面建筑而言，在中国墓葬史上，再也没有比西汉诸侯王大型崖洞墓更加相像的了，我们似乎可以从中窥见汉代诸侯王宫阙的影像。

需要说明的是，尽管徐州西汉楚王崖洞墓在全国同类墓葬中具有一定的代表性，但由于西汉诸王国的政治背景、经济实力、地理环境不同，在全国范围内同为崖洞墓其形制变化也不尽相同。楚王崖洞墓是由竖穴向横穴变化的，但从河南永城梁王墓看，与楚王墓相反，首先出现的梁孝王墓是横穴，到后来由横穴变为竖穴，这种现象应与梁国的国力衰微，没有能力修建大型横穴墓有关。由于这种原因，导致梁王墓群与楚王墓群的许多变化并不一致。比如楚王墓墓道由长变短，甬道由短变长，这种变化在河南永城梁王墓中，由于该墓群是由横穴向竖穴变化，所以墓道与甬道、早期与晚期的变化与楚王墓群正好相反。也就是说，徐州西汉楚王崖洞墓的变化在某些方面并不能代表其他诸侯王崖洞墓的变化，需要根据考古发掘的实际情况区别对待。

[27] 《荀子·礼论》。

东汉南兆域皇陵初步研究

王竹林* 赵振华*

The mausoleums of six of total twelve Eastern Han emperors were constructed at the cemetery southeast of its capital Luoyang, today's Yanshi in Henan province. The six mausoleums formed five burial regions since Emperor He's Shen Mausoleum and Emperor Shang's Kang Mausoleum belonged to a same one. The discovery of the stele of Zhang Yu, the Taifu and Anxiang hou of the Eastern Han dynasty, in 1993, confirmed the locations of Shen Mausoleum and Kang Mausoleum, by which the locations of the four other mausoleums are conjectured in the paper.

东汉是中国封建社会的发展时期。期间196年，历12帝。5帝葬于汉洛阳城之北，位于今河南省孟津县境内。6帝葬于汉洛阳城之南，位于今河南省偃师市境内。1帝葬于汉河内郡山阳县，位于今河南省修武县境内。

一、南兆域皇陵区的地理形势

《后汉书》等文献记载东汉6位皇帝山陵在汉洛阳城之东南，为明帝显节陵、章帝敬陵、和帝慎陵与殇帝康陵、质帝静陵、桓帝宣陵五大陵域。

笔者于东汉南兆域皇陵区高冢大坟的定名布局，积心有年。1976年至2004年的先后断续调查得知，皇陵区位于汉魏洛阳故城东南伊河南岸，今偃师市寇店镇、大口乡、庞村镇和高龙镇境内。南依万安山[1]，北瞰伊、洛河。以万安山诸山环护下的“尖山”为祖山（镇山），即今大口乡、寇店镇正南的“尖山嘴”，此山突兀峻拔，鹤立鸡群，为周围众山之首，海拔高度631.1米。其东南西三面有“牛心山（又名委粟山）”、“磨石山”、“高谷堆”、“大瓦山”、“焦山”等环护，高度均在海拔500米左右，形成拱卫之势。自祖山缓缓而下，为广阔干燥的黄土地，呈南高北低的缓坡。两侧有砂河

---

* 作者王竹林系偃师商城博物馆馆员；作者赵振华系洛阳古代艺术馆副研究员。

[1] 清乾隆五十五年《偃师县志》记载：“万安山，祖昆仑，而宗天山，由华岳蜿蜒而来，历卢氏，经伊阙，横桓县南。”万安山是登封、伊川与偃师的界山。

护送，前面有伊水环绕。东部砂河自上而下，从西南朝东北方向，经擂鼓台、陶花店向北注入伊水；西部砂河亦自上而下，从东南朝西北方向，经刘李村，苏家窑往北注入伊水。伊河水从其西南来，北流东折，环绕陵区前，向东与洛河交汇后注入黄河。宏观南兆域陵区坐南朝北，地形开阔，气势轩昂，山带水，水连山，在山环水抱之下形成大簸箕形，为藏风聚气的风水“宝地”。在这南北长约13公里，东西方向南部宽6公里，北部宽12.5公里，总面积约141平方公里的范围内，高坟累累，巨冢连绵（图一）。诚如郭璞《葬书》所谓：“峰峦矗拥，众水环绕，叠嶂层层，献奇于后，龙脉抱卫，砂水翕聚。形穴既就，则山川之灵秀，造化之精英，凝结融会于其中矣。”〔2〕

二、南兆域皇陵分布

由于文献记载的简略和千百年来陵墓遭受人为和自然的破坏，往日封土高大的帝陵，气势恢弘的陵园和陪葬的后陵以及星罗棋布的王公大臣墓冢与建筑碑刻，消失殆尽。

除了依然在日逐削减的土冢外，地面上几乎看不到陵园的任何建筑遗存。因此，在东汉南兆域皇陵区内，难以具体确定某冢是某位皇帝的陵墓。历代的盗掘和近几十年来的取土平冢，更给这一千古之谜的破解增加了难以消除的困难。前人的研究，对东汉时期葬于洛阳城北邙山的几座皇帝陵冢或可指为某帝之陵，各家看法也不一致。而对葬于南兆域的皇陵，至今未见研究文章。偶有学者整理文献，泛言其茔域〔3〕，或泛指六陵在偃师大口、高龙一带〔4〕。

1993年，在偃师市高龙镇阎楼村东南1座西晋墓中出土了东汉安乡侯张禹墓碑，通过对墓碑的研究和葬地的认定，我们初步把和帝慎陵、殇帝康陵定位于庞村镇与高龙镇交界处的新彭店至火神凹之间〔5〕。以此为契机，依据东汉帝王谱系和有关文献记载，以及多年来的现场考察，试推定东汉南兆域其他四位皇帝的陵区。

（一）明帝显节陵

孝明皇帝刘庄是光武帝第四子，30岁即皇帝位。永平十八年（75年）“秋八月壬

---

〔2〕（晋）郭璞《葬书》内篇，文渊阁《四库全书》原文电子版，济南开发区汇文科技开发中心编制，武汉大学，1997年，第312盘，第3318号，第1册5、6页。

〔3〕杨宽：《中国古代陵寝制度史研究》209页，上海古籍出版社，1985年；附表二《东汉陵寝规模表》，239～241页。

〔4〕宫大中：《洛都美术史迹》129、139页，第七章《东汉帝陵及其神道石象》，湖北美术出版社，1991年。

〔5〕王竹林、赵振华：《张禹碑与东汉皇陵》，《古代文明研究通讯》总第二十三期，2004年12月。

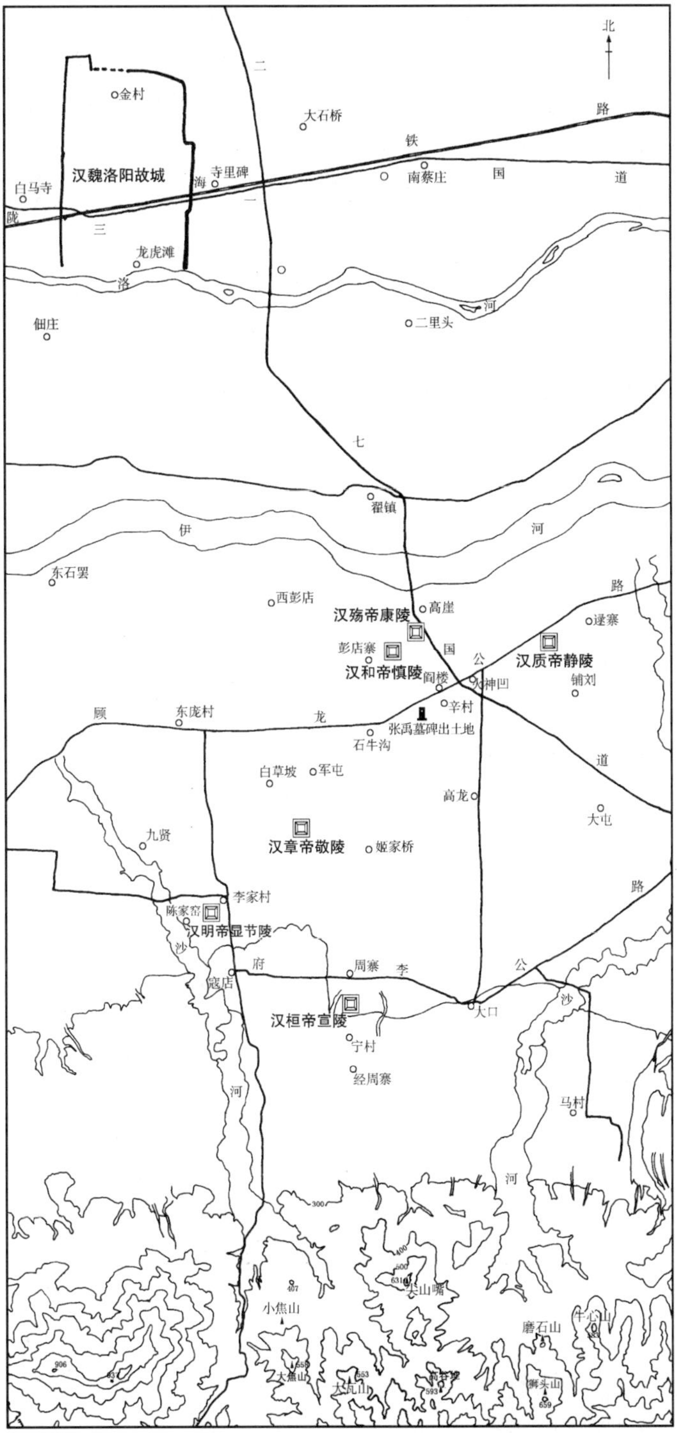

图一　东汉南兆域皇陵地形及分布示意图

子（8月24日），帝崩于东宫前殿。年四十八”。“遗昭勿起寝庙，藏主于光烈皇后更衣别室。帝初作寿陵，制令流水而已，石椁广一丈二尺，长二丈五尺，勿得起坟。”〔6〕“壬戌（9月5日）葬孝明皇帝于显节陵”，李贤注曰：“《帝王世纪》曰：显节陵方三百步，高八丈。其地故富寿亭也，西北去洛阳三十七里。”〔7〕关于显节陵的规模及陵地建筑设置，《后汉书·礼仪志下》李贤注引《古今注》云：“明帝显节陵，山方三百步，高八丈。无周垣，为行马，四出司马门。石殿、钟虡在行马内。寝殿、园省在东。园寺吏舍在殿北。隄封田七十四顷五亩。”〔8〕陵园规模相当大（图二）。

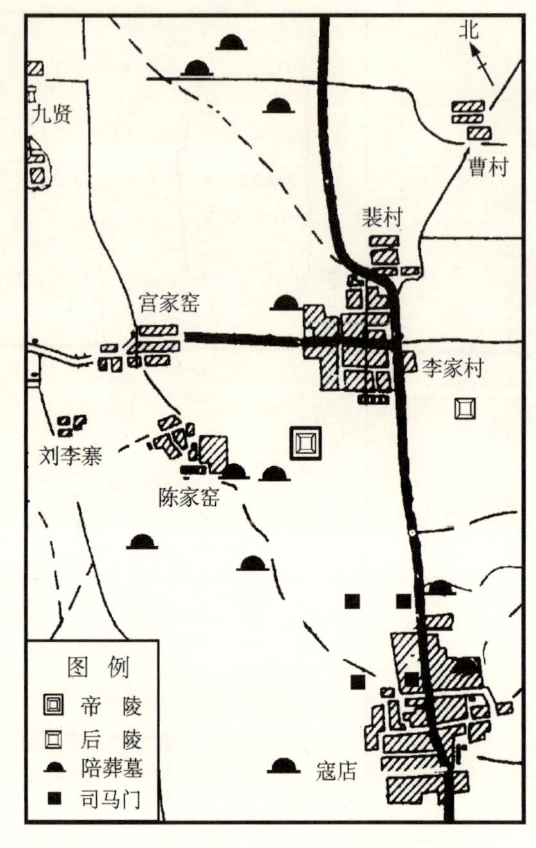

图二　汉明帝显节陵及陪葬墓示意图

关于显节陵的营造时间以及地面建筑，《后汉书·明帝纪》说在永平十四年（71年）五月。《东观汉纪》也说永平“十四年，帝作寿陵。制令流水而已，陵东北作庑，长三丈，五步外为小厨，财足祠祀。帝自置石椁，广丈二尺，长二丈五尺”〔9〕。显节陵从选茔、规划、地面建筑以及地宫和棺椁，都是严格按照明帝的旨意建造的，其陵园建筑大部分在陵区东部。

明帝是入葬南兆域的第一位皇帝，其陵地处于南兆域最尊之位。以李家村西南大冢M1（表二）为中心，南至寇店村，北至九贤村，大约6平方公里的范围内，至今仍遗存有10余座土冢。根据文献记载和堪舆学理论，结合东汉葬入南兆域的帝王世系和其他有关资料，推定该地系汉明帝显节陵及明德马皇后和陪葬大臣的陵区。今偃师寇店镇李家村，位于东汉洛阳故城的南部偏东，其直线距离与文献中所指“西北去雒阳

〔6〕《后汉书》卷二，《孝明帝纪第二》123页，中华书局，1965年。

〔7〕《后汉书》卷三，《孝章帝纪第三》129页。

〔8〕《后汉书》志第六，《礼仪下》3149页。

〔9〕（汉）刘珍撰《东观汉纪》卷二，《帝纪二·显宗孝明皇帝》，文渊阁《四库全书》原文电子版，第214盘，第2100号，第1册34页。

三十七里”的记载吻合。显节陵是文献记载陵园占地面积最大的1座皇陵，与现今实地考察看到的残存墓冢林立的范围基本相当。

关于显节陵的陪葬情况，据《后汉书》记载，明德马皇后为伏波将军马援之小女，建初四年六月崩，“合葬显节陵”〔10〕。其冢位于李家村M1东北650米。刘般是西汉宣帝的玄孙，章帝授以宗正卿。建初二年“般妻卒，厚加赗赠，及赐冢茔地于显节陵下”。建初三年，刘般卒，当入妻之茔地，陪葬显节陵〔11〕。牟融建初四年薨，章帝车驾亲临其丧，“又赐冢茔地于显节陵下”〔12〕。伏恭“年九十，元和元年卒，赐葬显节陵下”〔13〕。则皇后嫔妃、同姓贵族、达官宠臣等人物，均可获享陪葬之荣宠。李家村西北至九贤村正东有4冢，李家村南部寇店村附近有7冢，李家村西南有3冢，均为显节陵陪葬墓冢。

《晋书·束皙传》云：“时有人于嵩高山下得竹简一枚，上两行科斗书，传以相示，莫有知者。司空张华以问皙，皙曰：‘此汉明帝显节陵中策文也。’检验果然，时人伏其博识。”〔14〕则西晋人不但毁坏东汉皇陵区内的陪葬墓，连皇陵也翻掘过了。1986年文物普查时，根据当地村民反映，“文革”期间，在显节陵西侧的陈家窑村发现1座古墓，出土有玉衣片和青铜器等。后在现场捡到完整汉砖和13块玉衣片（现藏偃师商城博物馆），为长方形、梯形、三角形等，边角均有穿孔，质地为青玉。虽然无法得知连缀玉衣片的是何种金属丝，但是随葬玉衣者的身份肯定不一般，必是陪葬显节陵的高官贵族。据村民讲，寇店村东北角、西北角、村北小学院内、村北怡香阁大酒店院内的冢和村北的一个大冢，都在近几十年内被平掉了。在今寇店村剧院舞台及原村委办公室房基下的83块黄肠石和大量青砖，都是汉冢中物。

（二）章帝敬陵

孝章皇帝刘炟，明帝第五子，在位14年，年33崩。和帝于章和二年（88年）三月“癸卯，葬孝章皇帝于敬陵”〔15〕。敬陵位于显节陵东北2.5公里、白草坡村南1公里处，陵冢呈长方形覆斗式，东西长96、南北宽93、高10.5米。关于敬陵的规模及陵地建筑设置，《后汉书·礼仪志下》李贤注引《古今注》云：“章帝敬陵，山方三百步，高六丈二尺。无周垣，为行马，四出司马门。石殿、钟虡在行马内。寝殿、园省在东。园寺吏舍在殿北。隄封田二十五顷五十五亩。《帝王世纪》曰：‘在雒阳东南，

〔10〕《后汉书》卷一〇上，《皇后纪第十上》414页。
〔11〕《后汉书》卷三九，《刘般传》1306页。
〔12〕《后汉书》卷二六，《牟融传》916页。
〔13〕《后汉书》卷七九下，《儒林列传·伏恭》2571、2572页。
〔14〕《晋书》卷五一，《束皙传》1433页，中华书局，1974年。
〔15〕《后汉书》卷四《孝和帝纪第四》166页。

去雒阳三十九里。'"〔16〕显然陵高与陵地封田规模不比显节陵。

章德窦皇后，于和帝永元九年崩，“于是合葬敬陵”〔17〕。永元九年九月“甲子，追尊皇妣梁贵人为皇太后。冬十月乙酉，改葬恭怀梁皇后于西陵”〔18〕，梁贵人乃和帝之母。“安帝以清河孝王子即位，建光元年（121年），追尊其祖母宋贵人曰敬隐后，陵曰敬北陵”〔19〕，在今庞村镇白草坡村北，南距敬陵1公里，惜被白草坡村砖厂取土夷为平地，现被民房所压。敬陵的其他陪葬冢也多被平整为耕地（图三）。

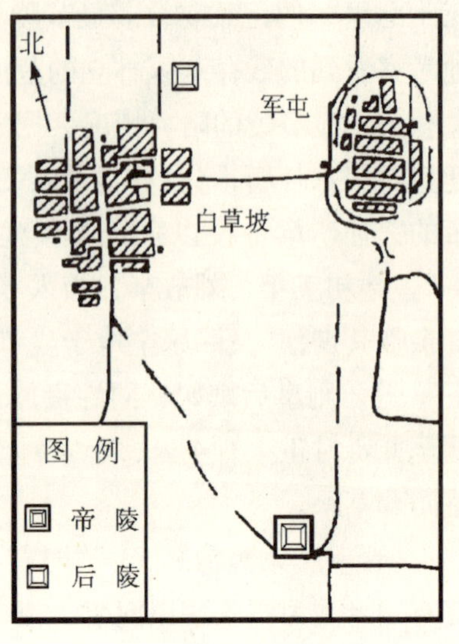

图三　汉章帝敬陵及陪葬墓示意图

（三）和帝慎陵和殇帝康陵

《后汉书·和殇纪》载：“孝和皇帝讳肇，肃宗第四子也，母梁贵人，为窦皇后所谗，忧卒，窦后养帝为己子。建初七年，立为皇太子。章和二年二月壬辰，即皇帝位，年十岁”〔20〕，元兴元年（105年）崩。“孝殇皇帝讳隆，和帝少子也。元兴元年十二月辛未夜，即皇帝位，时诞育百余日。”〔21〕延平元年（106年）“三月甲申，葬孝和皇帝于慎陵”，李贤注曰：“在洛阳东南三十里。”〔22〕延平元年九月“丙寅，葬孝殇皇帝于康陵”，李贤注曰：“陵在慎陵茔中庚地。”〔23〕（图四）

关于慎陵和康陵的陵园形制与规模，《后汉书·礼仪志下》注引《古今注》云：“和帝慎陵，山方三百八十步，高十丈。无周垣，为行马，四出司马门。石殿、钟虡在行马内。寝殿、园省在东。园寺吏舍在殿北。隄封田三十一顷二十亩二百步。”“殇帝康陵，山周二百八步，高五丈五尺。行马四出司马门。寝殿、钟虡在行马中。因寝殿为庙。园吏寺舍在殿北。隄封田十三顷十九亩二百五十步。”〔24〕在今庞村镇新彭店以东，高龙镇火神凹以西，高崖村以南，阎楼村以北，大约3平方公里范围内，现存的

---

〔16〕《后汉书》志第六，《礼仪下》3149页。
〔17〕《后汉书》卷一〇上，《皇后纪第十上·章德窦皇后》416页。
〔18〕《后汉书》卷四，《孝和帝纪第四》184页。
〔19〕《后汉书》志第九，《祭祀下》3197页。
〔20〕《后汉书》卷四，《孝和孝殇帝纪》165页。
〔21〕《后汉书》卷四，《孝和孝殇帝纪》195页。
〔22〕《后汉书》卷四，《孝和孝殇帝纪》196页。
〔23〕《后汉书》卷五，《孝安帝纪》205页。
〔24〕《后汉书》志第六，《礼仪下》3149页。

10余座土冢分布其间，与以上文献记载陵地封田范围相当，西北距汉代洛阳故城12.5公里，与“洛阳东南三十里”的记载吻合。从实地勘察可知，现今高龙镇阎楼村西，顾龙公路以北200米处遗存有4个土冢，两两相对，其东西相距约96米左右，南北相距30米左右，四土冢直径约15～30米，残存高度约5～8米，疑为慎陵南司马门遗址；该遗址向北约300米处有1座被村民取土四周因而呈直壁的墓冢，其残高约10米有余，应是慎陵冢台，在冢台东北约140米处，残存1座长35、宽35、高约10米的土冢，应是和帝皇后陵冢，慎陵冢台东北约649米处遗存一土冢，东临207国道约400米，现存陵冢长55、宽49、高约10米，应是殇帝康陵，与李贤注“康陵坟在慎陵茔中庚地”的记载相合。

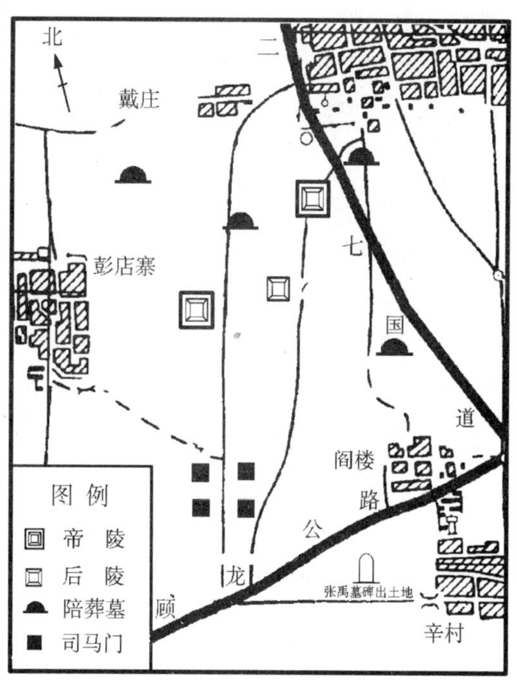

图四　汉和帝慎陵、汉殇帝康陵及陪葬墓示意图

1993年在该陵区东南出土的《汉故安乡侯张禹碑》记载的“度宅成阳，左陵之滨”，指碑主葬于汉洛阳城之南郊，皇帝陵墓旁边，也证实了这一大陵区的存在。张禹，《后汉书》有传，字伯达，赵国襄国人，生于汉光武帝建武十四年（38年），明帝永平八年举孝廉，在京城洛阳任廷尉；章帝建初年至元和年间，出为扬州、兖州刺史和下邳相；和帝永元六年（94年）入为京官大司农，后改迁太尉，“和帝甚礼之”；殇帝延平元年（106年）“荣拜太傅”录尚书事；安帝朝封安乡侯，“永初七年卒于家”[25]。先后五位皇帝擢用张禹，皆先张禹而亡。张禹为和、殇帝辅佐大臣，卒后安帝赐予特殊荣誉，使其陪葬和帝慎陵、殇帝康陵，合于情理。因此，《张禹碑》的出土地附近就是慎陵、康陵茔域。此二陵的位置既定，则可依汉代皇家谱系和地理形势，为其他四个皇陵定位。

民国年间印行的《洛阳出土石刻时地记》云：“汉司徒公袁安碑，民国十八年（1929年）发现于偃师城西南二十余里辛村村东牛王庙中，地在洛阳故城东南。”“汉司空袁敞碑，民国十一年（1922年）偃师西南二十余里辛村、阎楼村间发现，地在洛

〔25〕《后汉书》卷四四，《张禹传》1496～1500页。

阳故城东南，距袁安碑发现处三里。”[26]由此二汉碑发现地可知，东汉大门阀袁氏家族墓地肯定在此附近，虽墓地系袁安所自选，但袁氏四世三公与皇家关系密切，袁安卒于和帝朝，其子袁敞卒于安帝朝，朝廷“以三公之礼葬之”[27]，其葬地恰于慎陵、康陵茔域。

（四）质帝静陵

孝质皇帝刘缵，章帝玄孙。8岁即皇帝位，在位1年崩。本初元年（146年）“秋七月乙卯，葬孝质皇帝于静陵”[28]。李贤注曰：“在洛阳东南三十里，陵高五丈五尺，周百三十八步。”今高龙镇逯寨村与铺刘村之间存有7座墓冢，其中逯寨村西南，铺刘村西北，正三角相交处有1座相对较大的土冢，呈覆斗式平顶，保存较好，夯层明显，东西长86.4、南北宽64、残高约10米。1954年国家在墓冢顶部设高程基准，海拔高度为143.8米，当地称为“架子冢”，应为质帝静陵（图五）。在静陵陵山东北约250米处有1土冢，长35、宽30、高约9米，疑为后陵。除此之外，还有5座墓冢，均系陪葬冢。

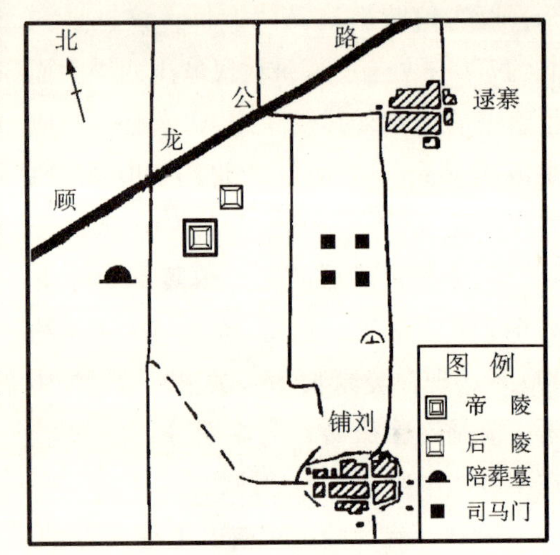

图五　汉质帝静陵及陪葬墓示意图

关于静陵的规模及陵地建筑与位置，《后汉书·礼仪志下》李贤注引《古今注》云：“质帝静陵，山方百三十六步，高五丈五尺，为行马，四出（司马）门。寝殿、钟虡在行马中，园寺吏舍在殿北。隄封田十二顷五十四亩。因寝为庙。《帝王世纪》曰：‘在雒阳东，去雒阳三十二里。’”[29]从汉魏洛阳故城至逯寨村实际距离为13.4公里，与文献记载里程相吻合。

章帝之孙安帝，辈分同于殇帝而年长，不能从属殇帝聚葬一处，故在北邙另辟陵地。而后顺帝、冲帝跟随聚葬。然质帝与冲帝同辈，不能从葬冲帝之后，故又回到南兆域，葬于殇帝康陵之次。关于这个问题，《后汉书·孝质帝纪》云，永憙元年（145年）五月丙辰，诏曰：“孝殇皇帝虽不永休祚，而即位逾年，君臣礼成。孝安皇帝承袭

---

〔26〕郭玉堂：《洛阳出土石刻时地记》，洛阳大华书报供应社印刷发行，民国三十年（1941年）。

〔27〕《后汉书》卷四五，《袁安传》1517、1525页。

〔28〕《后汉书》卷七，《孝桓帝纪第七》288页。

〔29〕《后汉书》志第六，《礼仪下》3149、3150页。

统业，而前世遂令恭陵在康陵之上，先后相逾，失其次序，非所以奉宗庙之重，垂无穷之制。昔定公追正顺祀，《春秋》善之。其令恭陵次康陵，宪陵次恭陵，以序亲秩，为万世法。"[30]故质帝又回到南兆域入葬。在慎、康二陵以东约1公里的今高龙镇铺刘村、逯寨村一带。

（五）桓帝宣陵

孝桓皇帝刘志，章帝曾孙。15岁即皇帝位，在位21年，36岁崩。建宁元年（168年）"二月辛酉，葬孝桓皇帝于宣陵，庙曰威宗"[31]。熹平元年（172年），桓思窦皇后崩，"合葬宣陵"[32]。

熹平六年四月，"市贾民为宣陵孝子者数十人，皆除太子舍人"[33]。灵帝授意，将"市贾小民，为宣陵孝子者，复数十人，悉除为郎中、太子舍人"。六年七月，灵帝制书引咎，诰群臣各陈政要所当施行。蔡邕上封事，第七事专门论说宣陵孝子，斥为"虚伪小人，本非骨肉，既无幸私之恩，又无禄仕之实，恻隐思慕，情何缘生"？于是灵帝"诏宣陵孝子为舍人者，悉改为丞尉焉"[34]。为一代皇帝借人尽孝的闹剧。

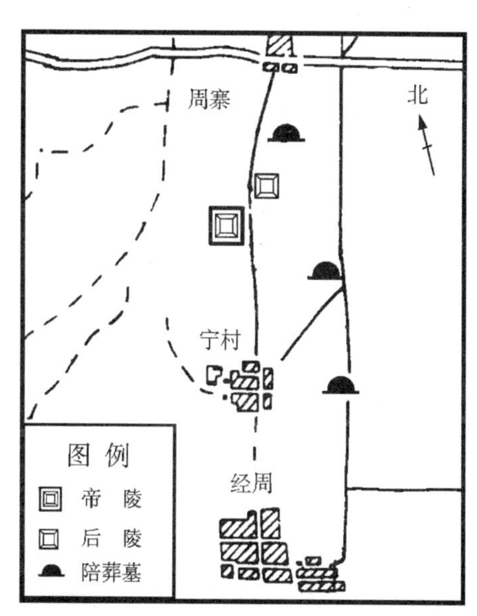

图六 汉桓帝宣陵及陪葬墓示意图

文献记载："桓帝宣陵，《帝王世纪》曰：'山方三百步，高十二丈。在雒阳东南，去雒阳三十里。'"[35]以此方位距离看南兆域现存墓冢，质帝静陵以南无冢，康陵与静陵之间亦无陵。可见所记方位相对合理而距离不符。

我们认为，由于桓帝是章帝的曾孙，而质帝乃章帝玄孙，桓帝高于质帝一辈，虽即位秩次在后，但不能从葬于质帝，故于城南另辟山陵。在现今大口乡经周寨村与周寨村之间有一墓冢群，周寨村正南有一冢，残长56、宽55、高12.5米，封土完好，呈覆斗形，顶长25、宽23米，为该区现存最大冢，周围还有数座小冢，显然这又是一个皇陵区。虽然其距城直

〔30〕《后汉书》卷六，《孝顺孝冲孝质帝纪第六》278、279页。

〔31〕《后汉书》卷八，《孝灵帝纪第八》328页。

〔32〕《后汉书》卷一〇下，《皇后纪第十下·桓思窦皇后》446页。

〔33〕《后汉书》卷八，《孝灵帝纪第八》339页。

〔34〕《后汉书》卷六〇下，《蔡邕列传》1992、1997、1998页。

〔35〕《后汉书》志第六，《礼仪下》3149、3150页。

线距离为15.75公里，相当于东汉38里，与文献所记不符，然而参考其他五帝陵墓秩次，从现存状况看，此处只能是宣陵陵区（图六）。

冯贵人为桓帝妃，陪葬宣陵。建宁三年（170年），段颎为河南尹，“有盗发冯贵人冢，坐左转谏议大夫，再迁司隶校尉”[36]。《后汉书·陈球传》叙盗掘惨状云：“冯贵人冢墓被发，骸骨暴露，与贼并尸，魂灵污染。”[37]则地方长官因守护失职而遭受贬谪惩处。

三、南兆域出土的黄肠石

汉代国家大型土木工程的直接建造者，为服役的刑徒和征调的工徒即农民。《后汉书·百官志》云：“将作大匠一人，二千石。本注曰：承秦，曰将作少府，景帝改为将作大匠。掌修作宗庙、路寝、宫室、陵园木土之功，并树桐梓之类列于道侧。丞一人，六百石。左校令一人，六百石。本注曰：掌左工徒。丞一人。右校令一人，六百石。本注曰：掌右工徒。丞一人。”[38]《后汉书》说魏霸于“永元十六年，征拜将作大匠。明年，和帝崩，典作顺陵。时盛冬地冻，中使督促，数罚县吏以厉霸，霸抚循而已，初不切责，而反劳之曰：‘令诸卿被辱，大匠过也。’吏皆怀恩，力作倍功”[39]。则“将作大匠”为监修皇帝陵园的专门机构，黄肠石的开采与凿治，由工徒承担。顺陵即慎陵。

《后汉书》云：建和元年四月“丙午……诏曰：‘比起陵茔，弥历时岁，力役既广，徒隶尤勤。顷雨泽不沾，密云复散，倘或在兹。其令徒作陵者减刑各六月’”。李贤注曰：“作静陵也。”[40]故黄肠石生产者的身份多是服刑工徒、徒隶。

（一）寇店村出土的黄肠石

自古迄今，南兆域皇陵区几经盗掘。近几十年来，有不少黄肠石面世。笔者于2004年9月28日专程赴寇店镇寇店村干部山应治家访问，他于20世纪50年代抗美援朝后从部队复员回村。关于该村黄肠石的来历，他说：“1968年‘文革’中，寇店村搞基本建设，缺乏建筑材料。听说村东北角一小土冢下有很多青石和青砖，村领导决定派村内‘四类分子’开冢取石，并派我去领工。我当时是大队公安员，带着40多个‘四类分子’把墓冢挖开了，墓室深约五六米，古墓砌得很牢固，下边为方块青石砌

[36]《后汉书》卷六五，《段颎传》2153页。
[37]《后汉书》卷五六，《陈球传》1832页。
[38]《后汉书》志第二七，《百官志四·将作大匠》3610页。
[39]《后汉书》卷第二五，《魏霸传》886页。
[40]《后汉书》卷七，《孝桓帝纪》290页。

墙，上边为青砖券顶。扒下的青砖好搬，大方青石难运。我们用大粗绳拴住，坑下边的人往上抬推，上边几十个人使劲拉。往村里运时，光架子车就压坏了好几辆。石头拉完后，我还下去看了看，墓内除了砖石之外，没有发现其他东西。村里把这些古墓运来的砖石，盖剧院舞台和村委会办公房。那时村外土冢很多，20 世纪 70 年代，平了村北小学院里的一个冢。村西北角一个冢也平了。村北怡香阁大酒店南边那个冢最大，也平完了。村正东还有一个，叫东大冢，快平完了。”冢下有很多青石的情况，肯定是盗墓者传出来的。

在寇店村剧院，我们看到了镶砌在舞台前台下方有两三层黄肠石；原村委会办公室东、西、南三面墙基下砌有三层黄肠石，共计 83 块，其中 8 块黄肠石有题字，予以编号。舞台下方有 2 块，1 号石阴刻题字“李少石左育治”，2 号石题字同 1 号石。在原村委办公室东墙基的 3 号石刻“史从”2 字，东墙基上的 4 号石刻“左世治”3 字，南墙东墙头的 5 号石刻“王伯治”3 字，南墙西头 6 号石刻“左寅”2 字，西墙 7 号石刻“茉咸”2 字。在村内公路边武桃芬妇科门诊部门前的 8 号石刻“左□石，广三尺，厚尺三，长三尺八寸”14 字。挖出的汉砖用于垒砌舞台门柱或独立撑柱，也有用于办公室房后墙，大小不等，其尺寸为 42×24×10、47×24×12、47×32×10 厘米等。这些黄肠石均属汉明帝显节陵陵区内陪葬墓出土，如表一所示（石砌墙上尺寸不全）。

表一　寇店村小冢出土黄肠石统计表

（单位：厘米）

编号	广	厚	长	石存地点（寇店村）	题　铭
1	71	35	50	原剧院舞台前	李少石，左育治
2		38	90	原剧院舞台前	李少石，左育治
3	71		90	原村委办公室东墙下	史从
4	70		70	原村委办公室东墙下	左世治
5	71	47	71	原村委办公室南墙东头	王伯治
6	76	36	63	原村委办公室南墙西头	左寅
7	71		97	原村委办公室西墙	茉咸
8	70	33	90	武桃芬妇科门诊部门前	左渊石，广三尺，厚尺五，长三尺八寸

（二）九贤村出土的黄肠石

笔者在撰写本文过程中，得知有人在寇店镇李家村北某砖厂买走 2 块黄肠石，一块刻“樊文石，文自治”，“樊文石、樊少”，一块刻“张卜石，左仲治”，推测此地应该还有黄肠石，为此，我们于 2004 年 12 月 10 日专程前往调查。李家村、白草坡村砖厂两年前已停止生产，九贤村砖厂仍在生产，厂区均未见黄肠石。却在李家村西北的九贤村有幸访得当年参与发掘的“村革委副主任”宫冬桥先生。他说：“文革期间(1968年)，我们大队决定，把村东的三个大冢平掉扩大耕地，其中把一个大冢下边的大方锭子石头也挖出来了，这些石头，有的被公社调运到寇店村建舞台用，有的散存村内。”宫先生带领我们在村内寻找黄肠石，村东鑫辉铁箱厂东北角墙外，水道闸口处发现4块，1块刻“吕”字，1块刻“苑伯石”3字，其他2块未见题铭；九贤村第二村民组宫玉臣家门口有2块，1块刻“王伯治”，1块刻“左牛治”；宫玉臣家西面机井旁有7块，尚未细检题铭；九贤村第四村民组旧机井水池上镶4块，由于被水泥粉面，仅见1块石上题记的最后一字“治”，另外在其西10米处新机井架下发现2块，其中1块刻“商文石，自治”，方形隶书，字迹工整。这次在九贤村共发现21块黄肠石，初步检出6块刻字（表二）。九贤村东原有4个汉冢，现残存1冢，直径约25米，高约5米，其他3冢已夷为耕地，其中1冢的地宫被彻底损毁，散落村内的黄肠石均出自此冢。九贤村的几个大冢位于李家村西北约1公里，显系明帝显节陵的陪葬冢。九贤村黄肠石题铭有“王伯治”，寇店村也有，可见寇店村所存的83块黄肠石中有的确是从九贤村运去的。而传说李家村北某砖厂买走的黄肠石当也来自九贤村。

表二　九贤村小冢出土黄肠石统计表

（单位：厘米）

编号	广	厚	长	石存地点	题　铭
1	71	47	71	洛阳	樊文石，文自治（正面） 樊文石，樊少（背面）
2	71	47	63	洛阳	张卜石，左仲治
3	70	35	56	鑫辉铁箱厂东北墙外水闸口	吕
4	70	35	56	鑫辉铁箱厂东北墙外水闸口	苑伯石
5	71	35	67	九贤村二队宫玉臣家门口	王伯治
6	71	35	62	九贤村二队宫玉臣家门口	左牛治
7				九贤村四队旧机井水池上	……治
8	70	35	60	九贤村四队新机井架下	商文石，自治

（三）大口乡宁村出土的黄肠石和石羊

1. 黄肠石

宁村位于大口乡经周寨村与周寨村之间，地处东汉南兆域桓帝皇陵茔域内，西北距桓帝陵台约500米。宁村以东有3座陪葬冢，宁村以西有3座陪葬冢，均位于桓帝陵南司马门东西两侧。1958年至1961年，村民将宁村西的2座陪葬冢挖开；1966年“文革”期间，村民将村东的1座陪葬冢挖开。3座冢墓地宫文物及砌筑地宫的黄肠石被发掘一空，挖出的黄肠石至今仍有20多块散存在宁村的住宅前后，石上多有题铭。

这批存留下来的黄肠石为桓帝宣陵陵区的3座陪葬冢中所出，有题铭的黄肠石如表三所示（部分黄肠石不便翻动，题记与尺寸不详不全）。

表三 大口乡宁村陪葬冢出土黄肠石统计表

（单位：厘米）

编号	广	厚	长	现存地点	题 铭
1	70	35	41.5	周海燕家门口1石	骨文石，左□治
2	70	35	41.5	周海燕家门口1石	骨文石，左□治
3		47	63	宁丙全家门口1石	左遂治，子少
4	71	35.5		宁丙全家门口1石	牛生
5	71	35.5		宁世光家门口1石	□□石，广三尺，厚二尺□寸，长□□
6	残石			宁会通家门口1石	□少石，广三尺，厚二尺□寸，长□□
7	71	35.5	68	宁中一家门口1石破2	王公石，广三尺，厚二尺五寸，长三尺四寸
8	71	35.5	74	宁中一家门口1石破2	王公石，广三尺，厚二尺五寸，长三尺四寸
9	71	35	58	宁中留家门口1石	于伯石，广三尺，厚尺五，长二尺四寸，第三十四
10	71			宁海波家门口，1石破2作门撞石，左边的有题铭	宋寿安县王少成。左孟石，广三尺，厚尺五，长三尺四寸，第二十六
11	71	46.5	78	李振流家院内1石	苑伯石，广三尺，厚尺五，长三尺四寸，第七
12	71	35.5	83	宁村西队机井架下1石	王仲石，广三尺，厚尺五，长三尺四寸，第二十
13		35.5	64	宁龙奇家门口2石	孙桓石，广三尺，厚尺五，长三尺，第□□

从以上材料看，南兆域寇店村和九贤村出土的黄肠石题铭相对简单，多为领工和匠工姓名，偶有石的尺寸。我们知道，东汉1尺约合23.5厘米，那么，寇店村与九贤村出土黄肠石的尺寸多为宽（广）三尺（71厘米），厚二尺（47厘米）和厚一尺五寸（35厘米），长二尺至四尺，这种尺寸的黄肠石也是邙山汉陵区最常见的。而宁村出土的黄肠石题铭多有石工姓名和石的尺寸。

邙山为土质丘陵，不产青石，个别地方产红砂石，与结构致密细腻的青石相比，红砂石质地粗疏，易风化。如1929年当地出土的《汉贾武仲妻马姜墓记》，就是这种石头所刻，现已剥蚀得一字无存。而南兆域皇陵背靠的万安山是座青石山。那么，邙山皇陵所用黄肠石皆来自万安山，大概是就地开山取石，规划尺寸，凿治成品，物勒工名，核定数量，确保质量，北运陵区，建筑陵墓。

寇店村、九贤村和宁村汉冢出土的黄肠石因砌于墙上或散存民间，一时无法全面检查，相信刻有题记的黄肠石肯定多于目前所知的30块。其中记载的"左"姓石工有七："左育"、"左世"、"左寅"、"左□""左仲"、"左牛"、"左孟"。我们知道，在1973年缑氏公社郑瑶村出土的《汉侍延里父老僤买田约束石券》〔41〕所列25人中，有2位当地的左姓人物："左巨"、"左中"。石券系汉代缑氏县侍延里居民于章帝建初二年（77年）刻立。可以认为，这些左姓石工，也是当地居民。

1964年，孟津县送庄清理了1座盗掘过的东汉晚期黄肠石墓，在2块石材上刻有"却文石，左仲治"〔42〕。前面已经谈到，汉陵已遭东汉以来多次盗掘，明代嘉靖年间，修建洛阳白马寺时就用了汉墓出土的黄肠石砌筑寺院。其山门、天王殿都用黄肠石作建筑材料，黄肠石上刻有"冯夏治"、"左仲"、"左部"等隶书文字〔43〕。宁村的"左孟石"题铭有尺寸，开封博物馆藏黄肠石题铭有云："左孟石，广三尺，厚尺五寸，长二尺六寸，第卅八。永建三年四月省。"〔44〕需比较二石题铭拓本的书体，作为依据之一，来确定南北两陵区地宫出土了同一个石工凿治的黄肠石。寇店村5号和九贤村5号黄肠石题铭都是"王伯治"。九贤村4号和宁村15号黄肠石题铭都是"苑伯石"，是否为一人所刻，都需要加以研究。

清末以来，洛阳邙山东汉皇陵区盗掘出土了很多带字的黄肠石，流散各地，拓本多见于著录。《北京图书馆藏中国历代石刻拓本汇编》著录洛阳邙山汉冢出土黄肠石拓本35种，其中左姓石工多达7人，有左一、左达、左孟、左次、左开、左沛、左孙〔45〕。其中也有樊姓石工。"樊仲石，广三尺，厚二尺，长二尺九寸。第三。永建二年六月省"，"樊阳石，广三尺，厚尺五寸，长三尺二寸。第十□"〔46〕。其中也有比较稀

〔41〕 黄士斌：《河南偃师县发现汉代买田约束石券》，《文物》1982年12期。

〔42〕 郭建邦：《孟津送庄汉黄肠石墓》，《河南文博通讯》1978年4期。

〔43〕 南可：《从东汉建宁、熹平两块黄肠石墓看灵帝文陵》，《中原文物》1985年3期。

〔44〕 北京图书馆金石组编：《北京图书馆藏中国历代石刻拓本汇编》，第一册60页，中州古籍出版社，1989年。

〔45〕 同注〔44〕，55、56、60、76、77、191、198页。

〔46〕 同注〔44〕，58、200页。

见的姓："茉丙石，广三尺，厚尺五寸，长二尺六寸。第十□"[47]。

为东汉皇陵采石的大批匠工，肯定有刑徒。东汉南北二兆域皇陵所用之石材，依石质看均出之偃师境内万安山一带，我们认为，东汉南北皇陵区出土的凿治黄肠石的诸多"左"姓工人中，应有在偃师万安山北麓当地招募的石匠。

依附于万安山北麓这块富饶的黄土地上的中国古代以农为本的人民聚居于此，优越的地理环境和自然条件，是先民以农业为基础，过稳定社会生活的根本。他们经历了无数黑暗与光明，生生不息，代代相传。生长于斯，劳作于斯，卒葬于斯，难舍故土。今偃师市缑氏镇程子沟村、大口乡吕桥村、高龙镇左村等地仍聚居着不少"左"姓之人，或是当地汉代左氏之后裔。

2. 桓帝宣陵陪葬冢的双翼神羊

2005 年 3 月 16 日，笔者在大口乡宁村调查统计散落的黄肠石将要结束时，村民告知村南地里有一个石羊，于是请村干部带我们到村东南 100 米处的地埂边，见地面仅露羊头。于是将其清理出来。石羊残长 1.71、残高 0.82、体宽 0.42 米。平身挺胸昂首而立，隆角巨大，呈"C"形环曲，尖耳后靠，双目前视。口吻残断，下颚有须，垂于胸际，已残断。两肩膊饰飞翼，两翼周各饰三组呈"品"字形组合的小圆圈。脊背两侧饰 1 对飞羽，臀部两侧饰 3 对飞羽，飞羽形状与肩膊飞翼之羽毛同。尾与一角缺失，四肢残断。整体造型优美，骨肉停匀，比例适中，体壮臀圆，形神兼备（图七），现藏偃师商城博物馆。

图七　偃师大口乡宁村（桓帝宣陵陪葬墓）出土的双翼神羊侧视图

[47] 赵力光编：《鸳鸯七志斋藏石》图版四，三秦出版社，1995 年。

据文献记载，东汉灵帝之后的太尉桥玄墓[48]、安邑长尹俭墓[49]的墓前有石羊。

陵墓前设有翼石兽的葬仪兴起于东汉，现存实物较少。《后汉书·孝灵帝纪》李贤注所说“今邓州南阳县北有宗资碑，旁有两石兽，镌其膊一曰天禄，一曰辟邪”[50]，现保存于卧龙岗汉碑亭两侧。1954年7月，在洛阳西郊孙旗屯出土了一对东汉石兽，兽之背项部阴刻隶书“缑氏蒿聚成奴作”。一只独角为天禄，调到中国国家博物馆[51]。一只双角为辟邪，高109、长166厘米，在洛阳古代艺术馆陈列[52]。宁村东西布列的几座墓冢，是东汉桓帝陵的陪葬。正如《封氏闻见记》所云：“人臣墓前有石羊。”[53]宁村桓帝陵陪葬冢前的石羊，是迄今为止国内发现时代最早的双翼神羊。

四、和帝慎陵为顺陵辨

《后汉书》关于和帝所葬山陵名称，有“慎陵”、“顺陵”两说，未能统一。

《后汉书·孝殇帝纪》云：延平元年“三月甲申，葬孝和皇帝于慎陵，尊庙曰穆宗”。李贤注：“在洛阳东南三十里。俗本作‘顺’者，误。”[54]还有一些文献记载和帝葬于慎陵，此不备举。

《后汉书》又说和熹邓皇后于永宁二年“三月崩。在位二十年，年四十一。合葬顺陵”[55]。前引魏霸“典作顺陵”。

不少文献也记载和帝陵名为“顺陵”。《东观汉纪》云：元兴元年“十二月，帝崩于章德前殿，在位十七年，时年二十七。葬顺陵，庙曰穆宗”[56]。《太平御览》卷一三

---

[48] 郦道元《水经注》卷二四，《睢水》记载位于睢阳城北的东汉太尉乔玄墓：“冢东有庙，……庙南列二柱，柱东有二石羊，羊北有二石虎。庙前东北，有石驼，驼西北有二石马。”王国维校《水经注校》770页，上海人民出版社，1984年。

[49] 郦道元《水经注》卷三一，《滍水》记载位于鲁阳县南彭山的汉安邑长尹俭墓：“冢西有石庙，庙前有两石阙，阙东有碑，阙南有二狮子相对，南有石碣二枚，石柱西南有两石羊，中平四年立。”王国维校《水经注校》986页。

[50] 《后汉书》卷八，《孝灵帝纪第八》353页。

[51] 《文物参考资料》，1954年10期，封三。

[52] 赵振华主编：《中国关林》58页，中国摄影出版社，2000年。

[53] 赵贞信校注，（唐）封演《封氏闻见记》卷六53页，《羊虎》：“秦汉以来，帝王陵前有石麒麟、石辟邪、石象、石马之属；人臣墓前有石羊、石虎、石人、石柱之属；皆所以表饰坟垄，如生前之仪卫耳。”中华书局，1958年。

[54] 《后汉书》卷四，《孝和孝殇帝纪第四》196页。

[55] 《后汉书》卷一〇上，《皇后纪第十上》430页。

[56] （汉）刘珍撰《东观汉纪》卷二，《帝纪二·穆宗孝和皇帝》，文渊阁《四库全书》原文电子版，第214盘，第2100号，第1册41页。

七引《续汉书》云："建光元年三月，太后崩。丙午，合葬顺陵。"[57]《文献通考·帝系考》云：邓皇后"永宁二年崩，在位二十年，临朝十七年，年四十一，合葬顺陵"[58]。永宁二年与建光元年为同一年。

清代梁玉绳等学者说，顺、慎古通。高亨《古字通假会典》"慎与顺"条下，引用先秦两汉典籍的39条书证，详加证明[59]。章怀太子注中认为和帝葬于慎陵，"俗本作'顺'者，误"，显然不对。

《后汉书》说，汉灵帝的父亲的陵墓曰"慎陵"。孝仁董皇后，河间人，为解犊亭侯刘苌夫人，生灵帝。"建宁元年，帝即位，追尊苌为孝仁皇，陵曰慎陵，以后为慎园贵人。"[60]中平六年秋七月"庚寅，孝仁皇后归葬河间慎陵"[61]。《后汉书》卷五五，《河间孝王开传》亦如是记载。

自元兴元年（105年）殇帝葬和帝于顺陵，至建宁元年（168年），灵帝追尊其父之陵曰慎陵。先后60余年间，同一朝代的皇室不可能重复使用同一个皇帝的山陵名称，和帝所葬山陵名顺陵。

五、东汉南兆域皇陵区墓葬调查表

因职责所系，从1976年开始，笔者即对位于偃师境内的东汉南兆域皇陵实施调查，有些陵区踏察多次。此将截至2003年底的调查材料，试列六表（表四~表九，陵冢长宽高单位均为米），供研究者参考。并将《后汉书》《本纪》李贤注和《礼仪志下》李贤注引《古今注》的有关记载列为表四，以资比较。表中距离系汉洛阳城宫城南门与陵的直线距离，以公里计。

---

[57] （宋）李昉等撰《太平御览》卷一三七，《皇王部三·孝和邓皇后》，文渊阁《四库全书》原文电子版，第320盘，第3655号，第31册31页。

[58] （元）马瑞临撰《文献通考》卷二五一，《帝系考二》，文渊阁《四库全书》原文电子版，第238盘，第2447号，第125册13页。

[59] 高亨：《古字通假会典》90、91页，齐鲁书社，1989年。

[60] 《后汉书》卷一〇下，《皇后纪第十下》446页。

[61] 《后汉书》卷八，《孝灵帝纪第八》358页。

表四　山陵规模与位置

陵名	《本纪》李贤注	《礼仪志》引《古今注》	今地名	距离
明帝显节陵	《帝王世纪》曰：显节陵方三百步，高八丈。其地故富寿亭也，西北去洛阳三十七里。	明帝显节陵，山方三百步，高八丈。无周垣，为行马，四出司马门。石殿、钟虡在行马内。寝殿、园省在东。园寺吏舍在殿北。隄封田七十四顷五亩。《帝王世纪》曰："故富寿亭也，西北去洛阳三十七里。"	偃师市寇店镇李家村西南	15.6（直线距离与汉里正相吻合）
章帝敬陵	在洛阳城东南三十九里。《古今注》曰："陵周三百步，高六丈二尺。"	章帝敬陵，山方三百步，高六丈二尺。无周垣，为行马，四出司马门。石殿、钟虡在行马内。寝殿、园省在东。园寺吏舍在殿北。隄封田二十五顷五十五亩。《帝王世纪》曰："在洛阳东南，去洛阳三十九里。"	偃师市庞村镇白草坡村南	12.25（与汉、晋里程不合）
和帝慎陵	在洛阳东南三十里。	和帝慎陵，山方三百八十步，高十丈。无周垣，为行马，四出司马门。石殿、钟虡在行马内。寝殿、园省在东。园寺吏舍在殿北。隄封田三十一顷二十亩二百步。《帝王世纪》曰："在洛阳东南，去洛阳四十一里。"	偃师市高龙镇阎楼村西北，彭店寨东	10.25（按汉制，与李贤注相吻合）
殇帝康陵	陵在慎陵茔中庚地，高五丈五尺，周二百八步。	殇帝康陵，山周二百八步，高五丈五尺。行马四出司马门。寝殿、钟虡在行马中。因寝殿为庙。园吏寺舍在殿北。隄封田十三顷十九亩二百五十步。《帝王世纪》曰："高五丈四尺。去洛阳四十八里。"	偃师市高龙镇高崖村西南	10.25（按汉制，与李贤注相吻合）
质帝静陵	在洛阳东南三十里，陵高五丈五尺，周百三十八步。	质帝静陵，山方百三十六步，高五丈五尺，为行马，四出司马门。寝殿、钟虡在行马中，园寺吏舍在殿北。隄封田十二顷五十四亩。因寝为庙。《帝王世纪》曰："在洛阳东，去洛阳三十二里。"	偃师市高龙镇逯寨村西南	11.5（与李贤注基本吻合）
桓帝宣陵	在洛阳东南三十里，高十二丈，周三百步。	桓帝宣陵，《帝王世纪》曰："山方三百步，高十二丈。在洛阳东南，去洛阳三十里。"灵帝文陵，《帝王世纪》曰："山方三百步，高十二丈。在洛阳西北，去洛阳三十里。"	偃师市大口乡周寨村正南	15.75（直线距离和记载均不合）

表五　明帝显节陵区陵冢和唐冢表

墓号	地理位置	长	宽	高	保存现状	备　注
M1	汉魏洛阳故城东南37里，寇店镇李家村西南	100	92	12.5	东西南三面保存较好，北面取土严重，被民房包围	显节陵
M2	汉魏洛阳故城东南37里，寇店镇李家村东	60	54	8	冢台封土破坏严重	明德马皇后陵

续表五

墓号	地理位置	长	宽	高	保存现状	备　注
M3	汉魏洛阳故城东南 37 里，寇店镇寇店村西南	20	25	10	损坏严重	
M4	汉魏洛阳故城东南 37 里，寇店镇寇店村西	35	30	8	村庄民房覆盖	
M5	汉魏洛阳故城东南 37 里，寇店镇寇店村西东北角				1968 年，村民平毁小冢，挖开墓室，取出全部黄肠石和青砖建房	部分黄肠石刻有题铭
M6	汉魏洛阳故城东南三十七里，寇店镇寇店村北小学院内				1970 年被平掉	
M7	汉魏洛阳故城东南三十七里，寇店镇寇店村西北怡香阁酒店				1988 年被平掉	
M8	汉魏洛阳故城东南三十七里，寇店镇陈家窑村东南角				1968 年平毁，墓室被挖开，现为耕地	出土有金缕玉衣,偃师商城博物馆存13片。
M9	汉魏洛阳故城东南 37 里，寇店镇李家村与陈家窑之间	15	15	5	破坏严重	
M10	汉魏洛阳故城东南，寇店镇寇店村正东，府李路南	35	40	5	破坏严重	M10、M11、M12 三座墓冢有人认为是汉冢，我们认为是唐冢，2001 年郭家岭村民在村南小学操场南，距 M11 约 100 米处挖出“大唐故安西都护府□□碑铭”和 1 个唐代石狮。
M11	汉魏洛阳故城东南，寇店镇郭家岭村西南	104	93	12	平顶覆斗式，顶部 32×31，被垦殖为五层梯田	
M12	汉魏洛阳故城东南，寇店镇郭家岭村西北	95	105	9.5	被垦殖为三层梯田	

表六　章帝敬陵区陵冢表

墓号	地理位置	长	宽	高	保存现状	备　注
M1	汉魏洛阳故城东南，庞村镇白草坡村南	93	94	10.5	长方形覆斗式，顶 33×35，被垦殖为 6 层台阶	章帝敬陵。据村民讲，在冢南发现大量青石渣。
M2	汉魏洛阳故城东南，庞村镇白草坡村	85	86	8.5	原为长方形覆斗式	敬北陵。1984 年文物普查时还在，20 世纪 90 年代村民烧砖取土，夷为平地。

表七　和帝慎陵与殇帝康陵区陵冢表

墓号	地理位置	长	宽	高	保存现状	备　注
M1	汉魏洛阳故城东南，高龙镇阎楼村北	35	35	12	近代取土破坏，现呈陡立直壁	和帝慎陵
M2	汉魏洛阳故城东南，高龙镇阎楼村北	22	24	6	西距 M1 约 143.5 米	和帝皇后陵
M3	汉魏洛阳故城东南，高龙镇阎楼村北	26	27	8	北距 M4 约 34.7 米	此 4 个土冢，位于 M1 正南 230 米处，呈平行四边形分布，两两相对，东西相距约 96 米，南北相距约 30 米左右，疑为慎陵南司马门遗址。
M4	汉魏洛阳故城东南，高龙镇阎楼村北	27	33	10	西距 M6 约 96 米	
M5	汉魏洛阳故城东南，高龙镇阎楼村北	16	17	5	北距 M4 约 23 米	
M6	汉魏洛阳故城东南，高龙镇阎楼村北	30	27	6	北距 M1 约 231 米	
M7	汉魏洛阳故城东南，高龙镇高崖村西南	55	49	11	西南距 M1 约 64 米	汉殇帝康陵
M8	汉魏洛阳故城东南，高龙镇高崖村西南				西南距 M7 约 150 米，修 207 国道时已发掘	皇后或陪葬大臣墓
M9	汉魏洛阳故城东南，高龙镇高崖村西南	17	15	5	北距 M7 约 400 米	
M10	汉魏洛阳故城东南，高龙镇阎楼村北	25	25	8	南距 M1 约 450 米	

表八　质帝静陵区陵冢表

墓号	地理位置	长	宽	高	保存现状	备　注
M1	汉魏洛阳故城东南，高龙镇逯寨村西南	86.4	64	10	覆斗式平顶保存较好，夯层明显	质帝静陵。当地俗称“架子冢”。
M2	汉魏洛阳故城东南，逯寨村西南 M1 东北 60 米	33.6	26.4	9	破坏严重，农民在此拉土垫庄	皇后陵台
M3	汉魏洛阳故城东南，逯寨村西南 M1 正西				呈低矮小冢	静陵陪葬墓
M4	汉魏洛阳故城东南，逯寨村南				呈低矮小冢	在 M1 正东
M5	汉魏洛阳故城东南，逯寨村南				呈低矮小冢	在 M1 正东
M6	汉魏洛阳故城东南，逯寨村南				呈低矮小冢	在 M1 正东
M7	汉魏洛阳故城东南，逯寨村南				呈低矮小冢	铺刘村正北 250 米

表九 桓帝宣陵区陵冢表

墓号	地理位置	长	宽	高	保存现状	备 注
M1	汉魏洛阳故城东南，大口乡周寨村西南	56	55	12.5	呈长方形覆斗式，夯层明显	桓帝宣陵。为该区现存最大冢。
M2	汉魏洛阳故城东南，大口乡周寨村东南				原为方形覆斗式，已夷平	据说“文革”时出土有青铜器
M3	汉魏洛阳故城东南，大口乡宁村东南	38	40.5	10	封土自然损毁严重	
M4	汉魏洛阳故城东南，大口乡宁村正东	35.6	40.8	10	封土损失严重	西部取土呈坑状，南部出石羊1，地宫出土黄肠石。
M5	汉魏洛阳故城东南，大口乡宁村东北	30.5	30.5	8	封土损失严重	冢东有窑洞
M6	汉魏洛阳故城东南，大口乡宁村西南	20.5	20.5	6	封土损失严重，夯层明显	
M7	汉魏洛阳故城东南，大口乡宁村正西				1958年被夷为平地	地宫出土黄肠石
M8	汉魏洛阳故城东南，大口乡宁村西北				1966年被夷为平地	地宫出土黄肠石

六、结 语

东汉末年，统治黑暗，农民起义，风起云涌。天下凶荒，资财乏匮，人或相食。军阀饥民，不约而同盗掘皇陵，攫夺财宝。而大规模的盗掘，起于董卓：“是时洛中贵戚室第相望，金帛财产，家家殷积。卓纵放兵士，突其庐舍，淫略妇女，剽虏资物，谓之‘搜牢’。人情崩恐，不保朝夕。及何后葬，开文陵，卓悉取藏中珍物。”[62]后董卓西窜时，“于是尽徙洛阳人数百万口于长安，步骑驱蹙，更相蹈藉，饥饿寇掠，积尸盈路。卓自屯留毕圭苑中，悉烧宫庙官府居家，二百里内无复孑遗。又使吕布发诸帝陵，及公卿已下冢墓，收其珍宝。……明年，孙坚收合散卒，进屯梁县之阳人。卓遣将胡轸、吕布攻之。布与轸不相能，军中自惊恐，士卒散乱。坚追击之，轸、布败走。卓遣将李傕诣坚求和，坚拒绝不受，进军大谷，距洛九十里。卓自出与坚战于诸陵墓间，卓败走，却屯黾池，聚兵于陕。坚进洛阳宣阳城门，更击吕布，布复破走。坚乃埽除宗庙，平塞诸陵，分兵出函谷关，至新安、黾池间，以截卓后”。李贤注曰：“大

[62]《后汉书》卷七二，《董卓传》2325页。

谷口在故嵩阳西北三十五里，北出对洛阳故城”[63]。大谷关是洛阳周围八关之一，位于东汉南兆域陵区之南，这场恶战的战场就是南兆域皇陵区。时在献帝初平二年[64]。

一代枭雄曹操“又特置发丘中郎将、摸金校尉，所过隳突，无骸不露。身处三公之位，而行桀虏之态，污国虐民，毒施人鬼”[65]。他设置机构与官员，专司刨坟挖金，可谓空前绝后。军队所过之处，皆公开盗掘，破坏冢墓。攫取财物以供军需。曹操二次驻扎洛阳，城外南北皇家陵园的高冢大坟，正是其有司盗掘之重点。

西晋时期，掘冢毁碑，几成风气。近代以来，盗墓挖宝，外贩古董，其风尤炽。给当代东汉南兆域皇陵的文物保护和科学研究造成了极大困难。

根据史书记载的东汉皇室世系，光武帝刘秀为高祖九世孙，死葬北邙原陵[66]。明帝刘庄是光武帝的第四子，死后在南兆域另立新茔，葬显节陵。章帝刘炟是明帝的第五子，死后跟随明帝聚葬南兆域，陵曰“敬陵”。和帝刘肇是章帝的第四子，死后葬章帝敬陵东北，是为“慎陵”。殇帝刘隆是和帝子，死后葬于慎陵茔中庚地。

安帝虽与殇帝同辈，但年龄长，自然不能从属殇帝聚葬，故另立坟茔于北邙。其后嫡系承传顺帝、冲帝，跟随安帝聚葬城北。

后来即位的质帝与冲帝同为章帝之玄孙，而质帝又非嫡系，不能从葬冲帝之后，故改葬于南兆域，从和殇二帝之后聚葬，是为“静陵”。

而桓帝系章帝之曾孙，长质帝一辈，不能从属质帝葬，而另辟陵地于南兆域明帝显节陵以东，东南约3.5公里的大口乡经周寨与周寨村之间为其陵区，是为“宣陵”。正如文献所载，南兆域埋葬有6位皇帝，分为5个陵区，其中和帝殇帝在同一陵区。

《后汉书》记载了南兆域皇陵距离洛阳城的里数，由表四可见《本纪》李贤注引文与《礼仪志》引《古今注》之异同。对明帝显节陵、章帝敬陵、桓帝宣陵的里数，二说同。质帝静陵二说差距只有二里。唯和帝慎陵与殇帝康陵，二说差距较大而已。李贤注慎陵、康陵、静陵、宣陵，统言“在洛阳东南三十里”，也失之宽泛。另外，李贤注文，多引汉晋文献，虽另有所本而所言多与汉里相合。由表四还可见本文所定陵域与文献所载陵域在距离上的异同，这些都有待长期深入实践与研究，俾合于真实情况。

---

〔63〕《后汉书》卷七二，《董卓传》2327、2328页。

〔64〕（晋）袁宏撰，周天游校注：《后汉纪校注》741页，《后汉孝献皇帝纪卷第二十六》：“孙坚自阳人入洛阳，修复诸陵。”天津古籍出版社，1987年。《后汉书》卷九371页，《孝献帝纪》：献帝初平二年二月，“袁术遣将孙坚与董卓将胡轸战于阳人，轸军大败。董卓遂发掘洛阳诸帝陵。夏四月，董卓入长安”。

〔65〕陈琳：《为袁绍檄豫州》，《文选》卷四四，第九册47页，商务印书馆，民国二十年（1931年）。

〔66〕《后汉书》卷二，《孝明帝纪》95页。

《后汉书·礼仪志》记东汉皇帝丧葬礼仪，云："大鸿胪设九宾，随立陵南羡门道东，北面；诸侯、王公、特进道西，北面东上；中二千石、二千石、列侯直九宾东，北面西上。"[67]杨宽先生因此说，长安的西汉皇陵的埋葬方位都是坐西朝东，"东汉因为要举行'上陵'的朝拜祭祀仪式，陵园已经从坐西向东改为坐北向南"[68]。近年洛阳第二文物工作队对康陵的初步勘探结果表明其墓葬方向坐北朝南，其他几个皇陵是否如此有待今后的勘察。关于陪葬墓的方向，据 1987 年偃师博物馆对显节陵西、陈家窑村东南约 150 米处两座并穴合葬墓的勘探，结果为墓道朝北。

1987 至 1988 年，考古工作者在洛阳市东白马寺镇西发掘了一处东汉时期的长方形大型墓园遗址，东距汉洛阳城西垣 2.5 公里，院墙东西约 190 米，南北约 135 米，总面积 25650 平方米。墓园之内，东区为建筑群，由三进院落组成，西区上为土冢，下为多室砖券墓室，墓道朝南。清理出的玉衣残片，说明墓主人的地位在列侯以上，《洛阳伽蓝记》、《水经注》等文献记载皇女埋于洛阳城西，推想墓主人可能是汉皇之早殇稚女[69]。《后汉书·礼仪志》云："西都旧有上陵。东都之仪，百官、四姓亲家妇女、公主、诸王大夫、外国朝者侍子、郡国计吏会陵。昼漏上水，大鸿胪设九宾，随立寝殿前。钟鸣，谒者治礼引客，群臣就位如仪。乘舆自东厢下，太常导出，西向拜，折旋升阼阶，拜神坐。退坐东厢，西向。侍中、尚书、陛者皆神坐后。公卿群臣谒神坐，太官上食，太常乐奏食举，舞《文始》、《五行》之舞。乐阕，群臣受赐食毕，郡国上计吏以次前，当神轩占其郡国谷价，民所疾苦，欲神知其动静。孝子事亲尽礼，敬爱之心也。周遍如礼。最后亲陵，遣计吏，赐之带佩。八月饮酎，上陵，礼亦如之。"[70]看来，今后勘察南兆域皇陵区，须注意这种东堂西冢的墓园结构。

东汉南兆域皇陵的排列，根据其地形，辈分最长者在南部偏西，依次向北向东呈矩尺形排列。过去有人根据地面现存土冢认为东汉南兆域皇陵系自南至北呈轴线直排[71]，这种看法似有道理，而证据不足。2001 年，寇店镇郭家岭村编号为 M11（见表四）的大冢以北 100 米处的小学操场内挖出"大唐故安西副都护陶公之碑"和唐代石狮一个，由此可知，M10、M11、M12 三座土冢与东汉皇陵无关（见表五），直排说失

---

〔67〕《后汉书》志第六，《礼仪下》3145、3146 页。

〔68〕杨宽：《中国古代陵寝制度史研究》210 页，上海古籍出版社，1985 年。

〔69〕中国社会科学院考古研究所洛阳汉魏城队：《汉魏洛阳城西东汉墓园遗址》，《考古学报》1993 年 3 期。

〔70〕《后汉书》志第四，《礼仪上·上陵》3103、3104 页。

〔71〕宫大中：《洛都美术史迹》133 页，第七章《东汉帝陵及其神道石象》："据中国社会科学院考古研究所洛阳工作站许景元先生说，伊洛河汉陵一字排开，已编号实测。"湖北美术出版社，1991 年。

去了依据。

由于历代学者对东汉南兆域皇陵区域的个案研究几乎是个空白，本文提出的初步看法还需要坚实的证据来支持，有待今后的科学发掘来验证、纠正。引玉之砖，意在唤起同行热情关注，积极讨论，实地勘察，深入研究。

2003年，由国家文物局立项，洛阳市第二文物工作队、郑州大学历史与考古系、解放军测绘学院等单位共同合作的重大科研项目洛阳陵墓群的调查与勘测正式启动。对东汉皇陵的局部考古调查、勘察钻探工作开始实施，相信不断深入的工作将逐渐解开东汉南兆域皇陵之谜。

南朝陵寝制度之渊源

赵胤宰* 韦 正*

The mausoleum rules such as the layout of cemetery, exhibiting stone carvings, the typology and decoration of tombs were came down in one continuous line. The rules germinated in the Liu-Song dynasty in that period and they were different from those in the Eastern Jin dynasty and the Sui and Tang dynasties. The paper points out that Liu Yu's complex experience and his antipathy to the Eastern Jin dynasty, as well as his appreciation of the life style of the personage and the adopting of the tomb structure in the Wu area, created the entirely new typology of the mausoleums in the Liu-Song dynasty, which was inherited in the following Qi, Liang and Chen dynasties.

南朝陵墓一向与东吴、东晋陵墓合称为六朝陵墓，这个名词很大程度上模糊了几个时代陵墓之间的差异，现有的考古研究工作表明，东吴、东晋和南朝陵墓之间的差异要大于相似之处，其中东晋、南朝的差异尤为显著，此点关涉中国古代丧葬制度的渊源流变。如众所知，丧葬制度为汉民族文化的重要内容之一。永嘉南渡，汉民族与文化的主体南迁，北方地区因五胡入主而几为异域。东晋南朝丧葬情况可视为汉民族丧葬文化的自然延续。汉民族丧葬制度以帝王陵寝最具代表性，因此帝王陵寝制度的研究尤具意义。中国古代的每个朝代通常都有各具特色的陵寝制度，后代多不因袭前朝。南朝却是个例外。有关南朝陵寝制度的文字记载留存不多，但考古材料却能提供不少证据。经过田野考古发掘的南朝帝王陵墓有十余座，地面至今仍有遗迹可寻的不下数十座。根据这些材料对南朝陵寝制度进行概括和研究的主要论文有蒋赞初的《关于长江下游六朝墓葬的分期和断代问题》、罗宗真的《六朝陵墓埋葬制度综述》、林树

* 作者赵胤宰系北京大学考古文博学院博士研究生；作者韦正系北京大学中国考古学研究中心兼职研究员，北京大学考古文博学院讲师。

仲的《南朝陵墓石刻》、王志高的《南朝帝王陵寝初探》、曾布川宽的《六朝帝陵》[1]。几位学者的概括和研究或偏重于地下材料，或立足于美术史，尚没有充分综合考虑地下与地表现象，也没有指出南朝陵寝制度的特质所在，当然也谈不上追寻南朝陵寝制度的渊源由来。南朝陵墓与之前的两晋、之后的隋唐相比，有鲜明的特点，而且这些特点不因改朝换代而中断，换言之，南朝四代的帝王陵寝大致存在着一以贯之的制度[2]。在此之中，刘宋具有开创之功，刘宋皇室扮演了非常重要的角色，因此有必要对刘宋皇室加以研究，以期加深对南朝陵寝制度的认识。

一、南朝陵寝制度之特征

依据现有材料，南朝陵寝制度的特征在每个时代的陵寝总体分布、单座陵墓的地面布局、陵墓的平面形状、墓室装饰等方面反映得比较充分。

每个时代的陵寝总体分布方面的主要特点是，陵墓多呈散点状分布。仅根据文献记载，这个特点已经非常明显。下面略引皇帝陵墓的相关记载，王陵从略。宋武帝"葬丹杨建康县蒋山初宁陵"[3]，宋文帝"葬长宁陵。陵在今县（指唐建康县，引者注）东北二十里"[4]，孝武帝"葬景宁陵，在今上元县南四十里严山之阳"[5]，明帝"葬临沂县幕府山高宁陵"[6]。齐梁二代的帝陵在今丹阳境内。齐帝陵，"南齐宣帝休安陵，在县（指丹阳县，引者注）北二十八里。高帝父也，追尊为宣皇帝。高帝道成泰安陵，在县口（应为北。引者注，下同此）三十二里。武帝赜景安陵，在县东二十二里。景帝道生永安陵，在县东北二十六里。明帝父也，追尊为景皇帝。明帝鸾兴安

---

〔1〕蒋文见《中国考古学会第二次年会论文集》，文物出版社，1982年；罗文见《中国考古学会第一次年会论文集》，文物出版社，1979年；林著，人民美术出版社，1984年。王文见《南方文物》，1999年4期；曾著，原名《南朝帝陵の石兽と砖画》，发表于《东方学报》第六十三册，傅江译本，南京出版社，2004年。

〔2〕南朝陵墓的制度性特征，并没有引起学术界的足够重视。多数学者习惯于将南朝陵墓放在一起叙述，这个现象本身暗示了南朝陵墓的相似性。但这并不表明这个问题不需要加以考察。如果说齐、陈二代时间太短，只能继承前代，那么梁朝存在五十余年，而且文化相当发达，在礼制方面尤有建树，完全有时间有条件另立制度。在总体上，梁朝代表了南朝文化，但陵寝制度的基本内容是由刘宋创立的，梁朝继承和发展而已。这个现象值得重视。南朝陵寝制度的一致性是南朝时代的一致性在墓葬制度方面的反映，这是一个与历史学关系更大的问题，对此本文不多涉及。

〔3〕《建康实录》卷十一。

〔4〕《建康实录》卷十二。

〔5〕《建康实录》卷十三。

〔6〕《建康实录》卷十四。

陵，在县东北二十四里"〔7〕。梁帝陵，"梁文帝顺之建陵，在县口（北）二十五里。武帝父也，追尊为文皇帝。武帝衍修陵，在县东三十一里。……简文帝纲庄陵，在县东二十七里"〔8〕。陈帝陵，武帝"葬于万安陵。在今县东南三十里彭城驿侧，周六十步，高二丈"〔9〕。文帝"葬永宁陵。（本注曰：）陵在今县东北四十里，陵山之阳，周四十五步，高一丈九尺"〔10〕。"宣帝顼显宁陵，在县南四十里牛头山西北。"〔11〕

部分南朝陵墓已经发掘，南朝陵墓地面石刻保存尚多，情况与文献记载大致相合，现将能够基本确认的南朝帝陵列表如下：

地　点	旧　说	曾　说
南京麒麟门	宋刘武帝初宁陵	
南京甘家巷南狮子冲	宋文帝长宁陵	陈文帝永宁陵
丹阳狮子湾	齐宣帝永安陵	齐高帝泰安陵
丹阳赵家湾	齐高帝泰安陵	齐宣帝永安陵
丹阳胡桥仙塘湾	齐景帝修安陵	
丹阳前艾庙	齐武帝景安陵	
丹阳金家村	齐东昏侯或和帝恭安陵	齐明帝兴安陵
丹阳经山北麓	齐废帝郁林王墓	
丹阳经山北麓	齐废帝海陵王墓	
丹阳三城巷	齐明帝兴安陵	梁敬帝陵
丹阳三城巷	梁文帝建陵	
丹阳三城巷	梁武帝修陵	
丹阳三城巷	梁简文帝庄陵	
江宁石马冲	陈武帝万安陵	齐陵
南京西善桥石马村	陈宣帝显宁陵	

注：旧说指朱偰、朱希祖、罗宗真等学者的说法，曾说指曾布川宽的说法。

宋陈二代的帝陵分布在今南京周围（图一），齐梁二代的帝陵分布在今江苏丹阳

〔7〕《元和郡县图志》卷二十五《江南道·一》。

〔8〕同注〔7〕。

〔9〕《建康实录》卷十九。

〔10〕同注〔9〕。

〔11〕同注〔7〕。

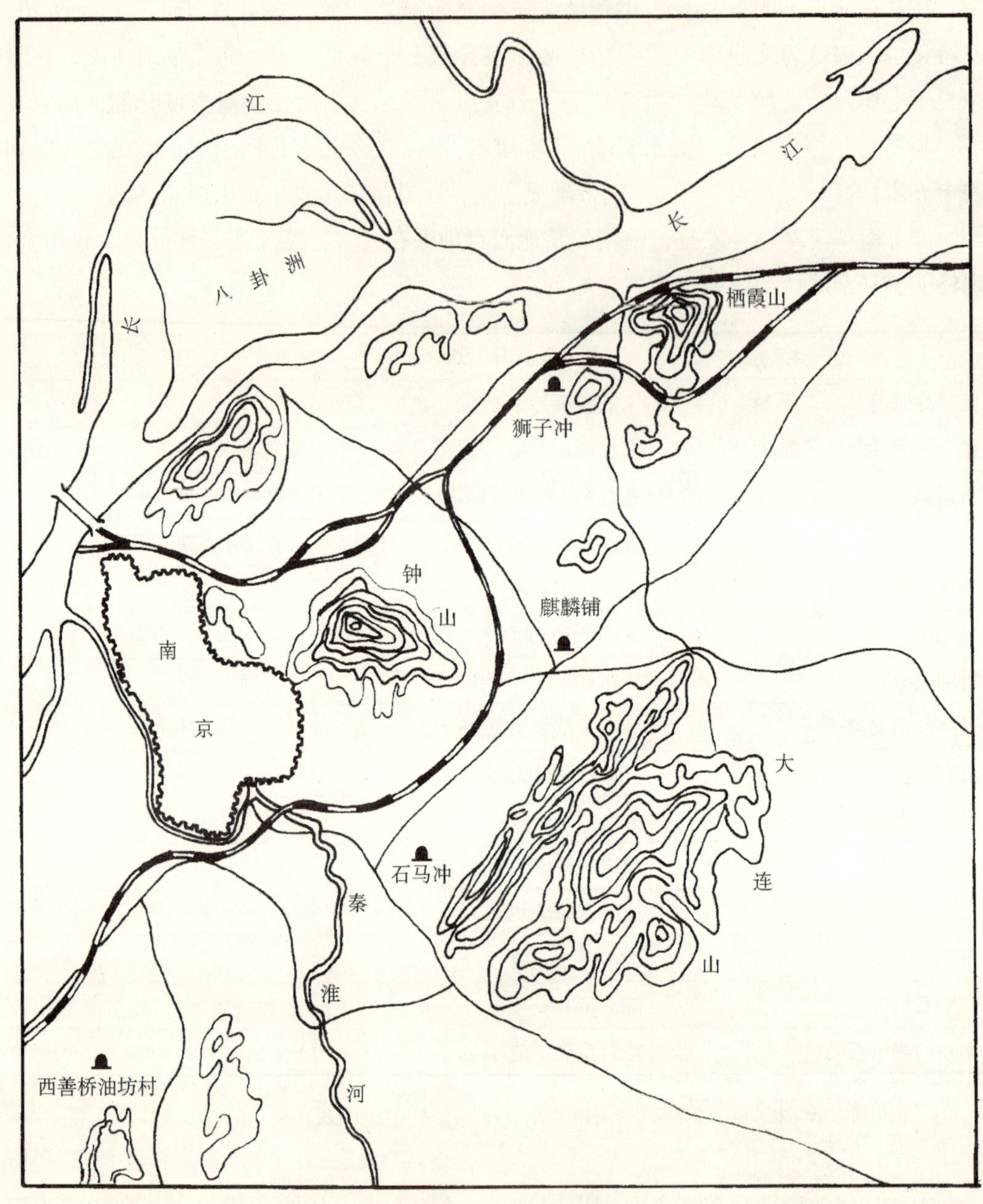

图一　南京附近南朝帝陵分布示意图

(图二)。刘宋帝陵在今南京城的东、北、南三面都有分布。陈代帝陵分布在南京城的北、南两面。宋、陈二代的每座皇陵似乎都可自由选择地点。齐、梁二代的帝陵集中分布在今丹阳市的胡桥、建山、荆林一带方圆数公里的范围内。在这一范围内,每座

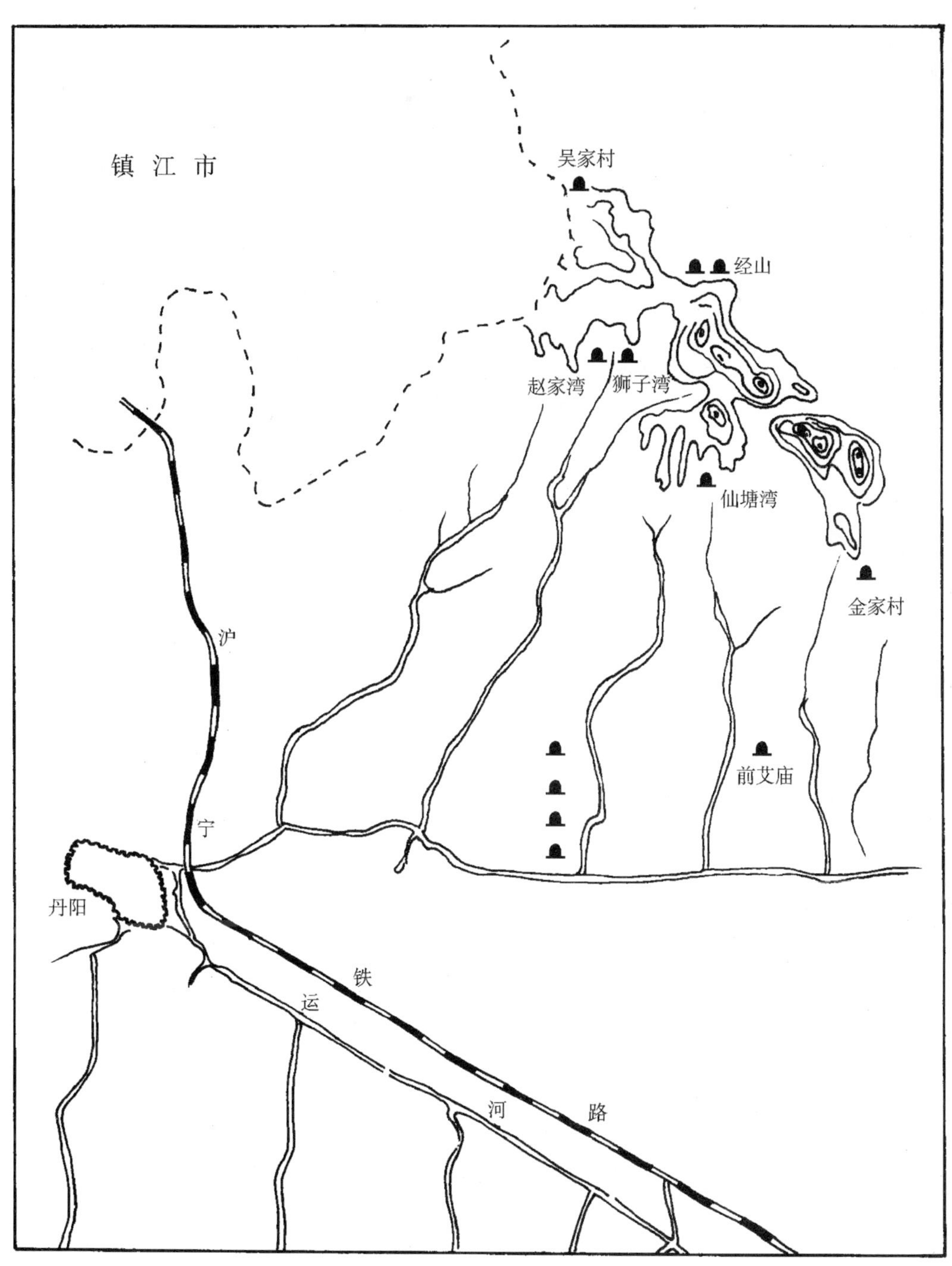

图二　丹阳附近南朝帝陵分布示意图

帝陵似乎可以自由选择地点[12]，至少齐代陵墓如此。这可以说是在一定地域范围内的散点分布。

单座陵墓的地面布局方面的特点是，墓葬之前有神道，神道两侧有石刻。墓主身份明确的陵墓石刻只有寥寥数座，大多数神道石刻的墓主出于后人比附，不过这不会引起墓葬等级和时代方面的问题。大致可以确定的刘宋陵墓的地面石刻有1处，即南京麒麟门麒麟铺石刻；齐陵墓8处，丹阳胡桥公社胡桥大队2处、胡桥公社麻场大队1处、建山公社春塘大队1处、建山公社近水经山村1处、建山公社管山大队1处、荆林公社三城巷1处、郸城公社水经山村1处；梁陵墓16处，丹阳荆林三城巷3处、南京栖霞山附近11处、江宁淳化镇留家边1处、句容县石狮乡石狮圩1处；陈陵墓2处，南京栖霞山附近1处、江宁县上坊镇1处。

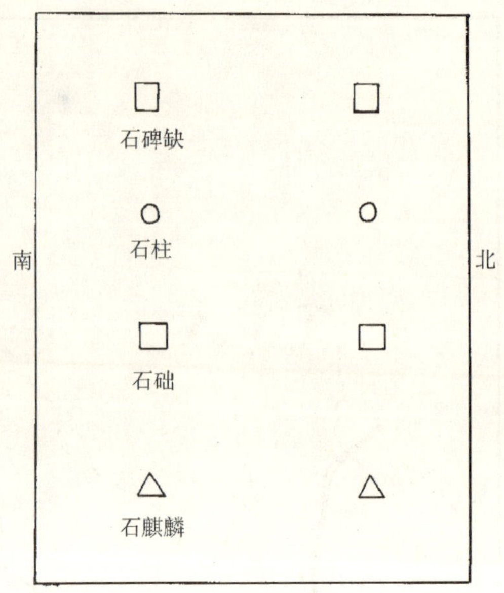

图三　梁萧顺之建陵石刻分布示意图

（采自《六朝陵墓调查报告》）

宋、齐、陈三代陵墓之前只发现石兽，宋、陈二代石兽只有麒麟，齐代有麒麟、辟邪。梁代陵墓之前麒麟等石兽之外，尚发现神道石柱、石碑。现存梁文帝建陵的石刻保存最为完整，由远及近依次为二麒麟、二石础、二神道石柱、二石碑趺（图三）。从现存材料来看，南朝陵墓的地面石刻似乎有个既有继承又有发展的过程，麒麟与辟邪的区别可能始于齐，梁代又添加了神道石柱和石碑。当然，究竟这几类石刻出现于何时，不同朝代之间的关系如何，还有待考古发掘材料的验证。

陵墓平面形状方面的主要特点是，已发掘的墓葬平面多呈长方椭圆形。可推定的刘宋陵墓1座，即南京西善桥宫山竹林七贤壁画墓[13]。齐代陵墓3座，分别为丹阳胡桥公社仙塘湾墓、丹阳胡桥公社吴家村墓、丹阳建山公社金家村墓[14]。梁代陵墓6

---

[12] 《南史》卷四《齐本纪上》，齐武帝“又诏曰：‘……陵墓万世所基，意常很休安陵（指武帝王后陵）未称，今可用东三处地最东边以葬我，名为景安陵。’”

[13] 南京博物院、南京市文物保管委员会：《南京西善桥南朝墓及其砖刻壁画》，《文物》1960年8~9期。

[14] 南京博物院：《江苏丹阳胡桥南朝大墓及砖刻壁画》，《文物》1974年2期；南京博物院：《江苏丹阳县胡桥、建山两座南朝墓葬》，《文物》1980年2期。

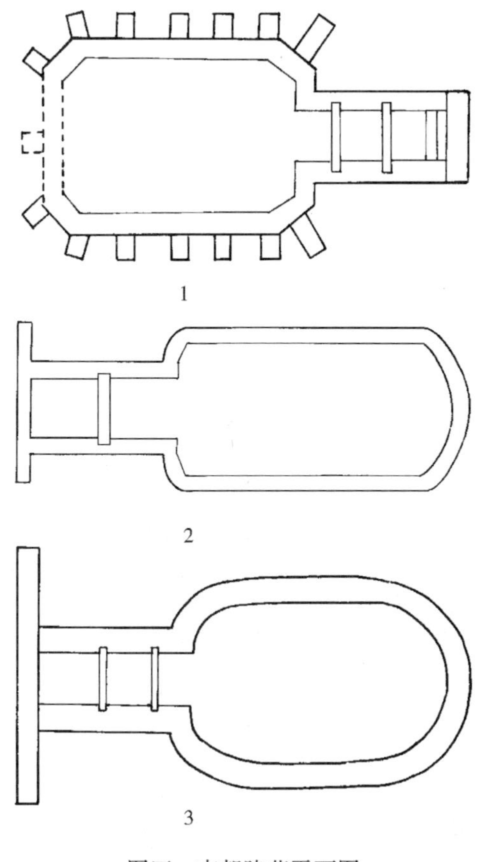

图四　南朝陵墓平面图

1. 丹阳胡桥吴家村墓　2. 南京梁萧象墓

3. 南京西善桥油坊村墓

座，分别为南京栖霞山蔡家塘1号墓、南京栖霞山白龙山墓、南京栖霞山南京石油化工厂萧融墓、王慕韶夫妇墓、南京尧化门老米荡墓、南京栖霞山南京炼油厂萧象墓[15]。陈陵墓1座，即南京西善桥油坊村南朝大墓[16]（图四）。与同时代其他级别较高的墓葬相比，如刘宋元徽二年（474年）明昙憘墓是一座规整的凸字形墓葬[17]，梁普通二年（521年）的梁辅国将军墓、陈太建八年（576年）的黄法氍墓是后壁弧突的长方形墓[18]（图五），南朝帝王陵墓平面呈长方椭圆形的特点显得更加突出。

墓室装饰方面的主要特点是，多有拼嵌砖刻壁画。已发现拼嵌砖画墓有5座，分别为南京西善桥宫山墓、丹阳胡桥仙塘湾墓、丹阳胡桥吴家村墓、丹阳建山金家村墓、南京西善桥油坊村罐子山墓。南京西善桥宫山墓中只有竹林七贤壁画。丹阳的三座墓葬中，不仅有竹林七贤壁画，还有日、月、羽人戏龙、羽人戏虎、车马出巡、仪仗等内容（图六、图七）。南京西

〔15〕 南京博物院、南京市文物保管委员会：《南京栖霞山甘家巷六朝墓群》，《考古》1976年5期；南京市博物馆、栖霞区文管会：《江苏南京市白龙山南朝墓》，《考古》1998年12期；南京市博物馆阮国林：《南京梁桂阳王肖融夫妇合葬墓》，《文物》1981年12期；南京博物院：《南京尧化门南朝梁墓发掘简报》，《文物》1981年12期；南京博物院：《梁朝桂阳王萧象墓》，《文物》1990年8期。

〔16〕 罗宗真：《南京西善桥油坊村南朝大墓的发掘》，《考古》1963年6期。

〔17〕 南京市文物管理委员会：《南京太平门外刘宋明昙憘墓》，《考古》1976年1期。

〔18〕 南京市文物保管委员会：《南京郊区两座南朝墓清理简报》，《文物》1980年2期；南京市博物馆：《南京西善桥南朝墓》，《文物》1993年11期。除岭南地区外，双室墓在南朝几乎绝迹，单室墓成为绝对主流。墓主身份的不同在墓葬外在形式上只能通过规模和形状予以表现，以往的研究比较重视规格，对形状似有忽略之嫌。已经发掘的南朝帝王陵墓，与其他墓葬都有所区别，尤其是被疑为帝陵的丹阳三座南齐墓和南京西善桥油坊村墓，形状更是绝无仅有。这个特点，东晋帝陵已是如此。被疑为东晋帝陵的南京大学北园大墓、南京北郊汽轮机厂大墓、南京富贵山M1都近方形，而不是常见的长方形。

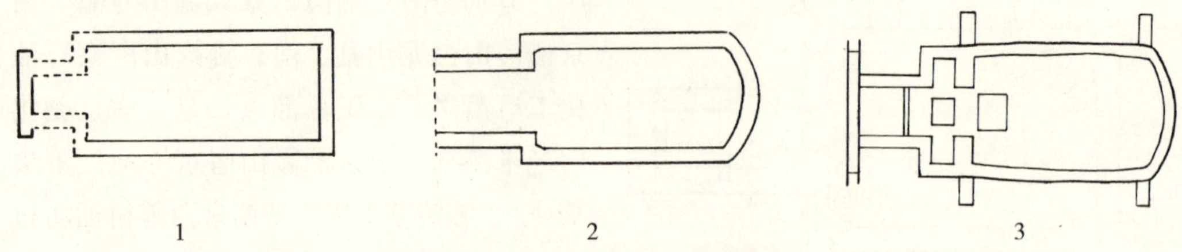

图五　南京南朝高等级墓葬平面图

1. 刘宋明昙憘墓　2. 梁普通二年墓　3. 陈黄法氍墓

图六　南朝陵墓拼嵌砖画

1.丹阳金家村墓狮子画像（采自《六朝艺术》，图版201、202）

2.丹阳金家村墓日月画像（采自《六朝艺术》，图版199、200）

3.丹阳金家村墓武士画像（采自《六朝艺术》，图版203、204）

善桥油坊村罐子山墓只在墓道中发现狮子图，其他部位是否有壁画，不可确知。南京西善桥宫山墓应为王侯一级的墓葬，其他几座墓葬可能为帝陵。在已经发掘的几座梁

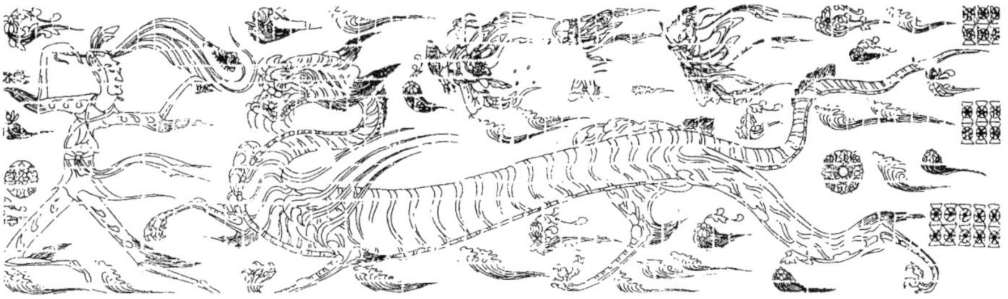

1

2

3

图七　南朝陵墓拼嵌砖画

1.丹阳金家村墓白虎画像（郑岩绘图，采自《魏晋南北朝壁画墓研究》图31）

2.南京西善桥宫山墓竹林七贤与荣启期画像（采自《六朝时代美术の研究》，44、45页）

3.丹阳金家村墓仪卫卤薄画像（采自《六朝艺术》，图版206、209、210、212）

代王陵中，都用花纹砖装饰，但没有发现竹林七贤等内容的壁画。看来，南朝帝王陵墓只是大致存在着壁画使用的等级规定，但不是一成不变，梁代的规定可能比较严格，帝陵是否使用壁画不可知晓，王侯一级看来是不允许使用。梁代的这个规定可能是与地面石刻的使用规定同时存在的。由于已经发现的三座齐代陵墓都被认为可能是帝陵，而齐代的王陵又没有发现，王侯一级不得使用壁画始于齐代也未尝不可能。

为了进一步认识南朝帝王陵墓的特点，不妨与东晋帝王陵墓略作比较。在空间分布方面，据文献记载，除穆帝陵在建康城北的幕府山之阳外，其他墓葬分布在建康城的鸡笼山之阳和钟山之阳。由于南京大学北园东晋墓的发掘，和南京富贵山晋恭帝玄宫石碣的发现，可以确定鸡笼山和钟山相当于今南京鼓楼岗、北极阁迤东至富贵山一线，这一线位于建康城北侧，这种布局方式正是对西晋帝陵在洛阳北邙山上一字排开布局方式的继承[19]（图八）。经勘察，西晋帝陵位于洛阳汉魏故城北侧邙山之阳，枕头山文帝崇阳陵居东，鏊子山武帝峻阳陵居西，钻探和发掘结果都说明，两个墓地的墓葬均为凸字长方形，即使处于尊位的最大墓葬也不例外。文献明确记载东晋帝王陵墓不封不树，这也源于西晋，而西晋则直接继承了曹魏。据考古材料，推测为东晋帝王

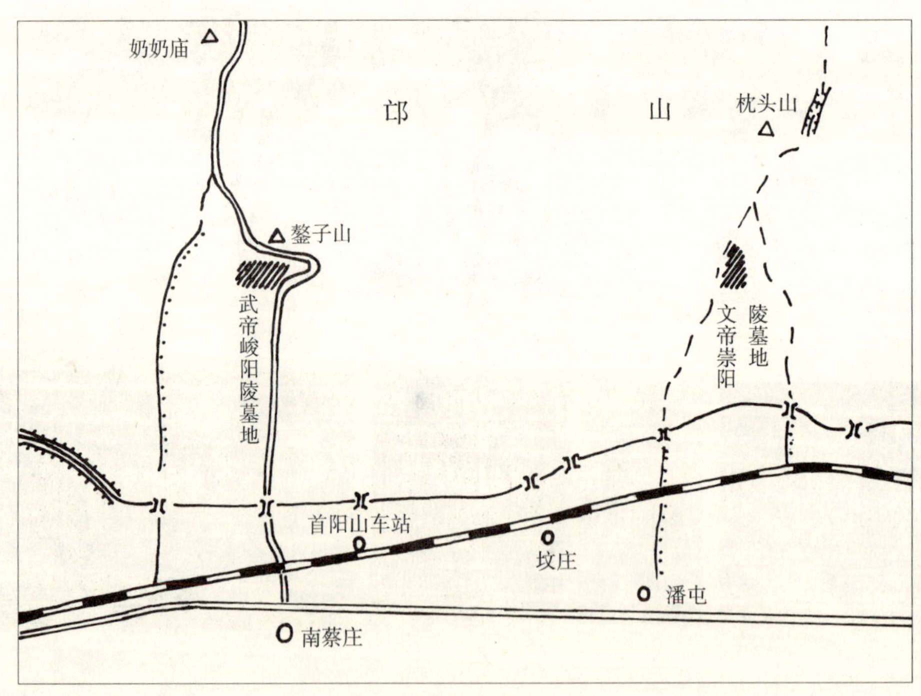

图八　洛阳北邙山西晋陵墓示意图

〔19〕 中国社会科学院考古研究所洛阳汉魏故城工作队：《西晋帝陵勘察记》，《考古》1984年12期。

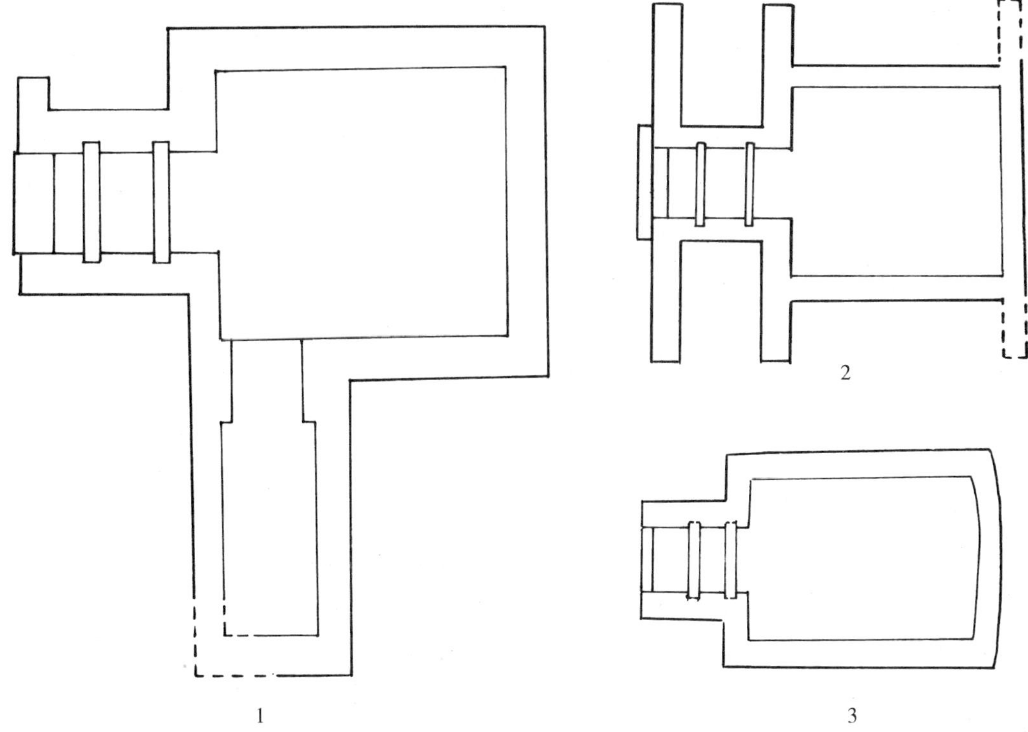

图九　南京东晋帝陵平面图

1. 南京大学北园墓　2. 南京汽轮机厂墓　3. 南京富贵山墓

陵墓的有三座，它们是南京大学北园大墓、南京北郊汽轮机厂大墓、南京富贵山M1[20]（图九）。它们的共同特点是：近方形墓室，墓壁无装饰[21]。这些特点也应来源于西晋。

南朝陵墓的随葬品与东晋陵墓也有很大的不同。东晋陵墓以所谓“瓦器”即陶器为主，陶质器皿、陶俑、陶榻、陶帐座等，身份越高的墓葬中所占比例越大。普通东晋墓葬中，则以瓷器为主。这种情况与东晋的礼学思想、薄葬观念以及山陵暂厝建康等想法有关。《通典》卷八六载贺循议云：“其明器，凭几一、酒壶二（受六升，幂以功布）、漆屏风一、三谷三器（粳、黍、稷，灼而干）、瓦唾壶一、脯一箧、屦一、瓦蹲一、屐一、瓦杯盘杓杖一、瓦烛盘一、箸百副、瓦奁一、瓦灶一、瓦香炉一、釜二、

〔20〕南京大学历史系考古组：《南京大学北园东晋墓》，《文物》1973 年 4 期；南京市博物馆：《南京北郊东晋墓清理简报》，《考古》1983 年 4 期；南京博物院：《南京富贵山东晋墓发掘报告》，《考古》1966 年 4 期。

〔21〕东晋陵墓的有关特点，参见蒋赞初：《南京东晋帝陵考》，《东南文化》1992 年 3、4 期合刊。

枕一、瓦甑一、手巾赠币玄三纁二博充幅长尺、瓦炉一、瓦盥盘一。”南朝则不然，陶瓷器的使用看不出明显的倾向，石俑、石马、石墓志、石门、石案、石榻、石棺床等石质物品的使用颇具特点。不过，由于已经发掘的东晋南朝帝王陵墓多遭严重盗扰，随葬品的原来位置难以复原，给墓葬制度的研究带来很大困难。关于这个方面的研究目前只好从略。

南朝陵墓与东晋的差别实际上是与东晋、西晋和曹魏的差别，曹魏、西晋和东晋墓葬制度一脉相承，如果可以用晋制加以概括的话〔22〕，不妨说南朝陵墓也有自身的制度。

二、南朝陵寝制度之渊源

南朝陵墓制度内涵已如上述，从制度的渊源上看，陵墓的散点式分布和地面石刻无疑可以越魏晋而接两汉，近椭圆长方形墓室是南方地区长期存在的一种地域墓葬样式，墓室壁画虽然两汉常见，魏晋也未断绝，但内容一扫传统，所以当为新创。这些特征基本始于刘宋，如宋武帝初宁陵位于今南京东郊的麒麟门，宋文帝长宁陵地点虽不确定，但决不在麒麟门附近；南京西善桥宫山竹林七贤壁画墓很可能为刘宋时期的墓葬，其平面大致呈椭圆形；陵墓石刻始于刘宋，这是基本的事实。南朝陵寝制度可以说始于刘宋，而与东晋截然有别，那么刘宋皇室从何受到启发，颇值关注，以下引文献记载与考古材料，略作疏证。

刘裕自诩汉室苗裔，晋宋禅代，时人多以为再造汉室，刘宋也以此自居，在丧葬一事上，有意与晋割断，而模仿汉朝。元嘉十三年，“零陵王太妃薨。追崇为晋皇后，葬以晋礼。”〔23〕元嘉二十三年，何承天上表文帝云：“台伏寻圣朝受终于晋，凡所施行，莫不上稽礼文，兼用晋事。”〔24〕这个“礼文”，其中当包括汉制。所以沈约说，“自元嘉以来，每岁正月，舆驾必谒初宁陵，复汉仪也。”〔25〕《宋书·后妃传》：“孝懿萧皇后讳文寿……景平元年，崩于显阳殿，时年八十一。遗令曰：‘孝皇背世五十余年，古不祔葬。且汉世帝后陵皆异处，今可于茔域之内别开一圹。孝皇陵坟本用素门之礼，与王者制度奢俭不同，妇人礼有所从，可一遵往式。’”可见刘宋以绍承汉仪为己任，而且南朝帝王庶民丧礼有等级差异。刘宋没有像齐梁二代一样归葬京口，可能也是学习

〔22〕俞伟超：《汉代诸侯王与列侯墓葬形制分析——兼论“周制”、“汉制”与“晋制”的三阶段性》，《中国考古学会第一次年会论文集》，文物出版社，1980年。

〔23〕《宋书·文帝纪》。

〔24〕《宋书·礼志二》。

〔25〕同注〔24〕。

汉朝。在归葬之风极盛的东晋南朝，刘宋的这个决定是需要勇气的〔26〕。刘宋在这个问题上可能有所犹豫，《宋书·后妃传》武敬臧皇后条："义熙四年正月甲午，殂于东城，时年四十八，追赠豫章公夫人，还葬丹徒。高祖临崩，遗诏留葬京师。于是备法驾，迎梓宫，祔葬初宁陵。"

刘裕北伐至洛阳、长安，两汉帝王陵墓的壮观景象，对他和他的僚属应不无触动。戴延之等文人还撰写了西征记。到达长安后，刘裕"谒汉长陵，大会文武于未央殿〔27〕"。刘裕离开长安返回建康之际，"三秦父老泣诉曰：'残生不沾王化，于今百年。始睹衣冠，方仰圣泽。长安十陵，是公家坟墓，咸阳宫殿，是公家屋宅，舍此何之？'"〔28〕晋宋禅代之际，"太史令骆达陈天文符应曰：'……冀州道人释法称告其弟子曰："嵩神言，江东有刘将军，汉家苗裔，当受天命，吾以璧三十二、镇金一饼与之，刘氏卜世之数也。"……又光武社于南阳，汉末而其树死，刘备有蜀，乃应之而兴，及晋季年，旧根始萌，至是而盛矣。'"〔29〕即位以后，发布诏书说："彭城桑梓，敦本斯隆，宜同丰、沛。其沛郡、下邳各复租布三十年。"〔30〕东晋数次北伐，皆系权臣欲扩充实力，以外势压迫建康朝廷，刘裕也是如此，从其到达长安不旋踵即东还，可见其既无心攘除奸凶，更无意还于旧都。但时人均知东晋朝运大势已去，刘氏登台势在必然，故舆论自然将刘裕与刘邦、刘秀联系在一起。

椭圆长方形墓室的采用，于文献无征，只能就此类墓葬形制略申一二。三国西晋时期，在今湖南长沙、山东诸城、苏南等地都出现了长方形墓室侧壁向外弧突的现象〔31〕。这种现象长沙、诸城等地后来基本不见了。苏南的这种墓葬形式后来一直保持

〔26〕 刘宋、陈与齐梁二代，在帝陵地点问题上的不同，可视为不同阶级出身的不同抉择。魏晋南北朝极重归葬，温峤之子不顾帝命载父丧从豫章还建业，孝文帝迁洛后强令官员留葬洛阳附近，一些大臣私自归葬平城，是熟知之事。齐梁虽已经攫取帝位，却不能四海为家，犹恋恋不忘故土旧茔。齐梁帝陵归葬武进（今丹阳），可视为国家社稷向家族私门的让步，是家族观念在陵寝制度上的深刻表现。宋孝懿萧皇后所谓的素门之礼，只是文饰之词，以刘裕的田舍翁和陈霸先的油库吏出身，除去民俗之外，当时根本无礼可言。需要指出的是，齐梁皇帝虽归葬武进，齐梁王侯，尤其是梁代的王侯，却几乎都葬在今南京周围，这可能是梁武帝的意志，梁武帝出于何种心理，颇耐人寻味。

〔27〕《南史》卷一《宋本纪上》。

〔28〕《南史》卷十三《广陵孝献王传》。

〔29〕《南史》卷一《宋本纪上》。

〔30〕 同注〔29〕。

〔31〕 湖南省博物馆：《长沙两晋南朝墓发掘报告》，《考古学报》1959 年 3 期；诸城县博物馆：《山东省诸城县西晋墓清理简报》，《考古》1985 年 12 期；常州市博物馆、金坛县文管会：《江苏金坛县方麓东吴墓》，《文物》1989 年 8 期；南京博物院：《江苏溧阳孙吴凤凰元年墓》，《考古》1962 年 8 期；罗宗真：《江苏宜兴晋墓发掘报告》，《考古学报》1959 年 1 期。

下来，还扩及今安徽马鞍山一带〔32〕。近椭圆的长方形墓室后来成为苏南地区的一种地域墓葬类型。使用这种墓葬形制的墓主起初是南方人，最著名的是宜兴周氏。东晋时期偶有北来人士使用这种墓葬形制，如马鞍山建湖东路小学发现的太元元年（376 年）墓墓主孟府君，原籍平昌郡安丘县，任东晋始兴相散骑常侍〔33〕。但是，大部分已知的东晋北来士族，一般不用这种墓葬形制，如王、谢、颜、温、李等〔34〕。帝王与皇族墓葬从不用这种形制〔35〕。墓葬是古代文化中最保守的因素之一，形制是墓葬的重要内容之一，采用何种形制，不仅仅是技术问题，肯定还牵涉许多其他方面。刘宋采用这种墓葬形制，明显是对东晋的否定。刘宋似有意与东晋断绝，事事另搞一套，墓葬形制即其一端，南方的这种地域墓葬类型大概成了源头活水。

竹林七贤等墓室壁画的出现可能与刘宋的背景出身有关。唐长孺先生指出："他们（指新出门户）虽然按照当时婚宦标准业已符合士族身份，但在门阀贵族面前还是寒人，而他们的最高愿望不是打破这种士庶等级区别，相反的是想挤入士族行列，乞求承认，并且转而以之自傲，甚至同样坚持士庶区别观点。"〔36〕刘宋皇室出身于"田舍翁"，登台伊始颇不适应，为了在与士族周旋时自在一些，不得不附庸风雅，及至后来，反而以士大夫领袖自居而不觉了。《南史》卷十五《刘穆之传》载："帝举止施为，穆之皆下节度，帝素拙书，穆之曰：'此虽小事，然宣布四远，愿公小复留意。'帝既不能留意，又禀分有在，穆之乃曰：'公但纵笔为大字，一字径尺无嫌。大既足有所包，其势亦美。'帝从之，一纸不过六七字便满。"《南史》卷十九《谢晦传》载："帝深加爱赏，从征关、洛，内外要任悉委之。帝于彭城大会，命纸笔赋诗，晦恐帝有失，起谏帝……武帝闻咸阳沦没，欲复北伐，晦谏以士马疲怠，乃止。于是登台北望，慨然不悦，乃命群僚诵诗。"刘裕的举止前后反差太大。《南史》卷十八《萧思话传》载："尝从（文帝）登钟山北岭，中道有盘石清泉，上使于石上弹琴，因赐以银钟酒，

---

〔32〕马鞍山市文物管理所、马鞍山市博物馆：《安徽马鞍山桃花冲三座晋墓清理简报》，《文物》1993 年 11 期。

〔33〕安徽省文物工作队：《安徽马鞍山东晋墓清理》，《考古》1980 年 6 期。

〔34〕王氏指南京北郊象山的王丹虎、王仙之、王闽之等人的墓葬，谢氏指南京南郊的谢鲲、谢琉等人的墓葬，颜氏指南京北郊的颜含、颜镇之等人的墓葬，温氏指南京北郊的温峤墓，李氏指南京东郊的李缉、李纂等人墓葬。相关材料极易查找，故不一一注出。

〔35〕一般认为南京幕府山的 1、3、4 号墓，南京富贵山的 2、4～6 号墓为东晋皇室墓。参见华东文物工作队：《南京幕府山六朝墓清理简报》，《文物参考资料》1956 年 6 期；南京市博物馆：《南京北郊东晋墓发掘简报》；《考古》1983 年 4 期；南京市博物馆：《南京幕府山东晋墓》，《文物》1990 年 8 期；南京市博物馆、南京市玄武区文化局：《江苏南京市富贵山六朝墓地发掘简报》，《考古》1998 年 8 期。

〔36〕唐长孺：《南朝寒人的兴起》，《魏晋南北朝史论丛》（外一种），河北教育出版社，2000 年。

谓曰：‘相赏有松石间意。’”《南史》卷十三《刘义庆附鲍照传》载：“上（指文帝）好为文章，自谓人莫能及，照悟其旨，为文章多鄙言累句。咸谓照才尽，实不然也。”《南史》卷二十二《王僧虔传》：“孝武欲擅书名，僧虔不敢显迹，大明世尝用掘笔书，以此见容。”整个刘宋王朝时期，刘宋皇室始终没能改变庶族平民的角色，与社会舆论和自身也认为是一流高门的齐梁萧氏很是不同，附庸风雅是刘宋王室身前死后的一贯行为[37]。

三、结　语

以上简单地概括了南朝陵墓的制度化特征，并探讨了这些特征与刘宋皇室之间的特殊关系。南朝陵墓制度的几项主要内容不仅始于刘宋，而且在某种程度上可以说是刘宋皇室的刻意发明。陵墓制度是政治制度的一个方面，皇权经魏晋的衰落，至刘宋时期重新抬头，自然要在陵寝制度方面有所体现。刘裕本人虽没有兴复汉室的打算，但魏晋之不足法却也溢于言表。刘宋陵墓制度取法于汉，既与刘宋的背景和经历相符，也能够恰当地体现皇权重新崛起这一事实[38]。刘宋起家于京口，三吴为南朝之根本尤胜于东晋，可能因此采用了椭圆形墓室。对名士风流的追慕，促使竹林七贤为主的壁画在帝王陵寝之中出现。从刘宋皇室的阶级出身和文化心理出发，表面看来似乎杂乱无章的南朝陵墓特征，因此而能获得一整体而较为合理的解释。

心理上对东晋的反动，创新能力的不足，迫使刘宋向古代，向周边的环境和社会寻找灵感。复古的、地域的、时代的特色混杂在一起，在墓葬制度方面将南朝与魏晋生生切开。大概是由于南朝四代皇室出身的相似性和姻亲关系，使刘宋首创的制度得以一脉相传。不过，中国历史的重心此时重又移回北方，北方的民族大融合和孝文帝汉化改革，给中国历史肌体注入了新鲜强劲的活力，一个繁荣强大但不同于两汉的大帝国不久将要出现。南朝陵墓制度如同南朝社会一样，逐渐偏离中国历史的主流，未能对隋唐陵墓制度和政治制度产生重大影响。

---

〔37〕兰陵萧氏已经不需要附庸风雅，而风雅自来相附。进入齐梁的东晋时期高门对齐梁皇室的态度颇能说明问题。

〔38〕大约与此同时的北朝墓葬中，出现了具有汉代特点的高坟大冢、石刻、墓碑、墓志、壁画，也不是偶然的。

东都唐陵研究

赵振华* 王竹林*

This paper focuses on the death of Li Hong, the prince of Emperor Tang Gaozong, and on the construction and restoring of Li Hong's Gong Mausoleum as well as its accompanying burials. The author also discusses the steles and other relics unearthed from Gong Mausoleum and that of Li Hong's consort. Moreover, this paper investigates the historical recordings on Emperor Tang Zhaozong's He Mausoleum built in the closing period of the Tang dynasty.

唐代东都洛阳有帝陵二，曰恭陵、和陵。

恭陵是唐高宗李治第五子、武则天长子李弘的陵墓。弘字宣慈，生于永徽三年（652年），显庆元年（656年）立为太子，上元二年（675年）死于洛阳合璧宫，时年24岁，追谥为“孝敬皇帝”，以天子礼制葬于缑氏县景山，庙号恭陵，俗称“太子冢”，位于今偃师市缑氏镇东北景山之巅。景山，古称懊来山，亦称白云岭，是一道东西走向的土岭，地处高阜，形势开阔。《新唐书·地理志》云，河南府河南郡，本洛州，辖县二十，有缑氏，“贞观十八年省，上元二年复置。有恭陵，有和陵，在太平山，本懊来山，天祐元年更名。东南有轘辕故关”〔1〕。《太平寰宇记》云，缑氏县，“恭陵，唐孝敬皇帝陵在县东北五里”〔2〕。

一、太子李弘

两《唐书》本传记其名弘，其父李治撰书《孝敬皇帝睿德之记》碑等文献作宏，当为定称，惜《唐书》广传千载，人习以李弘为言。二字音同义通，当时多混用，或因避讳之故。本文所引文献，二名时出迭现，实为一人。

---

* 作者赵振华系洛阳古代艺术馆副研究员；作者王竹林系偃师商城博物馆馆员。

〔1〕《新唐书》卷三八，《地理志二》，中华书局，1975年，982~983页。

〔2〕（宋）乐史撰《太平寰宇记》卷五，《河南道五》，文渊阁《四库全书》原文电子版，济南开发区汇文科技开发中心编制，武汉大学，1997年，第224盘，第2270号，第1册，66页。

（一）立为太子

据《旧唐书》本传，弘于永徽四年（653年）2岁时受封代王，显庆元年5岁便立为皇太子，深受宠爱。高宗以其年在幼冲，未从监抚，而刻意培养之："宜令皇太子宏每日于光顺门内坐，诸司有奏事小者，并启皇太子，主者施行。"[3]数受命监国，礼遇大臣，体恤士卒，然奏事或不合武后意。龙朔元年（661年），命文士许敬宗、许圉师、上官仪、杨思俭等"于文思殿博采古今文集，摘其英词丽句，以类相从，勒成五百卷，名曰《瑶山玉彩》"[4]，龙朔三年二月"太子弘撰《瑶山玉彩》成，书凡五百卷"[5]，时年12岁，此书是对古代文集词语的一种专门整理，惜已佚。《全唐文》有皇太子宏撰疏两篇[6]。

（二）死亡之谜

李弘英华早萎之因，文献记载迥异。《旧唐书》曰，"上元二年，太子从幸合璧宫，寻薨，年二十四"，是"沉瘵婴身"。时高宗拟逊，让位太子，"既承朕命，掩唊不言，因兹感结，旧疾增甚"[7]，以致不起。其父亲撰御书《孝敬皇帝睿德之纪》，亦如是说：宏"一闻斯言，因便感咽，伏枕流欷，哽绝移时，重致绵留，遂咸沉痼"。且记其母"天后心缠积悼，痛结深慈"[8]。

高宗之妻王皇后、萧妃因武媚娘入宫而失宠。《新唐书》曰，"萧妃女义阳、宣城公主幽掖廷，几四十不嫁，太子弘言于帝，后怒，酖杀弘"[9]，是恶母毒杀亲子。《旧唐书》载李泌对肃宗言："高宗大帝有八子，睿宗最幼。天后所生四子，自为行第，故睿宗第四。长曰孝敬皇帝，为太子监国，而仁明孝悌。天后方图临朝，乃鸩杀孝敬，立雍王贤为太子。"[10]则武后鸩杀亲子之说流传于唐代，帝室且深信不疑。而《新唐书·李弘传》则结合二说，以武后行鸩杀为实，高宗言病亡为虚："帝尝语侍臣：'弘仁孝，宾礼大臣，未尝有过。'而后将骋志，弘奏请数怫旨。上元二年，从幸合璧宫，遇鸩薨，年二十四，天下莫不痛之。诏曰：'太子婴沈瘵，朕须其痊复，将逊于位。弘性仁厚，既承命，因感结，疾日以加。宜申往命，谥为孝敬皇帝。'葬缑氏，墓号恭

---

[3]《全唐文》卷一三，《高宗》，《命皇太子领诸司启事诏》，上海古籍出版社，1990年，64页。

[4]《旧唐书》卷八六，《高宗中宗诸子列传·孝敬皇帝弘》，中华书局，1975年，2828页。

[5]《旧唐书》卷五，《高宗本纪上》，中华书局，1975年，84页。

[6]《全唐文》卷九九，《皇太子宏》，上海古籍出版社，1990年，446页。

[7]《旧唐书》卷八六，《高宗中宗诸子列传·孝敬皇帝弘》，中华书局，1975年，2830页。

[8]（清）王昶：《金石萃编》卷五八，《唐十八》，中国书店，1985年3月据1921年扫叶山房本影印，第二册，四～六页。

[9]《新唐书》卷七六，《后妃列传上·则天武皇后》，中华书局，1975年，3477页。

[10]《旧唐书》卷一一六，《肃宗代宗诸子列传·承天皇帝倓传》，中华书局，1975年，3385页。

陵。"[11]宋代司马光《资治通鉴》述此[12]，语同《新唐书》。晚明学者顾炎武不疑此说[13]，而清代赵翼《廿二史札记》卷三的"武后以嫌忌而杀太子弘、太子贤也"，最具代表性。他分析两《唐书》之异载云："凡史修于易代之后，考覆既确，未有不据事直书，若实录、国史修于本朝，必多回护。观《旧书》回护之多，可见其全用实录、国史，而不暇订正也。以本纪而论，高宗上元二年，皇太子弘之死，由武后酖之也，而书皇太子弘薨于合璧宫之绮云殿（《新书》书天后杀太子弘）。章怀太子之死于巴邱，亦武后令邱神勣迫令自杀也，而书庶人贤死于巴邱。（《新书》书天后杀庶人贤。）"[14]

李治撰《孝敬皇帝睿德之记》，将子病死一节，告白天下，其言可信，《旧唐书》弘传所记与之笔出一枝。一般言之，造鸩毒之故事嫁接于武后，或与易代之人维护封建正统，禁忌"牝鸡司晨"有关。

（三）入葬恭陵

上元二年，太子死后，高宗颁《赐谥皇太子宏孝敬皇帝制》[15]，通报全国。《旧唐书》云"葬于缑氏县景山之恭陵，制度一准天子之礼，百官从权制三十六日降服"[16]，举行隆重的国葬。

二、恭陵考察

有唐文士陈子昂颂曰："景山崇丽，秀冠群峰，北对嵩、邙，西望汝海，居祝融之故地，连太昊之遗墟，帝王图迹，纵横左右，园陵之美，复何加焉。"[17]可谓藏风聚气之风水宝地。

（一）恭陵现状

---

〔11〕《新唐书》卷八一，《三宗诸子列传·孝敬皇帝弘》，中华书局，1975 年，3589、3590 页。

〔12〕《资治通鉴》卷二〇二，《唐纪十八》："太子弘仁孝谦谨，上甚爱之；礼接士大夫，中外属心。天后方逞其志，太子奏请，数迕旨，由是失爱于天后。义阳、宣城二公主，萧淑妃之女也，坐母得罪，幽于掖庭，年逾三十不嫁。太子见之惊恻，遽奏请出降，上许之。天后怒，即日以公主配当上翊卫权毅、王遂古。己亥，太子薨于合璧宫，时人以为天后鸩之也。"中华书局，1997 年，1622 页。

〔13〕顾炎武：《日知录》卷一八，《改书》，《四部备要》本，三十三页。

〔14〕（清）赵翼著，王树民校正《廿二史札记》卷一六，《旧唐书前半全用实录国史旧本》，中华书局，1984 年，346 页。

〔15〕《全唐文》卷一一，《高宗》，上海古籍出版社，1990 年，55 页。

〔16〕同注〔7〕。

〔17〕《旧唐书》卷一九〇中，《文苑传中·陈子昂》，第 5020 页。

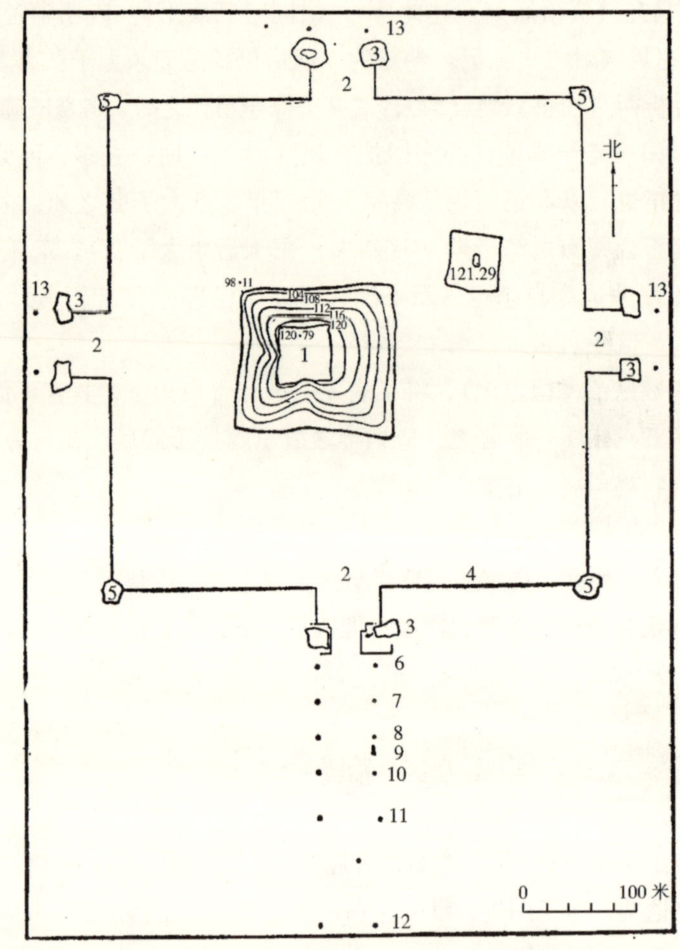

图一　唐恭陵实测图

1. 灵台　2. 神门　3. 门阙　4. 神墙　5. 角阙　6. 石狮（立）　7. 石人
8. 石人　9. 石碑　10. 石人　11. 石天马　12. 石望柱　13. 石狮（坐）

河南境内现有唐代陵墓中恭陵规模最大，沿袭汉代“依山为陵”制度，在景山高阜造园。陵园坐北朝南，平面正方形，长宽均440米。据钻探得知，四周原有神墙围护，神墙四角有角楼建筑，四面神墙中部各置神门，以喻东青龙、西白虎、南朱雀、北玄武。门外阙楼台基尚存，阙台四周亦有砖墙围护，南神门宽30米，阙台南10米有立狮一对，分置于左右，相距54米。东、北、西三神门与此同，唯改立狮为坐狮。自东神门外坐狮至西神门外坐狮，相距571米，南、北二神门石狮相距573米，陵园总面积约31万平方米（图一）。

神道（图二）在南神门外正南方向，宽52米，两侧自北向南，依次排列有翁仲三

图二 恭陵神道全景图

对、天马一对、望柱一对，东西两排，左右相对。其中东排第一、第二翁仲之间为《孝敬皇帝睿德之记》碑。陵墓石刻是墓主身份等级地位的象征，恭陵是继唐高祖、太宗之后的第三座帝陵，它进一步完备了唐代帝陵的神道石刻制度，此后的乾陵石刻基本上仿照于此，只是在数量和种类上有所增加。

灵台封土呈长方形覆斗式，东西长163米，南北宽147米，残高22米，封土四周经千年风雨侵蚀及人为垦殖，每边均被冲掉10余米。据钻探得知，主陵台周围的地平面比陵园的原地平面平均增高0.8～1.5米，显系陵台封土流失所致，可见原封土的长宽应在160～180米之间，高度也在30米以上。封土全部用红褐色生土夯筑，坚硬密实。由此可见汉代"封土为陵"、以方形为贵的制度延续至唐。

灵台封土东北50米处，有一方锥形土冢，俗称"娘娘冢"。底边长宽各40～50米，高13米，为李弘之妃哀皇后寝陵。

20世纪80年代，考古学者蒋若是踏查恭陵，步测范围，拍摄照片，绘制草图，发表调查纪要〔18〕。以工作稍嫌粗疏，考古工作者再作实测〔19〕。

（二）陵园建筑遗存调查

偃师市文物管理部门历年来对恭陵的保护、维修、"四有建档"等做了大量工作，

〔18〕 若是：《唐恭陵调查纪要》，《文物》1985年3期。

〔19〕 中国社会科学院考古研究所河南第二工作队等：《唐恭陵实测纪要》，《考古》1986年5期。

近年的铲探调查和探沟试掘的收获明显，此略述之。

1. 墙与壕沟

陵园坐北向南，平面正方形，规划工整，长宽均为440米。四周原有神墙围护，现仅存墙基和基槽。南神墙基槽上口宽4.25米，底部宽3.25米，呈内收的斜坡沟状，基槽内填土分为两大层，上层在剥去0.35米厚的耕土后即为红褐色夯土，层厚1.35米，土质坚硬，夹杂少量残碎砖瓦片，无明显夯层，似为散夯筑就，或为后代修葺二次营陵时所筑。下层厚约0.48米，两壁垂直，宽3.25米，夯打密实坚硬，层次分明，残存8层，层厚6厘米，由当地原生黄土填入夯成，土质纯净细腻，无夹杂物，当为营陵之初所为。神墙外围以护城壕，壕沟宽8.1～9.5米，深约2米，沟壁斜坡内收，底平。

2. 角阙

在陵园四角设阙（或称角楼），现仅存夯土台基，残高3～5米不等。铲探表明每个角阙均为双向三出阙楼阁。以西南角阙为例，残存台基长宽均不小于30米，原夯筑高度不低于6米。群众反映，20世纪50年代，当地农村修建水塘，在角阙四周挖出大量长方形石条，由此可知各角阙周围用长方形石条护砌，顶部设防护性建筑。

3. 门阙

在陵园四面围墙正中各开神门一，门外两侧各设门阙一座。从现存遗迹和铲探可知，门阙台基呈长方形。如南门东阙，东西长26.8、南北宽17.5、残高约5米。两两相对，形制相同。在台基四周耕土层下之夯土边缘遗存有白灰、砖、石。推想原门阙台基四周应有石板和青砖护砌，白灰抹缝。台顶置殿阁式建筑。

4. 神门

在陵园四面神墙正中各置神门，以喻南朱雀、北玄武、东青龙、西白虎。四神门建筑地上无存，由铲探知现今耕土层下即为神门基址。南面朱雀门基址仅存3条宽约3.5米东西向的夯土基槽。东侧有南北向基槽与神墙相连；西侧与神墙之间为活土，显然与神墙之间断缺，且在神墙东断面发现有柱洞遗迹，推测该陵园在建设阶段，此处为预留的施工通道，其宽度与东侧夯土宽度相等，平面呈长方形。从南神门遗存可知，该基址所采取的并列3条夯筑基槽，显然是为了省工、省时所致。总体来看，南神门基址东西长约27米，南北宽13.95米。基槽夯层遗存厚约1.5米。其余三神门形制与之大同小异。

5. 其他建筑遗存

2000年到2003年，配合恭陵保护利用工程规划设计作实地调查时，在朱雀门内东西两侧发现夯土基址。在神道南望柱附近发现不规则的夯土基址多处，如东望柱南41米处的一片夯土基址呈东西向，进入神道内约25米。这些不明规则式建筑与陵规制无关，据文献，唐代后期，恭陵山园之内，民居入侵，耕耘台观，樵伐松柏，无人管理（图三）。

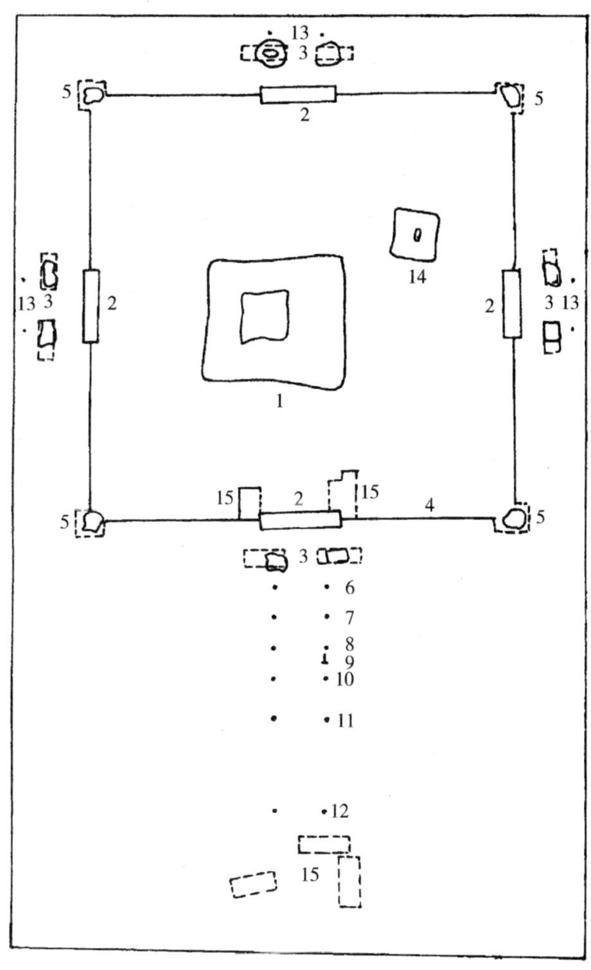

图三 唐恭陵民居入侵示意图

1. 灵台 2. 神门 3. 门阙 4. 神墙 5. 角阙 6. 石立狮 7. 石人 8. 石人 9. 石碑 10. 石人 11. 石天马 12. 望柱 13. 石坐狮 14. 哀皇后陵 15. 后唐民居

三、高宗御制《孝敬皇帝睿德之纪》碑

上元二年（675 年），“高宗亲为制《睿德纪》，并自书之于石，树于陵侧”〔20〕，保存至今（图四）。碑带座高 7.23 米，碑身高 6.03、宽 1.94、厚 0.65 米，首身一体，龙首龟趺，额题“孝敬皇帝睿德之纪”，飞白书（图五）。碑文行书 33 行，每行 82～89 字不等，全文约 3000 字。清代王昶据拓本著录碑文于《金石萃编》，惜仅存 1600 余字。《全唐文》亦录此碑〔21〕，两本之纪词出于一拓之文。

太子弘“天资仁厚，孝心纯确”，有治国之德才，朝廷寄以厚望，而青年殒命。高宗痛失爱子，不胜其悲，援管寄思。碑文记述太子生平后说，本应瘗弘于京都长安，“近侍昭陵，申以奉先之礼，顺其既往之志。但以农星在候，田务方殷，重归关辅，恐为劳废，遂割一己之慈”，就近起陵。究其实，未曾登基为帝，约是李弘魂不西迁之主因。入葬之物“赗殓绝于珠玑，明器惟资瓦木”，显系虚

〔20〕 同注〔7〕。

〔21〕《全唐文》卷一五，《高宗》，《孝敬皇帝睿德之纪》，上海古籍出版社，1990 年，75、76 页。

浮之辞。为营建恭陵，奴役百姓数千，“营陵费钜亿”〔22〕，物多难容，续开便房四间，激起民怨，役夫逃亡。

太宗笃好书法，购藏右军（王羲之）真迹多卷，太子李治时临摹之，故高宗书艺上佳，赐书近臣，以为殊宠。观此碑书法，笔意连贯，结构紧密，遒劲妍丽，气度高雅，故朱长文曰：“高宗雅善真、草、隶、飞白。”〔23〕亦有唐帝王书法名家。

大碑倒塌断折多年，1985 年重立于原址，惜自然风化日甚，可识之字无多。

图四　孝敬皇帝睿德之纪碑现状图

四、哀皇后入葬恭陵与后陵遗物

咸亨四年（673 年）“二月壬午，以左金吾将军裴居道女为皇太子弘妃”〔24〕，时李弘 22 岁。

中宗神龙元年八月甲子，“尊孝敬妃裴氏为哀皇后”〔25〕。裴氏在宫中孤独地度过 45 年后去世，开元六年（718 年）“夏五月乙未，孝敬哀皇后祔于恭陵”〔26〕，而宋温璩代朝廷作《哀皇后哀册文》则为次日：“维开元六年岁次戊午夏五月甲午朔三日景申，哀皇后裴氏梓宫启自先殡，将迁祔于恭陵之山茔，礼也。”〔27〕另起墓冢于恭陵之侧（图六）。

文献中关于哀皇后的记载甚少。已往邙山出土葬于天宝四年（745 年）的《汝阴县令裴琨墓志》记其“是哀皇后之再从弟也”〔28〕。

---

〔22〕 同注〔11〕。

〔23〕 （宋）朱长文：《墨池编》，文渊阁《四库全书》原文电子版，济南开发区汇文科技开发中心编制，武汉大学，1997 年，第 312 盘，第 3363 号，第 3 册，第 105 页。

〔24〕 《旧唐书》卷五，《高宗本纪下》，中华书局，1975 年，97 页。

〔25〕 《旧唐书》卷七，《中宗本纪》，中华书局，1975 年，140 页。

〔26〕 《旧唐书》卷八，《玄宗本纪上》，中华书局，1975 年，179 页。

〔27〕 《全唐文》卷二九六，宋温璩：《哀皇后哀册文》第二册，上海古籍出版社，1990 年，1326 页上栏。

〔28〕 洛阳古代艺术馆编：《隋唐五代墓志汇编 · 洛阳卷》第 11 册，天津古籍出版社，1991年，65页。

图五　唐高宗李治书《睿德纪碑》额飞白书

图六　哀皇后裴氏墓冢

1998年2月15日，一帮不法之徒乘春节期间夜深人静，盗掘哀皇后陵墓道中一随葬壁龛，后破案，追回被盗文物61件〔29〕，部分陈列于洛阳博物馆〔30〕，案犯律以极刑。又经偃师市文物部门在被盗现场抢救清理出文物189件，现藏偃师商城博物馆〔31〕。这250件文物可分为釉陶、粉彩陶和鎏金青铜器三大类。其中釉陶又分单彩孔雀蓝釉、单彩绿釉、单彩红釉和三彩釉；粉彩陶又分红胎彩绘、白胎彩绘和灰胎彩绘；鎏金青铜器有锁钥和门饰等。

这批文物多为随葬明器，也有生活器具。其数量之多、釉色之美、彩绘之精，是已往洛阳地区唐墓出土文物中所罕见的精品。釉陶器造型美观，形体匀称，制作精致，胎质细腻，似经多次施釉，层层分明，亮丽如新。红釉似彤云满天，蓝釉似瀑布宣泻，绿釉似青草碧波。彩绘陶俑形体优雅，画工精细，着色美观，为皇宫人物形象（图七）。尤其是一批孔雀蓝釉陶器（图八）的涌现，进一步证明了唐代蓝釉对后世青花瓷

〔29〕《唐恭陵盗宝案始末》，《洛阳日报》1998年3月25日第6版。

〔30〕刘航宁：《恭陵美陶》，《中原文物》2000年3期。

〔31〕郭洪涛：《唐恭陵哀皇后墓部分出土文物》，《考古与文物》2002年4期。

图七 哀皇后墓出土的彩绘仪仗俑

图八　哀皇后墓出土的孔雀蓝釉瓷器

的产生和发展有着深远的影响。这批文物的精与美，于洛阳为前所未知，可见盛唐皇后葬仪风范，皇家明器规格。

哀皇后陵被盗后，在现场铲探中还发现墓道中其他两个随葬龛亦有盗洞。据有关报道，1998年“2·15恭陵被盗案”案犯中，有3人参与1997年11月对此陵的盗掘，出土文物90余件，流散于社会，难以追回。窃贼造成的重大文物损失，不可弥补。

五、恭陵建造与修葺

《旧唐书·李弘传》云：“初，将营筑恭陵，功费巨亿，万姓厌役，呼嗟满道，遂乱投砖瓦而散。”[32]是陵之营造，朝廷征调河北河南民夫，四月而成，时间紧急，工务繁重，主司逼迫，民不堪负，一时逃散，文献多有记载[33]，以《唐会要》所述较详：“孝敬皇帝恭陵，在河南府缑氏县界，上元二年八月十九日葬。初修陵，蒲州刺史李仲寂充使。将成，而以元宫狭小，不容送终之具，遽欲改拆之，留役滑、泽等州丁夫数

〔32〕同注〔7〕。

〔33〕《旧唐书》卷八九，《狄仁杰传》：“时司农卿韦机兼领将作、少府二司，高宗以恭陵玄宫狭小，不容送终之具，遣机续成其功。机于埏之左右为便房四所，又造宿羽、高山、上阳等宫，莫不壮丽。仁杰奏其太过，机竟坐免官。”中华书局，1975年，2886页。《新唐书》卷一〇〇，《韦弘机传》：“太子弘薨，诏蒲州刺史李冲寂治陵，成而玄堂院，不容终具，将更为之。役者过期不遣，众怨，夜烧营去。帝诏弘机嗣作，弘机令开程左右为四便房，撙制礼物，裁工程，不多改作，如期而办。”中华书局，1975年，3944页。

千人，过期不遣。丁夫恚苦，夜中投砖瓦，以击当作官，烧营而逃。遂遣司农卿韦机，续成其功。机始于隧道左右，开便房四所，以贮明器。于是撙节礼物，校量功程，不改元宫，及期而就。”[34]礼葬三年后的仪凤三年（678 年）十月，高宗以韦泰真为“恭陵复土”有劳而加授朝散大夫[35]。由是可知偌大的方形黄土陵台，动用无数农民车拉肩挑，苦累三年方才竣工。

孝敬帝陵由恭陵署料理其奠仪、修葺等日常事务，至唐亡而终，历 200 余年。五代后唐皇帝乃李唐裔孙，明宗天成元年（926 年）十月，“宗正卿李纾奏，三京畿县有陵园处，每县请都置陵台令一员，冀专局分，免有旷遗。二年七月，宗正少卿李荛请修恭陵、和陵”[36]。又曰：“十一月庚寅，宗正少卿李荛奏，恭陵所其山园之内，被民户起舍屋居止，台观皆被侵耕，柏城松迳，樵采殆尽，乞下本县与寺司，重定完本园林地亩，从之。”[37]则是年至后唐之亡（936 年），10 年间重修恭陵，祀典有续。

六、恭陵台令之设置

高宗上元二年“秋七月辛亥，洛州复置缑氏县，以管孝敬皇帝恭陵”[38]。

（一）陵台令之设置及其品阶

据《新唐书·百官志》，宗正寺领陵台、崇玄二署，“诸陵台令各一人，从五品上；丞各一人，从七品下……掌守卫山陵。凡陪葬，以文武分左右，子孙从父祖者亦如之；宫人陪葬，则陵户成坟。诸陵四至有封，禁民葬，唯故坟不毁”。天宝“十载，改献、昭、乾、定、桥五陵署为台，升令品，永康、兴宁二陵称署如故……陵台有录事各一人，府各二人，史各四人，主衣、主辇、主药各四人，典事各三人，掌固各二人，陵户各三百人，昭陵、乾陵、桥陵增百人。诸陵有录事各一人，府各一人，史各二人，典事各二人，掌固各二人，陵户各百人”[39]。玄宗据祖先之亲疏远近、帝位之虚实短长，明确规定了当时管理山陵机构为台、署二个等级，恭陵为署。“献陵昭陵恭陵桥陵八陵令”之秩品为“从第五品上阶”[40]，台令、署令，简称令。

---

[34]《唐会要》卷二一，《诸陵杂录》，中华书局，1955 年，417 页。

[35] 洛阳古代艺术馆编：《隋唐五代墓志汇编·洛阳卷》第 6 册，天津古籍出版社，1991 年，151 页。

[36]《册府元龟》卷六二一，《卿监部·司宗》，第 8 册，中华书局，1960 年，7471 页。

[37]《册府元龟》卷三一，《帝王部·奉先四》，第 1 册，中华书局，1960 年，336 页。

[38]《旧唐书》卷五，《高宗本纪下》，中华书局，1975 年，100 页。

[39]《新唐书》卷四八，《百官志三》，中华书局，1975 年，1251 页。

[40]《旧唐书》卷四二，《职官一》，中华书局，1975 年，1795 页。

（二）文献与墓志中之恭陵令

孝敬始葬至唐亡，期间230余年，依唐制，官吏三年易任，则恭陵令可谓夥矣，然确知名姓者无多。许敬宗相高宗，其子果为“恭陵令”[41]，是时代较早的一位东都陵官。

玄宗开元二年（714年）二月，“上思徐有功用法平直，乙亥，以其子大理司直惀为恭陵令”[42]。开元六年（718年），“乾元院更号丽正书院”，一批擅长整理图籍的官员，如“恭陵令陆绍伯、扶风县丞马利贞，并别敕收入院”[43]。时朝廷所藏文籍盈漫，皆炱朽蟫断，签縢纷舛，乃诏“恭陵令陆绍伯”等饱学之士分部撰次，是正文字[44]。徐、陆二令是开元年间任职先后相衔的两位专职管理陵寝的官员。

恭陵署令王大刀精研琴音乐谱，承诏撰《琴声律图》一卷[45]。

近年洛阳龙门西山新出乾元二年（759年）道州刺史薛郑宾志，记其曾任“恭陵令”，地参花县，官奉寝园。近年邙山新出《唐故舒州刺史兼御史中丞韩憬继室李夫人墓志》，为“恭陵台令韩炅撰”于永贞元年（805年）八月廿四日。建国前洛阳出土的咸通七年（866年）《缪逵妻姜夫人墓志》，记逵为“文林郎、前权知恭陵台令”[46]，二志称台而不言署，用旧称也。

七、恭陵之陪葬

唐代的陪陵制度始于太宗之时。贞观十一年（637年）二月，太宗诏令：“自今已后，功臣密戚及德业佐时者，如有薨亡，宜赐茔地一所，及以秘器，使窀穸之时，丧事无阙。所司依此营备，称朕意焉。”[47]又于贞观二十年八月，“许陪陵者子孙从葬”[48]，进一步规定了父祖陪陵、子孙从葬，从此，陪陵遂成定制，成为封建最高统治者给予功勋宠臣的特殊待遇和荣誉。

---

〔41〕《新唐书》卷七三上，《宰相世系表三上》，中华书局，1975年，2876页。

〔42〕《资治通鉴》卷二一一，《唐纪二七》，中华书局，1997年，1702页。

〔43〕《唐会要》卷六四，中华书局，1955年，1118页。

〔44〕《新唐书》卷一九九，《儒林列传·马怀素传》，中华书局，1975年，5681页。

〔45〕（元）马瑞临著，华东师大古籍所标校《文献通考·经籍考》卷一三，《经》：“《琴声律图》一卷。《崇文总目》：唐恭陵署令王大刀承诏撰。国琴制度，以六十律旋宫之法次其上，前序历引诸家律吕相生之术。”华东师范大学出版社，1985年，329页。

〔46〕洛阳古代艺术馆编：《隋唐五代墓志汇编·洛阳卷》第14册，天津古籍出版社，1991年，122页。

〔47〕《旧唐书》卷三，《太宗本纪下》，中华书局，1975年，47页。

〔48〕《新唐书》卷二，《太宗本纪》，中华书局，1975年，45页。

高宗朝的两位宰相死后获陪葬恭陵之崇荣：张文瓘，龙朔年累授东西台舍人、参知政事。上元二年，拜侍中，兼太子宾客。仪凤二年（677 年）卒，“以其经事孝敬皇帝，特敕陪葬恭陵”[49]。许绍少子圉师，有器干，博涉艺文，举进士。显庆二年，累迁黄门侍郎、同中书门下三品，兼修国史，龙朔中为左相，仪凤四年卒，“陪葬恭陵，谥曰简”[50]。两宰辅亡故时距孝敬之葬年未远，由高宗钦定陪葬恭陵。

《唐六典》云：“若宫人陪葬，则陵户为之成坟。”[51]恭陵所处的景山，是一道东西走向绵延约 10 公里长的土岭，在恭陵以东约 8 公里的巩县安头镇西南张飞嘴村出土过两方唐代宫女墓志。民国年间出土的《唐九品宫人墓志》（图九）记载，武则天载初元年（689 年），这位宫人“即以其年正月廿三日葬于共陵西，礼也”[52]。近年张飞嘴出土的《九品亡宫志》记“宫人无姓氏，不知何许人也”，于万岁通天二年四月七日“葬于墓所，礼也”[53]。“共陵”即恭陵，“共陵西”当是“东”之误，看来李弘之陵域幅员广大，包括了整个景山，中有专门瘗埋陪葬宫女的茔地。这两方宫人墓志是武则天登上皇位前后入葬的，即是经她允准后入葬于其亲子之陵域。

八、恭陵祀典之简化

恭陵初奠，依照国家帝陵制度，祭典繁缛而隆重。就庙祭而言，直到开元二十年，还享受国家最高礼遇。杜佑《通典》卷一〇六云：“太庙九室，每岁五享。又三年一祫以孟冬，五年一禘以孟夏。祫禘之时，功臣配享于庭。每时享，因祭七祀。肃明皇后庙，孝敬皇帝庙（二庙新修，享仪准大庙例）。”《旧唐书·音乐志》记载“孝敬皇帝庙乐章九首”，为有数的几位太子庙乐章最多者。《金史》卷三三云：“检讨唐礼，孝敬皇帝庙时享用庙舞、宫县、登歌。”时人研究古制，当有所本。随着高宗入葬乾陵和时光推移，这位不曾登基又无子嗣的空头皇帝的祀事，在朝廷的祀典中逐渐冷淡下来：“太子无子，长寿中，制令楚王讳继其后。中宗践祚，制祔于太庙，号曰义宗，又追赠

[49] 《旧唐书》卷八五，《张文瓘传》，中华书局，1975 年，2816 页。

[50] 《旧唐书》卷五九，《许绍传附子圉师传》，中华书局，1975 年，2330 页。

[51] （唐）张九龄等撰，李林甫等注《唐六典》卷一四，文渊阁《四库全书》原文电子版，济南开发区汇文科技开发中心编制，武汉大学，1997 年，第 236 盘，第 2418 号，第 6 册，28 页。

[52] 民国《巩县志》卷一六，《金石志·唐九品宫人墓志》抄录墓志全文，端题：“载初元年正月。正书。今存县西南五十里安头镇。”“石高一尺零七分，广同。十六行，行十六字。”民国十八年（1929 年）刊。

[53] 刘洪森、孙角云：《巩义市出土唐代九品宫人墓志》，《文物》1997 年 2 期。《九品亡宫志》，系近年巩义市公安局打击盗掘古墓分子缴获的，现藏巩义市博物馆。经巩义市公安、文物部门联合调查，墓志出土于巩义市安头镇张飞嘴。

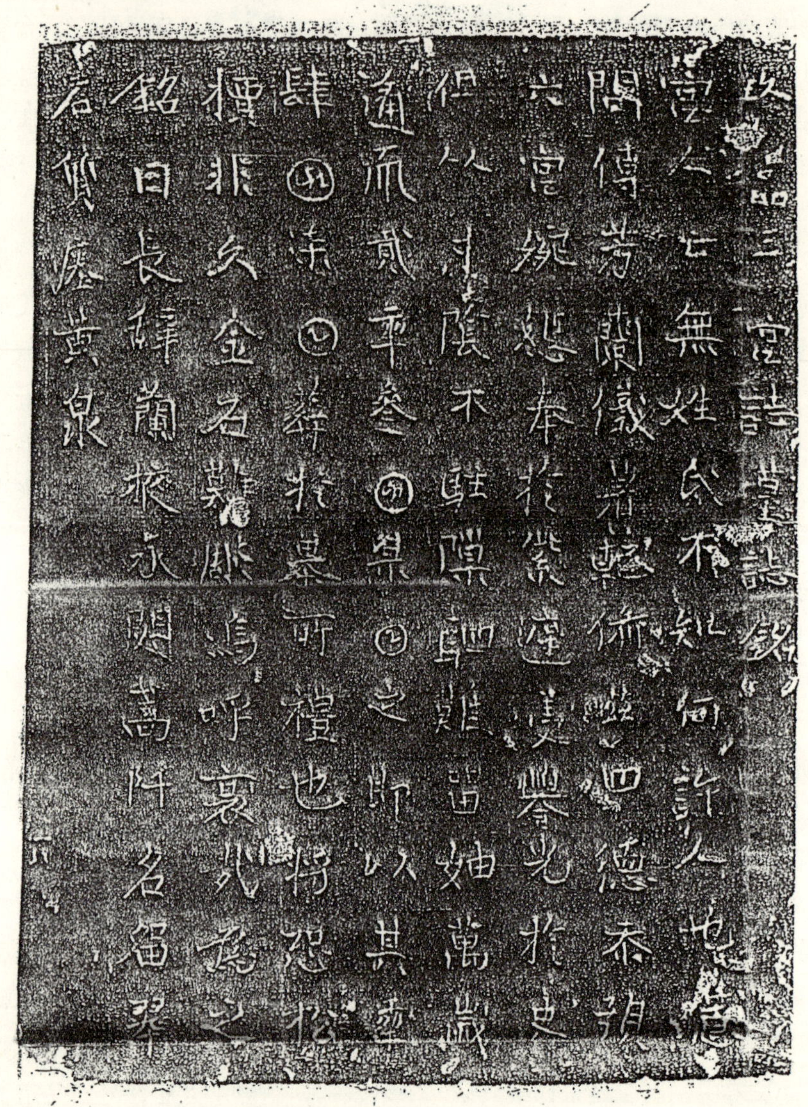

图九　陪葬恭陵的“九品宫人”墓志拓本

妃裴氏为哀皇后。景云元年，中书令姚元之、吏部尚书宋璟奏言：‘准礼，大行皇帝山陵事终，即合祔庙。其太庙第七室，先祔皇昆义宗孝敬皇帝、哀皇后裴氏神主。伏以义宗未登大位，崩后追尊，至神龙之初，乃特令升祔。《春秋》之义，国君即位未逾年者，不合列昭穆。又古者祖宗各别立庙，孝敬皇帝恭陵既在洛州，望于东都别立义宗之庙，迁祔孝敬皇帝、哀皇后神主，命有司以时享祭，则不违先旨，又协古训，人神允穆，进退得宜。在此神主，望入夹室安置，伏愿陛下以礼断恩。’诏从之。开元六年，有司上言：‘孝敬皇帝今别庙将建，享祔有期，准礼，不合更以义宗为庙号，请以本谥孝敬为庙称。’于是始停义宗之号。”[54]景云元年（710 年）冬，“将葬中宗孝和皇帝于定陵”，为了安排新主，姚、宋奏本将孝敬皇帝皇后神主请离太庙之位，扃于藏远祖神主之夹室[55]，令东都有司建庙、祭陵。开元六年（718 年），又将孝敬从皇帝的宗序中抉出。《河南志》唐“从善坊”条下云：“孝敬皇帝庙，《礼阁新仪》曰：开元七年，建庙于东都从善里。天宝之后，祠飨遂绝。”[56]

开元二十三年（735 年）四月，“敕献、昭、乾、定、桥、恭六陵，朔望上食，岁冬至寒食日，各设一祭，如节祭共朔望日相逢，依节祭料”[57]。大历十四年（779 年）九月，礼仪使颜真卿上奏，重申此祠部式。代隔愈远益疏，祭祀典仪，大为简化。

晚唐以后，随着帝陵位数不断增多，晚辈对先代的亲情日渐淡漠。宝历二年（826 年）二月，“太常奏：‘追尊孝敬皇帝以下四陵，宜停朝拜事（孝敬皇帝恭陵，让皇帝惠陵，奉天皇帝齐陵，承天皇帝顺陵）。前件四陵，昔年追尊大号，皆是恩制，缘情而行，当时已不合经典。今乃二时朝拜，上拟祖宗，窃以情礼之差，过犹不及。谨按《礼记》及历代礼文，并国朝故事，皇帝旁亲无服。又云，五代而亲属尽，伏以四陵，亲非祖宗，事无功德，缘情权制，礼合变更。有司因循，尚为常典。况今宗庙之上，迁世已远，尊卑降杀，朝谒须停。’敕旨依奏”[58]。帝陵群中，恭陵地位明显降落，直有多余之嫌。

九、贬谪流配恭陵之官员

恭陵令之品阶低于郡守一级，“凡诸陵皆置留守，领甲士，与陵令相左右”[59]，至迟于晚唐由东都内侍省管辖之[60]。陵园地处荒原，此时，这里甚至成了流配贬谪官员、使之幽居思过的清凉去处。

对犯罪官员的革职流放，是大唐朝廷官吏管理制度的规定。晚唐时期有几位中、高级官吏因过失而遭皇帝之惩罚：“吕如金，宪宗时为翰林使，元和四年（809 年），

---

〔54〕 同注〔7〕。

〔55〕《旧唐书》卷二五，《礼仪志五》，中华书局，1975 年，950 页。

〔56〕（清）徐松辑、高敏点校《河南志》，中华书局，1994 年，21 页。

〔57〕《唐会要》卷二一，《缘陵礼物》，中华书局，1955 年，406、407 页。

〔58〕《唐会要》卷二〇，《陵议》，中华书局，1955 年，400 页。

〔59〕（唐）张九龄等撰，李林甫等注《唐六典》卷一四，文渊阁《四库全书》原文电子版，济南开发区汇文科技开发中心编制，武汉大学，1997 年，第 236 盘，第 2418 号，第 6 册，28 页。

〔60〕《唐会要》卷六五，《内侍省》：大中三年（849 年）九月敕：“杨施礼缑氏县庄，宜赐东都内侍省新配恭陵守当贫穷官正居住。”中华书局，1955 年，1134 页。

杖四十，配恭陵，行至阌乡而卒。”[61]“吐突士昕、武自和皆中使也。敬宗宝历初（825年），入新罗取鹰鹞，咸受其问遗，不以进献。各杖四十，剥邑，士昕流恭陵，自和配南衙。”[62]武宗会昌三年（843年），昭义节度使刘从谏已死，其从子稹秘不发丧，朝廷遣中人与医至，受阻不得入视，“解朝政复命，上怒，杖之，配恭陵”[63]。宣宗大中八年（854年）“秋，九月，丙戌，以右散骑常侍高少逸为陕虢观察使。有敕使过硖石，怒饼黑，鞭驿吏见血；少逸封其饼以进。敕使还，上责之曰：‘深山中如此食岂易得！’谪配恭陵”[64]，由陕赴洛。宣宗大中九年“九月，乙亥，贬李讷为朗州刺史，监军王宗景杖四十，配恭陵”[65]。这五位官员，因过错和犯罪，贬谪发配恭陵，四人还承受杖刑处罚。

会昌五年（845年）九月七日，左神策军都判官、武德副使孟秀荣“为王妃连累，贬在东都恭陵，已夺朱绂”[66]，遇挫一时。

一〇、恭陵石刻与龙门石窟奉先寺

太子李弘死后，由李冲寂治陵，四月而成。因墓室狭小，难容葬仪，于是遣韦弘机续成其功，于上元二年八月十九日葬。我们知道，洛阳龙门石窟奉先寺佛像的雕造得到过武则天的资助，有造像题记为证：“粤以咸亨三年（672年）壬申之岁四月一日，皇后武氏助脂粉钱二万贯……司农寺卿韦机……，至上元二年乙亥十二月卅毕工。”[67]则东都的两项重大营造工程均由其最后主持完成且保存于今。

奉先寺是依龙门山势雕凿的佛教石刻造像群，大卢舍那佛的形象空前绝后，无与伦比。而恭陵神门、神道安置的是19件世俗石刻。这两处由皇室营造的石雕工程的特点是：规模宏伟，气势雄壮，工艺精湛，互为媲美。从石刻整体形象看，显示了以形写神，形神兼备的艺术效果。

就恭陵石刻而言，虽为世俗文物，其雕造手法显示了浓郁的佛教艺术色彩（图一

---

〔61〕《册府元龟》卷六六九，《内臣部·谴责》，第8册，中华书局，1960年，7998页。

〔62〕《册府元龟》卷六六九，《内臣部·贪货》，第8册，中华书局，1960年，8000页。

〔63〕《资治通鉴》卷二四七，《唐纪六三》，中华书局，1997年，2024页。

〔64〕《资治通鉴》卷二四九，《唐纪六五》，中华书局，1997年，2042页。

〔65〕《资治通鉴》卷二四九，《唐纪六五》，中华书局，1997年，2043页。

〔66〕周绍良、赵超主编：《唐代墓志汇编续集》，大中035号墓志《唐故振武麟胜等州监军使孟秀荣墓志》，上海古籍出版社，2001年，993、994页。

〔67〕龙门石窟研究所编：《龙门石窟碑刻题记汇录》，第1635号题记，《大卢舍那像龛记》，中国大百科全书出版社，1998年，380页。

图一〇　带有浓厚佛教色彩的石刻

○），如望柱顶设摩尼宝珠，柱底设覆盆莲花座；三对翁仲均足着云头靴，正襟伫立于仰覆莲花座之上。因恭陵之建造极为突然与仓促，人物、动物等大型石刻从采石、雕造到安置，竟然在短时期内完成了，就必须招募大批的石工同时开凿，那么由朝廷决定临时派遣具有雕造大型艺术石刻经验的龙门窟龛工匠去抢时赶工，是很有可能的。

恭陵布局规整，是我国唐代陵墓中保存较好的一座。恭陵的大型石刻群组合开创了唐代帝陵石刻制度化的先河，博大宏伟之气魄，体现了大唐帝国的雄峻风采。其时代早于乾陵，是河南仅存的一组盛唐时代皇家规格品质的陵墓雕刻，弥足珍贵。唐高宗撰书的《睿德纪》，具有重要的历史价值和较高的书法艺术价值。这组石刻充分展示了盛唐风格，是考察唐陵规制的重要依据，也是研究我国古代石刻艺术的宝贵资料，已于2001年列入第五批全国重点文物保护单位。

一一、昭宗和陵

唐帝十八陵在陕西，而昭宗李晔所葬之和陵在偃师。

（一）文献记载的昭宗与和陵

昭宗李晔是懿宗第七子，僖宗之弟，于文德元年（888年）三月即位，时年22，改名晔，在位16年。期间，宦官、朝臣、藩镇为争夺朝廷的控制权，斗争激烈，战乱不断，皇权衰微。司马光曰："宦者之祸，始于明皇，盛于肃、代，成于德宗，极于昭宗。"〔68〕光化三年（900年），宦官左右军中尉刘季述、王仲先废昭宗而囚之，拥立太子李裕为帝。势力强大的藩臣朱温（全忠），觊觎皇位已久，趁机派兵杀宦官，挟李晔，掌国权。

藩臣跋扈，天子孤弱。昭宗于天祐元年（904年）正月受朱温挟迫离开长安，闰四月，迁都洛阳，八月壬寅夜，朱全忠令朱友恭、氏叔琮、蒋玄晖"弑昭宗于椒殿"。"帝殂，年三十八，群臣上谥曰圣穆景文孝皇帝，庙号昭宗。二年二月二十日，葬于和陵"〔69〕，哀册文、谥册文、谥议〔70〕齐备。"二年二月己未，昭宗皇帝神主祔太庙，礼院奏昭宗庙，乐曰咸宁之舞，时左仆射裴贽等议迁庙，合迁顺宗一室，从之。"〔71〕"昭

---

〔68〕《资治通鉴》卷二六三，《唐纪七九·昭宗天复三年》，中华书局，1997年，2179页上栏。

〔69〕《旧唐书》卷二〇上，《昭宗本纪》，中华书局，1975年，782、783页。

〔70〕《唐会要》卷二，《帝号下》："葬和陵（在河南府缑县界）。谥曰圣穆景文孝皇帝，庙号昭宗。哀册文（中书侍郎、平章事柳璨撰），谥册文（右仆射、平章事裴枢撰），谥议（太常卿王溥撰）。年号七。"中华书局，1955年，17页。

〔71〕《册府元龟》卷三一，《帝王部·奉先四》，第1册，中华书局，1960年，335页。

宗崩，葬和陵，在河南府缑氏县界”[72]，唐帝陵多在长安，时权在藩镇，大唐气数已尽，李晔不得西归，屈葬洛阳。天祐二年“四月己丑朔。壬辰，敕河南府缑氏县令宜兼充和陵台令，仍升为赤县”[73]，以奉昭宗和陵也，无陪葬[74]。故《太平寰宇记》云，缑氏县，“唐昭宗陵在县东北五里”[75]。朝廷告哀使赴州郡宣谕昭宗凶讣，叛臣弑君，朝野震悼，天下纷崩，五代十国之乱，自兹始矣。

后唐庄宗乃昭宗嫡孙，同光元年（923 年）十一月，庄宗自汴出发，十二月至洛，定为国都。“庄宗幸雒，车驾次汜水，翰林学士刘昫、赵凤、于峤等议，高祖、太宗庙在雒北，请帝亲行拜荐，庶天下知敬祖奉先之道……次偃师，又议昭宗园陵不远，道周既除，大憝车驾，宜请告谒。追思惋愤，号恸寝园，然后还宫，始为得礼。”[76]

同光二年“二月丁亥，遣宗正李纾朝拜和陵”[77]。二年八月“乙未，中书门下上言：‘诸陵台令丞请停，以本县令知陵台事。’从之”[78]。庄宗之《迁昭帝陵敕》云：“朕顾惟寡德，获嗣丕图，奉先之道尝勤，送往之诚靡怠。爰自重兴庙社，载展郊禋，旋荡涤于瑕疵，复涵濡于庆泽。盖忧劳靖国，旷坠承祧，御朽若惊，涉川为惧。繇是推移岁月，郁滞情怀。恭念昭宗晏驾之辰，少帝登遐之日，咸罹酖毒，遽殒龙髯，委冠剑于仇雠，托山陵于枭獍。静惟规制，岂叶度程，存怆结以弥深，固寝兴而增惕。虔思改卜，式慰允怀。宜令所司别选园陵，备礼迁葬，贵雪幽明之故，以申追慕之心。凡百臣寮，体朕哀感。”[79]因遭朱温之弑，葬故多阙，而有是敕。三年正月“丙申，诏以昭宗、少帝山陵未备，宜令有司别选园陵改葬，寻以年饥财匮而止”[80]。《资治通鉴》记此事亦云“竟以用度不足而止”[81]，三年六月“辛未，以宗正卿李紓充昭宗、少帝改卜园陵使……戊子，以刑部尚书李琪充昭宗、少帝改卜园陵礼仪使”[82]，惜其详情不得而知。唐末哀帝于天祐五年二月为朱全忠所害，“以王礼葬于济阴县之定陶

[72] 《文献通考》卷一二五，《王礼考》二十，《山陵》，文渊阁《四库全书》原文电子版，济南开发区汇文科技开发中心编制，武汉大学，1997 年，第 238 盘，第 2447 号，第 72 册，65 页。

[73] 《旧唐书》卷二〇下，《哀帝本纪》，中华书局，1975 年，791 页。

[74] 《唐会要》卷二一，《陪陵名位》：“和陵（无陪葬）。”中华书局，1955 年，416 页。

[75] （宋）乐史撰《太平寰宇记》卷五，《河南道五》，文渊阁《四库全书》原文电子版，济南开发区汇文科技开发中心编制，武汉大学，1997 年，第 224 盘，第 2270 号，第 1 册，65 页。

[76] 《册府元龟》卷三三六，第四册，《宰辅部·强很》，3975 页下栏。

[77] 同注〔71〕。

[78] 《旧五代史》卷三二，《唐书八·庄宗纪》，中华书局，1976 年，440 页。

[79] 《全唐文》卷一〇四，《后唐庄宗》，上海古籍出版社，1990 年，466 页下栏。

[80] 《旧五代史》卷三二，《唐书八·庄宗纪》，中华书局，1976 年，444 页。

[81] 《资治通鉴》卷二七三，《后唐纪二·庄宗同光三年》，中华书局，1997 年，2262 页下栏。

[82] 《旧五代史》卷三二，《唐书八·庄宗纪》，中华书局，1976 年，448、449 页。

乡”。后唐庄宗“中兴之初，方备礼改卜，遇国丧而止。明宗时就故陵置园邑”[83]，则昭宗之和陵或亦于此时置园邑，以补其阙。

明宗天成二年（927年）三月丙寅，“宗正丞李郁奏，两京畿甸园陵之制，其地四十里曰封山，爰自唐室已来，收在公田之籍，今方绍袭，宜正规仪。四月，敕三京诸县有园陵处，每县宜置一员陵令，都勒检校勾当”[84]。则重申封域，再置陵令。

末帝清泰三年（936年）五月丁酉诏：“京兆、河南府、凤翔、耀州、乾州等奉陵州县，缘本庙陵寝，中为盗发，修奉未备，宜令本管州府量事，差人修奉，其人工给食、祭料，并从官给。”[85]是知唐末五代战乱之际，恭陵、和陵等帝王陵寝遭盗发矣。

和陵虽经晚唐五代两次修葺，而其形制规模不可媲迹恭陵。

（二）和陵的考古勘察

和陵位于今偃师市顾县镇曲家寨村南地域内，东距恭陵1.5公里，与之相比，墓冢规模形制较小，故当地群众称之为“小冢”。1974年，村民为了扩大耕田，已将陵台夷为平地，陵前神道石刻多散失。

1984年文物大普查，偃师县对和陵作了调查和铲探。该陵园地表建筑已荡然无存，经钻探知陵墓坐北朝南，地宫居北，墓道在南。地宫由青石条垒砌拱券，南北长约8米，东西宽约4米，距现地表深约11.5米。地宫正南的斜坡墓道南北长约60米，宽约3米。据村民回忆，近百年来遭多次盗扰，铲探时亦发现地宫有盗洞。在神道正南约500米处地面上，倒卧一残高约2米的无头石翁仲，现仍在原处。

和陵已遭人为平灭，地面了无遗迹。而恭陵土筑，象生石雕，久历风雨，面貌日衰。预防人为和延缓自然力之破坏，是今人保护之责。

---

[83]《旧唐书》卷二〇下，《哀帝本纪》，中华书局，1975年，811页。

[84]《册府元龟》卷一七四，第二册，《帝王部·修废》，中华书局，1960年，2101页下栏。

[85]《册府元龟》卷一七四，第二册，《帝王部·修废》，中华书局，1960年，2102页上栏。

唐陵陵区的形成

沈睿文*

In Tang Dynasty, there are four cemeteries of Tang mausoleums which named Guanzhong cemetery in Shaanxi province, *Zhaoqing* cemetery in Hebei province, *Goushi* cemetery in Henan province and *Dingtao* cemetery in Shandong province. The article debates the cause of formation of four cemeteries above. According the archaeological survey and the recordings in historic documents, the author believes that *Guanzhong* cemetery was related with the rite and politics of the dynasty, *Zhaoqing* cemetery concerned the dominion strategy in the region of Hebei and Shandong, and *Goushi* was very closely linked with the destiny of Tang dynasty, so did the *Dingtao* cemetery.

在古代中国，帝王埋葬区多选择在王朝的政治权力中心附近，且随着后者的迁移，前者也多随之迁转。这样的事例不少，如拓跋鲜卑在西迁、南下中原的过程中，便先后在盛乐（今内蒙古和林格尔）、平城（今大同）以及洛阳形成金陵、方山以及瀍西三个帝陵区。尽管历史上不乏随着政治权力中心的转移而出现多个陵区的现象，但是，像唐代这样精心安排陵区的情况却是不多见的。唐陵共有关中地区、昭庆陵区、缑氏陵区及济阴定陶四个陵区[1]。这四个陵区可谓唐王朝政治史和社会史的缩影，从中多少可以窥探唐政府在不同时期的统治方略，因为二者的结合是如此紧密。

相比较而言，四个陵区以关中陵区和昭庆陵区更能反映唐王朝的意图。此二者是李唐皇室着意安排的，表现了固守关陇地区的统治者试图在关中与山东之间寻求一种政策上的平衡。

《唐会要》卷一《帝号上》云：

献祖宣皇帝讳熙。凉武昭王暠曾孙，嗣凉王歆孙，弘农太守重耳之子也。武德元年六月二十二日（618 年 7 月 19 日），追尊为宣简公。咸亨五年八月十五日（674 年 9 月 20 日），追尊宣皇帝，庙

* 作者系北京大学中国考古学研究中心兼职研究员，北京大学考古文博学院副教授。

〔1〕 若从严格意义上来讲，定陶温陵不能称为帝陵区，因为唐哀帝开始只是以王礼入葬的，五代后唐明宗才追尊为帝陵。

号献祖，葬建初陵。在赵州昭庆县界。仪凤二年五月一日（677年6月6日），追封为建昌陵。开元二十八年七月十八日（740年8月14日），诏改为建初陵。

懿祖光皇帝讳天赐。宣皇帝长子。武德元年六月二十二日，追尊懿王。咸亨五年八月十五日，追尊光皇帝，庙号懿祖，葬启运陵。在赵州昭庆县界。仪凤二年三月一日（677年4月8日），追封为延光陵。开元二十八年七月十八日，诏改为启运陵。

太祖景皇帝讳虎。光皇帝第二子。武德元年六月二十二日，追尊景皇帝，庙号太祖，葬永康陵。在京兆府三原县界。

世祖元皇帝讳昺。景皇帝第二子。武德元年六月二十二日，追尊元皇帝，庙号世祖，葬兴宁陵。在京兆府咸阳县界。〔2〕

武德元年六月二十二日，跟所有王朝的始建国者一样，唐高祖李渊追尊了先世四祖。但是，同时的追封却先后于不同的地点营建陵墓，这个现象很值得思考。唐高祖对李熙和李天赐只是追尊而已，并没有提及将他们二人重新安葬；而对李虎及李昺则不仅有名号上的追尊，更有实际的安葬行动，分别将他们安葬在长安近郊的三原永康陵和咸阳兴宁陵。据开元十三年宣义郎前行象城县尉杨晋所撰《光业寺碑》碑文记载：

> 贞观廿年（646年），〔太宗〕累遣使臣左骁卫府长史长孙尊师与邢州刺史李宽、赵州刺史杜敖等检谒茔域，画图进上。麟德元年（664年）敕：宣简公、懿王陵墓并在赵州，各宜配守卫户卅人，仍令所管县令专知检校刺史，岁别一巡。〔3〕

昭庆陵区（图一）在赵州与邢州的接壤处，在勘察茔域时，可能是为了便于实际工作中的协调，太宗责成二州刺史参与整个过程。值得注意的是，中央派遣的人员仅为官职不高的左骁卫府长史，此人复姓长孙，但从他的另一个称呼“尊师”来看，应该是位道士。在崇玄重道的唐代社会，这些人却能自如地出入宫廷禁闱之中，游刃有余地周旋于权贵之间，其身份颇为微妙。如《朝野佥载》卷五所载：“道士史崇玄，怀州河内县缝鞾人也。后度为道士，侨假人也，附太平为太清观主。金仙、玉真出俗，立为尊师。每入内奏，请赏赐甚厚，无物不赐。授鸿胪卿，衣紫罗裙帔，握象笏，佩鱼符，

---

〔2〕王溥：《唐会要》1～2页，上海古籍出版社，1991年。同一天追尊的还有元皇帝皇后独孤氏、高祖皇后窦氏。《唐会要》卷三《皇后》条云：“元皇帝皇后独孤氏，谥元贞。武德元年六月二十二日追谥。高祖皇后窦氏，武德元年六月二十二日，追谥穆皇后。”

〔3〕李兰珂：《隆尧唐陵、〈光业寺碑〉与李唐祖籍》，《文物》1988年4期，63页。本文昭庆陵区的考古材料均源自此文（简称“调查报告”），恕不再一一指出。

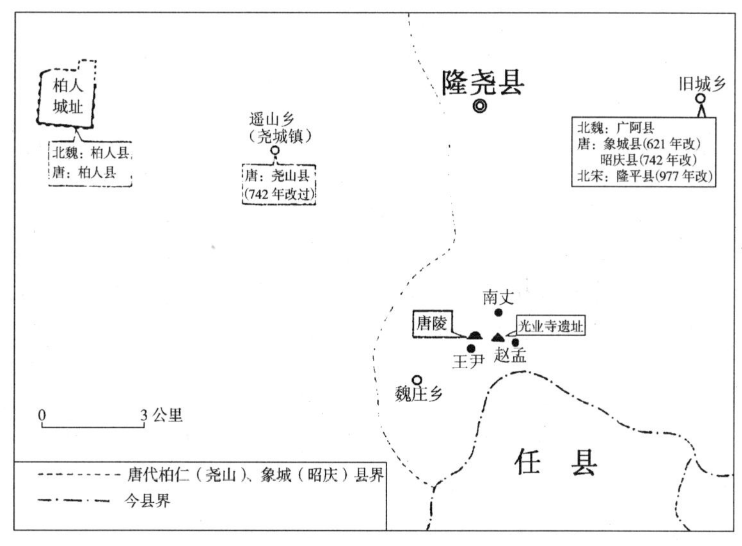

图一 唐陵昭庆陵区位置及沿革示意图

出入禁闱，公私避路。神武斩之，京中士女相贺。”〔4〕遗憾的是，更为详细的情况我们就不得而知了。有意思的是，唐王朝管理昭庆陵区的官员职位都比较低。唐玄宗时期的宣义郎前行象城县尉杨晋也只是从九品下的最低级品官而已。

从前引《光业寺碑》碑文还可知，在贞观二十年（646 年），太宗反复派遣中央和地方长官实地勘察茔域，并测绘成图以供裁断，看来是有不小的举措；而其建成的时间推测最迟不晚于麟德元年（664 年）〔5〕。但是，这个时候尚未称作“陵”，只是宣简公和懿王的“王墓”而已。李熙和李昺是到了咸亨五年八月十五日才得以被尊为皇帝，并安葬建初陵和启运陵的。这一天，高宗政府还同时追尊了不少帝、后。《唐会要》卷一《帝号上》云：

咸亨五年八月十五日，追尊高祖神尧皇帝。（中略）。

咸亨五年八月十五日，追尊太宗文武圣皇帝。〔6〕

又同书卷三《皇后》条云：

宣皇帝皇后张氏，谥宣献。咸亨五年八月十五日追谥。

光皇帝皇后贾氏，谥光懿。咸亨五年八月十五日追谥。

---

〔4〕（唐）张鷟撰，赵守俨点校：《朝野佥载》，《隋唐嘉话·朝野佥载》114 页，北京，中华书局，1979 年。

〔5〕同注〔3〕，55～56 页。

〔6〕《唐会要》2 页。

景皇帝皇后梁氏，谥景烈。咸亨五年八月十五日追谥。（中略）。

太宗皇后长孙氏，（中略）。谥曰文德皇后。咸亨五年八月，追谥文德圣后。[7]

究其根源，事情的原委应该是始于“二圣”的出现。《唐会要》卷一《帝号上》云：

咸亨五年八月十五日，〔高宗〕称天皇。[8]

又同书卷三《皇后》条云：

天后武氏……显庆五年（660年）十月以后，上（高宗）苦风眩，表奏时令皇后详决，自此参预朝政，几三十年。当时畏威，称为“二圣”。咸亨五年八月十五日，称天后。[9]

经过长期的宫廷斗争，武则天终于在这一天得以公开地以合法的身份来参与王朝政治的决策了。这一天对武则天的政治生命而言，无疑是历史性时刻；对中古史而言亦是一具有转折意义的大事件。而将李熙和李天赐的墓葬级别提升至“陵”，意味着昭庆陵区的最终形成。如果单从《唐会要》的这个记载看，在昭庆陵区的最后确定上，武则天似乎也是脱不了干系的。此详下文。

建初陵的主人李熙，即李渊的高祖，李世民的五世祖，是死在武川，“终于位”上的[10]，并不死在昭庆。那唐王朝为何将建初陵和启运陵选择在赵州昭庆地区？这是否跟李唐祖籍在此有关，抑或只是与其祖上李虎曾历官于此有关，还是另有隐情？

昭庆陵区无疑给聚讼纷纭[11]的李唐祖籍增添了一条线索，加之所谓族葬形式与《光业寺碑》所载似乎便可成为李唐先祖为“赵郡李”的直接证据[12]。有关李唐祖籍一事我们暂不置喙，不妨先来分析昭庆陵区具体的建筑形式。遗憾的是，最晚从明代开始，昭庆陵区便已荒芜残破，封土荡然。现在，整个陵区成为一片比周围地面低1至2米的洼地，看不到围墙、阙门等建筑遗迹，原陵区规模已无法确定。1984年，在洼地北部发现两座南北相距约25米的砖室墓券顶，方知墓室位置。自南面的墓室向南约25米，又发现砖、瓦和建筑基址，推测可能是献殿一类的遗址。再向南约70米为陵

---

〔7〕《唐会要》25页。

〔8〕《唐会要》3页。

〔9〕《唐会要》26页。

〔10〕（北宋）王钦若等编：《册府元龟》卷一《帝王部·帝系门》13页下栏，中华书局影印本，1960年。

〔11〕关于李唐祖籍的争讼，可见汪荣祖：《史家陈寅恪传》106~112页，北京大学出版社，2005年。

〔12〕a. 陈寅恪：《李唐氏族之推测后记》，《陈寅恪集·金明馆丛稿二编》335~337页，生活·读书·新知三联书店，2001年；b. 同注〔3〕，64~65页。

区神道北端，神道向南长约100米，东西宽约40米，低于周围地面1.2米；石刻残存18件，东西间距32米左右（图二）。在此陵区考古调查的基础上，我们只能依靠文献来尝试复原。

《元和郡县图志》卷一七《昭庆县条》载：

> 皇十三代祖宣皇帝建六（初）陵，高四丈，周回八十丈（步）。
>
> 皇十二代祖光皇帝启运陵，高四丈，周回六十步。二陵共茔，周回一百五十六步，在县西南二十里。〔13〕

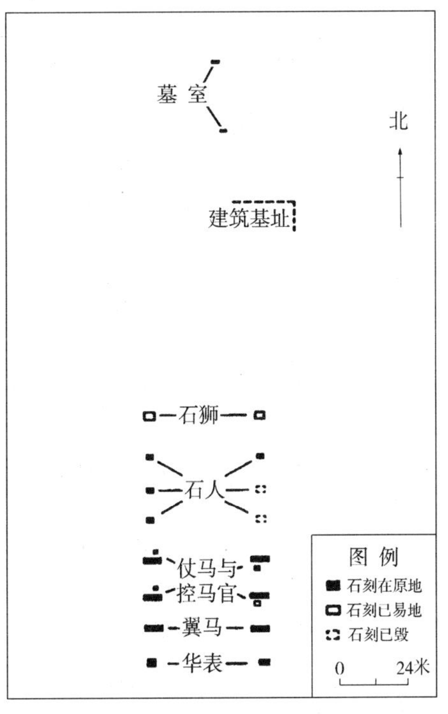

图二　唐建初陵平面示意图

这段记载颇值得推敲，惜此前史家多以“族葬”蔽之而未能详加考究。现在看来，它有如下三点需要讨论。第一，“宣皇帝建六陵”，当为“宣皇帝建初陵”之讹。第二，所谓“周回八十丈”，当为“周回八十步”之讹。因为八十丈合一百六十步，大于二陵周回一百五十六步，是不可能的。此已经由李兰珂指出〔14〕，可成定谳。第三，所谓“周回”应该是指封土底部周长，而非茔域范围。唐尺有大尺、小尺之分，大尺合0.294米，小尺合0.242米。即便以大尺计算，“一百五十六步”亦仅为229.32米。但是，从调查报告提供的数据可知其神道南端到所发现的北墓室的距离约为220多米，仅此直线距离便与“一百五十六步”相当。若加之神道石刻宽36～40米，这个范围的周长便要超过500米，而实际陵区的茔域是要远远多于此数的。因此，可以断定所谓“周回”实际上是封土底部周长。具体说来，当时虽然分别规定建初陵封土底部周长八十步、启运陵周长六十步，但这只是根据礼制而给予的不同待遇，在实际操作中却将二陵置于同一茔域。文载二者封土底部周长一百五十六步，这又似乎意味着在这个茔域中只有一个封土，即二陵同坟异穴。若非如此，则殊难解释。

从陵园布局的角度看，初唐祖先四世的建初陵、启运陵、永康陵、兴宁陵4陵同属于“四祖式”〔15〕，其特点是圆锥形封土，神道石刻由南而北依次为华表1对、异兽1

---

〔13〕（唐）李吉甫：《元和郡县图志》493页，中华书局，1983年。

〔14〕同注〔3〕，65页注释④。

〔15〕沈睿文：《唐陵陵园布局的分类及演变》，《唐研究》第六卷356页，北京大学出版社，2000年。

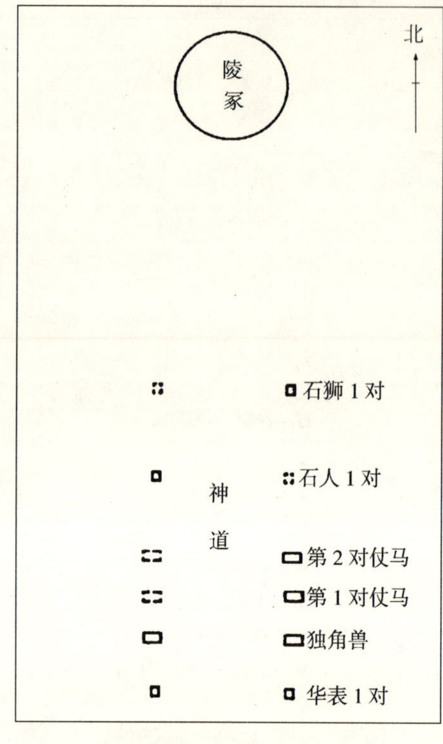

图三　唐永康陵平面示意图

对、仗马2对、石人3对、门狮1对。

敦煌晚唐S.2263《葬录》置石碑兽法云：

> 置石碑兽法：石碑去门十步，石羊去碑七步，石柱去石羊七步，石人去柱七步，自余诸兽依十二辰位消息置之，其墓出亩数大小，步数安之。

可知神道相邻石刻南北间距应该是相同的。建初陵的石刻由现在的保存状况可以推测该陵的石刻组合是华表1对、天禄1对、仗马2对、石人3对、门狮1对。同时，从李兰珂的调查报告[16]中同样可以得到一个极为重要的信息，这就是每对石刻的间距近13米。永康陵华表与天禄、第1对仗马与第2对仗马相距约28米，而今仅存的石人北距门狮及南去第2对仗马的距离皆为60米[17]，可以推测现存石人实际上为永康陵的第2对石人。也就是说在现存石人与门狮及现存石人与第2对仗马的中点处原本还各有1对石人（图三）。另外，兴宁陵陵前石刻由南而北依次为"天禄两个，鞍马四个，狮两个，均两两对称。据当地人介绍，石马与石狮之间，原有石人三对，亦是两两对称，现已埋入1米以下的深土中"[18]。如此兴宁陵相邻石人以及北侧石人与石狮之间的南北间距为15米，这应该是一个特例。因为若根据间距相同的原则，则该石狮应在目前位置以北近60米处。

为探讨其规划特点，首先需要探求所用之尺的尺度。按一般的惯例，陵园之尺度应基本为整数尺寸，一般以10丈、5丈、3丈为单位，不可能过于细碎[19]。换算结果，发现当尺长为大尺0.294米时，按此尺长在永康陵平面图上画方10丈网格，纵向从华表起到石狮为7格，神道北端石狮到封土南端为8格，石刻东西间距为1格；按此尺长在兴宁陵平面图上画方10丈网格，纵向从华表起到石狮为5格，神道北端石狮到

〔16〕同注〔3〕，58～59页。

〔17〕巩启明：《唐永康陵调查记》，《文博》1998年5期。

〔18〕咸阳市博物馆：《唐兴宁陵调查记》，《文物》1985年3期。

〔19〕傅熹年：《中国古代城市规划建筑群布局及建筑设计方法研究》（上册）57页，中国建筑工业出版社，2001年。

封土南端为9格，石刻东西间距为1格，其中相邻石人以及北侧石人与石狮之间的南北间距约为0.5格。可能便是因为这个缘故，其神道北端石狮到封土南端才增至9格。可见，“四祖式”唐陵是以祖陵永康陵为基本范式的，其神道石刻部分模数与神道北端石狮到封土南端的模数基此而相应的增减。从二陵的情况看，其神道北端石狮到封土南端为8~9个模数。

同样，当尺长为小尺0.242米时，按此尺长在建初陵平面图上画方5丈网格，纵向从华表起到石狮为7格，石刻东西间距为3格。因封土已无，神道北端石狮到封土南端有多少格不清。若依照前述永康陵范式的8个模数计算，则其神道北端到封土南端至少有40丈，即96.8米。这样的话，封土南端的位置应该在建筑基址北12.5米处，亦即所发现的南侧墓室南12.5米处。启运陵高4丈，合9.68米。墓室的位置一般在封土中心处稍后，这样的话，其封土底部直径大约在10~12米之间。根据调查报告，陵区发现的两个墓室相距25米。如果陵区存在两个封土，二陵封土底部直径都是一样的话，这个距离是不够的。更何况建初陵的封土要比启运陵来得大。

从另一个角度看，永康陵封土现高8米，底部周长122米，其底部直径与封土高的比例为4.86；同样地，兴宁陵据残高约5米、底部直径13米[20]计算，其底部直径与封土高的比例为2.6。按照这个比例，建初陵和启运陵封土的底部直径在25~47米之间。总之，两个墓室之间25米的距离是容纳不了如此规模的两个封土的。若如文献所载“周回一百五十六步”，以小尺计算，其封土底部直径约为60米。之所以要大于47米，可能是因为两个陵墓同一封土的缘故。同一个封土，这也可以解释为何建初陵、启运陵的封土高度皆为“四丈”，大概这便是昭庆唐陵封土的具体情况，昭庆陵区是采取同坟异穴的形式入葬的。这个推测应该大体不误。可能也正是因为二陵结合在一起，规模自然增大。若仍旧使用大尺，无疑更将导致陵区规模过于庞大而超过祖陵永康陵，于礼不符。因此，昭庆陵区采取了小尺的尺度，在基本保持与永康陵相同模数比例的基础上，通过将石刻东西间距从1模增至3模来体现二陵的结合在规模上的变化。当然，具体如何还有待进一步的考古工作证实。

之所以如此不厌其烦地考辨，因为事涉问题之关键，它为我们揭示了一个已被蒙蔽的同坟异穴之现象。目前考古发掘的鲜卑墓葬，除了方山永固陵和冯素弗夫妇墓外，多为长方形、梯形的土坑墓。方山永固陵已经是极为汉化的墓葬形式，对此我们将另外讨论[21]。从已经发掘的北燕统治者冯跋弟冯素弗夫妇两墓，既可看到浓厚的鲜卑习

---

〔20〕 这是1977年12月的调查数据，今兴宁陵封土仅存高5米，直径3.5米。详刘向阳：《唐代帝王陵》355~356页，三秦出版社，2003年。

〔21〕 沈睿文：《方山永固陵》（待刊），北京大学中国考古学研究中心“汉唐陵墓制度研究”课题。

俗，也可看到汉文化的传统。冯素弗夫妇墓两圹并列，相距最近处仅20厘米，可知原应在同一坟封之下〔22〕，这种同坟异穴的葬式，与当时中原地区汉族葬俗不同〔23〕，是鲜卑习俗的体现。昭庆陵区采取同样的埋葬方式，无疑也同样表明其鲜卑的文化属性。

需要说明的是，族葬也并非汉家制度所独有。典型的事例如，洛阳北魏墓地的大族葬群便与中原旧制无关，而是渊源于原始残余较重的代北旧习〔24〕；这一特点在磁县东魏、北齐的墓地上仍得到如实反映〔25〕。而玄宗之前的唐陵陵地秩序首先采取北魏洛阳瀍西的陵地制度，也可证明李唐宗室的种族倾向〔26〕。其实，如果李氏是河北的一个门阀著姓，而跟鲜卑族通婚，在讲究门阀的时代，这是很难想像的。再退而言之，这种通婚也使得李氏在血缘上具有了胡族的血统。

如此，建初陵、启运陵所在之地，并不能肯定便是李唐世居的桑梓之地〔27〕，李唐源自武川〔28〕应该是可以推定的，即“李唐先世疑出边荒杂类，必非华夏世家”。

那为什么自太宗朝起，李唐要将昭庆地区提升为陵区呢？

这便要从河北、山东地区人文的特殊性谈起。人文的地域性首先应肇始于地理的地域性差别。我国西北高、东南低的地势和黄河、长江两大河流的东西横亘以及崤嵫二山的南北纵横不仅影响其地域性的人文状况，更影响了历史上的政治格局。两面环绕黄河中游的黄土高原，大致东起大兴安岭南段，北以长城为界，西抵河湟地区再折向南方，沿着青藏高原东部至达云南西北部，这形成一从东北至西南的边地半月形文化传播带，并呈现出某种文化的同一性〔29〕。这个传播带环绕在内地的外围，由此产生的外族盛衰的连环性以及外患与内政的关系显著〔30〕。河洛文明的早熟使得中原地区成为文化正统的标准，崤嵫二山的南北纵横又将北部中国分成关中和关东（河北、山东）两大地域。于是，北方地区便自然形成西安、洛阳这两个地域政治中心。长江的天险

---

〔22〕 黎瑶渤：《辽宁北票县西官营子北燕冯素弗墓》，《文物》1973年3期。

〔23〕 宿白：《三国——宋元考古》（上）93页，北京大学考古系试用讲义，1974年。

〔24〕 宿白：《北魏洛阳城和北邙陵墓——鲜卑遗迹辑录之三》，《文物》1978年7期。

〔25〕 马忠理：《磁县北朝墓群——东魏北齐陵墓兆域考》，《文物》1994年11期。

〔26〕 沈睿文：《关中唐陵陵地秩序研究》，《唐研究》第九卷377～402页，北京大学出版社，2003年。

〔27〕 胡戟：《陈寅恪与中国中古史研究》，《历史研究》2001年4期。

〔28〕 位于乌兰察布盟武川县西南二十余公里的土城梁古城，推测即是六镇中的武川镇城址。详张郁：《内蒙古大青山后东汉北魏古城遗址调查记》，《考古通讯》1958年3期。

〔29〕 童恩正：《试论我国从东北至西南的边地半月形文化传播带》，《文物与考古论集》17～43页，文物出版社，1986年。

〔30〕 陈寅恪：《外族盛衰之连环性及外患与内政之关系》，《陈寅恪集·唐代政治史述论稿》321～355页，生活·读书·新知三联书店，2001年。

使得江南一带在保持地方特色的同时，成为中原政权得以偏安的场所。地域的不同，产生了人文的地域性差异，对政治格局的影响同样深刻。这就是政治格局出现南北、东西对峙、鼎峙的由来。即便是一统天下，其存在之事实并不能忽视。于是，作为统治者的首要任务便是如何妥善处理这三大地域集团以及与边地半月形外族文化之关系。

河北、山东地区人文的特殊性，历来史家多有发明〔31〕。这些人能征善战、一呼百应，又不易管理、约束。这种人文特性在考古材料上，也有体现。比如在墓葬制度和丧葬习俗上都表现出与唐代两京地区不同的状况〔32〕，与其说这是一种地方特色，毋宁说实际上是对一统天下的中央皇权的抗衡和无视。也正是因为这个特点，他们成为政治上敌对双方争取的对象。

只有地域一样、身份一样，即成为同呼吸、共命运的同一集团，才易于在内心上产生认同感。李唐帝王通过建初陵和启运陵葬在昭庆，欲图与河北赵郡大姓攀亲。一方面，通过此举来展示李家先祖跟河北、山东地区的关系，以期通过地缘关系的相近来表明政治立场的一致性，从而达到争取河北、山东地区的用意。另一方面，在南北朝门阀之风依旧肆行的社会风尚，无疑这样也可提高李唐宗室的门望，从而达到与河北、山东地区门阀世族相同的社会身份（除了政治身份之外）。这反映了李唐欲图以河北门阀的身份介入河北、山东地区，并更好地对后者统治的动机。应该说，对后者的统治再没有什么比这个方法更好的策略了。这也是李唐宗室故意混淆自己出身的原因，其出身已经成为管理决定王朝命运的河北、山东地区的一个重要的手段。而武则天则可能出于争取、利用河北、山东地区的力量与关陇集团相抗衡的策略，这跟她营建东都洛阳的意图是一脉相承的。从这个意义来说，李氏的籍贯与出身问题已经不重要了，重要的是如何利用它使王朝的统治处于左右逢源的境地。这个政治谎言正是巧妙地利用了李唐先祖曾在冀、定、瀛州为官的经历。但是，尽管将建初陵、启运陵安葬在昭庆，其埋葬形式还是露出了马脚，也正是它使得我们有可能发覆李唐的种族文化和统治技术。若以长时段视之，河北地区在唐宋社会实起着承上启下、继往开来的重要作用。从考古材料来看，作为北宋早期主要墓葬类型的仿木结构砖室墓，大约从晚唐大中年间开始流行，便是主要发现于河北北部和北京地区的品官贵胄墓〔33〕。而赵宋的开国者正是河北涿郡人，恰可解释这一现象。河北地区与北宋王朝的这种关系，不仅体现了该地区在中国政治格局中的重要作用，而且反过来也进一步揭示了李唐统治者选

---

〔31〕 其中要以陈寅恪先生的论断最为深刻而著名。详所撰：《论隋末唐初所谓“山东豪杰”》，《陈寅恪集·金明馆丛稿初编》243～265页，生活·读书·新知三联书店，2001年。

〔32〕 齐东方：《隋唐环岛文化的形成与展开——以朝阳隋唐墓研究为中心》，《盛唐时代与东北亚政局》133～160页，上海辞书出版社，2003年。

〔33〕 秦大树：《宋元明考古》142页，文物出版社，2004年。

择昭庆陵区的深刻用心。

关中陵区无疑是唐朝最为重要的陵区（图四），跟王朝奉行关中本位政策的政治取向密切相关。从前引《唐会要》卷一《帝号上》的记载可以得知关中陵区的确定最迟不晚于武德元年六月二十二日永康陵、兴宁陵的营建。此后，诸陵无一例外地安排在长安城的西北郊、北山山脉之南。这个做法大概可以从以下几个方面理解。

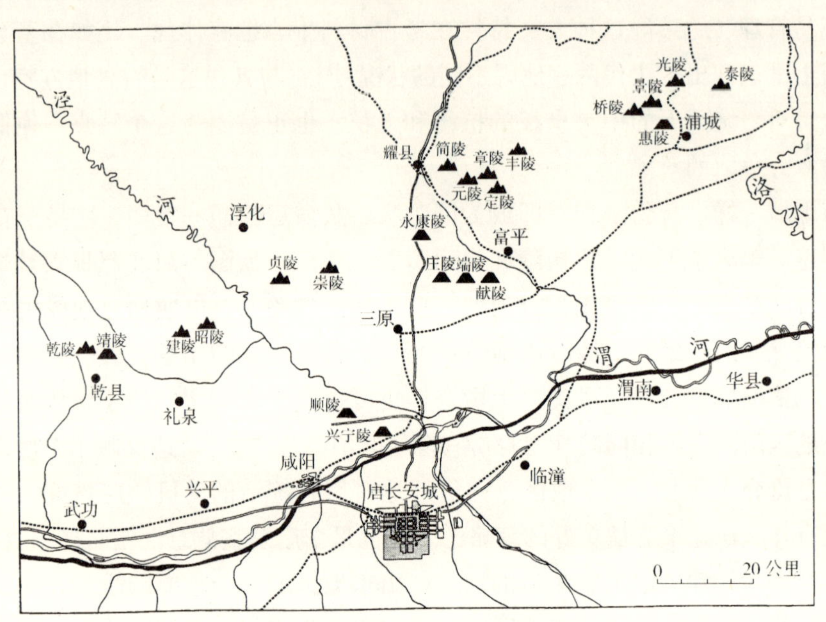

图四　唐陵关中陵区分布示意图

其一，首先是跟唐朝都城长安的所在地紧紧联系在一起的，古人认为葬者宜在国都之北。《礼记》卷一〇《檀弓下》云：

葬于北方，北首，三代之达礼也，之幽之故也。

郑氏（玄）曰："北方，国北也。"[34]

《白虎通义》卷一一《崩薨篇》论合葬条，云：

葬于城郭外何？死生别处，终始异居。《易》曰："葬之中野"，所以绝孝子之思慕也。（中略）。所以于北方者何？就阴也。（中略）。孔子卒，以所受鲁君之璜玉葬鲁城北。[35]

这种观念又从何而来？《汉书》卷二五《郊祀志上》称：

东北神明之舍，西方神明之墓也。

---

〔34〕（清）孙希旦撰，沈啸寰、王星贤点校：《礼记集解》259页，中华书局，1998年。

〔35〕（清）陈立撰，吴则虞点校：《白虎通疏证》558~559页，中华书局，1994年。

> 张晏注："神明，日也。日出东北，舍谓阳谷；日没于西，故曰墓。墓，蒙谷也。"[36]

张晏认为神明即太阳。颜师古则否定了张晏的意见，认为神明是神灵的总称。他说："盖总言凡神明以东北为居，西方为冢墓之所。"如此看来，张晏、颜师古二人谈论的是问题的不同层面。其不同只是对神明所指的理解而已，但都一致地认为西方是归宿之所在。实际上，在对东方、西方方位性质的认识上他们是别无二致的。又《博物志》卷一《五方人民》条云：

> 东方少阳，日月所出。（中略）。西方少阴，日月所入。[37]

此文更是把东、西方方位的特性与日月的运行联系起来。综上，或可推测古人把墓地安排在城市的西北方位大概便是源于自然界日月升落的启示，如此安排葬地当跟古人建构、维护的天人秩序有莫大的关系。这个观念在后世仍得以延续，唐代堪舆家依然持该观点，吕才《阴阳书·葬篇》称："今法皆据五姓为之，古之葬者并在国都之北。"[38]

其二，就是唐王朝对汉魏陵墓制度的借鉴和模仿，汉和北魏的陵区都位于都城的西北郊。贞观九年（635 年）高祖李渊《神尧遗诏》云：

> 其服轻重，悉从汉制，以日易月，于事为宜。其陵园制度，务从俭约，斟酌汉魏，以为规矩。[39]

又《唐会要》卷二〇《陵议条》云：

> 司空房玄龄等议曰："谨按高祖长陵，高九丈，光武陵高六丈。汉文魏武，并不封不树，因山为陵。窃以长陵制度，过为宏侈，二丈立规，又伤矫俗，光武中兴明主，多依典故，遵为成式，实谓攸宜，伏愿仰遵顾命，俯顺礼经。"[40]

而西汉诸陵分布在汉长安城北部，咸阳西北北山山脉之南的黄土原上，如同《图解校正地理新书》卷七《五音所宜》条所云：

> 宫羽二姓宜北山之南，为北来山之地。西为前，东为后，南为左，北为右，明堂内水出破坤为大利向。（中略）。凡州县寺观城邑馆驿廨宇皆无的主尽属商姓，宜丙向；若立私宅冢墓所向及水流皆随本音利便。[41]

---

〔36〕《汉书》1213 页，中华书局点校本，1962 年。

〔37〕（晋）张华撰，范宁校正：《博物志校正》12 页，中华书局，1980 年。

〔38〕（唐）吕才撰，（清）马国翰辑：《阴阳书》，《玉函山房辑佚书》2863 页上栏，上海古籍出版社，1990 年。

〔39〕（宋）宋敏求编：《唐大诏令集》卷一一《神尧遗诏》条 67 页，商务印书馆，1959 年。

〔40〕《唐会要》457 页。

〔41〕（宋）王洙等：《图解校正地理新书》226 页，集文书局影印金明抄本，1985 年。

采取了宫羽姓的昭穆葬法〔42〕。李唐从玄宗泰陵开始便完全模仿了西汉的宫羽姓昭穆葬图式〔43〕，而非其本姓之葬法。李姓为徵姓，同上书卷七《五音所宜》条云：

徵音宜南山之北，为南来山之地，以东为前，西为后，北为左，南为右，明堂内水出破艮为大利向。〔44〕

根据上述原则关中唐陵本应安葬在唐长安城南、终南山北一带。但，正是由于“斟酌汉魏，以为规矩”，唐王朝一开始便将关中陵区安排在长安城西北郊的北山山脉之南。其详已有论证〔45〕，此不具述。

如果说关中陵区与昭庆陵区是跟唐王朝的政治与礼制不可或分的，那缑氏陵区与定陶陵区则无一不与李唐的命运息息相关。

《读史方舆纪要》卷四八《河南三》偃师县景山条，云：

在县南二十里，《商颂》“景员维何”，谓此山也。又懊来山，在县东南五十里，高宗太子（李）宏葬此，曰恭陵，改山为太平山。天祐初，朱温弑昭宗，葬于此，名曰和陵。〔46〕

和陵在偃师景山唐恭陵西北三四里处〔47〕，这两座陵墓构成了缑氏陵区的主体。缑氏陵区肇始于李宏之恭陵，首先它是跟接近当时的政治中心洛阳有关。高宗朝后期，武则天的君临天下，是根深蒂固的关陇集团所反对的。很自然的，武则天把统治中心放到神都洛阳。关中、长安城及其西内无一不有李家及其忠诚追随者的印迹，尽量远离这些场所不仅可以避开实在的面对，更重要的是可以减免内心现实的情感的面对。因此即便是回到长安城，武则天多半再也不会到西内居住了。文献的记录也证实了这一点：武后临朝称制，多居住听政于神都洛阳，但凡返还于长安，则居于东内大明宫。武则天不仅听政于洛阳，而且还通过分司制度在洛阳建立一套与长安相同的官僚机构，试图以此与关陇集团相抗衡，从而达成自己权力的稳固。《睿德纪》碑文记载李宏薨于上元二年四月二十五日（675年5月25日），并于上元二年八月十九日（675年9月13日）下葬恭陵。时恰值武则天、高宗居于洛阳听政，重新在洛阳附近另觅一帝陵区以别于关中陵区，自然会在已掌握决策主动权的武则天考虑当中。武则天并非只是在洛阳听政而已，在天授前后她还切实地对洛阳进行一系列的建设。通过这些措施，武则天刻意地要突出洛阳在帝国政治中的地位，同时抑制、削弱长安城原有的地位。垂拱

〔42〕 沈睿文：《西汉帝陵陵地秩序》，《文博》2001年3期。

〔43〕 同注〔26〕。

〔44〕 同注〔41〕。

〔45〕 同注〔26〕。

〔46〕 顾祖禹：《读史方舆纪要》334页上栏，上海书店出版社，1998年。

〔47〕 宫大中：《九朝兴衰古帝都——洛阳》，《中国历代都城宫苑》96页，紫禁城出版社，1987年。

四年（688年）春二月，毁乾元殿，就其地造明堂[48]；天授元年（690年），立武氏七庙于神都；并于次年三月改唐太庙为享德庙[49]；同年七月，又迁徙关内雍、同等七州户数十万以实洛阳[50]。这些反映了武则天欲凌驾洛阳于长安之上，至少是将洛阳营建成另一个长安的用心。正如陈寅恪所言“武曌则以关陇集团之外之山东寒族，一旦攫取政权，久居洛阳，转移全国重心于山东，重进士词科之选举，拔取人材，遂破坏南北朝之贵族阶级，运输东南之财赋，以充实国防之力量诸端，皆吾国社会经济史上重大之措施，而开启后数百年以至千年后之世局者也”[51]。因此，我们相信在陵区的安排上，武则天也是重新考虑、有所用意的。而且随着武则天权位的日渐稳固、武周政权的建立，在洛阳建立一个武周（武氏）政权陵区的计划也会日渐提到日程上来。毋庸多言，陵区自是以武氏为中心的。

关于李宏陵址的选择，《睿德纪》碑给我们留下了一丝线索。碑文说：

> 朕（高宗）以其（李宏）孝于承亲，恭于事上，意欲还京卜葬，冀得近侍昭陵，申以奉先之礼，顺其既往之志。但以农星在候，田务方殷，重归关辅，恐有劳废，遂割一己之慈。[52]

高宗原本是打算将李宏安葬在长安以能近侍太宗昭陵的，但是因为正值农忙季节，恐影响农时，只得忍痛作罢。但是，从后来发生的事情来看，如果说这句话的前半部分是真实地反映了高宗安排李宏墓葬的初衷，可是后半部分就不免隐晦且闪烁其词了。《新唐书》卷八一载：“营陵功费巨亿，人厌苦之，投石伤所部官司，至相率亡去”[53]。《唐会要》更为详细地记录了恭陵营造过程中民工的哗变：

> 孝敬皇帝恭陵，在河南府缑氏县界，上元二年八月十九日葬。初，修陵，蒲州刺史李仲寂充使。将成，而以玄宫狭小，不容送终之具，遽欲改拆之，留役滑、泽等州丁夫数千人，过期不遣。丁夫恚苦，夜中投砖瓦，以击当作官，烧营而逃，遂遣司农卿韦机续成其功。机始于隧道左右，开便房四所，以贮明器。于是樽节礼物，校量功程，不改玄宫，及期而就。[54]

---

〔48〕《旧唐书》卷六《则天皇后本纪》118页，中华书局点校本，1975年。

〔49〕同注〔48〕，121页。

〔50〕同注〔48〕，121页。

〔51〕陈寅恪:《记唐代之李武韦杨婚姻集团》,《历史研究》1954年第1期;此据所撰:《陈寅恪集·金明馆丛稿初编》279页,生活·读书·新知三联书店,2001年。

〔52〕（清）董浩等编:《全唐文》卷一五《高宗》孝敬皇帝睿德纪条186页上栏，中华书局影印本，1983年。

〔53〕《新唐书》卷八一《李弘（宏）传》3590页，中华书局点校本，1975年。

〔54〕《唐会要》卷二一《诸陵杂录》条485页。

在勘定缑氏县为陵区后，朝廷动用了数千个丁夫营陵，且过期不遣。期间高宗还嫌玄宫狭小要改拆，致使民工不堪其苦烧营而逃。从人力、物力以及一百多天（111天）的工时等方面看，政府并不顾及、体恤所谓民工的农事。据此可以判断李宏未能葬归关辅并非如《睿德纪》文所言，而是另有隐情。这其中武则天当起了决定性的作用。

高宗武则天时期，不少宗子都被迁贬到京城之外的地方，死后亦葬在当地而不得归祔关中唐陵陵区。很显然，这跟武则天是密切相关的。通过这个举措，武则天不仅逐一排除了有可能成为李唐帝位继承人的潜在威胁，为自己的登基扫平道路；同时，也正是通过高宗诸子的不得归葬唐陵陵区，而将李唐的血脉、在京城的宗族谱系从中打乱、乃至截断。如果长安近郊从唐昭陵之后便没有李唐皇室子嗣的陵墓，那李唐不也就从血脉上被灭亡了吗？这样她不也就更加名正言顺地即位吗？因此，从这个角度我们相信高宗生前可能就自己陵寝的选址问题而与武则天有过多次的争论，其根本原因就在于此。但是，自然最后都未能说服武则天。“得还长安，死亦无恨”的临终遗言表达了高宗对归葬关中陵区的渴望，也给我们展露出一点蛛丝马迹。

依照武则天的这些心思，李宏自然也是没法得以归葬关中陵区的。这跟武则天对诸子的处理如出一辙，只是对李宏则处理得更为高明、也来得隐蔽些。

既然此时高宗的陵址尚未勘定，李宏虽贵为太子，但却未即皇帝位的政治身份也正好给武则天提供了一个绝好的契机。虽为太子，但并不一定得以、或规定要进入关中陵区。这是为唐代帝陵的陪葬制度所证实的，它也就成为武则天因势制宜将恭陵陵址选在洛阳附近、继续打乱关中李唐帝陵秩序的借口。但是，如何藉此为自己的打算做个先行的铺垫呢？一个绝好的方式便是将死后的李宏提高到皇帝的身份，并以天子礼来安葬。《旧唐书》卷八六《孝敬皇帝弘传》云：

> 谥（李宏）为孝敬皇帝。其年，葬于缑氏县景山之恭陵，制度一准天子之礼，百官从权，制三十六日降服。高宗亲为制《睿德纪》，并自书之于石，树于陵侧。[55]

《睿德纪碑》文也说：

> 乃谥（李宏）为孝敬皇帝，其葬事威仪及山陵制度，皆准天子之礼。[56]

仅此，就足以掩盖武则天的用心了。通过这种优遇既向世人展示一种温情以掩盖李宏的死因，同时也达到将该墓葬提高到帝陵级别的用心。由这种方式来推行另辟一新帝陵区的意图，自然受到的阻力也就要小得多，同时一切也显得顺理成章。这可能也是

---

〔55〕《旧唐书》2830页。

〔56〕《全唐文》卷一五《高宗》孝敬皇帝睿德纪条186页上栏。又可见《全唐文》卷一一《赐谥皇太子宏孝敬皇帝制》139页下栏~140页上栏。

李宏得谥为“孝敬皇帝”、“以天子礼”安葬的原因之一吧？从中我们依稀可以察觉到武则天巧妙的妥协和高宗的无奈。

但是，以天子礼将李宏安葬在缑氏，也仅仅是武则天在洛阳开辟武周陵区的第一步而已。种种迹象表明，缑氏一带虽是武则天刻意经营的一处礼制中心，但绝不可能是她设计的武周陵区。首先，武周陵区自然应该是以武氏为主轴的，其祖陵应该是武氏家族，而不可能是李唐宗室。自然，更不可能是比武则天辈分还低的李宏恭陵〔57〕。其次，缑氏位于洛阳的东部，而不是西北部。从汉唐帝陵陵区必选择于都城的西北郊来看，缑氏在方位上显然不具备这个优越性。再次，“生在苏杭，葬在北邙”是当时天下的共识。一则北邙在洛阳的北郊，一则汉魏帝陵亦选择于此。综上，我们认为武则天之所以将恭陵安排在缑氏，也许还有一个原因，便是她很可能打算在北邙营造武周陵区。惜事密无闻，难以再究。

尽管以天子礼将李宏安葬在缑氏，武则天的第一步策略得到实现。但是，她欲图在此建立一个新陵区的意愿终究还是没能持久。很快，高宗在弘道元年十二月丁巳（683 年 12 月 27 日）临死前“得还长安，死亦无恨”的渴望得以实现，并最终于文明元年八月庚寅（684 年 9 月 25 日）安葬在关中陵区的梁山上。从事态的发展来看，正是高宗的归葬关中陵区以及武周政权的走势才逐渐彻底打消了武则天在洛阳营造武周陵区的计划。随着武则天的独掌朝政，永昌元年（689 年）起，她便开始在父母的谥号及其墓葬的名号上做文章，先是提升山西文水的父亲武士彟墓为章德陵，咸阳的母亲杨氏墓为明义陵。武周革命后，因为政权正朔建设的需要，她追封了几位周代帝王以为祖先，但以武士彟为太祖，尽管章德陵随之被提升为昊陵，但是作为祖陵却仍旧安排在山西文水，并与陕西咸阳塬的顺陵远隔千里〔58〕。如此规划在地区分布上显得并不成系统，大概尚未有营造武周陵区的概念。从她对母亲杨氏墓的几次改造来看〔59〕，似乎有把咸阳塬营造成武周陵区的意图。但据《旧唐书》卷一八三《武三思传》载：“中宗寻又制：武氏崇恩庙，一依天授时旧礼享祭。其昊陵、顺陵，并置官员，皆（武）三思意也。”〔60〕如果不是中宗为武则天开脱的托词，那便可说明此刻武则天亦已无意把顺陵所在咸阳塬开辟成武周陵区。否则，自不会再由武三思来倡议设置昊陵、顺陵的守陵官员。从武则天最后的矢意归祔乾陵也正说明了这一点。

到了昭宗、哀帝时期，唐帝国已经岌岌乎殆哉，更遑从容谈论陵地，只能跟随政

---

〔57〕 此得益于挚友野云堂先生的意见，谨致谢忱！

〔58〕《新唐书》卷七六《则天武皇后传》3480～3482 页。

〔59〕 同注〔15〕，360～365。

〔60〕《旧唐书》4736 页。

治情势酌情而定了。但是，这两座陵墓的选址却是与晚唐的政治态势紧密联系在一起的。唐末二帝被朱温裹挟，并先后命丧山东。焚毁长安后，朱温同样试图在洛阳进行全方位的政权建设。尽管他在洛阳逼死昭帝，但此刻尚不得不借助李唐的名号行事，因此仍要妥善处理昭宗的善后事宜。对于昭宗陵地的安排，朱温必会注意到恭陵在缑氏县的陵区和所具有的完善的管理机构。于是，缑氏县自然得以成为入葬昭宗的首选之地。昭宗亦终得葬于恭陵西北。《旧唐书》卷二〇上《昭宗本纪》载：

> 群臣上谥曰：圣穆景文孝皇帝，庙号昭宗。（天祐）二年二月二十日（905年3月28日），葬于和陵。[61]

又《资治通鉴》卷二六五云：

> 己酉，葬圣穆景文孝皇帝于和陵，和陵在河南缑氏县懊来山，是年更名太平山。庙号昭宗。[62]

哀帝则是在曹州被逼逊位的，并于梁开平二年（908年）二月遇弑，死后只得以王礼下葬济阴县之定陶乡。到了五代时，唐明宗墓才追封为帝陵。《旧唐书》卷二〇下《哀帝本纪》云：

> 全忠建国，奉〔哀〕帝为济阴王，迁于曹州……天祐五年二月二十一日，帝为全忠所害，时年十七，仍谥曰哀皇帝，以王礼葬于济阴县之定陶乡。中兴之初，方备礼改卜，遇国丧而止。〔后唐〕明宗时就故陵置园邑，有司请谥曰“昭宣光烈孝皇帝”，庙号“景宗”。中书覆奏少帝行事，不合称宗，存谥而已。知礼者亦以宣、景之谥非宜，今只取本谥，载之于纪。[63]

又《新唐书》卷一〇《哀帝本纪》记载：

> 甲子，皇帝逊于位，徙于曹州，号济阴王。梁开平二年二月遇弑，年十七，谥曰“哀帝”。后唐明宗追谥“昭宣光烈孝皇帝”，陵曰“温陵”。[64]

昭宗和陵、哀帝温陵分别葬于偃师缑氏、济阴定陶，陵地的建设也极其简陋。在偃师景山唐恭陵西北三四里处今尚有一土冢遗迹，村民呼曰“铺塌冢”，规模卑小。20世纪60年代，陵冢大体被夷为平地，今陵园地面无任何遗存。早年冢边发现有一方池，土下陷，后填实。按照关中唐代陵墓的形制，可以判定下陷处很可能是天井。加之，该土冢附近还有村庄名“西宫底”、“中宫底”、“东宫底”，这些称呼似乎与陵墓有关[65]。因此，一般地认定这个土冢为和陵。

---

〔61〕《旧唐书》783页。

〔62〕《资治通鉴》8641页，中华书局点校本，1956年。

〔63〕《旧唐书》811页。

〔64〕《新唐书》305页。

〔65〕a. 同注〔47〕；b. 同注〔20〕，330页。

温陵入葬时并无园邑。《唐会要》说“后唐明宗初就故陵（温陵）置园邑”[66]，说明温陵初建时并无置陵邑，五代后唐时始置。温陵所在地势低下，明代黄河泛滥时即被水淹。今位于菏泽辛集的，经调查现为一个二亩多大的柏树林，不见墓冢和石刻。调查者认为恐为明代的何尚书坟，而非温陵[67]。总之，因情况不明，仍有待进一步的工作。

昭宗、哀帝身后的这种状况无疑是河北、山东地区对唐王朝具有深刻影响力的表现。这益发反衬出唐初安排关中陵区和昭庆陵区的妙意。

---

〔66〕《唐会要》卷二《帝号下》18 页；《旧唐书》卷二〇下《哀帝本纪》811 页。

〔67〕此处原有大冢，径约 20 余米，高约 6 米，四周有围墙，墓前有石牌坊、石人、石马、石狮、石羊等石刻，还有很多石碑和大柏树。在这个墓冢周围，约有上百个大小坟堆，每年何村姓何的都来上坟，“文革”中，石刻被毁、墓冢被平，石碑则被用于修桥，陈长安推测是何家祖茔，是“何陵”而非“和陵”，并认为和陵在山东菏泽之说应当存疑。详所撰：《唐恭陵及其石刻》，《考古与文物》1986 年 3 期，36 页注①。

汉代黄金铸币计量标记研究

王永波*

Gold coins are the important relics in the archaeology of the Han dynasties, and most of them were incised with characters or measuring symbols, both of which are significant for the study on the financial policy, economy, culture and the relationship between the central government and the prince kingdoms in that time. On the basis of a comprehensive study of the discovery, name, weight of Han gold coins, the paper divides the measuring symbols seen on Han gold coins into two categories and six methods, and presents a further discussion on related issues.

据记载，汉代是中国历史上使用黄金铸币最多的时期，唐宋以来屡有出土。新中国成立以来，随着现代考古学的快速发展和生产建设规模的不断扩大，麟趾金和马蹄金出土的数量更多。就出土实物观察，汉代的黄金铸币大多有刻划文字、符号和钤印，常见的有重量标记、事由或姓氏、地名，还有部分不易识别的符号和钤印，对于研究汉代货币政策、黄金铸币的铸造、用途、计量，以及中央王朝与各诸侯国的相互关系等具有十分重要的意义，因而受到学界的广泛关注。20 世纪 70 年代以来，不少重要研究成果相继问世，但是，还有相当数量的既非正常文字，亦非正常数字的刻划符号尚没有被认识，学界对这些符号的用途乃至汉代黄金铸币的名称也没有形成一致的看法。

1995 年秋至 1996 年夏季，笔者参与主持发掘长清双乳山一号汉墓，获得了一批宝贵的文物资料[1]，其中的 20 枚麟趾金多刻有不同形式的符号。为确定这些符号的性质，笔者查阅了大量资料，得出了一些不同的看法。1999 年陕西西安谭家乡汉代窖藏出土了大量麟趾金，其中的绝大部分标本也都有钤印或少量刻划符号，为上述问题的讨论增添了不可多得的宝贵资料。本文拟在充分吸收以往研究成果和考古新发现的基础上，就汉代黄金铸币的分类定名、刻划符号的性质和判读作系统的整理研究，兼及战国时期楚国金币类似的刻划符号。

---

* 作者系山东省石刻艺术博物馆研究馆员。

〔1〕 王永波等：《双乳山一号汉墓及其出土玉器》，《故宫文物月刊》第十五卷四期，1997 年，台北。

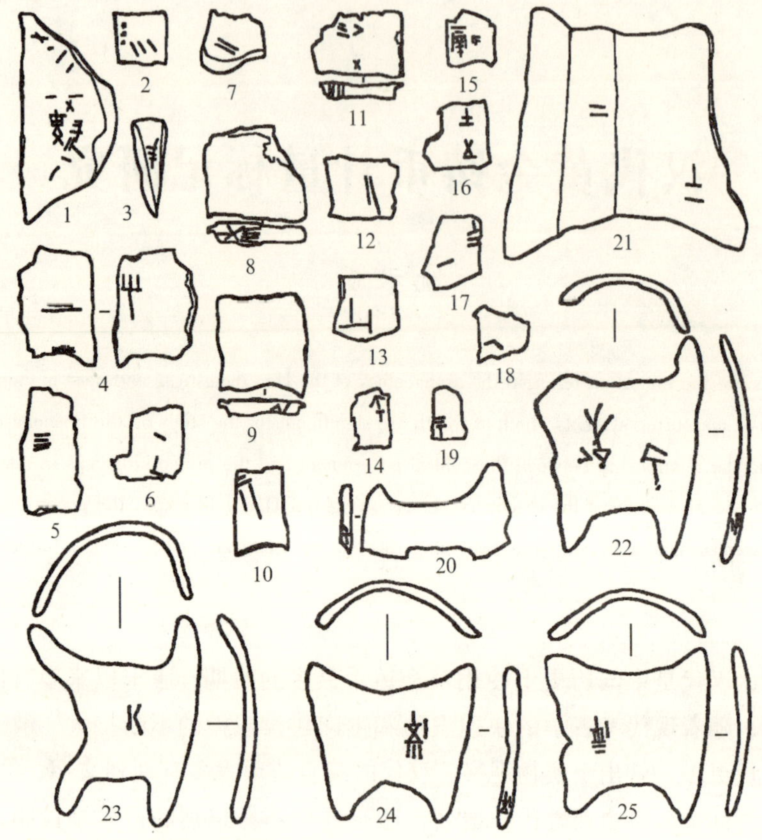

图一　安徽阜阳、寿县出土金版、金饼

1～21．阜阳（1～3、21．朱大湾 阜 14、24、37、9号；4～20．艾亭 阜 55、56、58、60、64、65、68、69、70、72～75、77、78、96、79号）

22～25．寿县花园（22、23．寿1、2号卢金；24、25．寿5、6号郢爰）

一、上古金币的形制名称及基本情况

就目前所知，传世和考古发现的中国古代黄金铸币主要有三种形制：

Ⅰ型，是被称作金版或印子金的长方形板状黄金铸块，个别为不甚规则的方形（图一，21～25；图二，4～6）或圆形（图二，1～3），正面有排列整齐的钤印小方格，一格为一印，通常印有“郢爰”、“陈爰”、“卢金”两字或一个“颍”字等，背面则多有各种不易识别的刻划符号。这种金版为战国时期楚国的黄金铸币，在汉代窖藏、墓葬中也常有发现。就出土资料而言，大多数金版都经过剪切，极少完整者，表明这类金币的使用方式，是根据具体需要进行实时切割称量的。

Ⅱ型，为扁圆形的饼状黄金铸块，底面光洁，中心部位微凹，正面微凸，较粗糙，

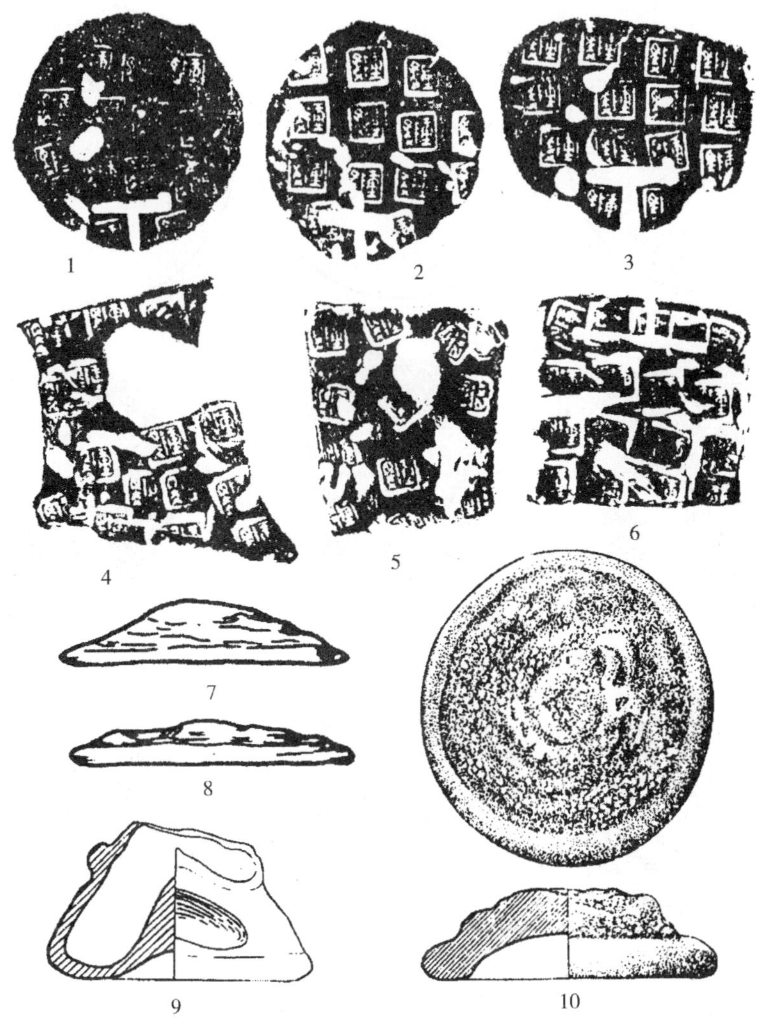

图二　陕西地区出土的金币

1~6、9. 路家坡出土陈爰、马蹄金　7. 8. 谭家乡麟趾金　10. 洛阳出土鎏金铜麟趾金

有浮雕状波纹和众多的点状凸瘤（图二，7、8）。底部的光洁面常有刻划符号、重量标记、钤印和戳记等。此类金币的早期标本也多经切割，汉代的同类标本则大多保持完整状态。还有部分仿扁圆形金饼的铅、铜（鎏金，图二，10）[2]和泥（陶）质的冥币（图三，4~9）。

Ⅲ型，为中空圆台体、上部开口、总体略呈杯形的黄金铸块，内外壁和内底多有

---

〔2〕 中国科学院考古研究所洛阳发掘队：《洛阳西郊汉墓发掘报告》图二四，1，《考古学报》1963年2期。

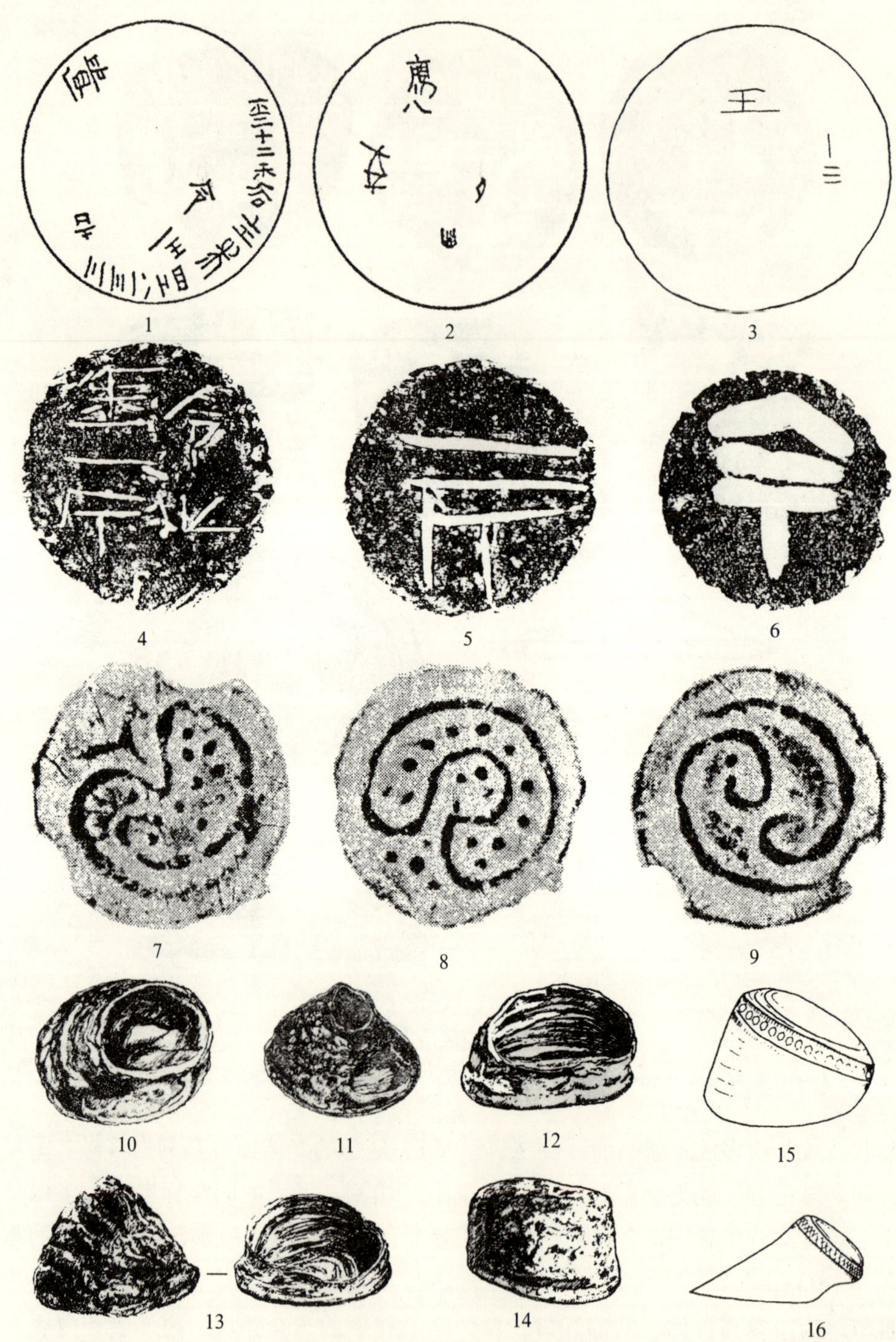

图三　金币、仿金币泥陶标本

1、2．东太堡34、33号麟趾金　3．双乳山80号麟趾金　4～6．老和山泥麟趾金　7～9．龟山2号西汉墓陶麟趾金　10～14．马蹄金（崎峰茶：1，毛王沟、鱼化寨：83、82、99）　15、16．定县40号墓出土工艺品马蹄不规则的横向波纹和点状凸瘤，外底较光洁，中心部位向上微凹。就具体形状而言，这类金币又可细分为圆底小斜口、斜口、椭圆底斜口、大斜口等不同形态（图二，9；图三，10~13）。有些标本的倒置形态酷似马蹄（图三，14）。这类标本在北京怀柔崎峰茶[3]、西安南郊鱼化寨[4]、咸阳窑店毛王沟[5]等地都有发现，总量较少。除极少数早期标本有切割现象外，大都保持完整状态，底部的光洁面也常有刻划符号和各种标记。

Ⅱ型、Ⅲ型为汉代特有的金币，通常称为麟趾金和马蹄金，尤以Ⅱ型扁圆形金饼最为常见。依体积、重量的不同，又可将汉代金币区别为大小两类。大者直径约在5~6厘米左右，重量一般在200~300克之间，多数在250克左右，少数超过300克，绝大多数麟趾金和多数马蹄金均属此类，个别马蹄金的重量超过400克；小者直径一般在2~3厘米左右，重量一般在12~20克或40~75克上下，主要见于圆形金饼和小麟趾金。在造型方面，每型也还可以分为不同的式，因本文侧重点的缘故，不再细分。

此外，还有一种与传统的圆形方孔铜钱形制相同的金五铢，数量极少，仅在陕西、河南、山西发现数枚，分别收藏在中国国家博物馆、陕西省历史博物馆等地。其中中国国家博物馆收藏的2枚据传出土于河南洛阳，与陕西西安出土的金五铢相同，直径分别为2.55厘米和2.67厘米，重量分别为6.7克和5.7克。河南洛阳钱币协会收集的1枚钱径2.6厘米、重5.91克、含金量93.98%，与西汉中期的五铢钱形制相同[6]。

《尔雅·释器》："黄金谓之鋈，其美者谓之镠……饼金谓之钣。"由于"钣"、"饼"在古代同属双唇音，也因金币的圆饼形外观形状，人们习惯于将汉代金币统称为金饼。对于马蹄金、麟趾金所对应的具体形状，看法颇有不同。

宋人沈括在《梦溪笔谈》卷二十一中说："襄、随之间，古春陵、白水地，发土多得金麟趾、褭蹏。麟趾中空，四傍皆有文，刻极工巧。褭蹏作团饼……如今之乾柿，土人谓之柿子金。"将圆形金饼视为马蹄金，将中空的杯状金币视为麟趾金。当代学者对麟趾金、马蹄金的形状更是莫衷一是。王献堂认为麟趾"必为五趾，铸金亦必为五趾之形"[7]，然出土实物中从未见有如此形状者。安志敏将出土金饼分为五式，归纳为甲乙两类，甲类为"扁圆形金饼"（本文的Ⅱ型），包括Ⅰ、Ⅱ、Ⅳ、Ⅴ式；Ⅲ式为乙类，作中空的马蹄形（本文Ⅲ型），认为沈括的解释应该颠倒过来，以"甲类金饼当

[3] 张先得：《怀柔县崎峰茶公社发现汉代马蹄金》，《文物》1976年6期。

[4] 李正德等：《西安汉上林苑发现的马蹄金和麟趾金》，《文物》1977年11期。

[5] 咸阳市博物馆：《咸阳市近年发现的一批秦汉遗物》，《考古》1973年3期。

[6] 王俪阎等：《中国古代的金铸币》，《中国文物报》2002年7月3日第6版。

[7] 王献堂：《中国古代货币通考》1442页，齐鲁书社，1979年。

系麟趾金、而乙类金饼则可能属于马蹄金”〔8〕。尤振尧的见解与此类同〔9〕。姚迁认为汉武帝太始二年以后有三种黄金铸币，分别为扁圆形的“金饼”（本文Ⅱ型）、圆底中空的麟趾金、椭圆底中空的马蹄金（均为本文Ⅲ型），并引《汉书》颜师古注“麟，马足，黄色，圆蹄”为证。张先得承袭了姚迁对麟趾金和马蹄金的定义，而将圆饼形金饼称为“坛子金”，再以“金饼”作为所有汉代金币的总称，并推定“武帝太始二年对黄金形制的改革，仅起到更名的作用”，“未能长期推广”，“金饼的形制并没有统一”〔10〕。黄盛璋倾向于姚迁的解释，主张待将来有了更多的实物资料再行确定〔11〕。

有关麟趾金和马蹄金的记载首见于《汉书·武帝纪》：太始二年（公元前95年）三月，“诏曰：‘有司议曰，往者朕郊见上帝，西登陇首，获白麟以馈宗庙，渥洼水出天马，泰山见黄金，宜改故名。今更黄金为麟趾、褭蹏，以协瑞焉。’因以班赐诸侯王。”唐颜师古注引应劭曰：“获白麟有马瑞，古改铸黄金如麟趾、褭蹏，以协嘉祉也。……师古曰：既云宜改故名，又曰更黄金为麟趾、褭蹏，是则旧金虽以斤两为名，而官有常形制，亦由今时吉字金铤之类矣。武帝欲表祥瑞，故普改铸为麟足、马蹄之形，以易旧法尔。”

《汉书》的记载告诉我们两个基本事实：①太始二年以后，汉代的黄金铸币分别名为麟趾金、马蹄金，除此之外，未见其他称谓；②颜师古认为，当时的改铸是普遍的。故改铸后的黄金铸币只能称之为麟趾金或马蹄金。

前已述及，除了少量仿圆形方孔铜铸币的金五铢外，汉代黄金铸币只有“扁圆形金饼”和“中空圆台体、上部开口、总体略呈杯形”两种形制，与《汉书》的记载是一致的。更为重要的是，考古发现的汉代扁圆形金饼和仿扁圆形金饼冥币，往往自名“麟趾”，为解决汉代金币的分类定名提供了无可争辩的原始“内证”。如1957年在杭州老和山出土的仿金饼泥陶冥币中，不少标本刻有“令”、“一斤”、“令之一斤”等字样（图三，4~6）〔12〕，山西太原东太堡汉墓出土的34号扁圆形金饼上也有“令丨”的符号（图三，1）〔13〕，学界已公认这些符号分别为“麟趾”、“麟趾一斤”的缩写或简写〔14〕，太原东太堡33号圆形金饼最上一字则是麟的别体字（图三，2），从出土实物的角度证明，汉代的扁圆形金饼就是重量为“一斤”的麟趾金，而“麟，马足，圆蹄”

---

〔8〕 安志敏：《金版与金饼》，《考古学报》1973年2期。

〔9〕 尤振尧：《江苏出土楚汉金币之探讨》，《考古与文物》1988年4期。

〔10〕 张先得：《记各地出土的圆形金饼——兼论汉代麟趾金、马蹄金》，《文物》1985年12期。

〔11〕 黄盛璋：《关于圆形金币若干问题》，《考古与文物》1984年6期。

〔12〕 赵人俊：《汉代随葬冥币陶麟趾金的文字》，《文物》1960年7期。

〔13〕 解希恭：《太原东太堡出土的汉代铜器》，《文物》1962年4~5期。

〔14〕 a. 同注〔5〕；b. 同注〔12〕；c. 同注〔8〕。

的记载，也说明扁圆形的金饼就是麟趾金。

基于以上理由，我们认为汉武帝太始二年以后，所有“扁圆形金饼”均应为“麟趾金”；所有“中空圆台体、上部开口、总体略呈杯形”的金币，不论其为圆底或椭圆底，均应为“褭蹏”，亦即马蹄金；鉴于“麟趾金”脱胎于先秦时期和“太史诏书”下达以前的“扁圆形金饼”，故可以继续使用“金饼”的称谓，以指代除马蹄金以外的、包括“麟趾金”在内的所有“扁圆形金饼”。姚迁、张先得所谓“圆底中空”、“整体形似兽蹄壳状”的“麟趾金”，实际上是一种形状、工艺略有变化的马蹄金。颜师古在《汉书·武帝纪》注中曾经提到：“今人往往于地中得马蹄金，金甚精好而形制巧妙。”很显然，这种“形制巧妙”的马蹄金只能是“中空圆台体、上部开口、总体略呈杯形”的金币，而不可能是“团饼状的柿子金”。河北定县40号汉墓出土的掐丝贴花镶琉璃面马蹄金做工考究，应属此类（图三，15、16）[15]。

据不完全统计，1949年至今，全国出土的古代黄金铸币，约50余批次，共计1000余枚[16]（包括经剪切的碎块），主要见于窖藏和墓葬，遗址中也有零星的发现。就种类而言，以扁圆形金饼（主要是麟趾金）最多，金版次之，马蹄金的数量较少，只有40余枚，其中相当一部分属于战国晚期的楚国金币。如1967年临泉鲖城坟塘出土的6块“郢爰”，1970年5月安徽阜南三塔公社朱大湾战国遗址出土的25块“郢爰”、“陈爰”和17块经剪凿的金饼碎块，1970年底临泉艾亭出土的50块“郢爰”、“陈爰”（图一，4~20）[17]，1972年2月陕西咸阳市窑店公社路家坡秦代遗址出土的5块“陈爰”金版和3块圆饼形“陈爰”[18]，1979年9月安徽寿县东津公社花园大队门西生产队楚都寿春城遗址出土的18块“郢爰”、“陈爰”、“卢金”和经剪凿的圆饼形金版[19]等均为战国晚期的楚国金币。

在汉代窖藏中，金版与麟趾金、马蹄金往往伴出，如1974年8月，河南扶沟县古城公社古北大队社员在古城西门挖石灰池发现了一处西汉窖藏，发现盛有金银铸币的青铜鼎和青铜壶各1件，铜鼎内盛银布币18枚，总重3072.9克。铜壶内盛金币392枚，包括金版195块，多印有“郢爰”、“陈爰”字样，“金饼”197枚，多为剪凿后的残块，部分标本有刻划文字和符号，总重8183.3克。原报告将197枚“金饼”分为四式，Ⅳ式11块，为马蹄金，有少量完整标本，重量不详，据10号标本约1/4残存部分

---

〔15〕 河北省文物研究所：《河北定县40号汉墓发掘简报》，《文物》1981年8期。

〔16〕 a. 同注〔8〕；b. 姚迁：《江苏盱眙南窑庄楚汉文物窖藏》注〔17〕，《文物》1982年11期；c. 同注〔10〕。

〔17〕 阜阳地区展览馆：《安徽阜阳地区出土的楚国金币》，《考古》1973年3期。

〔18〕 同注〔5〕。

〔19〕 涂书田：《安徽省寿县出土一大批楚金币》，《文物》1980年10期。

的重量测算，完整马蹄金的重量约在270克左右；Ⅰ式14块，Ⅱ式5块，Ⅲ式167块，均为圆形金饼，未见完整标本，原报告根据残块测算，这三式金饼的重量分别约为：Ⅰ式179克、Ⅱ式258克、Ⅲ式255克左右，并认为“扶沟古城村曾为楚地，出土的银布币应为楚币”，“Ⅰ式金饼的时代早于其他三式”，引咸阳市路家坡出土的金饼形“陈爰”证明扶沟所出四式“金饼”均为楚国货币〔20〕。

1982年2月江苏盱眙县穆店公社南窑庄汉代窖藏出土的麟趾金、马蹄金也与金版共存。所有金币均储藏在1件错金银梅花钉饰虬龙套铜壶内，包括“郢爰”金版11枚，总重3243.4克；“金饼”25枚，原报道分为三式，其中Ⅰ式10枚，为圆形金饼，即本文所称麟趾金，Ⅱ式7枚，圆底中空，Ⅲ式8枚，椭圆底中空，均为本文所称马蹄金，总重7663.4克。多数麟趾金和马蹄金有钤印和刻划符号。另有1尊盖在铜壶上的金兽，重9000克。这批金币和金兽的含金量均为99%。原报道认为，金版为战国时期的楚国金币，所有三式“金饼”均应为汉武帝太始二年以后的遗物〔21〕。

1999年11月，西安市北郊谭家乡两个汉代金币窖藏出土的219枚金币则均为汉代麟趾金，直径在5.67~6.60厘米之间，单枚重量多为243~253克之间，不足240克的只有1枚，为227.6克，最重的254.4克，总重量54116.1克，平均枚重为247.11克，纯度达95%以上。无论数量和重量，都是建国以来出土量最大的一次。这批麟趾金的光洁面多有“V”、“U”、“T”、“S”形戳记和文字戳印，多数字体为阳文小篆，部分介于篆隶之间，阴文字体极少，可释读者有租、黄、千、且、全、张、马、吉、贝等。刻划文字和符号亦较多见〔22〕。

其他遗址和窖藏发现的金币也多为汉代遗物，如1929年陕西兴平念流寨出土的7枚麟趾金、1963年陕西临潼武家屯管庄东村秦栎阳故城遗址窖藏铜釜内的8枚麟趾金〔23〕、1968年陕西咸阳市窑店公社毛王沟村东六国宫殿遗址出土的1枚马蹄金〔24〕（图三，11）、1978年咸阳市窑店公社毛王沟村北西汉台地遗址出土的4枚马蹄金〔25〕、1971年河南郑州古荥公社古城村汉荥阳古城窖藏出土的4枚麟趾金〔26〕、1973年安徽

---

〔20〕 河南省博物馆等：《河南扶沟古城村出土的楚金银币》，《文物》1980年10期。

〔21〕 姚迁：《江苏盱眙南窑庄楚汉文物窖藏》，《文物》1982年11期。

〔22〕 a. 张运通等：《西安：219枚汉代金饼追缴记》，《中国文物报》2000年6月4日三版；b. 陕西省文物鉴定组：《谭家乡汉代金饼整理报告》，《文博》2000年3期。

〔23〕 朱捷元：《陕西省兴平县念流寨和临潼县武家屯出土的古代金饼》，《文物》1964年7期。

〔24〕 同注〔5〕。

〔25〕 王丕忠等：《咸阳市发现的马蹄金和麟趾金》，《考古》1980年4期。

〔26〕 杨焕成：《郑州市郊发现汉代麟趾马蹄金》，《考古》1974年1期。

寿县陆郢出土的13枚麟趾金、1枚马蹄金〔27〕、1973年在河北易县西干坻和满城陵天寨公社贾庄各发现1枚金饼〔28〕、1974年陕西西安鱼化寨北石桥西汉上林苑出土的6枚马蹄金〔29〕、1983年辽宁新金县花儿山公社张店西汉遗址出土的1枚马蹄金〔30〕等。

就墓葬的出土情况而言，汉代的黄金铸币多见于较大型的墓葬，相当一部分出土于诸侯王的墓葬中，随葬的数量和重量一般较少，这或许与当代大型王墓多被盗掘有关。不过，即使在未被盗掘的大型墓葬中，出土金币的数量也不是很多。1996年发掘的长清双乳山西汉第三济北国末代国王刘宽墓（武帝后元二年，公元前87年入葬）〔31〕出土的20枚麟趾金，总重量4262.5克，是目前所知汉代墓葬出土金币重量最大的一宗。

20枚麟趾金的形制基本相同，底面光洁，中心部位向上微凹，正面微凸，较粗糙，有浮雕状波纹和众多的点状凸瘤（图四、图五）。19枚大麟趾金全部平铺于玉枕外侧、死者头下，做横向排列，15枚光洁面朝上，4枚向下。直径约在6.3～6.7厘米之间，平均值为6.4厘米。单枚重量除M1∶88重178.5克、M1∶92重183.6克外，余者均在216～246.9克之间，平均重量220.82克。未发现盛储金饼的装具痕迹。1枚小麟趾金位于死者腰部，形状、铸工与大麟趾金相同，唯其体型明显小于前者，中部一侧有直径0.4厘米的圆孔，直径3.25～3.3厘米，重66.5克。除形体较小的M1∶99外，余者的光洁面大多刻划有不同的符号和文字。

在双乳山汉墓发掘之前，汉墓出土黄金铸币数量、重量最多的是1973年发掘的河北定县40号汉墓（西汉中山怀王刘修墓，宣帝五凤三年，公元前55年入葬），计有麟趾金42枚，其中大者2枚，分别重251.5克和251.7克；小者40枚，重量在42.4～75.6克之间。此外，还有大小马蹄金5枚（原称大小马蹄金各2枚，麟趾金1枚），总重量3000余克〔32〕。1968年发掘的河北满城一、二号汉墓同双乳山汉墓一样，也是未经盗扰的西汉大型王墓，出土金币的数量和重量仅次于定县40号汉墓。其中一号墓出土小型金饼40枚，总重719.4克，平均重量17.985克；二号墓出土小型金饼29枚，总重438.15克，平均重量15.109克。

满城一、二号汉墓为中山王刘胜（武帝元鼎四年，公元前113年入葬）及其王后窦绾（武帝太初元年，公元前104年以前入葬）的墓葬，其与定县西汉中山怀王刘修

---

〔27〕 同注〔8〕。

〔28〕 郑绍宗：《河北省发现西汉金饼和元代银锭》，《文物》1981年4期。

〔29〕 同注〔4〕。

〔30〕 许明纲：《辽宁新金县花儿山张店出土马蹄金》，《考古》1984年2期。

〔31〕 王永波等：《双乳山汉墓与武帝铸币》，《中原文物》2001年3期。

〔32〕 a. 同注〔15〕；b. 同注〔22〕a。

图四　双乳山汉墓出土麟趾金

图五　双乳山汉墓出土麟趾金

墓随葬品的数量和精美程度都远远超过双乳山一号墓，济北国的综合国力也远不如中山国，双乳山一号墓墓主刘宽还是因罪凶死，连“谥号权”也被剥夺了，但其墓内却出土如此之多的麟趾金，耐人寻味。

其他汉代墓葬中黄金铸币也偶有出土，如山西太原东太堡西汉墓出土麟趾金5枚〔33〕、湖北宜昌前坪西汉墓出土马蹄金1枚和部分“郢爰”〔34〕、广西合浦望牛岭出土2枚麟趾金〔35〕；广西贵县罗泊湾二号汉墓〔36〕、湖南长沙杨家大山401号西汉墓、长沙伍家岭211号西汉墓〔37〕、长沙汤家岭西汉墓〔38〕、江苏铜山龟山西汉崖洞墓〔39〕、湖南衡阳蒋家山4号东汉墓〔40〕、长沙五里牌9号东汉墓各出土麟趾金1枚〔41〕。

在张先得先生统计的200余件汉代麟趾金和马蹄金中，成色最好的含金量为99.3%，大部分在97%～99%之间，最差的含金量只有77%〔42〕。双乳山汉墓的麟趾金尚未作正式测试，以肉眼观察，其总体成色较好，颜色不一，有的黄色纯正，有的黄中泛白，有的黄中泛紫，这种成色上的差别可能是因为产地和铸造批次不同所致。

金饼正反两面表象不同和中心凹陷的形态，应该是使用敞口模具和浇铸成型方式造成的。也就是说，金饼的底面，亦即紧贴模具的一面，因模具与熔态黄金的相互作用，而出现光洁平滑的表面；向上的一面，由于没有模具的约束和压制，熔态黄金在浇铸过程中的冷却又比较迅速，从而形成了较为粗糙的表面。其中心部位的凹陷，也应与冷却方式有关。迄今发现的汉代金饼，除满城二号汉墓出土的经过剪切锤打的29枚铜泡状小金饼外，大都呈现出相同的形态，说明汉代的金饼浇铸工艺大致相同。

关于出土金饼、麟趾金和马蹄金的年代，除年代明确的汉墓外，还存在一定的争议。如张先得认为扶沟金版和Ⅰ～Ⅲ式金饼均为战国晚期的楚国金币，扶沟Ⅳ式的马蹄金属汉代遗物〔43〕。陕西兴平念流寨、临潼武家屯出土的圆形金饼，原报告定为战国晚期至秦代，安志敏认为“金饼的出现应早于太始二年”，但不应早到秦代以前，故而对被定位于战国和秦代的金饼均持怀疑态度。黄盛璋根据金币刻划文字的时代、国别

〔33〕 同注〔13〕。

〔34〕 湖北省博物馆：《宜昌前坪战国两汉墓》，《考古学报》1976年2期。

〔35〕 广西壮族自治区文物考古写作小组：《广西合浦西汉木椁墓》，《考古》1972年5期。

〔36〕 广西壮族自治区文物工作队：《广西贵县罗泊湾二号汉墓》，《考古》1982年4期。

〔37〕 中国科学院考古研究所：《长沙发掘报告》119页，图版柒贰1－2，科学出版社，1957年。

〔38〕 湖南省博物馆：《长沙汤家岭西汉墓清理报告》，《考古》1966年4期。

〔39〕 南京博物院：《铜山小龟山西汉崖洞墓》，《文物》1973年4期。

〔40〕《衡阳苗圃蒋家山古墓清理简报》，《文物参考资料》1954年6期。

〔41〕 湖南省博物馆：《长沙五里牌古墓葬清理简报》，《文物》1960年3期。

〔42〕 同注〔10〕。

〔43〕 同注〔10〕。

风格，将扶沟所出金银币和易县西干坻、满城陵天寨贾庄出土的麟趾金全部改定为战国时期；将盱眙南窑庄、陕西兴平念流寨、临潼武家屯所出金币全部改定为秦代〔44〕。

就造型和重量分析，汉代以前时代明确的圆形金币，如陕西咸阳路家坡秦代遗址出土的3枚圆饼形“陈爰”、安徽寿县楚都寿春城遗址出土的4块经剪凿的外缘略呈圆形的金币〔45〕、安徽阜南三塔公社朱大湾战国遗址出土的17块经剪凿的金饼碎块（参见图一、表七）等，多呈不规则的圆形，中心部位没有凹曲和隆起，直径或大或小、重量或轻或重，规格极不一致，形制与汉代麟趾金有明显的区别。咸阳路家坡的3枚圆形“陈爰”，分别为近似椭圆、近似正圆和近似抹角“凸”字形，重量在249~265克之间，正面无一例外地钤有13~14枚“陈爰”方印（图二，1~3）；寿县楚都寿春城遗址的所谓金饼无一完整者，仅在残块的一侧可见圆弧状边缘，整枚重量高达600~3000克。如寿15号金饼残存约1/2，重量为309.2克，寿17号金饼残存约1/6，重量却有437.21克，寿18号金饼残存约1/7，重量竟高达416.7克。与其同时流行的金版一样，这类金饼多经剪凿而不完整，与楚国金币在流通过程中进行实时切割称量的制度是一致的，在归类上应属于金版而非金饼。

与此相反，汉代金币，包括武帝太始二年以前（如满城汉墓）的金饼，大都保持完整的造型；太始二年以后，金币的铸造更为规范，麟趾金的规格、形制表现出相当程度的一致性，其较小的重量游移幅度则是计量标准不够精确、不够严格所致（详后），这种现象与汉代金币的主要用于赏赐、上供、赎罪、买爵和大宗交易，较少用于小额交易的习俗有关。马蹄金则是汉代特有的黄金铸币，至今还没有发现明确早于汉代的同类标本。因此，我们认为，底面平直、质量较轻的扶沟Ⅰ式金饼，为楚国金饼的可能性较大；扶沟Ⅱ式金饼底面平直、上面略鼓；Ⅲ式底面平直，出现了轻微的凹曲，具有向麟趾金过渡的性质，其规格、重量也符合汉代麟趾金的标准，但其多经切割的现象又表现出楚国金币的特点，年代定位有待更多的证据。扶沟Ⅳ式的马蹄金只能是武帝太始二年以后的铸币。基于同样的理由，原报道对河北易县西干坻、满城陵天寨贾庄和盱眙南窑庄窖藏出土麟趾金、马蹄金的年代定位也应该是正确的。陕西兴平念流寨、临潼武家屯等原定为战国至秦代的麟趾金则应改定为汉代。

二、上古金币重量标记的分类与判识

在陶器、铜器、金银器上作各种标记是中国上古居民由来已久的习惯。最早见于

〔44〕同注〔11〕。

〔45〕同注〔19〕。

新石器时代的陶器、骨器、木器等。三代至秦汉时期，随着人类驾驭、改造自然物质能力的提高和铜、铁、金、银等不同质地的器物的出现，这一习俗的流行更为广泛。一般而言，商周以来，陶器的钤印、刻划符号多为地名、人名；铜器的铸铭、刻划符号多为纪事，部分为计量标记；金银器皿的刻划符号则以计量标记为多。黄金铸币上的各种钤印、单个符号的情况较为复杂。陕西省文物局文物鉴定组根据对西安谭家乡出土的219枚麟趾金戳记和刻划符号的研究认为，这类符号主要与地名、水名（如侯国、郡县、泽薮）、市津、姓氏及质量检验标记等有关。成组出现的可辨识文字、数字相间的符号多为重量标记；还有一些由不同的横竖笔画组成的符号，研究者倾向于将其看成是重量标记，但尚未进行过有效的释读。

这类尚未辨识的刻划符号集中发现于盱眙南窑庄窖藏、双乳山汉墓等地出土的汉代麟趾金和马蹄金、安徽寿县出土的楚国金版等，其他地区出土的汉代金币也有类似的符号。

双乳山汉墓麟趾金在发掘结束时曾经进行过初步整理，整理结果刊登于1997年的《中国钱币》上[46]。出于安全上的考虑，这批金饼不久就被转入当地一家银行的金库中保存。由于工作上的原因，当时笔者已经离队，此后再到长清，包括整理双乳山一号汉墓出土玉器期间，因各种原因始终无缘得窥全豹。直到1999年举办双乳山汉墓出土文物展览时，才有机会作细致、全面的观察。

据笔者观察，除死者腰部的小麟趾金外，其余19枚麟趾金均有刻划符号或文字，其中刻“王”字者18枚，刻“齐”字者6枚，除M1：98的“王”字似乎可以与“开”字连读外，均独立存在，不可连读为“齐王”；刻“平”字者1枚，刻““千二”、“开王（?）”、“木大”、“周”者1枚，刻数字符号者13枚，有方形钤印者1枚、有“U”字和“V”字形钤印者各1枚，有不易识别符号者1枚，以M1：98刻划最为繁杂（参见表四）。这一结果与前述1997年初步整理的统计（表一）有相当的出入，出现这种情况，可能是因为初步整理的时间过于仓促或观察手段不充分所致。

表一　双乳山麟趾金1997年初步整理情况列表（小麟趾金未列入）

编　号	刻划文字	刻划符号	直径(毫米)	重量(克)	编　号	刻划文字	刻划符号	直径(毫米)	重量(克)
M1：80			63	229.6	M1：90		三	62	226
M1：81	王		67	218.1	M1：91	齐		65	230
M1：82	王		64	227	M1：92	齐		62	183.6
M1：83	齐王	[illegible]	62	225.9	M1：93	齐	[illegible]	66	218.5

〔46〕　任相宏：《山东长清双乳山一号汉墓出土的钱币》，《中国钱币》1997年2期。

续表一

编　号	刻划文字	刻划符号	直径(毫米)	重量(克)	编　号	刻划文字	刻划符号	直径(毫米)	重量(克)
M1:84		三\	65	236.8	M1:94	齐王	卌	63.5	216.9
M1:85	王		62	225	M1:95	王		66	227.4
M1:86	齐王	彡	64	216	M1:96	王　平		65	222.5
M1:87		丌	62	218.5	M1:97	王	三	62	228.7
M1:88	齐王		65	178.5	M1:98	钤印,文字不清	下三 [illegible]	62	246.9
M1:89	王	⅃⅃⅃	64	220.1	合计				4196

除钤印外，全部麟趾金的符号分别由尖锐刃器和细锥状器刻划而成。所有数字符号及“平”字均为尖锐刃器刻成，刻痕较深，断面呈“V”字形；除“平”字外，所有文字均用锥状器刻划，划痕较浅，断面呈凹弧形。这种现象也见于江苏盱眙南窑庄窖藏出土的金饼。此外，还有一些杂乱、没有意义的划痕。另一值得注意的现象是，同一标本不同符号的风格和方向也多不一致，与以往发现的汉代金饼相似。这些现象表明，同一地点出土标本符号、钤印的刻划、钤戳时间、实施人员和地点都应该有所不同。现将具体情况介绍如下。

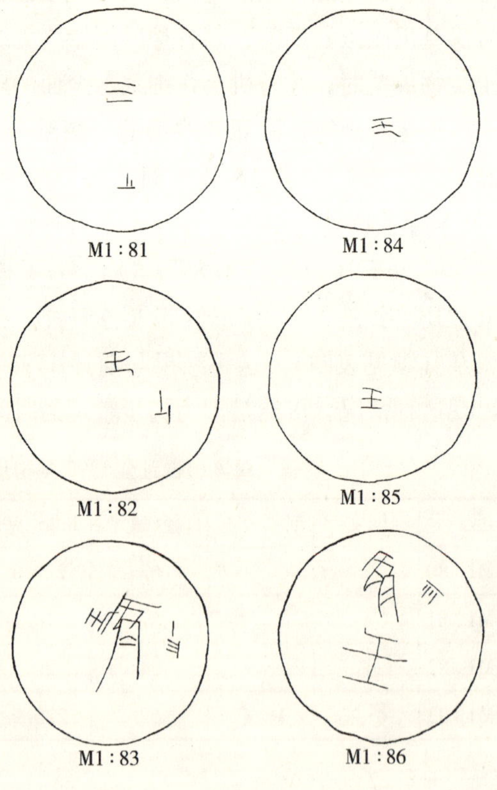

图六　双乳山81~86号麟趾金

M1:80有2组符号，分别为王和三横一竖，后者竖划在上（图三，3）。M1:81有2组符号，分别为三横和二横一竖，后者竖笔位于横笔右侧。M1:82有王和二竖一横2组符号，后者竖笔分别位于横笔之上和右侧。M1:83有王、齐两字和二竖三横3组符号，王字位于齐字左上部，两字夹角约60度，后者竖笔分别位于横笔上面和右侧。M1:84、M1:85各有一个王字。M1:86有3组符号，分别为齐、王两字和四横一竖，后者横笔长短相间，竖笔位于横笔右侧。M1:87有王字和一竖三横2组符号，王字一端竖笔出头，后者竖笔位于横笔右侧。M1:88有齐、王两字，方向不一，夹角约50度左右。M1:89有王字和四横2组符号。M1：90只有一个王字。M1：91有王、齐两字，分别位于圆心外侧的边缘附近，相距较远，方向不一，夹角约160度。M1：92有4组符号，分别为王、齐、“U”形钤印、斤二（?）两。王字叠压在“U”形钤印之上，一端竖笔出头，与齐字构成80度左右的夹角。M1：93有王字和一竖二横2组符号，后者竖笔位于横笔右侧。M1：94有齐、王两字和一竖四横3组符号，后者横笔中间长两侧短，竖笔位于横笔右侧：王、齐两字方向相反，构成120度左右的夹角。M1：95有王字和一横二竖2组符号，后者竖笔分别位于横笔上部和一侧。M1：96有王、平两字。M1：97有2组符号，分别为三横一竖和王字。M1：98有10组16个符号，分别为“千二”、“开王（?）”“大木”、“周”“⊱⟨⟨⟨”、V字形钤印、大小2个方形钤印等，另有“且”、“肙”2组3个符号不识。2个方形钤印，字迹模糊，在高倍放大镜下亦无法判识（图六～八）。

上述刻划文字，除少数不易辨别外，多数比较容易识读，如王、齐、千二、木、周等字都比较清楚，不存在任何疑问。“斤二两”的“二”和“开王”因笔画相连而留有讨论的余地。比较难以确定的是那些看似简单的符号。从现象和上古数字符号的发展脉络上看，这些符号应该是计量数字，甲骨文、金文中有些数字符号就是这样的，如甲骨文的十即为简单的竖画，有的中间变粗或成为圆点。其他如：丅、⊥（十一，甲一五三；佚一〇八）、亍（十二，乙六三一〇）、⊥（十三，佚七四二）、亖、亖（十四，前八、一一、三；明一五六三）、X丨（十五，前三、二三、六）等都是由上下排列、互不相交的竖笔和不同数目的横画组成。据此，可将表二所列M1：80的“⊥”、M1：81的“⊢”、M1：82的“⊔”、M1：83的“⊣”、M1：86的“⊫”、M1：87的“⊫”、M1：98的“⊱⟨⟨⟨”等的数据分别隶定为：十三、十二、十一十、十三十、十四、十三和十二三等。

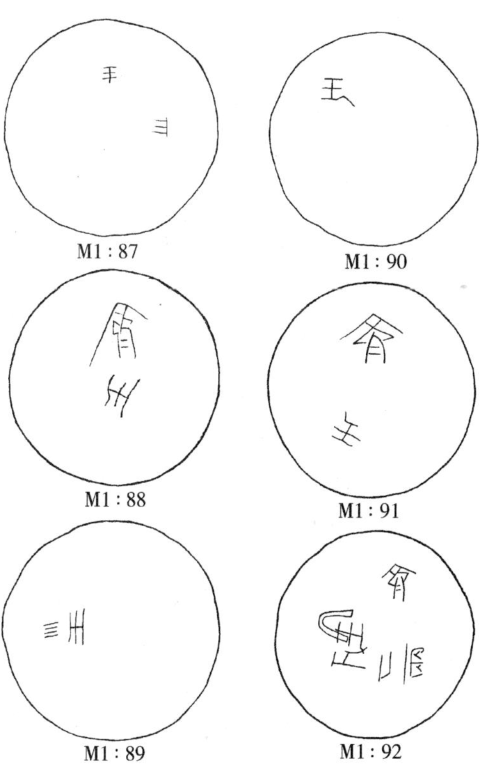

图七　双乳山87～92麟趾金

这些没头没脑的数字究竟意味着什么，是否为重量标记数据？其中的某些组合，如十一十、十二三等，既不符合中国古代纯数字数据的排列方式，也无法读出相应的数值。如果将这些符号视为数量符号，必须适当地嵌入某种形式的计量单位，才有可能得出相应的量值。

为此，我们对以往出土的古代黄金铸币的相关标记符号进行了全面的检索，发现类似的刻划符号也见于江苏盱眙南窑庄、陕西西安上林苑、广西贵县罗泊湾等地出土的相关标本。更为重要的是，盱眙南窑庄部分标本的这类刻划符号往往与标准计量数据共存，如南窑庄Ⅲ.31号标本的“上丨一丨☰丨”与“一斤十一两卄朱”、Ⅲ.32号标本的“上丨、丨丨二”与“斤十两廿三朱”等，是为同一标本的两次称量记录，为我们的辨识判读、换算验证提供了弥足珍贵的原始证据。

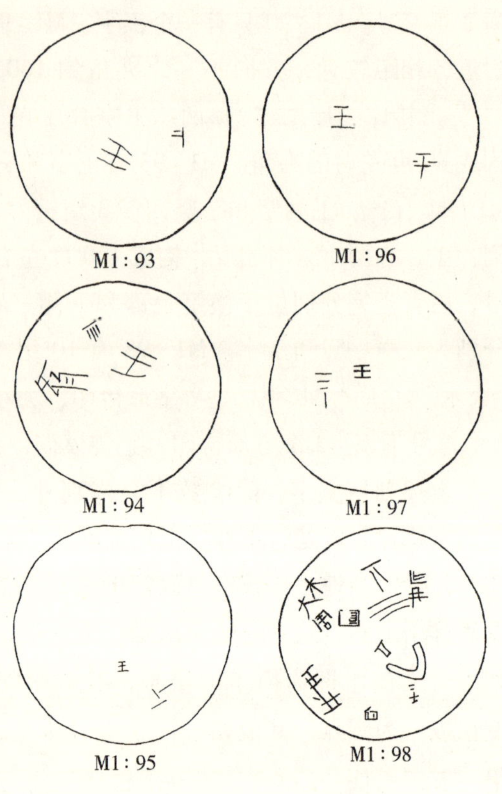

图八　双乳山93～98麟趾金

现将各地出土的既有计量符号，又有实际称量记录的汉代金币的判读、验算结果列如表三。东太堡34号麟趾金在“令丨”之外还有1组刻划符号“丕二十二禾谷亠米四工八一三三”，性质不明；谭家乡出土麟趾金也有少量刻划数字符号，因没有摹本，具体情况难以判明，表三未予收录。

根据标记方式和数据组合的不同，通过反复的换算验证，可将中国汉代黄金铸币的计量标记大致归纳为两大类6种标记方式。

第一类，有计量单位的：

（1）全序列标准单位标记法，为最常见的标准计量数据，数字清楚、单位序列齐全，如“一斤八两四铢”、“斤二两廿一铢”等（见表三）；其他如“十五两十五铢”、“斤八两”，前者本来就不足1斤，后者又是两的整数，虽然缺少斤值和铢值的计量序列，却符合标准计量的记录法则，不能算作“单位缺序”。

（2）斤值单位缺序标记法，省略斤值单位的量词和数字，如“十两一朱”、“二两六朱”等。

（3）两零值单位缺序标记法，当两值单位的数据为零时，省略两值单位的量词和数字，如“斤九朱”、“斤廿朱”等。

第二类，无计量单位的：

（4）全序列单位减省标记法，数字序列齐全，省略全部量词，如“上丨一丨☰丨”、

“上|三|Ⅹ”、“丄┤”、“亖┤”等（表三、表四）。

（5）两零值缺序单位减省标记法，省略全部量词和两值单位的零值，这类数据通常只有两个有效数字，如“一亖”、“⊢”、“≟”等。

（6）斤值、两零值缺序单位减省标记法，省略全部量词，只有铢值单位的量值。这类数据通常只有1个有效数字，如“二”、“八”、“ㄑ||”、“亖”、“三”等。

此外，《史记·平准书》有“汉兴……于是为秦钱重难用，更令民铸钱，一黄金一斤”的记载，臣瓒曰：“秦以一溢为一金，汉以一斤为一金。”在相关文献中，以“金”为计量单位的记录很多（详表二），用“斤”作计量单位的则更多，亦有“斤”、“金”并列混用的，表明在春秋战国时期，特别是汉代，一枚符合法定标准的金饼就应该是一斤。太原东太堡出土的“麟趾一斤”（实重245克）和本文的“标准铢值”则从出土实物的角度证实了这一“法定标准”。因此，汉代称量黄金中占主导地位的、重量在250克左右的标本，应该是法定的“重量标准型”黄金铸币，因其重量恰合法定一斤，而省略了计量标记，是一种不做标记的标记方式，或可称之为“整数全序减省标记法”。

表二　金币用途及以金为计量单位的文献举例

《史记》	正　　文	《汉书》	正　　文
孝文本纪	（露台）直百金，上曰，百金，中民十家之产。	食货志	请置赏官，名曰武功爵，级十七万，凡直三十余万金。
郦生陆贾列传	乃出所使越得橐中装卖千金，分其子，子二百金，……宝剑直百金。	惠帝纪	视作斥上者，将军四十金、二千石二十金，六百石以上六金、五百石以下至佐史二金；郑氏注：四十金，四十斤金也。
鲁仲连邹阳列传	（平原君）以千金为鲁连寿。		
梁孝王世家	孝王在时，有罍樽，直千金。	高后纪	皇太后崩……，遗诏赐诸侯王各千金。
绛侯周勃世家	吴楚反，……购吴王千金。	卫青霍去病传	及母昆弟贵，赏赐数日间累千金。
齐悼惠王世家	千金之子不垂堂，百金之子不骑衡。	爰盎传	临淄十万户，市租千金。
平津侯主父列传	故兵法曰：兴师十万，日费千金。	吴王刘濞传	能斩捕大将者，赐金五千斤……（斩捕）二千石者，（赐）千金，封千户。
平准书	米至石十万钱，马一匹则百金。		
货殖列传	范蠡……十九年之中三致三千金；谚曰：千金之子，不死于市。	食货志	故万乘之国必有万金之贾，千乘之国必有千金之贾者。

续表二

《史记》	正　文	《汉书》	正　文
卫将军骠骑列传	大将军（出征）即还，赐千金。……大将军乃以五百金为（王夫人）寿。	淮南厉王刘长传	削爵为士伍，毋得官为吏，其非吏，它赎死金二斤八两，以章安之罪。
《战国策·燕王喜》	于是，太子预求天下之利匕首，得赵人赵夫人匕首，取之百金。		
《战国策·韩厘王》	美人之贾贵，诸侯不能卖，故秦买之，三千金。		
《战国策·燕昭王》	臣闻古之君人，有以千金求千里马者，……三月得千里马，马已死，买其骨五百金。		
《管子·轻重甲》	金贾四千，则是十金四万也，二十金为八万。故发出号令曰：一农之事，有二十金之筴。		
《管子·轻重乙》	管子入，复桓公曰：终岁之租金四万二千金，请以一朝来赏军士。		

第一类第1、3两种标记数据，使用正规数字、计量单位明确、逻辑清楚。根据这些数据换算得出的平均铢值可视为“标准铢值”；其重量延展范围可称之为“标准铢值跨度”，是我们据以进行后续验算的基础数据。

表三首起14件标本，有15组计量单位明确的数据（包括同一标本的不同数据），标记方式分别属于1、3两种。其中，除盱眙南窑庄Ⅰ.23号因一侧部分被切掉，所得数值无效、同坑出土的Ⅰ.15号的“斤九朱”铢值（0.735克）偏大外，其余13组数据的平均值为0.658克，铢值跨度介于0.651~0.686克之间，这就是我们据以进行后续验算的“标准铢值”和“标准铢值跨度”。

第一类第2种4组标有计量单位的数据，如“十两一朱”、“㐀二两六朱”、“朲两半”“四△一两”等，都没有斤值单位的量词和数值，而只有两值和铢值单位的数字和量词，标记重量与实际称量严重不符。如按“字面标重”折算，其最大铢值超过“标准铢值”的10倍以上。因此，这类数据应属于“斤值单位缺序标记法”。如此，则“㐀二两六朱”的第一字符可以理解为“上”字戳记的同类符号，而读为“斤二两六铢”；“四△一两”的“四”含义不明，可以忽略，而读为“斤一两”；“朲两半”或读为“溢两半”[47]。“溢”为斤的借代，可读为“斤两半”，即“一斤一两十二铢”。如果“朲”的释读无误，则该数据在分类上似乎应属第1种标记方式。据此验算，南窑庄Ⅱ.24号标本的铢值为0.429克，过于偏低，余者分别为0.659、0.604、0.600克。

第二类的第3~6种标记数据是只有数字而没有计量单位的纯数字符号（有的含有非计量单位的文字），需要根据具体情况进行判读，并用“标准铢值”进行验证。

〔47〕 同注〔8〕。

在实际操作中，我们根据“标准计量数据”的实际称重，换算出其各自的实际铢值，再比照汉代重量单位的量值，对性质不明的符号组合，选择不同的判读方案，然后逐一进行折算、验证，以求弄清这类数据的内在规律。

南窑庄前两类数据，如“十五两十五铢”、“斤八两”、“斤十两廿三铢”等不同单位的量值再次证明，汉代黄金的重量单位为每斤十六两，每两二十四铢。据此进一步推定：汉代金币标记数据的“两值”、“铢值”单位可以是“两位数”，也可以是“一位数”；再由“一黄金一斤”[48]的规定，将汉代黄金铸币的“斤值”单位限定为“一位数”。

按照这样的原则和双乳山麟趾金刻划符号的隶定方式，可将南窑庄Ⅲ. 31 号标本的“上|−|☰|”，初步分解为“上”、“|”、“−|”、“☰|”四个部分，前面的上字，与重量无关，可以忽略。首起的竖笔应读为“斤”或“一斤”；后续的“−|”“☰|”，依其原有顺序似乎应分别读为“一十两”和“四十铢”。但是，按照汉代的重量计量规则，“四十铢”应表述为一两十六铢，“一十两”则违反了正常的数据表述方式，所以必须寻找另外的解决办法。

借鉴中国古代文字不同部首位置可以互换的规则，我们又尝试着将“−|”“☰|”的横、竖读写顺序颠倒过来，而分别读为“十一两”和“十四铢”，如此，则“|−|☰|”即可判读为“斤十一两十四铢”。南窑庄Ⅲ. 32 号标本的“上|、|二”则可依例读为“斤十两二铢”[49]。据此验算，这两件标本的铢值分别为 0. 657 和 0. 673 克，不仅与各自“标准计量数据”的实测铢值（均为 0. 651 克）极为接近，而且也符合汉代黄金的“标准铢值”，从而证明这种判读方案是可行的。

表三还收录了 15 组没有计量单位的数据，其中，有 6 组属于第二类第 4 种的全序列单位减省标记法，包括上节所引南窑庄Ⅲ. 31 号、Ⅲ. 32 号标本的同类数据和太原东太堡 34 号标本的“令|”，“令|”为斤的整数，故而应归于此类；2 组属于第二类第 5 种的两零值缺序单位减省标记法；其余 7 组属于第二类第 6 种的斤值、两零值缺序单位减省标记法。

这些纯数字数据前面和中间，通常有文字和非数字的戳记或符号，如“上”、“△”、“㐅”、“×”等；有的另有游离于数据组合之外的单个数字，根据综合分析验算的结果显示，或者另有他意（详后），或者只起某种间隔作用；游离于数据组合之外的单个数字含义不明，暂且不计。

第二类第 4 种的 6 组采用全序列单位减省标记法的数据，可根据“标准铢值”数

〔48〕《史记·平准书》。

〔49〕此据姚迁的原始报告，尤振尧：《江苏出土楚汉金币之探讨》作“上|、‖二”，依例可读为“斤十两十二铢”，所得铢值在正常范围之内。

据组和南窑庄Ⅲ.31号、Ⅲ.32号标本所揭示的规律，将标记数据首起的数字，不论横、竖，一律读作“斤”；后续第二或第二、三两个数字可以读作“两”，再后的数字则读作“铢”。如南窑庄Ⅲ.33号标本的“上|三|Ⅹ”依例可读为“斤十三两五铢”或“斤三两十五铢”，因“斤三两十五铢”的折算铢值为0.981克，明显超出了“标准铢值跨度”的范畴，故实际采用的判读方案是“斤十三两五铢”。这一结果再次证明，颠倒横、竖读写顺序的判读方案是切实可行的。南窑庄Ⅱ.24标本“㊤乂|二||”中的“㊤”和西安上林苑93号标本“六；一×三||”中的“六、×”可以忽略，如此则各自只有3个有效数字，只能依次读为“斤、两、铢”。可见，这类数据与“全序列标准单位标记法”的区别仅仅在于省略了计量单位的量词。验算结果表明，前6组数据的铢值，除西安上林苑93号标本较低（0.508克）外，余者介于0.618～0.673克之间，平均值为0.644克，基本处于“标准铢值跨度”的正常范围之内。

表三所录2组采用第二类第5种两零值缺序单位减省标记法的数据，分别为南窑庄Ⅰ.22号麟趾金的“一亖”和贵县罗泊湾的“一××||”。其特点是各有2个有效数字。罗泊湾数据序列中的2个“××”正好占据了两值单位的“两位数”，可以直接读为“斤三铢”；南窑庄Ⅰ.22号麟趾金的“一亖”中的“亖”，表面上似乎是“二、三”的纵列，原报道依此而读为“一斤二两三铢”，是唯一经原作者判识的纯数字数据，折算铢值为0.570克，明显低于标准铢值。据原刻划符号的排列方式分析，“一”和“亖”为两个独立的单元，将“亖”分读为“二、三”不合于数据的整体组合，所以应有另外的解释。按照“两零值缺序单位减省标记法”的原则，可将“一亖”读作“斤五铢”，折算的铢值为0.638克。很明显，后者的量值更接近于“标准铢值”。这种标记可与第一类第3项的“两零值单位缺序标记法”相对应。双乳山麟趾金的重量标记多数采用这种方式。

表三　汉代金币计量符号判识及重量验算统计表

地点	币种	原编号	分类	单位计量数字	纯数字符号	重量(克)	克/铢
上林苑	马蹄	82	3	斤六铢		257.65	0.661
上林苑	马蹄	99	1	十五两廿二铢		261.9	0.686
毛王沟	马蹄	2	3	斤廿铢		266.51	0.660
毛王沟	马蹄	3	1	斤一两廿三铢		284.1	0.659
毛王沟	马蹄	4	1	十五两十铢		244.34	0.660
南窑庄	麟趾	Ⅰ.14	1	斤八两		376	0.653
南窑庄	麟趾	Ⅰ.16	1	一斤八两四铢		379	0.653

续表三

地点	币种	原编号	分类	单位计量数字	纯数字符号	重量(克)	克/铢
南窑庄	马蹄	Ⅱ.27	1	十五两十五铢		246.7	0.658
南窑庄	马蹄	Ⅲ.31	1 4	一斤十一两卄铢	上丨一丨三丨(斤 11 两 14 铢)	434.8	0.651 0.657
南窑庄	马蹄	Ⅲ.34	1	一斤十两十一铢		414.2	0.652
南窑庄	马蹄	Ⅲ.38	1	斤二两廿一铢		295.8	0.653
南窑庄	马蹄	Ⅲ.32	1 4	斤十两廿三铢	上丨、丨二(斤 10 两 12 铢)	421.4	0.651 0.663
南窑庄	麟趾	Ⅰ.15	3 1	斤九铢 一斤二两九铢		289	0.735 0.655
南窑庄	麟趾	Ⅰ.23	1	一斤八两四	(一侧部分被切掉)	250.7	?
南窑庄	马蹄	Ⅱ.24	2 4	(斤)十两一铢	三;㊤ㄨ丨二丨丨(斤 2 两 3 铢)	268.2	0.429 0.617
南窑庄	马蹄	Ⅱ.28	2	宔(斤)二两六铢		288.6	0.659
南窑庄	马蹄	Ⅲ.33	4		上丨三丨X(斤 13 两 5 铢)	462.2	0.659
上林苑	马蹄	93	4		六;一×三丨丨丨(斤 4 两 3 铢)	245.6	0.508
东太堡	麟趾	34	4		令丨(麟一斤)	245	0.638
罗泊湾	麟趾	104	5		一××丨丨丨(斤 3 铢)	239	0.618
南窑庄	麟趾	1.22	5		一亖(斤 5 铢)	248	0.638
武家屯	麟趾	96	2?	㕣两半(斤 1 两 12 铢)		253.5	0.604
东太堡	麟趾	35	2 6	四△一两(斤一两)	<丨丨斤(2 铢)	245	0.600 0.635
东太堡	麟趾	31	6		二(斤 2 铢)	250	0.648
东太堡	麟趾	33	6		八(斤 8 铢)	215	0.548
武家屯	麟趾	97	6		<三(斤 3 铢)	248.8	0.643
武家屯	麟趾	98	6		<////(斤 4 铢)	249.5	0.643
花儿山	麟趾	1	6		××××丨丨丨(斤 3 铢)	259.45	0.670
南窑庄	马蹄	Ⅲ.36	6		十(斤 10 铢) (斤 10 两)	327.1	**0.830** **0.524**

注：①最后一栏的数据，同一标本有两种标记的，前者在上，后者在下。②着重号表示标记数据和铢值偏差较大者；粗体字表示因判读方案不确定而有待考究的数据。

属于第二类第 6 种的 7 组数据，只有一个有效数字，经反复测试验算，发现这些单个的数字应属于更为减省的重量标记，是“斤值单位缺序标记法”和“两零值缺序单位减省标记法”的“延展式”，故而称为“斤值、两零值缺序单位减省标记法”也就是说，当两值单位的数值为零时，连同整数的斤值一并省略，而只标记铢值单位的数据。

这类数据只有一个有效数字，数字前面多附有其他符号。如新金花儿山的“××××|||”，前3个“×”，占据了斤值单位、两值单位的全部位置，第4个“×”则占据了铢值单位的“十位”，可以直接读为“斤三铢”等。太原东太堡35号标本的“<||”和临潼武家屯97号标本的“<三”、98号标本的“<||||”，前面都有一个“<”，原报道将武家屯的刻划符号分别读为“六三”、“六四”；武家屯100号标本则刻有符号“{}”，原报道释读为“八八”，并认为是麟趾金的序列编号。但是，这一见解完全得不到其他证据的支持，在已发现的其他汉代金币中更属孤例。而“<”和“{}”与早期数字中的“八”、“介”（六）和“)(”（八）不类，含义不明，所以表二未收录没有确切数字的“{}”。在这里，我们按照“斤值、两零值缺序单位减省标记法”的原则将其直接读为斤×铢。验算结果表明，太原东太堡33号标本的铢值（0.548克）和盱眙南窑庄Ⅲ.36号标本的铢值（0.830克）分别低于或超过“标准铢值跨度”的正常范围；其余5个标本介于0.635～0.670之间，基本符合“标准铢值”确定的量值。

对于南窑庄铢值严重出超的Ⅲ.36号标本，我们又参照“斤值单位缺序标记法”将该单个数字设定为“两”单位的值，而读作“斤×两”，所得铢值（0.524克）过于偏低（以上见表三），而接近于双乳山麟趾金的铢值（详后）。

双乳山一号汉墓麟趾金的刻划计量标记较多，与其他地区出土汉代金币的同类符号具有很强的共性，但其数据的组合方式更为简洁、紧凑，表现出明显的地方特色，故单独列如表四。

双乳山麟趾金的重量标记绝大部分属于第二类，有计量单位标记的只有M1∶92一例（表四），在分类上属于第一类第1种，自标重量“斤二（?）两”，实际重量却只有183.6克，与汉代斤值相去甚远。第二类有13组数据，见于12枚麟趾金（M1∶81有两次称量记录），其中由3个数字组成的数据有4例，属于第二类第4种标记，依例可读为“斤×两×铢”；由2个数字组成数据有7例，依例可读为“斤×铢”；2组只有单个数字的数据属于第二类第6种标记。

对13组计量数据的验算结果表明，除M1∶83的铢值（0.485）明显偏低外，其余铢值均介于0.543～0.593克之间（见表四铢值折算），平均值为0.559克。如果剔除铢值过低的M1∶83，平均铢值则为0.565克，明显低于标准铢值，应有另外的解释，将在后文予以讨论。值得注意的是，M1∶81号麟趾金的2组计量数据的换算铢值相差仅为0.001克，即使是当代社会上通用的标准衡器，这种规模的误差也是可以接受的。

综上所述，我们有充分的理由相信，双乳山汉墓出土麟趾金和表三所录没有计量单位的纯数字——包括绝大部分附有非计量单位文字的数列，都属于金饼在当时流通、存储过程中的称量记录。有关“减省标记法”的定义，以及对无计量单位的纯数字数据的解释是可以成立的，所得数值也绝非偶然的巧合。

为了更精确地反映当时称量的技术标准，我们还可以根据不同称量批次确定每批金饼的铢值和斤值。按照计量数据的标记方式，双乳山一号汉墓全部有重量标记麟趾金的称量记录至少可以分为五个批次：①M1:98单独一批。②M1:82、M1:83和M1:95共为一批。以上两批虽然都采用“全序列单位减省标记法”，但两者的数列组合却采用了完全不同的格式。M1:83明显偏低的铢值可能是称量者操作或标记失误而出现的意外，为求准确，应予以剔除。③M1:81的“⊢”和M1:86的“⊨”等由两个数字组成的“两零值缺序单位减省标记法”数据共为一批。④M1:81的“三”和M1:89的“亖”等“斤值、两零值缺序单位减省标记法”数据共为一批。⑤M1:92有计量单位，独为一批，但其量值过低，应视为例外。M1:81有两种标记方式，表明该麟趾金经过两次称量。这样每批次的平均铢值分别为0.568克、0.544克、0.567克和0.566克，总平均铢值为0.561克；平均“斤值”分别为218.112克、208.896克、217.728克和217.344克，表明不同称量批次所使用的衡器是不同的，同时也反映了当时的衡器制造技术、称量人员的操作水平不够精确和熟练，但更有可能是由汉初诸侯国相对独立的政治格局和朝廷的监督力度不够而造成的。

表四　双乳山麟趾金详细情况及计量数据列表

出土号	馆藏号	重量（克）	直径（厘米）	刻、划符号	克/铢
M1:80	01-00884	229.6	6.38~6.42	王、亖、（斤3铢）	0.593
M1:81	01-00885	218.1	6.66~6.71	⊢（斤2铢） 三（斤3铢）	0.565 0.564
M1:82	01-00886	227.0	6.30~6.37	王、㇗（斤1两10铢）	0.543
M1:83	01-00887	225.9	6.33~6.40	王、齐、彐（斤3两10铢）	0.485
M1:84	01-00888	236.8	6.35~6.63	王	**0.617**
M1:85	01-00889	225.0	6.33~6.35	王	0.586
M1:86	01-00890	216.0	6.50~6.50	王、齐、⊨（斤4铢）	0.557
M1:87	01-00891	218.5	6.38~6.46	王、⊨（斤3铢）	0.563
M1:88	01-00892	178.5	6.52~6.55	王、齐	
M1:89	01-00893	220.1	6.55~6.57	王、亖（斤4铢）	0.567

续表四

出土号	馆藏号	重量（克）	直径（厘米）	刻、划符号	克/铢
M1:90	01-00894	226.0	6.40~6.41	王	**0.589**
M1:91	01-00885	230	6.45~6.56	王、齐	**0.599**
M1:92	01-00896	183.6	6.33~6.34	王、齐、[符号]、斤二（?）两	0.425
M1:93	01-00897	218.5	6.63~6.65	王、⊢（斤2铢）	0.566
M1:94	01-00898	216.9	6.40~6.51	王、齐、[符号]（斤4铢）	0.559
M1:95	01-00899	227.4	6.52~6.63	王、[符号]（斤1两10铢）	0.544
M1:96	01-00900	222.5	6.50~6.58	王、平	**0.579**
M1:97	01-00901	228.7	6.33~6.36	王、[符号]（斤3铢）	0.590
M1:98	01-00902	246.9	6.36~6.37	开王（?）、[符号]、木大、周、千二、[符号]；[符号]、[符号]、[符号]、[符号]（斤2两3铢）	0.568
M1:99	01-00883	66.5	3.25~3.30		
合　计		4262.5			

注：①有下划线的数据，为有问题的数据。②粗黑体数据为无标记标本，按整斤折算的铢值。

战国时期楚国金币的同类刻划符号与汉代、特别是南窑庄和双乳山金币的刻划数字具有高度的一致性。如安徽寿县东津花园大队出土的“郢爰”、“卢金”金版和金饼，安徽阜阳三塔朱大湾、临泉艾亭出土的“郢爰”、“陈爰”金版和金饼[50]，陕西咸阳窑店出土的“陈爰”[51]，河南扶沟古城村出土的金版和金饼背面也有类似的符号，表明汉代黄金铸币刻划符号与楚国金币的同类符号有很深的渊源关系。但是，由于楚国金币出土时大多数是经过切割的残块，无法通过数据换算进行判读结果验证，故而只选择部分标本，按照汉代金币的判读原则“试读”如表五，以方便对比。

扶沟古城村金币的刻划数字较多，见于报道的有“五”、“三十二”、“｜”、“×”、“ⅡⅡ”等，因没有公布刻划标记摹本，数据组合的详细情况不明，未予收录。寿县东津花园公布了4件刻划摹本（图一，22~25），其中，寿1号标本背面的2组符号均为文字，左侧字符不识，右侧似为“斤”字；其侧面还有一组数字，原报告正文摹写为“[符号]”（原图旋转180度，图一，22），可读为“斤十一两二铢”。寿2号“卢金”的“[符号]”，似可释为“斤六铢”。寿5号的“[符号]”，依例可读为“斤十五两三铢”；侧面

〔50〕 同注〔17〕。

〔51〕 同注〔5〕。

的“亾|”可读为“斤十五两”。寿6号的“𠀎|”情况有些特殊，如果按前文的释读原则，上部左侧的三个数字依例可分解为“｜”（斤）和“一||”（13两），上部右侧的“｜”因其位置偏上，无法与下部的“三”（3铢）合读为“13铢”而成为多余，故而不能成立。作为一种尝试，是否可以将上部右侧的“｜”与中间的“||”合二为一，而读作“||||”（四），如此，寿6号标本的计量数据可以读为“斤十四两三铢”。

表五　楚国部分金币刻划数字试读

地点	币种	编号	分类	数字刻划符号试读	重量（克）	克/铢
花园	卢金	寿1	4	卝|（斤11两2铢）		
花园	卢金	寿2	5	|<（斤6铢?）	261.33	被切割
花园	郢爰	寿5	4	亾|||（斤15两3铢）；亾|（斤15两）	263.5	被切割
花园	郢爰	寿6	4	|-|||三（斤14两3铢?）	259.1	被切割
朱大湾	郢爰	阜9	6；5	二；丅（均可读为斤2铢）	263.36	0.682
朱大湾	金饼	阜14	6；4	×二（斤2铢）；一一（斤1铢）；叓斗；一、丅（斤2两10铢?）	残块	?
朱大湾	郢爰	阜24	6	三（斤3铢）	残块	?
朱大湾	金饼	阜37	5	丰（斤3铢?）	残块	?
朱大湾	陈爰	阜55	6；5	二（斤2铢）；||二⊨（?）；ㅠ（斤1两3铢）	残块	?
艾亭	金饼	阜56	6	≣（斤4铢）	残块	?
艾亭	陈爰	阜58	6；5	一（斤1铢）；⊥（斤1铢）	残块	?
艾亭	陈爰	阜60	6	二（斤2铢）	残块	?
艾亭	郢爰	阜64	5	|×||||（斤4铢）	残块	?
艾亭	郢爰	阜65	?	𠆢|（斤6铢?）	残块	?
艾亭	郢爰	阜68	?	二｜｜（斤2两2铢?）	残块	?
艾亭	郢爰	阜69	6	三>（斤3铢?）；×；||||（斤4铢）	残块	?
艾亭	郢爰	阜70	6	二（斤2铢）	残块	?
艾亭	郢爰	阜72	4	丩（斤1两10铢）	残块	?
艾亭	?	阜73	4	𠆢丅（斤1两10铢或斤10铢?）	残块	?
艾亭	郢爰	阜74	?	両；丌（斤10两2铢?）	残块	?
艾亭	郢爰	阜75	6	土；㐅（斤1铢?）	残块	?
艾亭	郢爰	阜77	6；5	一（斤1铢）；≟（斤1两3铢）	残块	?
艾亭	?	阜78	6	八（斤6铢）	残块	?

续表五

地点	币种	编号	分类	数字刻划符号试读	重量（克）	克/铢
艾亭	郢爰	阜79	6	𠦃（斤两10铢）	残块	?
艾亭	?	阜96	6	⊥三（斤3铢）	残块	?
窑店	陈爰	4	5	丨一（斤1铢）	249	0.648

阜阳三塔朱大湾、临泉艾亭、咸阳窑店金币的刻划符号（图一，1～21），个别为文字，多数为数字，因其多为剪切后的残块，有的数据组合不够完整，还有一些数据的组合形式比较罕见。如朱大湾55号陈爰的“川二⊢”由3、2、12三个数字组成，不易作为重量标记看待。艾亭74号郢爰的“丅”或可读为“斤2两10铢”，如果逆时针旋转90度，使其成为“⊢”，则可读为“斤10两2铢”。其他如花园寿2号卢金的“⊩”、朱大湾37号金饼的“丰”、艾亭68号郢爰的“二丨丨”、艾亭65号郢爰的“八丨”、艾字75号郢爰的“㐅”等，表中读出的量值是否成立也有一定的疑问；艾亭73号标本的“个丅”两个符号共为一组，其首位的“个”（图一，14）似应释为“斤”，若此，应读为“斤1两10铢”，否则，只能按第二个符号的表达而读为“斤10铢”。由于存在这些问题，故而暂且存疑。

三、相关重量计量数据的对比

黄金是化学性质最为稳定的金属元素，比青铜等其他金属具有更好的耐酸碱、抗腐蚀特性，石权虽然也有同样的耐酸碱、抗腐蚀特性，但其抗碰撞、抗冲击的性能却远不及黄金。因此，根据金币自身的重量标记和实际重量换算得出的单位量值，比根据铜砝码、铁权、石权等衡器计算出来的数据更准确，可为我们的判读、验算提供最可靠的“第一手”标准数据。

湖南长沙等地的楚墓中曾出土过不少天平和成组的砝码，量博满对其中的五组砝码进行了测定，得出楚国的平均斤值为249.6克〔52〕。高至喜根据对楚国木椁墓出土的五组砝码的测定，得出的平均斤值为251.53克〔53〕，与楚墓中保存最好的“均益”成套砝码中最大一枚的重量相等〔54〕，定县40号墓的两枚麟趾金正好也是这个重量（表六）。吴大澂、陈梦家、关野雄等人根据对秦国衡器组件——铜权、铁权和石权的研究

〔52〕 量博满：《战国楚墓出土的衡具》，《上智史学》13，180页，1968年。转引自注〔22〕b。
〔53〕 高至喜：《湖南楚墓中出土的天平与砝码》，《考古》1972年4期。
〔54〕 北京历史博物馆：《楚文物展览图录》，图六一，文物出版社，1984年。

和测定，得出的秦国斤值分别为258.6克[55]、252.66~275克[56]和253.1~258.6[57]，根据上述斤值换算得出的铢值分别为0.650克、0.655克、0.673克、0.658~0.716克和0.659~0.673克，与汉代金饼的“标准铢值”大致处于同一量值范畴。

汉代斤值的证明，首推1975年在湖北江陵凤凰山一六八号文帝纪年墓[58]（前元十三年，公元前167年）中发现的自铭“市阳户人婴家称钱衡”衡器和101枚四铢半两，为确定文帝前元五年（公元前175年）改革币制，铸行四铢半两[59]时颁行的法定计量标准提供了极为难得的宝贵资料，同时也为金币铢值的验证提供了最权威的证据。该称钱衡杆长29.2厘米，正中设一铜环为悬提支点，两端分别设有竹钉，以为系挂砝码的标志。衡杆上有42个墨书文字，规定：如有选用轻衡或重衡而不用法定的称钱衡者，罚徭役十天。称钱衡配置的专用圆环砝码外径3厘米，重10.75克。按秦高奴铜权换算为16铢，每铢合0.672克，略高于金饼的“标准铢值”。101枚文帝四铢半钱径约在23~25毫米之间，穿径约为7~8毫米左右，重量约为2.6~3.2克之间，大致为法定称钱衡所给出的平均铢值的4倍，其间的出入可能是铸造技术的原因，也可能是长期磨蚀、锈蚀所造成的。

白银也是一种化学性质相当稳定的金属元素，在正常埋藏条件下，不会出现任何氧化、腐蚀现象，重量保全率与黄金相似，因此，由标重银器给出的量值同样具有很高的精确度。1978年发掘的临淄大武汉墓（汉齐王刘肥或刘襄之墓）一、四号陪葬坑中出土了131件银器，其中的3件银盘刻有重量标记[60]。1∶65号银盘外底标有“容二斗，重六斤十三两”，口沿背面有2组数据，分别为“重六斤十二两廿一铢”和“六斤十三两，二斗”，3组数据的量值相差3铢。实测重量1705克，折合每斤分别为250.275和250.563克，铢值分别为0.652和0.653克。1∶71-1号银盘外腹刻“左工一斤六两”，实测重量340克，1∶71-2号银盘外腹刻“左工一斤一两”，实测重量271克，折合每斤分别为247.273和255.059克，铢值分别为0.644和0.664克。

太原东太堡与麟趾金同墓共出的3号铜鼎自铭“十七斤”，实测13.5市斤，5号铜钫自铭“廿斤九两”，实测18.6市斤。按现代每市斤500克、汉代斤每斤384铢折算，铜鼎的铢值为1.034克，铜钫的铢值为1.159克，严重出超。

---

〔55〕 吴大澂：《权衡度量试验考》66页，1951年。转引自注〔8〕。

〔56〕 陈梦家：《战国度量衡略说》，《考古》1964年6期。

〔57〕 关野雄：《中国考古学研究》424页，1956年。转引自注〔22〕b。

〔58〕 纪南城凤凰山168号汉墓发掘整理组：《湖北江陵凤凰山一六八号汉墓发掘简报》，《文物》1975年9期。

〔59〕 《汉书·食货志》。

〔60〕 山东省淄博市博物馆：《西汉齐王墓随葬器物坑》，《考古学报》1985年2期。

汉代的鼎、钫类铜容器并非法定衡具，其实际称量与标记不一定十分严格，出土后的量值，也会因锈斑、钙质附着等原因而出现偏差，所得数据只能作为一般的参考。

表六　金币整数全序缺省标记重量铢值统计表

出土地点	时代	类别	原编号	枚量（克）	克/铢	类别	原编号	枚重（克）	克/铢
咸阳路家坡	战国	金饼	1	250	0.651	金饼	3	249	0.648
咸阳路家坡	战国	金饼	2	250	0.651				
兴平念流寨	汉？	麟趾	征集	260	0.677				
临潼武家屯	汉？	麟趾	99	249	0.648	麟趾	102	248	0.646
临潼武家屯	汉？	麟趾	100	249	0.648	麟趾	103	249	0.648
临潼武家屯	汉？	麟趾	101	248	0.646				
寿县陆郢	西汉	麟趾	?	249	0.648	麟趾	?	250.5	0.652
寿县陆郢	西汉	麟趾	?	259.5	0.676	麟趾	?	254.5	0.663
寿县陆郢	西汉	麟趾	?	258.5	0.673	麟趾	?	251.5	0.655
寿县陆郢	西汉	麟趾	?	257.5	0.671	麟趾	?	253	0.659
寿县陆郢	西汉	麟趾	?	250.5	0.652	麟趾	?	255	0.664
寿县陆郢	西汉	麟趾	?	251	0.654	麟趾	?	256	0.667
寿县陆郢	西汉	麟趾	?	252	0.656				
郑州古城村	西汉	麟趾	1	244.6	0.637	麟趾	3	248.5	0.647
郑州古城村	西汉	麟趾	2	248.3	0.647	麟趾	4	250	0.651
合浦望牛岭	西汉	麟趾	1	247	0.643	麟趾	2	249	0.648
西安上林苑	西汉	马蹄	83	258.8.	0.674	马蹄	91	246.4	0.642
西安上林苑	西汉	马蹄	84	249.55	0.650				
盱眙南窑庄	西汉	麟趾	Ⅰ.17	266.3	0.693	马蹄	Ⅱ.25	251.6	0.655
盱眙南窑庄	西汉	麟趾	Ⅰ.18	267.2	0.696	马蹄	Ⅱ.26	240.5	0.626
盱眙南窑庄	西汉	麟趾	Ⅰ.19	254	0.661	马蹄	Ⅱ.29	266.6	0.694
盱眙南窑庄	西汉	麟趾	Ⅰ.20	258.6	0.673	马蹄	Ⅱ.30	279.3	**0.727**
盱眙南窑庄	西汉	麟趾	Ⅰ.21	260	0.677				
定县40号墓	西汉	麟趾	?	251.5	0.655	麟趾	?	251.7	0.655
易县西干坻	西汉	麟趾	1	264.8	0.690	该金饼刻有“巨”，或为斤二铢			
长沙伍家岭	西汉	麟趾	M211:11	244.125	0.637				
长沙杨家大山	西汉	麟趾	M401:1	254.125	0.662				

续表六

出土地点	时代	类别	原编号	枚量（克）	克/铢	
太原东太堡	西汉	麟趾	32	250	0.651	
长沙汤家岭	西汉	麟趾	?	245.6	0.640	底刻“齐”字和“△△”
咸阳毛王沟	西汉	马蹄	?	265	0.690	
铜山龟山	西汉	麟趾	?	207.57	**0.541**	
满城贾庄	西汉	麟趾	2	249.9	0.651	
怀柔崎峰茶[61]	西汉	马蹄	1	236	0.615	
毛王沟五队	西汉	马蹄	1	256.47	0.668	
荥阳京襄朱洞[62]	西汉	麟趾		222	0.578	
新金花儿山	西汉	马蹄	2	260.45	0.678	
西安谭家乡	新莽	麟趾	219 枚	247.269	0.648	未公布单枚重量，平均值据总重量换算
长沙五里牌	东汉	麟趾	M009	234.5	0.611	

注：①无重量标记，枚重不足 200 克或超过 300 克的标本数量极少，不属于法定的“重量标准型黄金铸币”未收录。②纵双线右侧的表格为左侧表格的续表，相应行内的数据，为同批出土的标本。③横双线表示出土地点区隔。

出于同样的目的，笔者按照“一黄金一斤”的规则，对重量在 250 克左右的、无重量标记，即前文所谓“整数全序减省标记”的 58 枚汉代黄金铸币也进行了铢值换算，所得铢值跨度为 0.541 ~ 0.727 克。由于这一跨度的最低值和最高值各自只有一个数据，可以视为例外，也就是说，可以去掉一个最低值和一个最高值，如此，则其铢值跨度为 0.578 ~ 0.696 克，游移幅度略大于“标准铢值跨度”（表六、表七）：平均铢值为 0.655 克，符合“标准铢值”所规定的量值。因此，汉代称量黄金中占主导地位的、重量在 250 克左右的标本，很可能就是法定的“重量标准型黄金铸币”，前文所称的“整数全序减省标记法”，也应该是可以成立的。单枚重量不足 200 克或超过 300 克、无重量标记的标本极少，也不属于“重量标准型”黄金铸币，本文未收录。

1999 年 11 月出土于西安谭家乡汉代窖藏的 219 枚麟趾金，为此提供了有利的证据，219 枚麟趾金的枚重多数处在 243 ~ 253 克左右，不足 240 克的只有 TJB013 号标

---

〔61〕 同注〔3〕。

〔62〕 于晓兴：《荥阳京襄城发现汉代金币》，《河南文博通讯》1980 年 3 期。

本，为227.6克，最重的254.4克，平均枚重为247.11克，平均铢值为0.644克，由于最轻的TJB013号标本有切割痕迹，换算铢值（0.593克）无效，其最低铢值应以TJA77号标本的241.4克为基准，如此，谭家乡麟趾金的铢值跨度为0.629～0.662克（表七）。

至此，我们可以对已知有重量标记的金饼，按照其计量标记方式的不同进行分类统计，并与不同时代衡器给定的数据进行直观的对比（表七）。

表七　金币计量标记分类与出土衡器量值对比

项目	计量标记方式	铢值跨度	平均铢值	平均斤值	例外低值	例外高值
双乳山麟趾金	全序列单位减省（M98：1）	0.568	0.568	218.112		
	全序列单位减省2	0.543～0.544	0.544	208.896	0.485	
	两零值缺序单位减省6	0.557～0.590	0.567	217.728		
	斤值、两零值缺序单位减省	0.564～0.612	0.566	217.344		
	整数全序减省（无标记）	0.579～0.617	0.594			
	全序列标准单位（M1：92）				0.425	
	合计平均铢、斤值	0.543～0.617	**0.568**	**218.112**	0.485	
其他地点出土金饼	标准铢值（全序列标准单位、两零值单位缺序）	0.651～0.686	**0.658**	**252.672**		0.735
	斤值单位缺序	0.600～0.659	0.621	238.464	0.429	
	全序列单位减省	0.618～0.673	0.645	247.680	0.508	
	斤值、两零值缺序单位减省	0.635～0.670	0.648	248.832	0.548	0.830
	斤值缺序单位减省				0.524	
	两零值缺序单位减省	0.638	0.638	244.992		
	整数全序减省（无标记）	0.578～0.696	0.655	251.136	0.541	0.727
	合计平均铢、斤值		0.644	247.269		
谭家乡麟趾金（无标记）		0.593～0.662	**0.644**	**247.110**		
不同衡器量值	汉文帝称钱衡		**0.672**	**258.048**		
	楚国砝码（1）		0.650	249.6		
	楚国砝码（2）		**0.655**	**251.530**		
	秦国衡权（1）		0.673	258.6		
	秦国衡权（2）	0.658～0.716	0.687	263.808		
	秦国衡权（3）	0.659～0.673	0.666	255.744		

续表七

<table>
<tr><th>项目</th><th>计量标记方式</th><th>铢值跨度</th><th>平均铢值</th><th>平均斤值</th><th>例外低值</th><th>例外高值</th></tr>
<tr><td rowspan="5">大武银盘</td><td>1:65</td><td></td><td>0.652</td><td>250.275</td><td></td><td></td></tr>
<tr><td>1:65</td><td></td><td>0.653</td><td>250.563</td><td></td><td></td></tr>
<tr><td>1:71 - 1</td><td></td><td>0.644</td><td>247.273</td><td></td><td></td></tr>
<tr><td>1:71 - 2</td><td></td><td>0.664</td><td>255.059</td><td></td><td></td></tr>
<tr><td>合计平均铢、斤值</td><td></td><td><u>0.653</u></td><td><u>250.848</u></td><td></td><td></td></tr>
<tr><td rowspan="4">小型金饼</td><td>双乳山一号墓</td><td>枚重：66.5</td><td colspan="4">按同时出土大麟趾金的平均铢值约合4.9两</td></tr>
<tr><td>定县 M40:1 ~ 40 枚</td><td>枚重：42.4 ~ 75.6</td><td colspan="4">按同时出土大麟趾金 0.655 的铢值约合 2.7 ~ 4.8 两</td></tr>
<tr><td>满城 M1:1 ~ 40 枚</td><td>枚重：14.2 ~ 21.5</td><td colspan="2">平均重量：17.985</td><td colspan="2">按 0.655 的铢值约合 1.14 两</td></tr>
<tr><td>满城 M2:1 ~ 29 枚</td><td>枚重：12.65 ~ 16.3</td><td colspan="2">平均重量：15.109</td><td colspan="2">按 0.655 的铢值约合 0.96 两</td></tr>
</table>

注：①平均值的计算不包括例外的高、低值数据。②定县 40 号墓大麟趾金的量值同“楚国砝码（2）”相符，与满城汉墓又同属中山国，故此采用 0.655 的铢值。③下划线黑体字表示关键数据点位。

在表七给出的数据中有六个关键数据点位，包括：“标准铢值”、“汉文帝称钱衡”、“楚国砝码（2）”、“大武银盘”、“谭家乡麟趾金”和“双乳山麟趾金”的斤值和铢值。“标准铢值”是根据有标准计量标记的金币得出的换算值，具有极高的精确度和可信度；“称钱衡”是汉代的法定衡具，其数据的准确度亦不容置疑；“楚国砝码（2）”虽然是较早的国别法定衡具，其铢值（0.655 克）却与定县 40 号汉墓的两枚大麟趾金的实际铢重（参见表五），与历年发现的无标记“整数全序减省标记法”金饼，亦即“重量标准型黄金铸币”的平均铢值完全一致，也是不可忽视的关键数据；“大武银盘”因非法定衡器，数据的标准程度或可稍微打些折扣，其精确度却同“标准铢值”一样不容置疑，然五者却有 0.028 克的偏差，平均斤值的偏差高达 10.938 克。

不同组别黄金铸币重量标记数据的游移幅度则更大，特别是在计量单位明确、数值清楚、被视为“标准铢值”的数据中，最低铢值（0.651 克）与最高铢值（0.735 克）也有 0.084 克的偏差。如果将盱眙南窑庄Ⅱ.24 号标本 0.429 克的铢值也考录在内，其差额竟高达 0.306 克，双乳山 M1:92 麟趾金的自标重量为“斤二（?）两”，尽管数字“二”的判读还可以斟酌，其计量单位却是清楚的，然其实际重量却只有 183.6 克，远远低于汉代斤值的标准，其 0.425 克的铢值与同类数据的最高值相差高达 0.310 克。

尤为值得注意的是，全部 6 枚经过两次称量标本的两组数据的铢值竟无一完全相等，最低差额为 0.001 克，如双乳山 M1:81 号标本（参见表四）；最高可达 0.188 克，如南窑庄Ⅱ.24号标本。其他如南窑庄Ⅰ.15号数据的2个铢值相差0.080克、Ⅲ.31号相差0.006克、Ⅲ.32号相差0.004克，太原东太堡35号相差0.035克，其他例外的高、低值偏差更是高达0.405克。小型金饼和小型麟趾金的量值差异更为悬殊。

双乳山麟趾金的平均铢值（0.568克）与“标准铢值”之间高达0.090克的偏差，虽然尚在汉代重量计量误差游移幅度的范围之内，但其整体普遍偏低的量值，在已发现的汉代黄金铸币中是绝无仅有的。

这些现象说明，汉代斤值与楚、秦等国的斤值有着很深的渊源关系，与齐地，特别是济北国斤值的关系似乎略远。同时也给我们提出了以下两个必须回答的问题：汉代称量黄金何以出现如此之多的、包括“整数全序减省标记法”在内的重量标记方式？在秦代统一度量衡之后数十年乃至数百年、海内一统的汉王朝时期，法定重量单位的量值又何以如此游移不定？

从宏观的角度说，出现这种现象的主要原因大致不外乎以下几点：

其一，与当时的政治、经济形势有关。秦始皇统一中国之后，废封国，立郡县，推行了“书同文，车同轨，行同伦”和统一度量衡等一整套强化中央集权的措施，奠定了以汉民族为主体的中华一统政治格局，对后世产生了深远的影响。但是由于秦王朝的存续时间只有15年（公元前221年~前206年），对居民生活习俗和物质文化面貌，特别是日用生活器具的具体影响却几乎是微不足道的。汉代虽然继承了秦王朝颁行的所有有利于巩固中央集权的制度，但是，在其立国初期，为稳定政局，安抚人心，不得不容忍和恢复旧有的裂土分邦和诸侯割据等制度，朝廷直接统治的领土仅有15个郡，其余土地分属不同诸侯王，近乎于战国时期诸侯割据的情形。到景（帝）武（帝）时期颁行推恩令，采取分土不治民——剥夺诸侯王治权等措施后，情况才得以好转。诸侯割据或半割据状态，与交通不便和传统文化的惯性等多种因素综合作用，导致各传统文化区，如吴越、荆楚、齐鲁、燕赵、韩魏等不同文化区包括度量衡具在内的物质文化在很大程度上得以延续，终西汉之世，这种地域特色都不同程度地保持着。

其二，与汉代黄金量值的规定有关。《汉书·食货志》：“太公为周立九府圜法：黄金方寸，而重一斤。”汉王朝继承了这个原则，沿用秦代“以一溢为一金”，即以一个相应的整数重量单位作为一枚黄金铸币的法定量值。《平准书》所谓的“一黄金一斤”，明白无误地告诉我们：“一枚法定麟趾金或马蹄金的重量就是一斤。”有了这种明确的量值规定，“重量标准型黄金铸币”计量标记的省略，也就是情理之中的事情了。

其三，与汉代黄金铸币的主要功能有关。据第一节所引《汉书·武帝纪》的记载可知，武帝太始二年改铸麟趾金、马蹄金的主要目的是“因以班赐诸侯王”，是皇帝赏赐臣下的重要手段之一，有关记载也证实了《汉书》这种说法的可靠性。据统计，仅在西汉时期，有文字记载的、用于赏赐的黄金就高达80多万斤[63]。如此，每枚金饼的重量只要基本符合法定“麟趾一斤”的规格即可，而无须过分精确，朝廷在每次封赏时只需论枚计数，而无须当场称量，受赏者不可能、也不敢就其是否足额而提出疑问。赏赐以外，汉代的黄金还有馈赠、行贿、赎罪（参见表二）、上贡、酎金（详后）和存储等诸多用途，在现实交易中作流通货币使用的较少。在上述功能中，除上贡、酎金和作为流通货币使用时需要足额，余者对于量值标准的要求都不是十分严格，由此决定了汉代多数黄金铸币计量不精确或根本不做计量标记。

其四，与实时称量的权威性、可靠性有关。汉代的金币作为大宗金额的支付手段使用时，也需要进行实时称量。正是这种实时称量，导致了称量衡器精度、操作人员工作态度、技术水准、标记记录的有无和方式等诸环节的无序和不同，大武汉墓1∶71－1号和1∶71－2号银盘出土时叠置在一起，形状、大小、花纹图案完全一致，斤单位的量值偏差竟高达7.786克，就是称量、计量不准确的明显例证。由于需要实时称量，已有的称量标记就不可能成为公认的、可靠的权威数据，所以即使有重量标记的金饼再次进入交换、流通领域时，仍然需要实时称量，某些金饼和银盘两次以上的称量记录就是这种现象的反映。标记数据的这种特殊属性决定了标记方式的随意性，也导致了类似于口语表达式的出现。

其五，与汉初宽松的经济、金融政策有关。西汉初期，天下初定，通货紧缩，民生凋敝，百废待兴。各诸侯国又处于事实上的割据或半割据的状态。汉王朝为与民休息，几次改革货币政策，令民放铸，黄金的开采熔铸也听任各国自便（详下），导致各诸侯王和巨商大贾均可按照朝廷的规定，自由铸行货币、金饼，由此导致了称量衡具的标准不一、数据标记方式的不同。双乳山汉墓出土麟趾金较低的平均量值，则可能是济北国地窄民寡，财货不足的反映。

四、其他相关问题

前文曾经述及，有学者认为，西安谭家乡汉代金币的单个文字、戳印标记通常与地名、水名（如侯国、郡县、泽薮）、市津、姓氏及质量检验标记等有关。就已发现的其他汉代金币而言，这种说法是有一定道理的。特别是将“V”形印记视为质量检测的验讫标记，很有见地。笔者认为，“U”形印记也应归于此类。由于篇幅的关系，这里主要讨论双乳山汉墓麟趾金的“王”、“齐”二字。

以往“王”字标记只在太原东太堡西汉墓34号麟趾金、陕西西安鱼化寨北石桥遗

[63] 叶小燕：《西汉时期的黄金》，《庆祝苏秉琦考古五十五年论文集》，文物出版社，1989年。

址出土的91号麟趾金各发现一例；谭家乡有1例类似的戳记；“齐”字标记在湖南长沙汤家岭西汉墓16号麟趾金发现一例，在谭家乡麟趾金上发现3例，这两处发现的“齐”字，结体方式一致，其上部均为三个竖立的菱形，与双乳山汉墓麟趾金“齐”字的结体有明显的不同。双乳山汉墓20枚麟趾金刻有“王”字者竟达18枚之多，刻有与邻国国号相同的“齐”字也有6枚之众，不能不说是一种特殊的、值得深思的奇怪现象。基于西汉济北国原本就是从齐国分离出来的，并长期与齐国为邻，“王”姓在齐地又不是“显姓”的现象分析，双乳山汉墓麟趾金的“王”、“齐”二字作为姓氏的可能性极小，笔者更倾向于将其分别视为诸侯王的“王”字标记和国号标记。

由于在金币上刻划诸侯王“王”字标记或国号标记的现象十分罕见，在国别清楚、墓主确定的大型王墓中更是绝无仅有，因此有必要对济北国与齐国的关系，以及双乳山一号墓墓主刘宽的背景作大略的讨论。

据《汉书·诸侯王表二》和《高五王传》记载，西汉时期曾先后有过三个刘姓齐国（不计项羽所封田氏齐国和汉初的韩氏齐国）：高祖六年（公元前201年），刘邦封其次子刘肥为齐王，在位十三年。惠帝七年，其子与刘襄嗣，在位十二年。文帝二年，刘则嗣位，在位十四年，无后国除。同年，即汉文帝前元十六年（公元前164年）分齐地为六国，以王刘肥六子。封刘将闾为齐王，十一年薨。其子刘寿于孝景四年嗣，在位二十三年薨。元光四年（公元前131年）其子刘次昌嗣，五年薨，无后国除。武帝在元狩六年（公元前117年）又另立其子刘闳为齐王，元封元年（公元前110年）刘闳死，无后，国除为齐郡。不计中间除国的时间，西汉刘姓齐国前后存续了81年。

有趣的是，西汉时期也曾先后有过三个刘姓济北国（不含项羽所封田氏济北国）。第一个济北国的始封君为齐悼惠王刘肥之子刘兴居，初置于汉文帝前元元年，即公元前179年。第二年，刘兴居因谋反受戮，国除为郡。第二个济北国始建于文帝前元十六年，即公元前164年，立刘志（刘肥为之子）为济北王。这两个济北国均为齐国刘肥支系，存续时间合计约为13年。第三个济北国受封于汉景帝前元四年（公元前153年）。当时，吴王濞、楚王戊起兵反汉，胶西王、胶东王、淄川王和济南王也起兵响应，事败，诸王一并被诛，地入于汉。随后徙济北王刘志为淄川王。再徙已做了12年衡山王的刘勃为济北王。一年后，刘勃薨，谥号贞王。景帝前元六年（公元前151年），贞王之子刘胡继立，在位54年薨，谥号成王（或曰式王）。武帝天汉四年（公元前97年），成王之子刘宽继立，在位11年，于武帝后元二年（公元前87年）畏罪自杀，无谥，国除为北安县，属泰山郡。两个齐系济北国均一世而止，第三个济北国也仅历三世67年，存续时间共计80年。

在宗族系统关系上，齐国始封君刘肥为高祖刘邦次子，除汉惠帝以外，在刘邦诸子中排行最大。第三济北国的始封君刘勃为淮南王刘长之子，刘长为刘邦少子，与齐王刘肥是同父异母的兄弟，早年失母，依于吕后，备受文帝宠爱骄纵。刘勃与刘兴居、刘志互为同宗的堂叔兄弟。所以第二、三济北国王室之间，乃至与齐国王室的关系都应该是比较密切的，两国地域相邻，同属周代齐国旧地，民风相近，往来密切，这就为齐国金币传入济北国提供了便利条件。但是，济北国中间除国的时间较长，其最后消亡的时间反而比齐国晚了20多年，刘宽则是在齐国除国十数年后才即位为王，不可能直接得到齐国的麟趾金，况且西汉时期的金饼不属于普遍意义上流通货币，通过流通领域获得的可能性不大。《礼记·檀弓》："死而不吊者三，畏、厌、溺。"郑玄注："畏者，国人以非罪加己，己无以说之死者也。"此虽古制，但汉代也应有大致相同的风俗。刘宽畏罪自杀，属非正常死亡，所以"齐"字麟趾金通过刘宽丧礼、由他国赠送吊唁礼金而传入的可能也几乎可以排除。

齐国消亡后，旧齐支系还有城阳和淄川两国尚存，汉武帝也曾因"为悼惠王冢园在齐，乃割临淄东圜悼惠王冢园邑尽以予淄川，令奉祭祀"[64]。汉文帝分齐国以王刘肥六子时，齐国以外的其他五王也应部分地继承齐国府库的原有财货。所以，城阳和淄川两国拥有部分齐国库金是完全可能的。在年代上，第三代淄川王刘遗于武帝元封二年（公元前109年）即位，昭帝元平元年（公元前74年）薨，同第三济北国的刘胡、刘宽在位时间都有较长的重合；第六代城阳王刘顺同刘宽一样，也是武帝天汉四年（公元前97年）即位，掌国46年。刘遗为刘胡的子辈、刘宽的同辈兄弟，刘顺则为刘宽的孙辈，刘遗的祖父刘志又曾出任过第二济北国的国君，他们之间保持密切往来的概率很大。结合《汉书·武帝纪》"因以班赐诸侯王"等有关记载考虑，双乳山汉墓"齐"字麟趾金的来源大致有以下四种可能：

其一，武帝子刘闳的第三齐国存续时间（公元前117年~前110年）与刘胡有7年的重合，汉武帝对刘胡又相当的眷顾[65]，这应是"齐"字麟趾金传入第三济北国的主要渠道。

其二，齐国贡献朝廷的麟趾金通过赏赐等渠道传入济北国。

其三，是刘胡和刘宽分别与城阳王和淄川王通好、相互馈赠的结果。

其四，济北国王刘志徙任淄川王之时，将其拥有的部分"齐"字麟趾金赠予继任的堂兄弟刘勃，经刘胡再传而至刘宽手中。

西汉初期，同姓子弟较少，初封的刘姓诸侯国都相对较大。同时，由于实行与民休息的黄老政策，允许民间自行铸币，黄金的开采熔铸也听任各国自便，致使各路诸

---

〔64〕《汉书·高五王传》。

〔65〕《史记·孝武本纪》：武帝在实施夺爵削藩的过程中，"济北王以为天子且封禅，乃上书献泰山及其旁邑。天子受之，更以他县偿之"，以嘉其忠义。

侯都敛聚囤积了大量的财富，形成了藩国“地大物博”，富比天子的局面。

据《汉书·文三王传》记载，太后少子梁孝王刘武，封于天下膏腴之地，赏赐甚丰，“财以钜万计，不可胜数。及死，藏府余黄金尚四十余万斤”。梁孝王及其夫人在河南永城芒砀山的洞室式陵墓，形制结构最为复杂，分别有地下石室40多间。虽经多次盗掘，仍出土了包括玉器、金器等精美文物在内的几千件随葬品[66]。西汉同姓诸侯国中最大的齐国，境内有盐铁之利，富甲天下。人众殷富，钜于长安，非天子亲弟爱子不得王此。前述临淄大武汉墓的主墓室因故没有发掘，仅五个陪葬坑就出土了12000余件随葬品，包括铜器6751件、银器131件、铝器994件，其中亦不乏稀世珍品[67]。

吴王刘濞以盐铁和冶铜致富，甚至不用百姓缴纳租税。据《汉书·景十三王传》记载，刘濞谋反时为激励将士，曾下令说“能斩捕大将者，赐金五千斤，封万户侯；列将三千斤，封五千户；裨将二千斤，封二千户；二千石，千金，封千户，皆为列侯。”足以证明当时吴国府库的充盈。第三济北国虽是小国，然其所处的时代正是汉王朝的鼎盛时期，必定也能聚敛相当数量的财富，与邻国互相馈赠黄金也在情理之中。

尽管存在着上述各种可能性，仍然无法解释双乳山汉墓麟趾金为何刻划众多“王”、“齐”标识的特殊现象。况且，用有“王”字标记的金币奉献朝廷也于当时的礼仪不合，各地发现的金币多无类似现象就是明证。窃疑这一现象或与景帝、武帝整饬金融、设立酎金制度有关。

汉初宽松的政治、金融政策，严重干扰了当时的社会经济秩序，造成了币值混乱、重量不一，并诱使某些财大气粗的藩国诸侯觊觎天子之位，最终导致了吴楚七国之乱，汉景帝和武帝不得不改弦更张，在政治上实行推恩分封、析弱藩国。《汉书·武帝纪》：“春正月，诏曰：‘梁王、城阳王亲慈同生，愿以邑分弟，其许之。诸侯王请与子弟邑者，朕将亲览，使有列位焉。’于是藩国始分，而弟子并侯矣。”这是汉武帝元朔二年（公元前127年）下达的推恩令，它标志着强化中央集权的政策已成为西汉王朝的正式国策。

在货币政策上，景帝于中元六年（公元前144年）“十二月，改诸官名，定铸钱伪黄金弃市律”。应劭注：“文帝五年，听民放铸，律尚未除。先时多作伪金，伪金终不可成。二徒损费，转相诳耀，穷则起为盗贼，故定其律也。”景帝后元三年（公元前141年）春正月，再次下诏曰：“黄金铢玉，饥不可食，寒不可衣，以为币用，不识其终结，……其令君国务劝农桑，益种树，可得衣食物。吏发民若取庸采黄金珠玉者，

---

〔66〕 河南省文物考古研究所：《永城西汉梁国王陵与寝园》，中州古籍出版社，1996年。

〔67〕 山东省淄博市临淄区志编纂委员会：《临淄区志》524页，国际文化出版公司，1988年。

坐臧为盗，二千石听者，与同罪。"[68]严厉限制地方私自开采黄金、铸钱，并设立酎金制度，以剥夺、削减各诸侯国和列侯的综合实力。

所谓酎金，就是每年八月，天子祭祀宗庙，大会诸侯王、列侯，诸侯王和列侯必须献金助祭。由于这种祭祀称为饮酎或酎祭，助祭之金也因此被称为"酎金"。《后汉书·礼仪志》"八月饮酎"刘昭注引《汉律金布令》："诸侯、列侯各以民口数，率千口奉金四两，奇不满千口至五百口亦四两，皆会酎，少府受。"这是西汉皇帝借祭祖之名，向诸侯国征收黄金的一种手段。是时，汉武帝借文景时期的财政盈余，连年发动拓边战争，导致"百姓抚敝以巧法，财賂衰耗而不澹"，"赋税既竭"，"府库并虚"，不得已而让有司制订卖官鬻爵的政策，"令民得买爵赎禁錮免罪"[69]，表二所引《汉书·食货志》所谓"请置赏官，……凡直三十余万金"云云，说的就是卖官鬻爵的价格。酌金制度正是在这种形势下出笼的，其实质就是汉朝皇帝为实施夺爵、削藩，聚敛战争经费，强化中央集权而设下的一个陷阱。这一制度的实施，不仅增加了朝廷的黄金收入，而且可借献金成色或重量不足为由兴狱夺爵，削弱诸侯、列侯，可谓"一箭双雕"。《汉书·武帝纪》元鼎五年（公元前112年）"九月，列侯坐献黄金酎祭宗庙不如法夺爵者百六人，丞相赵周下狱死"。如淳曰："《汉仪注》诸侯王岁以户口酎黄金于汉朝，皇帝临受献金。金少不如斤两、色恶，王削县，侯免国。"臣瓒曰："《食货志》：至酎饮酒，少府省金，而列侯坐酎金失侯者百余人，而表云赵周坐为丞相，知列侯酎金轻下狱自杀。"由于"一金黄一斤"规定已通行近百年，各路诸侯、列侯的献金自然而然地以各自拥有的"一金"为计量标准，不期朝廷在收受黄金时，却改由少府进行称量验收，让倒霉的诸侯、列侯们惊慌失措，甚至来不及采取任何补救措施，便稀里糊涂地被夺地革爵，当朝丞相也因此而成为枉死城的冤魂。

据《汉书·王子侯表》记载，第三济北国有十一个王子在推恩令下达后的第二年（公元前126年），也就是刘胡二十六年受封为列侯。时隔不久，其中的五位（三位为刘宽的叔叔，两位为刘宽的弟弟）便在元鼎九年的"酎金事件"中被夺爵。此外，还有一位叔叔、三位弟弟也在大致相同的时间内被革去爵位。此时的刘宽还是年轻的王太子，距称王还有十余年的时间，家族中发生如此巨大的变故，必然给刘宽年轻的心灵造成难以磨灭的烙印和挥之不去的阴影。

史籍所见刘宽事迹仅有《汉书·淮南衡山济北王传》的一段记载："子宽嗣。十二年（武帝后元二年），宽坐与父式王（即成王）后光、（王）姬孝儿奸，悖人伦，又祠祭祝诅上（刚刚登基的汉昭帝），有司请诛。上遣大鸿胪利召王，王以刃自刭死。"虽

---

〔68〕《汉书·景帝纪》。

〔69〕《汉书·食货志》。

然只有寥寥数语，却充分显示出刘宽扭曲的心理和乖戾的个性，而这种性格的形成，与武帝元鼎五年的“酌金夺爵事件”或有某种直接或间接的联系。若果，便可为双乳山汉墓金饼独特的“王”、“齐”标记找到合乎情理的答案。很可能，由于有了五位亲人因“酎金轻”而丧失爵位的惨痛教训，为避免重蹈覆辙，刘宽即位后令府库管理人员密切注意入藏金饼的重量，将重量不足的金饼挑出，并刻划“王”字标记，作为“私房钱”单独存放，附加的“齐”字标记（绝大多数的“齐”字与“王”字共存）则可能是为了标明相应重量不足的金饼来自齐地，这可能也是双乳山金饼绝大多数都有称量记录的真正原因。若推测成立，则刘宽时代的济北国王室可能有两种计量标准，一种是面对朝廷的法定通用计量标准，用以逃避酎金制度的严厉惩罚；一种是面向社会的国立计量标准，类似于今天的货币贬值政策，用以缓解地窄民寡、财货不足的金融压力，这应该是双乳山汉墓麟趾金的单位量值过于偏低的深层原因。

汤家岭西汉墓和谭家乡麟趾金的“齐”字在形态上与双乳山汉墓麟趾金的齐字有很大的区别，其实际重量基本符合法定计量标准，而更接近于大武汉墓出土齐国银盘的计量标准，表明汤家岭和谭家乡麟趾金“齐”字标记的含义和来源均不同于双乳山汉墓麟趾金的“齐”字标记。

刘宽因罪凶死，济北国也因此而废，连起码的“谥号权”也被剥夺了。按常理度之，不应以正常王礼下葬，其停灵待葬的时间也必然因此而显得仓促，与双乳山一号汉墓草率的、急就式的安排是十分吻合的。该墓以土石方总量最多而居同期诸侯王墓之首，但墓穴的加工极为粗糙，二层台以上部分几乎未经任何修整，二层台以下也仅在椁箱及其以下部位做局部的雕凿。用于修补墓室、墓道、墓壁的所有石块，未见任何细部加工。墓道极不平整，甚至残留有大量开凿墓穴时的石块，给人以尚未竣工的印象。

在殓葬方式和随葬品的等级方面，竖穴式诸侯王木椁墓的棺椁配置上多使用黄肠题凑，如长沙象鼻嘴二号汉墓（长沙靖王吴著？公元前 157 年）、北京大葆台汉墓（广阳王刘建，公元前 45 年）、石家庄北郊西汉墓（赵王张耳，公元前 202 年）、长沙咸家湖西汉曹娭墓（楚定王妃？西汉早期）和定县四〇号汉墓等。在西汉其他三座未经盗扰的诸侯王墓中，都发现玉衣和有众多以丝带联结的敛尸玉璧。满城一号墓玉衣内衬垫玉璧 18 块，二号墓玉衣内衬垫玉璧 15 块，南越王墓则在玉衣的上面、里面和底下衬垫玉璧 19 块[70]。甚至在地位较低的列侯墓中，如邢台南郊西汉墓（曲炀侯刘迁，公元前 51 年）、咸阳杨家湾四、五号汉墓（武侯周勃父子）中也有玉衣发现。可以说，西汉时期诸侯王使用玉衣裹尸已成为一种定制。双乳山一号汉墓以如此之大的规模却

〔70〕 广州市文物管理委员会等：《西汉南越王墓》，文物出版社，1991 年。

不见黄肠题凑，同样是未经盗扰的诸侯王墓不仅没有玉衣，敛尸玉璧也只有4件，甚至未发现任何与“诸侯王、列侯、始封贵人、公主薨，皆令赠印玺”[71]相符的印章，相反，却使用了在西汉时期仅见于较低等级墓葬的玉覆面。这是否是对墓主人生前“悖人伦，祠祭祝诅上”的一种礼仪性惩罚？而死者口中的饭玉，竟然是两件特意破碎的玉剑璏。剑璏乃佩剑带扣，是为凶兆，是否就是刘宽“以刃自刭死”结局的一种写照？

在经过发掘的其他三座未经盗扰的西汉王陵中，满城一、二号汉墓和广州南越王墓以其结构完整、随葬品丰富、精美而著称。满城一号墓出土的随葬品多达5000余件，其中铜器（不含器具构件等小件）400余件、玉器85件套、金银器89件；二号汉墓的随葬品4900余件，其中铜器，包括著名的长信宫灯计有188件，玉器94件套；南越王墓在数量上虽然不及前者，但也不乏精美之器；临淄大武汉墓五个陪葬坑出土的随葬品也远远超过了双乳山一号墓出土的2000余件随葬品，况且双乳山汉墓所出绝大部分属于车马器小件，青铜容器不超过四五十件，玉器尚不足二十件（套）。在质量上也相差很远，随葬的玉璧甚至来不及作表现抛光加工，给人以草草了事的感觉。

中国古代的皇帝和诸侯王，通常在其即位之初便着手修筑陵墓，积累财富以备置办随葬品，刘宽聚敛的麟趾金也应有类似的用途。但因始料未及而不得寿终正寝，更不得按王礼下葬，故而不及准备葬礼，只好叮嘱后人倾其“私房”以为陪葬，把计划用于打造随葬品的麟趾金原样埋入墓中，这应是双乳山一号汉墓随葬大量麟趾金而不见其他贵重金银器皿和饰物——除不得按正常王礼下葬外——的重要原因之一。刘宽将麟趾金放在自己头下，或者出于对黄金的痴迷，或者出于对自己所受的“不公正”待遇的一种抵制。总之，双乳山汉墓出土的这批麟趾金，是目前所知汉代王墓中出土最多的一宗，其众多的“王”、“齐”标记和摆放方式都是耐人寻味的，它的出土为我们研究汉代埋葬制度提供了一种新的类型。

此外，《汉书·食货志》载“秦兼天下，币为二等：黄金以溢为名，上币；铜钱质如周钱，文曰半两，重如其文”，或据此认为汉代金饼上刻或钤印的“上”字就是“上币”的标志，不确。细审张先得先生的列表，凡光洁面刻有“上”字或打有“上”字戳记的标本，除少数成分不详者外，含金量均在98%～99%以上；含金量低于此值的绝不见类似的符号。据此是否可以得出这样的结论：汉代麟趾金、马蹄金的“上”字只是黄金成色的一种标记，与《汉书·食货志》的“上币”无涉。

---

〔71〕《后汉书·礼仪志》。

关于汉代低温铅釉陶器研究的几个问题

陈彦堂*

This paper first presents a specific definition on the Han low-temperature and lead-glazed pottery, then establishes a classifying system and discusses the decorative art and regional character of the pottery. It is stated in the paper that the product with single color or two colors of Tang sancai pottery wares was derived from the Han lead-glazed pottery wares with single or combined colors. The paper also reveals that the pottery ware featuring three or more colors developed from the Han glazed pottery with cobalt and manganese in the glaze. The study first makes it clear that how the glazed pottery of the Han dynasties developed into the sancai ware prevailing in the Tang dynasty.

一、引　言

低温铅釉陶的发明是汉代制陶业最伟大的成就之一。在将近一个世纪的时间里，随着田野考古工作的展开，全国已发掘的汉代墓葬数以十万计，低温铅釉陶器的出土蔚为大观，出土地点也遍布大半个中国。在一些地区的特定时段内，铅釉陶器甚至一度成为汉墓随葬品的主流。因此，对这类器物的研究，无疑应是汉代墓葬综合研究中不可或缺的内容。

另一方面，在汉代盛极一时的低温铅釉陶器，既秉承了商周以降原始瓷器和高温灰釉陶器的施釉或装饰工艺，又影响了唐宋时期三彩器的产生和发展，但其胎质、釉料又与原始瓷、高温灰釉陶器和三彩器有着截然的差异。据此而论，汉代铅釉陶对于工艺美术史和中国古代陶瓷史的研究也具有独特的意义。而关于中国铅釉的起源以及与地中海沿岸铅釉器物、玻璃器物的关系等问题，则又关乎汉代的中西交通与文化交流的研究。因此，对汉代低温铅釉陶器的综合研究，其学术意义是毋庸赘言的。

自20世纪初以来，国内外学者曾对汉代低温铅釉陶器进行过多方面的探讨，并已相继取得了一些重要成果。最近几十年来，随着发掘资料的日益丰富，国内学术界对

---

* 作者系河南省文物考古研究所副研究员。

这一问题的关注反倒趋于沉寂，甚至原来已取得的成果也未得到应有的重视和体现。一个突出的事例是，经过长时期深入地讨论，学术界已认识到汉代低温铅釉陶器独特的性能，基本将其从“釉陶”这一笼统的概念中剥离出来，从而大致划分出原始瓷器、硬陶和高温灰釉陶的界限。但在目前所见的汉墓发掘简报和报告中，仍然在大量使用着“釉陶”这一广泛却不明所指的概念。尤其是由于低温铅釉陶器和高温灰釉陶在分布区域上有着大面积的重合，而后者亦是研究两汉时期南北方制陶技术交流的重要物证，所以对这两类器物的明确划分显得尤为必要。而这一点，正是目前研究中所面临的一个主要症结。

二、既往研究简评

对汉代低温铅釉陶器的系统研究基本上是从20世纪50年代开始的。研究者所关注的问题主要集中在中国低温铅釉陶器的起始年代、与地中海沿岸铅釉陶器的关系、胎釉的化学成分、银釉现象的成因等，其中有些问题已经得到解决，有些则依然莫衷一是。而且这些研究工作较少涉及低温铅釉陶器概念的界定、烧造的工艺流程、与唐宋三彩器的传承关系与流变路径等问题的探讨。值得注意的是，当境外学术界对相关问题的研究持久不衰的同时，中国内地则自20世纪90年代以来就趋于沉寂，相关论著寥若晨星。直至近年来随着田野资料的进一步丰富，才有学者重新开始进行检讨和审视。

关于起始年代的研究，基本形成了“战国说”和“西汉中期说”两种观点。持前一种观点的主要是欧美和日本学者，如长谷部乐尔、Nigel Wood等，其主要依据是1949年以前经盗掘流传出境的据传出自战国墓葬的几件文物[1]。目前，这种观点的影响正在逐步扩大。持后一种观点的主要是中国学者，如俞伟超、李知宴等，其立论的依据是50年代以来经科学考古发掘的材料[2]。随着新资料的发表，这种观点有进一步修正的必要，如有人提出西汉早期就已经有了低温铅釉陶器[3]，但是否能与前者衔接或趋同从而上溯到战国，则是需要进一步研究的课题。

---

〔1〕 a. 长谷部乐尔：《中国美术·陶瓷》，日本讲谈社，1973年；b. Nigel Wood：《“玻璃浆料”装饰战国陶罐的初步检测》，《95古陶瓷科学技术3国际讨论会论文集》，上海科学技术出版社，1997年；c. Nigel Wood：《某些汉代铅釉器的研究》，《92古陶瓷科学技术2国际讨论会论文集》，上海古陶瓷科学技术研究会，1992年。

〔2〕 a. 北京大学历史系考古专业：《战国秦汉考古》讲义，1972年；b. 李知宴：《汉代釉陶的起源和特点》，《考古与文物》1984年2期；c. 李如宴：《中国釉陶艺术》，轻工业出版社、两木出版社，1989年。

〔3〕 西安市文物保护考古所：《西安龙首原汉墓》甲编，西北大学出版社，1999年。

至于中国古代铅釉陶器的来源，主要形成了“西来说”、“本土说”以及“改良说”三种意见。主张西来说的学者指出：“这种碱金属硅酸釉早已在埃及发明，……逐渐扩及到美索不达米亚、波斯和西域一带，……是在汉朝经由西域传来”的〔4〕。持“本土说”的学者则从中国古代使用铅的历史、汉代铅釉陶器的胎釉组成等方面予以反驳〔5〕。所谓的“改良说”，意指中国在成熟的铅丹工艺基础上，可能对西方的苏打釉进行了改良而发明了铅釉陶器〔6〕。迄今，争论各方依然聚讼纷纭，目前，对这一问题的探讨又日渐成为古陶瓷研究的热点，相关论著的讨论正在深入和广泛〔7〕。

近年来，由于新的考古资料的不断出土，有学者开始对汉代低温铅釉陶器的装烧技术和装饰技法及其源流进行探讨〔8〕，从而将研究的领域进一步拓展。

三、低温铅釉陶器概念的界定

尽管对铅釉陶器的讨论和研究已经有半个多世纪的历史，但迄今仍没有学者对这一概念加以准确完整的界定和阐述。实际上，这一基础性的工作，乃是避免歧解以致各说各话的最有效途径。笔者自知才疏学浅，不堪当此大任，但仍不自量力，试图为方家提供可以考虑的线索。

从外观上看，汉代低温铅釉陶器与原始瓷器、硬陶和高温灰釉陶甚至三彩器有着较多的共同点，这也是易于产生混淆的重要原因。但实际上，这几类器物无论是釉面特征、釉料成分，还是胎料、技法和火候乃至功能，都存在着程度不同的差异，有些差异甚至是本质上的。在目前尚缺乏较为系统论述的情况下，本文将从以下几个方面予以比较，对低温铅釉陶器的理化性能进行界定。

（一）外观

低温铅釉陶器的表面与原始瓷器、硬陶、高温灰釉陶和三彩器一样，均有一层薄釉。但原始瓷器的釉面多呈青色或青中泛褐，高温灰釉陶则均呈褐色，且色调较深。

---

〔4〕 叶喆民：《中国古陶瓷科学浅说》，轻工业出版社，1960 年。

〔5〕 a. 中国硅酸盐学会：《中国陶瓷史》，文物出版社，1982 年；b. 张福康、张志刚：《中国历代低温色釉的研究》，《硅酸盐学报》1980 年 1 期；c. 同注〔2〕b。

〔6〕 水野清一：《緑釉陶について》，《世纪陶瓷全集》，河出书房，1955 年。

〔7〕 a. 弓场纪知：《汉代铅釉陶器的起源》，《出光美术馆研究纪要》第四号，出光美术馆，1998 年；b. 谢明良：《有关汉代铅釉陶器的几个问题》，《汉代陶器特展》，高雄市立美术馆，2000 年。

〔8〕 a. 同注〔7〕b；b. 陈彦堂、辛革：《河南济源汉代釉陶的装饰风格》，《文物》1999 年 11 期；c. 陈彦堂：《河南汉代艺术陶器的个案研究》，《东亚文化圈的形成与发展国际学术研讨会论文集》，台湾大学，2002 年。

而低温铅釉陶器的釉面则分为三种情况：一是单纯的绿釉或褐釉，但褐色显得较为明快；二是同一件器物上同时施用褐、绿两种釉，这种情况也见于三彩器物，但有所区别（详下）；三是以一种釉为地、用另一种用为彩料进行绘画。后两种情况绝不见于原始瓷器和高温灰釉陶器。另外，铅釉陶器在经过长时期埋藏后，表面会形成一层极似银色的光泽，即俗称的“银釉”现象〔9〕，这也是此类器物及少量三彩器所特有的。

（二）釉料

低温铅釉陶器的釉属铅釉系统，即釉料中80%以上的碱性成分是铅。它以铅的化合物为主要助熔剂，以铜或铁的氧化物为主要呈色剂。以铜的氧化物为呈色剂就呈现出绿的色调，因火候与含量的多少，又分出浅绿、深绿和翠绿的不同。以铁的氧化物为呈色剂，则呈现出褐的色调，或浅褐、深褐，或近红、近黑。此与原始瓷和高温灰釉陶使用石灰釉的情况截然不同，因为石灰釉的成分以氧化钙为主体，铅的含量相对较低。唐三彩虽然与之成分相似，但汉代釉陶属简单铅釉，即釉料中较少含有氧化钙（CaO）、氧化锰（MgO）、氧化钾（K_2O）、氧化钠（Na_2O）等碱性成分，更不会出现钴料，因而没有三彩器物中的蓝色。近年来，有人通过对英国的 Victoria and Albert 博物馆收藏的汉代铅釉陶鼎的分析，发现釉中含有高达7.7%的氧化钡（BaO）〔10〕，这一新发现有助于拓展对汉代低温铅釉的认识。唐三彩既有类似汉代釉陶的简单铅釉，但更多的是多碱成分的釉质〔11〕。在中国陶瓷史上，铅釉主要见于汉晋低温铅釉陶器、三彩器和建筑用陶，而瓷器所使用的则主要是高温灰釉。在中国古代陶瓷中，这两个系统的釉料以后者为主流。

（三）施釉技法

低温铅釉陶器多是采取一次施釉的技法，但同时也存在较为先进的两次上釉的工艺，即在局部以一种釉为底色，其上再罩挂另一种色釉，此种工艺仅见于复色釉器物中〔12〕。在原始瓷器和高温灰釉陶器中，尚未发现有两次施釉的工艺。

（四）胎料

低温铅釉陶器以普通黏土（earth）为胎料，选料一般不精，因此含有较多的杂质，其胎体绝大多数为红色，只有极少数为灰胎。此与原始瓷以瓷土（kaolin）为胎料、高温灰釉陶胎料中杂质含量较低、胎体多呈灰色的情况不同。唐三彩既有使用瓷土为胎的，也有少量以普通黏土为胎的。

---

〔9〕关于“银釉”现象的形成，学术界曾有多种说法，详见注〔5〕b。

〔10〕同注〔1〕c。

〔11〕此处使用的成分检测数据采自注〔5〕b。

〔12〕同注〔8〕b。

（五）烧成温度

由于釉料中富含铅，而铅能降低熔点，故铅釉陶器的釉在700度的低温状态下就能出现熔融状态，而不似原始瓷和高温灰釉陶那样必须在1000度以上的高温下才能烧成，故我们称之为低温铅釉陶器。以往曾有学者称之为“软釉陶”，而称高温灰釉陶为“硬釉陶”，就是因为二者的烧成温度不同。

（六）烧成技法

低温铅釉陶器均是在素坯上施釉后入窑一次烧成的，没有见到唐三彩那种先将素坯高温焙烧再施釉入窑低温二次烧成的现象，此为汉代复色釉陶器与唐三彩的区别。另外，目前所见的汉代低温铅釉陶器既有采用覆烧工艺的，也有大量正烧的。值得注意的是，无论是正烧或覆烧，均有叠烧的现象。

（七）胎釉结合

由于胎体选料不精，釉基又具有低温的特性，低温铅釉陶器的釉面与胎体之间往往结合不牢，存在釉层剥落的现象。同样的问题也见于三彩器，却较少见于原始瓷器和高温灰釉陶器。

（八）功能

迄今所见的汉代低温铅釉陶器，均出自墓葬中，器形也是模型器。而且由于铅的毒性以及釉层的易剥落特性，我们基本可以断定这类器物不是当时的实用器皿，而是专门的随葬品。三彩器物有类似的情况，而原始瓷器和高温灰釉陶器则基本上应是当时的实用器。

通过上述几个方面的比较，我们已经可以很清楚地看出低温铅釉陶器与原始瓷器、高温灰釉陶器和三彩器的异同。原始瓷器与之区别最大，也最易于区别开来。将原始瓷器称作釉陶，源自当时对瓷器概念的认识不一。经过20世纪60～70年代的讨论，这一问题已经基本解决，因此无需再将原始瓷器称为釉陶了。无论是其外观，还是其胎釉的化学成分与性能，高温灰釉陶器与低温铅釉陶器的釉基和功能都不属于同一个系统，其外观的区别也是较为显著的。但三彩器与低温铅釉陶器则殊多相似，其间的传承关系正是釉陶研究领域的重要课题。

四、汉代低温铅釉陶器的分类系统

对汉代低温铅釉陶器的分类可以从工艺和造型两个不同的系统进行。

（一）工艺

依据前文对汉代低温铅釉陶器工艺的界定，我们试将这类器物分为三类：

第一类，单色釉器物，即器物的表面只使用或绿或褐的一种颜色釉进行装饰，器表色泽单一。但由于铅釉的易融性和流动性以及烧成气氛的控制程度不同，有些器物的釉面色调并不均匀，从而出现或深或浅的色斑，此类依然归属单色釉。单色釉工艺应是受原始瓷器的影响而发展起来的。

第二类，复色釉器物，即器物的表面同时使用绿釉和褐釉两种不同呈色剂的颜色釉进行装饰，器表绿褐并存，或交融，或有明显界限。目前所见这类器物均是以褐色为主调，而以绿色为装饰。

第三类，绘彩类器物，即在器物表面先施用一种颜色釉为底色，然后再用另外一种色釉作为彩料在其上绘出图案。这实际是复色釉器物中较为特殊的工艺，因此同样是把褐釉作为底色，而以绿釉为彩料。汉代低温铅釉陶器所使用的这种釉上绘彩的工艺，是目前所知年代最早的，可视为中国古代陶瓷史上久负盛名的釉上彩绘装饰的滥觞，或可径称之为最早的釉上彩绘工艺。这种工艺长期以来不为人们所注意，故对其命名目前尚没有定论，有人称之为“加彩”[13]，有人则是用描述性的语言而不直接给出名称。笔者认为，“加彩”之称极易与古陶瓷界习称的宋金时期的釉上加彩瓷器混淆，因此并不是一个合适的称谓。在此情况下，笔者暂且使用“釉上绘彩”的称呼，尽管这里所谓的彩实际上是另外一种釉，与宋金时期的釉上彩绘的概念并不完全吻合，但我认为二者的工艺完全是一脉相承的。目前所见此类器物极少，分布区域也极为有限，且其工艺对探讨中国古代陶瓷史上釉上彩绘工艺的发生有着极为重要的价值，故可视为汉代低温铅釉陶器中的极品。

（二）造型

（1）仿铜礼器　所见器物有鼎、壶。极少见到盒，钫仅几例。

（2）日用模型明器　有仓、灶、井、熏炉、炙炉、灯具、樽、耳杯与具盒、勺、魁、罐、瓮、粮食加工工具、虎子以及庄园、陶楼、坞堡等。较少见到案。

（3）动物俑和人物俑。

（4）宗教器物　有陶都树等。

此外，如若依据胎质，我们尚可分出红胎器和灰胎器来。其中，红胎器的数量占绝对多数，灰胎器仅有少量的发现。至于上部红胎、下部灰胎的情况，更是极个别的现象。

从器物群的组合来看，汉代的低温铅釉陶器与普通灰陶器并无本质的区别。换言之，这类陶器在当时并没有形成特有的器形，所有的器物形态，基本都可以在同时期其他质料的器物中找到祖形。这种现象似乎表明，至少是在汉代，低温铅釉陶器与普

---

〔13〕 如秦大树，见北京大学考古系：《北京大学赛克勒考古与艺术博物馆藏品选》，科学出版社，1998年。

通灰陶器在烧造过程中对窑炉的结构、火候的控制等工艺方面不存在本质的区别，因此应该是使用同样的窑炉烧造出来的。田野考古工作中，迄今未能发现烧制低温铅釉陶器的专业窑场的困惑，由此也可以得到合理的解释。一个值得注意的现象是，在器物群组合当中，虽然低温铅釉陶器与普通灰陶器有较多的共性，却存在着微妙的差异。如仿铜礼器中为什么极少见到盒？炊事器具中为什么极少见到案？如果说钫与盒的有无与铅釉陶器产生的年代有关的话，案却无法以此解释。这些差异意味着什么？其背景怎样？都是有待探讨的问题。

五、汉代低温铅釉陶器流布范围及区域特征的考察

如前所述，由于大部分汉墓发掘报告中以“釉陶”这一含义广泛的概念来指称出土的带釉器物，在未经严格甄别的情况下，我们尚难以将低温铅釉陶器与南方地区惯常见到的高温灰釉陶器的分布范围予以明确的划定。但就目前所知，我们对这两类器物的分布大致有如下的判断：

第一，虽然低温铅釉陶器主要分布于长江以北的广大地区，高温灰釉陶器则主要分布于长江以南，大致说来，二者分属南北两个不同的系统，但是，江南的四川、江西、湖南等地也有许多铅釉陶器出土，并且有证据表明是在当地烧造的，而北方的河南、山东、陕西、山西等地同样也有为数不菲的高温灰釉陶器出土。

第二，低温铅釉陶器和高温灰釉陶器分布区域大面积重合现象的产生，是文化交流的产物抑或各有自己的生产系统，仍是需要进一步深入研究的课题。但从年代上判断，南方地区低温铅釉陶器的存在无疑受到了北方的强烈影响，北方的高温灰釉陶器即使不是南方的输入品，也不能就此排除南方工艺的影响。

第三，已知的汉代低温铅釉陶器出土区域有两个中心且都在北方，一是陕西的关中地区，一是河南西北部的济源地区。这两个地区不仅出土量大，而且烧造技术也最为先进，复色铅釉陶器集中发现在济源，绘彩类铅釉陶器则仅见于关中和济源的个别墓葬中。

济源位于河南省西北一隅，北依太行王屋，南带黄河伊洛，是古代四渎之一的北渎济水的发源地，东周时名为轵，先属晋郑，后隶韩魏，“富冠海内，为天下名都”〔14〕。汉初，吕后以惠帝子刘朝、文帝以其舅父薄昭先后为轵侯，食邑万户〔15〕。现今仍保存基本完好的高大城垣，近年发掘的大批墓葬及丰富的出土文物，记录了济源地区战国

---

〔14〕 王利器：《盐铁论校注》，中华书局，1992年。

〔15〕 《史记·惠景间侯者年表》、《汉书·文帝本纪》，中华书局，1975年。

晚期至秦汉王朝几百年间曾经的辉煌。而色泽艳丽、工艺精良且数量较多的汉代低温铅釉陶器，正是这一记录最形象直观的实物印证。

济源地区汉代低温铅釉陶器[16]反映出如下的特点：

（1）出土量大。济源地区汉代低温铅釉陶器的出土量数以千计，仅出土的复色铅釉陶器总数即达400余件，超过了已刊布的其他地区出土量的总和。

（2）地域分布集中。以复色铅釉陶器而论，泗涧沟墓地出土了153件，西窑头墓地的出土量也在100件以上。而与泗涧沟毗邻的桐花沟墓地100余座墓葬中仅17件，且出自同一座墓中。两墓地时代接近，其间的差异及其背景值得注意。

（3）器物种类丰富。所见器形既有仿铜礼器的鼎、壶、盘（但迄今未见到盒与钫），也有模型明器的仓、灶、井、磨、樽，以及反映庄园经济的歌舞俑、动物俑，更有反映宗教习俗的陶都树。

（4）烧造技法先进，装饰工艺复杂。单色釉、复色釉和绘彩釉以及一次施釉、两次施釉的器物均有出土，此外还兼具釉下刻划、模印、贴塑和浮雕等多种技法。

陕西关中地区一直是两汉时期的政治、经济中心，与外部的文化交流也比较频繁。有不少学者认为，汉代的低温铅釉陶器就是从这里发端的[17]。低温铅釉陶器的发现遍布陕西省全境，尤以西安、宝鸡和汉中地区最为集中。但出土的复色釉陶器集中在宝鸡一带，绘彩类器物则散见于宝鸡和陕北。与济源地区比较，对关中地区汉代低温铅釉陶器我们不难形成以下印象：

（1）关中一带的复色釉陶器与济源一样，多以褐红釉为主调，而以绿釉作装饰。

（2）烧成较好的关中地区铅釉陶器，褐红釉一般色调偏红，绿釉不如济源的鲜艳，后者更为翠绿。

（3）济源地区大量存在各类陶俑（动物或人物），而关中地区则相对较少。但关中地区所见的盒、钫则为该地区所仅见。

（4）关中地区出土的灰胎器数量远多于济源地区。

六、汉代低温铅釉陶器装饰工艺的探讨

我们将汉代低温铅釉陶器的装饰工艺分为色调与图案两方面进行考察。

---

〔16〕济源轵城汉墓资料参见：a. 河南省博物馆：《济源泗涧沟三座汉墓的发掘》，《文物》1973年2期；b. 河南省文物考古研究所：《河南济源泗涧汉墓发掘简报》，《华夏考古》1999年2期；c. 同注〔8〕b；d. 同注〔8〕c。

〔17〕同注〔5〕a。

（一）色调的装饰

1. 一次上釉

将褐釉、绿釉在器物的不同部位分别同时使用，其效果有二，其一是以暖色为主调，以冷色为装饰，两种釉色分界井然，追求冷暖的对比。由于铅釉在低温下便可熔融，黏性较弱而流动性较强，所以这种技法有相当高的技术难度。其二是追求红绿交融、冷暖相济，即褐红釉与绿釉之间没有明显的界限，使之充分交融，产生神秘莫测的效果。红绿釉自然相接，既有绿釉自上而下的随意流泻，又有一片翠绿簇拥着一抹深红，极具传统国画的神韵，颇类唐三彩的效果。交界处有时形成了无数纵向的似绿似褐的明快条纹。这诸多絮状条纹的无穷变幻与肩部耀眼的银釉光泽，产生了极似后世天目瓷中兔毫的效果。

2. 两次上釉

即先将器表满施褐红釉并以此为底色，然后在所要装饰的部位另施一层绿釉。与一次上釉一样，两次上釉也会产生不同的效果。如一件褐红釉的陶鼎，在上腹部的褐红釉之上饰一周绿釉宽带。由于绿釉厚薄不匀，掩藏其下的红釉依稀可辨，故两次施釉无可置疑。在一件满施黄褐釉的陶仓表面，肩部以下施大面积的绿釉，与前述诸例冷暖的主次刚好相反。黄釉的温润与绿釉的冷峻以及表面的斑块，色调的搭配极具想像力。需要特别指出的是，两次施釉的装饰工艺，目前以河南济源汉代低温铅釉陶器为最早，这在中国古代陶瓷史上具有重要意义。

（二）图案装饰

1. 刻划

汉代复色釉陶器成功地将刻划这一传统工艺应用到釉下装饰，效果至为独到。但目前所见到的刻划图案数量较少且多为几何纹线，一些动物俑的羽翼、五官和蹄足部位也采用了刻划，使造型显得更为丰满。

2. 釉上绘彩

这是汉代复色釉陶器最为独特的装饰技法，先在陶器上施一层单色釉为底色，再于其上用另一种颜色的釉为彩料进行绘画，然后入窑一次烧成。由于底色和彩料均是釉料，因此可视为复色釉陶器的特殊品类。显然，这是借鉴了战国以降彩绘陶的装饰技法发展而来的，并启发了后代低温彩瓷的装饰。

宝鸡发现的釉上绘彩作品，图案均是勾连云气纹一类的几何纹样[18]。济源地区最近出土的器物中，既有与此相类的，更有绘出动物题材的。如一件西汉时期的陶盆，在深褐色底釉上，盆底是绿釉绘出的写意的蔓草，腹壁上是两尾水中嬉戏的鱼和三只

---

〔18〕 同注〔13〕。

觅食的鹤，口沿部位的一周三角纹，极似一周周因鱼鹤的戏逐而荡起的水波和涟漪。

3. 模印与贴塑

汉代复色釉陶器主要是将仓、鼎、樽类器物的足模制成熊、羊等动物形象，并将模制成的铺首衔环贴塑于壶类器物的腹部。一些圆雕的俑也是模制成型的，个别的器物还使用了透雕工艺，如炙炉。

总之，汉代低温铅釉陶器的装饰既承袭了原始瓷器一次施釉的工艺，又发展出了两次施釉、一次烧成的技法；既承袭了灰素陶、彩绘陶刻划、捏塑、模印、绘彩的传统工艺，又发明了釉下刻划、釉上绘彩的装饰新技法，从而为汉代以后中国陶瓷的装饰开辟了一条新途径。

七、起始年代与来源问题

低温铅釉陶器的起源是学术界一直聚讼纷纭的话题。20世纪50、60年代盛行“釉陶起源于商代”的说法，其所指实系原始瓷器，当时尚未能对各类带釉的器物予以准确地区分。当原始瓷器的概念确立之后，又有人提出，铅釉陶器在战国时期即已出现〔19〕。此说的根据，是目前已流传至美国、英国和日本的据传是出自洛阳金村和安徽寿县的战国墓葬的几件铅釉陶器〔20〕。另外，韩国某收藏家的藏品中，也有一件铅釉陶单耳杯，造型与上海博物馆收藏的战国原始瓷器极为相似〔21〕。但这几个案例均缺乏可靠的出土背景，其年代问题似不宜遽断。何况，战国晚期与西汉早中期的某些器形在无可靠出土资料的情况下是较难以区分的。故铅釉陶器起源于战国之说，目前尚缺乏足够的证据。

20世纪70年代，俞伟超先生根据西安地区发掘的一座西汉武帝时期墓葬的材料，率先提出铅釉陶器起源于西汉中期的观点〔22〕，此后便被各家征引，并发展出铅釉陶器起源于西汉时期经济文化最为发达的关中地区，然后东渐、南传的说法〔23〕。所以长期以来，学术界曾以关中地区西汉中期墓葬所出土的铅釉陶为最早。遗憾的是，这座墓葬的发掘材料迄今未能刊布，详情一直付之阙如。

所幸，近年来西安地区龙首原汉代墓葬群的发掘又有新的发现。在一座虽是武帝时期但在元狩五年以前、因此属西汉前期晚段的墓葬中，出土了几件比较成熟的低温

〔19〕 李知宴：《中国古代的陶瓷工艺成就》，《中国古代文化史》（二），北京大学出版社，1991年。

〔20〕 参见注〔7〕a。

〔21〕 据李知宴先生2001年汝州会议面告，谨谢。

〔22〕 同注〔2〕a。

〔23〕 a. 同注〔5〕a；b. 王仲殊：《汉代考古学概说》，中华书局，1984年。

铅釉陶器，从而将有可靠出土背景的汉代低温铅釉陶器的年代提早了一个时段[24]。由于是科学发掘的材料并经过系统的排比，因此可以认为，目前所知的中国最早的低温铅釉陶器出现在西汉早期晚段。

由于新的考古发现而使铅釉陶器发生年代提前的情况，不由得使人有所联想，即这一时间是否会继续向前推，进而与战国晚期相衔接呢？我们尚不能遽然否定这个推想，但更应该注意这样一个事实：在已发现的西汉早中期的低温铅釉陶器中，鼎、壶常见而钫、盒极少见，无一例是鼎、盒、壶、钫的完整组合，是否意味着当低温铅釉陶器发生并盛行的时候，以成套仿铜陶礼器随葬的习俗已然势微了呢？果如是，则其年代当去西汉早期晚段不远，而与战国有相当的距离。

铅釉陶器在中国的出现是比较突然的，而且一开始就达到了相当的高度，至少在西汉时期，我们尚不能描绘出一条比较明显的由简到繁的发展轨迹。正因为如此，学术界关于汉代低温铅釉陶器的来源的争论也由来已久，主要产生了“西来说”与“本土说”两种观点。

“西来说”的主要依据，除其突然出现外，还因其产生的年代与汉代张骞通西域、中国通过丝绸之路开始大规模与西亚与地中海沿岸交往的时间大致吻合[25]。而持“本土说”者通过中国低温铅釉陶器与西亚地中海地区出土的铅釉器物在成分分析、制作工艺等方面的比较，结合中国对于铅的认识和利用历史的介绍，认为汉代的低温铅釉陶器是中国本土自己发明的[26]。

实际上，两种观点均各有所本，所申述的理由也都有相当的说服力。但二者均未能解决一个关键的问题，即：无论是西来还是自产，中国汉代的低温铅釉陶器的产生过程和发展途径究竟是怎样的？同时，一些重要的问题和现象在这一讨论中似乎也应予以足够的重视，比如，如同原始瓷器与低温铅釉陶器分别属于高温钙釉和低温铅釉两个不同的系统一样，钠钙玻璃与铅钡玻璃也存在着成分的不同。那么，有关铅釉受玻璃器的启发而产生的论述，自然就不能泛泛而论。再如，已发现的汉代低温铅釉陶器的器形，基本是中国本土固有的随葬品。把这一现象放在铅釉陶器发生、发展的完整过程中，该如何去解释？

对铅釉陶器起源问题的讨论，笔者认为必须有几个基本的条件：一是要有大量可靠的发掘出土品；二是要对各个不同时期、各种品类的不同标本进行较全面、系统的测试分析，并对这些资料做出充分的解释；三是对铅釉陶器要有比较全面且较深入的

---

〔24〕 同注〔3〕。

〔25〕 同注〔4〕。

〔26〕 a. 同注〔5〕b；b. 同注〔2〕b。

了解，包括田野考古、陶瓷考古和科技考古等多方面的认识，同时更要包括对比附对象如玻璃器和国外铅釉器的认识。

随着田野考古工作的开展和研究工作的深入，解决这一问题的条件已基本成熟，至少是正在趋于成熟。

八、汉代低温铅釉陶器与唐三彩的关系

汉代铅釉陶器中，我们称在同一件器物上同时使用两种不同色调的釉进行装饰的作品为复色釉陶器。与普通铅釉陶器相比，这类陶器与唐三彩有着更为紧密的联系。但汉唐之间毕竟有着1000余年的年代缺环，其间的发展脉络与具体途径实在是十分关键的问题，而学术界对其间传承关系的具体描述与探讨则显得较为粗勒。

在上文对汉代低温铅釉陶器的概念进行界定的时候，已经对其间的异同有所涉及。通过比较可以知道汉代低温铅釉陶器与唐三彩有着如下的相同或相似之处，即：①外观的一致性。部分汉代复色釉陶器和三彩器都追求两种或两种以上的不同色釉在熔融状态下互相交融的效果，形成色泽的混杂与融合，三彩的交融现象更为丰富，出土后，器表还会有明显的银釉现象。②釉料成分的相似性。二者均以铅为基本的助溶剂，以铜和铁为呈色剂，同属铅釉系统且呈色机理相同。③胎料的近似性。汉代铅釉陶器和少量的唐三彩是以普通黏土制成的。④烧成温度的近似性。二者施釉后，均须在900度以下的低温中烧成。⑤功能的一致性。所有的汉代铅釉陶器和绝大部分的唐三彩均是作为随葬品而存在的。

二者的相异处表现在：①汉代铅釉陶器的釉中没有呈现蓝色的钴料而唐三彩有。②前者属简单铅釉，后者除此之外还有富含多碱金属的釉基。③汉代复色釉陶器是素坯施釉、一次烧成的，而唐三彩既有一次烧成的也有先素烧后再焙烧的。前者有两次施釉的情况，后者多一次施釉。④汉代复色釉陶器均以普通黏土为原料，胎体多呈褐红色，孔隙较多，吸水性较强。唐三彩既有以黏土为原料的，更多却是以高岭土为胎，胎质细密，吸水率较低。

通过上述比较可以看出，汉代的复色釉陶器与唐三彩之间存在着明显的传承关系。唐三彩的单彩、二彩器应是由汉代单色、复色铅釉陶器直接发展而来的，而三彩和多彩器物则是在汉代复色釉陶器的基础上，在釉料中加入了钴、锰等其他呈色剂后发展起来的。

魏晋南北朝介于汉唐之间，这一时期的釉陶较之两汉大为萎缩，其工艺水平甚至有所倒退。但在北朝时期，随着瓷业的兴盛，以高岭土取代黏土制作的低温铅釉器皿开始兴起，经过缓慢发展，到唐代终于形成了唐三彩这一新的艺术品类。以黏土为原

料的低温铅釉陶器在经过了魏晋南北朝的势微之后，到唐代走到了末路。

附记：本文草成于2002年末，因感觉有进一步充实的必要，故一直未敢示人。承北京大学考古文博学院权奎山教授、赵化成教授鼓励，笔者又进行充实改定，并请宿白先生审阅。在交稿之前，又承中央研究院历史语言研究所邢义田先生惠赠高雄市立美术馆的《汉代陶器特展》，才有机会拜读谢明良教授的大作《有关汉代铅釉陶器的几个问题》，并从中获益良多。谨向以上各位先生表示诚挚的谢意。

农业起源的比较研究

——西亚和北美东部的个案分析

傅稻镰*著　秦　岭*译

In Southwest Asia, plant domesticated preceded animal domestication. In Eastern North America early agriculture began in a couple of different environmental zones amongst of hunter-gatherers who inhabited seasonal sites. This paper reviews the methodological issues surrounding the investigation of agricultural origins through a comparative summary of recent work in Southwest Asia and eastern North America. The origin of agriculture represents an important juncture in history of human populations, their demography and health but also a key transition in the history of the environment when particular plants and animals became domesticated.

农业起源标志着人类史前史上的一个重要转折。通过栽培植物来获取食物为储存剩余物资提供了可能，继而支持了更为庞大的定居人口，促进了专门化生产或非生计生产者如陶工、教士等的产生，最终导致了随后出现的城市与文明的多样化。也因此柴尔德于1936年提出了“新石器革命”这样的概念。近年来，随着考古发掘中植物遗存的系统提取与分析，描绘农业起源和作物驯化的具体进程成为了可能。植物考古学证据对于增进我们对这些过程的认识是至关重要的，本文将以西亚和北美东部为例试作分析。

在农业出现之前的漫长岁月中，所有的人类社会都是狩猎采集经济，人们依靠每年特定时期内环境所提供的自然资源为生。在大部分情况下，狩猎采集社会都是流动的，至少流动性是应付季节性短缺的一种必要策略。是农业使之发生了巨变，尽管种植、生长和收获仍然是一个季节性的轮回，但农业提供了可供储存的剩余食物，能够帮助人们安度贫瘠的岁月。同时，形成以谷物（在有些热带地区是根茎类作物）等碳水化合物为主食的取食结构，也是农业起源后产生的重要变化。淀粉类主食比如谷物能够被加工成半流质（如粥），成为非常有效的婴儿食品，这使得婴儿可以在较早阶段

---

* 作者傅稻镰系伦敦大学学院考古学院植物考古学专任讲师；译者秦岭系北京大学中国考古学研究中心兼职研究员，北京大学考古文博学院讲师。

就脱离对母乳的依赖，也因此潜在地提高了人口的增长率（Cohen 1991）。但淀粉质农作物生产带来的一个负面影响却是食物中淀粉和糖类的增加导致了牙齿空洞的问题，这一现象在早期农业社会的骨骼遗存中已经被发现（Larsen 1995）。另一个从骨骼证据中可以看到的现象是在以淀粉类为主食、可食植物缺乏多样性的早期农业社会存在因维生素不足造成的营养不良。因此，尽管农业是文明化进程的基础，从健康角度衡量，它的出现却未必对人类有利。由此引出的问题便是，那些在原先大部分环境中活得好好的狩猎采集者们，为何会转向农耕？在考察了西亚和北美东部的具体材料后，我们会回过来讨论导致这一变化的各种可能的原因。

一、定义耕种和驯化

在考察考古学证据之前，必须首先明确一些关键词和概念的界定。我将把农业这个概念拆分成不同部分，各部分在史前史中都可能有着分别的起源（参见 Harris 1989；1996）。首先，是可食性植物的生产，或称为耕种，指植物再生产的结构性行为，一般包括播种和几个月后的收割活动。尽管耕种的最初形式可以只是简单的撒播种子，就像是一种对野生植物自然传播繁殖行为的模仿（Anderson 1992），但耕种这个概念广义上也包含了对田地的准备或者耕耘。第二，是作物的驯化，我将这个概念更为精确地定义在特定的生物进化层面上，即伴随着人类的耕种行为使植物发生的形态学和遗传学上的变化。同理，我也将动物的饲养放牧从动物驯化的概念中分离出来，后者特指在对动物生态和繁殖行为进行人为干涉后所造成的形态学上的变化。以上就“驯化”生物学意义的严格界定对于科学的考古学研究而言尤其重要。在西方语言中这个源自古拉丁和希腊语中的 domestication 概念包含着“将作物及动物带入家中”相关的众多社会与象征意义（Hodder 1990）。虽然这与本文议题无甚关联，但这一象征概念可能在早期农业社会的发展中是非常重要的，特别是在西亚地区，只有在我们厘清了对动植物资源开发的历史过程之后，它才能够被更好地研究。

辨明野生和驯化之间的生物学差异，需要研究现代种群并且利用实验的方法（Heiser 1990；Harlan 1995；Zohary and Hopf 2000）。驯化作物和它们的野生祖先之间存在着大量的差异，比如种子的大小、枝杈的多少等等，但其中最重要的区别在于种子繁殖的方式不同。种子在解剖学结构上的特定区别影响了它的萌芽和散播。比较野生豆荚和栽培豆荚（图一，b），当种子成熟时野生豆荚会自动扭转崩开使种子可以自然散落到土壤中；而栽培豆荚自己却不会粉碎，很大程度上依靠人为的散播。同样的差异也见于野生和栽培的谷物之间（图一，a），野生谷物如野小麦能自然落穗脱粒（Hillman and Davies 1990），同时它们还有一整套厚重的结构来保护种子（包括颖壳、谷壳

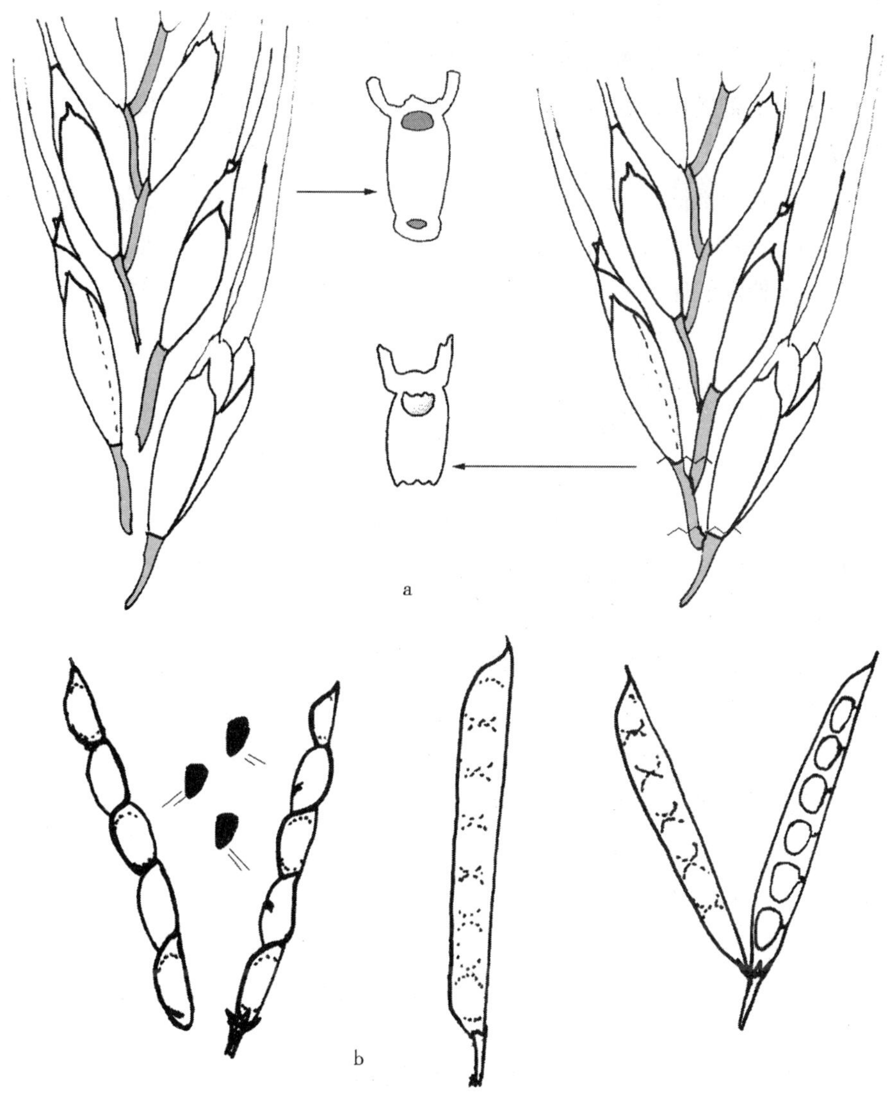

图一 野生与驯化植物在种子散播方面的比较

a. 野生自然脱落的小麦穗（左）；带有粗糙轴面的驯化小麦穗（右）。中间图示为考古学遗存中经常被保存下来的部分。

b. 一般野生豆的豆荚会扭转崩开，以散播种子（左）；驯化的豆荚紧密闭合（中）需要人力打开（右）。

和芒刺），使之看起来像带刺的箭头，这可以帮助种子借助自然力如风雨重力等更好的扎根于土壤。而栽培作物的穗则聚拢在一起我们叫做硬轴（stiff rachis），只有通过人工脱粒才能破碎。这样的种子需要依靠人力来散播，因此谷粒的外部结构不再需要呈箭状，也不再主要依靠它的特定形状来帮助散播，最终失去了众多绒毛和其他芒刺等特征。这些变化在考古学中很难通过对谷粒本身的观察被鉴别出来，需要从叶轴的细小碎片上找到显示穗聚拢在一起的证据，这些叶轴碎片在经过浮选的植物考古学样品中时常能够被保存下来。

对野生作物采用不同收割方式进行实验，可以推演出上述的变化模式（Hillman and Davies 1990；Anderson 1992；Willcox 1999）。这些实验表明，按照达尔文的自然选择理论，在人类特定的储存、播种和收割技术下创造的新生态环境中，作物是如何被逐步驯化的。带有非自然脱落性叶轴的谷穗是在大多数野生禾草类种群中会出现的一种稀有的基因变异。如果通过简单摇打野生禾穗以敲落种籽入筐的方式进行收割，野生形态的禾穗将在来年的谷物中占绝对优势。与之相反，如果人们用镰刀进行收割（割下穗实或从作物根部整株的割下），则将散失很多会自然脱粒的种子，并保留所有具有非自然脱落特征的“变异”植株。因此，这些“变异”种来年会被再次播种，随着时间的推移如此往复，伴随着每一次收割中自然脱落形态植株种子的散失，“变异”者将逐步在耕种总量中占据优势。对实验的定量统计表明，通过这种方式收割播种，整个栽培种群变异成非自然脱落形态的时间大约在20到100年之间。这实在是一个十分短暂的过程，在考古学中几乎是“不可观察的”（碳十四测年方法也对之有局限）。发生上述快速变化的另一个前提，在于收割的谷物必须在没有野生散落种子滋生的土地上生长，换言之人类需要在新的土地上播种。以上讨论暗含了这样三方面的认识：首先，对于形态学上所谓的野生作物的栽培耕种一定会早于我们称为驯化的生物学变化；其次，并非所有的栽培行为都会导致形态学上驯化的产生，而是取决于特定的收割技术和耕种活动；第三，人类并不需要有意识地去驯化作物，这只是特定耕种行为的副作用，因此是一个无意识的意外，尽管最终它大大提高了耕种的生产力。

二、重建西亚地区农作物驯化的版图

上述讨论已经说明了农业起源研究多么需要多学科的支持，尤其是自然科学例如植物学的参与。下文将涉及植物学和古植物学在研究中扮演的另一个至关重要的角色，就是帮助重建农作物们的野生祖先在史前时期的分布状况，只有在分布范围内，最初的耕种才可能发生。以西亚为例，大量作物的野生种分布在地中海栎林和草原之间的地带，这一地带的平均年降雨量在400～600毫米之间（Zohary and Hopf 2000）。野生小麦（*Triticum spp.*）和大麦（*Hordeum vulgare*）分布于略干燥、较开阔的疏树草原，有稀疏散布的灌木、野生杏树和栎树；西亚的野生豆类，包括兵豆（*Lens culinaris*）、豌豆（*Pisum sativum*）、鹰嘴豆（*Cicer arietinum*）、家山黧豆（*Lathyrus sativus*）、蚕豆

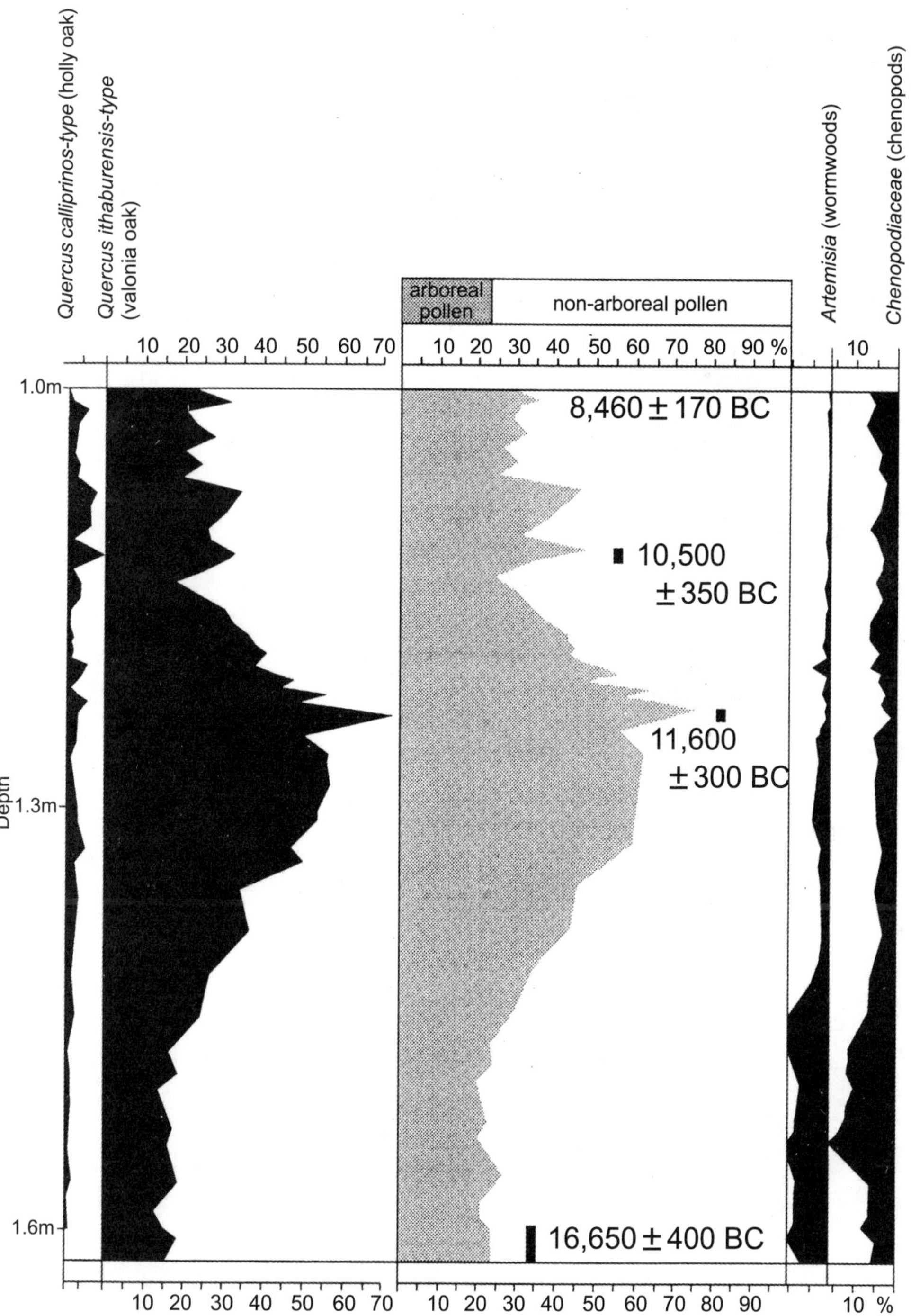

图二a　以色列 Hula 湖的花粉证据，显示出晚更新世到全新世早期的植被变化(据 Hillman 2000) 年代数据经校正（本文作者添加）。左边两列是两种栎属植物花粉的变化，右边两列是干旱草原植物蒿属（艾属）和藜科的花粉，中间是木本和非木本总体比例的变化（灰色为木本）。

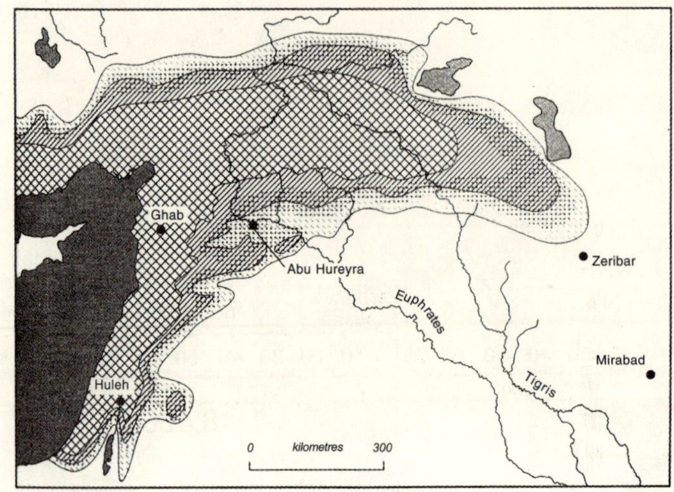

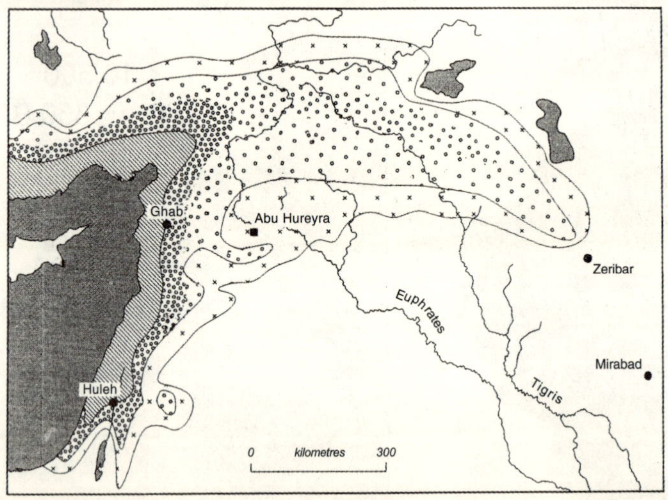

森林及相当密集的疏林（包括山林、地中海硬叶疏林和旱生落叶栎木－蔷薇疏林）

栎木－笃狝香－蔷薇疏树草原（一种疏林和年生草本为主开放草原的镶嵌地带）

笃狝香－杏树疏林草原，散生树木的以草本为主的草原

广泛适宜野生小麦和黑麦生长的地区

草原，以蒿属、多年生藜科和多年生生草丛为主

山林、地中海硬叶疏林、旱生落叶疏林和草原的镶嵌地带，大多均稀疏散生

部分枝叶枯萎地带，其特征是，各自孤立的树木与野生谷物豆类小区一般散布在湿润的山谷或者面北的斜坡空地上，周围间以枯死树木。圆圈点的不同密度反映出越往边缘越为稀疏。

树木完全枯萎地带，其特征是没有任何孤立小区的存在，除了部分干涸河床内有笃狝香和马槟榔灌木丛

图二b.c　晚更新世西亚的植被变化，通过四个花粉钻芯数据复原(据 Hillman 2000)
上b：距今约13500年（校正）的植被分布，野生小麦大麦的分布范围用小点标出。
下c：新仙女木期（距今13000～11500年）的植被分布，显示出林地植被的回退，野生谷物分布区域以小圈表示。

(*Vicia faba*) 和其他野豌豆 (*Vicia ervilia* 与 *Vicia sativa*), 则分布于靠近林地的空旷地带。因此今天这些野生谷物和大部分豆类分布于近东山脚下的弧形地带, 即所谓的"肥沃的半月形地带"。以上只是作物可能被驯化的一个大致区域, 我们仍需要考虑到气候变迁对其过去分布范围的影响。

尽管末次冰期 (距今 18000 年) 时西亚要比现在更为干旱, 但这之后全球性的变暖使得降水量有所增加, 因此喜湿性植被带有所扩张而荒漠草原地带则退缩了。植被变化及地中海森林—栎林带的扩张能够从区域内的一些花粉探芯上反映出来, 其中最重要的探芯来自于以色列的 Huleh 湖 (图二, a、b), 该处样品中木本花粉比例的增长说明了森林植被的增加, 细致分析则包括了很大比例的栎属花粉。基于所有花粉探芯的分析, Gordon Hillman (1996; 2000) 复原了主要植被带的大致范围 (图二, b)。图中野生小麦、大麦和黑麦的分布用小圆点标注出来, 大概是在开阔的栎林和稀树草原之间的过渡地带。图中也标出了重要的考古遗址 Abu Hureyra 的具体位置。由图可知, 资源富庶的生态带 (地中海森林、栎林和野生谷物带) 在距今 15000 到 13500 年间是分布得日愈广泛的。而根据最近的测年数据, 距今 13500 年之后 (或者经树轮校正为公元前 11500 年), 一个戏剧性的反复即"新仙女木期"出现了 (Roberts 1998)。这一变冷变干的气候事件是一次全球性的变化, 在格陵兰的冰芯 (e. g. Alley 2000)、东非湖区 (Gasse 2000)、西藏湖区等湖沼泥炭记录 (e. g. Wei and Gasse 1999) 以及南非的一些古环境证据中都有所反映。在西亚地区 Huleh 湖的花粉报告上可以非常明确看到这一事件的发生 (图二, a)。Hillman 复原由此造成的植被变化 (2000; Hillman et al. 2001), 林地草原的分布范围收缩, 原先常绿林地草原植被明显荒芜了 (图二, c)。新仙女木期事件大概历时千年方止, 降水量恢复了, 环境也随之回复到新仙女木期之前的景象。

以上述环境变迁的大体过程为历史背景, 我们现在来考察这一地区的考古学证据, 看看早期社会如何利用新仙女木期之前的繁茂植物资源, 又是如何来应对后来的干旱与荒芜。

三、考古学上的第一个耕种者

如图三编年表所示, 与新仙女木期之前富饶环境相对应的考古学阶段是称为纳吐夫文化 (Natufian) 的旧石器晚期文化, 分布范围从南面的利凡特 (以色列、巴勒斯坦、约旦) 地区往北到叙利亚的幼发拉底河中游地区 (图四)。与重建的古植被状况比较 (图二), 可以看出这些遗址广泛分布在从地中海森林到栎林再到草原边缘的不同环境当中, 可以获得丰富的各种类型的野生动植物资源。潜在资源的多样性意味着获取手段的多样性, 这与纳吐夫文化多元化的技术特征是相匹配的。

考古研究表明，纳吐夫文化遗址都是被常年使用的居址（Bar-Yosef 1998；Bar-Yosef and Belfer-Cohen 1989）。利凡特南部的许多纳吐夫遗址利用洞穴或者洞穴门口的平地，房址和墓葬都有发现。聚落由一组建于石头地基上的圆形建筑构成（如 Mallaha 遗址），居所被复原成由木头柱子支撑上部易腐结构的茅棚，而墓葬一般位于这些聚落的边缘地区。死者不仅葬于村落内，而且有些情况下他们的骨骼会被再次掘出，一些头骨经过抹泥可能是用于仪式活动，而这些头骨常被发现埋设在房子的地面下，由此显示出该文化对祖先以及祖传空间这样一些概念的关注。我们可以据此认为，这与村落内群落之间空间疆界的定义，以及居所的永久性互有关联。

纳吐夫的手工制品反映了为有效获取各类可利用资源而发展出来的多样化的技术。主要的石器类型是制作复合工具的几何形细石器，此外骨器也很普遍，特别是尖状骨器，可能是用于鱼和飞禽的小型狩猎的矛或叉（这些都能通过动物骨骼证据说明）。重要的技术进步是纳吐夫文化已经有了镰，在一些遗址（如 Wadi Hameh）上发现了由带刃石片安在骨质器柄上所制成的收获工具。这些镰刀在石器总量中占的比例很少，在北部纳吐夫文化中可能更为次要。比如在 Abu Hureyra 遗址中就未见，而在比 Abu Hureyra 稍晚一些的 Mureybet 遗址中也仅见一些痕迹（Olszewski 2000）。然而，这些遗址又出土了另一些小型的带刃石片，可能具有类似的功能。前文已经讨论过收割方式在植物驯化中的重要作用，这和此处涉及的问题密切相关。这些镰状工具可以用于收割芦苇类的植物来修建房子和铺设地席，也可以用来收割可食性的植物。对一系列遗址出土工具的微痕分析表明：南部利凡特地区的纳吐夫文化是用这些工具来收割芦苇；而在包括 Abu Hureyra 和 Mureybet 遗址的这一区域，工具微痕则与收割未成熟的野生作物的实验数据相吻合（Anderson 1992）。收割未完全成熟的野生作物的优点，在于可以尽量避免成熟后自然落穗所造成的谷粒散失，但如此一来，也就不易形成与形态驯化转变有关的人工选择了。

另一个重要的考古学证据是研磨工具的出现，特别是臼、杵和少量的磨盘。纳吐夫文化前后出现的研磨工具，显示出对可食性植物种子（包括谷物）加工过程中有效性的强调，因此能够更好的摄取食物中的热量。将种子弄成更小的碎片，可以增加它们的表面积以便较多地被消化系统所吸收；而将谷物磨成粉就可以更多地被消化。利凡特的两种变化趋势证明了这样一个通过加工来有效利用食物资源的过程（Wright 1994）：一方面是从纳吐夫到随后的新石器时代各类研磨工具总体数量的增加；另一方面是与纳吐夫文化相比，新石器时代磨盘类工具比例的增加（图五）。从中可见这一时期对于从一定数量植物类食物中获取更多热量的关注，而这也与人口密度的增长相互关联。

纳吐夫文化还存在一个非常特殊的现象，大部分有断代的遗址都是纳吐夫文化早期的，属于纳吐夫文化晚期的非常少，其中就包括北部的 Abu Hureyra（图三）。纳吐

C-14 age	Calender Age	Greece	Central Anatolia	Cyprus	Coastal Levant	Southern Levant	Middle Euphrates (Syria)	Eastern Taurus	Zagros Mtns
7Kbp	6000 BC	**Early Neolithic**	Hacilar	**Khiro-kitia**	**Lustrous Pottery Cultures** Ras Shamra VA-B, Amuq A-b, Byblos	**Late Neolithic (Pottery Neolithic A)** Jericho IX	Abu Hureyra 2C, Damishliya	**Cafer Hoyuk Pottery Neolithic**	**Late Neolithic** (Hassuna/ Susiana)
8Kbp		**Aceramic Neolithic** Knossos, Franchthi				**PPNC**; Ramad II	**Final PPNB**		**Late Aceramic Neolithic** Jarmo
	7000 BC	**Mesolithic**	Catal Hoyuk	Kalavasos-Tenta	**L. PPNB** Ras Shamra VC	**Late Pre-Pottery Neolithic B** Abu Gosh, Goraife II Ramad I, Beisamun, Jericho	**Late PPNB** Abu Hureyra 2B, Halula, Tell Assouad	Cafer Hoyuk	**Ali Kosh**
9Kbp	8000 BC		**Asikli Culture**	Parekklisha-Shillourokambos	?	**Middle Pre-Pottery Neolithic B** Tell Aswad 2, Goraife I	Abu Hureyra 2A	**Taurus PPNB** Cafer Hoyuk V-XII Cayonu: Pig Husbandry	**Bus Mordah** Ganj Dareh E
			?	Kissonerga-Mylouthkia	?	**Early Pre-Pottery Neolithic B** Tell Aswad 1B, Jericho	Mureybit IVA, Dj'ade		
10Kbp	9000 BC					**Pre-Pottery Neolithic A** Jericho Tell Aswad 1A, Netiv Hagdud ?	Mureybet III, Jerf el Ahmar Abu Hureyra 'Intermediate'	**Taurus PPNA** Cayonu Round Building Pig-hunting	?
	10,000 BC				**Khiamian** Sables de Beyrouth	Harifian; **Khiamian** El Khiam terrace	Mureybit IB-II	**Hallam Cemi** Pig-husbandry??	
11Kbp Younger Dryas	11,000 BC				**Natufian** Sables de Beyrouth Saayideh	**Late Natufian** Iraq el-Dubb, Rosh Horesha Nahal Oren V	Abu Hureyra IC, Mureybit IA Abu Hureyra IB Abu Hureyra IA	?	Zawi Chemi Shanidar
12Kbp	12,000 BC	**Upper Palaeolithic**	?			**Early Natufian** Eynan, El Wad, Hayonim Wadi Hammah 27, Jericho, Mallaha, Beidha			
13Kbp						**Geometric Kebaran** Nahal Oren VII, Mushabi			
14Kbp									
15Kbp						**Late Kebaran**			

Key subsistence transitions:
- ▬ · ▬ · Horizon of cultivation (morphologically wild)
- ═ Horizon of domesticated plants
- ≡ Horizon of domesticated animals and plants

图三　西亚旧石器晚期到新石器早期的文化谱系

新仙女木期用灰色表示。各类重要的经济转变行为的出现用各类粗线表示，图例中各类粗线从上往下分别表示野生态植物的栽培、作物的驯化、驯化动物的出现。

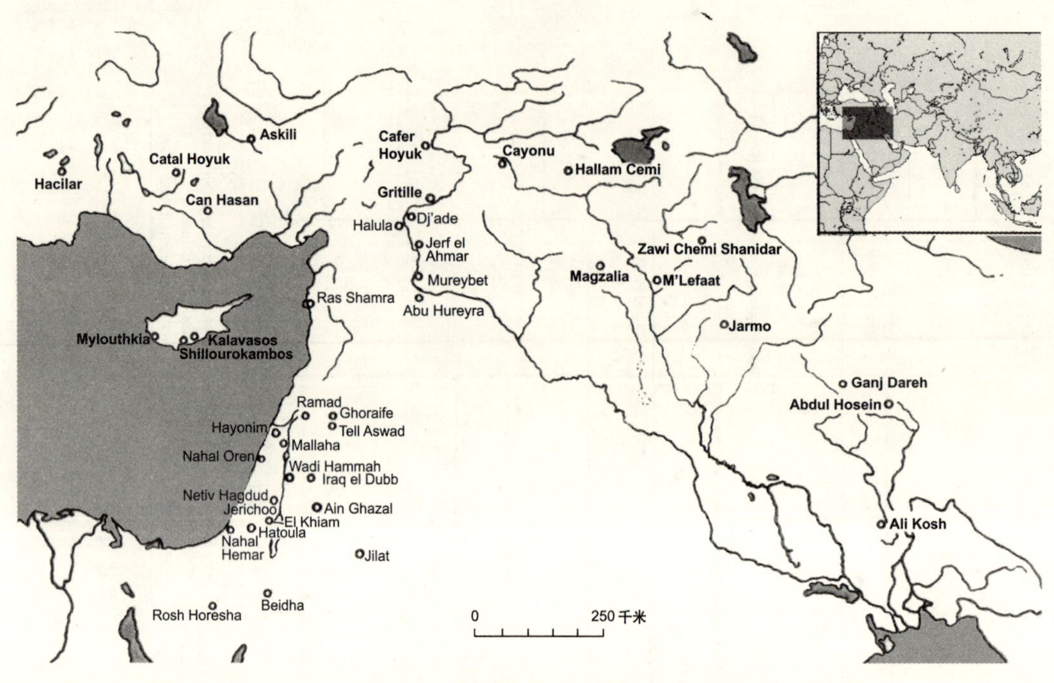

图四　西亚农业起源地区的分布

（重要遗址已标出位置）

夫文化晚期相当于干冷的新仙女木期阶段。Abu Hureyra 的重要性在于整个新仙女木期它都被延续使用了，并且通过对所有考古遗迹进行采样和浮选，获得了非常丰富的炭化植物考古学资料（Hillman 2000）。在早期地层中，可鉴定野生植物种属有 157 种，大部分可能是食物资源，包括了野生大麦、野生单粒小麦和野生黑麦。到了新仙女木期晚期，植物遗存组合发生了一个重要变化，与栎林—草原环境相关的种属减少了，而更为耐旱的、属于荒漠草原过渡地带的种属增加了。这一趋势中只有两组例外：第一，是野生谷物始终保持着一个相当的数量；第二，是某些属于林地环境的草本植物仍然数量丰富，据今天所知这些都是与耕种伴生的野草（图六），因此显示出这些种属已生长于一个全新的生态环境中，那就是耕地（另见 Hillman et al 2001）。在 Abu Hureyra 以及同地区其他三个已被量化分析的略晚的遗址（Mureybet，Jerf el Ahmar，D′jade）当中，野生谷物和耕地伴生野草的共存是非常重要的，这说明已经存在对谷物的人工栽培耕种，但在形态学上却还没有演变成驯化种（Willcox 1999）。综上可以理解纳吐夫文化晚期遗址数量骤减的现象，只有一部分人通过耕种某些种类的可食植物适应了新仙女木期恶劣的气候环境，而另一些群体（如大部分利凡特南部地区）可能又返回到了季节性流动的状态。而利凡特北部这种转变的长期后果，是可食性植物资源多样性的削减，以及对某些特定种属依赖型的增强，后者最终成为了主要的农作物。

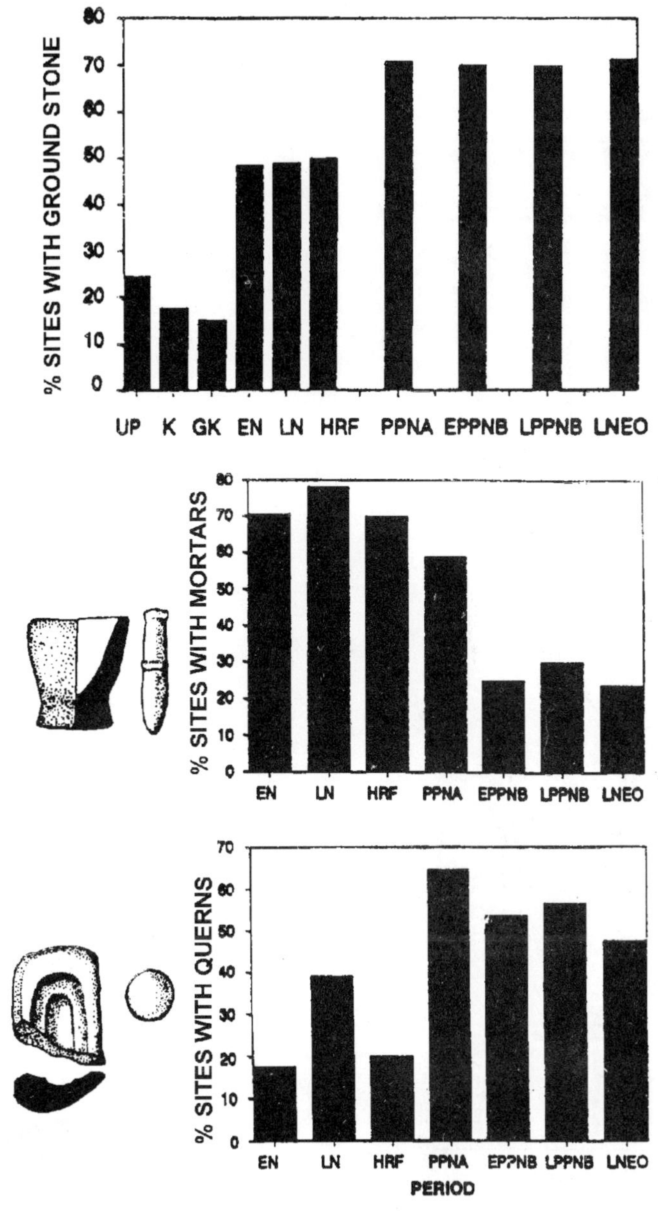

图五　臼和磨盘的使用趋势

上：出土研磨器的遗址在所有发现遗址中所占的比例。

中：出土臼的遗址在所有发现遗址中所占的比例。

下：出土磨盘的遗址在所有发现遗址中所占的比例。

图表显示谷物加工的日趋精细化，以便从谷类食物中吸收更多的热量（据 Wright 1994）。分期示意：旧石器晚期（UP），Kebaran（K），Geometric Kebaran（GK），早期纳吐夫（EN），晚期纳吐夫（LN），Harifian（H），前陶新石器 A 期（PPNA），前陶新石器 B 早期、B 晚期（EPPNB，LPPNB），新石器晚期（LNEO）

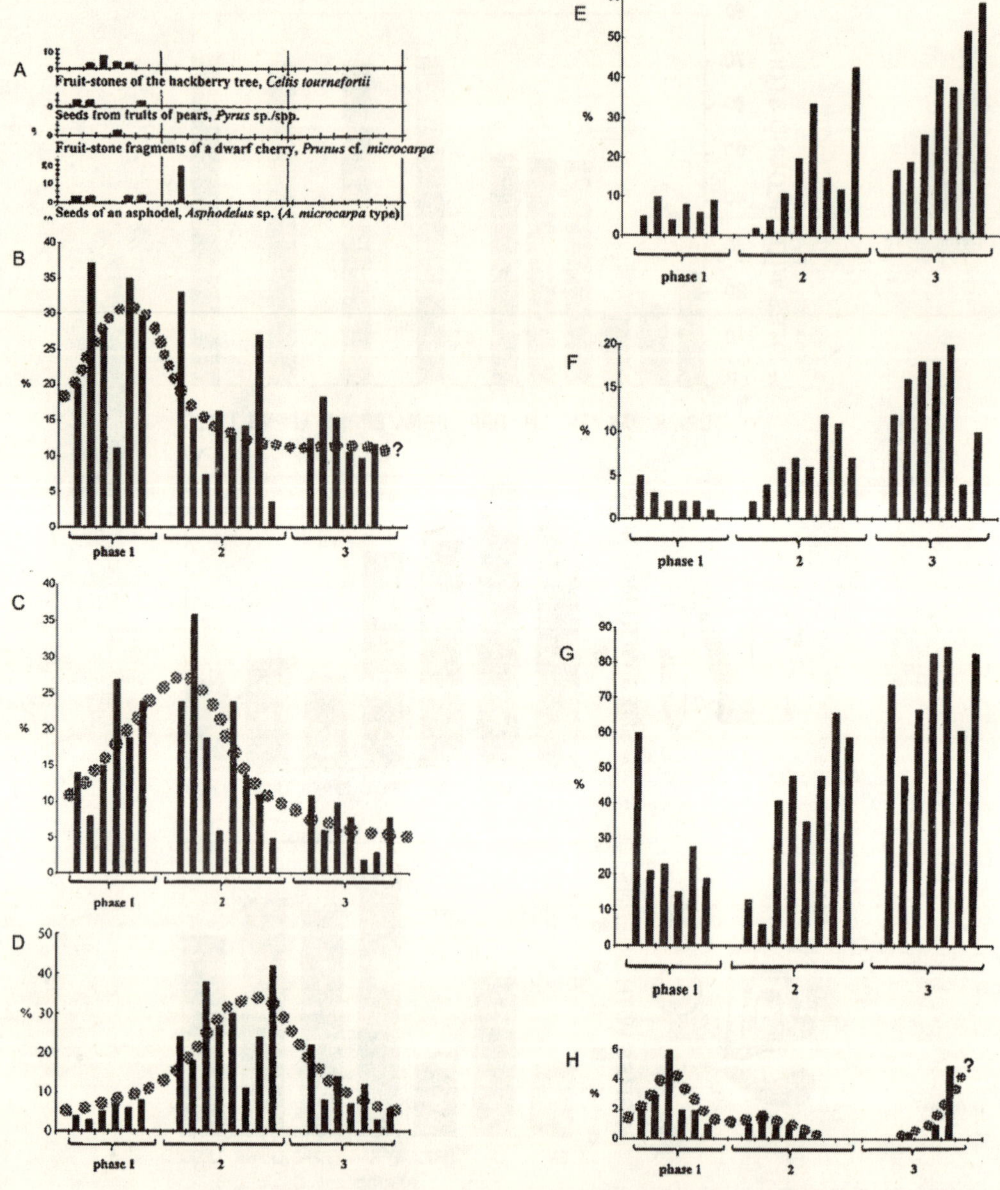

图六　Abu Hureyra 旧石器阶段三期的部分植物种属的数量变化

此图表展现出原生于湿润环境中的野生食物资源的减少，以及耕种地的出现。一期为新仙女木期之前（x 轴1），而二期（x 轴2）与新仙女木期事件出现相当（据 Hillman et al. 2001）：A. 部分生长于橡树林地区的水果。B. 野生小麦和黑麦。C. 生长于草原的针茅属（Stipa）植物的种子数量。D. 生长于沙漠－草原环境的灌木类藜科植物。E. 小形态种子豆类（车轴草）的种子，显示新仙女木期的耕地的出现。F. 小颗粒的禾草，说明耕地的存在。G. 旱地紫草科植物的种子（Arnebia 软紫草属 and Buglossoides），说明耕地的存在。H. 大形态种子豆类（大部分为兵豆），随着新仙女木期如预见的减少了，但出乎意料的再次增加显示了兵豆种植的开始。

当我们历史性的从地理学角度来考虑，一个非常重要的问题在于，在这一首先出现栽培活动的核心区域，栽培非驯化植物的历史超过近2000年。现在的证据显示，没有特定收获方式（如用镰刀收割几近成熟的植株），不在新的土地（不存在野生谷物）上耕种，则无法造成形态学上驯化的发生。而这些技术上的转变可能是在邻近的区域真正出现的，因为在邻近地区发生了作物的驯化。在公元前9500年以后的前陶新石器A期，谷物更广泛地被发现；而明确已驯化的谷物则在接下来的前陶新石器B期才普遍出现，时代大约是公元前8700年以后。到这一时期气候已有所改善，降水量比今天更多，温度则略低一些。驯化作物的栽培在这一地区更加广泛，前陶新石器B期遗址数量的增加和单个遗址面积的扩大都说明了定居人口的增长（Kuijt 2000）。稍后（公元前8000年之前）动物也被驯化，而这将在另文讨论。在大约公元前6200年时，陶器被发明了，通过炊煮能够释放作物中更多的养分。这一进程的最终结果是大型农业定居村落的形成，是后来的文明起源，是农业往埃及、巴基斯坦、中亚和欧洲等邻近地区的传播。

四、北美东部：植物驯化的另一个故事

最后，本文将非常简要地考察另一个完全不同的环境里农业发生的情况，那就是北美东部。这一地区的状况在近年来系统的植物考古学研究下方显端倪（Smith 1989；1995a；1995b）。我们考察的时间范围大约是古代阶段（Archaic）晚期至伍德兰阶段（Woodland phases）早期，即距今5000至2000年间。泛言之，这一地区地理上类似西亚，位于森林和草原间的过渡地带。一边是落叶栎林，有丰富的橡子和其他坚果资源，如胡桃、美洲山核桃、榛子等；而另一边则是北美中部广袤的大草原（图七，a）。这种植被分布已经随着气候变迁有所移动。大约7000至6000年之前，那里要比现今略微湿润（图七，b）；而到了距今4000年左右，就和现代环境一致了；没有证据说明气候上存在如西亚新仙女木期这样的动态变化。出现早期农业的遗址广泛分布在颇为多样的植被地带（图七，b、c）。因此，较之于考察在特定区域内环境变迁方面的大尺度影响（就像西亚的情况），我们不如更多考虑遗址周围的景观状况。较湿润阶段（全新世中期）伴随着河谷内更多沼泽和漫滩的产生，可以提供更多鱼类、贝类和小型狩猎资源。古代阶段中期，这一地区本土美洲人的生计依靠丰富的野生坚果以及渔猎活动（Johannsen 1988；Chapman and Watson 1993；Fagan 1995；Gardner 1997）。这一时期的遗址呈现出季节性的特征，有高地上的岩棚，也有河谷内的遗址。同时，河谷遗址规模的扩大以及文化堆积的增厚显示出更长时期的活动甚至是定居的生活形式。而在这些河谷型遗址定居的时间越长，对于冲积平原上小型种子植物的利用也就越多。

在北美东部，正是从对这些小型种子植物的利用中开始了栽培活动。我必须说明

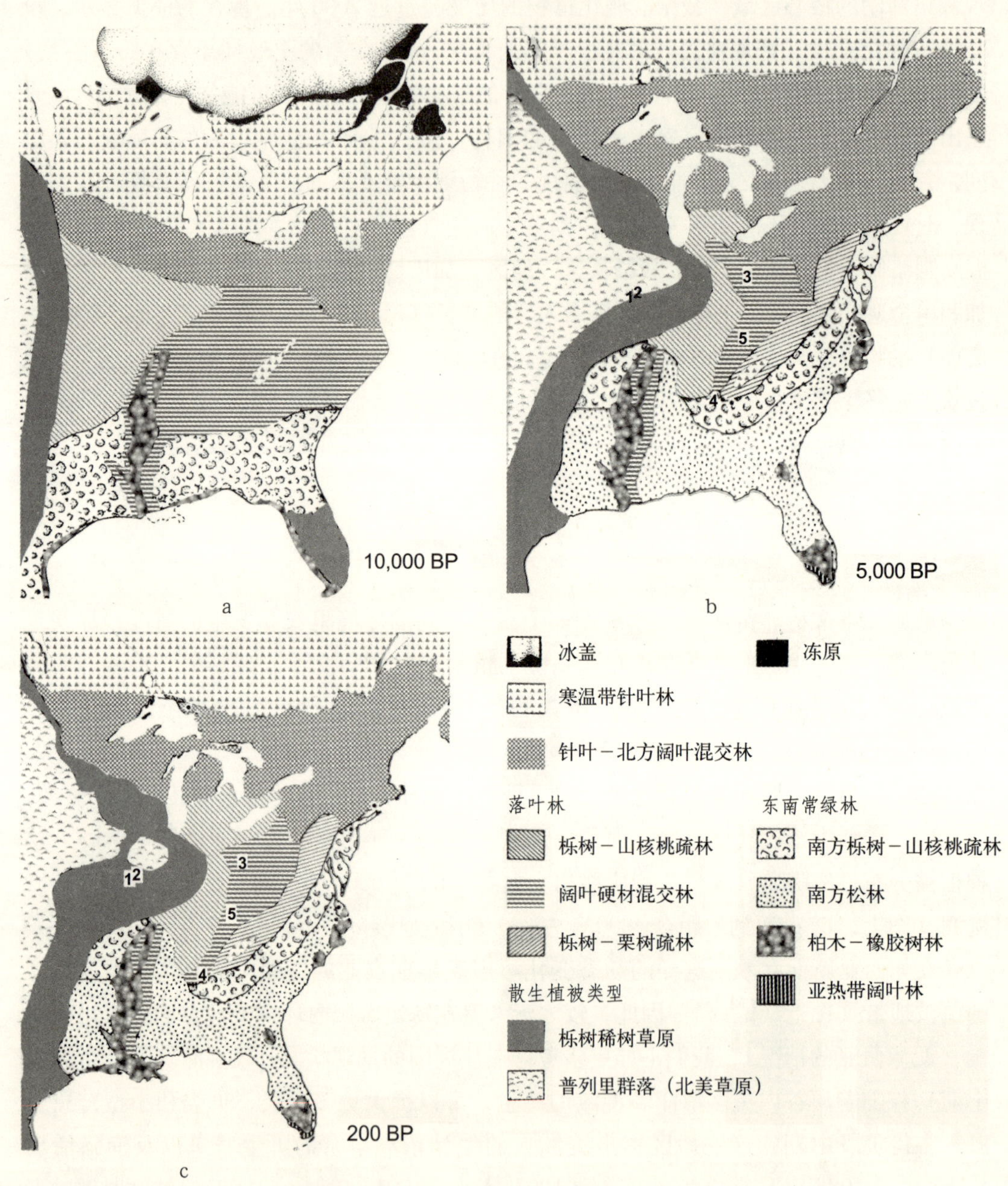

图七　北美东部的古今植被分布，基于大量孢粉钻芯（黑点）复原（据 Delcourt et al. 1983）
出土与植物驯化有关的重要植物考古学证据的遗址：1. Koster，Lagoon and New Bridge　2. Napoleon Hollow　3. Ash Cave　4. Russel Cave　5. Newt Kash rock shelter and Cloudsplitter。

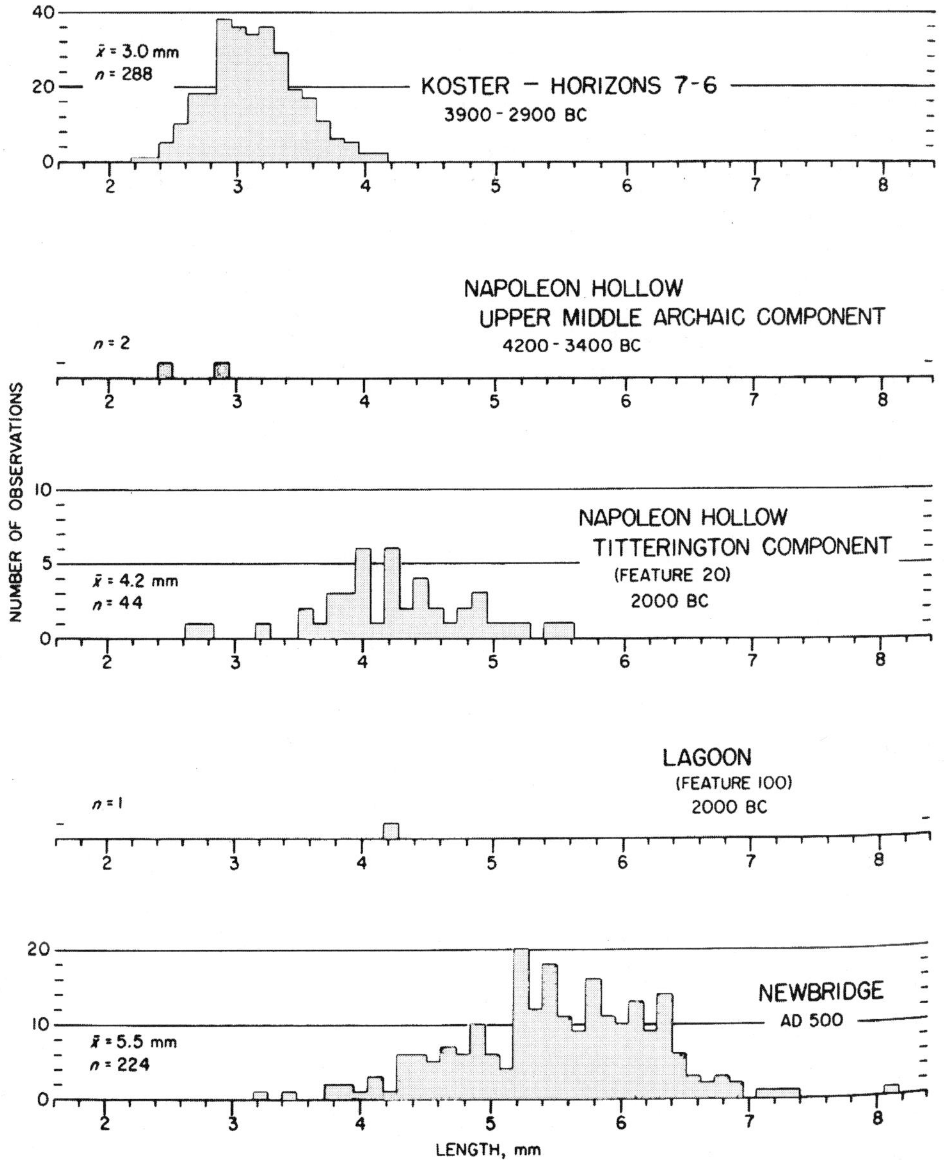

图八　*Iva annua* 种子大小的变化，显示出大约公元前2000年发生的驯化（据 Asch and Asch 1985）

这其中的大部分今天并没有被驯化，在历史文献中也未见相关记载，这些今天被当作野草的种子植物在这里只能用拉丁名字，因为很少有人对它们像可食性植物那样的熟识。它们分别是：*Chenopodium berlanderi*（藜属的一种，无中文译名）〔1〕，*Iva annua*

〔1〕 括号内均为译者注，仅供参考。植物名称仍以拉丁名字为准。

（菊科的一种，无中文译名，英文俗名为 marsh elder 湿地浆果，或 sump weed 水坑草），*Helianthus annus*（向日葵），*Curcurbita pepo subsp. ovifera var. orzarkana*（西葫芦的一种），*Polygonum erectum*（蓼属杂草的一种，英文俗名为 erect knotweed 直立节草），*Phalaris caroliniana*（虉草属的一种，英文俗名为 canary grass 金丝雀草，或 May grass 五月草），*Hordeum pusillum*（大麦属的一种，英文俗名为 little barley 小大麦）。其中有两种今天仍为人熟知的，它们是不同种类的南瓜（*Curcurbita pepo*）和向日葵（*Helianthus annus*）。以上种属的共同点是它们在开阔林地、河谷漫滩和扰乱过的土地上都能够很好的生长。可能是由于人口的增长和野生坚果类资源可靠性的减弱，又或许因为这些种子植物可以作为可靠的后备食物资源，有些美洲人群体开始种植这些草本植物以获取它们的籽粒。很早就有人提出这种栽培是在邻近人类居所的扰动环境中开始的（Smith 1995b）。在这样环境中种植这些种属可以提高对这些食物的利用，而新的环境也会促进这些种属发生特定的物理变化。种植导致的驯化通过其中四种所发生的物理变化可以说明。同时，其他一些种属即使被种植也没有证据显示发生了驯化这样的演变现象。

在西亚，收割和种植技术导致了种子散播行为上的迅速变化，这可以在考古学发现中得到印证，但与之相比，北美这些种属的形态变化却是一个渐进的趋势。比如驯化后种子尺寸明显增大，我们相信这种明确变大是在种群高密度情况下（如在密度很高的田地中），秧苗为了与它者竞争而发生的。*Iva annua* 就是一个籽粒形态增大的例子，从不同时期不同遗址的证据上可以看到野生种子从古代阶段中期（大约公元前3000年）的2~4毫米长（这与现代野生种群大小一致），到公元前2000年左右大于4毫米，再到公元500年的伍德兰时期增长至7毫米甚至8毫米（图八）。向日葵在公元前1500年左右也表现出种子尺寸增长的现象。*Chenopodium berlanderi* 驯化的证据则表现为种子外皮变薄——这可能与种子萌芽有关，薄的种皮在同样的耕地中可以帮助秧苗更好的生长，这和种子尺寸的变化是同样的道理（图九）。野生种群的种皮大约有50微米厚，而考古学中发现的驯化种群种皮变薄到10~20微米。这样的变化也发生在大约公元前1500年左右。因此在公元前2000至1500年间，我们可以观察到北美一些本土的植物驯化，这是耕种行为导致的结果。

一旦农业开始之后，可以看到考古学证据上定居和人口密度的增加。陶器在公元前200年也开始被使用了，这可能对烹煮籽粒类食物有所帮助。这之后等级和复杂化在这一地区的社会中进一步发展（see Fagan 1995；Kennedy 1994）。比如，在俄亥俄河谷（及邻近地区）公元200年后我们有了霍普韦尔（Hopewell）文化[2]，以具有丰富葬品的大型墓墩和令人叹为观止的防御性和仪式性土墩遗址著称。而正是在这一时期，

---

〔2〕 亦称墓墩二期文化，译者注。

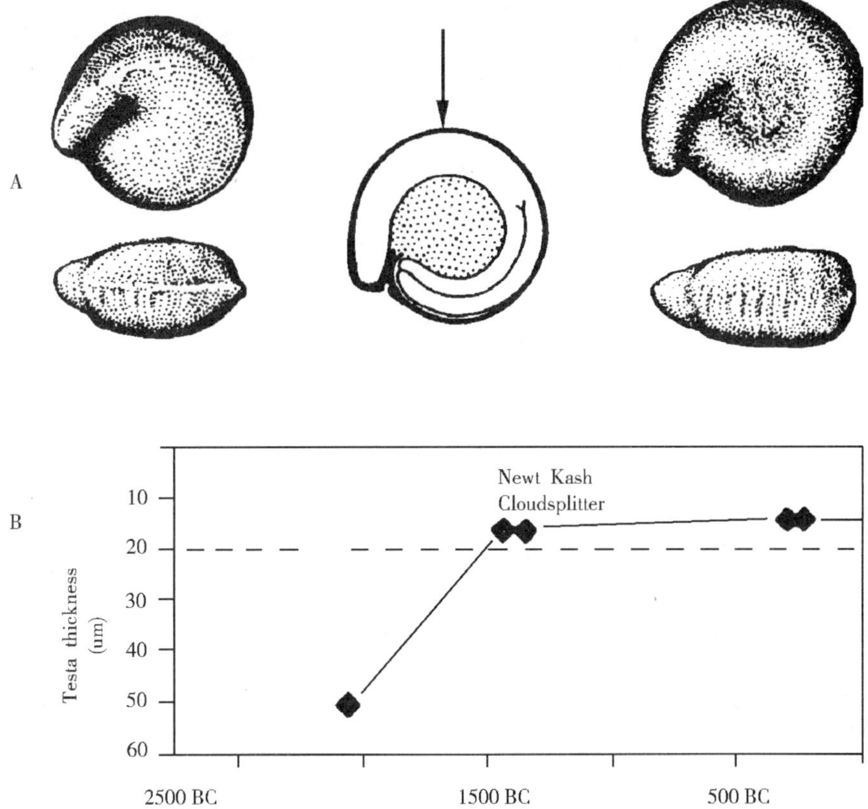

图九 北美 Chenopodium berlanderi 驯化过程中的形态学变化

A. 藜属种子的一般图示，驯化形态表现为喙部变长、外形变方。箭头指向种子解剖面说明驯化种皮变薄。B. 对考古遗存种皮厚度（微米）的测量，*x* 轴表示年代，*y* 轴表示种皮厚度，说明 New Kash 和 Cloudsplitter sites 的驯化在公元前 2000 到 1500 年之间（据 Smith 1989）。

某些本土农作物在部分地区数量减少了，一些引进的种属，如原产自中美洲的玉米（*Zea mays*）变得日益重要起来。一旦多产的各类玉米在北美东部温带环境下适应之后，它就变成农业经济中的主干了。在今天密苏里州和伊利诺斯州的大量遗址中可以看到取食经济上这种宏观的趋势（Johanessen 1988）：在公元前 1000 年后从坚果转变为小型淀粉类种籽食物，说明本土驯化的重要性；而在大约公元 700 年左右，又能看到玉米增加而其他种子减少的显著变化（图一〇）。一旦有巨大生长潜力的玉米农业经济出现了，我们就有了更为复杂的社会密西西比文明[3]，如圣路易斯东部的卡霍基亚（Cahokia）墩群，巨大的土墩金字塔群构成了公元 1100 年时期的仪式活动中心，后自

〔3〕 亦名庙宇墩文化，译者注。

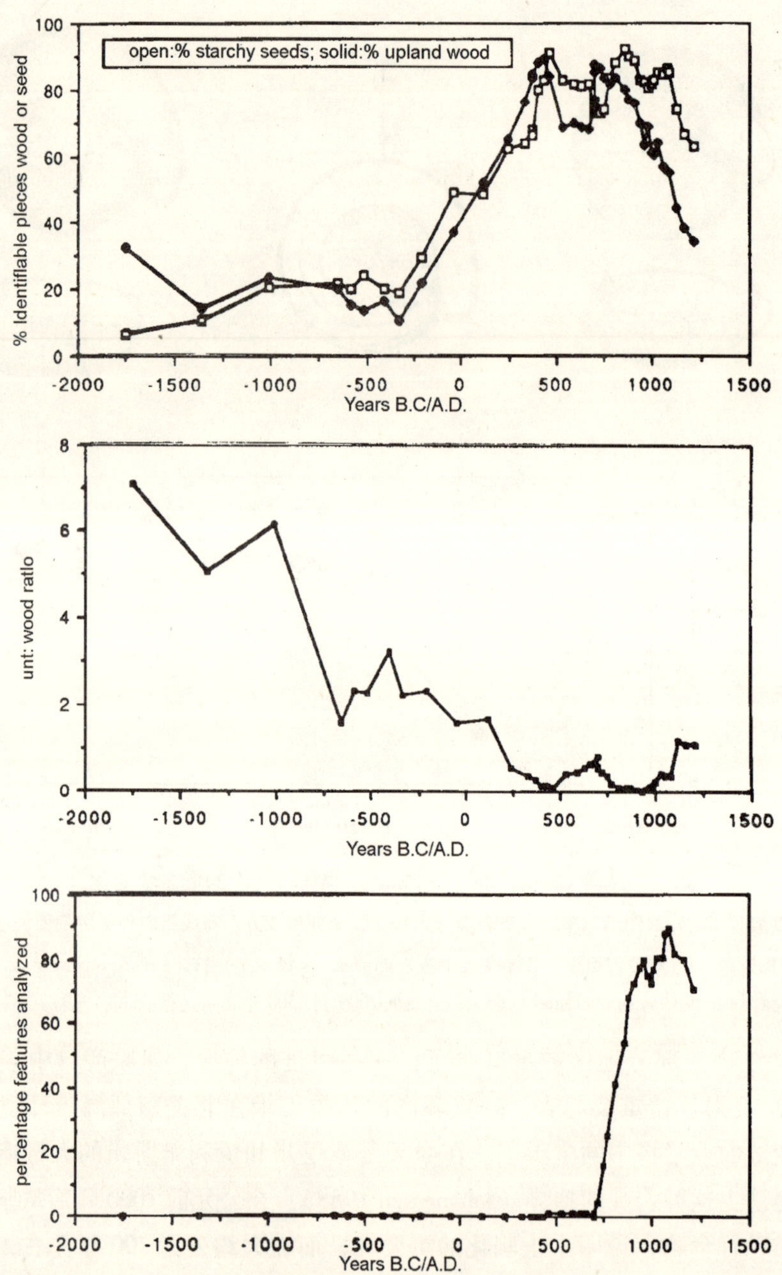

图一〇　密苏里和伊利诺斯地区植物考古学数据的综合趋势（据 Johannessen 1988）

上图表：白点表示可鉴定的小型淀粉类种子（如文中讨论的开始被种植的植物）的百分比，黑点表示对山胡桃树和橡树木材的使用也同趋势增长。这些数据显示出在种子植物依赖型的增长和对森林环境破坏的加剧。中图表：坚果/木炭的比例，说明相对减少的对坚果资源的利用，包括橡子和山胡桃。下图表：植物考古学样本中玉米遗存的百分比，表现出大约公元700年时出现的显著增长。

公元1300年开始衰败。当第一批欧洲人在16世纪到达这一区域时，基于本地原产种属的农业就已大幅度减弱，很大程度上无法辨认了。由于殖民带来的社会与族群的巨变，除了用作植物油的向日葵籽外，上述的原生作物没有为全球农业作出任何的贡献。

五、结　论

从上述两个地区植物驯化的简要讨论中，我试图总结出某些相似的发展趋势，同时也想强调获取及分析植物考古学证据的重要性。现代植物学、实验研究和演进逻辑都说明，我们需要去寻找先于形态学变化进程之前的野生植物被栽培耕种的证据。通过对植物考古学遗存的系统收集，一般通过浮选或小尺寸筛选获得一系列植物种类的组合，是有可能发现狩猎采集者带入遗址的植物和最早的农夫的。对于早期农业研究最重要的突破，很多时候不是来自于作物谷粒本身，而是通过检验伴生的种属、谷物的糠屑以及种子形态学的细节部分。如在西亚的例子，对于整个植物群生态学的分析使考古学家可以绘制出气候变化的历史图景，通过“野草”的存在说明一种由栽培活动带来的新生态环境——耕地的出现。尽管随着驯化大麦、小麦谷粒的尺寸的确增大了，但更重要的可鉴定特征是来自于保存下来的穗轴部分的残留，这部分可以准确说明谷粒是自然脱落的还是有赖于人工的播种，也即野生或驯化的差异。在北美的例子中我们看到一个更令人吃惊的状况，植物考古学揭示出一些今天不为人所知的作物种类，它们却曾经在史前时期被耕种并且驯化过。这不仅通过对考古植物遗存组合的研究，也通过一些主要种类形态学的变化得以证明。一些今天看起来无足轻重的植物种属，在其他地方、在过去某个时期很可能是重要的食用植物甚至是农作物。我们尚未对许多地区农业起源有深入认识的原因之一，在于这样系统获取和分析资料的研究方法还没有切实有效地被应用。比如，要理解稻作农业的起源，无论在中国还是印度，我们需要的不仅仅是稻谷遗存，还有整个伴生植物种子的组合——这可以说明栽培行为的出现；还有发现稻子的小穗托部分——野生稻的这一部分会自然脱落而驯化稻则需要人工脱粒。一旦我们对于种植活动开始时的更多内容有所认识，也就更有助于理解和复原这种重要转变的原因和机制。

从上述两个不同的个案分析中我们又能得出哪些普遍的结论呢？在西亚，丰富自然资源环境下日趋稳定生活的狩猎采集群落，通过迁徙或种植一些可靠的植物种类来应对主要由气候变化造成的资源不足或衰竭；最终，对这些种属的栽培导致了形态学意义上的变化，也即作物的驯化。在此之前，这些谷物的野生形态只是更加广谱的植物利用中的一部分内容。在北美东部，一些小型种子植物起初只被小规模的利用，仅仅作为坚果取食经济的一个补充；但这些在周边环境中能够茁壮成长的种属在人工种植中逐步成为了养活人口的重要角色。而与西亚不同的是，这与气候突变没有关联，更呈现为是一个被日益增长并减缓流动的人群逐步利用的变化过程。人为造成的区域性环境变化可能对某些特定的可食植物比较合适，这些植物最终的驯化也令它们变得愈加重要。在上面两个例子中，人类社会都面对如何应对环境变化的选择，是通过改变他们的居住模式变得更为流动，又或者是部分的改造环境创造出耕种的土地。为何前文中提及的放弃了纳吐夫早期聚落的人们要回复到更为流动的生活，而另一些群落却选择了后者，这可能是与社会组织、文化心理、价值体系有关的议题。也因此，农业起源需要被看作是环境的约束，和社会传统与变迁的双重结果。通过对农业的选择与转换，人类社会和我们身处的自然世界都不可逆转地变化了。

致谢

本论文基于2001年11月在北京大学做的三次系列讲座的第一讲改写而成。非常感谢中国同行给我这样的机会同时就此与我进行富有成效的讨论。感谢 Eleni Asouti 和 Chris Steven 在编辑本文时提供的帮助。同时感谢秦岭将之翻译成中文。

参考文献

Alley, Richard B. 2000. *The Two-Mile Time Machine. Ice Cores, Abrupt Climate Change and Our Future.* Princeton New Jersey: Princeton University Press.

Anderson, Patricia C. 1992. Experimental cultivation, harvest and threshing of wild cereals and their relevance for interpreting the use of Epipalaeolithic and Neolithic artefacts, in *Prehistoire de L'agriculture: Nouvelles approaches experimentales et enthographiques* (P. C. Anderson ed.), pp. 179–209. Paris: CNRS.

Asch, D. L. and N. E. Asch 1985. Prehistoric Plant Cultivation in West – Central Illinois, in *Prehistoric Food Production in North America* (R. I. Ford ed.), pp. 149–204. Ann Arbor: Museum of Anthropology, University of Michegan, Anthropological Papers 75.

Bar – Yosef, O. 1998. The Natufian Culture in the Levant, Threshold to the Origins of Agriculture, *Evolutionary Archaeology* 6: 159–177.

Bar-Yosef, O. and A. Belfer-Cohen 1989. The origins of sedentism and farming communities in the Levant, *Journal of World Prehistory* 3: 447–498.

Chapman, Jefferson and Patty Jo Watson 1993. The Archaic Period and the Flotation Revolution, in *Foraging and Farming in the Eastern Woodlands* (C. M. Scarry ed.), pp. 27–38. Gainesville: University of Florida Press.

Childe, V. Gordon 1936. *Man Makes Himself.* London: Watts.

Cohen, Mark Nathan 1991. *Health and the Rise of Civilization.* New Haven: Yale University Press.

Delcourt, H. R. , P. A. Deocourt and T. Webb III 1983. Dynamic Plant Ecology: The Specturm of Vegetation Change in Space and Time, *Quaternary Science Reviews* 1: 1530175.

Fagan, Brian M. 1995. *North America. The Archaeology of a Continent*, second edition. New York: Thames and Hudson.

Gardner, P. S. 1997. The Ecological Structure and Behavioral Implications of Mast Exploitative Strategies, in *People, Plants, and Landscapes. Studies in Paleoethnobotany* (K. J. Gremillion ed.), pp. 161 – 178. Tuscaloosa: University of Alabama Press.

Gasse, F. 2000. Hydrological changes in the African tropis since the Last Glacial Maximum. *Quaternary Science International* 19, 189 – 211.

Harlan, J. R. 1995. *The Living Fields*. Cambridge University Press. Cambridge.

Harris, D. R. 1989. An evolutionary continuum of people – plant interaction, in *Foraging and farming: the evolution of plant exploitation* (D. R. Harris and G. C. Hillman eds.), pp. 11 – 26. Routledge, London.

Harris, D. R. 1996. Introduction: themes and concepts in the study of early agriculture, in *The Origins and Spread of Agriculture and Pastoralism in Eurasia* (D. Harris ed.), pp. 1 – 9. London: UCL Press.

Heiser, Charles B. , Jr. 1990. *Seed to Civilization. The Story of Food*, New Edition. Cambridge, Mass. : Harvard University Press.

Hillman, Gordon C. 1996. Late Pleistocene changes in the wild plant – foods available to hunter – gatherers of the northern Fertile Crescent: possible preludes to cereal cultivation, in *The Origins and Spread of Agriculture and Pastoralism in Eurasia* (D. Harris ed.), pp. 159 – 203. London: UCL Press.

Hillman, Gordon C. 2000. The plant food economy of Abu Hureyra 1 and 2, in *Village on the Euphrates. From Foraging to Farming at Abu Hureyra* (A. M. T. Moore, G. C. Hillman, A. J. Legge eds.), pp. 327 – 398. Oxford: Oxford University Press.

Hillman, Gordon C. and M. S. Davis 1990. Domestication rates in wild – type wheats and barley under primitive cultivation, *Biological Journal of the Linnean Society* 39 (1): 39 – 78.

Hillman, Gordon, Robert Hedges, Andrew Moore, Susan Colledge and Paul Pettitt 2001. New evidence of Lateglacial cereal cultivation at Abu Hureyra on the Euphrates, *The Holocene* 11 (4): 383 – 393.

Hodder, I. 1990. *The Domestication of Europe*. Blackwell, Oxford.

Johannessen, Sissel 1988. Plant remains and culture change: are paleoethnobotanical data better than we think?, in *Current Paleoethnobotany. Analytical Methods and Cultural Interpretations of Archaeological Plant Remains* (C. A. Hastorf and V. S. Popper eds.), pp. 145 – 166. Chicago: University of Chicago Press.

Kennedy, Roger G. 1994. *Hidden Cities. The Discovery and Loss of Ancient North American Civilization*. New York: Penguin Books.

Kuijt, Ian 2000. People and Space in Early Agricultural Villages: Exploring Daily Lives, Community Size, and Architecture in the Late Pre – Pottery Neolithic, *Journal of Anthropological Archaeology* 19: 75 – 102.

Larsen, Clark S. 1997. Biological changes in human populations with agriculture, *Annual Review of Anthropol-*

ogy 24：185 – 213.

Olszewski, D. I. 2000. The Chipped Stone, in *Village on the Euphrates. From Foraging to Farming at Abu Hureyra* (A. M. T. Moore, G. C. Hillman, A. J. Legge eds.), pp. 133 – 154. Oxford: Oxford University Press.

Roberts, Neil 1998. *The Holocene: an environmental history*, second edition. Oxford: Blackwell.

Smith, Bruce D. 1989. The Origins of Agriculture in Eastern North America, *Science* 246: 1566 – 1571.

Smith, Bruce D. 1995a. The Origins of Agriculture in the Americas, *Evolutionary Anthropology* 3 (5): 174 – 184.

Smith, Bruce D. 1995b. Seed Plant Domestication in Eastern North America, in *Last Hunters, First Farmers. New Perspectives on the Prehistoric Transition to Agriculture* (T. D. Price and A. B. Gebauer eds.), pp. 193 – 214. Santa Fe, New Mexico: School of American Research Press.

Wei, K. and Gasse, F. 1999. Oxygen isotopes in lacustrine carbonates of west China revisited: implications for post glacial changes in summer monsoon circulation. *Quaternary Science Reviews* 18, 1315 – 1334.

Willcox, G. 1999. Agrarian change and the beginnings of cultivation in the Near East: evidence from wild progenitors, experimental cultivation and archaeobotanical data, in *The Prehistory of Food. Appetites for Change* (C. Gosden and J. Hather eds.), pp. 478 – 500. London: Routledge.

Wright, K. I. 1994. Ground – stone tools and hunter – gatherer subsistence in Southwest Asia: Implications for the transition to farming, *American Antiquity* 59 (2): 238 – 263.

Zohary, Daniel and Maria Hopf 2000. *Domestication of Plants in the Old World*, third edition. Cambridge: Cambridge University Press.

古滇国青铜器表面镀锡和鎏金银技术的分析

崔剑锋* 吴小红* 李昆声* 黄德荣* 王海涛*

Five bronze artifacts of Dian Culture with golden or argent surfaces found in Yunnan Province were analyzed by metallography、XRF、SEM and XRD. It shows that the silver surfaces of the bronze umbrella and spear were caused by hot-tinning, which suggests that the Dian Culture may have some relationships with the Culture of Northern Grassland. The golden surfaces on the bronze leg-armor and sword-scabbard are amalgam-gilding layers. which supports the viewpoint that the technology of the amalgam-gilding was originated independently in Yunnan Provincc. And it was found that a white fragment was made by amalgam-silvering technology. All of these bronze artifacts with golden and argent surfaces indicate that the plating technology on the bronze artifacts of Dian Culture was highly developed.

一、镀　锡

表面富锡的青铜器很早就引起了研究者的关注。这种青铜器表面的色泽有很多种，包括表面银白类似银器的器物，表面黑色或绿色的光可鉴人的“漆古”等。N. D. Meeks 深入探讨了青铜器表面富锡的形成机理，并进行了模拟实验〔1〕，结果表明青铜器表面富锡主要通过三种途径：①人工镀锡，又包括表面擦镀、锡液淋镀、浸镀、二氧化锡被还原到器物表面、锡汞齐等方法；②“锡汗”，即由于锡青铜铸造反偏析而使锡在表面富集；③埋藏环境中由于选择性腐蚀而造成铜流失锡富集。他认为仅凭借单一的成分分析无法确定富锡层的形成原因，而必须通过试样截面形貌的金相观察或者扫描电镜观察排除其他干扰因素，如果可能的话 X 射线衍射（XRD）分析相组成也是有益的帮助。

---

* 作者崔剑锋系北京大学考古文博学院博士研究生；作者吴小红系北京大学中国考古学研究中心兼职研究员，北京大学考古文博学院副教授；作者李昆声系云南大学历史文化学院考古研究中心教授；作者黄德荣系云南省博物馆研究馆员；作者王海涛系云南省博物馆研究员。

〔1〕 N. D. Meeks. Tin-rich surfaces on bronze: experimental and archaeological considerations, *Archaeometry*, volume 28. part 2. August, 1986: pp163 – 179.

我国不少学者都对古代青铜器表面镀锡工艺进行过深入的研究。如韩汝玢等研究了战国时期鄂尔多斯草原文化的一批富锡青铜器，发现其大多数都是人工镀锡的〔2〕；马清林等研究了甘肃出土的春秋时期的一批表面富锡青铜器，也找到了人工镀锡的证据〔3〕；谭德睿等对我国东周铜剑表面处理工艺进行了研究，认为我国吴越地区的铜剑表面装饰纹饰是通过涂敷富含锡的金属膏剂而形成的〔4〕。

云南省晋宁石寨山、江川李家山、昆明羊甫头等地的古滇国墓葬群出土的包括铜鼓、贮贝器、铜臂甲、执伞跪人铜俑、铜锄、铜矛、扣饰等大量青铜器表面均显现银白色，且极富金属光泽。1958年杨根通过分析其中一件铜斧表面的银白色层中提取的粉末，认为这种银色表面是镀锡形成的〔5〕；为此，张子高特意写了一篇《从镀锡铜器谈到"鋈"字本意》，认为"鋈"的意思是将熔融的锡浇到器物的表面〔6〕。但曹献民则认为这种银白色表面是由于高锡青铜铸造时锡的反偏析造成的〔7〕。另外何堂坤等在分析了滇池地区的几件铜器后指出，这些青铜器表面富锡是使用了"鋈锡"即涂附锡汞齐的方法〔8〕。以上这些学者的结论大都建立在对青铜器表面进行成分分析的基础上，缺乏如Meeks等人指出的金相分析的证据。最近李晓岑等使用金相分析和扫描电镜能谱分析了晋宁石寨山滇国墓葬群的5件表面银白色的器物后指出这些器物的表面都是热镀锡的结果〔9〕。

分析方法和结果

本次实验检验的2件晋宁石寨山出土的表面为银白色的青铜器，现存放在昆明市博物馆，均为1996年对石寨山墓地抢救性发掘时由M71出土的，该墓为本次发掘中最大的墓葬，发掘者以为可能是地位较高的贵族墓葬甚或是滇王墓〔10〕。我们采用金相显

---

〔2〕 韩汝玢、埃玛·邦克：《表面富锡的鄂尔多斯青铜饰品的研究》，《中国冶金史论文集·二》163～169页，北京科技大学，1994年。

〔3〕 马清林等：《春秋时期镀锡青铜器镀层结构和耐腐蚀机理研究》，《兰州大学学报》（自然科学版），35卷4期，67～71页，1999年。

〔4〕 谭德睿、吴则嘉、廉海萍等：《东周铜兵器菱形纹饰技术研究》，《考古学报》2000年1期。

〔5〕 杨根：《云南晋宁青铜器的化学成分分析》，《考古学报》1958年3期。

〔6〕 张子高：《从镀锡器谈到"鋈"字本义》，《考古学报》1958年3期。

〔7〕 曹献民：《云南青铜器铸造技术》，《云南青铜器论丛》203～209页，文物出版社，1981年。

〔8〕 何堂坤：《滇池地区几件青铜器的科学分析》，《文物》1985年4期。

〔9〕 李晓岑、韩汝玢、蒋志龙：《云南晋宁石寨山出土金属器的分析和研究》，《文物》2004年11期。

〔10〕 云南省文物考古研究所等：《云南晋宁石寨山第五次抢救性清理发掘简报》，《文物》1998年6期。

微镜和扫描电镜对样品进行了显微结构分析，以期从金相学的角度判断和寻找镀锡依据，具体检验项目如表一。

表一　检验项目表

样品名称	出土编号	表面情况	取样部位	检验项目
吊人铜矛	晋石 M71:195⑧	银灰色，表面局部红色锈斑	銎部残破处	扫描电镜能谱，金相检验
执伞铜俑铜伞盖	晋石 M71:154	银灰色光泽，表面红色锈斑	伞盖边沿一残片	扫描电镜能谱，金相检验，X 射线衍射分析

金相观察步骤：取小件样品使用环氧树脂镶嵌，使用金相砂纸磨光，金相抛光机抛光，在 Olympus 公司的 PME－3 型倒置金相显微镜观察并拍摄金相照片。

能量色散 X 荧光光谱分析方法：使用美国热电能谱公司的 QuanX 型能量色散 X 荧光光谱，分析锡、铅和锑时使用铝滤光片，激发电压 48 千伏，电流 1.04 毫安；分析铜和铁时使用铜滤光片，激发电压 17 千伏，电流 0.1 毫安；解谱方法是有标样的基本参数法；每样品分析 2～3 次，结果取平均值。做表面定性分析时使用钯滤光片，激发电压 44 千伏，电流 0.26 毫安。

上述两项工作在北京大学考古文博学院完成。

扫描电镜样品制备同金相观察，其分析工作在北京航空航天大学材料学院电镜室完成。结果见表二、表三。

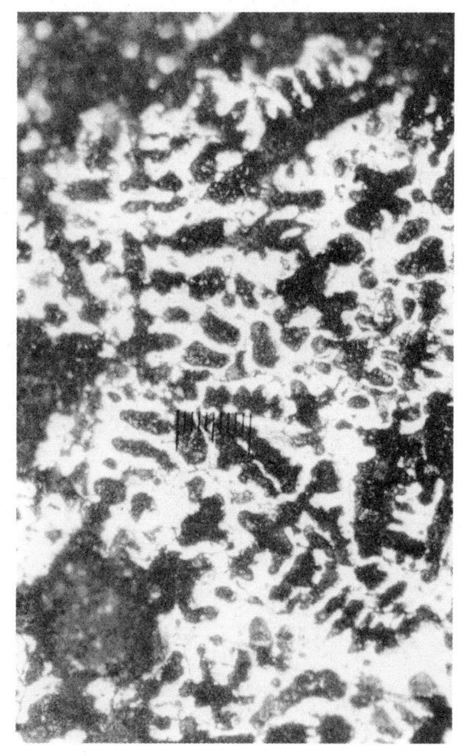

图一　铜矛基体金相照片（200×）

表二　铜矛及伞盖内部成分

		Cu（%）	Sn（%）	Pb（%）	金相组织
铜矛	1	92.17	7.79	未测到	典型铸造树枝晶组织，α＋（α＋δ）相（图一）。
	2	93.86	5.34		
	3	95.61	4.33		

续表二

		Cu（%）	Sn（%）	Pb（%）	金相组织
伞盖	1	90.66	6.77	未测到	内部氧化较严重，从未氧化部分观察应为铸造后热加工组织（图二）。
	2	90.42	5.37		
	3	92.57	6.82		

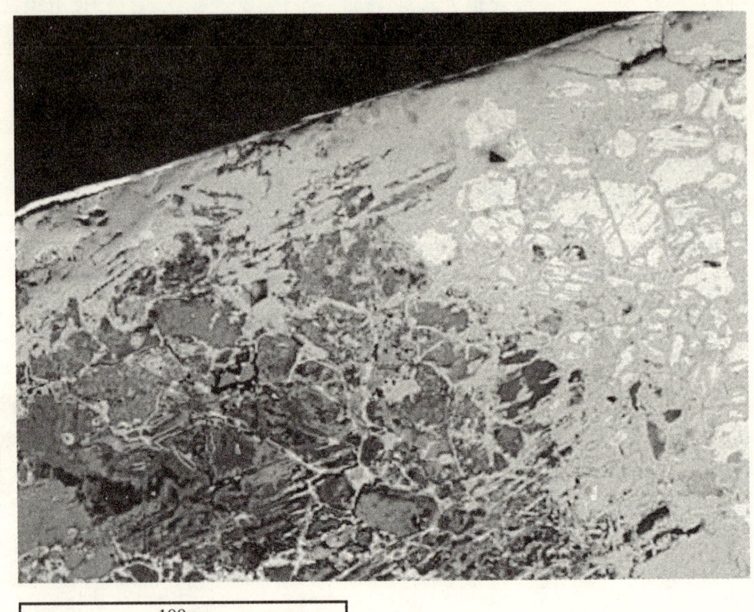

图二　伞盖基体扫描电镜背散射照片（550×）

表三　铜矛及伞盖富锡层成分

	Cu（%）	Sn（%）	O及余量	可能的相组成	备注
铜矛	46.68	49.51	3.68	η+ε	图版一，1、2
	41.64	55.12	3.24	η+ε	
	60.62	38.04	0.44	ε	
伞盖	45.24	52.78	0.81	η+ε	图版一，3、4
	45.27	26.05	27.36	η+ε 氧化较严重	
	46.03	52.16	0.73	η+ε	

为了进一步确定富锡层的相结构，对于铜伞盖的残片还利用日本理学 DMAX/2000 X 射线衍射仪进行了表面结构的分析（表四）。

表四　伞盖表面 XRD 分析结果及标准卡片比对

铜伞盖	I/I_0	η相	I/I_0	ε相	I/I_0
3.9038	10	3.94	1		
3.0294	11				
2.9761	23	2.96	100		
2.5116	12				
2.4662	100				
2.1842	12				
2.1368	44				
2.0961	38	2.09	100		
1.8240	13				
1.5434	16	1.54	100		
1.5101	38				
1.4840	14	1.48	100		
1.2883	18				
1.2776	14				
1.2708	13	1.27	50		
1.2360	15	1.24	50	1.24	
1.2333	15				
1.2312	16				
1.2123	14	1.21	100		
1.1805	14			1.19	
1.1489	14				
1.0920	15	1.09		1.08	

（所列出η、ε相均摘自美国材料试验学会 ASTMX 射线粉末衍射标准卡片）

Meeks 等指出[11]，镀锡后表面的 Sn 和基体中的 Cu 将由于表面和基体浓度差异而进行热力学扩散，最终在表面生成 Cu、Sn 金属间化合物η、ε或者δ相，仅剩少部分过剩的锡，或者将锡消耗完全，同时基体可以观察到 Sn 的扩散区。晋宁石寨山两件铜器的检测结果显示，两件青铜器表面的锡含量都远远高于基体内部，金相照片显示富锡层和基体有明显的分界，结合成分分析可知表面层主要是η+ε相，且层的分布均

〔11〕 同注〔1〕。

匀、非常薄，铜矛的锡层平均厚度大约在2~4微米之间，伞盖则在1.5~3微米之间。对铜伞盖的XRD分析也显示出表面层主要是η相，以及少量的ε相。根据检验结果，我们可以判断这两件青铜器的银白色表面都是人为镀锡的结果，而并非是由于高锡青铜反偏析结果造成的。

另外何堂坤在研究几件滇池地区表面富锡的青铜器时认为这些青铜器都是鎏锡的，即采用锡汞齐方法镀锡的。马清林等学者进行的模拟实验表明〔12〕，鎏锡后加热排汞的过程中，汞无法完全排除，即使在550℃这样的高温长时间加热，仍会有少量的汞残留在器物表面。石寨山出土的这两件青铜器未观察到汞的存在，说明这两件青铜器表面富锡是热镀锡造成的，而非锡汞齐法镀锡。

二、鎏　　金

青铜表面鎏金工艺是古代一项传统的青铜表面处理工艺。迄今为止的研究表明世界上最早使用这种工艺的国家是中国，西方最早开始使用这种工艺是在古罗马时代，Andrew Oddy指出该地区的鎏金工艺可能是从中国传过去的〔13〕。

这种工艺又被称为火镀金或者汞齐镀金，是基于金等贵金属可以溶于水银形成金汞合金（称为金汞齐），而这种合金为膏泥状，和青铜基体具有较强的附着力的原理。使用这种工艺的优点是可以控制金的用量，利用较少的金属就可以得到较为牢固且色泽亮丽的镀金表面，同时可以控制表面层的厚度，得到非常薄的金色表面。

从目前的考古资料来看，我国的鎏金工艺起源自春秋中晚期。目前所知的最早的一批包括铜盾饰和铜管等鎏金铜器出土自云南省楚雄万家坝青铜时代古墓群，该墓群的年代经过碳十四年代测定，为春秋中期至晚期〔14〕。出土这批鎏金铜器的M25经过分析年代可早至春秋中期。这批鎏金铜器的鎏金层附着力较差、厚度不均一，证明技术尚处在较为原始的阶段。黄德荣总结了我国考古发掘的所有早期鎏金铜器，包括浙江绍兴狮子山306号春战之际的鎏金镶玉扣饰，河北新乐县中同村战国墓中的鎏金虎形

〔12〕 Ma Qinglin and D. A. Scott . Tinned Belt Plaques of the Sixth to Fifth Century B. C. E. from Gansu Province, China: A Technical Study. In: Paul Jett *et al.* (eds.): Scientific Research in the Field of Asian Art. Washington D. C. : Archetype Publications, 2003, 60 – 69.

〔13〕 Andrew Oddy. Gilding of metals in the Old World. In: Susan La Niece and Paul Craddock (eds.), Metal Plating and Patination. Oxford: Butterworth-Heinemann. 1993, 171 – 181.

〔14〕 云南省文物工作队：《楚雄万家坝古墓群发掘报告》，《考古学报》1983年3期。其C－14年代可以参见中国社会科学院考古研究所编《中国考古学中碳十四年代数据集，1965－1991》235~236页。

饰片，河南辉县固围村战国中期一号墓祭祀坑出土鎏金兽面等，并据碳十四年代说明楚雄万家坝的这些鎏金铜器是迄今发现的最早的一批鎏金铜器[15]。这表明我国鎏金工艺的一个起源地很可能是云南滇中偏西地区。

云南地区青铜时代遗址中出土了很多表面鎏金的铜器，除上述最早的楚雄万家坝古墓群外，还包括比之稍晚的属于战国早期的祥云大波那木椁铜棺墓中的鎏金螺形饰。进入战国中期到西汉时期的滇国时代，云南地区的青铜铸造技术达到了顶峰，这时期鎏金工艺也得到了较为突出的发展，出现了大批的鎏金器物。从晋宁石寨山、江川李家山、昆明羊甫头等滇国墓葬群中出土了数以十计的鎏金铜器，其中包括贮贝器、铜牌饰、铜腿甲、铜马具等精美绝伦的器物，堪称滇文化青铜器制作工艺的代表作品。这些考古发现表明鎏金工艺在云南地区具有一个从初级到高级的连续发展过程，这是云南地区为鎏金工艺的发源地的又一佐证。

判断器物鎏金的方法比较简单，Lins 和 Oddy 最早使用了科学检测的方法分析了大英博物馆收藏的 50 件镀金铜器[16]。由于鎏金完毕后加热排汞过程无法将汞驱净，因此他们指出使用金相观察结合成分分析汞的存在即可以判断器物是否是鎏金的。此后国内外学者进行了大量鎏金器物的科学分析工作，如 Oddy 在总结各种器物表面饰金的工艺时，特别指出鎏金工艺是古代镀金工艺中最为重要的一种[17]；Chapman 研究了 18 世纪时西方的汞镀金工艺流程和使用的工具[18]；吴坤仪分析了我国部分古代鎏金器物，并调查了我国现代的鎏金工艺过程[19]，研究表明这项传统工艺的基本工序至今可能仍未有很大的改变，是一项非常成熟的制作工艺。

然而云南地区经过科学分析的鎏金器物非常少，目前仅见到的是由李晓岑等学者分析的晋宁石寨山出土的一件铜策和一件铜马具[20]。金相观察结果表明马具的鎏金层厚达 50 微米，铜策的鎏金层为 5 ~ 6 微米。扫描电镜能谱分析显示这些镀金层中都含有汞，表明使用了鎏金技术。

---

〔15〕 黄德荣：《云南楚雄万家坝出土的鎏金铜器 - 谈我国鎏金产生的年代及技术》，《云南青铜文化论集》，云南人民出版社，1991 年。

〔16〕 P. A. Lins and W. A. Oddy. The Origins of Mercury Gilding, Journal of Archaeological Science, 1975, 2, 365 - 373.

〔17〕 同注〔13〕。

〔18〕 Martin Chapman. Techniques of Mercury Gilding in the Eighteenth Century, In David A. Scott *et al.* (eds.), Ancient and Hisroric Metals- Conservation and Scientific Research. Los Angels: The Getty Conservation Institute, 1994: 229 - 238.

〔19〕 吴坤仪：《鎏金》，《中国冶金史论文集》，北京钢铁学院学报编辑部，1986 年。

〔20〕 同注〔9〕。

分析方法和结果

本次共分析样品2件，包括一片江川李家山M47出土的铜腿甲残片（现存放在江川县博物馆）和一件昆明羊甫头采集的铜剑鞘残片YC130（云南省考古所提供样品）。对腿甲残片采取金相观察器物的显微结构、能量色散X荧光光谱分析样品基体的主量成分和表面基本组成等分析方法进行了分析，另外，由于62号铜剑鞘的基体已经完全锈蚀，所以对其进行了偏光显微镜观察以及扫描电镜外接能谱分析其鎏金表面的成分。

铜腿甲基体成分分析及金相观察结果结果见下表：

表五　鎏金铜腿甲检验结果

样品号及样品名称	Cu（%）	Sn（%）	Pb（%）	XRF表面分析结果	金相观察结果
76号铜腿甲	82.08	14.92	0.82	能谱显示有汞的存在见（图三）。	基体为α等轴晶及孪晶，为青铜热加工组织，表面有鎏金层存在（图版二，1）。

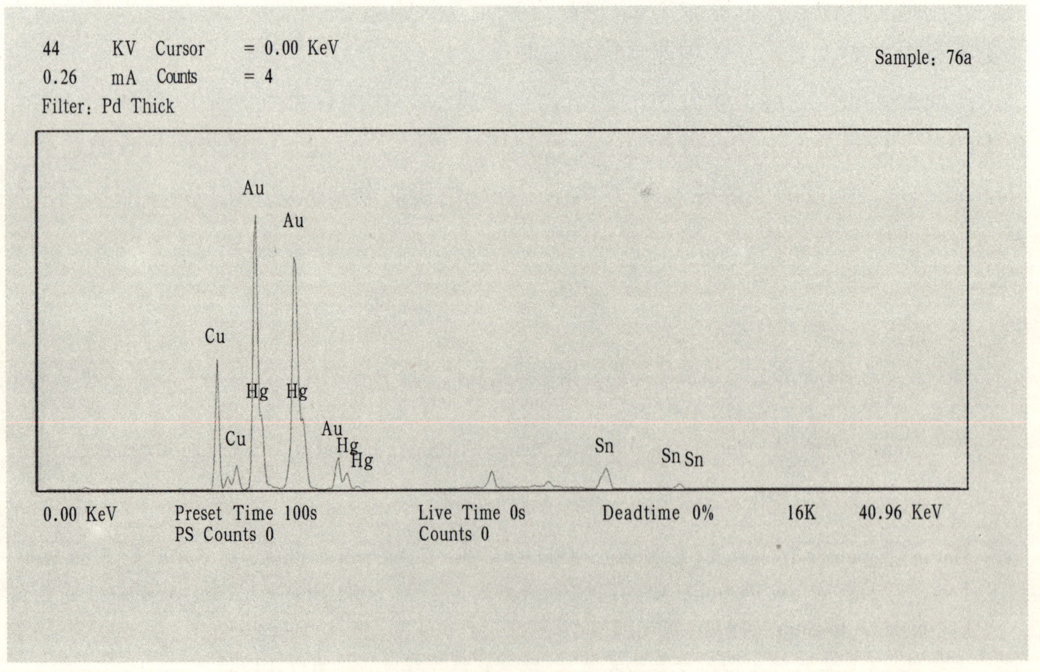

图三　铜腿甲EDXRF能谱图

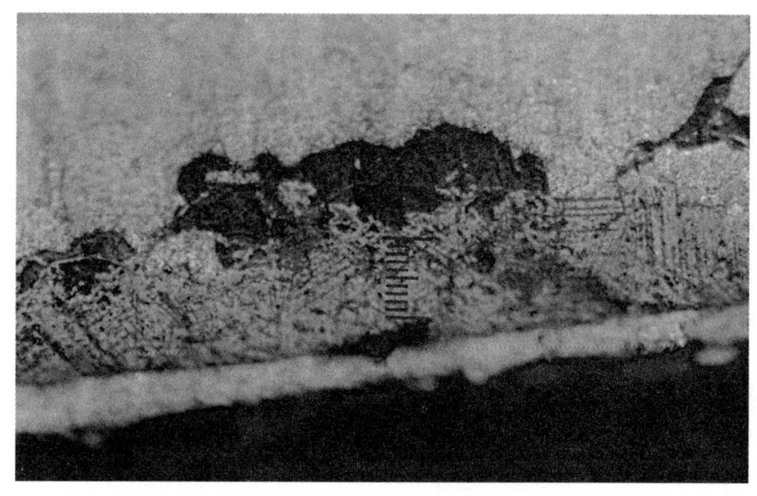

图四　铜腿甲鎏金层下面腐蚀后滑移线的显现（1000 ×）

金相检验表明铜腿甲为热加工成型的，通过我们分析，在滇国时期很多薄壁青铜器、具有锋刃的青铜器都使用热加工成型，这和中原地区青铜时代器物成型方法以铸造成型为主形成鲜明的对照，说明古滇国金属工匠熟练地掌握了锡青铜的热加工的性能。铜腿甲表面的鎏金层厚度较为均匀，且相当薄，在 3 ~ 5 微米之间，说明滇国金属工匠对鎏金工艺掌握相当熟练。另外在 1000 倍下观察鎏金层，发现其和基体结合部位已经部分自然腐蚀，但腐蚀显现出了滑移线（图四），表明在进行鎏金前应有一道对铜器表面清理打磨的工序。

对铜剑鞘表面鎏金层进行了扫描电镜能谱成分分析，共分析三个点，结果见表六：

表六　鎏金剑鞘表面层扫描电镜能谱成分分析结果

成分（重量%）	Au	Hg	Ag	Cu
1	89. 22	3. 56	2. 53	4. 69
2	86. 77	5. 57	2. 35	5. 31
3	86. 62	3. 77	2. 60	7. 00
平均	87. 54	4. 3	2. 49	6. 67

铜剑鞘的偏光显微镜观察表明，剑鞘为锡青铜的铸造组织（参见图版二，2），其基体已经完全腐蚀成三种合金元素对应的矿物，包括赤铜矿、锡石和赤铜矿的混合物质、孔雀石等，但鎏金表面仍有保留。值得注意的是，未剥落的鎏金层部分（图版二的金色部分）呈现出原铸造锡青铜的枝晶形貌，反映出该器物的腐蚀模式是共析体先蚀，溶解的共析体使表层的鎏金层也一并随之流失，完整的显示出原来金相组织的基

本轮廓。Tom Chase 称这种腐蚀模式为 I 型（Type I）腐蚀，他认为这种腐蚀常和土壤中的氯离子密切相关[21]。偏光观察显示基体腐蚀产物中的偏白色的物质可能为含氯的矿物氯化亚铜。从鎏金层的化学成分可以看出有汞的存在，证实使用了鎏金工艺。

三、鎏银残片的发现

鎏银同鎏金一样，也是基于汞与其形成汞齐的原理。Susan La Niece 总结了鎏银工艺的发展历史，认为鎏银也是起源自中国，特别流行在战国和两汉时期[22]。据报道，洛阳中州路车马坑中就曾经出土 11 件鎏银铜器；另河北满城西汉刘胜墓更出土了较多量的鎏金银器物[23]。马清林指出，一些未经科学分析而被认为是鎏银的器物，实际应该是镀锡的器物[24]。总之，鎏银青铜器的发现数量远远不及鎏金青铜器。一些研究者认为是由于古代工匠认识到银不及金稳定，表面容易氧化变色而逐渐弃置不用的结果[25]。

目前所见到的科学分析也较少，国内仅见最近马清林等检测的 1 件鎏银器物[26]，他发现古人在鎏银前先鎏了一层金，因此鎏银比鎏金增加了一道工序，这种技术相对复杂，而容易失传，技术的失传导致了鎏银器物比鎏金器物少得多。

分析方法和结果

本次取样时，发现一件较为特别的薄带状器物，出土自江川李家山 M49（现存放于江川县博物馆），其形状原本较为完整，出土时虽然已经由于埋藏等原因断为数截，但经过拼合后发掘者认为是一件银的带饰，并允许我们取得其中一小片做分析。对该样品进行了实体显微镜观察和能量色散 X 荧光光谱定性分析。

这件残片一面氧化不严重，仍为白色，间有黑色的氧化部分，表面有较深但较疏平行划痕；另一面则完全氧化为黑色，亦有划痕，但非常浅且密。样品较脆易折，断口银白色，其实体显微照片参见图五、图六。XRF 分析仪器及测量条件同鎏金的分析。

---

〔21〕 W. T. Chase. Chinese Bronzes: Casting, Finishing, Patination, and Corrosion. In David A. Scott *et al.* (eds.), Ancient and Historic Metals-Conservation and Scientific Research. Los Angels: The Getty Conservation Institute, 1994: 85–118.

〔22〕 Susan La Niece. Silvering. In: Susan La Niece and Paul Craddock (eds.), Metal Plating and Patination. Oxford: Butterworth-Heinemann. 1993, 201–210.

〔23〕 黄盛璋:《论中国早期（铜铁以外）的金属工艺》,《考古学报》1996 年 2 期。

〔24〕 马清林、Scott David A.:《西汉时期鎏金与鎏银青铜器镀层中的金属化合物》,《文物保护与考古科学》2004 年 2 期。

〔25〕 同注〔23〕。

〔26〕 同注〔24〕。

图五 鎏银残片实体显微照片（10 ×）

图六 鎏银残片实体显微镜照片（25 ×）

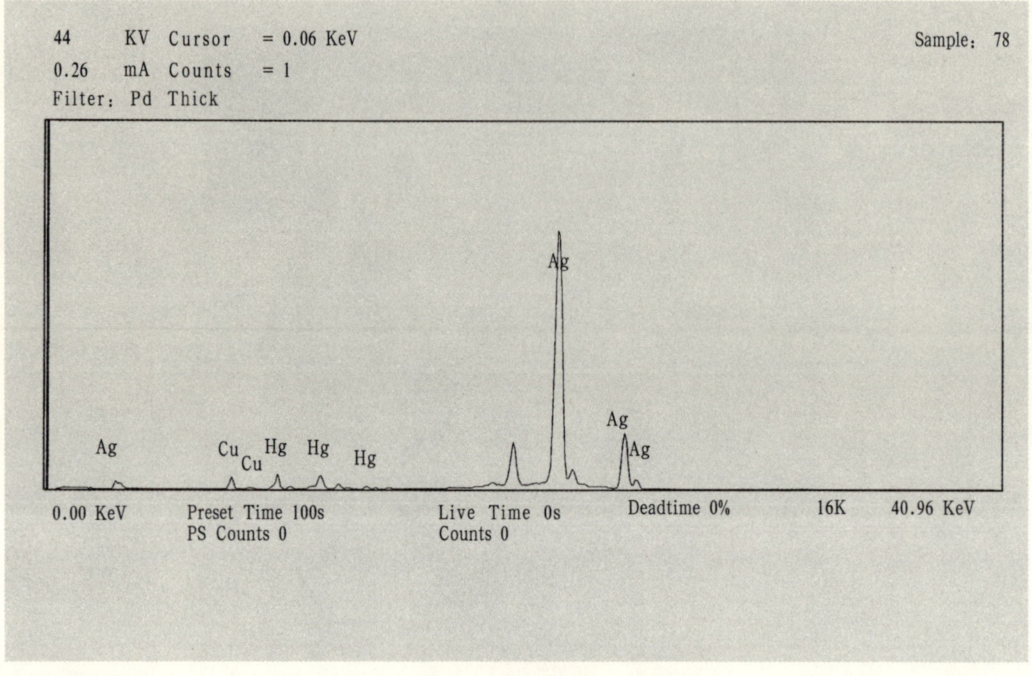

图七　鎏银层残片EDXRF能谱图

能谱图见图七。值得注意的是，从图中可以看出，这件残片主要是银但含有一定量的汞，因此该残片并非是普通的银残片，而应该是一件鎏银器物剥落下来的鎏银层。

这件残片的发现，也许可以解释为什么所发现的鎏银器物非常少。由于该残片的一个表面的颜色虽然经过两千多年的埋藏，发生了一定的变化，但仍然可辨出原先的白色，说明当时变色并不很严重，因此颜色转变也许并非这种工艺被弃置不用的主要原因。由于该残片脱落时形状完整，因此其脱落应该是由于和基体结合不牢固而造成的。证实了Anheuser Kilian认为银和铅锡青铜之间亲和性不好的结论〔27〕。另外XRF分析结果并未发现有金存在，因此可能该器物在鎏银前并未鎏金。由此可以得到结论，鎏银器物出现少的主要原因，可能是由于古人注意到鎏银层和青铜之间结合不牢固，容易剥落，而逐渐淘汰这种工艺的缘故。

四、结　论

伞盖为大型器物，铜矛为中小型器物，但都经过镀锡。结合本次检验以及其他学

〔27〕 Anheuser Kilian. Gilded in the Fire：History and Technique of Amalgam Gilding and Amalgam Silvering，转引自注〔24〕。

者的分析，从古滇国墓葬群出土的大量表面富银白色金属光泽的青铜器大都应该是人为热镀锡的结果，这种镀锡器物可能是用来代表墓主身份的。但迄今为止，这种工艺在早于滇国时期的云南青铜文化中尚未发现。而本次分析表明，滇国时期的镀锡工艺已臻成熟，因此在其前必然经过一个发展阶段，或者这种工艺直接承继自其他早已掌握该工艺的民族。有学者通过滇国墓葬群中出土大量写实风格的动物牌饰和属于北方草原文化的鄂尔多斯青铜牌饰进行对比研究，认为在战国至西汉时期两地区少数民族间有可能存在着广泛的文化和技术交流〔28〕。而根据韩汝玢等学者的研究，在春秋至战国早期，鄂尔多斯地区的青铜牌饰多在表面镀锡，而至战国中期这种工艺却逐渐消失，为鎏金所取代〔29〕。这种现象值得注意，如果两地区真的存在着文化交流，那么滇文化的镀锡工艺很可能来自北方草原地区，而北方民族可能接受了滇文化的鎏金技术。

对于鎏金器物的分析表明此时已经不是鎏金工艺的起始阶段，该工艺已经非常成熟。结合以前的考古发现，证明古代云南地区的鎏金工艺有较为完整的发展序列，即从滇中偏西的楚雄万家坝墓地发现的春秋中期墓葬中出土的鎏金较为粗糙的几件小铜器，发展到战国末期滇国的成熟的鎏金工艺，其间还发现属于战国早期的祥云大波那木椁铜棺墓亦曾出土鎏金铜器。古文献中记载鎏金所必需的汞和金在先秦时期云南都已经有出产，并为中原王朝所知。战国时期，云南的淘金业就见于史书记载。《韩非子·内储篇》载“丽水之中生金，人多窃采金”，经过考证，丽水即今云南大盈江的上游；而古时除直接开采水银外，炼汞所需的主要原料为朱砂，在《逸周书·王会解》中记载西周王朝建立之初，各地少数民族部落具来朝贡，其中“卜人以丹沙”，此处的“卜人”孔晁注“卜人，西南之蛮”，如今大多数学者都认为指的是当时云南地区的少数民族。而丹沙即丹砂，又称朱砂（HgS），则是炼汞的必需品。迄今为止考古工作仍未发现比楚雄万家坝墓地鎏金器物更早的鎏金铜器，说明云南滇中偏西地区很可能是我国鎏金工艺的起源地。

本次还检验到一件鎏银残片。从这件残片的检测可以看到，古代鎏银器物发现较少的原因应该是由于鎏银层和铜器基体的亲和力低，结合不牢，非常容易剥落。而可能并非以前认为的由于银的颜色容易发生变化而古人弃之不用所致。古滇国工匠在金属汞齐外镀技术较为成熟，而尚未完全掌握镀锡工艺时，为了获得表面银白色的效果而使用了鎏银技术。与热镀锡技术相比较，鎏银技术更复杂。这种工艺需首先制成银汞合金，因此必须既有银还需要汞；而镀锡则仅需将金属锡熔化后涂附于器物表面即

〔28〕 张增祺：《再论云南青铜时代“斯基泰文化”的影响及其传播者》，《云南青铜文化论集》，云南人民出版社，1991年。

〔29〕 同注〔2〕。

可。且银相对于锡更为昂贵，而锡在滇国时期则是较易得到的金属，《汉书·地理志》中记载当时的产锡主要地区都在现在的云南。鎏银技术消失的最主要原因应当是鎏银层的机械性能较差，不易牢固地黏附于器物表面，而镀锡既可以达到鎏银使器物表面银白的色泽效果，同时还能形成较为稳定的外镀层，从而逐渐代替了鎏银工艺。

综上所述，通过金相观察、偏光观察、XRF分析、扫描电镜能谱分析等手段分析的这几件属于古滇国时期的表面外镀的青铜器，表现出较为高超的青铜器加工工艺水平。青铜鎏金银技术应该属云南当地起源，而云南青铜镀锡技术则可能与北方草原文化的传入有关。

致谢：云南省博物馆、云南省文物考古研究所、昆明市博物馆、江川县博物馆给予我们工作大力支持，为本研究提供了样品，在此深表谢忱。

中国考古学的殷墟传统

——早年安阳殷墟的发掘与研究

张 海*

The excavations and researches of Yinxu in 1920s and 1930s play an important part in the history of Chinese archaeology. For one said, the particular excavating methodology formed in that time as a result of that Li Ji, Liang Sicheng and other Chinese archaeologists combined the western stratigraphy with the field works in Yinxu. On the other hand, the excavations and researches in early years in Yinxu was a result of the movement of New History, so they focused to re-establish the ancient history by collecting archaeological materials comprehensively. Both of the excavation and research in Yinxu in that time influenced the development of Chinese archaeology deeply and resulted in the formation of Yinxu tradition in China.

20世纪20、30年代，当西方科学考古学刚刚传入中国之时，即由中国国家学术机构组织了一次对河南安阳殷墟的大规模发掘。此次发掘影响深远，它不仅为中国的田野考古发掘确立了一系列技术、方法体系，而且还规定了考古学在中国的发展方向和目标。可以说中国考古学根植于安阳殷墟的传统。本文旨在通过梳理早年殷墟发掘与研究的具体史料，尝试浅述这一重要学术传统的形成。

20世纪初是一个深刻变革的时代。政治上，五四运动高举反封建的大旗，给陈朽的中国社会带来了新鲜的民主气息；思想上，新文化运动倡导科学的精神，冲破了传统思想的禁锢，推动了思想解放的潮流，同时也为学术研究带来了新的气象。

正是在这个大的时代背景下，中国的史学研究出现了新的变化：一方面，传统的金石学在继承了重考据的乾嘉朴学的基础上，开始了广泛收集新材料的工作〔1〕；另一方面，在西方近代史学思想影响下产生的新史学运动更是如火如荼。

在这场新史学运动中，以顾颉刚为代表的疑古派提出“层累地造成中国的古史”

---

* 作者系北京大学考古文博学院博士研究生。

〔1〕 比如，以马衡为代表的一批金石学家曾经对河南新郑出土青铜器的地点和河北易县燕下都遗址进行实地的科学调查。

观，摧毁了旧有的古史体系，为新史学的发展扫清了障碍。然而，在一番摧枯拉朽般的破坏之后，对于如何重建已然瘫痪的中国古史，疑古派却不能再进一步。此时，以傅斯年为代表的史料学派不满足于此，他们“深以疑古不足，改走重建之路”（杜正胜，1995）。傅斯年深受当时欧洲近代科学史观的影响，他主张“近代的历史学只是史料学”（傅斯年，1928；1943），因此要重建中国的古史就必须以科学研究为基础，不断扩充新的研究材料和新的研究工具（傅斯年，1928）。他以此为宗旨促成了中央研究院历史语言研究所（简称“史语所”）的成立，作为实践其史学思想的具体机构。傅斯年认为史语所的首要任务就是寻找新的材料，而寻找新史料的重要方法之一就是进行科学的田野考古发掘。

如果说清末甲骨文、敦煌文书、汉晋简牍的三大发现与研究成果向人们充分展示了地下新材料的重要学术价值，为传统金石学向近代考古学的转变提供了历史机遇[2]，那么安特生、李济等人在中国所从事的最早的田野考古工作则给予了中国学者以重要的示范。

1921年安特生在河南渑池仰韶村的发掘标志着科学的田野考古学在中国的开始。虽然安特生等人所提出的“仰韶文化西来说”遭到了部分中国学者的怀疑（陈星灿，1997），但是安特生的工作却激发了中国学者通过科学的田野考古发掘获取新材料研究古史的兴趣。为了进一步探索仰韶文化的来源问题，李济于1925～1926年到晋南汾河流域调查古遗址（李济，1927a），并于1926年发掘了山西夏县西阴村（李济，1927b）。这次发掘是中国学者主持的第一次科学的田野考古发掘，发掘所获的遗物运回北京后在清华国学研究院展览，立即引起了学术界的震动。王国维、梁启超等知名学者参观了展览后对李济的发掘工作给予了很高的评价，自此以科学的田野发掘为特征的考古学得到了中国学术界的充分肯定。

正是在清末三大考古发现的历史际遇和安特生、李济等人的科学示范下，傅斯年所领导的以古史重建为目标的史语所决定以科学的田野考古发掘为手段获取新的史料，而首次发掘的对象即定为出土甲骨文的河南安阳殷墟遗址。

傅斯年聘任李济担任考古组主任，主持安阳殷墟的发掘。从表面看，选择发掘殷墟是由于殷墟出土的甲骨。实际上，发掘殷墟应当还有更深层次的原因：殷墟丰富的古文字资料和文献史料，如果再配合以科学的考古发掘资料，将是以新史料重建古史最有希望，头绪最清楚，条件最好的遗址。因此，发掘殷墟是史语所在重建古史目标下所能做出的必然选择。

从上述早年殷墟发掘的历史背景来看，中国近代田野考古学从一开始就肩负起了

---

〔2〕 刘毅：《从金石学到考古学——清代学术管窥之一》，《华夏考古》1998年4期。

重建古史的历史任务。

史语所经过详细的筹划于1928年秋对安阳殷墟遗址进行了首次考古发掘。到1937年抗战爆发，殷墟先后发掘十五次。这十五次发掘在中国考古学史上影响至深，奠定了中国考古学的殷墟传统。以下尝试从田野考古学逐渐走向成熟和围绕着重建古史这个目标所进行的发掘资料的整理、研究这两个角度出发，简述中国考古学的殷墟传统。

一、早年安阳殷墟的发掘

（一）科学发掘的初期——第一至三次发掘

1928年夏，史语所派董作宾前往安阳小屯调查殷墟甲骨的出土情况。经过调查，董作宾认为殷墟的甲骨埋藏虽遭破坏严重，但并没有挖完，很有发掘的必要（董作宾，1929a）。因此由董作宾先生主持于1928年10月对安阳殷墟遗址进行了首次试掘。

首次工作先后在小屯村东北、村北和村中三个地区发掘。其间，相继采用了所谓的“轮廓求法”、“集中求法”、“打探求法”开探坑以寻找甲骨。具体开探坑之法，原计划采用“四方丈之正方形”，以便摄影记录，实际上由于出土的需要而改用了长方形。根据记录，这些探坑多数宽2、3英尺（0.6～0.9米），长6到10英尺（1.8～3米）不等，没有统一的标准。开探坑的位置也仅以探寻甲骨为准，没有统一的规划。

发掘中以1英尺（0.3米）为单位水平起土，虽然能大致按照土质土色和出土物的情况记录地层的堆积状况，但没有任何遗迹单位的概念。

此次试掘规模较小，仅持续27天，共开掘探坑40个，揭露约280平方米的范围。出土物的采集除了甲骨以外，其余基本不采。整个发掘仅采集陶片60片、陶器49件（董作宾，1929a）。

由上可见，殷墟第一次发掘的主要目的在于寻找甲骨，还不能做到全面采集、记录发掘出土的遗物，因此谈不上是完全科学的考古发掘。

殷墟第二、三次发掘分别于1929年春、秋两季进行。这两次发掘由在美国学习人类学出身，而又有西阴村田野发掘经验的李济先生主持，可以看作是殷墟全面科学发掘的开始。从此之后，在李济先生的主持下殷墟的田野发掘技术逐渐成熟起来。

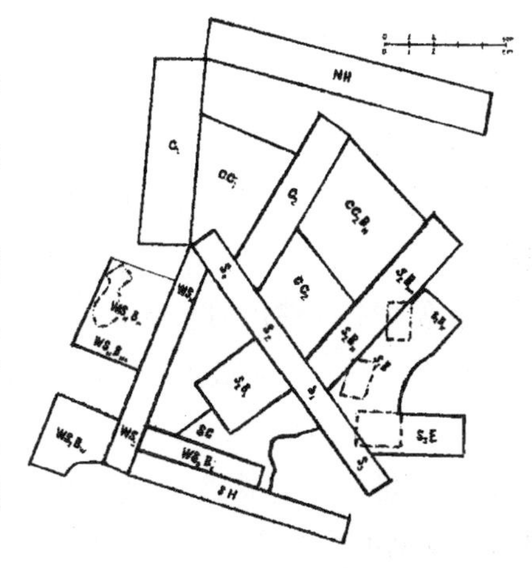

图一 小屯第二次发掘村中布方情况
（据：《安阳发掘报告》，第一期，1929年）

第二次发掘在村南、村中和村北三个地区进行。此次发掘在村南采用所谓的“不连贯的发掘法”，即沿着道路在一条线上开坑，探坑不是完全连接，或三或五一组。具体开坑方法是以1.5米为一个发掘单位，合两个单位为一个坑，即一个坑长3米，宽1.5米。在村中则采用了所谓的“纵横连斜支的发掘法”，其中“纵是南北坑，横是东西坑，斜是不正的坑，连是连接两坑的坑，支是各种坑所开的附坑”。采用这种方法是因为“能突出范围较广的地下现象，所以用各种不同角度的坑来探找，因此有了东纵、南横、西斜、北连等为人所不易了解的许多名词”。在村北由于面积较广，所以采用了上述两种方法兼施的发掘法，“既用了T、U、V不连贯的方法，又用了X、Y、Z的纵、横、斜方法”（石璋如，1998a，148～149页）（图一）。

总之，第二次发掘所采用的开坑方法带有很多尝试的性质，尤其是开设了“斜坑”。石璋如讲，之所以开斜坑是因为“斜坑所占的范围较广，机会较多”。可见斜坑是为了寻找甲骨而设定的。但是布设斜坑“在观念上，在记录上颇不习惯”，因此带来了很多麻烦，也就没有为以后的发掘所继承下来（石璋如，1985，30～37页）。

第三次发掘取消了斜坑，而采用“纵横连支线的发掘法”，对出土物丰富的村北地区进行了集中发掘。此次发掘“虽然仍是用纵、横、连、支等名称，但在方法上又有所改进”，李济“把坑连接在一起而为线的发掘；仍然南北向的叫纵沟，东西向的叫横沟，连接两横的叫连沟。不论纵沟或横沟，再以长3.0、宽1.0公尺为一小单位，叫甲、乙、丙等”（石璋如，1998a，149页）。由于此次发掘所开设的探沟“都是整整齐齐的横坑和纵坑，并以连坑串连纵坑和横坑”（石璋如，1985，57页），因此“记录也容易了，观察也方便了，工作也集中了，所以这一次有很大的收获”（石璋如，1998a，149页）（图二）。发掘也曾经计划采用“平翻法”以便从整体上了解小屯村北的地层堆积状况，但是由于客观条件的限制并没有实现。

从田野发掘技术的角度来看，这一时期的发掘一方面继承了李济在西阴村的某些做法。比如，根据殷墟第二次发掘李济对探沟“西斜北西支”的“坑史”记录可以看出，第二次发掘中在探沟发掘方法上采用的是在探沟里划分2米×2米小探方的方法逐次发掘的（李济，1929a，39～40页），而这正是李济在西阴村采用的所谓“探方”发掘法；根据对出土遗物的记录，每一件重要的遗物都记录了三维坐标，这也是李济在西阴村发掘中所使用的。但另一方面，在发掘方法上殷墟的第二、三次发掘又较西阴村有进步之处。主要表现在两个方面：

第一，根据董作宾先生对探沟“纵二甲乙西支”的记录（李济，1930a，229～230页）和李济先生对探沟“横十三丙北支二北支”的记录（李济，1930a，230～231页），发掘虽然仍采用水平发掘法，但是与西阴村不同的是不再按照统一的每1米为一个水平单位向下发掘，而是根据土质土色的变化而以不同的水平层向下发掘的。这表明发掘者对地层的自然变化较之以往更加关注。

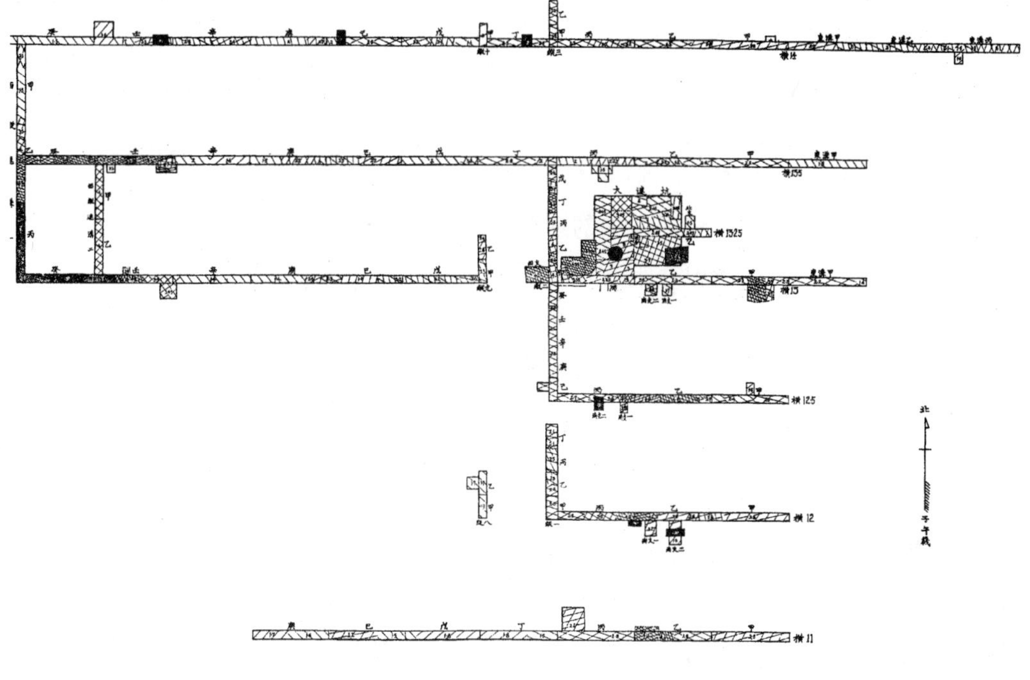

图二　小屯第三次发掘的布方情况
（据：《安阳发掘报告》，第二期，1930 年）

第二，殷墟从第二、三次发掘开始关注各种遗迹现象。殷墟的第二次发掘已经辨认出了一些长方形和圆形的坑穴遗迹。在第三次发掘中对于方坑、圆坑有了进一步的认识，并将它们看作是独立的遗迹单位进行了发掘，对它们的位置、形状、大小、主要出土物等做了详细的记录。关于这一点，据石璋如先生的记录，“因为所开之探坑，乃是寻找现象的工具，自然以现象为主较为合适”，足以表明当时的发掘者们对于坑穴的遗迹现象已经有了清醒的认识（石璋如，1985，66 页）。

在殷墟的第二次发掘中，李济开始认识到了地层堆积中存在着晚期人类活动扰乱早期地层的复杂情况，即他所谓的“侵入”现象。李济在探沟“西斜南东支与小连沟”中观察到了一个隋唐墓葬打破商代地层的现象，他借用了地质学中的“接触”（contact）概念来描述这种打破关系，这是在中国田野考古学中对遗迹打破地层现象的第一次详细记录（图三）。

但是同时我们也看到这一时期的田野考古发掘仍然受到地质学的强烈影响。李济在阐释现代考古学发掘技术时指出：田野发掘中首先要解决的是出土遗物的地层问题，而解决地层问题的关键在于地形地质的问题。虽然他也注意到了晚期人类活动破坏早期地层的现象，但却简单地认为这种“地质以外的地层问题，却大部分解决了”（李济，1930b，407～409页）。这种认识上的局限性具体表现在对殷墟地层形成原因的解释方面：当时殷墟的发掘者采用所谓的“水淹说”解释各种地层现象。他们将殷墟文化层看作是“数次大水淤积而成”。因此，一些重要的遗迹现象被错误的解释。比如，将图四中的现象解释为居民在洪水之后再次于原处筑新穴所形成（图四a）。再如，这一时期没有辨认出夯土建筑，而是将夯窝解释为大水冲淹形成的所谓“波浪皱纹之遗痕或浪纹遗痕”（张蔚然，1930，253～285页）（图四b）。

图三　第二次发掘中的“侵入”现象
（据：《安阳发掘报告》，第一期，1929年）

另外，对遗迹现象之间的叠压打破关系所指示的时间意义也缺乏足够的认识。比如，李济在考察殷墟第三次发掘出土的“俯身葬”时，采用类型学的方法确定各类出土遗物早晚形制的变化，进而断定这些“俯身葬”的年代。他根据功能的进化，指出了戈如

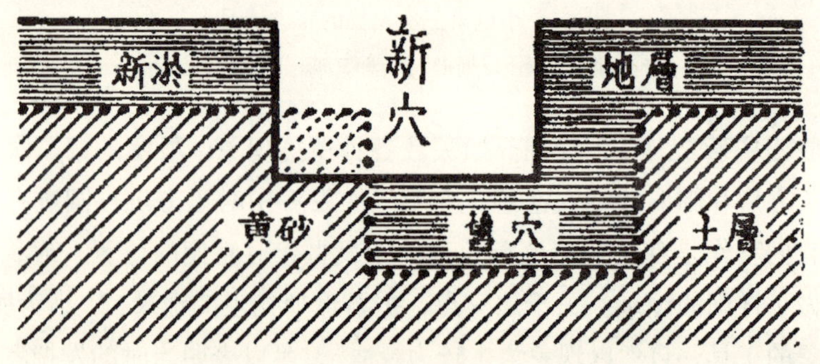

图四a　“水淹说”解释的地层之一

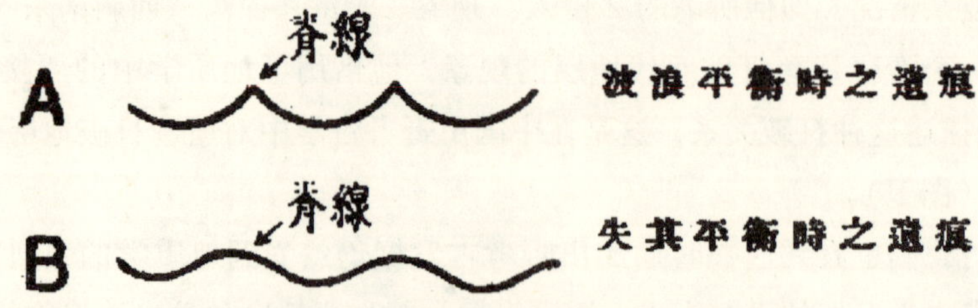

图四b　“水淹说”解释的地层之二
（据：《安阳发掘报告》，第二期，1930年）

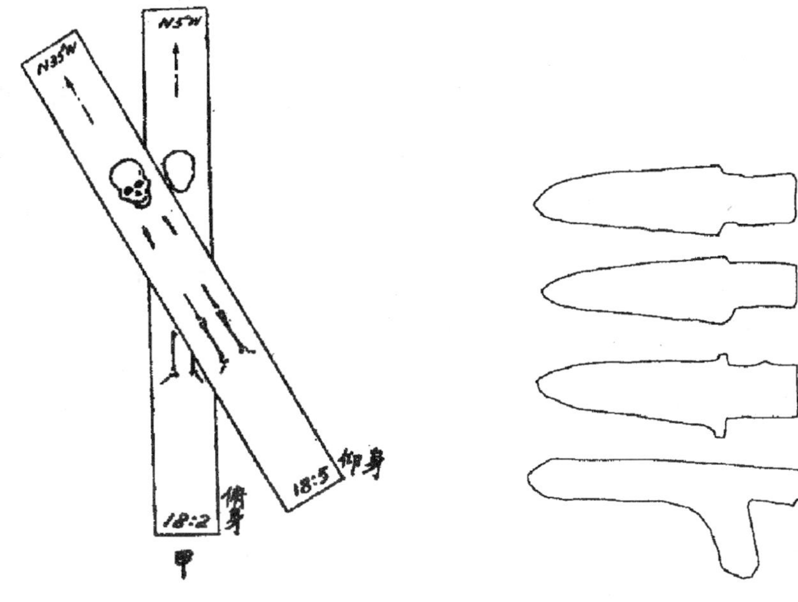

购买品

18：5

18：2

购买品

图五 a　墓葬 18：2 与 18：5 的地层关系

图五 b　李济所排比的戈的演变序列
（据：《安阳发掘报告》，第三期，1931 年）

图所示（图五）的演化趋势。但是其中第 2、3 件戈分别出自墓葬 18. 5 和 18. 2，而根据李济在同一篇文章中的论述，却又与墓葬 18. 5 叠压墓葬 18. 2 的地层关系相矛盾。可见，类型学和地层学的研究还不能很好地结合起来（李济，1931）。

这些认识上的局限性表明当时的田野考古发掘尚未成熟。

按照李济的论述，殷墟发掘的一个重要目标是确定殷墟所代表的殷商文化与仰韶文化之间的关系，进而探索殷商文化的来源，重建中国的古史（李济，1950a）。因此，殷墟第三次发掘所发现的一片仰韶文化的彩陶片，引起了发掘者们的极大兴趣。根据新的发掘材料，李济在《小屯与仰韶》一文中从五个方面论证了仰韶文化早于小屯商文化，但同时认为，殷商文化虽与仰韶文化有传承关系，但是绝不是直接的继承。就已经发现的仰韶文化遗址来说，均分布在太行山以西的地区，“但是太行山以东渤海西之大平原尚无此种发现之报告”（李济，1930c，338 页）。同时李济还比较了仰韶文化与小屯商文化的遗物，指出了“殷商文化之代表于小屯者或者另有一个来源，仰韶与它的关系最多不过像那远房的叔侄，辈分确差，年龄却甚难确定”（李济，1930c，346 页）。徐中舒先生则从考证历史文献出发，认为仰韶文化为虞夏民族的文化。他反对三代同源的观点，认为“小屯文化无疑地是由别处移植来的”。徐中舒还根据《史记·殷本纪》的记载，认为商人应起源于东方，而要探寻小屯商文化的来源应该到“环渤海湾一带”（徐中舒，1931，557 页）。与此同时，傅斯年在《新获卜辞写本后记跋》一文中根据新获卜辞材料对照历史文献，将传统上古之虞夏商周一个系统分为东西两个系统，初步提出了他的“夷夏东西说”的观点（傅斯年，1930b）。

上述研究均否定仰韶文化与殷商文化直接继承的观点，将探索殷商文化来源的眼光投向东方。这就进一步推动了史语所在山东地区开展新的考古工作，以寻找殷商文化的直接源头。

（二）新的认识、新的契机——城子崖的两次发掘

以获取新史料为目的的殷墟科学考古发掘为古史研究提供了新的材料，产生了新的观点，也引发了新的问题。带着这些新问题，殷墟的发掘者们又走进了田野。这次史语所没有继续发掘殷墟，而是选择在山东历城城子崖遗址进行发掘，其原因除了上述学术需要之外，还因为中央与河南地方政府间的矛盾，史语所无法继续在殷墟开展工作，所以才移师山东。实际上发掘城子崖的正是殷墟的原班人马，可以说城子崖的发掘是殷墟发掘的继续。

城子崖遗址先后于1930年秋和1931年秋发掘两次，第一次发掘在李济先生的领导下进行，主要目的在于全面了解遗址的地层堆积状况。因此发掘中采用了在整个遗址上布设“十”字形探沟的方法。探沟的具体布设和命名均承殷墟第三次发掘的做法，采用简化了的“纵横线”的方法，必要时加以支坑。城子崖第一次发掘虽然仍采用水平层发掘的做法，但根据出土遗物的不同大致将整个遗址的文化层分成下层的黑陶文化期和上层的灰陶文化期两大部分，从而首次确定了以黑陶为代表的龙山文化，这在中国史前文化的研究中具有“里程碑”的意义（陈星灿，1997，217页）。更重要的是此次发掘首次辨认出了夯土城墙遗迹，为重新解释过去殷墟发现的所谓“水淹遗迹”提供了一些全新的观念，成为推动殷墟发掘的一个新的契机（李济，1977，79页）。

城子崖遗址的第二次发掘由梁思永先生主持。梁思永在美国学习考古学专业，曾师从著名考古学家基德（A. V. Kidder）〔3〕。他于1930年夏回国参加田野考古发掘工作，将当时西方先进的田野考古学理论也带回了国内，从而极大地推动了中国田野考古学的发展。在梁思永的领导下，城子崖第二次发掘将遗址分为A、B、C、D四个区，共布设45个探沟，分别在遗址的北、西、南、东四角发掘解剖城墙夯土遗迹。此次发掘基本探明了城墙的范围，为南北长450米，东西宽390米的长方形。梁思永先生除了根据残存的夯土遗迹推断城墙的基本形状和建筑结构之外，还依据C1、C2两个探坑中

〔3〕 基德是二十世纪二三十年代西方考古学界“地层学革命”（The Stratigraphic Revolution）的领袖人物，他反对传统的“水平层”（metrical level）发掘方法，而主张根据文化层自然堆积状况的“自然层”（natural or physical level）发掘，对美洲田野考古学的发展作出了重要的贡献。（G. R. Willy and J. A. Sabloff, *A History of American Archaeology*, Second Edition, San Francisco, 1980, pp89 – 93.）

叠压在墙根之上的文化层夹杂着黄土和黑陶文化期的器物推断，城墙的建筑和使用年代为黑陶文化期。这是中国的考古学家首次根据地层学原理正确推断遗迹年代的经典之例，体现了当时中国田野考古的最高水平，也为殷墟的发掘创造了一个新的典范。

城子崖遗址的发掘报告于1934年出版，“是中国考古学家在中国国家的学术机关中发布其有预计的发掘未经前人手之遗址之第一次”（傅斯年，1934），具有重要的意义。《城子崖》报告不仅采用科学的方法系统全面地介绍了城子崖遗址两次发掘所获各类遗迹、遗物的情况，而且还全面收集了研究者们对这些新获考古资料的各种科学研究成果，以及与遗址相关的各类地质、环境、动植物信息。《城子崖》报告在发表资料的科学性和全面性方面为之后田野考古报告的编写做出了很好的示范。

（三）探索与进步——第四至九次发掘

城子崖的发掘对殷墟的工作产生了深远的影响。首先，在城子崖遗址所发现的灰陶和卜骨等情况均与殷墟接近，表明城子崖的黑陶龙山文化与殷墟小屯文化的关系较之与仰韶彩陶文化更为密切，这就为寻找殷墟文化的源头提供了线索。从田野发掘技术来看，城子崖的发掘首次辨认出了夯土城墙，为重新认识殷墟夯土建筑遗迹提供了新的契机。总之，城子崖的发掘解决了许多殷墟自身的问题，使得发掘者们认识到“要了解小屯，必须兼探四境”（李济，1933a）。因此，从第四次发掘开始，史语所采取“由外求内”的方法组织力量对小屯周围的后冈、四盘磨、侯家庄等地进行了发掘。

先谈后冈的发掘。城子崖的发掘将主要堆积分为下层黑陶文化期和上层灰陶文化期，研究者们推断黑陶龙山文化为虞夏时期的遗存，而灰陶文化为春秋战国时期的遗存。虽然黑陶文化早于灰陶文化，但正如梁思永先生所说，“依现在通行的年代表计算殷末去春秋初年约400年，所以我们不能利用上述的事实作为龙山文化比小屯文化时代早的证据”，也就是说龙山文化究竟是否真的早于小屯殷商文化还没有得到地层上的确凿证明。另外，黑陶龙山文化与彩陶仰韶文化之间的关系在当时也很不清楚。因此，龙山文化与小屯殷商文化以及仰韶文化的关系是当时殷墟发掘者们亟待解决的问题（梁思永，1935）。

后冈发掘的重要意义至少应包括两个方面。首先是发现了仰韶、龙山、小屯文化的三叠层，“第一次依据地层学上的证据，确定了仰韶和龙山两种新石器文化的先后关系以及二者与小屯殷墟文化的关系，解决了中国考古学上一个关键性的问题”（夏鼐，1957）。其次，在发掘技术上，后冈遗址的发掘更加清晰地揭露了自然层的叠压状况，对遗物的统计也是按照自然层为单位进行的。按照文化堆积的自然层发掘的方法打破了之前考古发掘中水平发掘法的局限性，使得中国的田野考古学进一步摆脱了地质学的影响，逐步形成了以关注人类文化行为为核心的具有自身特色的田野发掘方法，这又为殷墟的发掘创立了一个新的典范。梁思永先生“在繁杂的堆积状态中排除那些无关宏旨的现象，归纳出有规律性的人类文化埋藏情况”（陈星灿，1997，234页），为中国田野发掘技术的进步作出了卓越的贡献。

回看殷墟发掘本身，从第四次发掘开始在发掘方法上作出了一些重大的改进。第一，改变以往以地界之南北为南北的标向方法，而改为规范的磁北作为统一的标向方法。第二，对遗址进行了重新分区和统一规划：第四次发掘开始时以N、E加数字的形式命名探沟，比如，E101公尺，N150公尺，就代表东西探沟以及此探沟在地图上距离小屯村的位置（陈存恭等，2002，59页），这种方法虽便于检查，但难于记忆，因此后来又重新分为A、B、C、D、E五个区，第五次和第八次发掘又分别增加了F区和G区，“每区开坑均自1号起乃以数字名坑，查记均便”。第三，确定了每个标准探沟的面积为长10米，宽1米。第四，以每探沟的西南角为度量的标点，并使之制度化（石璋如，1985，97页）。

做出这些改进一方面固然是为了使殷墟的发掘走向更加科学化和规范化的道路，另一方面又与殷墟发掘指导思想的变化有着密切的关系。如前所述，前一阶段的主要工作是围绕着寻找甲骨及其埋藏状况而展开的，在指导思想上颇受地质学的影响。自城子崖发掘以来，发掘者们意识到之前殷墟发现的所谓“水淹遗迹”很可能是殷代的夯土建筑基址，而殷墟正是殷都之所在。因此李济先生讲，“带着一些新观点和对遗址性质更多的了解，我又走向田野”（李济，1977，78页）。从第四次发掘开始，殷墟工作的重心转移到了“探寻殷商王朝的建筑基础”（李济，1977，82页）方面。李济总结了以往工作的教训，认为以前之所以没有能够正确认识这些夯土遗迹的性质是“因为那时所采的完全是长沟式的发掘”（李济，1933a，564页），因此在第四次发掘之前李济便计划采用“整个的翻”的方法，以期全面揭示殷墟夯土建筑的情况。但是实际上由于各方面条件的限制，“整个的翻”的计划并没有能够实现。在与考古组的其他成员以及傅斯年所长商议之后，李济“决定采用‘卷地毯’的方法全面发掘小屯遗址”（李济，1977，79页）。所谓“卷地毯”的方法就是“以长10公尺宽1公尺为一个准坑，每隔若干公尺平行开坑”（胡厚宣，1955），如果遇到夯土再开支坑以扩大发掘范围，从而全面揭示殷墟夯土建筑。我们看到这种“卷地毯”式的发掘方法正是上述改进的一部分，而要全面记录殷墟的建筑基址就必须对整个遗址进行统一、科学的规划。因此李济确信“已找到了关键所在，通过绘制夯土地区图的方法，可以寻找出殷墟中殷商王朝的建筑基础”（李济，1977，79页）。实践证明这种“卷地毯”的方法“不仅可行而且是成功的”（李济，1977，81页）。

发掘技术上的进步具体表现在对遗迹现象的认识和处理方面。第四次发掘在B、C、D区广泛发现了版筑夯土遗迹。到了第五次发掘彻底推翻了一至三次发掘所假定的“水淹遗迹”说，并根据发现的版筑夯土叠压圆形坑穴的地层关系，第一次将殷墟文化分为“方圆坑时期”和“版筑时期”(李济，1933a；郭宝钧，1933b；胡厚宣，1955)。从第六到九次发掘，殷墟的发掘者们更加关注夯土建筑和方圆坑等遗迹的构造和布局情况。通过发掘，不仅逐渐揭示出了殷代夯土建筑的形状以及属于建筑局部的柱础、门、炉灶等的构造状况（石璋如，1959)，而且对夯土建筑和方圆坑的分布及其关系也做了更加深入、细致的观察，并制作了详细的遗迹单位分布图（石璋如，1933)。

归结起来，发掘技术上之所以取得这些进步，其深层原因在于指导田野工作的考古地层学理论的发展。如前所述，殷墟前一阶段的发掘深受地质学思想的影响，考古地层学理论尚不成熟，因此不能很好地从人类行为的角度正确解释考古遗址的地层堆积。自城子崖发掘之后，殷墟的发掘者们在寻找夯土的过程中，逐步深化了对方圆坑、夯土建筑等遗迹现象的认识。实际上从殷墟的第三次发掘开始，已经将保存较好的灰坑当作是基本的遗迹单位来发掘（石璋如，1985，66 页)。从殷墟的第四次发掘开始对遗迹现象有了特别的注意（郭宝钧，1933a，593、596 页)。在后冈的发掘以及殷墟的第八次发掘中，梁思永先生和石璋如先生都注意到了不同时期的地层堆积和遗迹的分布情况，并据此推断不同时期人类活动地域的变迁（梁思永，1933；陈存恭等，2002，73 页)。这些都充分表明，此一阶段殷墟的发掘者们在处理遗迹现象和解释殷墟地层堆积时，已经尽可能地关注人类行为活动的因素，从而在将移植于地质学的地层学转变为考古地层学方面作出了学术的自觉，选择了正确的方向，并迈出了重要的一步。然而，这个时期的“幼稚”还随处可见：

第一，对个别遗迹现象的认识和处理有误。比如，殷墟第七次发掘的甲六基址，所谓的“夯墩”很有可能是发掘中做反了的柱洞（石璋如，1933，712 页；1985a，39 页)(图六)。

第二，对灰坑等遗迹现象仅当作遗迹单位来处理，而不是时间单位。时间概念的表达多是根据地层的深度和出土甲骨的时代〔4〕，而非遗迹现象之间的叠压打破关系〔5〕。

由于缺乏对遗迹单位时间概念的充分认识，因此在发掘中对各遗迹单位出土遗物的记录方式与探坑出土遗物的记录方式是完全一样的。比如第五次发掘中对探沟出土甲骨（比如探沟 F1、F3、F4）和灰坑出土甲骨（比如灰坑 H3、H5）的记录就是如此(石璋如，1985，134～140 页)。关于这一点也可以从另一个角度得到印证，就是对出土陶片的整理。根据石璋如先生的回忆，殷墟第八次发掘后采用的是“先合后分”的

〔4〕 即董作宾对甲骨的分期。

〔5〕 这一阶段虽然能够根据地层关系断定夯土基址与灰坑之间的早晚关系，但是对于灰坑之间的打破关系却没有充分注意到。

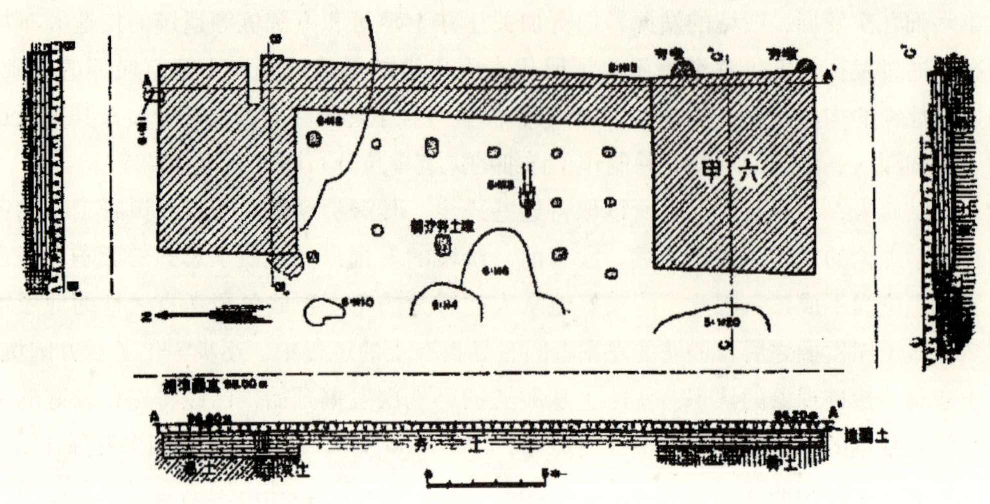

图六　甲六基址

（据：《小屯·殷墟建筑遗存》，1959年）

方法整理陶片，“就是把本次所得陶片统统合在一起然后再按类细分”（陈存恭等，2002，76页）。将所有的陶片合在一起分类而不按照出土单位分别整理，表明殷墟的发掘者们在当时还不能很好地理解遗迹单位所包含的时间概念。也正是由于这个原因，此一阶段的发掘尚不能准确辨认出遗迹单位之间的打破关系。比如，殷墟第五次发掘中所见到的圆形灰坑“往往两两相套，现重叠的排列，或作葫芦形，如宫字形”。这里明显没有将灰坑之间的打破关系辨认清楚（李济，1933a，570页）。另如图七为殷墟第七次发掘所记录探坑E157北段“形状莫测”的灰坑，实际上很有可能是发生了打破关系的两个灰坑（石璋如，1933，719页）（图七）。

尽管这一时期的考古地层学研究还不完全成熟，但经由梁思永先生在城子崖和后冈遗址发掘中的成功示范，已经充分显示出了地层学作为一种“新的研究工具”的重要学术价值。作为一种重建古史的新方法，地层学的研究方法从此得到了广泛的应用。

自梁思永在后冈发现“三叠层”之后，殷墟的发掘者们在“由外求内”的过程中又先后在侯家庄高井台子、濬县大赉店遗址发现了相似的地层堆积，从而证明这种堆积至少在豫北地区是一种普遍现象（吴金鼎，1935，201～202页）。然而当时的研究者们却没有能够对“三叠层”所反映的现象作出正确的解释。梁思永在论述仰韶、龙山、小屯殷商文化的关系时，并没有将这三种文化看作是时间上的先后关系，而是坚持了安特生的“仰韶文化西来说”，进而提出了仰韶文化与龙山文化“二元对立”的观点

（陈星灿，1997，217～226 页）。他认为仰韶文化与龙山文化为同时并存于新石器时代晚期东西方的两个不同系统的文化；仰韶文化自西向东，龙山文化自东向西发展，仰韶村和后冈是它们交会的地方。梁思永还根据后冈下层彩陶形态、样式简单，仰韶村仰韶文化含有龙山式陶器而后冈下层则不见龙山文化的痕迹，而将后冈的仰韶期置于安特生的仰韶期之前。至于龙山文化与小屯殷商文化的关系，梁思永看到了它们之间的差异，认为只存在着部分的继承（梁思永，1935）。

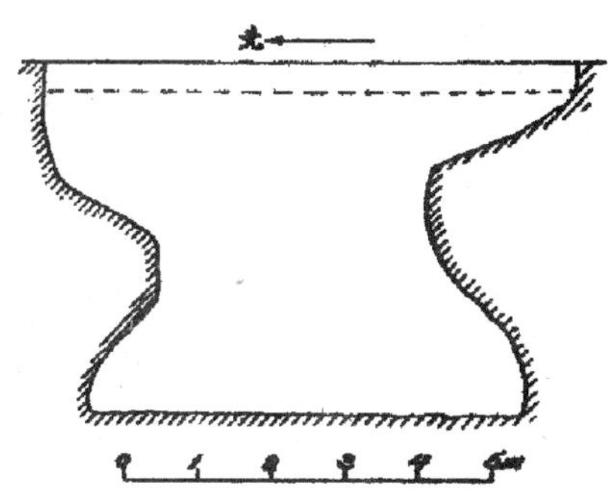

图七　灰坑 E157

（据：《安阳发掘报告》，第四期，1933 年）

梁思永的观点实际上代表了当时学界的主流，李济曾经回忆说："在一个时期内有一个说法，认为彩陶文化与黑陶文化，在史前时代的某一个阶段，代表平行、平等而对峙的两种文化。"（李济，1968a）

除了地层学的方法之外，李济也尝试使用类型学的方法探索殷商文化的来源。他在具体分析了小屯出土五类青铜器形制上的演化过程之后，得出结论：殷商文化的铜器有部分是本土起源的，而有的可能是自西方传入（李济，1935）。

上述梁思永和李济对不同考古学文化所做的"文化史"研究，在可供比较的考古材料相对缺乏的情况下，尚难以得出正确的结论。然而，这些工作正反映出他们已经开始尝试使用考古发掘的新材料来重建中国的古史。

总之，殷墟发掘的最终目的是重建殷商时代的古史。按照李济的设想，这个工作应当分为三个阶段："（1）如何把这些材料本身联起来；（2）如何把它们与传统的中国史实联起来；（3）如何把它们与整个的人类史联起来。"（李济，1934）因此，一方面梁思永深受当时史学界流行的"夷夏东西说"的影响，提出了仰韶文化与龙山文化二元对立的观点；另一方面李济在探寻殷商文化的来源时，总是将殷墟发掘的材料与西方的考古材料进行比较，得出"殷墟文化，与山东文化有关系，同时又最受西方相影响"的结论（李济，1933b，28 页）。

（四）王陵的发现与发掘——第十至十二次发掘

侯家庄西北冈墓地是殷墟发掘中"由外求内"、"兼探四境"的过程中发现的。在殷墟第八次发掘时，史语所同时组织力量对后冈进行了第三次发掘，结果发现了殷代的两座夯土墓葬。通过后冈遗址的第三、四两次发掘，发掘者们清理了这两座大墓，获得了许多关于殷代墓葬的知识，其中最重要的就是对殷商墓地和版筑夯土技术的新认识。

版筑夯土最早是在发掘城子崖遗址时辨认出来的，经过殷墟第四、五两次发掘，发掘者们认识到版筑夯土是殷墟建筑的重要形式，但是却并不清楚墓葬中也使用版筑技术。直到浚县辛村的发掘，郭宝钧先生才辨认出殷代墓葬中也使用夯土（陈存恭等，2002，65页）。后冈大墓的发掘一方面带给了发掘者们“以巨大的启示和肯定的信念，认为安阳这个地方不仅是殷都所在，而且也有为殷陵所在的可能”（石璋如，1948）。另一方面后冈的这两次发掘又进一步证实了殷人“在营建大墓时也使用夯土技术，这就提供了一个指示线索。安阳考古队通过艰苦工作和田野经验的积累，找到了在附近地区探索殷商墓遗址的钥匙”（李济，1977，87页）。于是，刘耀（尹达）、石璋如两人经过仔细的调查访问，认定侯家庄西北冈很有可能就是殷代王陵所在地。基于此，加之屡屡传来侯家庄被盗墓葬出土青铜器的消息，梁思永先生果断决定并调集一切力量对侯家庄的西北冈进行了发掘。

西北冈遗址经过了三次发掘，果然发现了殷代王陵。发掘团先后共发现清理了殷代墓葬1232座，其中大墓11座，这一阶段可以看作是殷墟发掘最辉煌的时期（高去寻，1959，1~9页）。从发掘技术和方法上看，这一时期的发掘也从多个方面进行了改革，进一步推动了中国田野考古学走向成熟。

这些改革主要是由梁思永先生所推行的，归纳起来可概括为如下两个方面：

首先是整个工地的统一记录。过去的发掘主要是实行分区制，将遗址分为A、B、C、D等区，每区各有一人负责，“开坑、现象，各自命名、自成系统、各自报告”。据石璋如先生回忆，“梁先生认为这个制度太杂乱，无统一性，他主张一切一元化，由一人主持，凡开坑、墓号、照相号码等，统统由他主持登录到册子上，他随时可以了解开了多少坑，发现了几个墓，照了几张像等”。“过去对于墓葬是表图分开的，比例也不一致，此次则印好图表合一，规定二十分之一，有特别需要者可大可小，需要写明。另有工作记录为复本，每日晚上要把一日的工作清理完毕，交到梁先生那里，才能上床睡觉，他也要写工作日记。”（石璋如，1998b，362~363页）由此可见，统一整个工地记录的改革是从两个方面进行的，即一方面实行工地一人负责的“一元化”管理，另一方面统一各种发掘记录的具体形式。

其次是改“以探坑为主”为“以现象为主”的发掘方法。殷墟“一至九次的发掘方法为探坑制，某坑中有某种现象，或某种现象占某若干坑中，是以探坑为标准”，“探坑是基本单位”。而这一阶段发掘的主要对象是墓葬，因此发掘方法上改为“现象制”，“这里仍用探坑，但为找现象的工具”，“找出墓葬后，探坑即无用了”，“故西北冈的总图，只有墓葬没有探坑”（石璋如，1998b，363页）。

上述两方面的改革，对于推动田野考古学发掘技术和思想的进步起到了重要的作用。整个工地的统一记录，便于发掘主持人从整体上把握各类遗迹现象的相互关系，有助于统一协调各个发掘单位的发掘进度，从而有组织地开展工作，提高工作的效率

（李济，1977，90 页）。

以遗迹现象为主，而不是以探坑为主的发掘思想，不再将遗迹现象与探坑等同看待，而是从不同层次上对二者作了区分：探坑仅仅是作为控制、记录发掘过程的工具，而考古发掘的最终目的是揭示古代人类活动所遗留下来的各种遗迹现象以及它们之间的复杂关系。实行“现象制”，以遗迹现象为基本单位的发掘方法有助于发掘者们更加深入的思考遗迹现象的性质和内涵，从而推动了田野考古学发掘思想的进步。这种进步具体表现在将遗迹单位与时间单位联系起来的认识方面。

以 1001 号大墓为例：一方面发掘中明确注意到了 1001 号大墓与其他大墓之间的打破关系，即 1002 打破 1004，1004 又打破 1001，并据此推断“这种打破关系明显表明 HPKM1004 的建造比 HPKM1001 晚，而早于 HPKM1002”（李济，1977，96 页）。另一方面在论证其他部分小墓晚于 1001 号大墓时，发掘者也充分利用了各小墓之间以及小墓与大墓之间的复杂打破关系。1001 号大墓的发掘报告中讲到，“这种情形显然表示这许多墓并不是在一个很短的时间内埋葬的。因此我们可以推知他们之出现于南北两道中只是偶然巧合，而跟 1001 墓并没有什么关系。关于这推断，1345、1422、1457 三墓之打破南道西壁，1360 墓之打破南道中的殉葬人骨也是很好的证据”（高去寻，1962，14 页）。显然，这里每一座墓葬都已经被置于一个时间单位中考察，墓葬之间的打破关系正是它们之间建造时间早晚的表现，而这一点是之前以探坑为基本单位的发掘方法所没有能够完全认识清楚的。

西北冈墓地在短短一年时间里连续大规模发掘了三次，清理了大批的墓葬，也出土了大批的遗物。西北冈墓地的发掘为我们提供了全面认识殷商社会史的重要资料（李济，1962a）。

（五）趋于成熟的田野考古学——第十三至十五次发掘

侯家庄西北冈墓地发掘三次之后，梁思永先生认为需要暂时停止墓地的发掘，以便总结经验教训，制定下一步的发掘计划，但是由于 1937 年日本侵华这一计划被迫中止了。在此之前殷墟又发掘了三次，即第十三到十五次发掘，工作地点重新回到了小屯。这一阶段工作的主要目的在于进一步考察殷墟建筑基址以及各种遗迹现象之间的关系（石璋如，1945a）。从田野发掘技术方法的角度看，这一阶段总结了以往各个时期殷墟发掘的经验教训，在许多方面做了重大而影响深远的改革，因此可以看作是中国田野考古学走向成熟的时期。

这些改革主要包括如下三个方面：

首先，改变了历次发掘开探沟的方法，而改为探方法，统一绘制遗迹单位分布图。具体做法是“采用以一百平方公尺（即 10 × 10 公尺）为一小工作单位，即一个探方。以一千六百平方公尺为一大工作单位，即十六个探方。在一个大工作单位的中间设置一架平板仪，随时测绘发掘所得的遗迹和现象，发掘完了总图亦即完成”（石璋如，1992，1页）（图八）。

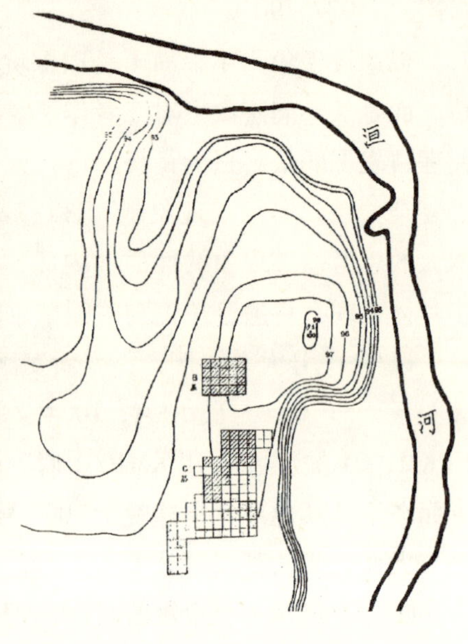

图八　第十三到十五次发掘的布方情况
（据：《小屯·甲骨坑层之二》，1992年）

其次，对遗迹单位进行了统一的编号和记录。一方面，从第十三次发掘开始使用英文大写字母表示遗迹单位。具体以H表示灰坑，M表示墓葬，比如H127、M164等（李济，1977，107页）。另一方面，各单位出土遗物都要按照单位统一记录到常见遗物表和重要遗物表上（陈存恭等，2002，128页）。

再次，统一发掘记录的方式。包括发掘记录和发掘日记两类。前者又包括以探方为主的发掘记录和墓葬、灰坑等遗迹现象的记录；后者则记录各现象间的联系和发掘者自己的意见（陈存恭等，2002，128页）。

关于探方发掘法首先要指出的是这里的探方发掘法不同于早年李济在西阴村所使用的探方发掘法。在西阴村实际上李济“只开了一个坑，坑的面积，东西八公尺，南北四公尺，在这个坑内又分为八个方”（石璋如，1998a，147页）。因此，西阴村的探方根本不是一个控制、记录发掘过程的基本单位，而是为了出土方便而在一个大探沟中临时划分的小发掘区域。

殷墟从第十三次发掘开始所开设的探方是在以前探沟发掘的基础上，总结经验教训，逐步摸索出来的一套崭新的发掘方法。这里的探方发掘法，一方面探方与以前的探沟一样充当了发掘过程中控制地层、记录遗迹现象和遗物出土位置的基本单位；但是另一方面，实行探方发掘是为了在更大的范围内有效地记录遗迹现象的相互关系和分布状况，更方便绘制统一的遗迹单位分布图。因此，由探沟发掘法过渡到探方发掘法，正表明了指导田野考古学的理论思想逐渐由深受地质学影响的“点、线式发掘”成熟为以关注人类行为活动所形成的遗迹现象为核心的“面、体式发掘”的进步过程（石璋如，1998a，150页）。

实际上，这种转变早在殷墟第五次发掘之时已有萌芽。自殷墟第四次发掘，发掘者们开始注意到以版筑夯土为主的各种遗迹现象，也由此感觉到开探沟的方法已经不能适应大规模揭示遗迹的需要，并在第五次发掘之时尝试了开大探坑的方法（陈存恭等，2002，61～62页）。但是这种方法直到殷墟的第十三次发掘才被接受。其中的原因，一方面自然因为经费、人员的不足；但笔者认为更深层次的一个原因还在于以当时的发掘方法而言，在控制地层与揭示遗迹现象之间还存在着难以解决的矛盾。探沟发掘法的优势实际上是便于在一条直线或一个剖面上观察、记录地层的变化情况，沟开的过宽就不便于记录了；但是要揭示遗迹现象的布局状况却又必须做平面上的考察，扩大探沟的范围。当时解决这一矛盾的方法就是实行了所谓的“卷地毯”式的发掘，密集开沟。但如此又带来了另外的不便，就是遗迹单位图拼合上的麻烦（陈存恭等，2002，125～126页）。总之，第一至九次的发掘，主要实行的还是“探坑法”，以探坑为标准，寻找遗迹。到了西北冈墓地的发掘，地层堆积相对简单，无需过多照顾到地层的堆积状况，而实行了所谓的“现象法”，以墓葬为发掘单位，探沟仅当作寻找墓葬的工具。同时西北冈墓地的发掘也强调了统一记录的重要性，为殷墟的发掘树立了一个新的典范。从殷墟第十三次发掘开始，在总结了以往居址、墓地发掘经验教训的基础上，实行了所谓的“坑象法”，也就是历次发掘所希冀的“平翻”政策，即“仍以现象为主，把探坑扩大，视作如地图上的经纬线了”（石璋如，1998c，640～641页）。这种探方发掘法的初衷之一是要强调统一的记录，绘制统一的遗迹单位分布图，因此规定了每16个探方为一个大的单位，中间架设水平仪，统一测绘、统一记录。

上述石璋如先生所谈到的殷墟发掘由“探坑法”到“现象法”再到“坑象法”的发展轨迹明显是以为了更加准确的观察记录遗迹现象为宗旨的，这正是中国的考古学家们在殷墟的田野发掘实践中逐步摆脱地质学的影响，形成以观察记录遗迹现象为核心的、具有自身特点的考古地层学的真实记录。西方田野考古直到20世纪40年代中期才开始由英国考古学家惠勒（R. Wheeler）尝试使用探方发掘法[6]，反而落后于殷墟。正如邹衡先生所言，“第十三次发掘完全采用了大面积平翻的方法，使所有遗迹能全面揭露出来。这种方法不仅可以研究遗迹的层位关系，而且可以研究各种遗迹平面分布的情况，因此这是田野考古中比较先进的方法。然而，这种方法并非从西方考古学中直接搬来，而是发掘殷墟的考古工作者结合殷墟的实际情况逐渐摸索出来的”（邹衡，1998，369页）。

对遗迹单位进行统一的编号以及统一发掘记录可以看作是田野发掘逐步走向制度化的必然结果。殷墟第一至九次的发掘，在技术方法上还主要处于探索、改进的阶段，到了西北冈墓地的发掘，梁思永先生开始实行一元化的管理，由工地主持人统一分配、记录探坑、墓葬和照相的号码，统一墓葬图表的比例，统一撰写工作记录，这是殷墟田野发掘初步迈入制度化轨道的开始（石璋如，1998b，362～363页）。殷墟从第十三次发掘开始，一方面在西北冈一元化管理的基础上进一步统一遗迹单位的编号制度，统一了发掘记录的方式（陈存恭等，2002，127～128页）；另一方面又总结了历次殷墟

---

〔6〕 Steve Roskams, *Excavation*, Cambridge University Press 2001, pp13 - 14.

发掘的经验，形成了“由点到线，由线到面，由面到体”四个步骤的发掘方法，从而形成了一整套完整的田野发掘制度体系（石璋如，1998a，150页）。

田野发掘技术的成熟归根结底还是因为指导发掘的考古地层学理论的成熟，具体表现在对遗迹现象的认识和处理方面。殷墟的第一至九次发掘虽然已经能够辨认出夯土建筑、坑穴、墓葬等遗迹现象，但是却不能很好地理解这些遗迹现象所表示的时间概念，因而当时的发掘没有辨认清楚许多遗迹之间的复杂叠压打破关系。西北冈墓地的发掘由于采用了“现象法”，将一个个墓葬当作是发掘的基本单位，使得发掘者们能够首先将墓葬作为一个时间的单位，从而搞清楚了各类墓葬之间的时间关系。西北冈的这一认识同样被殷墟的发掘者们再次应用到了小屯居址的发掘上，从而进一步理清了小屯居址各种遗迹现象之间更为复杂的地层关系。

殷墟第十三至十五次发掘之后，石璋如先生在阐释小屯居址复杂遗迹现象之间的关系时，将主要的四类遗迹现象（基址、窖穴、墓葬、水沟）之间的叠压打破关系归纳为23种，用图九表示了出来（图九），并解释道，“由上列四种主要的堆积构成了殷商文化层，但是它们彼此的关系异常繁杂，盖每种现象并不是一个时期完成，因各有先后的差别，遂形成彼此交错相互叠压的状态”（石璋如，1945b，23页）。

具体来讲，可以从以下三个例子来看当时的发掘者们是如何理解各类遗迹现象之间的关系的。

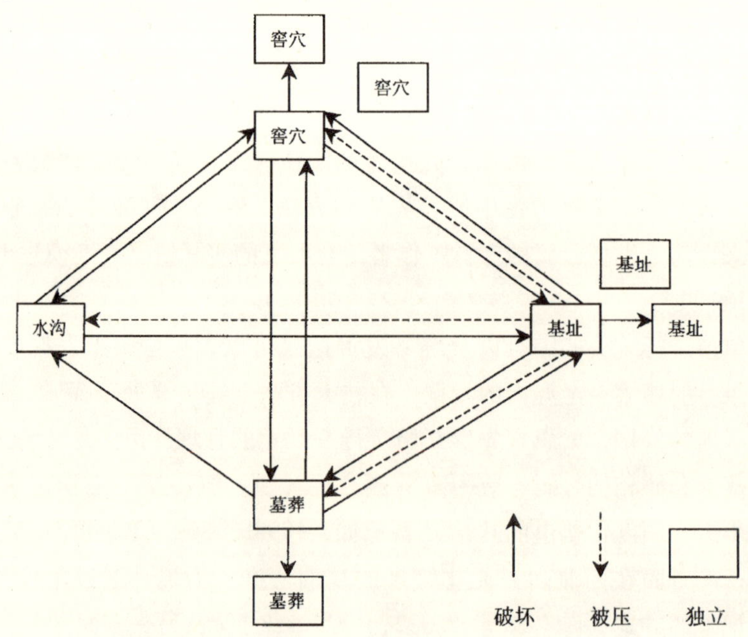

图九　石璋如所论述的23种地层关系

（据：《六同别录》（上），1945年）

如图一○所示为探方C85中的一组地层关系，明确表示出了水沟打破灰坑H086，而乙七基址叠压水沟和H086，同时又被墓葬M149打破，即H086→水沟→乙七基址→M149的时间关系（石璋如，1947，69～70页）（图一○）。

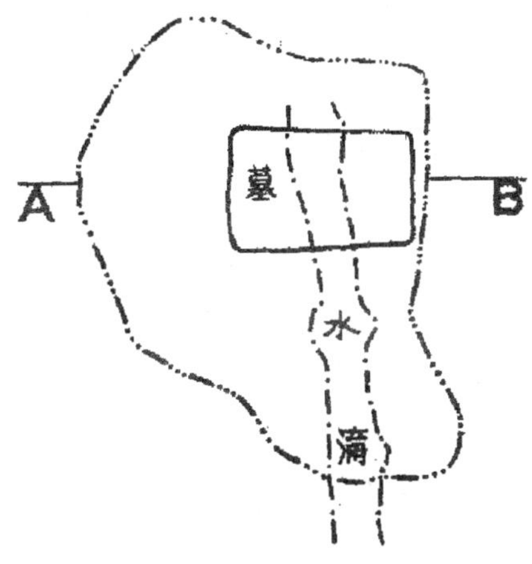

又如图一一为探方C113中出土甲骨最为丰富的H127的地层关系。关于这一组地层关系，石璋如先生讲到，“单就与H127本身有关的现象来说便有上下四层。最上层为M156，这个墓葬的南部又为后世所破坏。其次为H117是一个大而浅的灰土坑。又其次为H121破坏了H127的东南隅的一部，那么H127是这一带资格最老的遗迹了”（石璋如，1947，302页）（图一一）。

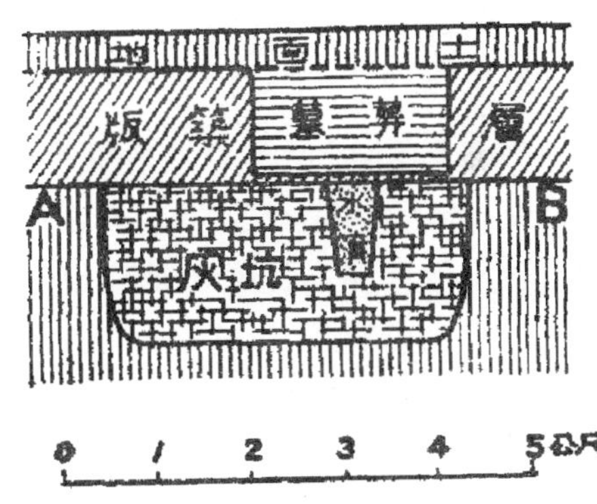

图一○　C085的地层关系

（据：《中国考古学报》，第二册，1937年）

第三个例子是关于夯土建筑基址方面的，以第十三次发掘的乙五基址为例。发掘者不仅清晰判断出了乙五基址与其他各类遗迹之间的地层关系，而且还对乙五建筑基址本身进行了解剖，将基址分为A－I九个部分，并根据各部分之间的叠压打破关系断定了乙五建筑先后分三个时期建筑而成（石璋如，1959，68～77页）（图一二）。

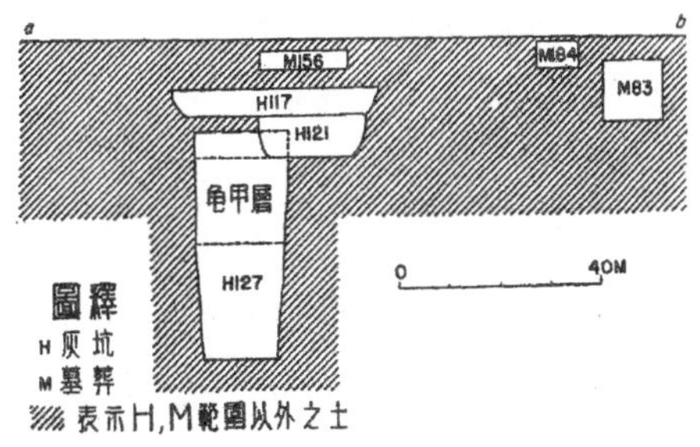

图一一　H127的地层关系

（据：《中国考古学报》，第四册，1939年）

据上述三个实例和石璋如先生的论述，我们可知当时的发掘者们已经清晰地认识到了各种遗迹现象本身所代表的时间单位，并能够根据各现象之间的叠压打破关系来判断它们的早晚。如此表明，在经过了历次发掘之后，殷墟的发掘者们对遗迹现象的认识和处理终于成熟起来。

总之，殷墟第十三至十五次发掘可以看作是对战前殷墟历次发掘的归纳和总结。这一阶段形成了一整套的田野考古作业方法和管理制度以及成熟的田野发掘理念。上述三个方面，即探方发掘法、田野发掘制度化和对遗迹现象的深入认识可以看作是中国的田野考古学走向成熟的重要标志。

二、发掘资料的整理与研究

第十五次发掘之后，由于战争的原因，史语所被迫停止了对安阳殷墟的发掘工作，殷墟发掘也暂告一段落。虽然战争期间，史语所颠沛流离、屡次迁徙，但却始终没有停止对殷墟发掘材料的整理和研究工作。事实上，这项工作从殷墟的第一次发掘就已经开始，一直持续到史语所搬迁至台湾，并延续到现在。在这期间，陆续出版了关于殷墟的发掘报告和相关的研究文章。本文以下从居址、墓葬、骨骼、甲骨、陶器、铜器、玉石器等几个方面简要回顾史语所对早年殷墟发掘材料整理和研究的概况。

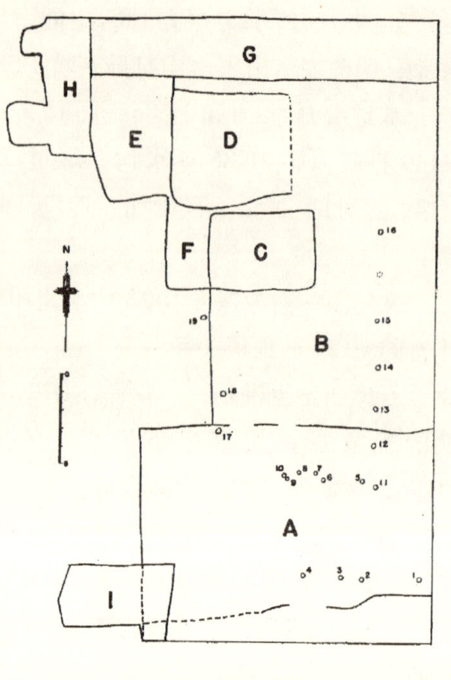

图一二　乙五基址

（据：《小屯·殷墟建筑遗存》，1959年）

殷墟建筑基址方面，由石璋如整理了小屯建筑居址的发掘资料，于1959年出版了报告《遗址的发现与发掘·乙编：殷墟建筑遗存》。报告根据小屯夯土基址“地区的性质以及基址的结构等的不同”，将所有53座基址分为甲、乙、丙三组分别加以论述。对其中的每一座建筑基址都详细记述了其自身的位置、面积、结构以及与其他遗迹现象之间的平面和地层关系。除了建筑基址之外，报告还详细记述了与建筑基址密切相关的水沟、墓葬等遗迹。最后又从地层、包含的甲骨、建筑工程以及铸铜遗存四个角度初步讨论了各组基址的年代和性质等问题。

在研究、复原殷墟建筑基址的过程中，除了充分利用田野发掘所获考古资料和文献资料之外，石璋如先生还进行了大量的民族学调查和实验研究工作。殷墟发掘刚刚结束，石璋如为了搞清楚殷墟发掘中的“灰土坑问题”就亲自前往绥远考察当地的粮窖；在昆明期间，他还利用所里修建院墙的机会观察版筑夯土的建筑情况（陈存恭等，2000）。在论证小屯乙一、乙三基址为殷代测影台时，石璋如依据乙三基址础石的分布形式，作了一个1/100的小模型，并据董作宾《殷历谱》的研究成果和《周髀算经》的记载，进行了初步的实验研究（石璋如，1997）。

石璋如研究、复原殷墟建筑基址始终注意将田野发掘的考古资料与文献记载相结合，力图解决殷商史的问题。他用相同的方法先后复原了八例殷墟建筑遗迹，认为小屯甲组基址为殷代早期的宗庙建筑，其中甲四基址为祭祀上甲（石璋如，1981），甲六为祭祀三报二示（石璋如，1989），甲十二为祭祀大乙九示（石璋如，1993），甲十三为祭祀迁殷后诸王的秺示（石璋如，1994）；乙组基址中乙一、乙三基址为殷代的测影台（石璋如，1995；1997；1998d），乙十一后期基址为帝乙时代的大型宗庙建筑（石璋如，1999）；而丙组基址为殷代后期的壇祀遗迹（石璋如，1961；1980a）。

殷墟墓葬包括后冈、侯家庄西北冈和小屯三部分。

后冈大墓的发掘材料由石璋如先生整理，报告《安阳后冈的殷墓》于1945年发表在《六同别录（上）》。

侯家庄西北冈大墓的发掘材料最初由梁思永先生整理了初稿《侯家庄西北冈墓葬发掘报告》西北冈，后又经高去寻先生的编辑、补辑，先后出版了《1001号大墓》、《1002号大墓》、《1003号大墓》、《1217号大墓》、《1004号大墓》、《1500号大墓》和《1550号大墓》。高去寻先生去世之后，石璋如继续编辑校补了侯家庄的《1129、1400、1443号大墓》和《小墓分述之一》。这些报告以西北冈大墓为对象，一座墓葬一本报告，每一本报告均详细记述了该墓葬的发现发掘经过、与其他大墓的关系、盗掘的情况、之前之后的遗迹、墓葬的形制尺寸、墓坑墓道、墓室形制尺寸、墓内外的殉葬和每一件随葬遗物，内容翔实丰富，具有很强的资料性和科学性。

小屯墓葬的材料主要是殷墟第十三至十五次发掘的一些与基址有关的中、小型墓葬。这一部分材料也是由石璋如先生整理，先后出版了《北组墓葬》、《中组墓葬》、《南组墓葬》、《乙区基址上、下的墓葬》和《丙区墓葬》。这些墓葬均与小屯的建筑基址，尤其是乙组基址有着密切的关系。其中北组墓葬在乙七基址的正南方；中组墓葬在北组墓葬的西南；南组墓葬又在中组墓葬的西南；乙区基址上、下的墓葬包括了与乙区基址发生直接叠压打破关系的墓葬，又分为“基上墓”和“基下墓”；丙区墓葬位于丙区北部，是属于丙组基址的墓葬。对于其中的每一座墓葬，报告中均详细介绍了其所在的位置、发现发掘经过、层位关系、墓葬形制、遗骸、遗物等各方面的信息。

墓葬资料是战前殷墟发掘所获最丰富的资料，因此关于墓葬方面的研究也十分全面。

首先是关于殷墟头骨和殷代民族种系方面的人类学研究。早在殷墟发掘之中，史语所就创建了人类学组，并聘任吴定良博士为主任，主持殷墟骨骼的整理和研究工作。吴定良虽然曾就少数殷墟头骨的几项测量数据，设计了一种间接计算中国人头骨脑容量的数理公式（T. L. Woo吴定良，1942，1~14），但却不曾应用这一公式具体研究殷墟的头骨。真正的殷墟骨骼的研究工作应从李济开始。1954年，李济根据吴定良留交的部分完整殷墟头骨的七项测量数据，第一次发表了一篇有关殷墟骨骼的论文（李济，1954a）。在这篇文章中李济提出了一个重要的观点，即殷墟侯家庄西北冈的头骨代表的族群可能是异种系性的（heterogeneous），或者说是包括了不同种系的族群。自此之后，研究工作主要围绕侯家庄西北冈头骨的种系问题广泛开展起来，并逐渐形成了“异种系说”和“同种系说”两种意见（杨希枚，1985）。两派观点虽然不同，但是他们的研究目标却是一致的：不仅仅是要解决体质人类学自身的问题，更重要的是这些研究工作直接涉及殷商王朝及其文化的缔造者的种族问题，也就是古籍中所谓的“华夏”、“东夷”、抑或“西戎”的问题。因此，这些体质人类学的研究实际上是围绕殷墟发掘而开展的古史重建工作的重要组成部分。

侯家庄西北冈大墓的墓葬结构和葬俗方面的研究以高去寻先生为代表。在墓地性质方面，他全面介绍了侯家庄西北冈大墓的情况，根据墓葬的形制、出土遗物以及文献记载将其认定为殷代的王陵（高去寻，1959，5页）。在墓葬结构方面，高去寻考察了大墓中的“亚”字形椁室的情况，并推断为商代宗庙明堂的象征性建筑（高去寻，1969）。在墓葬的葬俗方面，他考察了殷墟墓葬中随葬贝的情况，并结合历史文献，论证了殷礼中所存在的含贝和握贝的习俗（高去寻，1954）。

对于整个西北冈墓地结构的考察也是殷墟的研究者们所关注的一个重要方面。首先，李济根据西北冈大墓的位置排列、打破关系以及出土遗物的类型学研究，对墓葬的年代和下葬顺序进行了排比。他主要根据各类笄形器在西北冈大墓的分布情形，将这些大墓的早晚关系排列为：M1001→M1550→M1004→M1002→M1003→M1217→M1443。进而，李济又依据同类笄形器、青铜觚形器和青铜爵形器的花纹在侯家庄西北冈大墓的东西两区以及小屯居址周围小墓的分布情况，讨论了西北冈东、西墓地以及它们与小屯建筑基址之间的时代关系（李济，1958；1959；1963；1964）。

小屯的墓葬方面，石璋如在系统整理了发掘材料的基础上对各组墓葬的内涵进行了初步研究，他认为“北组墓葬以车墓为中心，中组以马及武士为首，南组墓葬好象为中、北两组墓葬的居首人物”（石璋如，1980b）。另外，石璋如还专门从葬俗方面研究了小屯乙组建筑基址周围的跪葬墓的情况（石璋如，1965）。

小屯北组和中组墓葬出土了大量的车马遗迹，为研究殷代的车马制度提供了丰富的资料。石璋如先后根据小屯M40和M20中出土的车的遗迹复原了殷商时代的两类车，进而根据这些考古材料对商代车马的驾乘情况进行了推测（石璋如，1969；1976），并就其中的一些问题与其他学者展开了讨论（石璋如，1987）。他还根据侯家庄西北冈1001号大墓东部小墓中的埋葬人数与随葬马数的关系，以及各个墓葬位置上的联系，认定在殷代就已经有了跨骑马的方式（石璋如，1964）。

甲骨是殷墟出土最重要的遗物。出土甲骨的整理方面，董作宾早在1936年殷墟发掘之中就已经编辑完成了《殷墟文字甲编》，收录了殷墟第一至九次发掘所获的甲骨文字，但是由于抗战的原因，直到1940年才得以首次出版。之后，他又以同样的体例出版了《殷墟文字乙编》，收录殷墟第十三至十五次发掘所获甲骨。后来，张秉权先生经过对甲骨坑 YH127 出土甲骨的进一步拼合、考释，又把《乙编》中的若干拓片编号进行了合并，编辑出版了《殷墟文字丙编》[7]。这些报告不同于以往的金石著录，它所收录的甲骨材料全部经由科学的考古发掘所获。按照董作宾先生的话说，“这部书（《殷墟文字甲编》）中的材料……如果从考古学的眼光看法，就和以前的甲骨文字书籍大大的不相同了。它们每一片都有它们的出土小史，它们的环境和一切情形都是清楚的。”（董作宾，1949，229 页）

在甲骨文的研究方面，由于采用科学的方法研究经由科学的田野考古发掘获取的大量甲骨资料，甲骨文的研究开始走向科学化、系统化的道路。董作宾先生讲到殷墟的发掘使得甲骨文的研究“由拓片上文字的研究，进而注意到实物的观察；由实物而又注意到地层；注意到参证其他遗物；注意到比较国外的材料”。这标志着甲骨文的研究开始“从文字学古史学的研究，进而至于考古学的研究了”（董作宾，1930，412 页）。

首先，最重要的是甲骨文的断代研究。殷墟第三次发掘于所谓的“大连坑”中发现了四版大龟甲，董作宾先生在《大龟四版考释》一文中首次尝试提出了对甲骨文进行断代分期的八项标准，其中影响最大的是“贞人”一项（董作宾，1931）。之后，他又根据殷墟新发现的甲骨资料，撰写了《甲骨文断代研究例》一文，进一步提出了他的“十项标准”，并根据这些标准将殷墟的甲骨分为五个不同的时期（董作宾，1935b）。董作宾关于甲骨分期的“十项标准”和“五期分法”对甲骨文的研究影响深远。他采用了一整套系统的方法整理殷墟出土的大量甲骨资料，将甲骨文的研究纳入科学化的轨道上，因此，“董作宾《甲骨文断代研究例》的发表，是甲骨学形成的标志”（王宇信等，1999，149 页）。

甲骨学的形成使得甲骨文的研究全面展开。除了传统的文字考释和分期断代以外，利用甲骨材料研究商史也备受关注。董作宾曾于 1945 年出版了《殷历谱》十四卷，在断代研究的基础上尝试利用甲骨材料研究殷代的历法、周祭等重要问题（董作宾，1945）。胡厚宣先生则全面整理、综合了甲骨文资料，写成了《甲骨学商史论丛》四集，详细探讨了甲骨文所反映的农业生产、奴隶暴动、宗法封建、方国战争、四方风名、图腾崇拜、历法气象等方方面面的殷商社会问题，是利用甲骨文研究殷商社会史的综合论著（胡厚宣，1944；1945；1946）。另外，利用科学的方法系统整理已有的甲骨材料和甲骨文的研究成果也成为甲骨学研究的重要内容，并相继涌现出了一批采用新体例的甲骨著录和甲骨学综合论著，其中较有代表性的包括《卜辞通纂》、《殷契粹

---

〔7〕 另外，胡厚宣在主持编纂《甲骨文合集》时又进一步把其中正、反、臼在原著录中分号的合编为一号。

编》、《殷墟卜辞综述》、《甲骨文合集》等等。

除了甲骨之外，史语所对殷墟发掘出土的各类遗存、遗物的整理与研究工作也从各个方面广泛展开。

动植物遗骸的鉴定与研究工作不仅是了解当时安阳自然气候、环境条件的重要依据，而且也为研究殷商时代的社会关系、经济贸易提供了必要的参考，因此这项工作在发掘一开始就颇受重视。早在殷墟第三次发掘之后，李济就请生物调查所的秉志先生鉴定了殷墟出土字甲所属的乌龟种属（秉志，1931）。殷墟发掘之后，所获的哺乳动物遗骸的鉴定与研究工作主要是由杨钟健先生完成的，鉴定结果先后以《安阳殷墟之哺乳动物群》（杨钟健，1936）和《安阳殷墟之哺乳动物群补》（杨钟健、刘东生，1949）两文发表。除此之外，其他的鉴定和研究成果还有：卞美年、伍献文先生对殷墟乌龟的研究（卞美年，1937；伍献文，1943）、伍献文先生对殷墟鱼骨的鉴定（伍献文，1949）、何天相先生通过殷墟出土的木构件对殷代古木的研究（何天相，1951）以及石璋如先生对殷墟墓葬中出土动物遗骸的研究（石璋如，1953）等等。

对殷墟出土的大量陶器的研究工作由李济先生主持，主要涉及如下几个方面：

首先是陶器质料的研究。包括对陶质的化学成分和物理性质的分析。对陶器化学成分的分析工作很早就已经开展，在抗战之前李济就专门请地质研究所的李毅对7片陶片进行了一次化学成分的分析，后来史学所在昆明期间又进行了第二次陶质的化学实验。李济殷墟陶器质料化学成分的研究工作主要依据的就是第一次分析的7片陶片所得的数据。这7片陶片代表了7种不同质料的陶器，它们的成分百分比存在着很大的差别，李济进行陶质化学成分分析的目的就是要找到这些差别所代表的考古学意义。通过一系列的分析，李济大致勾画出了自仰韶文化至于殷商，对制陶质料的控制和选料、配料技术的发展进步的轨迹（李济，1956）。

对陶器物理成分的研究包括了对陶器比重、吸水率，陶器硬度和颜色的研究三个方面。陶器比重、吸水率的研究工作主要是抗战期间在昆明进行的，后来在台湾桃园村又进行了一次，两次研究共测量了标本陶片84片。李济根据席尔（Alfred Seale）的《陶器工业百科全书》中的公式，结合殷墟陶器自身的特点设计了一个计算陶器“视比重”和吸水率的公式。通过计算、统计，李济得出结论：灰陶质料的相差指数离平均数较远，黑陶、白陶质料的相差指数离平均数较近。这就说明黑陶、白陶较灰陶对陶器质料的选择更加固定。吸水率的研究结果表明，釉陶和硬陶的吸水性最低，制作的技术要求很高，因此，李济推测它们的出现较晚，可能与殷人饮酒的需要有关（李济，1955；1956）。关于陶器硬度的研究，李济使用了英国便士青铜币和德国钢制小刀为参照标准分别与各类陶片相互刻划，将结果分为五级，分别代表不同的硬度。实验结果与陶片的吸水率是一致的，硬度低的吸水率高，硬度高的吸水率低（李济，1956）。陶色的研究主要是通过化学实验的数据论证了陶器的颜色与陶质的化学成分之间存在着密切的关系，而主要不是与烧成环境有关（李济，1956）。

陶器的分类与形制是李济整理、研究殷墟出土陶器的一个重要方面。李济采用了一种类似于生物学分类的方法对殷墟出土的所有1500余件完整的陶器进行了分类。他的分类标准是用三位阿拉伯数字加一个大写英文字母分别作为“目……式……型”的代表：第一数字“目”表示容器最下部的形态，即圜底000～099、平底100～199、圈足200～299、三足300～399、四足400～499。第二、三数字“式”表示口径与体高相比的大小及器的深浅0～99。最后在数字后的英文字母“型”表示其他形制上的变化，也就是器物的个性。比如，所有的圈足目之下共分为44式、120型。器物编号203D表示圈足器，第3式、D型，是一种大口浅盘低圈足器，D为白陶。在具体论述殷墟陶器之时，李济在每一目之下，还根据不同式别陶器间的相似与差异程度，对其进一步分组。比如圈足目下就将44式进一步归纳为23组进行了归类描述。李济讲，这种分类编号“最大的目的，是便于检查，这是不能与生物学分类同样看待的”（李济，1956，37页）。实际上，这种分类的方法也为讨论器物形制的演变提供了方便。李济认为“类别绝不是单单的一种秩序的排列。按器物形态的差别，排出一种行列，固是分类工作的必要节目，但在开始这一节目以前，一个分类学家，对于器物形态发展的秩序应有充足的认识”。“若把分类工作完全限在外形测量上，那就真是皮相之谈了。郑重从事这一工作的人们，对于器物的形态——无论是集团的、个别的或部分的——发生的起点，可能的演进方向，消灭的原因，都是他们所要细心追求的。有了这种经验，才能选出一种合理的健全的类别标准；经了这种标准的类别，器物演变的原委，也就可以看出一个头绪了。”（李济，1950b，69页）

制陶技术也是李济研究殷墟陶器的一个重要方面。李济研究制陶技术主要借鉴了吴金鼎的方法（吴金鼎，1935），通过陶器上遗留的制作痕迹推断陶器的制作过程和制作方法。另外，石璋如在昆明时所作的制陶业的调查，也为推断殷墟出土陶器的制法提供了民族学上的证据。

关于陶器纹饰方面的研究主要有如下几个特点：首先，李济注意到了不同纹饰在性质上的差异，即有的纹饰可能是制陶的痕迹，而有的纹饰可能与装饰艺术有关。其次，他的研究不仅注意到了不同纹饰与不同器类的组合情况，而且还着重研究了同一器物上不同纹饰的分布情况。另外，李济还注意到了陶器纹饰所表现出来的不同时代装饰艺术风格的变化，比如对殷墟墓葬中出土白陶的研究，就根据西北冈墓葬间的打破关系，对不同时期白陶纹饰风格的变化进行了详细的描述（李济，1957）。

殷墟出土铜器的整理和研究主要包括了李济和万家保两人的工作。首先，李济提出了指导性的意见，指出研究青铜器应该注意六个方面，即四种不同的现象：制作、形制、纹饰、铭文和两种其他的现象：功能与名称。研究青铜器就是要分别研究这六个方面的差异和演变，进而探讨它们之间的相互关系，推断其时代和地域上的差异（李济，1966a）。

具体来讲，青铜器铸造技术方面的专题研究工作主要是由万家保先生所做的。他除了在《古器物研究专刊》中先后论述了青铜觚形器、爵形器、斝形器、鼎形器、其他类型的容器的铸造技术、方法和程序之外，还对殷墟出土的青铜盔做了金相学的研究（万家保，1960）。除此外，刘屿霞也曾经根据殷墟出土铜器研究殷商时代的冶铜技术（刘屿霞，1933）。石璋如在昆明调查当地手工业技术之时，也曾经调查过当地的铸铜技术（石璋如，1956）。这些铸造技术方面研究的很多成果成为李济进一步研究殷墟青铜器的基础。

在青铜器的形制方面，李济认为，“以形制为基础，我们讨论青铜器就可以不必为青铜两个字所限制。这话的意思就是说，不必为器物的质料所限制。我们要是说某些器物是同一类型的，只是讲它们形态类似，并不管制作这一器物的质料是否相同”（李济，1966a）。因此，李济在具体讨论青铜器的形制演变之时，又往往并不局限于青铜器本身，他常根据某种原始陶器的形态推演某些青铜器的起源。比如，李济对青铜觚形器（李济，1964b）、爵形器（李济，1966b）、斝形器（李济，1968b）、鼎形器（李济，1970）形制起源的研究，以及对青铜锋刃器（李济，1949）、青铜句兵（李济，1950b）起源的研究，均将青铜器的起源推演到新石器时代的陶器或石器上。

纹饰方面李济曾经着重讨论了青铜觚形器和爵形器的花纹。在讨论青铜觚形器花纹的演变过程之时，实际上李济主要从花纹的铸造技术角度出发，探讨了各类不同特征花纹背后铸造技术的演变过程；而对于青铜爵形器花纹，李济则又将重点放在了青铜纹饰艺术风格的时代变化上。然而无论是从铸造技术还是艺术风格方面，李济都注意到了它们所处的时代和地域的差异，并由此进一步探讨了小屯遗址与侯家庄西北冈墓地间的年代关系（李济，1963；1964a）。

对殷墟出土其他遗物的研究，还包括石器、骨器、玉器、石雕品等各个方面。玉器的研究，有对殷墟出土玉器玉料的鉴定和其产源的推测（李济，1945）。石雕的研究有李济通过呈跪姿的石雕人像，探讨殷代礼俗的问题（李济，1953）；还有石璋如通过小屯墓葬出土石鸟、石磬推断殷代的音乐等方面（石璋如，1978）。石器和骨器的研究以李济对殷墟出土的有刃石器（李济，1952）和骨笄（李济，1958；1959）的研究为代表。李济之所以选择这两类遗物，主要原因是它们的形制变化较为明显，因此可以从形制演化的角度探讨侯家庄西北冈墓地与小屯居址的时代关系。

李济在专门论述殷墟器物研究的目的时说：“我们的目的是想把各种古物本身的历史——它的制作方法、它的形制及装饰的演变、它的功能等等——根据第一手的地下知识，能作一系统的陈述。这一研究的比较材料及预备工作都是多方面的，除了田野的原始记录和文献上的记载外，更要依赖对若干自然科学和实验科学的发现与发明的认识作参考，方能得到我们所希望的成绩。”这里总结上述殷墟器物研究的特点，有两方面值得我们注意：

首先是对自然科学和实验科学的重视。这正反映了以考古学为基础的新古器物学与传统的金石学的最大不同之处。因此，李济在阐释传统的金石学在古器物研究中为什么停滞不前的原因时说：“这个原因，概括地说，可以推溯到两宋以来半艺术的治学态度上。自然科学是纯理智的产物；古器物学，800 年来，在中国所以未能前进，就是因为没有走上纯理智的这条路。”（李济，1950a）

其次是对器物形制演化的关注。器物形制的演变在李济看来是“现代古器物学家的中心课题”（李济，1950a，69 页），因为器物的形制特征与它的年代存在着“相依的关连”（李济，1950a，69 页），通过器物形制演变的考察，可以为考古学研究提供基本的相对年代。

值得注意的是，李济的类型学格外强调器物形制的演化，这对于之后的中国考古学界所逐渐形成的以考古学文化的区系类型构建中国史前文化史的类型学研究方法起到了重要的示范作用，然而另一方面李济的类型学又不完全局限于对“文化史”的研究。在李济看来还有一个更重要的因素包含在器物形制的演变之中，就是器物的用途、功能。他说：“要对器物求全面的了解，专在形态的演变方面下功夫，无论作得如何彻底，也是不够的。器物都是人类制造的，它们的存在，既靠着人，故它们与人的关系——器物的功能——也必须要研究清楚，然后它们存在的意义，以及形态演变的意义，方能得到明白的解释。”（李济，1950a，69 页）制作技术的进步是研究器物与人的关系，也就是器物功能的核心。器物形制演变的研究正是“探制作之原始”的重要方法。因此，李济在阐释殷墟出土遗物的形制演变之时，总是从制作技术原始抑或进步的角度来断定某种器形的早晚，而制作技术的进步正体现了人们对器物功能需求的不断增长。由此可见，李济的形制演化的观念不仅仅是一种年代学的研究，更是一种包含着功能进化的人类学式研究，这是与李济的人类学背景密不可分的。

三、中国考古学的殷墟传统

张光直先生在谈到中国考古学的特点之时，尤其强调了早年殷墟发掘的重要性（张光直，1992，6 页）。殷墟的发掘是在考古学初传中国之时，由中国国家学术机构组织，并由中国学者主持的第一次大规模的正式考古发掘。因此，殷墟的发掘必然对中国考古学的发展产生重要的影响。如前所述，如果没有传统金石学的发达和新史学运动，考古学就不可能迅速为中国学术界所接受。但是同样，如果没有殷墟的发掘，考古学也不可能在中国迅速生根发芽，并茁壮成长起来。可以说，安阳殷墟的发掘奠定了中国考古学的传统。这个传统既有技术和方法的内容，又有思想和目标的涵义。

回顾殷墟发掘的历程，无论是发掘方法上由水平层发掘法到自然层发掘法的进步，还是发掘技术上由点到线，由线到面，由面到体的变化；无论是遗物采集由个别、特殊到普遍、全面，还是对遗迹现象的认识从无到有，再联系到时间的单位；无论是田野发掘的制度化，还是发掘记录的规范化，这一系列的变化均是在殷墟1928年到1937年这九年十五次的发掘过程中逐步完成的。此间，以李济、梁思永为代表的中国考古学家将西方考古地层学原理与殷墟的田野实践相结合，从而在中国产生了具有考古学自身特点的考古地层学。这种考古地层学已经摆脱了地质学的束缚，它的核心是对人类行为的密切关注。殷墟发掘所创立的一系列发掘和记录的技术、方法、制度、规范等为此后大陆和台湾的考古工作者所继承发展，并一直延续到今天。可以说，早年殷墟的发掘形成了中国田野考古学技术和方法的传统。西方考古学的“地层学革命”（The Stratigraphic Revolution）直到20世纪40～50年代才得以完成〔8〕，在这方面，后起的中国田野考古学反而走在了世界的前列。

殷墟的发掘是史语所领导的新史学运动的一部分，因此早年殷墟发掘与研究的指导思想深受傅斯年新史学思想的影响。傅斯年倡导以新史料重建中国的古史。李济在阐释殷墟发掘的目标之时，明确指出了就是要以殷墟的发掘为契机构建整个中国文化的体系（李济，1936），因此，殷墟的发掘一开始就肩负着古史重建的任务。具体来讲，这一古史重建思想的内容可以阐释为以下四个方面：

首先，以新史料的扩充为基础。傅斯年强调史料对于历史研究的重要性，他提出“动手动脚找东西”（傅斯年，1928，9页），作为史语所工作的口号。强调史料的扩充有两方面的涵义：首先考古发掘是获取新史料的重要方法，因此傅斯年、李济都极为重视科学的田野考古发掘。殷墟的科学发掘获得了大批的考古材料，从而大大扩充了殷商史研究的内容。其次，新史料既然是以重建古史为目标，其内容必定广泛、全面。归纳起来，殷墟发掘所获取的考古材料包括了建筑遗址、墓葬（包括殉葬坑）等遗迹现象；甲骨刻辞及在器物上刻划书写的古文字资料；石玉器、骨角器、齿牙器及蚌器、陶器、青铜器及其他金属器等遗物资料；动物和人类的骨骸资料等方方面面（李济，

---

〔8〕美洲的“地层学革命”于1914年开始，结束于1940年前后。（Gordon Willey and Jeremy Sabloff, *A History of American Archaeology*, W. H. Freeman and Company. San Francisco. pp84－93）欧洲科学地层学的形成应在比特·里弗斯和惠勒的科学发掘之后，其完成时间已经进入20世纪50年代（Steve Roskams, *Excavation*, Cambridge University Press 2001, pp13－14）。

1969）。从这个角度来看，殷墟的发掘形成了中国考古学以全面获取各类信息的考古材料为基础的田野考古学的传统。

其次，强调科学的方法和多学科的研究。傅斯年的新史学倡导科学的方法，他提出"要把历史学语言学建设得和生物学地质学等同样"（傅斯年，1928，10页）。具体来看，史语所以科学的方法发掘殷墟表现在两个方面：其一，殷墟的发掘以科学的田野考古学为基础，通过地层学的方法判断、处理遗迹现象，通过类型学的方法研究文化遗物。其二，殷墟的发掘更强调多学科合作和跨学科研究。傅斯年指出，"现代的历史学研究，已经成了一个各种科学的方法之汇集。地质，地理，考古，生物，气象，天文等学，无一不供给研究历史问题者之工具。"（傅斯年，1928，6页）具体看殷墟的发掘与研究除了考古学的方法之外，还结合了包括历史学、生物学、人类学、民族学、矿物学、金相学、化学等各学科的研究。比如董作宾对甲骨文的研究，郭宝钧、石璋如等对建筑基址的复原和研究，杨钟健等对动植物遗存和骨骼的鉴定，吴定良、杨希枚等对人骨的鉴定和研究，李济等对殷墟人种起源的考察，刘屿霞、万家保等对铜器的金相学分析，李济等对陶器化学成分的分析和玉器化学成分的鉴定，吴金鼎对制陶技术的研究，石璋如对昆明等地陶业的民族学调查等等。总之，早年殷墟的发掘与研究促成了中国考古学以考古地层学和类型学为基础，进行多学科综合研究的科学传统。

再次，以古史重建为目标，远远超出了传统金石学"证经补史"的藩篱。傅斯年等人所倡导的新史学既然在史料方面远远超出了金石学和文献史学的范围，也就必然提出新的问题和新的目标。由于史料的大量扩充，新的问题自然不少，而新的目标则是以新史料为基础重建中国的上古史（杜正胜，1998a）。李济还具体谈到了重建中国上古史所需的七类史料（李济，1962b）。从殷墟的发掘与研究来看，殷墟发掘所获新材料的内容极其广泛，以此为基础所重建的殷商古史也涉及各个方面，其中包括了文化史（殷商文化与仰韶文化、龙山文化的关系）、科技史（陶器、铜器、石玉器等的制作技术）、制度史（宫寝制度、祭祀制度、埋葬制度、车马礼仪制度等）、民俗史（俯身葬、跪葬、含贝握贝等丧葬习俗）、艺术史（青铜铸造、木石雕刻、石鸟石磬乐器等）等方面的内容。这些内容已经开始向我们呈现出一部活生生的殷商社会史。由此可见，以考古材料为基础重建的古史不同于以文献史料为基础的传统史学的内容，更不同于"证经补史"的金石学。可以说殷墟的发掘与研究在这一方面奠定了中国考古学重建古史的新史学传统。

最后，殷墟的发掘与研究为中国考古学树立了一个世界性的目标。傅斯年、李济均提出要将中国考古学的研究置于整个世界的范围之内。1936年，傅斯年在给夏鼐的信中谈到："中国考古学之发达，须有以下专科之研究者，各走一路，合为大成，是此学发达之要也。”这些专科包括了：史前学、埃及学、亚述学、古典考古学、拜占庭与阿拉伯考古学、印度考古学、大洋洲考古学、美洲考古学（傅斯年，1936）。李济也提出要在整个人类历史的视野中重建中国的古史。他谈到，“依我们看来，总觉得中国古史应该是人类的一部，应该要放在人类的圈子里去”（李济，1933，24页）。李济具体指出了利用考古材料重建古史的三个步骤：“（1）如何把这些材料本身联起来；（2）如何把它们与传统的中国史实联起来；（3）如何把它们与整个的人类史联起来”（李济，1934）。具体到殷墟发掘与研究，我们看到李济对殷墟头骨所代表的族群的推断，对殷墟铜器艺术花纹的研究等等均将殷商文化联系到整个世界的范围之内。不仅如此，这个世界性的目标还在于要为中国考古学和新史学争取到世界性的学术地位。傅斯年早年留学欧洲，他不满于“汉学”之正统在巴黎的窘况，“欲以西方学术方法与西方学术争胜”〔9〕。傅斯年创办史语所，采用西方科学考古学、语言学的方法收集新史料，重建中国古史。傅斯年要“替中国争取到世界性的学术发言权”（杜正胜，1998b，1页），他提出宏伟的目标“我们要科学的东方学之正统在中国”（傅斯年，1928，10页）。殷墟的发掘就是为实现这个目标而进行的具体努力。

总之，早年殷墟的发掘与研究所形成的科学、全面、系统地重建中国古史的目标不是将考古学维系在了传统的文献史学和金石学的范围之内，而是从更广义的视角重新定义了史学的涵义，从而奠定了考古学在中国现代学科、学术中的独立地位。

上述早年殷墟发掘与研究所树立的这个目标，一直以来为中国的考古学者所继承、发扬，从而形成了中国考古学的殷墟传统。

以田野发掘为基础，不断获取新的资料是殷墟的史学传统之一。新中国成立后，夏鼐主持中国科学院考古研究所工作之时，十分重视通过田野发掘积累考古材料。他在一个时期内“把中国考古学的重点放在田野考古工作上去”（夏鼐，1979）。他先后在洛阳、西安、安阳等地建立工作站或研究室，还亲自兼任西安研究室的主任，在重要的考古遗址开展长期的田野发掘工作，获取了大量的考古资料，极大地丰富了古史探索的内容。

采用科学的方法，不断扩张新的工具，进行多学科的综合研究是殷墟的史学传统之二。20世纪50年代以后，全球范围内的考古学出现了“技术革新”，自然科学领域的研究成果被更多地应用到了考古学的研究中。中国考古学也很快引入了碳十四、热释光，光谱分析，中子活化分析，孢粉学，古动植物学，航空、遥感等一系列新的科技手段综合研究考古遗存。尤其是碳十四实验室的建立和大批碳十四标本数据的测定，

〔9〕 罗志田：《史料的尽量扩充与不看二十四史——民国新史学的一个诡论现象》，《近代中国史学十论》，复旦大学出版社，2003年。

为中国史前考古学的编年研究奠定了基础。

强调考古学以重建古史为目标是殷墟的史学传统之三。随着田野发掘工作的广泛开展和考古资料的积累丰富，苏秉琦于20世纪90年代初再次提出重建中国史前史的设想。他指出，“重建中国史前史，是从学科建设的角度、从学科建设的高度来谈”（苏秉琦，1991b），“重建中国古史的远古时代是当代考古学者的重大使命”（苏秉琦，1991a）。苏先生还具体提出了重建中国史前史的方法，就是“以区系观点为纲，应用马克思主义理论进行社会分析”（苏秉琦，1992a）。如果说傅斯年、李济所提出的“古史重建”还仅仅是一个目标的话，那么随着考古材料的丰富，中国考古学从苏秉琦开始具体将这一目标逐步付诸实践。

中国考古学的世界性视野是殷墟的史学传统之四。夏鼐强调“中国考古学是世界考古学的重要组成部分”（夏鼐，1986，12页），“中国考古学的工作是有世界性的意义的”（夏鼐，1982，3页）。苏秉琦则提出中国考古学要“走向世界，面对未来”（苏秉琦，1991c）。他指出“21世纪的中国考古学，将是‘世界性的中国考古学’”（苏秉琦，1993）。苏先生还从方法论的角度着重指出建设世界的中国考古学“要从学科建设、人才培养、学术交流诸方面采取若干切实可行的、持之以恒的重大措施、步骤”（苏秉琦，1992b）。张光直从世界史的角度出发，提出世界文明演化的两种模式，他将“玛雅——中国文化连续体”的演化方式看作是“世界式的”文明演化方式，从而充分肯定了中国考古学在世界史研究中的重要地位（张光直，1986）。

当年傅斯年曾经讲到创立史语所是“先骑上虎背，自然成功”（杜正胜，1998b，1页），这同样也可以用来形容早年殷墟的发掘。殷墟发掘的重要性在于它从一开始就让中国考古学骑上了“重建古史”这个“虎背”。直到今天，中国的考古学人仍然在为实现这一目标而不懈努力，因此，可以毫不夸张地说，早年殷墟的发掘与研究为中国考古学奠定了一个很高的起点。

然而，学术有其自身的发展规律，任何高楼大厦都需要建立在坚实的基础之上，考古学也不例外。新中国成立后，随着考古工作的广泛开展和大量新考古学文化的发现，原本即不清楚的史前文化线索变得更加复杂。在这种情况下，中国考古学逐渐转向了以探索考古学文化时空关系为目标的文化史式的研究。在这一过程中地层学和类型学的方法在殷墟传统的基础上迅速成长起来。从世界范围来看，这种文化史的研究是一个广泛积累资料，并对其进行文化分期、编年的过程，是考古学学科发展的必经阶段。然而在着重进行文化史研究的过程中，殷墟发掘全面、系统地收集考古材料的做法反而在很大程度上被忽视。许多考古报告仅仅是按照文化史研究的需要对发掘资料进行了简化的整理，而很少涉及诸如聚落、环境、动植物、技术等方面的信息。这种负面的影响直到20世纪80年代之后才逐渐有所改变，这是后话。

后记：本文是笔者在赵辉老师所主持的《考古文献导读》研究生讨论课上，根据集体讨论的意见整理而成。在文章写作过程中，承蒙刘绪、徐天进二位先生指导，尤其是徐天进老师多次与我们畅谈他的学术史思想，受益颇丰。

文献索引

卞美年

1937：《河南安阳遗龟》，《中国地质学会志》，第17册1卷。

秉志

1931：《河南安阳之龟壳》，《安阳发掘报告》，第三期。

陈存恭等

2002：《石璋如先生访问记录》，中央研究院近代史研究所（台湾）。

陈星灿

1997：《中国史前考古学史研究 1895－1949》，三联出版社。

董作宾

1929 a：《民国十七年十月试掘安阳小屯报告书》，《安阳发掘报告》，第一册。

b：《新获卜辞写本后记》，《安阳发掘报告》，第一期。

1930：《甲骨文研究的扩大》，《安阳发掘报告》，第二期。

1931：《大龟四版考释》，《安阳发掘报告》，第三期。

1933 a：《释后冈出土的一块卜辞》，《安阳发掘报告》，第四期。

b：《帚矛说》，《安阳发掘报告》，第四期。

1935 a：《安阳侯家庄出土之甲骨文字》，《中国考古学报》，第一册。

b：《甲骨文断代研究例》，《庆祝蔡元培先生六十五岁论文集》，中央研究院历史语言研究所。

1945：《中央研究院历史语言研究所专刊之二十三·殷历谱（上）》，中央研究院历史语言研究所。

1949：《殷墟文字甲编自序》，《中国考古学报》，第四册。

杜正胜

1995：《从疑古到重建——傅斯年的史学革命》，《中国文化》，第12期。

1998 a：《新史学与中国考古学的发展》，《文物季刊》，第1期。

b：《无中生有的志业——傅斯年的史学革命与史语所的创立》，《新学术之路——中央研究院历史语言研究所七十周年纪念文集》，中央研究院历史语言研究所（台湾）。

傅斯年

1928：《历史语言研究所工作之旨趣》，《国立中央研究院历史语言研究所集刊》，第一本，第一分。

1930 a:《本所发掘安阳殷墟之经过》,《安阳发掘报告》,第二册。

b:《新获卜辞写本后记跋》,《安阳发掘报告》,第二期。

1934:《城子崖·序》,中央研究院历史语言研究所(台湾)。

1936:《夏鼐陈请梅贻琦校长准予留学年限的信函》附录二《傅斯年先生复信》,《清华大学学报》,2002 年 6 期。

1943:《〈史料与史学〉发刊词》,《国立中央研究院历史语言研究所集刊》外篇第 2 种。

郭宝钧

1933 a:《B 区发掘记之一》,《安阳发掘报告》,第四期。

b:《B 区发掘记之二》,《安阳发掘报告》,第四期。

高去寻

1954:《殷礼的含贝握贝》,《中央研究院院刊》,第一辑。

1959:"The Royal Cemetery of the Yin Dynasty at Anyang," Bulletin of the Department of Archaeology and Anthropology, National Taiwan University, 13/14.

1962:《中国考古报告集之三·侯家庄·第二本·1001 号大墓·上册:正文》,中央研究院历史语言研究所(台湾)。

1969:《殷代大墓的木室及其涵义之推测》,《中央研究院历史语言研究所集刊》,第 39 本。

胡厚宣

1944:《甲骨学商史论丛初集》,齐鲁大学国学研究专刊。

1945 a:《甲骨学商史论丛二集》,齐鲁大学国学研究专刊。

b:《甲骨学商史论丛三集》,齐鲁大学国学研究专刊。

1946:《甲骨学商史论丛四集》,齐鲁大学国学研究专刊。

1955:《殷墟发掘》,学习生活出版社。

何天相

1951:《中国之古木(二)》,《中国考古学报》,第五册。

李济

1927 a: Archaeological Survey of the Feng River Valley, Southern Shansi. *Smithsonian Miscellaneous Collections*, Vol. 78, No. 7, pp. 123 – 137.(中文译文:《山西南部汾河流域考古调查》,《考古》,1983 年 8 期)

b:《西阴村史前的遗存》,《清华学校研究院丛书》,第 3 种。

1929 a:《小屯地面下情形分析初步》,《安阳发掘报告》,第一期。

b:《殷商陶器初论》,《安阳发掘报告》,第一期。

1930 a:《民国十八年秋季发掘殷墟之经过及其重要发现》,《安阳发掘报告》,第二期。

b:《现代考古学与殷墟发掘》,《安阳发掘报告》,第二期。

c:《小屯与仰韶》,《安阳发掘报告》,第二期。

1931:《俯身葬》,《安阳发掘报告》,第三期。

1933 a：《安阳最近发掘报告及六次工作之总估计》，《安阳发掘报告》，第四册。

b：《关于中国古代史的新史料与新问题》，《珞珈月刊》，卷1，第1期。

1934：《中国考古学之过去与将来》，《东方杂志》，卷31，第7号；已收入《李济考古学论文选集》，文物出版社，1990年。

1935：《殷墟铜器五种及其相关之问题》，《庆祝蔡元培先生六十五岁论文集》，中央研究院历史语言研究所。

1936：《田野考古报告编辑大旨》，《田野考古报告》，第一册。

1945：《研究中国古玉问题的新资料》，《六同别录》中册，石印本；已收入《李济考古学论文选集》，文物出版社，1990年。

1949：《记小屯出土之青铜器——中篇：锋刃器》，《中国考古学报》，第四册；已收入《李济考古学论文选集》，文物出版社，1990年。

1950 a：《中国古器物学的新基础》，《国立台湾大学文史哲学报》，1期；已收入《李济考古学论文选集》，文物出版社，1990年。

b：《豫北出土青铜句兵分类图解》，《国立中央研究院历史语言研究所集刊》，22本；已收入《李济考古学论文选集》，文物出版社，1990年。

1952：《殷墟有刃石器图说》，《中央研究院历史语言研究所集刊》，本23，下册；已收入《李济考古学论文选集》，文物出版社，1990年。

1953：《跪坐蹲居与箕踞——殷代石刻研究之一》，《国立中央研究院历史语言研究所集刊》，24本；已收入《李济考古学论文选集》，文物出版社，1990年。

1954 a：《安阳侯家庄商代墓葬人头骨的一些测量特征》，《中央研究院院刊》，第一辑；已收入《安阳殷墟头骨研究》，文物出版社，1985年。

b：《中国上古史之重建工作及其问题》，《民主评论》，第5卷4期。

1955：《小屯殷代与先殷陶器的研究》，《中央研究院院刊》，第2辑；已收入《李济考古学论文选集》，文物出版社，1990年。

1956：《中国考古报告集之二·小屯·第三本·殷墟器物：甲编·陶器：上辑》，中央研究院历史语言研究所（台湾）。

1957：《殷墟白陶发展之程序》，《中央研究院历史语言研究所集刊》，本28，下册；已收入《李济考古学论文选集》，文物出版社，1990年。

1958：《由笄形演变所看见的小屯遗址与侯家庄墓葬之时代关系》，《中央研究院历史语言研究所集刊》，29本；已收入《李济考古学论文选集》，文物出版社，1990年。

1959：《笄形八类及其文饰之演变》，《中央研究院历史语言研究所集刊》，本30，上册；已收入《李济考古学论文选集》，文物出版社，1990年。

1962 a：《〈侯家庄·第二本·1001号大墓〉序》，中央研究院历史语言研究所（台湾）。

b：《再谈中国上古史的重建问题》，《中央研究院历史语言研究所集刊》，本33。

1963：《殷商时代装饰艺术研究之一——比较觚形器的花纹所引起的几个问题》，《中央研究院历史语言研究所集刊》，本34，下册；已收入《李济考古学论文选集》，文物出版社，1990

年。

1964 a：《殷商时代青铜技术的第四种风格》，《中央研究院历史语言研究所集刊》，本 35；已收入《李济考古学论文选集》，文物出版社，1990 年。

b：《殷墟出土青铜觚形器之研究下篇：花纹的比较》，《中央研究院历史语言研究所中国考古报告集新编·古器物专刊》，第一本，中央研究院历史语言研究所（台湾）。

1966 a：《如何研究中国青铜器——青铜器的六个方面》，《故宫博物院故宫季刊》，1 卷 1 期；已收入《李济考古学论文选集》，文物出版社，1990 年。

b：《殷墟出土青铜爵形器之研究下篇：青铜爵形器的形制花纹与铭文》，《中央研究院历史语言研究所中国考古报告集新编·古器物专刊》，第二本，中央研究院历史语言研究所（台湾）。

1968 a：《华北新石器时代文化的类别、分布与编年》，《大陆杂志》，第 36 卷，第 4 期；已收入《李济考古学论文选集》，文物出版社，1990 年。

b：《殷墟出土青铜斝形器之研究下篇：青铜斝形器的形制与花纹》，《中央研究院历史语言研究所中国考古报告集新编·古器物专刊》，第三本，中央研究院历史语言研究所（台湾）。

1969：《安阳发掘与中国古史问题》，《中央研究院历史语言研究所集刊》，本 40，下册；已收入《李济考古学论文选集》，文物出版社，1990 年。

1970：《殷墟出土青铜鼎形器之研究下篇：青铜爵形器的形制与花纹》，《中央研究院历史语言研究所中国考古报告集新编·古器物专刊》，第四本，中央研究院历史语言研究所（台湾）。

1977：Anyang. Seattle：University of Washington Press. 中译本《安阳》，河北教育出版社，2001 年。

梁思永

1933：《后冈发掘小记》，《安阳发掘报告》，第四期；已收入《梁思永考古论文集》，科学出版社，1959 年。

1935：《小屯龙山与仰韶》，《庆祝蔡元培先生六十五岁论文集》，中央研究院历史语言研究所；已收入《梁思永考古论文集》，科学出版社，1959 年。

刘屿霞

1933：《殷代冶铜术之研究》，《安阳发掘报告》，第四期。

苏秉琦

1991 a：《重建中国古史的远古时代》，《史前史研究》，第 3 期。

b：《关于重建中国史前史的思考》，《考古》，第 12 期。

c：《走向世界，面对未来——新年述怀》，《中国文物报》，1 月 6 日。

1992 a：《重建中的“中国史前史”》，《百科知识》，第 5 期。

b：《中国考古学的黄金时代即将到来——纪念北京大学创设考古专业四十年》，《中国文物报》，12 月 27 日。

1993：《北京大学“迎接二十一世纪考古学”国际学术讨论会上的讲话（提纲）》，收入《华人·龙的传人·中国人——考古寻根记》，辽宁大学出版社，1994年。

石璋如

1933：《第七次殷墟发掘：E区工作报告》，《安阳发掘报告》，第四期。

1945 a：《小屯后五次发掘的重要发现》，《六同别录》（上），中央研究院历史语言研究所。

b：《小屯的文化层》，《六同别录》（上），中央研究院历史语言研究所。

1947：《殷墟最近之重要发现附论小屯地层》，《中国考古学报》，第二期。

1948：《河南安阳后冈的殷墓》，《历史语言研究所集刊》，第十三本。

1953：《河南安阳小屯殷墓中的动物遗骸》，《国立台湾大学文史哲学报》，第5期。

1956：《记昆明的四种铜业》，《中央研究院院刊》，第3期。

1959：《中国考古报告集之二·小屯·第一本·遗址的发现与发掘·乙编·殷墟建筑遗存》，中央研究院历史语言研究所（台湾）。

1961：《小屯殷代丙组基址及其有关现象》，《庆祝董作宾先生六十五岁论文集》（下），中央研究院历史语言研究所。

1964：《殷代的弓与马》，《中央研究院历史语言研究所集刊》，35本。

1965：《小屯殷代的跪葬》，《中央研究院历史语言研究所集刊》，36本，上册。

1969：《小屯第四十墓的整理与殷代第一类甲种车的初步复原》，《中央研究院历史语言研究所集刊》，40本，下册。

1976：《殷代的第二类车》，《总统蒋公逝世周年纪念论文集》，中央研究院（台湾）。

1978：《小屯殷代的石鸟、石磬与筍虡》，《中央研究院成立五十周年纪念论文集·第二辑人文社会科学》，中央研究院（台北）。

1980 a：《殷代壇祀遗迹》，《中央研究院历史语言研究所集刊》，51本，第三分册。

b：《中国考古报告集之二·小屯·第一本·遗址的发现与发掘·丙编五·殷墟墓葬之五·丙区墓葬》，上、下册，中央研究院历史语言研究所（台湾）。

1981：《殷墟建筑遗存的新认识（论殷代早期的宗庙）》，《中央研究院国际汉学会议论文集——历史考古组》（上），中央研究院（台湾）。

1985：《中国考古报告集之二·小屯·第一本·遗址的发现与发掘：丁编·甲骨坑层之一》，中央研究院历史语言研究所（台湾）。

1987：《殷车复原说明》，《中央研究院历史语言研究所集刊》，58本，第二分册。

1988：《殷墟的穴窖坑层与甲骨断代二例》，《中央研究院历史语言研究所集刊》，59本，第四分册。

1989：《殷墟地上建筑复原第四例——甲六基址与三报二示》，《中央研究院第二届国际汉学会议论文集——历史与考古组》（上），中央研究院（台湾）。

1990：《乙五基址与宾、燿层位》，《中央研究院历史语言研究所集刊》，61本，第一分册。

1992：《中国考古报告集之二·小屯·第一本·遗址的发现与发掘：丁编·甲骨坑层之二》（上），中央研究院历史语言研究所（台湾）。

1993：《殷墟地上建筑复原第五例——兼论甲十二基址与大乙九示及中宗》，《中央研究院历史语言研究所集刊》，64 本，第三分册。

1994：《殷墟地上建筑复原第六例——兼论甲十三基址与秺示》，《中央研究院历史语言研究所集刊》，65 本，第三分册。

1995：《殷墟地上建筑复原第七例——论乙一及乙三两个基址》，《中央研究院历史语言研究所集刊》，66 本，第四分册。

1997：《从乙一与乙三基址试说殷代的测影台》，《中国考古学与历史学之整合研究》，中央研究院历史语言研究所（台湾）。

1998 a：《李济先生与中国考古学》，《新学术之路——中央研究院历史语言研究所七十周年纪念文集》，中央研究院历史语言研究所（台湾）。

b：《考古方法改革者梁思永先生》，《新学术之路——中央研究院历史语言研究所七十周年纪念文集》，中央研究院历史语言研究所（台湾）。

c：《我在史语所》，《新学术之路——中央研究院历史语言研究所七十周年纪念文集》，中央研究院历史语言研究所（台湾）。

d：《从殷墟遗迹新释高宗、肜日、亮阴》，《严耕望先生纪念论文集》，稻香出版社（台北）。

1999：《殷墟地上建筑复原第八例——兼论乙十一后期及其有关遗址与 YH251、330 卜辞》，《中央研究院历史语言研究所集刊》，70 本，第四分册。

T. L. Woo（吴定良）

1942：Formulate for the Determination of the Capacity of Chinese Skull from External Measurement, The Anthropological Journal of The Institute of History & Philology, Academia Sinica, Vol. Ⅱ, Pts. 1 – 2.

万家保

1960：《殷商青铜盔的金相学研究》，中央研究院历史语言研究所（台湾）。

吴金鼎

1935：《高井台子三种陶业概论》，《田野考古报告》，第一期。

伍献文

1943：Notes on the Plastron of Testuds Emys Schl. & Mull From the Ruins of Shsng Dynasty at Anyang.（《“武丁大龟”之腹甲》）《中央研究院动植物研究所集刊》，14 卷，1 ~ 6 期。

1949：《记殷墟出土之鱼骨》，《中国考古学报》，第四册。

王宇信 等

1999：《甲骨学一百年》，社会科学文献出版社。

夏鼐

1957：《梁思永先生传略》，《考古学报》，第七册。

1979：《三十年来的中国考古学》，《考古》，第 5 期。

1982：《〈新中国的考古发现和研究〉前言》，《新中国的考古发现和研究》，文物出版社。

1986：《考古学》，《中国大百科全书·考古学》卷首，中国大百科全书出版社。

徐中舒

1931：《再论小屯与仰韶》，《安阳发掘报告》，第三期。

杨希枚

1985：《卅年来关于殷墟头骨及殷代民族种系的研究》，《安阳殷墟头骨研究》，文物出版社。

杨钟健

1936：《安阳殷墟之哺乳动物群》，《国闻周报》，13期第1版。

1949：（与刘东生）：《安阳殷墟之哺乳动物群补遗》，《中国考古学报》，第四册。

张光直

1986：《中国古代史在世界史上的重要性》，《考古学专题六讲》，文物出版社。

1992：《考古学与“如何建设具有中国特色的人类学”》，《建设中国人类学》，三联书店。收入《中国考古学论文集》，三联书店，1999年。

1994：《李济（1896－1979）》，《李济与清华》，清华大学出版社。

邹衡

1998：《郭宝钧先生的考古事迹及其在学术上的贡献》，《新学术之路——中央研究院历史语言研究所七十周年纪念文集》，中央研究院历史语言研究所（台湾）。

张蔚然

1930：《殷墟地层研究》，《安阳发掘报告》，第二期。

湖北公安、石首三座古城勘查报告

荆州市文物考古研究所
公 安 县 博 物 馆
石 首 市 博 物 馆

Jiming city in Gong'an county and Zoumaling in Shishou are two famous Neolithic city sites. Recently, another contemporary city site was discovered at Qinghe in south Gong'an county, moreover, the Tunzishan city was discovered at the northeast of Zoumaling city and they were connected with a corridor, south of Zoumaling was the city Sheziling. This report is about the surveys and GPS measuring of the newly discovered cities.

湖北省公安县和石首市位于江汉平原的南部边缘，南与湖南省洞庭湖西北部的澧阳平原相接。这里地势低下，水网密布，是著名的鱼米之乡。

公安县位处荆州市的南部，西有松滋市，东北有江陵县，东有石首市，南边与湖南省的澧县和安乡县接壤。长江流经县境的北部和东部边界，境内的主要河流，自东向西有藕池河、虎渡河、松滋东河和松滋西河等，都是历史上长江溃堤时形成的，向南注入洞庭湖，至今仍是长江向洞庭湖输送水流的重要通道。以虎渡河为界，可将全县分为两部分。虎渡河以东地区是以平原低地为主的地形，虎渡河以西尤其是西南部一带则是以丘陵岗地为主的地形。

石首市位于荆州市东南部，西有公安县，北有江陵县和监利县，东面和南面与湖南省的华容县和安乡县接壤。长江从西北境向南流入，折而向东穿过中部，有“九曲回肠”之称。以长江为界，江北是由长江及其故道所携带的泥沙淤积而成的冲积平原，江南则是由低矮丘陵与湖泊构成的以低山、丘陵和岗地为主的地形。

2004 年 7 月，我们对公安县的鸡鸣城、青河城两座古城和石首市走马岭古城附近与之相关的屯子山、蛇子岭进行了考古调查和勘探，并利用 GPS 和电脑技术对三座古城进行了地形图的草测工作，取得了一些新的发现。

我们采用的勘探方法是将 GPS 测点与铲探点进行一一对应，选取其中任一测点作为原点（一般为第一个测点或探点），站在其他探点或测点上用 GPS 仪测量该点到原点的距离和方位角，并在笔记本上记录下来。回到室内后，在电脑上利用 PHOTOSHOP

软件将所有的点按一定比例（如1∶1000）制作成图。现将调查和勘探的结果报告如下。

一、鸡鸣城

鸡鸣城遗址位于公安县狮子口镇王家厂村四组和龙船嘴村一组的交界处，在公安县城西南约25公里，南面约2公里为人工裁直后的㳂水河（图一）。1996年在文物调

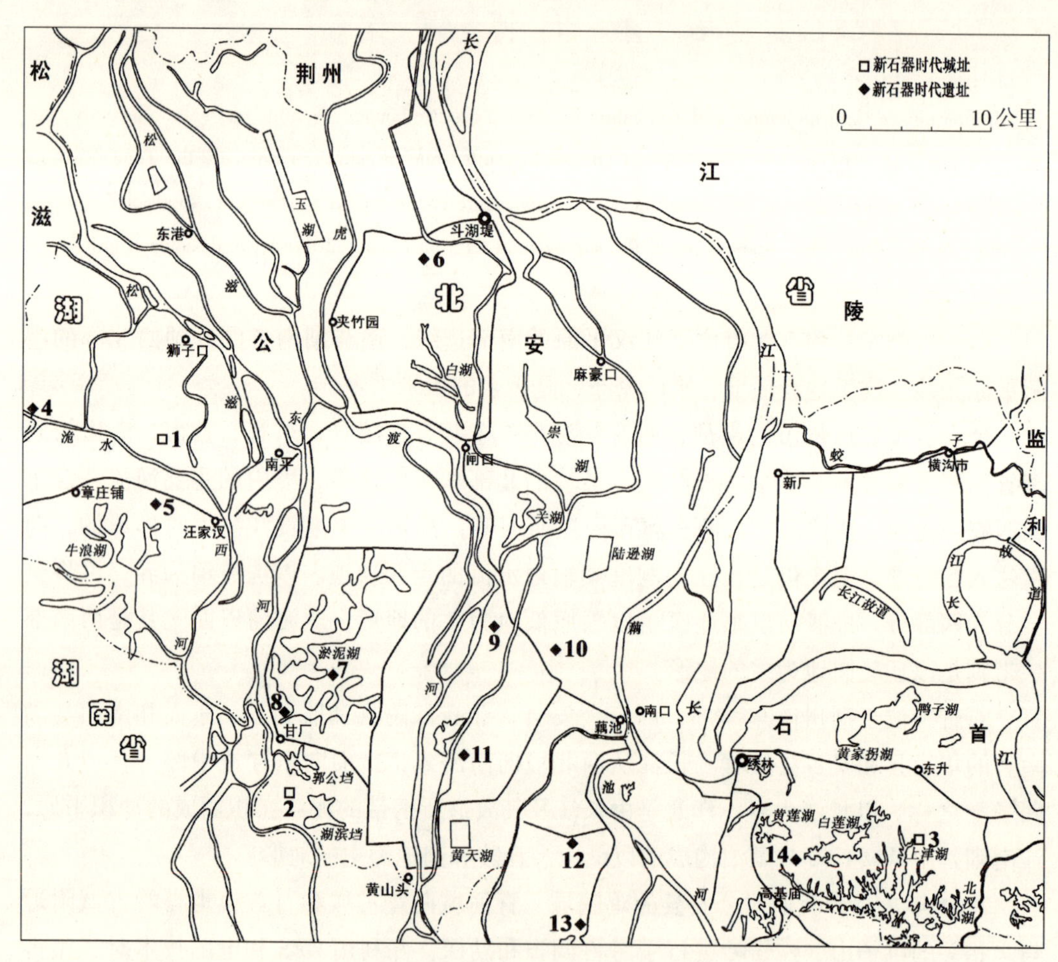

图一　公安、石首史前时代古城及遗址地理位置图

城址：1. 鸡鸣城　2. 青河城　3. 走马岭（屯子山、蛇子岭）

遗址：4. 桂花树　5. 伏虎山　6. 分泉岗　7. 郑家岭　8. 七里庙　9. 下李岗　10. 陈守岗　11. 王家岗　12. 扈家岗　13. 广滕岗　14. 城濠岗

查中发现[1]。

我们此次的调查和勘探以城西北角的 GPS 探点——118 点为原点，按逆时针方向沿着城垣进行。勘探和测量的基本数据见表一。

表一 鸡鸣城遗址探测记录表

测点或探点	地理坐标	测量记录	勘探记录
118	N29° 55.645′ E111° 59.070′	此点为测量原点	淤土—灰花土—黄花土，0.7 米下见褐黄生土
119	N29° 55.618′ E111° 59.045′	73.9 米，041 度（去 118 点，下同）	表土下为花土
a		103 米，020 度	
b		219 米，023 度	
c		259 米，024 度	
120	N29° 55.475′ E111° 58.999′	330 米，021 度	表土下为花土
d		371 米，017 度	
121	N29° 55.456′ E111° 59.000′	369 米，018 度	表土下为花土
e		381 米，014 度	
122	N29° 55.436′ E111° 59.040′	391 米，006 度	0.5 米下为花土
f		436 米，354 度	
g		454 米，346 度	
h		466 米，340 度	
123	N29° 55.423′ E111° 59.211′	470 米，330 度	地表为褐花土，0.8 米下为白膏泥土，1.2 米下为褐花土
i		499 米，325 度	
124	N29° 55.427′ E111° 59.245′	491 米，324 度	
125	N29° 55.460′ E111° 59.242′	441 米，321 度	
126	N29° 55.497′ E111° 59.272′	425 米，320 度	1 米下见花土
127	N29° 55.514′ E111° 59.271′	403 米，309 度	地表 1.5 米下仍为灰淤土
128	N29° 55.543′ E111° 59.278′	385 米，299 度	
129	N29° 55.560′ E111° 59.265′	351 米，296 度	表土下为花土
130	N29° 55.555′ E111° 59.258′	354 米，298 度	表土下为花土

〔1〕 荆州博物馆贾汉清：《湖北公安鸡鸣城遗址的调查》，《文物》1998 年 6 期。

续表一

测点或探点	地理坐标	测量记录	勘探记录
j		364 米，297 度	
k		361 米，295 度	
l		360 米，293 度	
131	N29° 55.577′ E111° 59.264′	337 米，292 度	表土下为花土
m		328 米，290 度	
132	N29° 55.595′ E111° 59.219′	283 米，287 度	表土下为花土
133	N29° 55.622′ E111° 59.231′	263 米，280 度	表土下为花土
n		210 米，266 度	
134	N29° 55.660′ E111° 59.188′	185 米，263 度	表土下为花土
135	N29° 55.659′ E111° 59.166′	155 米，260 度	表土下为灰土（文化层）
136	N29° 55.663′ E111° 59.163′	146 米，257 度	表土下为花土，据云已挖去 1 米
137	N29° 55.671′ E111° 59.131′	109 米，245 度	表土下为花土
o		55.6 米，220 度	
138	N29° 55.672′ E111° 59.084′	53.6 米，207 度	表土下为淤土
p		34.7 米，205 度	
q		32.3 米，212 度	
139	N29° 55.698′ E111° 59.068′	97.7 米，184 度	1 米以下为黄生土
140	N29° 55.707′ E111° 59.097′	122 米，202 度	0.5 米下为花土，1.2 米见褐色生土。原有王家祠堂
141	N29° 55.718′ E111° 59.107′		表土下为黄花土，0.3 米下为灰黑土，再下为黄土，再下为淤土
142	N29° 55.714′ E111° 59.127′	158 米，216 度	表土下为灰白土，其下为松软的黄花土

注：由于 GPS 仪在测量上存在一定的误差，我们没有采用仪器及其附带软件 Mapsource 所显示的高程，因为二者之间相差 6 米左右。另外，对城内外的水塘等地物我们也作了测量，具体数据从略。以下各表同。

从地形图（图二）上看，鸡鸣城一带的海拔高程为 36～40 米（黄海高程系，下同）。图中鸡鸣城的大体形状已基本可以看出。图中显示出北城垣、西城垣南段和南城垣，以及城垣外的护城壕。

勘探表明，城垣上一般表土下即为花土（人工堆积填土），厚度一般在 2 米以上。这次我们前去勘探时，天刚下过雨，城墙上的居民在铲平门前的稻场时，随处可见鲜

图二　鸡鸣城周边地形图（据 20 世纪 70 年代航测图）

明的花土。

据各测点和探点我们制作成鸡鸣城平面示意图（图三）。城垣除西北角和东垣部分

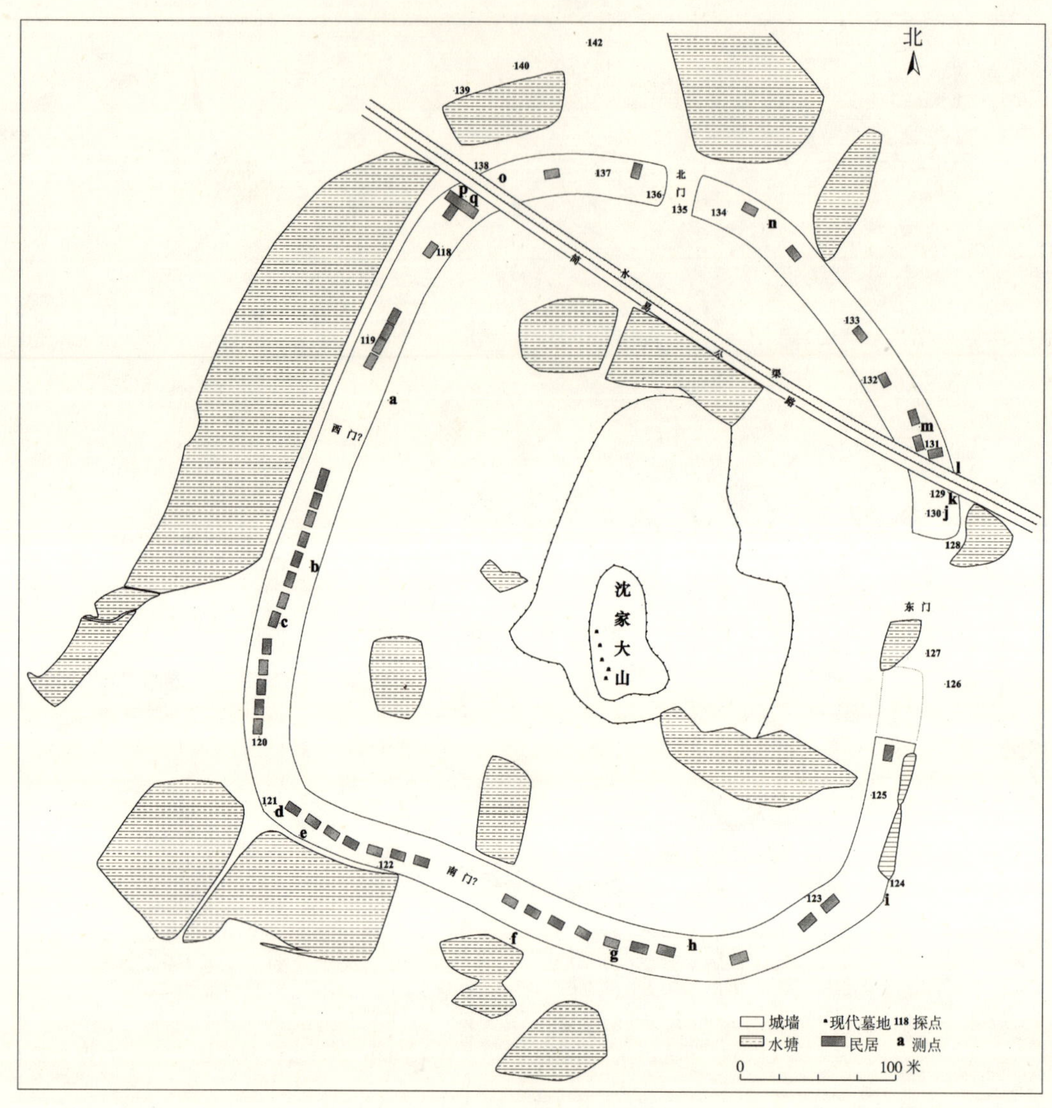

图三 鸡鸣城遗址平面示意图

被毁外，其他部分大多可以连成一体，形状近似圆角梯形，略呈东北—西南走向，北部呈圆弧形，东南角和西南角有明显的转折。城垣底部宽约30米，可能存在东、南、西、北四个城门。目前通过调查、勘探可以肯定的是北门和东门。因为在北门和东门处都存在明显的缺口，东门处的缺口较宽，在70米左右，北门缺口宽约25米，缺口处地表以下就发现了新石器时代的文化层，厚0.5～1米。西门和南门处虽然也有缺口，但不太明显，且为现代居民的住宅所占据，因此具体情况不明。城址南北长约480米，东西宽330～430米，面积约180000平方米。城外的壕沟保存也比较完好。护城壕

（图版三）在北、西、南城墙外的残迹十分明显，现为水塘，宽度在50至70米之间。

城内的高地沈家大山一带，散布着一些现代墓葬。这里的文化层深达2米以上。根据以往采集到的陶片，其年代跨大溪文化、屈家岭文化和石家河文化三个阶段。在南垣西段外100米处还有一处小型的遗址（图二中左下方38米等高线显示的高地），面积近20000平方米，文化层厚度也在1米以上。

城西北探点139～142一带虽然地势较高，但是都为晚近代的文化堆积。

鸡鸣城的其他情况参见原来的调查报告，兹不赘述。

二、青 河 城

青河城位于公安县甘厂镇青河村五组，在公安县城南约30公里，其西、南约2公里为松滋东河，东南和北面2公里分别为湖滨垱和郭公垱两个小湖泊，现在水面均极小（参见图一）。此城即清代同治年间《公安县志》里所记载的两个"鸡鸣城"中的"东村里"的"鸡鸣城"："一在谷升里，一在东村里，皆城径里余，沟垒俱整。"[2]现在当地人仍称之为鸡叫城。为了与湖南省澧县的鸡叫城和狮子口镇的鸡鸣城相区别，我们称之为青河城。

此城在鸡鸣城的调查报告中曾有所提及，因为地表上极难发现文化遗物，因此当时被错误地否定了。幸得湖南省考古研究所何介钧、郭伟民、向桃初先生等的殷切提醒，2003年7月我们与湖南省考古研究所的上述先生相约前往，虽然下着暴雨，我们仍然在某些关键问题上达成了共识。一年以后，我们对青河城遗址进行了比较详细的调查和钻探。

青河城遗址钻探和测量的结果见表二。

表二　青河城遗址探测记录表

测点或探点	地理坐标	测量记录	勘探记录
019	N29° 42. 837′ E112° 05. 345′	此点为测量原点	
020	N29° 42. 861′ E112° 05. 386′		
021	N29° 42. 874′ E112° 05. 410′		
022	N29° 42. 885′ E112° 05. 484′		
023	N29° 42. 854′ E112° 05. 486′		

〔2〕《公安县志》，清同治十三年编纂，1983年公安县志办公室翻印本。

续表二

测点或探点	地理坐标	测量记录	勘探记录
024	N29° 42.810′ E112° 05.492′		
025	N29° 42.771′ E112° 05.461′		
031	N29° 42.826′ E112° 05.383′		0.4米以上，灰土；0.4～0.7米，黄土；0.7米下，褐生土
032	N29° 42.829′ E112° 05.417′		0.4米下为灰褐土文化层，厚约0.5米左右
033	N29° 42.843′ E112° 05.405′		可见文化层剖面，文化层厚约0.5米
034	N29° 42.884′ E112° 05.411′		0.7米以上，灰褐花土；0.7～1.2米，灰黄花土；1.5米见红烧土、灰黑土
035	N29° 42.766′ E112° 05.452′		0.6米下黄褐土，1.2米下黄褐土夹褐斑，1.6米下褐生土
036	N29° 42.760′ E112° 05.430′		0.6米以上，灰褐土；0.6～1.2米，黄土；1.2米下灰褐生土
037	N29° 42.785′ E112° 05.403′		1米下为灰淤土
038	N29° 42.808′ E112° 05.303′		表土下为花土，1.6米下为生土
039	N29° 42.841′ E112° 05.323′		表土下为花土
040	N29° 42.813′ E112° 05.318′		表土下为花土
041	N29° 42.802′ E112° 05.323′		表土下为黄生土，自然岗地
042	N29° 42.832′ E112° 05.353′		表土下见文化层，厚约0.7米
043	N29° 42.790′ E112° 05.348′		表土下即为板结的褐生土
044	N29° 42.775′ E112° 05.362′		1.5米以上仍为花土
045	N29° 42.779′ E112° 05.343′		表土下为黄生土
1	同039点	22.0米，140度（去019点，下同）	
2		44.2米，174度	
3		44.1米，182度	
4		67.8米，187度	
5		79.2米，209度	
6		112米，229度	
7	同034点	119米，230度	

续表二

测点或探点	地理坐标	测量记录	勘探记录
8		142 米，240 度	
9		165 米，243 度	
10		204 米，252 度	
11		215 米，260 度	
12	同 023 点	226 米，270 度	
13	同 024 点	234 米，280 度	
14		236 米，285 度	
15		231 米，289 度	
16		228 米，204 度	
17		228 米，306 度	
18	同 035 点	213 米，310 度	
19	同 036 点	199 米，318 度	
20		143 米，333 度	
21		130 米，338 度	
22	同 044 点	122 米，344 度	
23	同 045 点	98.2 米，358 度	
24		89.3 米，014 度	
25		85.3 米，030 度	
26	同 040 点	66.9 米，033 度	
27	同 038 点	52.4 米，053 度	
28		45.4 米，077 度	
29		38.8 米，074 度	

从 20 世纪 70 年代青河城周边的地形图（图四）上看，青河城周围的地势较低，从 29 米到 35 米不等。其东南垣在 33 米等高线上，北垣的高程在 34 米左右。古城的形状也基本清晰。图上显示出了城址的东半部分——东北和西南一带的城垣轮廓及三个城门：北门、东门和南门；西部则为民居所遮盖。

从现场看起来，青河城并不是那么显目的。其西垣由于遭到晚期的破坏，高程与城内地面相差无几，形成一个低缓的坡度。南垣东段（南门以东的部分）也因为农田改造而变得低矮、残缺和狭窄，不仔细看则与一般田埂无异。西北角外的现代土堤是

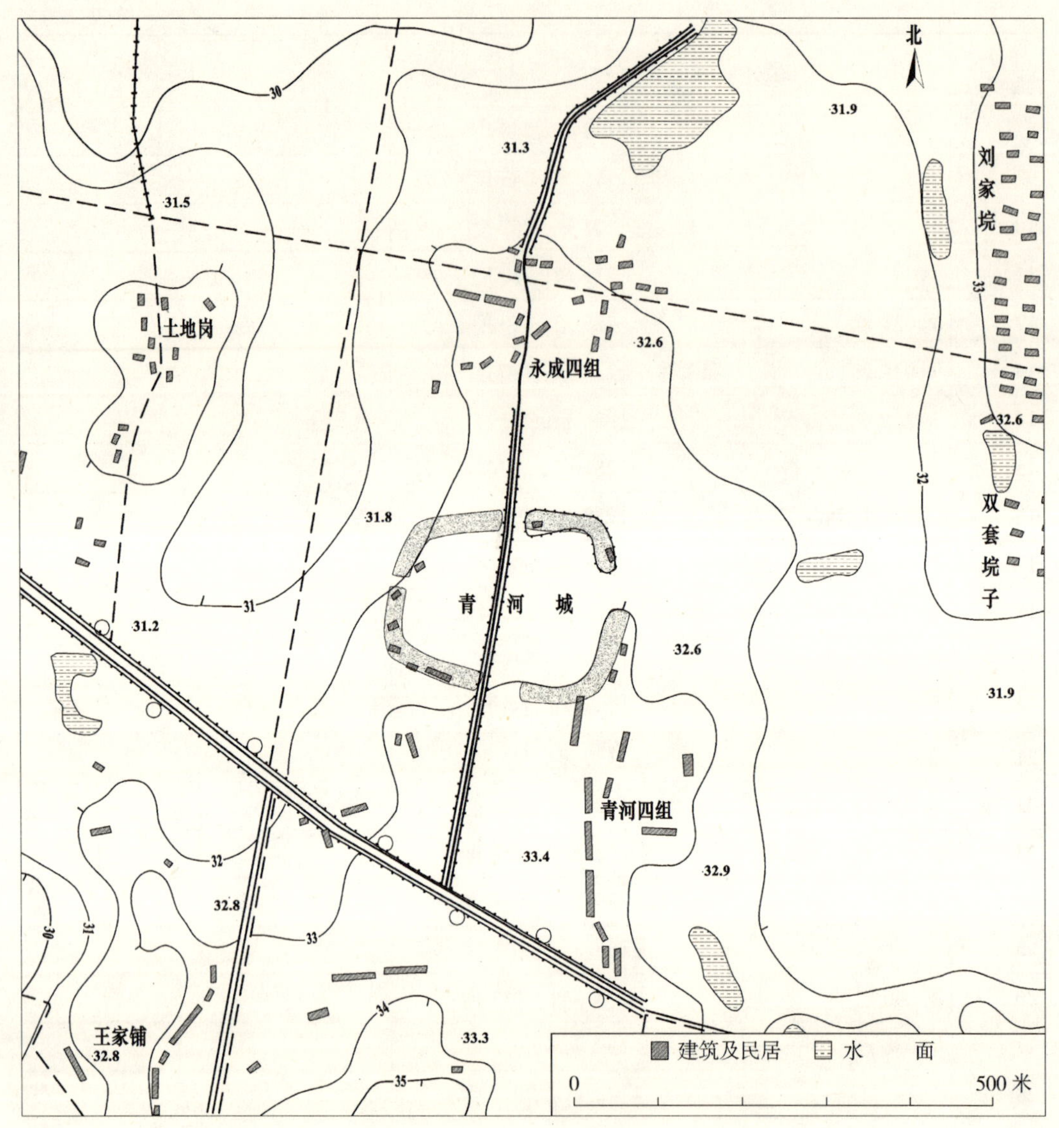

图四　青河城周边地形图（据20世纪70年代航测图）

一条巨大垸堤的一部分，东垣南段则与与之高度相当的向南延伸的现代居民的狭长屋台基相连。从城内看，城垣比较显目的部位有北城垣和东城垣，高出城内地面0.5～2米；东北角虽然高出城内近3米，但却是几年前村民为躲避洪水而在城内挖土堆高而成（图版四，1）。从城外看，城垣高出城外地面2～5米。地表上极难见到文化遗物。

探测表明，青河城平面略呈圆角梯形（图五），东西向，西北角呈现明显的拐角（图六，1），东垣向外凸出。城垣宽约30米，东西长约300米，南北宽200～240米，

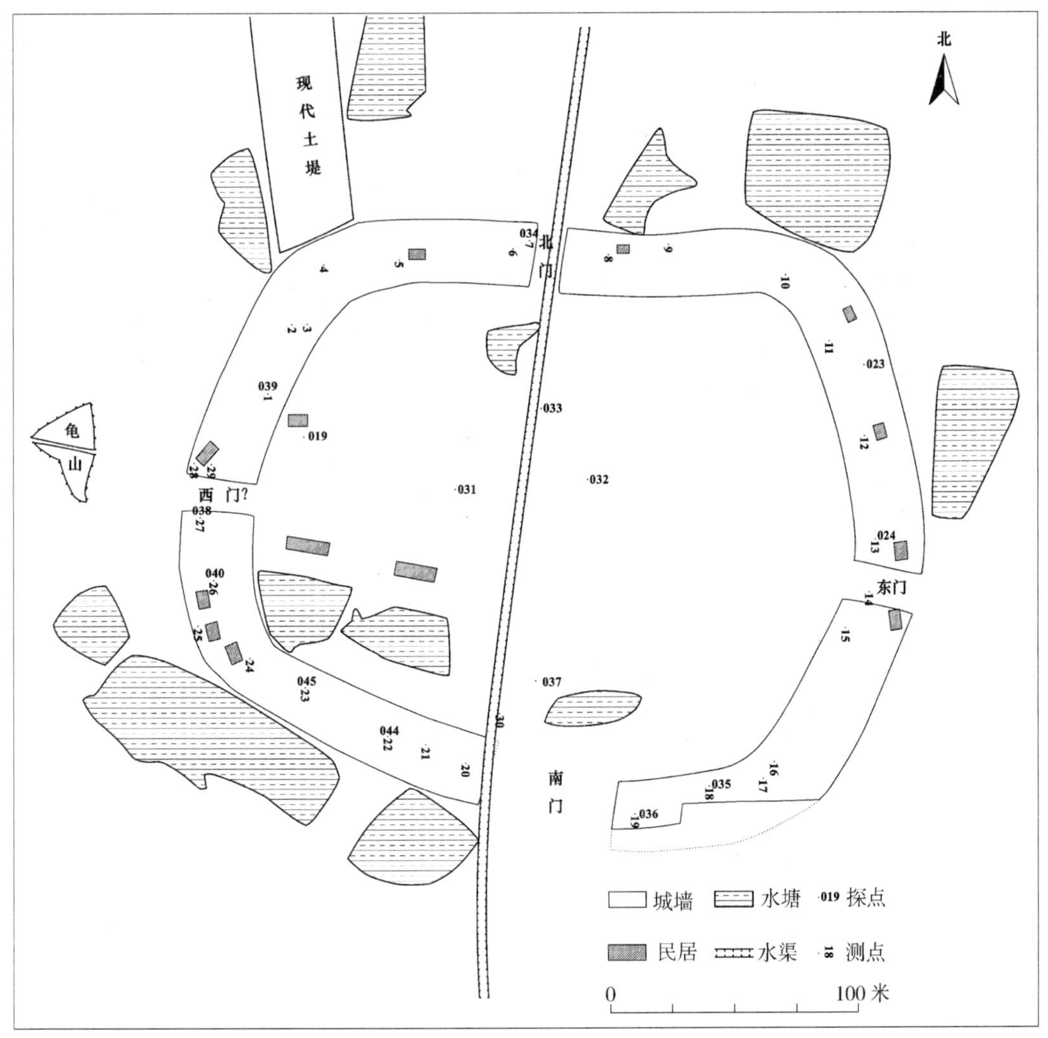

图五 青河城平面示意图

面积约 60000 平方米。

城垣上的花土堆积一般厚约 1.6 米。南垣基本上利用了原来的地形，因此大部分地表下即为原生土层。可能存在东、南、西、北四个城门。南门处缺口宽大而明显（图六，2）。北门处现有渠道穿过，也有城门的迹象，因为在 034 探点附近 1.5 米下钻探出红烧土、木炭等文化遗物。东门从 20 世纪 70 年代的地形图上可以看出，但现在已与城垣其他部位连成一体，不明具体所在。西门处整个地势均较低下，尽管具体位置不清，但存在城门的可能性仍很大。

城垣外的护城壕在南垣（图版四，2）、北垣、东垣北段外侧仍很明显，现为水塘，

1

2

图六　青河城西北角及东南角

1.西北角（南向北摄）　2.东南角及南门（东向西摄）

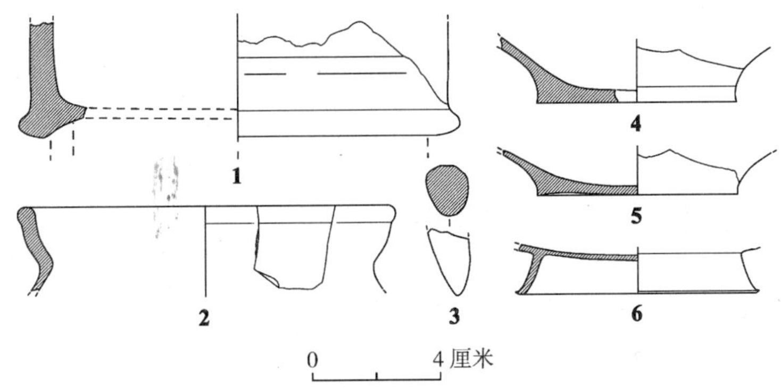

图七 青河城采集陶片

1. 陶杯（标本2） 2. 陶釜（标本5） 3. 鼎足（标本6）
4. 陶钵（标本4） 5. 陶钵（标本3） 6. 陶碗（标本1）

宽度在30～50米之间。城西有龟山，为一低矮的自然土包，与西垣之间地势明显降低，显然是筑城时取土所致。

城内的文化层发现于中部。在渠道以东的032、033点附近以及渠道以西的031点西南的民居一带，我们钻探出来的文化层厚度约为50厘米，有的地方还钻探出新石器时代的陶片。在033点附近的田埂边还发现了文化层剖面，并采集到一些新石器时代的陶片。这些陶片都较为破碎，以红陶为主，也有少量的黑陶和灰陶。器形主要有豆、盆、鼎、钵、碗等，纹饰比较少见，有少量的凹弦纹、凸弦纹和附加堆纹。另外有的居民还在城内拾到过石斧等石器。

标本1：陶碗，泥质红陶，上部残，矮圈足外敞，足尖略上翘。足径8、残高1.5厘米（图七，6）。

标本2：圈足杯，夹砂红陶，口、底、足均残，直腹，腹部有两周凹弦纹。腹径14、残高3.5厘米（图七，1）。

标本3：陶钵，泥质红陶，口残，饼状足，底略凹。底径6.4、残高1.4厘米（图七，5）。

标本4：陶钵，与前者类似，口残，饼状足，平底。底径6.4、残高1.7厘米（图七，4）。

标本5：陶釜，泥质红陶，宽沿，圆唇，沿面下凹，束颈，腹以下残。口径12、残高2.5厘米（图七，2）。

标本6：鼎足，夹炭红陶，实心，锥状。残高2厘米（图七，3）。

从采集的这些陶片的陶色、纹饰、器形等方面来判断，时代大致为屈家岭文化晚期到石家河文化阶段。古城的年代也由此推定。

三、走马岭、屯子山与蛇子岭

走马岭古城是一处形状不规则的史前时代的古城，面积约8万平方米，属石首市东升镇走马岭村九组，在石首市东南约10公里，北距长江约10公里，西边紧靠石首市最大的湖泊——上津湖（参见图一）。1989年石首市空心砖厂在城内东南取土破坏而发现。1990年至1992年，荆州博物馆等单位对该遗址进行了连续三年的发掘，发掘面积约2000平方米，发现了大量建筑基址、灰坑和墓葬等，并对西城墙进行了解剖。这些发掘使我们对古城的性质、年代、规模等有了一个比较全面的了解〔3〕。

2004年4月，老家在石首走马岭、现任教于长江大学的杨学祥先生与我们联系，说据他的父辈说，走马岭古城周围还有一圈城墙。这一线索成为以后一切发现的契机。5月底，荆州博物馆与石首市博物馆组织考古工作人员对走马岭古城周边进行了调查，初步认为与走马岭北边城垣相望的屯子山南部土岗和南边的蛇子岭（当地人称“蛇山”、“死蛇子岭”，现雅化为“蛇子岭”）、西边的上津湖湖边高地为走马岭古城的外围城垣，但东边和西北边的部分难以闭合。后来，石首市博物馆独立进行了调查和勘探，认为屯子山古城是独立于走马岭而存在的古城，并认为二者是“姊妹城”，而否定蛇子岭是人工建筑。为了进一步搞清这一系列古城之间的关系，我们随后进行了更加详细的调查和勘探。

调查发现，屯子山一带有几个土台，得名自北面的土台，在此我们统称之为屯子山，属屯子山村七组。蛇子岭为一条东西向的弧形土岗，据当地人传说像一条蛇一样一直向东延伸很远，属走马岭村九组。我们此次的勘探和调查以屯子山东南的046点作为测量基点，主要对城垣的走向进行了勘探和测量。走马岭遗址因为经过多次发掘，基本情况已经比较清楚，且因为时间关系，此次没有开展工作。勘探和测量的基本情况见表三。

表三　走马岭周围屯子山、蛇子岭等处探测记录表

测点或探点	地理坐标	测量记录	勘探记录
046	N29° 40.560′ E112° 31.577′	此点为测量基点	地表下为黄花土
047	N29° 40.571′ E112° 31.565′	31.8米，145度（去046点，下同）	地表下为黄花土，1.7米下未见生土
048	N29° 40.583′ E112° 31.582′	39.3米，187度	地表下为黄花土，1.7米下未见生土

〔3〕 荆州博物馆等：《湖北石首市走马岭新石器时代遗址发掘简报》，《考古》1998年4期。

续表三

测点或探点	地理坐标	测量记录	勘探记录
049	N29° 40.595′ E112° 31.585′	71.2 米，192 度	地表下为黄花土，1.7 米下未见生土
050	N29° 40.601′ E112° 31.583′	88.3 米，188 度	1 米以上为褐土，以下为黄花土，1.7 米下未见生土
051	N29° 40.620′ E112° 31.583′	115 米，184 度	表土下为黄花土
052	N29° 40.603′ E112° 31.590′		
053	N29° 40.671′ E112° 31.585′	196 米，186 度	表土下为黄花土
054	N29° 40.681′ E112° 31.580′	258 米，179 度	表土下为黄花土
055	N29° 40.698′ E112° 31.588′		晚代堆积
056	N29° 40.674′ E112° 31.639′	237 米，206 度	1.3 米以上黄花土；1.3～1.6 米，黄土；以下褐生土
057	N29° 40.690′ E112° 31.638′	267 米，203 度	表土下为黄花土，1.7 米下见褐生土
058	N29° 40.727′ E112° 31.618′	322 米，193 度	1.6 米下仍为黄花土
059	N29° 40.755′ E112° 31.609′	356 米，187 度	自然堆积，表土下为红褐土
060	N29° 40.763′ E112° 31.591′	367 米，184 度	与大剖面近似，上层为灰褐土，以下为花土，未探至生土
061	N29° 40.772′ E112° 31.569′	396 米，179 度	自然堆积
062	N29° 40.774′ E112° 31.562′	400 米，177 度	1.7 米以上全为褐土，以下未知
063	N29° 40.772′ E112° 31.559′	392 米，175 度	自然堆积
064	N29° 40.768′ E112° 31.546′	389 米，174 度	自然堆积
065	N29° 40.759′ E112° 31.548′	373 米，174 度	表土下为黄花土
066	N29° 40.754′ E112° 31.520′	376 米，166 度	表土下为黄花土
067	N29° 40.751′ E112° 31.517′	365 米，165 度	表土下为黄花土
068	N29° 40.735′ E112° 31.507′	343 米，163 度	表土下为黄花土
069	N29° 40.720′ E112° 31.500′	322 米，158 度	晚代堆积
070	N29° 40.723′ E112° 31.503′	326 米，159 度	表土下为黄花土
071	N29° 40.695′ E112° 31.485′	292 米，150 度	表土下为黄花土
072	N29° 40.702′ E112° 31.473′	313 米，147 度	表土下为黄花土
073	N29° 40.702′ E112° 31.461′	323 米，144 度	表土下见褐生土
074	N29° 40.699′ E112° 31.434′	345 米，140 度	表土下为黄花土
075	N29° 40.700′ E112° 31.417′	363 米，136 度	表土下为黄花土

续表三

测点或探点	地理坐标	测量记录	勘探记录
076	N29° 40.679′ E112° 31.413′	343 米，130 度	表土下为黄花土，1.4 米下见褐生土
077	N29° 40.668′ E112° 31.412′	318 米，127 度	表土下为黄花土
078	N29° 40.651′ E112° 31.451′	264 米，130 度	表土下见褐生土
079	N29° 40.646′ E112° 31.458′	249 米，129 度	表土下见褐生土
080	N29° 40.643′ E112° 31.477′	224 米，134 度	表土下见褐黄花土
081	N29° 40.650′ E112° 31.455′	266 米，134 度	表土下见褐生土，板结
082	N29° 40.637′ E112° 31.484′	207 米，134 度	表土下为褐花土，1.7 米下未至生土
083	N29° 40.665′ E112° 31.474′	256 米，143 度	淤积疏松土
084	N29° 40.629′ E112° 31.500′	178 米，135 度	淤积疏松土
085	N29° 40.622′ E112° 31.503′	165 米，133 度	褐土，板结
086	N29° 40.637′ E112° 31.517′	171 米，145 度	上层褐土，板结；下层黄斑土，疏松
087	N29° 40.611′ E112° 31.521′	133 米，134 度	褐土，板结
088	N29° 40.609′ E112° 31.522′	125 米，126 度	褐土，板结
089	N29° 40.616′ E112° 31.536′	125 米，150 度	表土下为黄花土
090	N29° 40.581′ E112° 31.550′	62.4 米，136 度	表土下为褐生土
091	N29° 40.580′ E112° 31.557′	50.9 米，141 度	表土下为褐生土
092	N29° 40.430′ E112° 31.642′	262 米，340 度	淤土，松软
093	N29° 40.416′ E112° 31.611′	271 米，349 度	表土下为黄花土，1.3 米下为褐生土
094	N29° 40.402′ E112° 31.577′	293 米，001 度	表土下为黄花土，1.5 米下为褐生土
095	N29° 40.389′ E112° 31.549′	320 米，010 度	表土下为黄花土，1.5 米下为褐生土
096	N29° 40.363′ E112° 31.496′	385 米，021 度	表土下为黄花土
097	N29° 40.357′ E112° 31.487′	404 米，022 度	表土下为黄花土，再下为白灰泥土，1.4 米下为褐生土
098	N29° 40.349′ E112° 31.481′	422 米，023 度	表土下为黄花土，再下为白灰泥土，1.4 米下为褐生土
099	N29° 40.346′ E112° 31.464′	446 米，025 度	表土下为黄花土
100	N29° 40.352′ E112° 31.481′	413 米，024 度	表土下为黄花土，1.3 米下为褐生土
101	N29° 40.366′ E112° 31.479′	392 米，025 度	表土下为白灰土，其下为褐生土
102	N29° 40.334′ E112° 31.437′	476 米，028 度	表土下为黄花土

续表三

测点或探点	地理坐标	测量记录	勘探记录
103	N29° 40. 337′ E112° 31. 385′	518 米，040 度	0. 8 米下为褐花土，1 米下为白灰泥土
104	N29° 40. 370′ E112° 31. 306′	556 米，056 度	表土下为灰黄花土，0. 9 米下为褐生土
105	N29° 40. 398′ E112° 31. 291′	544 米，059 度	表土下为 1 米的淤土，其下为灰褐土，再下为较板结的褐黄花土
106	N29° 40. 412′ E112° 31. 297′	538 米，060 度	有薄层花土，1. 3 米下为褐生土
107	N29° 40. 446′ E112° 31. 269′	543 米，066 度	表土下为黄花土
108	N29° 40. 474′ E112° 31. 251′	551 米，073 度	淤土，1. 3 米下为褐生土
109	N29° 40. 491′ E112° 31. 226′	581 米，079 度	自然堆积
110	N29° 40. 561′ E112° 31. 208′	596 米，091 度	表土下为淤土，1 米下褐白花土，1. 7 米下为褐生土
111	N29° 40. 590′ E112° 31. 209′	596 米，096 度	疏松褐淤土
112	N29° 40. 609′ E112° 31. 212′	596 米，099 度	自然堆积
113	N29° 40. 631′ E112° 31. 223′	586 米，103 度	夹黄斑褐土，似为花土
114	N29° 40. 662′ E112° 31. 375′	376 米，120 度	表土下为褐黄土，似人工堆积，1 米左右为褐生土
115	N29° 40. 618′ E112° 31. 482′	185 米，125 度	表土下为褐生土
116	N29° 40. 602′ E112° 31. 475′	183 米，115 度	表土下为次生土，1. 2 米下为褐生土

将这些探点的分布图置入 20 世纪 70 年代的地形图中，如图八所示。

从地形图中可以看出，走马岭与屯子山面积大致相当，形状都极不规则，二者相距约 50 米。它们与中间的连接部分看起来像是一颗从中间剖开的核桃仁。但是从图上可以明显地看出它们的人工痕迹，主要表现在：①地势较高。最高点在屯子山北垣上（图版五，1），上面有一处现已废弃的砖窑，海拔 41. 5 米。次高点在走马岭东北垣上，海拔 40. 7 米。但一般都在 34 米以上。②屯子山东北边的等高线出现明显的中断现象，西北边等高线尽管与外部相连，但却明显密集。③屯子山与走马岭的等高线自成体系，其边缘等高线的密集显示出城垣的地势要比城内外高。④走马岭与屯子山之间的“走廊”地带等高线并无中断的迹象，说明此“走廊”为二者所共用。走廊两侧明显高出中间，但现在有一条从东升镇到焦山河乡的公路从此穿过，破坏了原来的地形。另外，蛇子岭一带的海拔尽管较低，一般在 32 米左右，但与周围的平地相比，仍然略高一些。

钻探表明，屯子山一带的城垣除北部最高点一带和南垣西部为利用自然地形的自

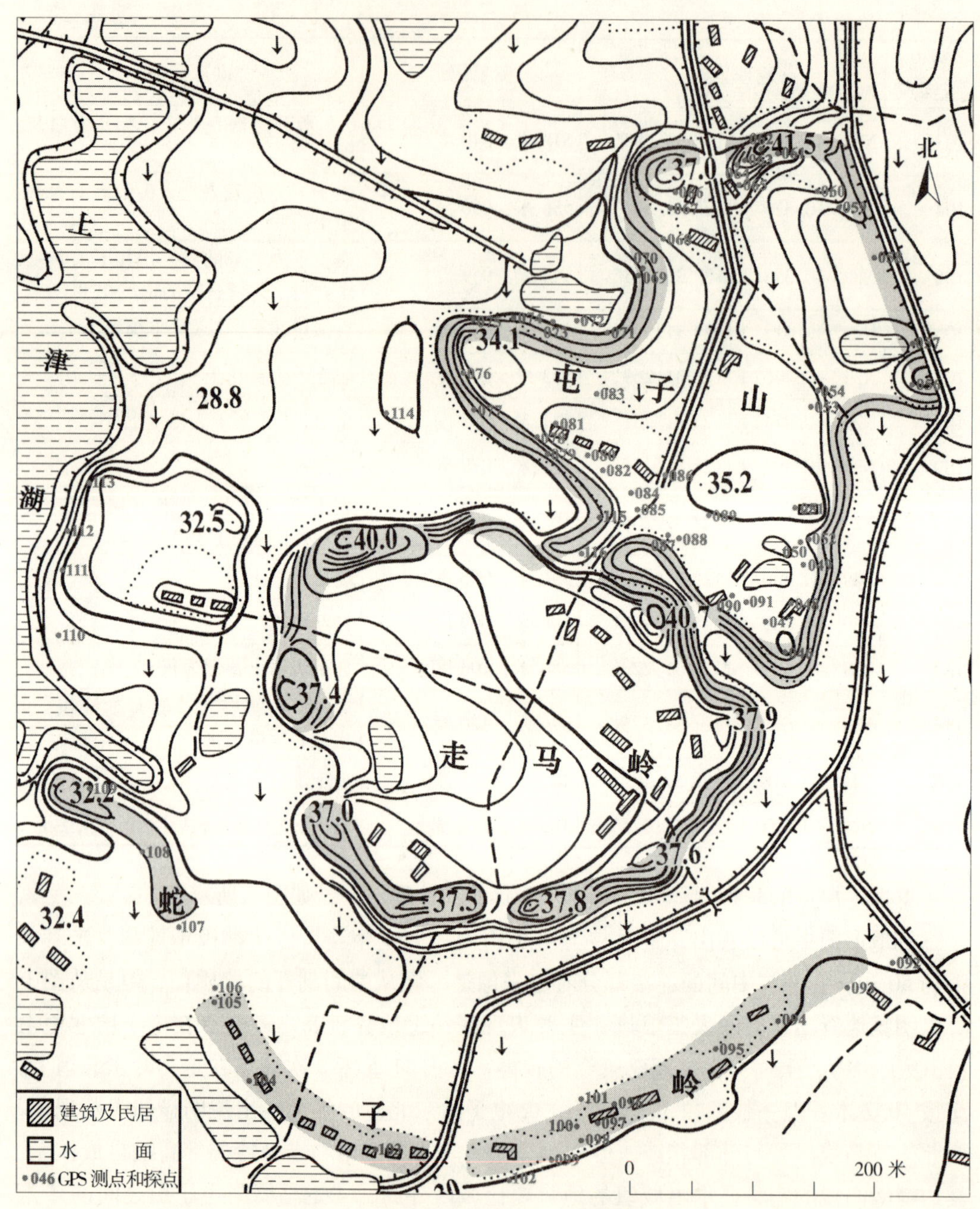

图八　走马岭古城周边地形图（据1974年航测图）及探点分布图

然堆积外，其余部位的人工堆积厚度一般在1.7米以上。由于城内地势较高（一般海拔在34米左右），加上晚期破坏以及民居较多，从城内看城垣最显目的部位是北部，高出城内地面4～5米，其他部位则一般高出1米左右，但南垣却与城内地面大致平齐。

从城外看城垣则非常明显，一般高出城外 2～3 米，北部则高出 7～10 米。

城垣宽窄不一，一般在 30 米左右。有些部位，如东南角、东垣中部、北垣和西南角，有一些不规则的大型人工台地，具体宽度当在 50 米以上。这些台地，当地人都各有称呼，如东南角土台叫碾子山，北垣一带的土台叫屯子山等。这与走马岭城垣上的一些土台如东蛾子山、西蛾子山等是极其相似的。

在探测点 052 点一带，有一处近年村民为便于通行而挖开的一条巨大的剖面。剖面略呈东西走向，长约 30 米，方向 119 度。将剖面铲平后可以看到暴露在地表以上的城垣可以分为明显的三大层（图九、图版六、图版七），露头的城垣高度在 4 米左右。

第一层：灰褐土，较纯净，疏松，厚薄不均，最厚处（东边）2～3 米，下部基本在同一高程上。此层为城垣顶部的铺垫修饰层。

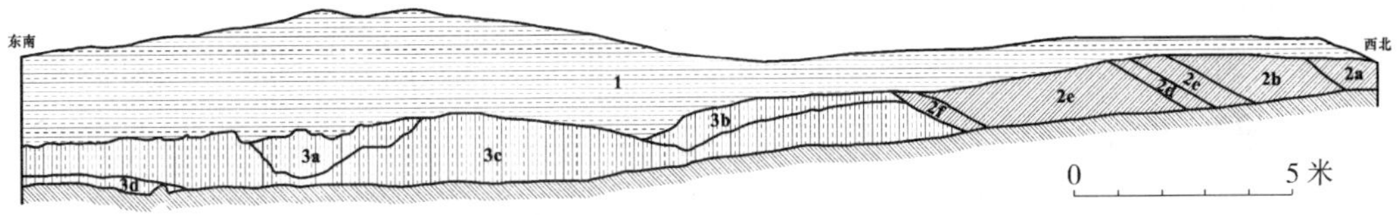

图九　屯子山东南垣大剖面图

第二层：位于城垣内侧，略呈 45 度顺次向东倾斜，较疏松。可分为六个亚层，暴露在地表以上的厚度为 1.5 米左右。此层为城垣内侧的护坡。

2a 层：黄褐花土夹杂少量灰白土。

2b 层：褐花土。

2c 层：灰褐花土。

2d 层：褐黄花土夹灰白土。

2e 层：褐花土。

2f 层：灰褐花土。

第三层：位于城垣外侧，较致密的褐黄花土，夹杂大量铁锰结核，越往下越多。分四个亚层。此层及以下为城垣的墙体。

3a 层：浅褐花土，分布范围不广，厚约 1 米。

3b 层：黄褐花土，分布范围不广，厚 0.3～0.8 米。

3c 层：黄褐土，为第三层的主体，厚度大致在 1～1.5 米之间。里面发现夹炭陶片，胎呈黑色，内外表面呈红色。

3d 层：红褐土，分布不广，厚 0.2～0.5 米。

第三层以下仍为城垣墙体部分，为浅黄褐土，里面也发现了一块夹炭陶片，与 3c 层所出相似。在东边往下钻探约 0.5 米为褐色生土层。

大剖面外侧为陡坎，陡坎外侧即为现代稻田。从城垣外侧均较陡峭、内侧均较平缓的情况来看，外侧可能不存在护坡。

在北垣内侧（063和064点附近）也发现了一处小剖面，与城垣走向平行，在其下部发现了为数不少的红烧土。

屯子山城垣外的护城壕与走马岭相似，目前大多为一些低地水稻田。走马岭与屯子山之间也有深深的壕沟（图版五，2），但中间却有“走廊”相连。走廊地带的钻探（115、116点）表明，地表以下即为生土或次生土，说明它并不是人工堆筑起来的，而是利用了原来的自然地形。这也从另一个侧面说明，在修筑走马岭和屯子山的城垣时，并未将中间的壕沟挖通，而是故意利用了这一自然地形使二者相连。

关于屯子山古城垣的年代，可从以下采集到的陶片进行推导。屯子山城垣内除在东南垣大剖面下部采集到少量的文化遗物外，在053点附近发现了大面积的红烧土堆积，采集到的陶片尽管不太丰富，却很典型。这些陶片以泥质红陶为主，也有少量的泥质黑陶和夹炭陶。夹炭陶内芯皆为黑色，外表颜色不均，大体呈土红色，应为釜、鼎之类。泥质红陶器型主要为高领罐，泥质黑陶中有一件陶盆的口沿残片。

高领罐：标本3件。皆泥质红陶，高直领。

标本1，口部外侈，圆唇较薄，肩部以下残。外表原有红衣，多脱落。口径约14、残高5厘米（图一〇，1）。标本2，与前者大体相类似，胎较厚，外表饰红衣，多脱落。口径约13、残高5.2厘米（图一〇，2）。标本3，土红色，口部外突，沿面下凹。口径14、残高4.2厘米（图一〇，3）。

盆：标本1件。标本4，泥质黑陶，平折沿略卷，圆唇，口部以下残。口径约28厘米（图一〇，4）。

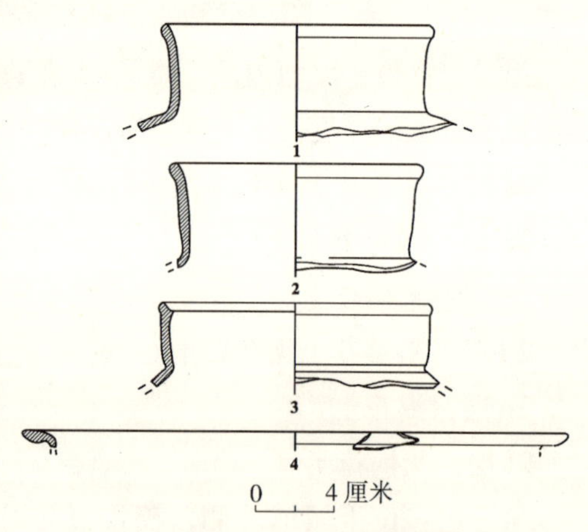

图一〇　屯子山采集陶片

1～3. 高领罐（标本1～3）　4. 盆（标本4）

以上文化遗物都是屈家岭文化的典型器物。再从屯子山东南垣大剖面3c层及刚露头的墙体下面的层次中夹杂的夹炭黑胎红皮陶来推断，屯子山城垣的修筑年代的下限约为大溪文化晚期。走马岭城垣的年代，据发掘者称为屈家岭文化早期兴建，至屈家岭文化晚期废弃。看来两者在年代上应是大体吻合的。

蛇子岭在走马岭南边约150米，是一条东西向的略呈弧形的土岗。中部和东部（图版八）钻探表明，其宽度在35米左右，人工堆筑的厚度在1.4米左右。不少地点的人工堆积可以分为明显的两大层：上层为黄花土，下层为白膏泥土。但西部靠近上津湖边的部分（当地人称为蛇山的蛇头）却是自然形成的土岗。

蛇子岭外侧的壕沟在西南一带比较明显，现为水塘。

从地形图上我们也能看出可能存在城门的地点。屯子山有两个城门，北门和南门。走马岭有三个城门，北门、南门和西门。蛇子岭有两个城门，南门和西南门，后者现在已经填平。东升镇至焦山河乡的公路从屯子山和走马岭的北门、南门以及蛇子岭的南门穿过。

另外，走马岭西侧上津湖边的高地我们也进行了钻探。这里没有发现人工堆筑的痕迹，为自然岗地，高出外侧约 2 米，高出湖面约 3 米。

四、结　语

此次公安、石首两县市考古调查和勘探虽然只用了短短的十天时间，却取得了意想不到的收获。

我们通过各种渠道获得了各个古城所在乡镇的地形图，并利用电脑、全球定位仪等现代科学手段对各个古城进行了地形图的草测工作，使我们对它们的基本情况有了更加全面的认识和了解。

鸡鸣城和青河城都是形态比较规则的古城，它们形态相似，只是方向不同。青河城的面积虽然比较小，年代也较晚，但它的发现却填补了在我国平原低地地带史前时代古城发现的空白。走马岭、屯子山、蛇子岭系列古城城垣的发现，为中国新石器时代古城的布局形态又增添了新的内涵。它们之间近在咫尺，有理由把它们看作一个整体。屯子山与走马岭的城垣形态都极不规则，二者之间有“走廊”相连，走廊两侧可能也都筑有城垣。南侧的蛇子岭城垣略呈弧形，在地面上没有闭合的迹象，其建造年代可能较前二者略晚，或许只是一项未完成的工程。屯子山东南垣的大剖面为我们揭示了屯子山城垣的构筑方式，可以明显地分为城垣表面的铺垫修饰层、内侧的护坡和外侧的墙体三个部分，内侧护坡的土层略呈 45 度角斜筑在其外侧的墙体上。它既不同于走马岭西城垣的从内外两侧的随意性堆筑〔4〕，也不同于阴湘城内外两侧都有护坡的现象〔5〕，可能是一种新出现的城垣构筑模式。

由于青河城的发现，长江中游地区目前已知的新石器时代古城的数量增加到 10

---

〔4〕 荆州博物馆发掘资料。

〔5〕 荆州博物馆等：《湖北荆州市阴湘城遗址东城墙发掘简报》，《考古》1998 年 1 期。

座。除本文提到的荆州市范围内的四座外，其他几座是：湖南澧县的城头山[6]和鸡叫城[7]，湖北荆门市的马家院[8]，天门市的石家河[9]，应城市的门板湾[10]和陶家湖[11]。另外，天门市的笑城遗址也极有可能是一座新石器时代的古城[12]。在这些古城中，石家河古城最大，面积约100万平方米。青河城最小，面积只有6万平方米左右。从澧县、公安、应城，甚至天门都有两座新石器时代古城的情况来推断，江汉平原及其周边的一些县市（包括湖南洞庭湖西北的澧阳平原）存在这一时期古城的数量应该在30座左右。可见在这一地区仍有大量的史前时代的古城遗址有待发现。

后记：参加此次调查和勘探工作的有：荆州市文物考古研究所贾汉清、丁家元、杨开勇、肖玉军，公安县博物馆陈小明，石首市博物馆程欣荣。参加前期调查工作的还有荆州博物馆张绪球、王明钦、刘德银，石首市博物馆陈芝炳、彭涛、王克新，中国社会科学院考古研究所何努等。在屯子山一带钻探期间，湖北省文物局、湖北省考古研究所、荆州市文物局、荆州博物馆领导和专家曾前往论证和指导。

执　笔：贾汉清　杨开勇

---

〔6〕 湖南省文物考古研究所：《澧县城头山古城址1997—1998年度发掘简报》，《文物》1999年6期。

〔7〕 湖南省文物考古研究所：《澧县鸡叫城古城址试掘简报》，《文物》2002年5期。

〔8〕 湖北省荆门市博物馆：《荆门马家院屈家岭文化城址调查》，《文物》1997年7期。

〔9〕 石家河考古队：《石家河遗址群调查报告》，《南方民族考古》第五辑，1992年。

〔10〕 a. 陈树祥等：《应城门板湾遗址发掘获重要成果》，《中国文物报》1999年4月4日；b. 孝感地区博物馆等：《应城市新石器时代遗址调查》，《江汉考古》1989年2期；c. 湖北省文物考古研究所：《长荆铁路应城、钟祥段调查简报》，《江汉考古》1999年1期。

〔11〕 李桃元等：《湖北应城陶家湖古城址调查》，《文物》2001年4期。

〔12〕 荆州博物馆调查资料。该城址有明显的城垣和壕沟，城内发现有屈家岭文化、石家河文化和东周时期的文化层。

1.铜矛表面金相照片（500×）

2.铜矛表面金相照片（1000×）

3.铜伞盖表面金相照片（500×）

4.铜伞盖表面金相照片（1000×）

图版二

1.鎏金铜腿甲金相照片（200 ×）

2.鎏金剑鞘偏光照片（100 ×）

1. 鸡鸣城西城垣及护城壕（南向北摄）

2. 鸡鸣城西城垣及护城壕（北向南摄）

1.青河城东北角（西南向东北摄）

2.青河城南垣及护城壕（东向西摄）

1.屯子山北垣及护城壕（东向西摄）

2.走马岭与屯子山之间（西向东摄）

1.屯子山东南垣大剖面远景（东向西摄）

2.屯子山东南垣大剖面内侧护坡与墙体交界处

1.屯子山东南垣大剖面铺垫修饰层和墙体

2.屯子山东南垣大剖面内侧护坡

1.蛇子岭城垣西部（西北向东南摄）

2.蛇子岭城垣东部（东向西摄）

封面设计　张希广
英文翻译　孙庆伟
责任印制　陆　联
责任编辑　李媛媛

图书在版编目(CIP)数据

古代文明．第4卷/北京大学中国考古学研究中心，北京大学震旦古代文明研究中心编．—北京:文物出版社,2005.11

ISBN 7-5010-1817-0

Ⅰ．古…　Ⅱ．①北…②北…　Ⅲ．文化史—研究—中国—古代—丛刊　Ⅳ．K220.3-55

中国版本图书馆 CIP 数据核字(2005)第126634号

古　代　文　明

（第4卷）

北京大学中国考古学研究中心
北京大学震旦古代文明研究中心　编

*

文物出版社出版发行
（北京五四大街29号）
http://www.wenwu.com
E-mail:web@wenwu.com
北京美通印刷有限公司印刷
新　华　书　店　经　销
787×1092　1/16　　印张:26.25　插页:1
2005年11月第一版　　2005年11月第一次印刷
ISBN 7-5010-1817-0/K·962　定价:128.00元